U0115540

The Letters of

SAMUEL BECKETT

Volume I: 1929—1940

〔美〕玛莎·道·费森菲尔德〔美〕洛伊丝·摩尔·奥维贝克

〔英〕乔治·克雷格〔英〕丹·冈恩 主编

贝克特书信集 第一卷 1929—1940 上

〔爱尔兰〕萨缪尔·贝克特 著

曹波 姚忠 译

Edited by

MARTHA DOW FEHSENFELD

LOIS MORE OVERBECK

GEORGE CRAIG

DAN GUNN

湖南文艺出版社

致"创世"者萨缪尔·贝克特。

——玛莎·道·费森菲尔德

致花费多年心血参与编选这部集子的克里斯滕、安德鲁和乔纳森，
衷心感谢他们的宽容、迁就和关心，
尤其感谢他们在编辑过程中及许多其他方面的陪伴。
致宽容的詹姆斯·奥维贝克，
感谢他无私的建议和持久的支持。

——洛伊丝·奥维贝克

致凯特·克雷格，感谢她无尽的支持和精到的指点。

——乔治·克雷格

致教过我三十年且仍在赐教的恩师乔治·克雷格，
并纪念最称职的编辑凯瑟琳·卡佛。

——丹·冈恩

目 录

总序 1

法文译者序 23

德文译者序 34

编辑体例 39

致谢 50

惠允 67

缩略语表 69

第一卷绪论 73

贝克特书信集（1929—1940） 1

附录

人员及出版物简介 727

引用文献 766

收信人索引 797

总索引 799

总 序

　　我同自身工作的独特——而且脆弱——的关系，就是建立关系。只要工作在延续，我就有片刻时间在构建的黑暗和摸索中与它共处，然后就不再有关系。我自己没有办法阐明它，而且在别人的阐释中，它似乎也是说不清的。[1]

　　萨缪尔·贝克特是 20 世纪写信最多的作家之一，兴许在任何世纪都算是高产写手。他的书信写于 1929 年至 1989 年之间，跨越 60 年之久，不仅数量众多（已发现并由编辑誊写的就不下 15 000 封），而且涉猎极广，内容宏富。这些信件展现了他所做过的许多事情：系统地阅读英文经典作品和多种外国文学；研习音乐和视觉艺术；学习多门语言——至少精通五门，而且熟知多门其他语言；同亲朋好友和职场同事保持广泛的联系；对于每一封写给他的信都礼貌、及时地写好回信，即使在自己已然成名而且问讯与日俱增的岁月里也一封不落；坚持创作——如评论、小说、诗歌、戏剧；还有兴许更让人惊讶的正经事，就是寻找出版商，把自己的剧本搬上舞台。这些信件还展现了他为过上使这一切追求得以实现的生活所付出的努力。

　　最近几十年里，写信这一传统忽然间衰落了——这一衰落使人难以预言 21 世纪是否还会有信件浩繁的作家。有鉴于此，我们郑重地说贝克特总是亲手写信，这恐怕很有意义。他这一惯例有一些例外：20 世纪

40 年代末，在与巴黎午夜出版社的早期商谈中，苏珊娜·德舍沃-迪梅尼尔担任了他的代理；涉及法律或商业事务的一些信件是由法国出版商热罗姆·兰东起草后交由贝克特签字的；20 世纪 60 年代末，A. J. 利文撒尔临时协助过他；再后来，由于病痛和眼疾，书写变得困难时，他草草写下要点，交由午夜出版社据此代为撰写回信。

贝克特一边抱怨写信任务是多么繁重，一边又一丝不苟地回复"堆成山的邮件"。他的信件是在不同的打字机上打出来的，不过更多的是用手写，字迹极难辨认——尽管他在体谅邮差的工作时会写得比较好认。墨迹相对少见，但钢笔和铅笔的字迹清晰度大不相同。一位字迹专家提出了让编者愈加沮丧的一家之见，即在 20 世纪的所有作家中，贝克特的字体是最难辨认的。他的信件本身提供了反讽性评注："别以为你用不了打字机，就能读懂手写体。"[2] 打出来的信件兴许会让誊写员感到庆幸不已，可事实是，贝克特经常把色带打成碎片；打字而成的信件带有修正和纠正之处，常常比手写信件展现出更多的思想变化和表述差异。他也充分利用手头的任何信纸或纸张：从笔记本里撕下一页，把请柬的背面当信纸，在信封上甚至贴纸上缮写诗句。

《贝克特书信集》是选集，而非全集，这主要出于如下三个原因：第一，为贝克特授权条款所限；第二，在紧随他 1989 年去世之后的如此短暂的时间内，无法无一遗漏地编成全集；第三，若为全集，则须分为十几卷，以印刷版形式出版着实不易。目前所选四卷，计有信件约 2 500 封，信末注释中引用信件另有 5 000 封。此前，贝克特的追随者们仅仅编选了一卷书信集，而且正如在囊括其书信的其他已出版的书中那样，那些信件是写给单个人的。[3] 因此，《贝克特书信集》会是第一个收录他写给尽可能多的收信人的信件，并从贝克特 60 多年的人生与创作中取样的集子。

贝克特的信件多是写给有数十年友谊的朋友的，偶尔也有写给合作者、学者、评论家、学生和读者的。各卷涉及的收信人大不相同。在第一卷和第二卷，也就是贝克特广为人知的年月——大致相当于《等待戈多》引起轰动的时候，信件基本上是写给密友和职场同事（包括出版商）的，其中有托马斯·麦格里维、乔治·雷维、玛丽·曼宁·豪、查尔斯·普伦蒂斯、莫里斯·辛克莱、乔治·迪蒂、玛尼亚·佩隆、热罗姆·兰东、巴尼·罗塞特和雅各芭·范费尔德。第三卷和第四卷挑选的是贝克特人生最后30年的通信，那时他的创作已举世瞩目，标志就是荣获1969年诺贝尔文学奖。他和朋友长期以来的通信并未中断，而且此时常规的收信人还有出版商西格弗里德·翁泽尔德、约翰·考尔德和查尔斯·蒙蒂斯，以及译者、导演、演员、制片人和其他同事（其中有艾伦·施奈德、唐纳德·麦克温尼、杰克·麦高兰、芭芭拉·布雷、鲁比·科恩、沃尔特·阿斯穆斯、克里斯蒂安·路德维希森和安东尼·利贝拉）。还有数不胜数的信件是写给资深作家和文艺青年的。

到暮年，贝克特的作品已被译成50多种语言。他对翻译一直甚为关注，这一点在他同译者的通信中显而易见。无论是解释某个本土才有的典故，还是建议译者在自己的母语文学中寻找对等的表达，贝克特都与他熟知的语种的译者紧密合作，并随时回答他不熟悉的语种的译者提出的问题。

此版缘起

读过贝克特的作品或他的几部传记之后，一些人就形成了思维定式，以为萨缪尔·贝克特是一个极其内敛的人。不过，得知贝克特于1985年2月授权编选其书信集，在其生前取材并于死后出版的消息时，这些人可能会感到惊讶。先前，贝克特对出版自己的信件不无反感，一般不接受访谈，还声称对评述自己的创作"无能为力"；而现在，他明确希望发表谈及自己作品的那些信件，这就更加令人期待了。

语言的艰涩性，信件的零散性，所有权的复杂性，以及与出版商和萨缪尔·贝克特遗产理事会的多次商谈，都使得这些信件不能尽早出版，这一点从漫长的编辑过程就可清楚了解。

1985年2月，贝克特授权多年的好友、美国出版商巴尼·罗塞特（时任格罗夫出版社社长）为其书信的总编辑，玛莎·道·费森菲尔德为执行编辑，并同意由洛伊丝·摩尔·奥维贝克担任助理编辑。贝克特首次结识费森菲尔德是在1976年，那时她正在写《剧场里的贝克特》（1988年，与杜格尔德·麦克米伦合著）。贝克特首先要求由她负责编辑其信件，接着就把手写的授权书交给她，让她"查阅我的信件，并按照最终出版的顺序复制与其研究相关的段落"。他补充道："这份授权适用于我所有的信件，无论收信人是谁，无论信件保存在何处。"[4] 贝克特明确指出，他自己毫无指导书信集编辑的愿望，比如他给得克萨斯大学奥斯汀分校哈里·兰瑟姆人文研究中心的卡尔顿·莱克写信说，有关收集和编辑其信件的问题不应向他提出，因为"我不以任何方式亲自负责信件的筛选和编辑"[5]。

尽管不愿指导收集和出版其书信这一浩大的工程，贝克特事实上却同费森菲尔德就自己所期待的书信集有过许多次谈话。他嘱咐编者不仅要收集信件，更要确定写信的语境。

巴黎

1985年3月18日

亲爱的玛莎：

谢谢你2月20日的来信。

我对你确实很信任，知道自己可以依赖你按照与巴尼达成的意见来编辑我的信件，即仅限于选取与我的创作有关的篇什。

这会是一件异常艰难的工作，不过想到这件工作交给了像你这样投入、能干的人，我就放心了。

希望不久在巴黎见面，好好谈谈。

谨上

萨[6]

了解了工程的浩大之后，贝克特向玛莎·费森菲尔德建议说她最好雇用一位助理。听此建言，玛莎挑选了时任《贝克特学界》编辑的洛伊丝·摩尔·奥维贝克。洛伊丝是现代戏剧学者，她以手稿研读为基础对贝克特开展研究，之前已同玛莎合作参与过几个大型项目。1989年，为了与各基金会、档案馆及信件的收件人达成更简洁的通用授权协议，萨缪尔·贝克特、巴尼·罗塞特和两位编辑签署了协议备忘录。备忘录中写道：“此项工程旨在将贝克特先生的信件编选为授权文本，按约定，待作者百年后，由贝克特先生选定的出版商在全球出版。”[7]贝克特先生去世后，此协议由其侄爱德华·贝克特会签，补遗如下：“本人竭诚支持按照作者同意和签署的上述条款与要求来编选萨缪尔·贝克特的信件。”[8]

1985年3月该合同（与有关贝克特“导演笔记”的合同一道）签署不久，格罗夫出版社就被出售给威登菲尔德和盖提出版公司了；巴尼·罗塞特出任新公司下辖格罗夫出版社的首席执行官——那是他希望至少保有五年的岗位。然而，1986年6月，罗塞特被从该岗位上解聘，于是他针对威登菲尔德和盖提出版公司违背合同开展法律维权行动。尽管两位编辑并未中断研究工作，但只有等这一纠纷妥善解决后，对于新组建的格罗夫出版社依然“拥有”原来的合同她们才算吃下了定心丸，从而可以寻求资助，确保编辑工作顺利进行。1993年，格罗夫出版社与大西洋月刊出版社合并，成立格罗夫–大西洋股份有限公司。

收集的书信数量剧增，远超最初的预想；至1996年，两位编辑认识到须出版四卷本。格罗夫–大西洋公司声明，只要萨缪尔·贝克特遗产理事会同意，该公司愿意考虑重新分配贝克特书信学术版的出版权。以出版文学书简而久负盛名的剑桥大学出版社表示有兴趣合作，其人文部主任安德鲁·布朗与萨缪尔·贝克特遗产理事会进行了正式的商谈。

双方的商谈始于1999年初，主要是通过贝克特的文学遗产执行人、午夜出版社的所有者和出版人热罗姆·兰东来协调进行的。细节的协商十分繁杂，主要原因在于，对于已过世10年的萨缪尔·贝克特所期待的"仅限于选取与我的创作有关的篇什"，各方的理解大相径庭。问题在于，这是否意味着所选素材应限于明确提及贝克特的单部作品或所有作品的那些书信（兰东的观点）。而编者过去和现在都认为，那些书信本身就是重要的写作行为，展现了贝克特与其他作家和艺术家的关系。热罗姆·兰东于2001年4月去世时，虽然剑桥大学出版社早已声明只愿出版贝克特的"文学"书信，但任何合同均未签订。文学遗产执行人的位置转交爱德华·贝克特，在他的支持下，2003年9月，授权巴尼·罗塞特为总编辑的那份原始合同由罗塞特放弃，经格罗夫–大西洋公司移交剑桥大学出版社。经过必要而漫长的谈判，各方终于在2005年11月签订了正式的合同。

在反复磋商的这些年头里，两位编辑坚持不懈地编选贝克特的书信，她们一边勤奋工作，一边扩大编辑队伍。《詹姆斯·乔伊斯书信集》的编辑理查德·艾尔曼和《W. B. 叶芝书信集》的总编辑约翰·凯利，均力荐她们向杰出编辑凯瑟琳·卡佛求援。卡佛同意指导她们确立该版的编选原则，并对萨缪尔·贝克特书信编选过程中涌现的许多问题提出了创造性的编辑办法。她清楚自己的健康状况不太允许她参与这项工作，于是将两位编辑介绍给自己的朋友——巴黎美利坚大学比较文学与英语教授丹·冈恩。而冈恩教授认为，除了他在萨塞克斯大学时的良师益友乔治·克雷格，不会有人更适合担任此版书信集的法文译者。爱尔兰出生的克雷格拥有无可比拟的资质来担任此版的法文译者——从都柏林圣三一学院到巴黎高师，他走过了一条与贝克特相同的学术道路。后来，此版德语译者的职责由美国埃默里大学的维奥拉·韦斯特布鲁克担当——她是一位语言教学法专家，母语就是德语，同萨缪尔·贝克特也有一种偶然的联系：早在 1936 年贝克特来汉堡时，她母亲伊尔莎·施奈德就认识他了。

随着项目的展开，有一点变得显而易见，即与一所研究型大学结盟，项目的进展才会有保障。经爱尔兰文学学者、编辑安·萨德尔迈耶力荐，以及埃默里大学罗纳德·舒查德和艾丽丝·本斯顿的支持，1990 年，"萨缪尔·贝克特的通信"终于在埃默里大学研究生院找到了学术之家。埃默里大学给予了慷慨支持，为相关研究提供场所和基本资助；其图书馆和师资（从艺术史系到眼科医学系的师资，从物理学系到古典学系的师资）为这项迅速发展为全球性协作的工程提供了取之不竭的学术资源。在埃默里及国外图书馆与编者一道工作的研究员奉献了自己的学识、领悟和精力；埃默里的大学生协助收集了相关书籍、论文和电子文档。埃默里大学为项目组相继申请国家人文基金会和弗洛伦丝·古尔德基金会的拨款给予了相应的支持。由于古尔德基金会设立了法国及美国档案研究奖，巴黎美利坚大学也得以成为此项工程的巴黎中心。在法文研究方面，那里的学生作为实习生协助了编辑团队的工作；他们在法国的各家图书馆追索问题，而且由于巴黎美利坚大学的学生来自世界各地，在德国、希腊和英格兰也都提供了进一步的帮助。

正如此版"致谢"所示，编辑团队在特定图书馆和档案馆获得了许多研究资助。然而，仅仅一串名字所不能表达的，是许多机构的档案馆员和图书馆员怎样成了令人敬重的同行。贝克特专家慷慨地与编者分享了自己的著作和论文。四卷集中短短的"致谢"无以表明这庞大的非正式"团队"在专业知识和学术勉励方面为此版所做的贡献。

作为萨缪尔·贝克特遗产理事会的代表，爱德华·贝克特积极参与了四卷本的编辑过程。他参加了编辑会议，在关键节点总是随时担当各方的协调人。一旦各方就"与我的创作有关"这一表述产生异议，他总是慷慨地在萨缪尔·贝克特本人提出的限定范围内做出回应。

信件搜寻与誊写

1986 年夏，萨缪尔·贝克特在会见两位编辑时曾简单说道："你们行动起来，见见这些人，行吗？"当然，"这些人"指和他通信的人。对于贝克特，信件首先代表一种保持联系的方式；信件是生活的一部分，常常构成一种终身的关系。为了发觉和理解双方通信既表达又营造的共通点，编者采纳了贝克特"行动起来"的建议，只要有可能就前去同与他相互通信的人见面。贝克特的家人、朋友和同事都乐于支持，毫不保留；在这一方面，他们都表现出对简称自己为"萨"的人的尊敬和爱戴。

虽说本书名为《贝克特书信集》，但该编辑项目仍称作"萨缪尔·贝克特的通信"。写信的双方都应当有发声的机会，不过，在早年的通信中，没几个收信人把收到的信件或送出信件的备份保存下来。为了分辨通信中涉及的关系和问题的语境，编者采访了收信人及其家人和同事；她们查阅了远多于夹杂有贝克特信件的藏品的许多收藏档案，还有各种传记、参考书目、书信汇编、报纸和杂志。贝克特的信件谈及时事以及更宽泛的话题，如历史、文学、艺术、音乐、哲学、心理学、语言学、医学、经济学、文字学、体育，甚至气象学。这些全都成了不可或缺的查阅对象。

萨缪尔·贝克特建议编者针对要采访的人应写好导读卡，并以编辑的名义进行联系。甚至在他直接写信声明自己的授权时,这些个人信函也偶尔会遭到质疑。"那不可能是萨姆·贝克特的亲笔信,"一位通信者说道,"每个字我都认得出。"贝克特写给托马斯·麦格里维的信件(这些信件构成了第一卷的主体,在贝克特数部传记里有关20世纪30年代的章节中也是如此),1985年时还在私人手中,但贝克特认为编者应当查阅那些信件,他说:"我在那些信件里就自己的作品谈了很多。"那些信件是一个进一步研究的焦点,正如别的系列通信是战后时期研究的焦点,写给乔治·迪蒂、玛尼亚·佩隆、雅各芭·范费尔德和热罗姆·兰东的信件尤其如此。对于第三卷和第四卷,写给出版商、译者、导演和老朋友的信件是可资比较的出发点,从中会显现研究的蹊径。

编者首先查阅了公共档案馆的贝克特专藏,如奥斯汀的哈里·兰瑟姆人文研究中心、英格兰雷丁大学的贝克特国际基金会,以及都柏林圣三一学院图书馆长厅珍藏馆楼上的手稿阅览室。此外,通过广泛阅读机构的收藏,编者确定了一份已知与萨缪尔·贝克特通过信的人员的加长名单。接着,编者安排查阅了法人单位的收藏,包括一位出版商保存在楼梯下的数个盒子里的档案,还有一位代理商从河滨库房找来的藏品。编者还追索了私人收藏:在私人藏品中,发现贝克特的信件与一辈子积累下来的论文和书籍混杂在一起并不稀罕;当然,寻找和梳理这些材料费力又费时。自1985年该项目启动以来,越来越多的藏品从私人手里移交到公共档案馆了——有时是捐赠,有时是通过拍卖行和经销商的一系列商业行为。移交之前无法查阅,这是常有的事。

一有可能,编者就与贝克特的通信人面谈;如果收信人过世了,编者就与其家人和合伙人商谈,对涉及其人生和工作的档案进行仔细梳理。通过这些访谈,她们或是了解到贝克特特定朋友圈里还有别的个人,或是澄清了出版社职员所扮演的角色,要不就明确了贝克特与戏剧制作团队的合作细节。这样做既拓宽了她们对贝克特通信语境的理解,也使她们更清楚贝克特圈子里的人际关系以及文化差异：20 世纪 30 年代的都柏林与巴黎大不相同，正如 1936 年的柏林与 1975 年的柏林是两个世界一样。

"阅读"贝克特的信件是一个包含数个步骤的过程。首先，只要有可能，编者就在现场查阅信件，无论是在档案馆还是在某个人的餐桌旁。接着，就在现场和项目办公室（借助照片）誊写信件；在她们看来，对于从其他收藏处找到的信件和文件，这些步骤是必要的。然后，做进一步研究，拟定副标题，判定日期，或者核对名字。最后一步是比照原件核对誊写稿。

由于贝克特信件的每一位收信人体现的是一种演进而且有时长达数十年的人际关系，编者就一边查阅必然的往来通信，梳理相关出版物，一边把收集到的材料从头到尾转录下来。这一过程很难做到整齐划一，因为档案和人员很少位于同一个地点，而且假如是公共档案馆的藏品，这些藏品就会同时用于多项研究。若是商业档案，熟知出版商或戏剧代理商流程的人士，以及了解演艺集团的艺术制作过程的人士，都给予了编者大力帮助。朱迪丝·施密特·道协助查阅了格罗夫出版社存于雪城大学的档案；利·施密特协助查阅了柯蒂斯·布朗（贝克特英文戏剧的代理商）存于伦敦的档案，理清了其公司经营贝克特剧本的过程。斯特凡妮·洪青格尔和康妮·里科诺（分别为贝克特戏剧在德国和意大利的代理商）奉献出了关于各自国家戏剧经营的真知灼见；莱因哈特·穆勒–弗雷恩菲尔斯，摄影师吉姆·刘易斯，以及曾与贝克特合作，将其电视剧剧本拍摄完成并在南德广播电视台播出的摄影师康拉德·柯特，都协助编者了解了拍摄过程。

当浩如烟海的信件被分门别类地整理好之后，所有这些信件就按时间顺序被单独编入一个文件夹。合并之后的文件夹内容详尽，给人以新的启发。更重要的是，对全部信件的总览，连同对各组信件的时间排序，使编者在随后挑选信件出版的过程中得以判定各卷的分量和相互之间的平衡。虽说之前她们以为贝克特的信件本身会显露叙事线索，但同时她们也意识到作者的语气变化多样。同一天写给不同人的信件呈现的信息也许相同，但意思却大不相同。有时，时间的流逝改变了作者的观点，正如当新的想法或特定的排演问题促使贝克特重新考虑怎样排练剧本时那样。

只有从头至尾审读贝克特的信件，才清楚编辑工作的规模。据信这位"离群索居"且"沉默寡言"的作家，竟忙于卷帙浩繁的通信：有200封信是写给同一个人的，300封信是写给另一个人的，600多封信是写给第三个人的。

编选原则

四卷本《贝克特书信集》选登完整的信件将近2 500封，注释中另引用信件多达5 000封。如上文所提到的，当贝克特授权出版"仅限于选取与我的创作有关的篇什"时，事实上他自己已提出了编选的第一条原则。

不可避免的是，编选是一种阐释行为。其显性的宗旨一直是在唯一性和代表性之间取得平衡，同时尽量多地选入有关贝克特创作的信件。编者采取的第一个步骤就是将所有信件整理得井然有序，这样可从中获得可能最大的整体感。随着新的信件陆续出现或被发现，编者的编选框架和视角免不了受到检验和更改。不管个人收藏的数量和范围如何，有些信件一看就应当入选；别的信件在有相邻信件的语境下，则可选可不选。有一点很重要，即信件的大范围和多样性应予以体现：简单的致谢、细致的出版要求、版权谈判、印制问题的解决预案、时有时无的风险、审美视角的漫长讨论，以及关切、友好的举动。精选而成的版本应给语气精妙、内容精彩的信件留有空间，还应具有广度和细微的差异。编者希望，自己的偏好不应左右编选的范围；的确，她们的专业多样性有助于保证，选材上的对话是一场活泼、均衡的对话。

入选的原则制定了又检测，接着重新制定，重新检测，再重新试用。核心的问题包括：该信记载了贝克特创作生涯中的标志性事件吗？该信体现了贝克特的作家身份吗？它呈现了贝克特与同事们的工作关系吗？它反映了贝克特的所读、所思和所评吗？它表明了贝克特对艺术和音乐的回应吗？总而言之，该信是整个书信集中的一个亮点吗？

每时每刻都要做出选择。贝克特外出度假时，总要写许许多多的明信片，还要写很多信件，确认收到了书籍或剪报。后来几年与贝克特通信的人，多数都收到过一张小小的明信片，上面写着（比如说）"请于11点至圣雅克大街 PLM 酒店的法国小咖啡馆共饮"。面对类同的信件和明信片，编者必须依据其在整体叙事中的作用做出选择。那张明信片（或那封信件）确立（或表明）了一段持续的工作关系吗？它填补了时间上的空白或说明了场所的变更吗？它触发了对贝克特的创作至关重要的进一步联系吗？

生活与创作之间的界线不易划分。在特定的信件里也许纯属私人问题的内容，过了数月甚至几年，兴许会一字不改地出现在出版作品中。而看似文采飞扬的内容常常出自一种细腻、活泼的联系感或错位感。

编者希望呈现的是完整的信件，配以贝克特所写其他信件中的内容进行注释。然而，她们也不得不接受现实，即涉及在世的当代人及其直系亲属的任一版本均须尊重个人隐私和公众声誉。她们的观点并不总是与萨缪尔·贝克特遗产理事会的观点吻合，尤其是在由热罗姆·兰东担任文学遗产执行人期间，他认为贝克特所言的"创作"仅指已出版的文本。当爱德华·贝克特接任文学遗产执行人时，他基本赞同编者坚持的观点：信件本身就是重要的写作行为；贝克特所言的"创作"既包括已出版的作品，也包括废弃的片段；贝克特读过的书，他对艺术和音乐的兴趣，以及他与其他作家、音乐家和艺术家的关系，这些对于他的文学创作都是至关重要的。

尤其是鉴于贝克特的几部传记都直接引用了他的信件或转述了其内容，编者相信，因为贝克特谈及他自己就把一封信或其中的片段排除在外，这是不大站得住脚的。仅举一例：编者认为，贝克特频繁谈及自己的健康问题——有时几乎带有强迫性地谈，脚痛、心悸、疝子、囊肿等等——和他的创作具有直接的关系；对这一观点，萨缪尔·贝克特遗产理事会不予支持。

编者并未因为信件提及个人的困难，或含有道听途说的传闻（此版中当作对第三方观点的转述），或触及当事人认为太过隐秘的事情，就让信件落选，而是遵循了"入选"原则，将与作家贝克特相关的信件一起公之于众。尽管这样做要求省略一些内容，但编者力求控制在一定限度内。此版所选的每一封信都注明了目前的收藏人，而出自公共档案馆的信件则可全文查阅。

所用语言

贝克特写信主要用英语（占65%），其次用法语（30%），再次用德语（5%）。所用语言也许取决于收信人的第一语言，或取决于贝克特与收信人共同的语言，有时也取决于别的因素，例如给麦格里维写信时使用法语可以保证通信内容不会被泄密，或者想玩文字游戏。贝克特措辞和句法的丰富性，及其爱尔兰特色的短语、偶然出现的法语成语，以及他对多种语言的知识、混用多种语言的意图、对词源的好奇心和巨大的词汇量——这一切及许多其他特色提出的挑战，是为更纯粹地身处一个单一的传统或时间中的作家编选作品的编者所不会面临的。

呈现样式

编辑原则的形成始于贝克特的信件本身。编者的宗旨一直是，在可能之处均让信件为自身证言，她们崇尚的是最低限度的介入。信件以书面形式呈现，保留贝克特的措辞习惯和个性。但呈现出来的是"誊清件"，反映了贝克特写信过程之中或之后所做的修改，就是说，是收信人收到信件时的样子。假如贝克特删掉一个词再插入一个短语，那么他插入的短语就予以保留；假如贝克特纠正了自己的拼写，那么纠正后的词就予以留用。除非显而易见的排版错误，如重打和多余的空格，任何校订均做出说明。编辑过程中为澄清含混之处所做的校订置于方括号内（如难以确认，前面置一问号），以表示这些内容并非贝克特所写。信件按原用语言呈现；英语译文紧随其后[1]；若有词汇或短语为信件所用主要语言之外的语言，则在注释中给出译文。

贝克特很少在信件的正文里写上收信人的姓名和地址，为此，编者在每封信的信头均给出收信人的名字和收信地址（如能理清）。写信日期和地点按所写的给出。贝克特的签名按所写的录用。附言置于签名之后；如附言的位置与此版中不同，其在原件中的位置则予以注明。

每封信后均置一文献注释，对原件做一简介，说明是手写还是打字，是签全名还是签首字母，是风景明信片还是平信；其中包括信件的张数和面数。该注释还注明别人对该信件的标注，或影响该信件可读性的损坏之处。该注释交代了原信是否写于信头纸上，或者卡片上是否留有贝克特名字的印记；假如是风景明信片，甚至还交代是何种风景。其中还有送信的细节，假如信封尚存，甚至有信封上的信息：收信人及收信

---

[1] 如原信用法语或德语写成，则加脚注予以说明；如原信用英语写成，则不做说明。本书中所有信件均从英语原文或英语译文译出。

地址，邮戳，及其他标识，甚至在别人手里留下的标识，例如送信说明。最后，该注释还交代了信件的所有权或存放处。

凡必要处，这一信息之后是对日期判定的分析。贝克特偶尔标错信件的日期，尤其是在年初的时候。在直接会晤后的通信中，或者在信件来往十分迅捷的通信中，比如像与乔治·迪蒂的通信中那样，只能标明是几点钟或周几。编者标注的日期均置于方括号内，存疑的标注日期则做出注释；有时，这类标注只能交代日期范围。

内容注释

在有关此版的早期谈话中，贝克特告诉编者："拜托你们，请勿评注。"编者答复道："不加评注，但是得有语境。"对此，他欣然同意。

在不可避免的问题（何人？何事？何时？何地？何故？）的驱使下，编者涉猎了有时非常难以查证的领域，例如菜单与时间表，戏单与天气预报，汇率与体育赛事的结果。当然，只要找得到，收信人写给贝克特的信就是最派得上用场的资源。回信找不到时，收信人及其同事通常会告知相关信息，也乐于提出新的研究路径。贝克特的其他信件常常能提供必要的信息；只要可能，注释中就会用到这些信件。每当有必要澄清已出版资源中没有谈及的问题时，编者就请教许多领域的专家和学者。在构思注释的过程中，编者力图为未来的研究打开大门，而非囿于一隅，她们始终想到，未来一代又一代的读者和学者会就这些信件提出新的问题。

对于书信集中的注释，会涌现出数种观点，诸如所谓"最大化"方法（例如，由约翰·凯利担任总编辑的《W. B. 叶芝书信集》中就采用了此种方法），以及"最小化"方法（这是理查德·艾尔曼在编辑《詹姆斯·乔伊斯书信集》时青睐的方法）。两种方法均有长处。前者有助于好追根究底的读者理解语境以及常常很隐晦的指涉，但弊端就是转移了读者对信件本身的注意力。后者一直聚焦于信件主体，但短处就是给读者留下许多未解的问题。此版为贝克特书信的选集，而非全集，可能的情况下就援用贝克特所写的其他信件进行注释。对于注释，尽管编者主要采用了"最小化"方法，但是由于材料的复杂性，有时似乎并未能实现"最小化"。主导性的原则是，对于理解信件而言不可或缺之处就予以注释；然而，对于像贝克特这样博学多闻、长于数种语言且精通文学史、艺术史和音乐史的作家，不可或缺的东西只怕是多得令人生畏。

要动手注释，都要事先就读者应当具有的常识和专业知识做出假定，也要对读者手头理当拥有的研究工具做出假定。熟悉20世纪30年代乃至20世纪50年代的读者愈来愈少，而通过互联网搜索引擎，瞬间就能获取大量资源（如电子版的绝版文本、陈列馆收藏的电子目录及可检索的文本库）的读者却与日俱增。目前的版本力求成为学术性记录版，并据此对读者的修养做出推定，但推定是不均衡的：既然贝克特的读者多半精通文学，而非视觉艺术，那么理所当然，他们就该在文学方面更有造诣，而非在艺术、音乐方面，或在国际象棋、数学、电视制作方面，或在贝克特涉猎的许多其他领域。

注释直接置于信件、文献注释及其译文的后面；因为注释既是针对信件本身的，也是针对译文的，所以采用了尾注，而非脚注。注释旨在辨明信件中的人物、地点、时间和其他参照。它们常常引出提供详情的文献，比如贝克特自己的笔记本，其作品的各种版本，以及他所读的材料，但不提供贝克特作品中的回响或者对应段落，因为这样的例子数不胜数。一有可能，注释中会引用其他文件和写给贝克特、发自贝克特和关于贝克特的信件。引文的出处在注释中提及，包括未出版材料的存放地点。每一卷的末尾列出了所引用的出版物。

对人员的初次介绍一般包括完整的名字（其后是绰号或假名）、生卒日期以及对其首次提及时的生涯或活动的简介；遇有存疑的信息，前面置一问号。后文再提及，均不重复介绍，但是如果名字、角色或行当变了，可以有些拓展；并不循序而读的读者应通过索引查到该信息所在的位置。信件中提及频率达到一定数值的收信人及其他人员的简介，以及出版物和机构的概况，可在后面"人物与出版物简介"中查到。至于编辑行为的细节，包括缩略、标记、贝克特措辞的个性以及对编者的翻译原则的讨论，均随后置于绪论部分。年表为概览，置于每一年的信件之前。

各卷划分

按此版的原始合同，贝克特的书信应分为三卷，但因数量之多，60年的通信分为四卷方更切合实际。这样，各卷的划分就显得较为自然。

第一卷（1929—1940）以贝克特从德国写给在巴黎的詹姆斯·乔伊斯的信开篇，以纳粹军队即将占领巴黎时写给布拉姆·范费尔德的伴侣玛尔特·阿瑙德的信结尾。在这11年里，贝克特探索了爱尔兰之外的世界：他居无定所，先是在巴黎高师任教，接着回到都柏林圣三一学院任讲师，1933年至1937年之间时而住在伦敦，时而住在都柏林，而1936年末到1937年初则漫游德国。虽然1937年底贝克特已定居巴黎，但从未把爱尔兰抛诸脑后。

在青年时代，即便贝克特声称没有从事文学伟业的资质，他也在构想自己的文学生涯。这期间，托马斯·麦格里维是最主要的回音板，而其他人虽然有的思维更敏捷、回信更积极，但都只是一般听众，其中最重要的有乔治·雷维、阿兰·厄谢尔、爱德华·泰特斯、萨缪尔·帕特南、欧仁·约拉斯、玛丽亚·约拉斯、詹姆斯·乔伊斯、杰克·B.叶芝、查尔斯·普伦蒂斯、努阿拉·科斯特洛、玛丽·曼宁·豪、布莱恩·科菲。

对贝克特而言，写信既是文学练笔，又是交流所需，是一种写作行为，常常如为发表而创作那样激动人心。虽然这段时期写的部分信件仍未发表，但其论文《论普鲁斯特》、短篇集《回声之骨及其他沉淀物》和《徒劳无益》以及长篇小说《莫菲》均已出版，而其诗歌、杂文和单篇短篇小说也已在都柏林、伦敦和巴黎的杂志上面世。

二战时期，贝克特在法国"抵抗组织"从事地下活动，后来为躲避盖世太保的追捕，逃到了维希法国的鲁西荣。这段时期虽然还有信息往来，但都是正式的电报，只能发给维希法国的爱尔兰公使馆，或通过公使馆发出去——都是贝克特给家里发的干巴巴的几句，说的无非是健康或生活费的事，丝毫没有提及创作。

第二卷（1941—1956）在二战的余波中开篇，那时贝克特待在爱尔兰，但不久即作为爱尔兰红十字会野战医疗队的成员回到了法国。在此卷涉及的 15 年里——那既是一段史无前例的高密度文学创作时期，也是一段时显狂乱的信件写作时期，贝克特创作了他最著名的作品，到这一阶段的末期，《等待戈多》已被译成多种语言，搬上了法国、德国（1953年）、英国和爱尔兰（1955 年）的舞台，甚至打入了美国（1956 年）的剧院，贝克特的声誉已是如日中天。这一时期，贝克特开始正式用法语创作，其中最引人注目的是小说三部曲《莫洛伊》《马龙之死》和《无法称呼的人》，以及戏剧《自由》和《等待戈多》。这一时期也见证了贝克特阐释最明确、表述最充分的美学观的形成，那种美学观多半源自他与艺术史学者、《转变》杂志战后版编辑乔治·迪蒂长期且热情洋溢的通信。这一时期，贝克特历经波折，同出版商和代理人建立了持久的关系，在其此后的创作生涯中，他们将全权代理其作品，如法国的午夜出版社，纽约的格罗夫出版社，伦敦的约翰·考尔德出版社、费伯出版社，以及德国的菲舍尔出版社和苏尔坎普出版社。

虽然到 1957 年时贝克特接受了"江郎才尽"的窘境，但第三卷的书信依然展现了一段以实验为主的时期。这一时期，贝克特为电台和电影创作脚本，为戏剧《终局》《克拉普的最后一盘录音带》《开心的日子》创造了革新的空间，也为《是如何》和其他更短的小说创造了新的、挑战性令人望而止步的叙事形式。他还亲自出马，努力将自己的作品搬上舞台，送进电台、电影和电视。可以肯定的是，到《等待戈多》被译成英文时，贝克特下定了决心，自己的作品无论是用法文还是用英文构思和创作的，他都得亲自负责其翻译；除了极少数例外，他确实做到了。对他而言，把作品从一种语言换成另一种语言依然是非常不易的。

这一时期的信件谈的常常是具体事务：译者提出的问题，导演遇到的难处，或者系列短篇散文片段纳入选集时的排序。选入本卷的支撑材料包括对贝克特的友人、编辑、导演、设计师、演员和"评论家"的访谈。编者查阅了相关脚本、照片、录音、书评，以及贝克特制作团队收到和所写的信件。虽然为相关研究已尽最大可能与贝克特信函的接收人进行直接交谈，但这也要求编者与分散的文件打交道，那些文件还多半在私人手中，或者还处在移交档案馆的过程中。

1969年底，贝克特荣获诺贝尔奖，其妻苏珊娜称这一荣誉为"灾祸"。随之而来的世界瞩目不是他们追求的目标，这一点在第四卷有所反映。该卷以1970年起始，以1989年作者去世结尾。这一阶段，贝克特写信的负担有所加重：要给老朋友回信，要给新通信人答复，要安排见面，还要授权项目、指导排练，甚至取消合作。这一阶段见证了许多新作品的出版和上演，可见，贝克特一如从前，想方设法留出了创作所需的私密时间。在电视剧《幽灵三重奏》《……可那些云……》《夜与梦》和《方庭》中，新媒体的表现力得到了更充分的探索。在舞台剧中，贝克特常常借助录音拓展内在性的在场，例如《那一回》《脚步声》《乖乖睡》《俄亥俄即兴作》《收场》以及《什么哪里》。从创作生涯开始以来贝克特就一直写诗，在最后这一阶段他也坚持写诗，所写作品有简短、精炼的

《蹩脚诗》，也有片段《怎么说呢》的开放性冥思。这一阶段的代表作有《灭绝者》《静》《陪伴》《看不清道不明》《向着更糟去呀》和《静止的微动》。

信件脱漏

有时，贝克特及与他通信的人都在不同国家间频繁奔波，随身所带不过一口行李箱而已；因而，除非必不可少，文件均被丢弃。随着文件失踪，地点发生了变化：有些建筑已不在原地，街道也更名了。艺术作品是可移动财产：贝克特在一家博物馆看到的绘画当中，有些现在归属另一家收藏机构，这是不足为奇的。由于二战带来的浩劫，正常的变迁被变化无常取代。1936 年至 1937 年游历德国期间，贝克特在私人收藏室和公共博物馆看到的艺术作品，有些被收缴、转手甚至毁掉了。在编者的研究中，这类艺术作品无论过去的还是现在的，其所在地和所有权都应当有所交代。

在时间和文化上，所有当代读者都远离贝克特信件的即时语境了。编者不得不承认，知识上她们有欠缺，她们也毫不犹豫地交代了所能发现的素材的局限性，说明何时字迹难辨，何时所指不明，何时证据不足，又何时相关信息无处可查。无论提的是曾经普及的专利药品还是连动式磁带录音机，贝克特的信件都证明了寻常的现实有多快就改变了。

萨缪尔·贝克特的大多数信件均以"很高兴收到来信"之类的句子开篇，这一事实表明，写信对他而言是一种愉悦、真实的联系。回信时，贝克特交代了时间的流逝、距离的遥远以及场合的变迁，也常常想弥补脱漏。即使所有术语（作者、作品中的声音、机缘、读者）均所指不定，均合谋背道而驰，信件总要力求缩短（即使不能弥合）作者和读者之间的距离。[9]

注释

1. 萨缪尔·贝克特致阿兰·厄谢尔的信,1962年11月6日,得克萨斯大学奥斯汀分校哈里·兰瑟姆人文研究中心。

2. 贝克特致玛丽·曼宁·豪的信,1965年12月25日,得克萨斯大学。

3. 萨缪尔·贝克特,《尊贵无二的作家:萨缪尔·贝克特与艾伦·施奈德的通信》,莫里斯·哈门编(马萨诸塞州坎布里奇:哈佛大学出版社,1998)。其中一些信件曾发表于萨缪尔·贝克特《有关〈终局〉的信件:贝克特与导演艾伦·施奈德的通信摘录》,载《村声》(1958年3月19日)第8期,第15页;重印于《〈村声〉读本:〈格林尼治村报〉杂录》,丹尼尔·沃尔夫及埃德温·范彻编(纽约:道布尔迪出版公司,1962),第182—186页;第二版(纽约:格罗夫出版社,1963),第166—169页;重印于《关于〈终局〉》,见萨缪尔·贝克特,《碎片集:杂谈及一个戏剧片段》,鲁比·科恩编(纽约:格罗夫出版社,1984),第106—110页,配英译文。

下列集子发表了贝克特致不同个人的未删节信件:萨缪尔·贝克特、厄里奇·弗兰森,《关于翻译〈莫洛伊〉的通信》,载《巴别塔》第3卷(1984年春),第21—35页;克莱尔·斯托里格、纳萨里·斯库勒编,《布拉姆·范费尔德》[致玛特·阿瑞德、布拉姆·范费尔德、雅克·帕特南的信件及一些影印件](巴黎:乔治·蓬皮杜现代艺术中心国家博物馆,1989),第160、165、172—175、183、185、187—189页;莫里斯·纳多,《愿圣恩赐福他们》(巴黎:阿尔班·米歇尔出版社,1990),第363—369页;维维恩·阿博特,《这么回事:伊根与贝克特》,载《德斯蒙德·伊根:诗人及其诗作》,休·肯纳编(缅因州奥罗诺:北极光出版社,1990),第45—53页;萨缪尔·贝克特,《致巴尼·罗塞特的信》,载《当代小说评论》第10卷第3期(1990年秋),第64—71页;萨缪尔·贝克特、巴尼·罗塞特,《戈多信件:行之久远》(萨缪尔·贝克特与巴尼·罗塞特的通信),载《新戏剧评论》第12卷(1995年春),第10—13页;马林·卡米兹,《喜剧》[影印版](巴黎:目光出版社,2001),第14—25页;以及安妮·阿提克,《这么回事:追忆萨缪尔·贝克特》(致阿维格多·阿利卡和安妮·阿提克的信件,影印版)(伦敦:费伯出版社,2003)。

在印刷版和网络版的陈列、专藏和交易目录中,贝克特的信件得到了再版。下列集子为再版贝克特信件最齐全者:卡尔顿·莱克著,琳达·艾科恩、萨莉·利奇协编,《无义可索,符号不存:人文研究中心库藏中有关萨缪尔·贝克特的书籍、手稿及其他材料编目》(奥斯汀:得克萨斯大学奥斯汀分校人文研究中心,1984);玛丽安·阿尔方萨、纳萨里·雷格编,《客体:贝克特》(巴黎:蓬皮杜中心,IMEC版,2007)。

许多出版物收录了贝克特的个别信件。其中,选入本卷的致阿克瑟尔·科恩及致谢尔盖·爱森斯坦的信件是再版最多的。为此，在本卷及其后三卷中，个别信件先前的版本在参考文献中都予以列出。

4. 贝克特致玛莎·道·费森菲尔德的信，［1986 年夏，］私人收藏。

5. 贝克特致卡尔顿·莱克的信，1987 年 10 月 24 日，波士顿学院约翰·J.彭斯珍本与特藏图书馆（下文简称"彭斯图书馆"），罗塞特文献集。

6. 贝克特致玛莎·道·费森菲尔德的信，1985 年 3 月 18 日，私人收藏。

7. 1989 年 3 月 28 日由萨缪尔·贝克特签署。

8. 1990 年 4 月 24 日由爱德华·贝克特签署。

9. 见《与乔治·迪蒂的三个对话》，贝克特《碎片集》，第 144 页。

法文译者序

翻译从来都不是简单的，但至少在一个主要方面，翻译又通常是直截了当的：译者将作者的母语转换成读者的母语。关于贝克特，我们的情形就有所不同了。首先他的母语是英语；法语是他逐渐习得的语言，学习的过程从童年时的懵懂无知一直延续到青少年时期的基本表达自如。当贝克特1937年底定居法国，开始与只说法语的人士交往时，无论他的法语水平如何，他的信件当中至少有一些得用法语来写。当然，这一转换并不简单。大多数情形下，他这么做显然是出于实际需要：收信人只懂法语，或者只略懂英语。但对母语是英语的朋友和熟人，贝克特有时刻意用法语来写——时而打趣，时而显摆，时而表示特定的亲密。其英语信当中，有许多夹杂了法语，有单个的法语词语或短语，也有整段都用了法语。

那么，译者必须牢记贝克特的法语有两个维度："历史–发展"的维度和语气的维度。从前一维度来看，第一步就是判断写信时贝克特身在何处，或者处于所谓学习曲线的哪一阶段。在早期信件中这一步是至关重要的——那时贝克特正式学习法语的时间还不长——随着时间的流逝，这一步渐趋次要，但从不无关紧要。在随后几卷，我们会看到贝克特的法语信要打草稿，在信件涉及司法或行政语言这类基本陌生的领域时尤其如此（比如询问版权时，或者与剧院经理和舞台监理谈判时；和导演和演员通信则不同，同他们沟通则既容易一些，又自然一些）。

有一封与众不同的信展示了这种犹豫带来的文体效果：贝克特向谢尔盖·爱森斯坦提出请求（标注日期 1936 年 3 月 2 日），希望能去莫斯科，在他的指导下干活。这份存世的文件以标准的法语开篇（语气正式的"Monsieur"［先生］），以相对正式的法语结尾（"Veuilliez agréer mes meilleurs hommages"［请接收我最崇高的敬意］）——不过第一个单词拼写错了。语气上，整封信将英语文体和法语文体混在了一起。开篇选用法语当然是理智的：爱森斯坦对法语会感觉更自在，这几乎是肯定无疑的。然而，信件的正文却是用英语写成的，不过这一部分也有犹疑痕迹：履历中有三个不太像样、点缀着缩略词、显得拖沓的句子，以及别的反常之处。简而言之，该信读起来像草稿。像贝克特这样崇敬爱森斯坦的人，绝不可能寄出这样一堆杂烩，请求（至少是希望）那位伟人赐以表示眷顾的答复。贝克特写给朋友们的书信表明，他在英语和法语之间转换是轻松自如的，但这封信却是超越语言的犹疑的例证。是怎样的思想或情绪的变化促使他寄出这封信，恐怕已无法说清，但他确实寄出了这封信。

　　一旦贝克特决定用法语创作用于发表的作品，发展的维度就更显重要。这一决定影响广泛，尤其意味着用法语写作再也不可能纯为隐私了。这样的信可让我们洞悉贝克特所做决定的影响，但也提醒我们他依然是个说英语的人，依然是个用英语创作的人。这引出了一个影响深远的问题。有时，责任译者担心自己到底有没有"读懂"：操同样语言的人会不会"那样说"呢？事实上，他们担心的是自己也许背叛了所译作品的原作者。仿佛是嘲笑自己自作多情，他们总能听到"traduttore traditore"（翻译即背叛）这一糟糕的结局；但是他们学会了伴着危险生存。面对贝克特，情形更具挑战性。对于他的每一封信，我们都可以说其中一部分甚至整封信他本可以用英语来写。但其英语信的正文部分搁在那儿，让最最大胆以及最最胆怯的译者记起，说英语的贝克特，或确切地说，贝克特式的英语是绝对不能想当然的——或者说，这样的虚构是绝对有风险的。他的个性化文字游戏该如何处理呢？译者的临时造词能传达贝克特造词的意蕴吗？他对法语大写字母惯例（日期名、月份名、书籍名、机构名）的漠视该如何看待呢？以及他使用变音符的零乱性（他住了几个月的地址"Hôtel Libéria"［自由宾馆］写出来时常常没有加变音符；"ça"和"Ça"所需的软音符几乎不写，部分原因是打字机所限），又该怎么看待呢？如此等等，不一而足。

显而易见，这些问题不能置之不理。为此版所做决定列述如下。主要观点是，我们应始终以当时的英语信为参照，用以查明该如何行文方为恰当，尤其是俗语的行文。这常常意味着假如在写信的时候并未流传开来，一些说法就该排除在外，即使那些说法保不住更整洁、更有力。因此，在二战俚语里，"fed up"被撇开，"browned off"派上用场，接着"cheesed (off)"这样的变体被临时换上，最后"pissed (off)"[1] 成了几乎通用的说法：要表达贝克特面对出版商的冷漠或拒绝时的情绪，这些俚语可能全都很贴切，但在 20 世纪 30 年代全都没有人说，而第一卷所选信件绝大多数又恰好写于那个年代。这同样不只是词汇选择的问题。在 20 世纪 30 年代，"I did not" "they were not" "it is" 等都是惯常的写法；到 20 世纪 40 年代末，缩写"I didn't" "they weren't" "it's"等就要常见得多了。这类变化中并非最索然寡味的特点，是接受的速度千差万别：这么说吧，意识到潮流变迁的记者跑上了快车道，而老迈的学者则滞留在慢车道上。贝克特的行文本身就是多变的。比如说，在 20 世纪 30 年代末，他依然在写"to-day" "to-morrow"，这是值得留意的。说到他自造的词汇（临时造词、混成词等等），翻译的宗旨是不仅要传达其语义或语气的倾向，而且要表现其"电负荷"（行文或多或少

---

[1]　上述英文俚语均表"厌倦了""受够了"之意。

的气魄）。至于贝克特的"语言错误"（笔误、专有名称拼写错误或记忆错误、未修改片段中难免偶然出现的蹩脚之处），译者的措施是在编辑材料中不要再现这些，而是换用所谓正确的形式（"today""Hôtel Libéria"）；若是标题中的大写问题，则使用现时的法语（英语）惯常写法替换其所用法语（英语）词汇。

使这些问题相形见绌的，是一种更让人闹心甚至更叫人害怕的忧虑，那就是如何面对贝克特改用法语进行创作的决定。若是用了另一种语言，他会怎么说呢？仅举一例即可说明。假如给朋友写信时，他准备提起他们俩都认识的一个人："Il y a longtemps que je ne l'ai pas vu." [1] 该句至少有两种英语译文："I have not seen him for a long time"，或者"It is a long time since I saw him"。但贝克特是爱尔兰人，而且假如是给爱尔兰同胞写信，那么他很可能会说（常常就这么说）："I have not seen him this long time." 该句要求"long"重读，而这一用法在标准英语中是没有的。假如译者意识到可能有两种译文，那么他该选择哪一种呢？在实践中，我们的决定是，只有在弄明白了收信人对俩人均熟悉这样的情况下，才使用爱尔兰英语。相对而言，这一假设的例子无足轻重，但显示了某种远远超越译者通常思考范围的东西：贝克特与其母语的关系——我们得弄清楚，他的母语是英语，而非爱尔兰语，后者他是不懂的。那一关系不是这区区几页能交代清楚的，但某些方面却与翻译直接相关。因为那一关系不是对称的：在关系图示中，有时他的法语越来越好，而英语越来越差。贝克特的情况与（比如说）卡夫卡的情况大不相同，后者意识到存在一种语言迷失域，由于外在的历史政治原因，其中有三种语言挽留他：德语、捷克语和意第绪语。同样，贝克特也不是纳博科夫，后者最终放弃俄语，改用英语进行创作，那一决定与他摒弃苏

---

[1] 该句意为"我很久没见过他了"。

维埃俄国有关。

事实上，贝克特的情况不是新生事物——但作家们并不这么看。对于不管什么原因做出自由选择，沉浸在他国生活、语言和文化中的所有人，情况均如此。与恋爱关系的发展不无类似，第一个阶段的标志常常是新目标的理想化，以及推翻以前事物的趋向。在这套书信集的第二卷和第三卷中，这一点显而易见，因为那时贝克特也忙着将自己的作品翻译成英语。对他而言，这一工作既是沉重的负担，也令人不快，至少部分原因在于他对母语的矛盾态度——他曾称之为"cette[1]可恶的语言"。对翻译这类杂务，他一直有些反感，不过将自己的作品翻译成英语他倒是极为关切，这一点表明这些问题是不能拿喜欢和厌恶来做评判的。

一旦《等待戈多》声名远播，译本接踵而出，基本上都是译成贝克特不甚了解或一无所知的语言，但至少有一门有趣的中介语：德语。由于所读书籍和在德国的游历，他对这门语言并不陌生：其掌握程度不可与他的法语水平相提并论，甚至没法与其意大利语水平不分伯仲，但足以让他在一些方面担心译者的质量。确有这样的事发生，好在他的首要德语译者艾尔玛·托普霍芬能做出相应的反应，接着两人之间就是一段引人入胜的通信和一种恒久的友谊。更普遍的情况是，贝克特写给译者们的信既展现了他对译者工作的宽容和赞赏，也充满了他对创作和语言的敏锐思考与真知灼见。

国别之间的差异还有一个方面较为重要：非罗马字母语言（主要是俄罗斯语、希腊语、阿拉伯语）中的词汇（尤其是专属名称）的表现力。以俄语为例即可充分展现其难度。音译是为了尽可能贴近地表现俄语的发音，但音译词的拼写本身却依据译语的规范而大不相同。因而，俄罗斯诗人"普希金"对说英语的人是"Pushkin"，对说法语的人却是

---

[1] 法语，"这"。

"Pouchkine"，戏剧家"契诃夫"则分别拼写成"Chekhov"和"Tchekhov"。但对于丝毫不懂俄语的人，该国的音译却是唯一要紧的。对于（比如说）阿拉伯地名，情况没有丝毫差异：摩洛哥的"马拉喀什"在英语中音译为"Marrakesh"，在法语中音译为"Marrakech"。贝克特的创作生涯多是在法国度过的，他所见到的通常是法语音译。凑巧的是，俄语名称的问题再次浮现，在一个迥然不同的文化和历史语境中浮现。尤其在法国，舞蹈界深受"俄罗斯芭蕾舞团"（Ballets Russes）奠基人谢尔盖·季阿吉列夫的创新的影响。其舞蹈团的名字暗指俄罗斯与法国之间的悠久关系（那些日子，有教养的俄罗斯人都说法语，有的甚至以法语为第一语言），而季阿吉列夫带着演员出访的也是法国。其中许多人在法国定居下来，还把名字改成了法式拼写。在法语中，"Massine"和"Fokine"（兴许仅仅在这一方面像"Lénine"和"Staline"）末尾添加了字母"e"，否则第二个音节中会平添一个不必要的鼻音。在广告牌、戏票和戏单上，这些名字贝克特见得多了。作家、音乐家（无论作曲家还是演奏家）和演员的名字也是如此。写到这些人时，贝克特往往采用看到的第一个名字，而不管母语怎么拼。最后，对外国名字或术语，贝克特的处理是变化无常的，深受写作时身处何地的影响。20 世纪 30 年代末，他游历了众多德国艺术馆，在受此启发所写的信件中，他常常采用德语拼写"barock"替换英语拼写"baroque"（类似法语拼写）；或者用德语音译来称呼法国的城镇：用"Strassburg"指"Strasbourg"，"Kolmar"指"Colmar"。与此相反，他还使用英语拼写来指代某些法国地名，例如"Marseilles"。

不过，最关键的还是法、英之分及其影响。在那一划分当中，尚可划出新的分界线：《等待戈多》之前和之后。声誉送来奖赏，但相应而来的代价也令贝克特感觉沉重。这对贝克特书信的影响是立竿见影的。老朋友也好新朋友也罢，和他通信的人不再只是朋友。他写信第一次显露出戒心来。贝克特的谦恭有礼已是美谈，他是有信必回的，但许多人直接或间接提出的问题让他烦恼或者郁闷（写给朋友的信看得出其程度）。伴随着时间的分配，类型也要进行划分：一方面是写给至交的信，另一方面是写给其他人的信。

贝克特专属的问题不止这些，还应加上其他无可逃避但更加宽泛的事情。用法语写给非至交的所有信件，通常是正式的信头，以更加客套的信尾。对于信头，十分正式的"Monsieur"或"Madame"和远不如那么正式的"Cher Monsieur"或"Chère Madame"[1]，译成英语时要补充收信人的姓氏。不过，决定口气正式程度的是写信人。这类决定也许很难做出，这就是远没有那么正式、泛泛而指的"Cher ami"[2]在信件中如此常用的原因。但是，既然英语中没有直接对等的习惯称呼，亲密程度的选择就由作者交给译者了。此处另有因素介入进来。男人当中使用姓氏的习惯，在法国比在英国历史悠久得多——在英国，美国人对首名的偏好把这一习惯排挤掉了。"Cher ami"指称太泛，据此无法判断译成"Dear Smith"或"Dear John"是否更合适；正如"vous""tu"[3]之分那样，这一点兴许要紧得令人意外。在贝克特写给代理人乔治·雷维的一封信的末尾可找到一例，贝克特同他的关系经历了从冷漠甚至冷冰冰到信任的演变过程。跨过的距离甚至在语言游戏中也可看出：信头写着"Vas-y"[4]，结尾写着"A toi"[5]，两者均显得亲密。1

结尾没那么闹心，因为即使对话表达式的情感负荷大得多，两者之间的差别对贝克特而言依然是无足轻重的。在英语中，其显眼的正式性和表面的奉承性无以表达。典型的句子"Je vous prie de croire, Monsieur,

---

[1] 意为"尊敬的先生"和"尊敬的女士"。

[2] 意为"亲爱的朋友"。

[3] 意为"您"和"你"。

[4] 意为"接着聊吧"。

[5] 意为"祝好"。

à l'assurance de mes sentiments les meilleurs"[1] 若是"直译"成英语,听起来会很古怪。然而,在法语中该句及类似的句子毫无情感负荷,所以得用中性、同样不带感情的表达式来再现。事实上,这些负载情感的表达式在英语中是很少的,因此译文中常用"Yours sincerely"[2] 作为信件的结尾。

接着还有断句问题。贝克特的行文习惯难以预测,但是那只能使难处更难:标准法语和标准英语惯用法之间的差异。例如,用一个简单的逗号连接两个主句,这在法语中是再恰当不过的;英语则要求使用分号(正如在此句中这样),或者另起一句。在此,译者唯一可靠的向导又是来自英语信件。

也许,更有趣的是"诅咒语"的问题:法语中逗人喜爱地称作"la langue verte"的整个领域。这一问题在提到张伯伦勋爵的信件中浮现出来:那位大臣不许《终局》搬上英国的舞台,除非有所删减。关键在于,法语"诅咒语"和英语"诅咒语"并不整整齐齐地重叠。从词源上说,一些法语"诅咒语"是英语"诅咒语"的表姊妹,但使用的模式并不都是一样。事实上,好几个法语词(例如"connerie"[3])已失去了其淫秽或粗俗的含义。其词根"con"是英语词"cunt"[4] 的近亲,但在使用中早已没了"cunt"的粗鄙、猥亵的联想意义。它已是表示"fool""idiot"和"nitwit"的十分普通的词根了,因此"connerie"一词成了那样的人愿意做、愿意说的东西了:蠢蛋、糗话。相似的是,在出身良好的英国少女敢在公共场合骂"shit"前的年头里,在法国"merde"[5] 及其同源词也广泛使用。那时,年长的法国女士说"Mon Dieu",其意思不过

---

[1] 意为"先生,恳请您接受我最诚挚的敬意"。

[2] 意为"谨上"。

[3] 意为"傻瓜""蠢货"。

[4] 意为"孔",原指阴道。

[5] 两词原指"狗屎",现为常见诅咒语,意为"该死"。

是"天哪"，而年长的英国女士做梦都不会想到说"我的上帝啊"。

"connerie"一词具有特别的意义，是因为它是《终局》预备在皇家宫廷剧院上演时张伯伦勋爵反对使用的词语之一。显然，勋爵或者其顾问没有意识到法语和英语在具体用词上的巨大差异，以为该词是当时禁止使用的词语之一（1957年，离解禁还遥遥无期，解禁是《查泰莱夫人的情人》一案做出判决之后的事，最终也导致了张伯伦勋爵在这一点上的权力的废止）。

但是，这几类难点只涉及文化习俗上的细微差异，与贝克特文字游戏的难度相比却算不得什么。这不只是因为他随时可能用一个法语词或短语给自己的英语"添香加辣"：说英语的侨胞给身在爱尔兰、英国或者美国的朋友写信时，会时不时地用一个外来词，这是意料之中的事。而且法语并非他唯一借用的外语——读者很可能还会遇见意大利语、德语甚至拉丁语的词汇或段落——通常是因为所选语言更长于表达他想要说的意思。最后，这都是需要译者去经营的问题。不过，贝克特的行文常常处于多种语言的边界。其中有法语句法：有刻意为之的，如"was for much in"（法语为"était pur beaucoup dans"，意为"在……中产生了重要影响""在……中起到了重要作用"）；也有下意识模仿的，如"the script is function of its..."（法语为"le scénario est function de ses..."[1]）。[2]任何单一的编辑方案都没法把所有的例子处理得令人满意。甚至单一词的惯用法（例如"transatlantic"模拟的就是法语词"transatlantique"[2]）也没法像鸽笼那样清清楚楚地予以归类，因为贝克特的选词到底是有意为之还是无意为之，未必总是说得清。[3]接下来，这类仿造词和贝克特同时拿两种语言进行游戏时的行文也有差异，例如，

---

[1]　意为"剧本其功能是……"。

[2]　意为"折叠式帆布躺椅"。

他会写道"fucking the field"[1]，通过刻意使用怪异的英语行文让已消亡的法语隐喻再次复活——曾经家喻户晓的俗语"foutre le camp"甚至那时也不过指"突然离开""跑路"。⁴令人头痛的搭配不当——贝克特简练的语言实验与现行费时费力的"解释／评注"原则相悖——足以证明，整齐划一的分类，此处是做不到的。

生造词数量不少。还有双关、嵌入等类型的文字游戏在英语中找不到对等表达法的例子。尤其有全然个性化、几乎总是让人惊异的行文，贝克特借此表达特定的领悟或冒昧之举，例如在寄给乔治·雷维的关于两首诗的便笺中，他写道："附信随寄诗稿 Prépuscules d'un Gueux."⁵崇高语体（呼应了 *Le Crépuscule des dieux*［《诸神的黄昏》］）与自贬得怪异的"prépuces"（包皮）及谦逊得更平常的"opuscule"（小作品）搭配，接着是在古语"Gueux"（乞丐）一词中拿自谦继续游戏。这类文字游戏倚仗法语，有些是根本没法翻译的，或许是因为英语中没有与此对等的表达法，要不就是因为贝克特的造词本身太过恣肆，在译语中无以再现。

在我提到的第二个维度中，也即语气维度中，需要不同类型的阐释。此处值得争论的，是写信时贝克特与收信人的关系这一绝对更考验人的问题——人际关系纷繁复杂，既有显赫者、孤注一掷者，也有功利主义者、唯利是图者。在这一方面，译者能发现的唯一标示是"vous""tu"之分，如上文所提写给雷维的信中那样，该信可与写给爱森斯坦、充满"vous"的信相比。

在这一方面，贝克特的信件与他的文学作品大不相同，因为在后者中特定的信息接收者这一概念基本不出现。这些信件本身带来了译者可能需要的所有例证。无论其目的如何，它们都是贝克特所写。对于译者，

---

[1] 意为"操他妈跑路"。

始终唯一的任务就是竭尽其能，传递这篇或那篇文章、这封或那封信件中细微的差别。没有成法；就本质而言，翻译就是换用别的方式表达阐释——但在此处，那种阐释发生在对贝克特而言是换用别的方式来表达的写作的阴影中。

乔治·克雷格

注释

1. 贝克特致乔治·雷维的信，1934 年 6 月 23 日。

2. 贝克特致托马斯·麦格里维的信，［1935 年］2 月 20 日；贝克特致谢尔盖·爱森斯坦的信，1936 年 3 月 2 日。

3. 贝克特致托马斯·麦格里维的信，［1932 年］8 月 4 日。

4. 贝克特致托马斯·麦格里维的信，［1931 年 8 月 15 日之后］；贝克特致托马斯·麦格里维的信，1930 年 1 月 16 日。

5. 贝克特致乔治·雷维的信，1932 年 11 月 6 日。

德文译者序

　　对译者而言，萨缪尔·贝克特用德语写的书信呈现了一个不同寻常的难题。即使是在用德语写信，他却仍在用母语英语思维。翻译成他还不甚了了的语言时，他的思想就变得"verfremdet"，脱离了其意图并产生了距离。于是，为了将他的思想还原成英语，译者必须看清德语给贝克特创造的"Schleier"[1]——也就是"面纱"背后的面貌。尽管乔治·克雷格在其有关贝克特法语信件的译者序中也谈及了此事，其德语信件却清晰地反映出其母语与习得的德语之间存在更大的距离。这不足为怪，因为法语是贝克特自小学习、终身使用的语言，而德语是他成年之后才开始涉猎的，这一劣势从未克服过。不过，贝克特在思维和对语言的有意识的使用方面，却总是老练的。因而他的德语信件提出的挑战，有很大一部分在于识别和再现其充分语言能力的缺乏与有意为之的语言游戏之间的差异。

　　由于跨越广泛的生平，贝克特的德语信件提供了再清晰不过的例子，能证明乔治·克雷格称作贝克特的"历史–发展"维度和语言的"语气"式用法。[2] 事实上，他的德语信件并未纯粹出于实际原因所写，即并非出于让人理解的需要所写，而是因为他想要用德语来写。所以就他与德语的关系而言，乔治·克雷格的"恋爱"类比似乎更加贴切。

　　贝克特最早的德语信是 1934 年写给表弟莫里斯·辛克莱的，语气上较亲近。贝克特显然相信，在这些信中大胆地（在词汇和思想上）测试其基础语言能力所能达到的限度，这是没人见怪的。1936 年 12 月，他给新朋友、同龄人金特·阿尔布雷希特写信时，语气和内容均较随意，叙述了自己待在汉堡以来的旅行经历。那封信意在将他大有提高（但有时依然有点儿生硬）的德语付诸试用，显露的错误为数极少，主要是排版问题、无关紧要的疏忽和一些句法毛病。

由于种种原因，第一卷写得最成问题的德语信是 1937 年 7 月 9 日草成的，收信人是阿克塞尔·考恩，是贝克特经金特·阿尔布雷希特介绍认识的。考恩还算不上至交，而且写这封信的场合涉及翻译佣金，其内容还广泛涉猎，甚至探讨了语言本身。因此该信语气更正式，谈论范围更宽广，内容更复杂。在该信中，贝克特也许最精确地反映了马修·费尔德曼发现他的"德语练习本"揭示出来的所有三个方面：1936 年贝克特的德语水平、形成中的艺术观及性情。[3]

使其翻译更为复杂的是，该信只是一份改正过的草稿，而且更糟糕的是，这份草稿经历了反复的改正。因此该信在语言上依然难以评判，而且在一定程度上会就其想要表达的意思不断提出阐释方面的问题。[4]

经再三考虑，我们决定遵循呈现信件原貌的编辑原则，不标出贝克特德语信中的语法和句法毛病。只在不得不就阐释做出决定时，我们才在注释中表明自己在译文中做出的理解。例如，在 1934 年 5 月 5 日写给莫里斯·辛克莱的信中，有这样一句："So bitte ich dich, ihm für mich vorzustellen, diese Versäumung sei mir zum Trotz."（因而得请你代我劝劝他，想象这一疏忽绝非出于我的本意。）该句不仅有好几个语法错误，而且可依据对主要动词"vorstellen"的两种理解（"想象"和"介绍"）做出不同的阐释。更麻烦的是如何把贝克特的句法理解清楚：那样的句法英语中存在，但德语中没有。[5]

作为有许多年语言教学经验的老师，对于说英语的人学习德语时普遍犯的错误的类型和方式，我可以说了如指掌。对于贝克特德语信的翻译，这一点极其有益。这些信件中遇见的许多语法和句法问题，在德语学生中既非罕见亦非意外，因此通常无需过多的猜测。由于德语句法和英语句法混在一起等原因而出现的半错的行文，例如"lass es dir gut gefallen"（愿您喜欢它）中的毛病，就更难以分类了。[6]

外语探索的另一个方面，是创造性的文字游戏、造词和不同凡响的拼词。学习外国语言和文化的人极其乐于将声音、形象和词汇组合、拼合或匹配起来，以构造新的词汇。对于这类游戏，萨缪尔·贝克特恐怕会更加乐此不疲吧。一位教师即使有此可能，也是罕有批阅未来诺贝尔奖作家的"习作"的机会与特权——那位少年正驱使并非自己母语的语言来表达创造性形象和丰富的思想建构。于是，译者就得对神秘莫测的新造词绞尽脑汁，例如"Unwort""Gegenstandsauger""schweizzige Moralisten"和"verpersonifiziert"。[7]

此外，正如许多高级语言学习者，贝克特对扩展形容词表达式这种最累赘的德语构式情有独钟。他接受拓展德语知识的挑战。扩展形容词表达式使他能通过试用繁复的意象并将之包裹在复杂的句法中，来创造性地开展语言实验。在他早期的德语信中，可找到许多例证。比如，在致莫里斯·辛克莱的一封信中，他写道，"eine ganz andere Ruhe, als die zu dieser groben, englischen Landschaft gehörende"[8]，而在致阿克塞尔·考恩的信中，他又写道，"auf jenem alten faulen von Musik und Malerei längst verlassenen Wege"[9]。在同一封信中，谈及贝多芬的《第七交响曲》时，他选择了复杂程度类似的构式："die von grossen schwarzen Pausen gefressene Tonfläche in der siebten Symphonie von Beethoven, so dass wir sie ganze Seiten durch nicht anders wahrnehmen können als etwa eigen schwindelnden unergründliche Schlünde von Stillschweigen verknüpfenden Pfad von Lauten?"[10] 这类偏离常规的语言无法直译为英语，因为这类构式通常需要添加动词或分为多个分句才能读懂。

在贝克特不同寻常的词语组合中，还有一种不同且兴许更加常见的难题，例如"Biedermeier bathing suit"[1]，这一意象我们保持不变，而且未加以扭曲，因为其独有的情感和文化负荷在英语中没有对等的表达式。[11] 若不然，译者会遇见诸如"sächsischer Stüzwechsel"[2] 这样的短语，它们将"历史－文化"的维度和词语的多重意义混合起来，整体就被调制成繁复的意象，再被反讽洞穿——真真实实是挑战。[12]

一方面，假如我们认定贝克特用德语写信时，会先用母语英语表达自己的思想，那么译者在翻译其德语信时面临的特定挑战就是尽可能切近地回归原本的英语表达式。另一方面，尽管如此，尤其出于为不懂德语的读者考虑，在英语译文中反映和保留贝克特（尤其是早期信件中）德语行文的一些笨拙之处，这也是至关重要的。这一关切带来的一个益处就是，有了演示贝克特语言实验的路径，既能展示其语言学习的飞速进步，也能展现其同样突出的语言勇气，即"揉捏"语言、搜寻与自己思想的复杂性匹配的德语表达式，即使在后者远超前者时也如此作为的勇气。就像本序第二段末尾提到的"恋爱"那样，贝克特永不停歇地向自己语言能力的极限推进，永不知足地探索新的用德语表达自己的方法。德语是他如此爱恋、急于拥抱的语言。

维奥拉·韦斯特布鲁克

注释

1. 贝克特致阿克塞尔·考恩的信，1937 年 7 月 9 日："Und immer mehr wie ein Schleier kommt mir meine Sprache vor, den man zerreissen muss..."（在我看来，我的语言越来

---

[1] 意为"彼德麦式泳装"。

[2] 意为"萨克森支持系统"。

越像一层面纱了，……得把面纱撕开）。

2. 乔治·克雷格，"法文译者序"，本卷，第23页。

3. 马修·费尔德曼，《贝克特的笔记本：萨缪尔·贝克特"战间笔记"文化史》（纽约：康提纽恩出版社，2006），第26页。

4. 20世纪60年代初，当贝克特把这份草稿交给劳伦斯·哈维时，其中已标注了改正之处；要么是贝克特本人，要么是贝克特和哈维一起，把草稿过了一遍，做了更多的改正。这份草稿也以马丁·艾斯林誊写和翻译的形式出现在鲁比·科恩所编贝克特的集子《碎片集》中；读者会发现，我们的誊写稿和译稿与艾斯林的改正稿有所不同（萨缪尔·贝克特，《1937年的德语信》，出自马丁·艾斯林译，《碎片集》，科恩编，第51—54、170—172页）。

5. 贝克特致莫里斯·辛克莱的信，1934年5月5日，注7：假如使用了"erklären"（"解释"）一词，贝克特造的德语句子兴许就对了。相反，由于使用了"vorstellen"一词，他将可能造的两个句子合在了一起，于是两个意思（"介绍"和"想象"）也混了在一起，结果两种形式均为误用。考虑信的内容和语气，我们决定取"想象"之意。

6. 贝克特致托马斯·麦格里维的信，1936年12月22日，注2。

7. 贝克特致阿克塞尔·考恩的信，1937年7月9日；贝克特致莫里斯·辛克莱的信，1934年5月5日。

8. 贝克特致莫里斯·辛克莱的信，1934年5月5日："［有时很向往那些大山和田野，那些如此熟知的山峦和土地，］那创造出一种与这粗野的英格兰景观衍生出的静谧截然不同的宁静的大自然。"

9. 贝克特致阿克塞尔·考恩的信，1937年7月9日："［换言之，按照许久以前］就已被音乐和绘画抛弃的陈旧、懒散的方法留在背后的，只有文学吗？"

10. 贝克特致阿克塞尔·考恩的信，1937年7月9日："［词语表层可怕的物质性竟没法解体，比如］贝多芬《第七交响曲》的声音表层被巨大的停顿撕裂那样，这样经过整页整页的空白，我们就什么都感知不到，只有音轨悬浮在令人目眩的高度，将沉默的无底深渊连接起来，这［是否有原因呢］？"

11. 贝克特致阿克塞尔·考恩的信，1937年7月9日。

12. 贝克特致金特·阿尔布雷希特的信，1937年3月30日。

编辑体例

写给友人的书信不一定都经过仔细检查校对，因此错讹舛误就在所难免：笔误、排版错误、偶然的替换失误、古怪的拼写（尤其是贝克特误听或误记的专有名称），以及反复出现的混淆（如过去式"sent"与原形"send"）。如果每一处均标上"sic"（原文如此）或"for"（实际所指），就会干扰阅读过程，因此只有在这些地方妨碍理解或导致误解时，我们才做出标记。誊写而成的信件一如写时的风格，呈现为清晰的文本，即寄送给收信人的最后定稿。

排序

书信是按时间顺序呈现的。如果同一日写了多封书信，则按收信人姓氏的首字母顺序排列，除非书信内容能证明其先后顺序。未标明日期的，按编者推定的日期顺序来排列。

收信人

收信人的全名、法人身份（若相关）及书信寄往的城市在信头以小型大写字母标明[1]，这些为编者添加；贝克特自己很少把收信人的名字和地址写入信中；不过，如果写入，则按书信内容呈现。

---

[1] 中译本中相应之处以粗体表示。

日期

书信中的日期按贝克特所写方式呈现。通常他遵循欧洲模式（日、月、年），编辑时对日期的位置做了规范[1]。如果日期或当中的某一部分不完整或不正确，则在方括号中给出编者的校正；如果某一日期或当中的某一部分不确定，则在校正前置一问号。必要的话，日期标注的理由在信后的文献注释中交代。

地点

书信中的地名按信中所写方式呈现，但位置做了规范。如果地名不完整，则在方括号中给出编者的校正；如果不确定，则前面置一问号。有时，写信地点与寄信地点不一致，例如，贝克特也许是在巴黎写信，却在拉费泰苏茹瓦尔寄信。这种情形未做改动。

拼写

贝克特的个性化字母拼写、大小写和词语缩略保持不变：包括字母不断开（如"wd""cd""yrs"）、不同形式的上标（如"M^r""Y^r""14$^{\underline{me}}$"）、使用 & 符、缩略语不加省文撇（如"wont"指"won't"）及变音符。贝克特以下画线的方式标注作品名的做法并未一以贯之：有时有，有时没有，有时只有部分下画线。如果语法或拼写变体扰乱了语义，编者则在文中插入方括号，植入编者的扩展说明或纠正。

用英语或法语写信时，贝克特常常插入其他语言词汇或短语，但他很少用下画线标出。如果他用某种语言写信并在语际转换时使用了拼写变体，则标明或在注释中予以解释。

贝克特时常拼错名字，尤其是在只闻其名、未见其人，或仅见过该

---

[1] 中译本中的日期按中文习惯，以年、月、日顺序呈现。

名字的情况下。在书信正文中，如果人名、书名或别的指称拼写错了，则在注释和索引中给出校正后的拼写；如果拼错的名字所指不明，首次出现时则在文中插入方括号，植入校正后的拼写，例如 "Stevens [*for* Stephens]" [1]。如果拼写错误是刻意为之的，例如，拿名字开玩笑或设计双关，则在正文中予以保留，但在注释和索引中给出正确的拼写。

在第一卷中，这一规则有两处例外，且首次出现时，这两处均予以注释。临近 1941 年底时，托马斯·麦格里维把自己姓氏的拼写从 "McGreevy" 改成了 "MacGreevy"。由于 1940 年的信都是写给麦格里维的，那一拼写在本卷通篇予以保留；在随后三卷中，他的姓氏改为 "MacGreevy"。在第一卷涉及的时期内，贝克特几乎总是把格威内思·雷维的首名 "Gwynedd" 拼成 "Gwynned"；首次出现时，对这一误拼做了注释，此后则全部直接校正。如果贝克特偶然把她的名字拼对了，这一变化也给予了注释。

贝克特常常使用隔开的点表示省略号；不过，点数不等，有两个点也有三个点。在句子的结尾，他偶尔用破折号而非句号来断句。

作者校正

贝克特本人所做的删除、插入和词语倒置都得到了清晰的呈现。如果对其校正之处的解读不能确定，则在文中插入方括号，植入解读，且前置一问号。

在自我校正时，贝克特常常在原处重写或重打；打字时，如果一个单词或短语与页面上的空格不匹配，他有时会删除它们，然后在下一行或下一页重写。写作过程中，贝克特也会有所变化：有时省略或插入一个单词、短语或句子；有时倒置词序；有时在空白处继续发挥。打字版

---

[1] 中译本亦参照处理为：史蒂文斯［斯蒂芬斯］。

书信中既有打字时的更正，也有手写的更正。书信初稿中可看出更多的变化。

如果贝克特的更改是实质性的——即不只是改正拼写错误、打字问题或起笔失误，则在注释中予以呈现。例如，贝克特写道："〈the Aldingtons〉Richard and Bridget"（〈阿尔丁顿夫妇〉理查德和布里奇特）。若是对他改变行文的机制有兴趣，学者们可参考他的手稿。

编辑校正

仅当正文难以理解时，编者才会提供校订，并在方括号内做出标示。若非显而易见的排版问题（重打、遗漏空格、多打了空格、起笔失误等），若非上文所说问题，编者不做任何更改。

本书对书信的日期、地址、结尾及签名行的位置和缩进进行了规范。对段落的缩进进行了标准化的处理。在诗歌的行尾做出了标记。附言置于签名之后；如原位置不同，则在注释中说明。

书信和其他未公开手稿中，编者的省略号用方括号内三个不间隔的点表示；出版物中，编者的省略号用三个间隔的点表示。[1]

字迹不清

字迹不清处在方括号中注明：［字迹不清］。如辨认时无法确定，则置于方括号中，且前置一问号。原稿损坏处若使信件模糊难读或出现缺失，则在文献注释中指明，并在信件中标注为字迹不清。

签名

本书对末尾行和签名行做了规范。若为贝克特亲笔信，用亲笔所签

---

[1]　中译本统一用方括号内六点省略号表示。

全名或首字母；若为打字版信件，则用"s/"标明为手写签名。打字版信件可能既有亲笔签名，也有打字签名，若两者有异，则两者均呈现。若两者无异，则不重复呈现，亲笔签名处只标注"s/"，而打字签名则在次行呈现：

致以忠诚的祝福

s/

萨缪尔·贝克特

未签名复写本只呈现打字版签名，但留出空行，表明原稿有亲笔签名：

致以忠诚的祝福

萨缪尔·贝克特

注释

每封信后提供注释，对该信加以说明，交代该信件的简况（例如，ALS，亲笔签名信），其后为张数和面数（例如，2张，4面）。关于实物信件的描述交代其抬头、明信片上的图片及附件。这一说明描述注释还包括明信片或信封上的地址、邮戳，以及信封上的任何附带标记，无论是贝克特亲笔所写，还是出自他人之手（例如投送地址、邮寄要求或其他标记）。邮戳信息包括城市（不交代邮局）和日期。编者所做标记以斜体表示：例如，"*env to George Reavey; pm* 16-5-35, Paris"（信封：致乔治·雷维；邮戳：1935/05/16，巴黎）。至于财产所有权，标明图书馆指定缩写、收藏室名称和入藏信息；若为私人所有，则根据所有人的意愿，标注名字或只标明"私人收藏"。若书信全文或多半内容曾发表过，则先前发表的情况也加以注明；这类注释中，摹本亦有交代。

从注释中使用的符号可知：该信为手写稿，还是打字稿；为平信、明信片、电报，还是气递快件；有多少张、多少面；签的是全名，还是首字母，还是没签名。"张"指一张纸；"面"指写了字的纸面，不管是正面还是背面。明信片或许正面有地址（标注"1 张，1 面"），或许背面有地址（标注"1 张，2 面"）。有时贝克特把一张纸折叠起来，这样就有了 4 面（标注"1 张，4 面"）。编者所用符号均在"缩略语表"中加以详细说明。

日期判定

更正书信的日期，或者从内部或外部证据中析出日期时，签署日期（或期限）的理由在注释后给出。未注明日期或日期不全的书信比较常见。若书信为频繁交流中的一部分，或者写信之前或之后即刻就要会面，贝克特可能不署日期；在新年开始，他还经常签错日期。若信封与相关信件吻合无误，邮戳也许有助于确定日期。出版商和其他公司收到的信件通常盖上了日期印章；这一点在注释中注明，可为签署不完整的日期提供参照。虽说贝克特偶尔也亲自送达便笺，但有些盖了章的信件未取消便寄送出去，这种情况也是有的。电报通常很难确定准确的日期，上面也许只有收悉日期。

翻译

对于完全用英语之外的语言写成的信件，译文直接在原稿誊清件及其注释后给出。若法文译者非乔治·克雷格，德语译者非维奥拉·韦斯特布鲁克，则给出译者名字的首字母。在首卷中，若无已发表的译文，则由阿道夫·冯·巴登–符腾堡和乔治·克雷格从拉丁语和希腊语译出，由丹·冈恩从意大利语译出。

词语或短语的译文在信件的注释中给出，模式为："Bon travail & bon sommeil（"工作顺利且睡眠良好"）。原文语种在译文中未加注明，除非会有歧义[1]；如需要，则使用如下缩略语: colloq.(俗语)、Fr.(法语)、Ger.(德语)、Gk.(希腊语)、Ir.(爱尔兰语)、It.(意大利语)、Lat.(拉丁语)、Sp.(西班牙语)。至于已发表译文，如果编者觉得合适，则用于文献引文，并加注说明（见下文）。

对于德国城市的名字，贝克特会用德语、法语甚至英语的拼法来写；不过，译文和编纂材料中呈现的是城市和其他地名的英语拼法。英语译文并不重复贝克特的错误（笔误、专有名称的记忆错误、拼写错误，及未修订文字中难免偶尔出现的别扭之处）。在极少数情形下，若拼写范式发生了改变（如在 20 世纪 30 年代，贝克特写的是"to-day"和"to-morrow"），则采用现在通行的范式。尽管用其他语言写书名时，贝克特采用的英语大写，但译文和注释依然遵循著作所用原语的大写习惯。在书信的翻译中，所有书名均以斜体标示。

注释

注释中提到萨缪尔·贝克特时均简称为"SB"[2]。译文遵循英国拼写和断句法；其他编纂材料均遵循美国英语的拼写和断句法。尽管所有信件均当作手写信件，但在编纂材料中，未按照标准法语的习惯在大写首字母上标上重音。其他重音均标注，甚至在编纂材料以小大写字母的形式呈现时（正如在编纂材料的起始处）也如此。受此影响的只有法语编纂材料；其他语言的材料有其他规约。

---

[1] 中译本则在译文前补充说明了原文语种。

[2] 中译本简称为"贝克特"。

人员身份

若为首次提及，给出全名（含本名和 / 或后来所得称号，如假名和绰号）、生卒年份及生平简介。在某一卷或四卷书信中，如果人员的基本职业、与贝克特的隶属关系或亲疏关系发生了变化，则相应补充生平简介。众所周知的人物，如威廉·莎士比亚、勒内·笛卡尔、但丁·阿利吉耶里等，未做介绍。

人名

随着时间的流逝，人名未必一成不变。托马斯·麦格里维改动了姓氏的拼法；二战后，乔治·佩洛尔松把姓氏改成了"贝尔蒙"。结婚时，有些女性换上了丈夫的姓氏：玛丽·曼宁先是改称玛丽·曼宁·豪，后再改称玛丽·曼宁·豪·亚当斯，不过在职业活动中她使用的是母家的姓氏。编者的惯例是遵循贝克特写信时的人名拼法（误拼例外），并以其图书扉页所列的名字来指称作家。

画家的头衔常包括父辈姓氏、出生城市，甚至与某一画派的联系。贝克特的做法时有改变，因此注释中的生平简介遵循《格罗夫艺术词典》给出的简介，仅在容易出现混淆时给出名字和拼写的变异写法。

有的人以首字母相称，有的以绰号相称，还有的二者皆用。在出版物中，亚伯拉罕·雅各布·利文撒尔（Abraham Jacob Leventhal）一般署名 A. J. 利文撒尔，但在贝克特的书信中多半以绰号"康"（Con）相称。贝克特的表弟莫里斯·辛克莱也可称作"莫里斯"，或者以家庭昵称"桑尼"（Sunny）相称，该昵称在德语中拼作"Sonny"（"松尼"，他是辛克莱家唯一的儿子，可谓名副其实）。

首次提及后，编者的惯例是沿用贝克特使用的名字。若名字发生了改变，则在注释中注明。全名在索引中只入一个词条。

46

日期判定

大概的日期前标注 "c."（circa，大约）、"fl."（flourished，活跃于）或问号；若只能确定为一段时期，则给出最早的生年和最晚的卒年，前面标注 "c." 表示大概。若只知生年或卒年，则在年份前标注 "b."（生）或 "d."（卒），例如：(b. 1935), (1852—?) 或 (d. 1956)。极少数情况下，只有婚嫁日期可知，此时前面标注 "m."（婚），例如：(m. 1933)。若日期为未知，则标注为 "(n.d.)"（日期不详）。

作品名

在编纂材料（译文、注释、附录）中，作品名按原语大写字母和拼写的惯例呈现。美术作品的名称用英文呈现，因为艺术家的语言与拥有艺术品的博物馆或收藏者的语言未必相同。一般来说，多语言名称按分类目录的形式给出。音乐作品的名称通常以作曲家的语言呈现，且通篇不译；不过，歌曲、宣叙调、咏叹调中的乐句则给出译文。文本中提及的书籍名称在注释中以原著语种呈现，其后为首次出版日期及英语书名（若有已出版译本），例如：*Voyage au bout de la nuit* (1932; *Journey to the End of the Night*)；如英语书名以正体形式呈现，例如：*Die notwendige Reise* (1932; The Necessary Journey)，则表明尚无英语译本出版，所给出的译名为编者所加。

人名、作品名及日期参照

关于人名的变化、名字的拼写和日期，编者依惯例参考了《格罗夫音乐词典》《格罗夫艺术词典》《剑桥传记大百科》（第二版），法国国家图书馆、大英图书馆、爱尔兰国家图书馆、美国国会图书馆及其他国家图书馆的编目，以及《牛津作家与编辑词典》。

释义

不常见的或古体的英语词或外文术语若已成为英语常用词，且列入《牛津英语词典》电子版第二版，则未加释义。

参考资料

参考未出版的资料时，标出该文献所在的档案和手稿出处。参考已出版的资料时，若为首次提及，则标出完整的书目索引，此后仅列出短名。此版"引用文献"列出了所有引用过的出版物。文本中指明但未引用的书目不列入"引用文献"，但列入索引。

交叉引注

参考前文已做注的特定材料时，会标明书信的日期和注释编号，例如："1936 年 1 月 9 日，注 5"。本版各卷书信格式保持一致：交叉引注不提供卷册号。交叉引注仅指向前文注释，因为绝大多数读者会循序阅读。如果想要查找某人或某部著作，可通过"索引"查到所需信息。

版本选择

对于编者来说，编纂时参考权威性的版本是必需的选择，但编者的选择并不受限于单一原则。例如，法语文本最常选用的是"七星文库"版，若有两个版本，则选用新版，因为新版吸纳了旧版的经验。例外有数种，有时须参考第一版，或贝克特在信件中提及的那一版，或据所知他读过的那一版，或他读过的唯一版本。选择权威性的版本，其原因在首次参考时做出解释。在这一方面，这套《书信集》的第二、三、四卷会展现别的议题。如没有权威性的版本，则选用其他版本，例如：莎士比亚的作品只能查到"河滨"版时就使用"河滨"版。《圣经》引文选自"詹姆斯王钦定"版。虽然在出版信息与信件的语境密切相关时，贝克特文本的所有第一版和随后版本的信息均给出了，但引文通常出自"格罗夫"版。

译本选择

除非编者确定没有合适的英译本，贝克特书信中使用的外文引文均给出已出版的英语译文。贝克特几乎都是通过原语进行阅读，因此译文的选择很少考虑其阅读情况。

年表

年表均被置于信件所涉年份之前，以便为贝克特信中所涉事件提供总览；年表列入一些世界大事。

人员简介

对于在《贝克特书信集》的叙事中多次出现的人员，其生平简介置于"附录"中。有生平简介的人员在首次提及时，其后以星号标注。生平简介叙述相关人员的生活和工作简况，尤其是其与贝克特的关系。如该人员在第一卷的信件中为重要人员，其生平简介列入第一卷。生平简介涵盖各位人员与贝克特关系的整个发展过程，在此版的后续几卷中不再重复。对某些机构、出版物和组织也做了简介。

致 谢

　　萨缪尔·贝克特的家人总是慷慨而热心地与人分享关于贝克特的记忆和资料。编者衷心感谢爱德华·贝克特和费莉西蒂·贝克特，卡罗琳·莫菲和帕特里克·莫菲，以及戴安娜·赞博内利和吉尔·巴布科克，并深切怀念安·贝克特（卒）、约翰·贝克特（卒）、希拉·佩奇（卒）以及莫里斯·辛克莱（卒）。

基金与捐赠

　　1990 年以来，埃默里大学研究生院慷慨地支持了《贝克特书信集》的基础研究工作。埃默里开展的编辑项目名为"萨缪尔·贝克特的通信"，是一个人文学科研究的实验场，数个专业的研究生都参与了该项目。埃默里的研究人员和教辅人员以其学识和资源孜孜不倦地支持本项工作的展开。

　　收集、整理和编排这类编辑项目必需的纸质文档和口述历史，是一个牵涉广泛的过程，幸有 1991 年至 1997 年国家人文基金会给予的主要支持方得以顺利推进。埃默里大学研究生院为这些拨款承担了管理费并分摊了成本。

　　此书所做的研究工作具有跨国和跨文化属性。自 1995 年至 2003 年，弗洛伦丝·古尔德基金会为本项目的法国和美国伙伴提供了支持。埃默里大学研究生院和巴黎美利坚大学分摊了成本。有了古尔德基金会的支持，本项目的巴黎研究中心得以在巴黎美利坚大学成立，由副主编丹·冈恩任主任；该校的学生担任实习生，开展了法语收藏文献的研究工作。

梅隆基金会为在得克萨斯大学奥斯汀分校哈里·兰瑟姆人文研究中心开展的研究工作提供了支持（1993—1994）；亨廷顿图书馆／英国科学院交换研究员项目为在亨廷顿图书馆开展的研究工作提供了支持（1994—1995）；海姆研究员项目为在印第安纳大学莉莉图书馆开展的研究提供了支持（1997—1998，2002—2003）。洛克菲勒基金会则为编辑团队在其意大利百乐宫研究中心开会研讨提供了资助，使编辑团队得以一道编选此版四卷中的前两卷。

爱尔兰欧洲事务部文化处负责将《贝克特书信集》所有四卷分发给海外的大学、公共图书馆及爱尔兰外交使团在海外运营的图书馆。我们赞赏欧洲事务部前部长、众议员诺埃尔·特里西给予的大力支持，他促成了这份向萨缪尔·贝克特留下的爱尔兰遗产的献礼。

没有埃默里大学的艾丽丝·N.本斯顿教授（卒）和乔治·J.本斯顿教授（卒）持之以恒的巨大奉献，编选《贝克特书信集》的项目是无法向前推进的。他们相信文学和艺术在教育中居于中心位置，他们的这一信仰、睿智的指导尤其是个人的勇气和友谊都是无价的礼物。

我们感谢基尔帕特里克·斯托克顿律师事务所的约瑟夫·贝克付出的努力，他是一位坚定不移的顾问，在版权法方面为此版提供了无偿的支持。他的无私奉献、专业知识以及开阔胸襟让编者受益匪浅；他的个人支持是无边无涯的。我们也感谢该律师事务所的帕姆·马利亚里，她给予了无偿的支持。

编者对如下人员慷慨的实物捐助感激不尽：米米·比恩，布伦达·拜纳姆，R.卡里·拜纳姆，卡雷恩·奇尔德斯，迈德尔·法孙，山姆·法孙，尼尔·加文，芭芭拉·格吕宁格尔，戴维·赫斯拉，雅各·霍文德，诺里·霍华德－比托，亚历山德拉·梅特勒，布里恩·米歇尔，玛利亚·尚·摩根，詹姆斯·奥维贝克，爱德华多·帕瓜加，林·托德－克拉福德，柯莱特·维尔瑞，丹尼斯·维尔瑞，以及杰拉尔德·威尔斯。

此版也受惠于个人捐赠，所有捐赠人均以其持续不断的兴趣使这一努力得到了额外的支持：劳拉·巴拉蒙特，让·B.贝格马克，布伦达·拜纳姆，卡里·拜纳姆，克雷蒂恩·卡梅伦，希拉里·派尔·卡雷，布莱恩·克里夫，玛丽·伊文思·康斯托克，朱迪丝·施密特·道，珍妮弗·杰弗斯，路易·拉布洛克奇，安·马登，维多利亚·R.奥尔洛夫斯基，以及为纪念布伦达·拜纳姆而参与捐赠的弗朗西斯·L.帕吉特。

埃默里大学

埃默里大学研究生院几任院长的视野和支持使本项研究工作得以开花结果。编者特别感谢乔治·琼斯、艾丽丝·N.本斯顿（卒）以及埃莉诺·梅因（卒），是他们促成了这一编辑项目与埃默里大学的联姻；也特别感谢继任的院长唐纳德·G.斯丹纳、罗伯特·保罗和丽莎·特德斯科，是他们继续给予了支持。编者还要感谢国际交流学院副院长霍利·赛莫特克，她为促成此版的跨国研究工作做出了贡献。

埃默里大学的顾问委员会包括艾丽丝·N.本斯顿（卒）、罗纳德·舒查德、马克西米利安·奥厄、杰弗里·本宁顿以及桑德拉·斯蒂尔。编者对他们致以谢意，同时也要感谢埃默里大学的其他教职员工：马修·伯恩斯坦，菲利浦·博纳菲，托马斯·彭斯，布伦达·拜纳姆，戴维·A.库克，迈克尔·埃文登，斯蒂夫·埃弗里特，威廉·格鲁伯，若苏埃·阿拉里，戴维·赫斯拉，杰拉尔丁·希金斯，彼得·赫宁，达利亚·朱多维兹，朱迪丝·米勒，克拉克·V.坡林，唐纳德·韦林，以及哈维·扬（卒）。

在此版的基础研究工作中，埃默里大学的各图书馆一直处于中心位置：伍德拉夫图书馆——馆长琼·戈特沃尔斯、林达·马修斯及理查德·卢斯，还有馆员雷切尔·博哈特、劳埃德·布施、乔伊斯·克林克斯凯尔斯、玛格丽特·埃林森、埃丽卡·法尔、克里斯廷·盖杰、玛丽·汉森、埃琳·穆尼、安·尼克尔松、厄里克·尼奇克、玛丽·尼奇克、伊丽莎白·帕特森、恰克·斯波尼克、桑德拉·斯蒂尔、安·维多、伊莱恩·瓦格纳、萨拉·沃德、埃里克·文特以及盖尔·威廉斯；手稿与珍本图书馆——馆长斯蒂芬·恩尼斯，馆员特蕾莎·伯克、金杰·凯恩、戴维·福尔兹、娜奥米·纳尔逊、埃伦·内姆豪斯尔、伊丽莎白·拉西、凯西·休梅克以及唐纳·布拉德利；埃默里信息处理中心的员工；迈克尔·C.卡洛斯博物馆——凯瑟琳·豪伊特·史密斯；伍德拉夫健康科学中心图书馆——馆长卡罗尔·彭斯，馆员芭芭拉·阿布－莱德以及埃琳·布施。

这些年来，贝克特项目办公室里的支持团队竭诚奉献，以完美的服务达到了此版的各项要求：阿曼达·R.贝克，达芙妮·德梅特里，茱莉亚·格特曼，考特尼·金，苏珊娜·鲍威尔，茉莉·斯蒂文斯，还有琳恩·托德－克劳福德。编者对罗斯玛丽·海因斯和格里·托马斯在研究生院给予的协助不胜感激，对埃默里大学技术支持人员提供的服务也将没齿难忘：阿道夫·冯·巴登－符腾堡，马赫布巴·费尔杜西，陆卫明，以及劳拉·博卡尔斯基。

凭着勤恳和创造性，埃默里大学研究生院的众多研究员也为此项目的基础研究工作做出了贡献：阿德里安娜·安杰洛，莱文·阿恩施佩格，杰弗里·巴格特，劳拉·巴拉蒙特，珍妮·戴维斯·巴尼特，安德烈·本哈伊姆，帕特里克·比克斯比，卡伦·布朗－惠勒，布鲁克·坎贝尔，劳伦·卡登，米里亚姆·基里科，布雷恩·克利夫，柯蒂斯·科德尔，凯瑟琳·克劳瑟，布莱恩·克罗克索尔，安东尼·J.库达，安娜·恩格尔，约翰·菲茨杰拉德，克里斯蒂安·保罗·霍兰德，雅各·霍温德，珍妮

53

弗·杰弗斯，迈克尔·约翰逊，杰森·琼斯，玛格丽特·凯勒，保罗·林登，多米尼克·马斯特罗扬尼，玛莎·亨·麦考密克，米歇尔·迈尔斯，珍妮弗·波勒斯·内斯比特，爱德华多·帕瓜加，约翰·佩克，拉尔夫·斯库尔拉夫特，佩特拉·施韦泽，珍妮弗·斯维恩提，梅利莎·瑟蒙德，德瓦尔·特布瑞迪，克里·希金斯·温特，帕特里克·惠勒，以及茱莉亚·麦克哈坦·威廉斯。

在参与此项目的过程中，埃默里大学的本科生助理也工作效率甚高，精力充沛：玛格丽特·阿内洛，阿曼达·巴尼特，麦本·比尔德，乔纳·比-泰勒，桑塔尔·常·弗雷迪，丽贝卡·康纳，达芙妮·德梅特里，柯尔斯滕·多尔什，娜塔莎·法夸尔森，尼尔·加文，杰西卡·吉尔林，茱莉亚·亨德里克斯，丽莎·哈钦森，埃琳·伊格尼，丹妮尔·库茨科夫斯基，乔希·米勒德，图里·内布雷特，阿林娜·奥普拉努，维多利亚·奥尔洛夫斯基，萨拉·奥西亚，杰森·雷里斯，阿曼达·鲁宾逊，布赖恩·瑟拉芬，丹妮尔·塞雷德，艾米丽·申，汉娜·申，约翰·绍斯纳德，香农·维尔瑞，阿曼达·威尔伯恩，以及阿什利·胡。

巴黎美利坚大学

获得弗洛伦斯·古尔德基金会的资助后，编者与巴黎美利坚大学开展了合作，该校的教职员工和学生参与了基础研究工作。对如下人员的协助和支持，编者万分感谢：校长李·许布纳、迈克尔·辛普森和杰拉尔多·德拉·保莱拉；院长威廉·奇波拉、安德烈亚·莱斯克斯、迈克尔·文森特和塞莱斯特·申克；教师克里斯蒂娜·巴尔泰、杰弗里·吉尔伯特、理查德·佩维尔、罗伊·罗森斯坦，还有大学图书馆馆员托比·斯通和豪尔赫·索萨·奥尔特加，以及威廉·盖茨比、比阿特丽斯·拉普兰特、布伦达·托尼和凯伦·瓦格纳。

巴黎美利坚大学的实习生有：艾米·克里斯蒂娜·艾伦，劳伦·安德森，伊索尔德·巴克－米尔，马兰达·巴尔内斯，苏珊·贝尔，米沙·贝努瓦－拉韦尔，戴维·伯恩斯坦，布赖恩·布拉佐，克里斯兰·布里托－梅迪纳，扎卡里·布朗，萨拉·赞巴，克里斯蒂娜·蔡，劳拉·库克，亚历山德拉·科尔特斯，莉萨·戴蒙，林赛·弗兰塔，纳塔莉·弗雷德里克，米娅·杰诺尼，德尔菲娜·亨利，埃里克·赫斯，劳拉·凯泽曼，奥克米尼·卡拉科斯塔，珍妮弗·克恩斯，安东尼·克劳斯，卡罗琳·劳伦特，珍妮弗·劳伦特，尤金·曼宁，卡罗琳·马库纳斯，艾维·米尔斯，坎达丝·蒙图，迪萨·奥尔松，凯莱布·帕格里厄索迪，马尔塔·李·佩里亚尔，戴维·波拉克，珍妮弗·斯坎伦，帕梅拉·施莱默尔，尼尔斯·肖特，乔纳森·斯科特，阿夫拉·斯佩克特，简·斯泰恩，阿利克斯·斯特里克兰，利·托马斯，杰弗里·汤普森，吉娜·托里，乌尔丽克·特鲁克斯，托德·泰里，克里斯蒂安·韦斯特，尤金妮亚·维尔布伦宁克，艾莉森·M.威廉斯，以及阿普丽尔·温施。

顾问团队

许多同行以非正式的方式支持编辑工作，发挥了至关重要的顾问作用。对于他们的学识、建议和智慧，编者表示真诚的感谢。他们是：沃尔特·阿斯穆斯，艾丽斯·N.本斯顿（卒），乔治·J.本斯顿（卒），布伦达·拜纳姆，鲁比·科恩，戴维·赫斯拉，詹姆斯·诺尔森，杰拉德·劳利斯，布里恩·米切尔，马克·尼克松，凯瑟琳·帕特曼，希拉里·派尔，罗斯维塔·夸德弗利格，安·萨德尔迈耶，苏珊·施赖布曼，罗纳德·舒哈特，卡罗琳·斯威夫特（卒），詹姆斯·怀特（卒），凯瑟琳·沃思，以及芭芭拉·赖特。

下列人员也对《贝克特书信集》第一卷的基础研究工作给予了睿智

的建议和诚恳的协作,编者感激不尽:H.波特·阿博特,玛丽·曼宁·豪·亚当斯(卒),克劳斯·阿尔布雷克特,阿维格多·阿里卡,安妮·阿提克,金特·奥斯特,埃莉·巴尔松,伊恩·班克斯,威廉·H.巴斯金,马库斯·比尔,让－保罗·博,乔治斯·贝尔蒙特,赫尔穆特·贝萨尔德,威尔弗雷德·鲁普瑞雷希特·拜昂太太,特雷泽·比肯豪尔(卒),乌利·博嫩,耶稣会士杰拉德·伯克,尼古拉·戈登·鲍,帕特里夏·博伊兰,伊诺克·布雷特,芭芭拉·布雷,罗伯特·I.布朗(卒),特伦斯·布朗,克里斯托弗·巴克兰－赖特,G.H.伯罗斯(卒),戈特弗里德·比特纳,玛丽·里内特·比特纳,约翰·考尔德,威廉·卡姆菲尔德,戴维·E.卡特赖特,玛丽·安·考斯,约翰·查尔顿(卒),卡雷恩·奇尔德斯,路易丝·克利夫兰,莉萨·贝尔纳黛特·库恩,布赖恩·科菲(卒),布里奇特·科菲(卒),约翰·科菲,安·科尔克德,萨莉·霍恩·库克史密斯(卒),安妮·科比特,约翰·科科伦,利亚姆·科斯特洛,让·库仑(卒),尼克·库尔森,托马斯·卡西诺,沙伦·考林,加雷思·考克斯,安·克雷明,安东尼·克罗宁,威廉·坎宁安(卒)。

诺里斯·戴维森,杰拉尔德·戴维斯,玛丽亚·戴维斯－奥伯林斯基,埃米尔·德拉弗奈(卒),摩根·多克雷尔,菲利普·杜艾,米歇尔·杜艾,格里·杜克斯,瓦莱丽·埃利奥特,莫德·埃尔曼,理查德·埃尔曼(卒),玛格丽特·法林顿,雷蒙德·费德曼,萨莉·菲茨杰拉德(卒),约翰·弗莱彻,M.R.D.富特,皮埃尔·富尔科,华莱士·福利(卒),帕特里夏·弗里尔－里夫斯(卒),埃丽卡·弗里德曼,埃弗里特·弗罗斯特,布里奇特·甘利(卒),帕德里克·吉利根,吉勒斯·格拉塞,斯坦利·贡塔尔斯基,迈克尔·戈尔曼,约翰·格雷厄姆,格林书店,尼古拉·格勒内,玛格丽特·格里姆,威廉·E.格罗夫斯,芭芭拉·格鲁宁格,詹姆斯·吉尔福德(卒)。

迈克尔·黑尔特,安东尼·哈丁,克莱夫·哈特,劳伦斯·哈维(卒),

埃达·黑勒（卒），奥迪尔·赫里尔，乔斯琳·赫伯特（卒），菲利普·赫林，约翰·赫林顿，迈克尔·赫兹里特，伊恩·希金斯，阿瑟·希利斯（卒），戴维·霍恩，奥利弗·霍恩，范妮·豪，苏珊·豪，蒂娜·豪，沃纳·许贝尔，艾丽斯·哈金斯，约翰·迈克尔·哈德沃尔克，莉莎·哈钦森，兰德尔·艾维，布伦登·雅各布斯（卒），迈克尔·雅各布斯，托马斯·詹金斯，罗伯特·约斯廷，哈里·约翰逊，安·约翰斯顿，杰里米·约翰斯顿，蒂娜·约翰斯顿，贝蒂娜·约尼克，斯蒂芬·乔伊斯，马雷克·克兹尔斯基，欧内斯特·基根（卒），艾琳·凯利，约翰·凯利，本·凯利，瑙姆·克莱曼，玛格丽特·克林格，伊丽莎白·诺尔森，查尔斯·克兰斯，奈杰尔·利斯克，皮埃尔·莱伯，亚历克斯·莱昂，罗杰·利特尔，马克·利特曼，卡拉·洛卡泰利，埃贝尔·洛特曼，西里尔·卢卡斯，约翰·卢斯，万达·勒克，杰里米·勒克，布里奇特·伦恩。

比尔·麦克布赖德，布赖恩·马克金，巴里·麦戈文，多戈尔德·麦克米伦（卒），弗朗兹·迈克尔·梅尔，阿兰·马尔罗，约翰·曼宁（卒），詹姆斯·梅斯，丹尼尔·梅丁，温利奇·梅西斯，维维安·默西埃（卒），金特·麦特肯（卒），安娜－路易丝·米尔恩，露丝·莫尔斯，达姆·艾里斯·默多克（卒），莫里斯·纳多，罗伯特·尼科尔森，罗伯特·尼克劳斯，凯文·诺兰，伊恩·诺里，马里安·冯·诺斯蒂茨，耶稣会士弗格斯·奥多诺霍，帕特里克·奥德怀尔，安尼克·奥米拉，克里斯蒂娜·奥尼尔，卡塔尔·奥香农，亚历克西斯·奥伯伦斯基（卒），瑟奇·S.奥伯伦斯基，休·奥拉姆，玛乔丽·佩洛夫，亚历克西斯·佩龙，米歇尔·佩龙，利诺·佩尔蒂莱，阿拉斯泰尔·平格尔，让－米歇尔·拉巴泰，拉思唐奈勋爵，克劳德·罗森，伊冯娜·雷德蒙，克里斯托弗·里克斯，鲍勃·里奇，菲利普·罗伯茨，雷切尔·罗伯茨，安东尼·罗塔，伊丽莎白·瑞安（卒），罗伯特·瑞安。

克劳德·萨尔兹曼，佐比达·萨尔兹曼，埃利斯瓦·赛耶斯，皮埃尔·施奈德，纳塔莉·希恩，安德烈·希伊–斯凯芬顿（卒），菲利普·希尔兹，马克·西尔弗，安妮·西莫南，西摩·斯莱弗，科林·斯迈思，迈克尔·所罗门斯，G.P.所罗门斯，伊丽莎白·柯伦·索尔特里（卒），海伦·索尔特里，桑德拉·斯帕尼尔，达姆·娜塔莎·斯彭德，阿维·斯班伯格，埃米莉·斯坦顿，斯特普尔斯夫人，詹姆斯·斯特芬，戴安娜·奇尔德斯·斯图尔特，杰拉尔德·帕克南·斯图尔特（卒），马里昂·斯托金，伊丽莎白·斯托克顿（卒），约翰·斯通三世，克莱尔·思图丽，弗朗西斯·斯图尔特（卒），希拉·哈维·坦泽，丹·汤普森，底波拉·汤普森，杰里米·汤普森，皮尔斯·汤普森，托比·汤普森，厄休拉·汤普森（卒），埃丽卡·托普霍芬，C.H.特伦奇（卒），迈克尔·杰伊·塔克，海伦·文德勒，约翰·维斯，斯尔詹·武伊奇，约阿希姆·霍伊辛格·冯·瓦尔德格，默文·沃尔（卒），戴维·惠特利，托马斯·怀特黑德，克拉拉·威兹德姆，安妮·利文撒尔·伍尔夫森（卒），安妮·耶茨（卒），迈克尔·耶茨（卒）。

至于主要为后续几卷做出奉献者，致谢相应置于后续几卷。

图书馆与档案馆

学者、图书馆员和档案馆员收集了价值不菲的藏品，并编辑了电子目录、在线搜索指南、数据库和文本库，从而拓展了我们的查阅范围。我们要特别感谢詹姆斯·诺尔森，是他提议在雷丁大学建立贝克特国际基金会（萨缪尔·贝克特手稿中心藏馆），也是他建立了贝克特学者国际合作机制；我们还要感谢玛丽·布赖登、罗南·麦克唐纳、安娜·麦克马伦、马克·尼克松、约翰·皮林以及朱利安·加尔福斯，感谢他们提供了宝贵的学术支持。

图书馆、档案馆、博物馆和其他收藏馆有诸多学识渊博的同行热情地回答了研究人员的问题，在此编者向他们致以诚挚的谢意。阿尔高美术馆：科琳娜·佐策克。海军部外交与英联邦事务处（伦敦）：热尔韦斯·考埃尔（卒）。慕尼黑造型艺术研究院数字技术档案部：比吉特·约斯。美国图书馆协会：勒妮·普瑞斯格德。美国艺术档案馆：苏珊·马科特，朱迪·斯罗姆。安大略艺术馆 E.P. 泰勒研究图书及档案部：凯瑟琳·麦克莱恩。芝加哥图书馆艺术研究所：苏珊·戈尔德维斯基，玛丽·K. 伍勒维尔。

爱尔兰银行：埃蒙·麦克托马斯。爱德华－巴尔希尔收藏馆（汉堡）：迪尔克·尤思图斯，彼得·兹尔兹。巴纳德学院档案馆：唐纳德·格拉斯曼。巴伐利亚州图片收藏馆（慕尼黑）：黑尔格·西费特。英国广播公司录音档案馆：格斯塔·约翰松。英国广播公司书写档案馆：约翰·乔丹，杰奎琳·卡瓦纳，埃琳·奥尼尔，朱莉·斯内林，特雷西·韦斯顿。乔治·蓬皮杜中心大众信息图书馆（巴黎）。波罗乃兹图书馆（巴黎）。圣热纳维耶芙图书馆（巴黎）。拉比耶纳勒·迪韦内奇亚档案馆：达尼埃拉·杜切斯基。波士顿学院约翰·J. 彭斯珍本与特藏图书馆：罗伯特·奥尼尔馆长，约翰·阿特贝里，雪莱·巴伯，埃米·布赖奇，戴维·E. 霍恩，苏珊·兰维尔。波士顿大学霍华德·戈特利布档案研究中心：霍华德·戈特利布主任，玛格丽特·古斯特里，克里斯托弗·诺贝尔，肖恩·诺埃尔，亚历山大·兰金，金·苏利克。英国电影研究所：珍妮特·莫特，维尔夫·史蒂文森。英国佛罗伦萨研究所哈罗德·阿克顿图书馆：艾莉森·普赖斯。大英图书馆：尼古拉斯·巴克，约翰·巴尔，萨莉·布朗，克里斯托弗·弗莱彻，安德鲁·莱韦特，艾丽斯·普罗查斯卡，鲁珀特·利奇维尔；报刊部（科林代尔）——斯图尔特·吉勒斯；东方与印度事务部收藏馆，即亚太及非洲收藏馆——多里安·莱韦克。大英博物馆：克里斯托弗·丹弗。让娜·布歇美术馆（巴黎）。

剑桥大学：大学图书馆——彼得·M. 梅多斯；圣三一学院图书

馆——戴安娜·夏尔丹。坎贝尔学院（贝尔法斯特）：基斯·海恩斯。哥伦比亚大学巴特勒图书馆珍本与手稿部：琼·阿什顿主任，伯纳德·克里斯特尔主任，塔拉·C.克雷格，珍妮弗·李。康奈尔大学：约翰·M.奥林图书馆珍本部——戴维·R.布洛克；菲斯克收藏馆珍本与手稿收藏部——帕特里克·J.史蒂文斯。考陶尔德艺术学院：朱莉亚·布兰克斯，芭芭拉·希尔顿－史密斯，休·普赖斯，厄恩斯特·维基林。

达特茅斯学院劳纳特藏馆：菲利普·克罗嫩韦特主任，杰伊·萨特菲尔德主任，乔舒亚·伯杰，斯蒂芬妮·吉布斯，萨拉·I.哈特韦尔。爱尔兰外交部：贝尔纳黛特·钱伯斯。德保罗大学理查森图书馆：琼·M.米切尼斯。德国文学档案馆、席勒国家博物馆（马尔巴赫）：乌特·多斯特，贡特尔·尼克尔，尤塔·罗伊斯。《爱尔兰传记词典》：詹姆斯·麦圭尔。德累斯顿美术馆：马丁·罗特。都柏林市档案馆：玛丽·克拉克。都柏林休雷恩市立现代艺术美术馆：芭芭拉·道森主任，帕特里克·凯西，利兹·福斯特，乔安娜·谢泼德。都柏林作家陈列馆：埃斯特·奥汉龙。

伊斯特曼音乐学院西布利音乐图书馆：吉姆·法林顿。爱尔兰古典音乐馆：伊塔·博桑，梅芙·马登。梅格基金会（圣保罗－德旺斯）：安妮特·庞德。福特基金会：阿朗·迪瓦克，乔纳森·格林，莱斯·阿米·让娜与奥托·弗罗因德利希协会：埃达·马耶。弗里克博物院图书馆：莉迪娅·杜佛尔，休·马森。

乔治敦大学图书馆：尼古拉斯·希茨。纽伦堡日耳曼民族博物馆：乌尔丽克·海因里希－施赖伯。地球村：约翰·赖利。亚特兰大歌德学院（现歌德中心）：迈克尔·能特维奇，古斯蒂·斯图尔特。格罗里俱乐部图书馆：J.费尔南多·培尼亚。佩吉·古根海姆博物馆（佛罗伦萨）：菲利普·赖兰兹。

汉堡大学：汉斯·威廉·埃卡特，埃卡特·克劳泽。汉堡美术馆：赫尔穆特·R.莱平主任（卒）¹，乌特·豪格，乌尔里希·卢克哈特，马

60

蒂亚斯·米林，乌韦·M.西内德，安娜玛丽·斯蒂福斯。亨德尔楼图书馆（哈雷）：格茨·特拉克斯多夫。哈佛大学：康特维医学图书馆——朱莉亚·惠兰；弗格艺术馆——莉齐·班霍斯特，萨拉·吉阿诺夫斯基；哈佛戏剧收藏馆——安妮特·费恩，弗雷德里克·伍德布里奇·威尔逊；霍顿图书馆——迈克尔·杜乌，伊丽莎白·佛西，苏珊·哈尔佩特。广岛艺术馆：Y.古谷。亨廷顿图书馆：萨拉·S.霍德森。伦纳德·哈顿艺术馆：萨瑞·格罗斯曼。

《伦敦新闻画报》：理查德·皮特金。印第安纳大学莉莉图书馆：莉萨·布劳沃主任，布瑞恩·米切尔主任，威廉·卡格尔，桑德拉·泰勒。当代出版社图书馆（巴黎-卡昂）：奥利弗·科尔佩主任，安德烈·德瓦尔，阿尔伯尔·迪奇，纳塔莉·莱热，马蒂娜·奥利翁。达姆施塔特国际音乐学院：威廉·施吕特。因弗克莱德图书馆联盟／詹姆斯·瓦特图书馆（苏格兰格里诺克）：贝蒂·亨德里，丽贝卡·麦凯勒。爱尔兰版权管理处：约瑞德·林德伯格。爱尔兰犹太博物馆"爱尔兰犹太宗谱会及家族史中心"（都柏林）：斯图尔特·罗森布拉特。

肯特州立大学图书馆：凯瑟琳·马丁，斯蒂芬妮·瓦谢里克。金斯顿大学：安妮·罗，简·拉德尔。瑞典国家图书馆（斯德哥尔摩）：安德斯·巴瑞尔斯。巴塞尔艺术博物馆：克里斯蒂安·塞尔兹。

爱尔兰法学会：琳达·多兰。利兹大学图书馆：克里斯托弗·谢泼德。莱布尼兹档案馆（汉诺威）：赫伯特·布雷格。国会图书馆手稿部（华盛顿特区）：艾丽斯·洛夫·布赖尼，杰弗里·M.弗兰纳里。亚麻厅图书馆（贝尔法斯特）：格里·希利。伦敦交通博物馆图书馆：海伦·肯特。

麦克马思特大学米尔斯纪念图书馆：简·博伊科，伊登·詹金斯，卡尔·斯帕多尼，夏洛特·A.斯图尔特-莫菲。中殿律师学院图书馆（伦敦）：斯图尔特·亚当斯。蒙克博物馆（奥斯陆）：格尔德·沃尔。路德维希博物馆（科隆）：乌尔里希·蒂尔曼。现代艺术博物馆（纽约）。

现代艺术博物馆（牛津）：达维德·埃利奥特，帕梅拉·费里斯。

国家档案馆（华盛顿特区）：约翰·E. 泰勒。爱尔兰国家档案馆：戴维·克雷格，卡特里奥娜·克罗，伊登·爱尔兰，汤姆·昆兰。国立艺术与设计学院（都柏林）：艾丽斯·克拉克。国家艺术馆（华盛顿特区）：安妮·哈尔彭。爱尔兰国际艺术馆：李·本森，玛里·伯克，尼安·麦纳里，安·M. 斯图尔特。伦敦国家艺术馆图书馆与档案部——弗拉维娅·迪特里希-英格兰，杰奎琳·麦可米希；新媒体——夏洛特·塞克斯顿。民族爱尔兰视觉艺术图书馆：西娅拉·希利，唐纳·罗马诺。爱尔兰国家图书馆：帕特里夏·唐隆馆长，凯瑟琳·费伊，帕特里克·霍斯，伊丽莎白·M. 柯万，诺尔·基桑，杰拉德·莱恩。新方向出版社：詹姆斯·劳克林（卒）。纽约公共图书馆伯格收藏部——艾萨克·格维尔茨主任，米米·鲍林，菲利普·米利托，约翰·D. 斯廷森；比利·罗斯戏剧收藏部——罗伯特·泰勒主任，玛丽·艾伦·罗甘，尼纳·施奈德；电影剧与广播剧档案馆——贝蒂·科利温。纽约大学弗尔斯图书馆与特藏部——安·E. 巴特勒，威廉·雷维；悌西艺术学院——伊莱恩·平托·西蒙。西北大学麦科米克特藏图书馆：R. 罗素·梅隆，司科特·克拉夫特，苏珊·S. 刘易斯，西格丽德·P. 佩里，艾伦·斯特雷克。

国家里程碑部（都柏林）公共作品处：威廉斯·S. 卡明。俄亥俄州立大学图书馆珍本与手稿部：杰弗里·D. 史密斯主任，罗伯特·A. 蒂贝茨，埃尔瓦·格里菲斯，基思·拉祖卡。哈雷歌剧院：艾里斯·克鲁泽。牛津大学：博德利安图书馆——科林·哈里斯，朱迪丝·普里斯特曼；彭布罗克学院，麦高恩图书馆。普林斯顿大学图书馆：莫德图书馆珍本与特藏部——泰德·本尼科夫；珍本与特藏部——安娜李·保尔斯，让·F. 普雷斯顿，玛格丽特·M. 谢里·里奇，唐·C. 斯基莫。北爱尔兰公共记录处：伊恩·马克斯韦尔。

爱尔兰广播电视局（都柏林）：布赖恩·林奇。兰登书屋：琼·罗斯，乔·瓦特。雷丁大学图书馆英语文学手稿位置查询部——戴维·萨顿；特藏部——迈克尔·博特主任，詹姆斯·A.爱德华兹主任，维里蒂·安德鲁斯，罗斯玛丽·杰恩斯，弗朗西丝·米勒，布莱恩·赖德。圆厅医院图书馆（都柏林）：伊菲·奥康纳。皇家音乐科学院图书馆（都柏林）：菲利普·希尔兹。皇家医学院（都柏林）：罗伯特·米尔斯。爱尔兰皇家外科医生学院：菲奥娜·艾伦。爱尔兰皇家艺术学院（都柏林）：伊菲·科比特，埃拉·威尔金森。爱尔兰皇家科学院：林德·伦尼。皇家国家剧院：尼古拉·斯卡丁。皇家文学学会（伦敦）：凯瑟琳·卡恩。

保罗·萨克基金会（巴塞尔）：罗伯特·皮恩西科维奇。圣布莱德基金会图书馆：罗莎琳德·弗朗西丝。戈尔韦圣玛丽大教堂：诺琳·埃乐克。苏富比拍卖行（伦敦）：彼得·比尔，萨拉·库柏，安东尼·W.莱伍德，萨拉·马卡姆，特莎·米尔恩，布鲁斯·W.斯万。南伊利诺伊大学（卡本代尔）：杜威研究中心——乔安·博伊兹顿；莫里斯图书馆特藏研究中心——兰迪·比克斯比，戴维·V.科克。斯普伦格尔博物馆（汉诺威）：玛蒂娜·贝赫内特。莫里茨堡国家艺术馆（哈雷）：沃尔夫冈·比歇。柏林国家博物馆之美术馆：贝恩德·埃弗斯。阿尔高国家档案馆：马塞尔·吉热。柏林国家图书馆：罗兰·克莱因，尤塔·韦伯。哈雷国家档案馆：罗兰·库恩。斯坦福大学图书馆特藏部：萨拉·提姆比。纽约州立大学水牛城分校诗歌馆：迈克尔·巴辛斯基主任，罗伯特·J.伯索夫主任，海克·琼斯，苏·迈克尔，山姆·斯洛特。雪城大学图书馆乔治·阿伦茨研究中心：卡罗琳·戴维斯，凯瑟琳·曼纳林。

泰特现代艺术馆档案部：简·鲁德尔。音乐剧院（巴黎）：洛尔·贝尼斯提。都柏林圣三一学院：总务处长迈克尔·格利森；莫妮卡·阿尔科克，菲利斯·格雷厄姆，让·奥哈拉；图书馆——查尔斯·本森，约翰·古德威利，特瑞瓦·佩尔；手稿部——伯纳德·米汉主任，简·马克斯维尔，林达·蒙哥马利，斯图尔特·奥·肖恩。

赫尔佐格·安东·乌尔里希博物馆（不伦瑞克）：希尔克·盖腾布洛克。阿尔斯特博物馆（贝尔法斯特）：S.B.肯尼迪。联合国教科文组织图书馆（巴黎）：延斯·博埃尔。万有音乐出版社：伊丽莎白·克内斯尔。加州大学伯克利分校班克罗夫特图书馆：安东尼·布利斯，班尼·哈德维克。加州大学戴维斯分校图书馆特藏部：梅；利莎·泰勒。加州大学洛杉矶分校大学研究图书馆：戴维·赛德伯格。加州大学圣迭戈分校曼德维尔图书馆：林达·科里·克拉森。芝加哥大学里根斯坦图书馆特藏研究中心：艾丽斯·施赖尔主任，贝齐·毕晓普，斯蒂芬·达菲，罗伯特·科维茨，丹尼尔·迈耶，苏济·塔拉巴，乔纳森·沃尔特斯。特拉华大学图书馆特藏部：蒂摩西·D.默里主任，L.丽贝卡·约翰逊·梅尔文，杰西·罗萨。都柏林大学学院特藏部：谢默斯·赫尔弗蒂，诺玛·杰索普。格拉斯哥大学特藏部：克莱尔·麦肯德里克，莱斯利·M.里士满。曼彻斯特大学约翰·赖兰兹研究所：斯特拉·霍尔基亚德，彼得·麦可。马里兰大学帕克分校档案馆：贝斯·阿尔瓦雷斯，内奥米·凡·鲁。新罕布什尔大学图书馆：罗兰·古德博迪。北卡罗来纳大学教堂山分校奥克兰艺术博物馆：阿尼塔·E.赫格力。圣母大学图书馆特藏部：本·潘西拉。罗彻斯特大学图书馆珍本与手稿部：玛丽·M.胡奇。谢菲尔德大学图书馆特藏部：J.D.霍思森。萨塞克斯大学档案馆：迈克尔·罗伯茨。得克萨斯大学哈里·兰瑟姆人文研究中心：托马斯·斯特利主任，琳达·阿什顿，帕特里斯·福克斯，凯西·亨德森，约翰·柯克帕特里克，卡尔顿·莱克（卒），萨莉·利奇，理查德·奥拉姆，玛丽亚·X.韦尔斯，理查德·沃克曼。多伦多大学菲谢图书馆——艾德娜·哈纳尔，凯瑟琳·麦莫罗；普拉特图书馆——罗伯特·布兰代斯，盖比·扎尔丁。塔尔萨大学麦法林图书馆特藏部：西德尼·赫特纳主任，梅利莎·伯卡特，洛里·柯蒂斯。西安大略大学图书馆：米维尔·汤普森。

维多利亚与阿尔伯特博物馆：国家艺术图书馆——妮娜·阿普尔比，

艾利森·巴伯，马克·伊万斯，弗朗西斯·基恩；维多利亚与阿尔伯特戏剧收藏部（前伦敦戏剧博物馆档案部）——珍尼特·伯特。

维科森林大学雷诺兹图书馆：沙龙·斯诺。圣路易斯华盛顿大学奥林图书馆特藏部——霍利·霍尔主任（卒），安妮·波斯盖主任，查塔姆·尤因，索尼娅·麦克唐纳，卡罗尔·普瑞托，凯文·雷。沃克艺术中心：吉尔·惠特。沃特福德郡博物馆：马丁·惠兰。

耶鲁大学贝内克珍本与手稿图书馆——文森特·希罗德，凯瑟琳·詹姆斯，南希·库尔，纳塔莉亚·夏里尼，帕特里夏·威利斯，提姆·扬；吉尔莫音乐图书馆——苏珊·埃格尔斯顿·洛夫乔伊；斯特林纪念图书馆手稿与档案部——克里斯蒂娜·魏德曼。

苏黎世詹姆斯·乔伊斯基金会：弗里茨·森主任，露丝·弗雷纳，厄休拉·策勒。

手稿经营商

下列手稿经营商为此版的基础研究工作提供了帮助，尤其是在告知我们货品情况和转达我们的询问等方面。他们是：安蒂克·海图书；查尔斯·阿普费伯姆；蓝山图书与手稿；阿兰·克洛德（卒）；谢默斯·德乌卡；R.A.格科斯基；托马斯·A.戈德瓦塞尔；格林·霍罗威茨；乔治·J.霍尔；索引图书；供应者约瑟夫；肯尼斯·科特手稿；马格斯·布罗斯有限公司；贝尔特拉姆·罗塔有限公司；苏富比拍卖行；斯旺艺术馆；斯蒂文·坦普尔图书；尤利西斯图书；等待戈多图书。

出版人

已故的巴尼·罗塞特是萨缪尔·贝克特在格罗夫出版社的美国出版

人。编者对其为现代出版业所做出的重要贡献心存感激，也对他身为此版原总主编所付出的努力深表谢意。编者还要感谢格罗夫出版社所有协助过基础研究工作的同仁，尤其是朱迪丝·施密特·道，弗雷德·乔丹，理查德·西弗，阿斯特里德·迈尔斯，约翰·奥克斯，以及在格罗夫大西洋股份有限公司工作的摩尔根·恩特里金和埃里克·普赖斯，感谢他们在项目移交过程中对此版的专业支持。

已故的午夜出版社社长热罗姆·兰东是萨缪尔·贝克特的法国出版人和深受信任的顾问，被贝克特认定为自己的文学遗产执行人。编者亦对午夜出版社现任社长伊莲娜·兰东的协助谨表谢意。

剑桥大学出版社受命出版贝克特的文学通信《贝克特书信集》。编者要感谢该社编辑安德鲁·布朗和琳达·布里的信任与支持，利·穆勒的细致编辑，安东尼·希皮斯利的细心校对，以及卡罗琳·莫里、艾利森·鲍威尔、玛尔特耶·希尔滕斯和凯文·泰勒的协助。

许多同仁审读过整部或部分原稿，提出过建设性的建议，编者不胜感激。书中任何错误均由编者负责。读者诸君如有指正或补充，编者将乐于吸收、增补，并在随后的版本中致以恰当的感谢。

惠 允

编者和出版社选材于如下拥有版权的文档收藏机构和人员，对其惠允复制这些材料深表谢意。尽管已竭尽全力，仍难以找到所有版权拥有人。如能告知其中的遗漏，我们将乐于在随后的版本中致以恰当的感谢。

萨缪尔·贝克特所写的信件、手稿和其他文档，经萨缪尔·贝克特遗产理事会惠允，在此卷中予以再现。

其他信件和文档经下列版权拥有人的惠允得以复制：克劳斯·阿尔布雷希特代表金特·阿尔布雷希特；弗兰克·贝克特代表萨缪尔·贝克特遗产理事会；莉萨·贾丁代表雅各布·布罗诺夫斯基；兰登书屋集团有限公司惠允复制查尔斯·普伦蒂斯、伊恩·帕森斯和哈罗德·雷蒙德代表查托－温德斯出版社所写信件，及查尔斯·普伦蒂斯写给乔治·希尔的信件；波林格尔有限公司和理查德·丘奇遗产理事会权利人；约翰·科菲代表布莱恩·科菲遗产理事会；吉尔伯特·柯林斯代表苏厄德·柯林斯和多罗西娅·布兰德；安东尼·霍布森代表南希·丘纳德遗产理事会；企鹅图书有限公司代表哈米什·汉密尔顿出版社；戴维·霍恩代表约瑟夫·霍恩；贝特西·约拉斯代表欧仁·约拉斯和玛丽亚·约拉斯；玛格丽特·法灵顿和罗伯特·瑞恩代表托马斯·麦格里维；萨缪尔·帕特南遗产理事会；苏珊·布洛瓦和简·布洛瓦代表乔治·雷维；A. D. 罗伯茨代表迈克尔·罗伯茨，并经其惠允在移交苏格兰国家图书馆之前查阅迈克尔·罗伯茨档案馆；劳特利奇出版社（泰勒－弗朗西斯出版集团所属出版社）代表 T. M. 拉格；都柏林圣三一学院董事会代表萨缪尔·贝克特提供托马斯·布朗·鲁德莫斯－布朗、沃尔特·斯塔基和罗伯特·泰特所写信件；丹尼尔·海代表让·托马；雷迪·斯塔普尔斯和阿兰·厄谢尔遗产理事会的其他代表；约翰·威利斯；格瑞恩·叶芝代表迈克尔·叶芝拥有的杰克·B. 叶芝作品的版权。

下列信件、手稿和其他文档的所有人也惠允出版相关文档：克劳斯·阿尔布雷希特；巴黎国家档案馆；雷丁大学贝克特国际基金会；大英博物馆理事会；纽约州立大学水牛城分校诗歌馆；开普敦大学；雷丁大学查托－温德斯档案馆；芝加哥大学图书馆特藏研究中心；哥伦比亚大学珍本与手稿图书馆；努阿拉·科斯特洛私人收藏馆；达特茅斯学院图书馆；特拉华大学图书馆特藏部；让娜·弗罗因德利克与奥托·弗罗因德利克之友协会；彼得·基达尔（伦敦）；戴维·霍恩；印第安纳大学莉莉图书馆；堪萨斯大学肯尼斯·斯宾塞研究图书馆特藏部；卡塔里娜·考特斯基博士（原姓绍尔兰特）私人收藏；西北大学图书馆；纽约公共图书馆伯格英美文学收藏馆，阿斯托、伦诺克斯与提尔顿联合基金会；普林斯顿大学图书馆；雅克·帕特南档案馆（巴黎）；俄罗斯国立文学与艺术档案馆主任塔蒂阿娜·格瑞艾娃；莫里斯·辛克莱；得克萨斯大学奥斯汀分校哈里·兰瑟姆人文研究中心；都柏林圣三一学院董事会；苏黎世詹姆斯·乔伊斯基金会汉斯·扬克遗赠。

缩略语表

图书馆、博物馆及机构缩略语

AN	国家档案馆（巴黎）
AUP	巴黎美利坚大学
BIF	贝克特国际基金会（雷丁大学）
BM	大英博物馆（伦敦）
Burns Library	约翰·J.彭斯珍本与特藏图书馆（波士顿学院）
CtY	贝内克珍本与手稿图书馆（耶鲁大学）
DeU	特拉华大学图书馆（纽瓦克）
ENS	高等师范学校（巴黎）
GN	日耳曼国家博物馆（纽伦堡）
HK	汉堡现代美术馆（汉堡）
ICSo	南伊利诺伊大学（卡本代尔）
ICU	里根斯坦图书馆特藏研究中心（芝加哥大学）
IEN	查尔斯·迪尔林·麦科马克特藏馆（西北大学）
IMEC	当代出版社图书馆（巴黎-卡昂）
InU	莉莉图书馆（印第安纳大学）
KF	腓特烈三世博物馆（柏林）
KU	肯尼斯·斯宾塞研究图书馆（堪萨斯大学）

MBA	波尔多市立美术馆（斯特拉斯堡）
MOMA	纽约现代艺术博物馆
NBuU	纽约州立大学水牛城分校诗歌馆
NGB	新国家美术馆（柏林）
NGI	爱尔兰国家美术馆（都柏林）
NLL	国家美术馆（伦敦）
NhD	劳纳特藏馆（达特茅斯学院）
NjP	普林斯顿大学图书馆珍本与特藏馆手稿部
NLI	爱尔兰国家图书馆（都柏林）
NNC, RBML	哥伦比亚大学珍本与手稿图书馆
NPG	国家肖像馆（伦敦）
NYPL, Berg	纽约公共图书馆伯格文献集
OKTU	麦法林图书馆特藏部（俄克拉何马州塔尔萨大学）
RHA	爱尔兰皇家艺术学院（都柏林）
RTE	爱尔兰广播电视局（都柏林）
TCD	谈及手稿时指都柏林圣三一学院图书馆，一般指都柏林圣三一学院
TxU	哈里·兰瑟姆人文研究中心（得克萨斯大学奥斯汀分校）
UoR	雷丁大学特藏部

私人收藏

Albrecht	克劳斯·阿尔布雷希特私人收藏
Costello	努阿拉·科斯特洛私人收藏
Gidal	彼得·基达尔私人收藏，索引图书
Sinclair	莫里斯·辛克莱私人收藏

出版物、手稿及译者缩略语

AvW	阿道夫·冯·巴登–符腾堡
GD	萨缪尔·贝克特的德语日记（雷丁大学图书馆贝克特国际基金会）
NRF	《新法兰西杂志》
OED	《牛津英语词典》（电子版第二版）
Pyle	指希拉里·派尔著《杰克·B.叶芝：油画作品分类目录》（伦敦：安德烈·多伊奇出版社，1992）三卷本和希拉里·派尔著《杰克·叶芝：水彩画、素描与粉笔画》（都柏林：爱尔兰学术出版社，1993）中杰克·B.叶芝画作的编号
SBT/A	《萨缪尔·贝克特在当代》

编辑缩略语

s/	签名
?	不确定
〈　　　〉	删除

参考文献注释缩略语

ACI	签首字母亲笔卡	ACS	签名亲笔卡
AH	另一只手写	ALdraft	亲笔信草稿
ALI	签首字母亲笔信	ALS	签名亲笔信
AMS	亲笔信手稿	AN	亲笔便笺
ANI	签首字母亲笔便笺	ANS	签名亲笔便笺

APCI	签首字母亲笔明信片	APCS	签名亲笔明信片
APS	亲笔附言	*env*	信封
PS	附言	TLC	打字版复件
TLcc	打字版复印件	TLdraft	书信初稿
TLI	签首字母打字版书信	TLS	签名书信
TMS	打字版手稿	TPCI	签首字母打字版明信片
TPCS	签名打字版明信片	TPS	打字版附言

第一卷绪论

"我觉得动笔是越来越难了，甚至给朋友写信也是如此。"1936年在给托马斯·麦格里维——此卷涵盖时期（1929年至1940年）内与他通信最多的人——的信中，[1]萨缪尔·贝克特如此写道。写信并不是让年轻的贝克特郁闷的唯一难处，甚至谈不上是最急切的难处。"没法读书、写作、饮酒、思考、感知或者移动，"独自在德国的美术馆彷徨时，他这么告诉朋友玛丽·曼宁·豪，"似乎最没心境的时候，却迫不得已去向朋友们倾诉。"[2]没法动弹、没法前行、没有机会、没有健康：此卷收集的信件从满是否定、怀疑、拒绝和退却的人类图景中横穿而过，建立联系，开拓空间，寻求机遇，谴责冷漠。这一时期，对贝克特而言，信件胜过一切。信件常常是他唯一的联系方式：寄到他不在的地方，寄给他不能面谈的人，或者寄给他不想面谈的人。信件是他通往可能存在的不同自我的渠道——那些他尚且只是隐约意识到的自我，甚至是想要拒绝的自我。信件使一种写作变得可能，那种写作也许是一个声音，一个在不这么隐私的作品中他还不敢启用的声音。

尽管贝克特以各种方式声称自己痛恨信件，但他60年里所写的信件总计起来却超过15 000封，构成20世纪最了不起的文学通信之一。出自像贝克特这样重要的作家之手的信件，即使潦草，其意义也是无需特别辩护的。但是，会让读者记忆深刻的是这一事实，即贝克特写信很少敷衍了事。甚至在匆忙回信时，在明信片的背面留个便条时，或者在深切的苦痛中呼吁时，贝克特都是一个无比认真、无比细致的写信人。在后来的年头里，尤其是《等待戈多》带来了意想不到的声誉之后，责任心驱使他写成的信件的数量与日俱增——对他而言，这一趋势让人担忧。而且随着他成为公众人物，无论多么不随心愿，信件的性质也改变了，很多时候成了对学术界所需信息、导演们所需授权、译者们所需解释、制片人所需建议、出版商所需时间安排等各项请求的应激反应。在第一卷，在早年，信件较少，但更加重要，事实上送入了一个说不清道不明的书信空间。早年的书信传递信息的功能几乎总是次要的，主要的功能是建立关系——求人、扰人、惹人，必要的话甚至冒犯人。收信人的兴趣所在有时不甚明了，常常得加以激发，然后努力保持——而贝克特做得到的，总是丝毫都说不上理当如此或者叫人称心如意。

传记有一种难免的趋势，就是使个体的伟大之处看似命中注定。假如那个体像贝克特这样犹疑、矛盾，那么他的书信就有助于再现他面对抉择、困境和日常怀疑时的七上八下的心境，那样的心境随时都会迫使人抛弃这一事业，或者退而求其次。贝克特的书信既显露了他的无奈妥协，也体现了他的断然拒绝，既显露了他对承认的渴望，也体现了他对名望的厌恶，既显露了他唯有文学之道方真正值得踏上的信念，也体现了他几乎踏上无数虚假之途时的无所适从。

在成为交流的工具之前，信件的宗旨在于在写信人和收信人（说来也巧，法文中称作"抵达者"）之间确立共同的条款；在有志者和回应者之间创造某种共谋关系或协作关系；在于为此而超越眼前的社会、地理、职业甚至智力的环境，不然，那些环境会助长稍早或间接的语言交流。为此，信件允许——或者曾经允许，因为使贝克特的通信更显珍贵的事情之一，就是难以想象21世纪会有旗鼓相当的书信写手——有一种亲密感，这种亲密感既可放大亦可缩小，既可加速亦可延迟，就看对话者的期待或目标。然而对贝克特而言，他在信件中寻求的共谋关系也是他谨慎拒止的关系；对协作关系中隐含的需求，他满腹狐疑；而且对永远置于亲密关系之上的极端约束，他是异常谨慎的，当那一关系由自我意识和信件允许的控制力——信件有修正和自我审查的空间——形成或维持时更是如此。也许部分地在这个意义上，他对书信的"厌倦"可以理解。对他而言，在这一时期，仅仅是写一封信然后投递出去这样的行为，都隐含着一种自我克服，一种（正如他所言）当"所有集团都是万恶"时对共同体的临时接受；[3]隐含着一次从稳定的自我知足向下爬行的动作，而无论是作为自我撕裂还是作为自我扩张（无人爱我／世界配不上我），自我知足都正是他希冀的。再简而言之，信件将作者从"自我"中拽出来，将作者置于"别处"。当摆脱自我、前往别处的欲望本身正接受贝克特的审慎评估，作为回避定律、抛弃任何认定的文学职业的首要诡计之一来评估时，信件就这样发挥作用了。

这段时期，贝克特经历的躁动不安使他只可短暂安定，而他确实也几乎总是在路上，在都柏林、伦敦和巴黎之间来回穿梭，还几次游历德国，最后于 1937 年底来到巴黎落脚，却只是赶上 1940 年再次漂泊，因基本无法控制的战争而飘零。对于所有这类生存错位中的危险，他是一清二楚的。1936 年从德国写信给汤姆·麦格里维时，他将这一危险化作一个问题：那"是另一段离开的旅程，像如此之多的旅程那样吗？"[4]接着快要离开德国时，作为忏悔，他写信给玛丽·曼宁·豪说："事实证明，正如我踏上旅途之前就知道的那样，这确实是一场远离而非抵达的旅行。"[5]远离的旅程：当那些通信之旅同样饱受怀疑，兴许只是逃避的手段的时候。通信之旅饱受怀疑，尽管它们无疑是前往之旅，信件的确注定是要寄往他人的——不仅要寄往他人。贝克特的信件五花八门，写来是要吸引特定读者的独特感悟和语言潜力。

收入此卷的书信表明，由于时常没有伙伴在旁，贝克特有一种油然而来的孤独感。但即使证实了这一匮乏，这些信件也削减了这一匮乏。

无论在哪儿，他也能心在别处，甚至在路上的时候也是如此。这些信件为其作者勾勒出一个另类现实，有助于他无论在哪儿生存——同时又没法生存——都能支撑下去，几乎就像到了自己编织的蛛网里。当然，信件之旅要成功，"心在别处"要履职，这些都得投入感情，不管表现的是欲望、雄心、愤怒，还是对获得别人认可的渴望。每位收信人都要代表某种潜在机遇，假如不是另一地点或情感，那么就是另一可行性，正如在写给代理人和出版商的无数信件中那样，写信时心沉谷底，一百个不情愿，但又明白没有它们，他的作品将默默无闻，他的未来之路将愈来愈窄。

情感与可行性也许会相遇，当它们确实相遇时，正如在写给麦格里维的大量信件中那样，一种写作就浮现出来，那种写作就如同贝克特获悉作品有望出版那样激动人心。甚至在麦格里维面前，他也可能寡言少语：希望免去被过度解读的风险时，他就用法文给好友写信；性生活的细节他几乎不跟好友谈，仅仅一笔带过，比如轻描淡写地说 1938 年跟佩吉·古根海姆"经常见"；偶尔他也告诉好友，有些个人的事情自己宁愿亲自跟好友谈。[6] 但是在麦格里维面前，正如在少数别的至交面前，贝克特揭开了也许比所过生活或所写作品的任何细节都重要的某种东西。他揭开了另类生活的意义，那种生活他尚未步入其中，只是梦中所有，等到那时，这些就会醋畅淋漓地沉浸在过去和未来之中，沉浸在艺术之中：音乐、绘画、文学。此时的他已显露也许只在后来已出版作品集中真正成为的作家贝克特的气质，甚至吐露具有无可估量的价值的真知灼见时，他也得为一封"信写得有些悲催"[7]而道歉，为"这封无益且并不忧郁的信"[8]而道歉，为"非常干巴巴的那类信件"[9]而道歉，为"这番哀诉"[10]而道歉。此刻，在其信件中，他已然是能让生于脆弱和发泄的写作浮现在字里行间的作家贝克特了，但是他也能承认："这样跟您磕巴我并不害臊——您早已习惯了我表述自己幻象中想说的话的狂乱方式，也懂得嘴巴必须得磕巴个不停，要不就歇着不动，直到塞口布已嚼得适合吞下去或者吐出来。而要歇着不动，那张嘴就得比我的更加坚忍。"[11]

詹姆斯·诺尔森经授权撰写的萨缪尔·贝克特传，用了《盛名之累》（1996）这一书名。当然，对于人生最后30年里他的创作赢得的知名度，贝克特既惊讶也常常沮丧。如我们在上文已提示，这种知名度对写信人贝克特有着直接的影响，既急剧增加了他所写信件的数量，也显著改变了他所写信件的性质。不过，"成名"年代之前的他有一个引人注目之处，就是即使在努力为自己和自己的创作赢得知名度之时，他对艺术的公共维度的态度又是多么小心谨慎。在他与出版商的交道中，这一点体现得再明显不过。此处，他的小心谨慎常常转化为一种蔑视或敌视；鉴于出版社或杂志社与他对话的主要代表往往是有才智、有耐心、有学识、有善意、有风度的人，譬如他在查托–温德斯出版社的出版人查尔斯·普伦蒂斯这种在当今大众出版界的肉搏战中几乎无法想象的人物，这种态度就更显昭然。"跟出版商直接打交道，"贝克特在1936年对这类"交道"还多为幻想时写道，"……是少数可以避免的降格之一。"[12]对他而言，仅仅想着要出版作品就应该诅咒，就应该视为"卑躬屈膝、点头哈腰和苦苦央求"，[13]等于把"一堆屎蛋或一吨砖头"[14]搬运到"文学垃圾桶"[15]里去。一个叫鲁伯特·格雷森的人回信耽搁了6周，就触发了一种罕见的偏执狂一般的反应，其中常见的自卑换成了自我膨胀，因为贝克特忧心，"料想他会想办法，做出下流的事儿。他毫无背景，而且我也拿不出证据，证明他有我这样的天资"。[16]同一天，他在盛怒之下给乔治·雷维——其职责之一就是协调贝克特与出版社的关系——写信道："格雷森把稿子弄丢了，要不就是拿它当手纸了。踢掉他的鸟蛋……"[17]雷维以许多其他方式帮助贝克特承担了代理商的角色，那些年里他是后者过激情绪和指责的最猛烈发泄的目标，因为贝克特一会儿恳求他，一会儿辱骂他，一会儿需要他，一会儿躲开他，一会儿又向朋友们推荐他。"[我]既不信任他，也不喜欢他，"贝克特在1936年写道，"可又不认识别的代理商。"[18] 当雷维未经贝克特授权而出版了他的一篇作品时，情况更加糟糕，甚至到了他给雷维写了一封非常尖酸刻薄的信，因而让雷维没把它保存下来的地步。不过，信的内容可以从他写给麦格里维的一封信中重构出来，在该信中雷维被称为"（1）骗子；（2）笨拙的诡辩家；（3）文盲"[19]。但是不到一个月，贝克特就写道，"当时把媾和的小手指伸给雷维了"[20]，而且没过多久，他就再次心满意足地"把拙作托付给雷维"[21]。

对贝克特而言，不再努力将作品在最亲密的朋友圈之外广而告之，这一魅惑一直存在。但与来自另一源头的压力相比，这一魅惑还是乏力的。他相信，那个压力只能通过获得公众的认可来缓解。"没任何已成定局的事可做就跑回家，心里发慌啊。"他在1937年从德国给麦格里维写信道，"只有拿到清样和新书，才能渡过难关，做好再次出逃的准备。"[22] 他写到过他的母亲，说她"以为儿子才华横溢，素材成堆……其实就是désoeuvrement"。[23] 出版商和出版协议成了抚慰的旗帜，他就想举着这面旗帜在恼怒的家人面前舞动，而家人对他正在人生中做出和拒绝做出的选择还茫然无知。那面旗帜从来不够大，或者上面的标志不够恰当，公众的认可来得不够及时，或者不是从恰当的地方传来，这是贝克特人生中最叫人失望的事情之一。

当赞美之词传来，从麦格里维这样受人器重的读者传来时，贝克特的高兴劲儿即使短暂，也是溢于言表的。得知这位朋友对《莫菲》手稿的溢美之词时，他回信道："不必赘言，收到您的来信，我心里甭提多高兴。先前有些担心，怕您不大会喜欢拙作。我自个儿也发现，所有人物都这么可恶可恨，甚至西莉亚也是这样，可您却发现了他们的可爱之处，着实让我意外，让我激动。"²⁴然而，比赞美常见得多的是不屑和拒绝，其表层的粉饰从来不会厚得让里层的真话不伤人。贝克特的哥哥问他："你干吗不按人们想要的方式去写呢？"²⁵这个问题他遇见的出版商几乎都会问，只是措辞委婉得多。随拒绝而来的或许是"寻常的好言好语"²⁶，或许是"甜言蜜语般的歉意之词"²⁷，要不就是"表示景仰的古典套话'et l'obligeance prophétique'"²⁸。不然，就直截了当："昨天收到弗里尔-里夫斯的信，他们断然拒绝。'基于商业的考虑，我们没有理由将大作列入出版名单。'当然，还找得出别的理由吗。"²⁹这样的答复会引来报复，手段就是讥笑"渣透-瘟得死"，或者"霍加斯私立疯人院"³⁰，要不就是胡诌一首打油诗贬损道布尔迪-多兰出版公司。³¹但与需求相比，这一报复是轻微的："重要的是，把拙著弄出来"³²。

为了推进出版，这位文艺青年愿意做出妥协，这会让只熟悉贝克特年长些时绝不妥协的态度的读者大为吃惊。一位出版商希望《莫菲》有所删节，为此贝克特给雷维写信道，"本人会乐意对那些与整体无关紧要的段落进行压缩，也对在他们看来情节有些混乱的其他段落进行改写"；下文给雷维的劝诫是代理商的梦魇，"请您表现得既震惊、坚定，又很有分寸，略显灵活，如果您做得到的话，要兼而有之"³³。自然而然，这次商谈毫无成效，而贝克特也带着讽刺一样清晰可辨的绝望口气写道："本人最记不住的事情，是随时准备将拙著删减得只剩书名。眼下，本人准备更进一步，要是书名冒犯了奎格利、Trumpetenschleim、艾略特或者出版商想象得到的任何别的名字，那就连书名都改了。"³⁴最后，幸亏部分程度上有麦格里维和画家兼作家杰克·B.叶芝的斡旋，劳特利奇出版社答应出版《莫菲》，这时贝克特写道："不管怎样，只要能把书弄出来，什么合同我都愿意签。"³⁵这种温顺可与貌似矛盾却也许同样真实的豪言相媲美："比起这部小说遭到拒绝的时候，当它终于有出版社接受时，我感到的喜悦甚至更少。"³⁶

世界的冷漠，或者说公众的拒绝，与内心正在经历的是如此吻合——比成功要严丝合缝得多——甚至即刻就激发了认可。行为之前也即写作之前的挫败，将成为贝克特想象世界的基础本身。在此，它已经诞生了一种忏悔的过剩。在给麦格里维的信中，谈及自己论马塞尔·普鲁斯特的小说《追忆似水年华》的论文时，贝克特写道：“关于普鲁斯特的论文，还没法动笔。”[37]这一情况愈演愈烈，成了“关于普鲁斯特的论文我还没有下笔”[38]；接着就成了“您知道，我根本就没法动笔。最简单的句子都是一种折磨”[39]；再接着又成了“什么作品都写不了，甚至句子的轮廓都想象不出”[40]；最后竟成了“还没试写点什么。动笔这个主意本身似乎都有点儿荒唐”[41]。不过，无论怎样，他的《论普鲁斯特》还是写了出来，而且他甚至还有点儿引以为自豪，但后来自豪感就被厌恶感赶超了——对于据他判断“很灰暗，幼稚得令人作呕”[42]的东西，“让我把批评的范围扩展一点，有什么能更加 Blafard 呢，粗糙得像‘国民警卫’的肛门”。[43]

这段时期，他自贬到了自称“雪崩”的地步，所写评论都会招致严苛的审查[44]：“不诚恳，恭维过度”，这是他对自己所写关于杰克·叶芝小说《阿玛兰瑟一家》书评的描述。[45]但是派分给其诗歌和小说的评价也只是略微慷慨一点。“赝品”是他随意用来描述自己作品的词，[46] “involontairement 微不足道”[47]；或者“真是一部令人讨厌之至又不太实诚的作品”，当他写到《莫菲》的第一稿时[48]——稿子“读起来真他妈恐怖”[49]。对于他觉得作品中缺乏的东西，在 1932 年致麦格里维的一封信中他比在任何别的地方都更言辞凿凿——在那封信中，他因该信缺乏必要性痛斥了自己。“荷马、但丁、拉辛有时还有兰波”——这些名字成了拿来抽打文学自我的鞭子，因为这个自我的作品从未比“打扮了一番”或“construits”好那么一丁点儿。他自己的创作缺乏紧迫性和必然性，缺乏在他而言使本真的作品出类拔萃的性质，那两种性质一定要像物理反射一样是本能反应和自动所为。在一个即将在他整个创作生涯中回响的表述中，他对那两种性质做了令人印象深刻的描述："我在哀叹的，是 pendu 喷射精液的可信度［……］是大脑得知风中有沙砾之前眼皮就眨下来的可信度。"[50]

创作的自我与阅读的自我之间存在鸿沟，这一鸿沟既可带来痛苦，亦可带来慰藉。但是，尽管他发过相反的誓言，这些年里他读的书却一点都不少。在这一语境中，援用"学徒期"这样的概念是人所乐意的，而且没有这段时期消费的大堆书籍，贝克特后来的作品当然是无法孕育成形的。不过，假如他是学徒，在较大程度上是詹姆斯·乔伊斯的学徒——这段时期中，乔伊斯较久地担当了他的业师和向导——那么，他就是一位觉得自己与其说在学习一个行当，不如说在失去加入一个派系的机会的学徒。他担心，自己正在积累的知识本身也许正在毁掉他的前程，将他变成"Sorbonagre"[1]，引导他走向一个有知识的虚假王国。[51]"即使不够细心，"在一些德语小说中找到了为《莫菲》中的一个人物辩护的新证词之后，他写道，"本人也会对所写的内容头脑清醒。"[52]这并非由于日益强化的文学遗产意识赋予了这位志向远大的文艺青年一杆个人一无所值的标尺；而是由于创作构成的特定类型的成功在他看来只能在一种盲目或麻痹的无知无解中获得。"Jenseit der Spekulation kommt erst der Mensch in sein Eden"（只有超越思辨，人类才能抵达伊甸园），在 1934 年写给表弟莫里斯·辛克莱的信中他这么写道。[53]尽管只是在后来他才会完整地表述这个观点，在二战之后写给乔治·迪蒂的系列信件中才完整地表述出来，但此处对知识的诱惑和陷阱的芥蒂已然存在了。早在 1932 年，他就跟萨缪尔·帕特南说了一番话，谈及自己在詹姆斯·乔伊斯门下如何受益。他说，"本人发誓，临死前必超过乔伊斯"，这句

---

[1] 原文"Sorbonagre"由"Sorbonne"（索邦神学院）和"onagre"（野驴）拼合而成，是 16 世纪法国作家拉伯雷生造的词，表轻蔑、讥讽。

话正是作家手中刺人的楔子的尖端。[54] 不足为奇，1935 年他兴冲冲地把努阿拉·科斯特洛向他说的话转告麦格里维，"除了一事无成的人，你对谁都没有一句好话"[55]。因为假如写作要有意义的话，就得把自己当作一种摆脱，一种外出历险，没有清晰可辨的地标，甚至文学地标也是如此，也没有必定能返回的希望："当离开了出生的村庄不再像是一件蠢事时，"他在 1937 年写给玛丽·曼宁·豪的信中写道，"也许只有到那时，写作才真正开始。"[56]

或许幸运的是，这段时期贝克特遇见的作家不是每一位的作品都给他留下了如同荷马或但丁的作品那么不可或缺的印象。"一直在疯狂地读书，四处读书，"1936 年他告诉麦格里维说，"先是读歌德的《伊菲革涅亚》，接着读拉辛的同名作品换换口味……"[57] 贝克特的阅读也许并不狂乱，但肯定是多样化的，这一点甚至只列出他涉猎过的部分作家就能体现得清清楚楚：阿里奥斯托、亚里士多德、简·奥斯汀、邓南遮、达尔文、狄德罗、乔治·艾略特、菲尔丁、赫林克斯、格里尔帕策、瓜里尼、荷尔德林、塞缪尔·约翰逊、本·琼生、康德、济慈、劳伦斯、莱布尼茨、麦尔维尔、柏拉图、T. F. 波伊斯、拉缪、儒勒·列那尔、兰波、卢梭、萨德、圣伯夫、萨特、叔本华、司汤达、斯特恩、塔索、维尼。没有几部作品像歌德的《塔索》那样遭到了贝克特的严厉指责，但他对这部作品的观点也许适用于经典作家排行榜中的许多人——达尔文的《物种起源》是"文笔这么差劲的掺水读物"[58]——对那些人他嗤之以鼻："他真是苦口婆心，要说服别人相信他是 machine à mots，是陈词滥调的分选机，还是尚未在一千种印象中证实自身价值的痛苦的地堡，或者随身手册版。"[59] 而且逝者胜过生者。不过，贝克特把敌意最强烈的火焰留给了当代作家，那团火焰仿佛是被真正的鄙视和难以启齿的嫉妒的混合物点着了。他把 T. F. 波伊斯的作品称作"如此人为编织的黑暗，如此痛苦构造的统一的悲剧性完整感"[60]。邓南遮长了个"脏兮兮、脑汁横溢、吧唧吧唧的脑瓜，流着血、裂着缝，就像他那驰名的红石榴"[61]。阿道司·赫胥黎的最新奉献甚至连书名都不值得一提，成了"《孔对孔》[1]，一部让人痛苦不迭的作品"[62]。劳伦斯做的买卖是让"沉闷的湿气着火"[63]。T. S. 艾略特论但丁的文章"那种盛气凌人、矜持不阿的口气和学者派头，多叫人难以忍受啊"[64]。而普鲁斯特也遭到了粗鲁的对待，那种对待在贝克特的信中比在谈其创作的论文中粗鲁得多。其散文在贝克特看来"比麦考利处于最低潮时还要对称得多"，而其连绵不绝的叙事"跟摩尔相比，……当然更有趣，更巧妙，而且更丰富多彩，就像饱受绞痛之苦的胃发起的一次煽情的假牙狼吞虎咽般的排泄"[65]。

不足为奇，不得不读普鲁斯特，或者如贝克特所言，不得不"读16卷之多，那还不像蹲便！"[66]，这一前景离迷人之境还相差甚远。但是要写《论普鲁斯特》，就得读普鲁斯特，不是读一遍，而是读两遍，读那零散得活活气死人的版本。普鲁斯特给予贝克特的读书心得，正如给予他在信件中谈及这次阅读时的收获，是作品的"动能"，是比这恼怒更甚、比这斥责更躁、比这恶心和嫉妒更烈的东西。当他希望读一读阿诺尔德·赫林克斯的作品，但又"个中原因不得而知"时，[67]他就强迫自己来到都柏林圣三一学院的图书馆，虽然有一万个理由想避开，但还是日复一日地来。康德的全集寄到巴黎时，他得把它们从海关拽到住处。如上述几个例子表明，与他为得到自己认为重要的作品所付出的努力相对应的，是一股无可压抑的对语言的狂热。

若非谈论别的作家，尤其是侮辱他们，贝克特是难得这么有创造性的。他在语言方面的精进也并未就此打住。赫林克斯的作品尚无译本，因此这位一门心思要读的青年就苦学拉丁语，竟达到可以读原著的水平。

---

[1] 原文"Cunt Pointercunt"为贝克特根据赫胥黎小说《点对点》(*Point Counter Point*)生造的痞话："孔"（Cunt）原指阴道。

对于康德和歌德，他读的是德语原著；对于但丁、阿里奥斯托和邓南遮，读的是意大利语原著；对于普鲁斯特，读的当然是法语原著；西班牙语他也苦学了一阵，此后竟然能将一卷墨西哥诗歌选译出来。当然，人们会说，即使他在逃避那条安稳的学术道路，不想当大学教授，但这些根深蒂固的学术习惯依然保留了下来。不过，当对具有他这样的家庭背景或文化氛围的人来说，他博学的动机绝非显而易见时，这样的话更经不住质疑。当然，书中自有黄金屋，也有自罚的皮鞭，更有可以扔到对手脚跟前的炮仗。在叔本华的书里，贝克特找到了"从智识角度对悲苦所做的辩解——人类做过的最伟大的辩解"[68]。《奥德赛》的法语译本带来的是"童年时的专注，过去读《金银岛》《雾都孤儿》还有许多别的作品时的那种专注"[69]。他对"约瑟夫·安德鲁斯心醉神迷"，那是个"雅克和威村的牧师融为一体"的人物。[70]圣伯夫带来的思想是"所有galère 中最有趣味的"[71]。有些令人惊讶的是，"圣女简［……］有许多可以教给我"[72]。而不那么让人惊讶的是，萨德的《所多玛 120 天》"谋篇布局不同凡响，和但丁一样严谨细致"，在他心中唤起了"一种形而上的极乐"[73]。然而，即使是上升着迷甚至极乐，书中的任何黄金屋都无法用来解释读者从贝克特信件中得到的感觉，即贝克特在按照一份对语言功底和文学修养要求严苛的读书计划来刻苦攻读，那一计划由他期望成为的作家来制定——同时要谨防与那位作家毫无差别。

也许就是在这一语境中，在活跃于文学实践——写作也好，阅读也好——的这样一种紧张中，贝克特诸多的逃避梦——会一劳永逸地根除所有这类问题的一次逃避的梦想——应当得到理解。没错！假如他要举起文字的白旗，全然放弃，当一个——什么呢？甚至年届而立之年时，即 1936 年时，他可能还梦想着从干瘪、平庸的文学世界逃之夭夭——"心想，下一个小激动就是逃跑，"他给麦格里维写信道，"希望自己还没有老迈得没法真正付诸行动，也没有在机器操作方面愚蠢得没有当商业领航员的资格。"无论如何找个工作的原因在此处表述得再清楚不过："不想把余生耗在写谁都不会读的书上。倒不是本人想写这样的书。"[74]贝克特从不把自己的文字活儿看成高尚或者浪漫的行当，这一点几乎在每一封信里都看得明明白白。他甚至没把创作当成诚实的职业，这也只是略微没有那么明显，也许是因为这一观点笼罩在他家里人更激烈的反应甚至恼羞成怒里了——他的作为让他们相信了这一观点。而"真正的工作"这一观念造成的结果就是：贝克特当一名电影制作学徒，到莫斯科在谢尔盖·爱森斯坦手下干活儿；当一个广告代理商，到伦敦干活儿；当一名助理，去特拉法加广场的国家美术馆谋生；当一位讲师，去哈佛、开普敦、米兰工作；当一个译员，替日内瓦的国际组织工作；当一名法语教师，去南罗德西亚布拉瓦约的某所技术学校任教；甚至更异想天开的是，当伊丽莎白公主的老师，"出入佛罗伦萨豪庭"[75]。

信件是向这些别的人生、国家、城市、目的地提出请求和申请的工具。因此对贝克特而言，它们也许是骗术的载体——他还能在谁的面前装作术业有专攻，甚至在文学和语言方面（尤其在文学和语言方面）出类拔萃呢？观点渐趋明白了，信件不只是手段，而且是目的本身——借助它们，现在的志忑塞途在写作中成了未来的高速通途。它们使作者得以在别的角色和人生中想象自我，并向朋友们描述这些新的人物及其隐秘欲念。它们这么做，同时又允许其荒诞被人识破。他刚放弃了在都柏林圣三一学院"侃大山的怪诞喜剧"[76]，让父母多年灰心丧气，不久，布拉瓦约的一份工作就向他招手，"可片刻的斟酌又将利弊权衡得如此全面，直叫我像往常一样觉得束手束脚，不如啥事都不干算了"。[77]他给日内瓦的国际组织回信"询问详情，但忘了签名"。从中他没忘了得出结论："Verschreiben 的范例。"[78]

那一"笔误"透露出的矛盾心理在哪儿扎根都很浅，唯有在这段时期贝克特踏着的土地——祖国的草皮——上才深深扎根。在留在都柏林的克莱尔街，与家人共谋家族的事业这一观念的背后，是踏进父亲的行列、循着他的步子前进、回归家族这一整个人生的设想。当他哥哥弗兰克 1930 年加入家族事业时，这一设想更显紧迫。"不知道老爸会不会招收我到他的办公室干活。"1932 年他给麦格里维写信道，"弗兰克就是那样的。"[79] 当他父亲 1933 年英年早逝时，在都柏林安顿下来这一家族的意愿就已是迫不及待了。"父亲的事儿我写不下去。"事后不久他告诉麦格里维说，"只能走过田野，攀爬水沟，去追寻他的身影。"[80] 贝克特总能打消自己的念头——"那间办公室没有地方再容下一个职员，即使有地方，我也真的干不了那活儿"——这一事实不大能消除他在家人面前感受到的愧疚。[81] 假如弗兰克欢迎他前去坐班，那"我担心自己现在的口水会把信封烧出个洞来"——这一逆向知觉也基本无助于减缓向怀旧田园牧歌的退行。[82] 这最后的——因为是最先的——港湾，因为他过早递出的辞呈、穿着羊毛衫和拖鞋的垂头丧气的样子，以及在火炉前喝着烈性黑啤的颓废，而不再温和、宁静，因为他沉溺于自我怜悯、疑心自己留在再也无法逃避的爱尔兰就会变成"趣味和口味均平常不过的庸人"而变得躁动不安："现在我觉得，未来的绝大多数日子都会在这里度过，会知足常乐，不大会因坐享其成而心怀愧疚，也不大会为事业的精进而殚精竭虑。"[83]

1937 年末至 1938 年初的那个冬天，当贝克特终于逃离爱尔兰时，他将出逃描述为"就像四月里走出监牢那样"[84]。在暂住的巴黎自由宾馆房间的墙上，他看到自己的解放得到了确认。"昨天阳光普照，"他写信给麦格里维道，"比爱尔兰的整个夏季都明亮。"[85] 选用的词他知道是麦格里维会喜欢的，因此两人之间的通信有许多谈的都是表面和光线。这段时期，贝克特在文学方面的投入——精力、时间、语言的投入——

远远不及在视觉艺术尤其是绘画方面的投入。麦格里维已是一位行家，将来还会担任爱尔兰国家美术馆的馆长。对他而言，投入就会结出硕果，而贝克特还在探索不被弥漫在文学圈的任何嫉妒或矛盾心态搅动的世界。在爱尔兰、伦敦、巴黎尤其是在德国，他总是流连于美术馆和博物馆，他为了学习艺术可谓不屈不挠。他成天地欣赏绘画，学习艺术家的画法和绘画传统，掌握他自己永远都不会付诸实践的视觉语言。而且这么做的同时，他还留心此刻的潜力，他在这一领域比在文学领域看得更为清晰的潜力。既然从本质上说，贝克特作品的魔力常常是听觉上的，而非视觉上的，那么我们就很容易忽略他拥有的眼光是格外敏锐、训练有素的。他的信件表明，无论环视四周时，锻炼眼神时，还是明察秋毫时，眼睛都会吸纳、排出、抵制和被征服。直到与艺术史学者和批评家乔治·迪蒂通信时，在构成1948年出版的《三个对话》（这个小册子是此版第二卷的脊梁）的基础的信件中，有关此刻艺术的潜力和意义的近乎宣言般的文字才由他萃取出来。但这些对话有赖于先前他与麦格里维的交流——其引人注目之处，与其说是展开的知识面有多么宽广，不如说是展现的好奇心无所不涉。一如从前，贝克特再次按自己的学习计划刻苦攻读，不过这次攻读将他拉离了文学世界，但他坚信文学世界必须从中汲取养分。

贝克特的信件证明，他有着非凡的视觉记忆，这一记忆很大程度上无需照片或复制品的技术支持。"对汉普顿宫的巴萨诺父子我记忆犹新，"他告诉麦格里维说，"在第二或者第三个展厅，是不是？狂乱、苦痛的颜料。"[86] 他的记忆如此精确，甚至能对大家认定的画作冠名提出质疑——他对画作作者的重新认定有好几例已在随后的画作目录中得到了确认。"先前就忘了法布里蒂乌斯的那幅小画。"再次去卢浮宫参观后，他给麦格里维写信道，"认定是他的画太过草率。更像是弗林克的画"。[87] 他不相信爱尔兰国家美术馆的一幅小型头部肖像画是委拉斯开兹的作品（虽然这位画家的名字如何拼写他倒是远没有那么肯定）。他依据一幅保存不善的照片，就朋友阿兰·厄谢尔购买的一幅画作的作者可能是谁提出意见："在我看来，作为重力和张力的修饰性表达，"他写道，"这幅画似乎只缺乏技巧和与占巴蒂斯塔［詹巴蒂斯塔］·提埃坡罗及其儿子的画架消遣相媲美的精湛技艺。"[88]他把自己游历德国期间见到的画作列出清单交给麦格里维，而且虽然声称"像这样在信中聊见过的画作，其实没有多少意思。可是又禁不住要提一提普桑的《维纳斯》。再怎么称颂、再怎么评价都不为过"[89]。1935年乔治·弗朗受命担任爱尔兰国家美术馆馆长时，贝克特把他的职业生涯向麦格里维做了汇报，眼光极其犀利，言辞间讥讽弗朗收罗作品的同时却丧失了品味，最后还谴责他的整个审美政策："是时候有人提醒他美术馆的宗旨了，就是呈现值得一看的绘画，提供看画的便利。"[90]他常常如此，同时又声称："恐怕就画作而言，本人是一个字都写不出。从前，在画作变成文学之前，本人从来都不喜欢画作，可现在，那种匮乏不见了。"[91]

尽管先前出版过且现已闻名遐迩的"德语信"，即1937年写给阿克塞尔·考恩的那封信，使用贝多芬的《第七交响曲》来给文学的潜力做素描，尽管这些信件确实包含了对音乐的真知灼见——以及对芭蕾和电影的精妙见解——但依然是在绘画中，贝克特最频繁地凭直觉指出他相信写作应当朝之前进的方向。[92]首先，在塞尚的作品中，他瞥见了——或者说找到了——一种对世界的出众性的最重要的表征，"与无论哪种人类表情都不可通约"。"艺术家的去人格化"在塞尚的肖像画中更加珍贵——在那些画作中，个体的主体变得"无法爱恋或者憎恨除自己之外的任何人，也无法被除自己之外的任何人爱恋或者憎恨"；这一断言他立马而且加倍蛀空了，先是在一次坚定的对唯我论的否决——"上帝保佑"——中签退了那封信，仿佛他已经见得太多或走得太远，接着在请求麦格里维"原谅我这大堆呕吐物"的信中再次如此。[93]

假如艺术家愿意从贝克特这里掘取养分，掘取他在这一阶段所能抵达的最接近一种羽翼丰满的理论的东西，那么在塞尚画作中瞥见的东西，在这样的艺术家的作品中就掌握得更加充分。也许正是在如此临近的地方，在一位可以接近的同胞的作品中找到艺术的边界时的激动，引导他为谢绝杰克·叶芝反复邀请他在其"在家"画展期间去看看其画室寻找层出不穷的借口。"周六下午出发，本想去拜见杰克·叶芝，"他告诉麦格里维说，"但途中改变了主意……"[94]叶芝在贝克特心中搅起了一种罕见的占有本能，直到这位鄙视就业的文艺青年终于能凑足铜板去订购一幅画作《清晨》。如同塞尚的画作那样，迷住他的是那"最终、死硬、极简、无机的单一性"，以及叶芝画作中"爱与恨、快乐与痛苦、给予与领受、拿来与取走的传统和表演"已"忽然间搁置起来"这一意识。叶芝引导贝克特走向"感知和心平气和"，那种"感知和心平气和"与他在华托（他把叶芝比作华托）作品中所发现的形成对照，是"超越悲剧的"。甚至当人们不愿在贝克特的信件中寻找其后来作品的无数预示时，要想听不到即将变成"贝克特式"的语气和幻想的预示是很难的，只消他如此写道："他画出男人的头和女人的头并排摆着，或者面对面地放着，那种画法令人恐惧，两种极简的单一并置，其间是无法穿越的浩瀚。"[95]在叶芝的作品中，自然（爱尔兰的自然）本身成了"万物终为无机物的意识"的背景。而且未来——贝克特将最为出名的戏剧作品——再次在他此处用来描述爱尔兰的隐喻中赫然浮现："几乎像舞台布景一样纯属无机、无关人性的一种自然。"[96]1938年，在离开祖国数年之后，回到爱尔兰时，他立刻就去了叶芝的画室，看到了他新创作了一幅"精美绝伦的画"——《海伦》，再次发现了"同样出类拔萃的柔和与处理的卓越"，此外还发现了"深度和一种不只是信念，不只是自信的勇气，绝对宛若天成，绝无修饰"。他再次发现了数年前在荷马和但丁身上找到的需要意识本身，即艺术作为自我的物理延伸的意识，这种艺术像呼吸一样自然。贝克特没法生产出可与匹敌的艺术，但作为观画者，他依然吸收了这一影响："我真是忽然间醍醐灌顶。"[97]

假如艺术命中而且必须命中躯体，那是因为假如艺术要为人所需，它就得首先从躯体中出来。对伟人而言，这一点也许容易得如同呼吸；对于其他人（包括贝克特本人），对于其作品"在脓疮的上方写成，而非出自蛙洞"的人，躯体的原动力就没那么毫不含糊地滋养生命或者满足生命了。[98]评论阿道司·赫胥黎使用的术语"精神的手淫"时，贝克特瞥了一眼自己有限的产量，说道：还有更糟的，"比如说精神的无精症"。[99]当两首诗终于挤了出来时，它们受到祝福，成了"数月没有射精的日日夜夜之后的一次双轭式性高潮"。[100]写作充其量是脓的排泄，或者是精子的喷射。但得意之时古来稀，更常见——甚至强迫性——的情形是，写作只是那较少受人吹捧的痉挛，是大便。假如"连续几天腹泻"[101]期间有诗歌被杂志接受了，贝克特就庆贺该杂志接受了"从我的中央盥洗室弄来的三颗粪球"。马桶不是私用的，而且如上文所见，"普鲁斯特的肛门"[102]需要仔细检查，当批评家本人在"蹲便"的时候。[103]在写给麦格里维的信中，贝克特坦承了自己回归写作、把写作当成决心"记录下 petites merdes de mon âme"的意图。[104]贝克特设想自己写了一部终于会打动出版商的作品，其表述如下："当我想象自己有个真正的'绕马桶两圈且两端尖利'的家伙时，我会拿泥人铲上面的螺旋冒犯您。"[105]对于他称之为"骨头"的诗歌，他寄予的希望是它们会变成"饭团"，出版时引起读者的哽咽——"但愿他们的话堵在屁眼里"。[106]甚至在作品本身并非粪便时，它依然能履行泄殖腔的职责。别人求他一篇文章时，他就发觉"在自己的 essuie-cul de réserve 里搜索"[107]。这种污秽学也许包含了文艺青年的诙谐，但它绝非纯粹的玩笑，更非纯粹的修辞，这一点甚至不用参照贝克特的全部作品也是清晰可辨的。写作与拉屎：同样无须借助弗洛伊德，二者可以视作对他而言具有至关重要的亲密性、紧迫性甚至必要性等共通点，正如二者在排泄和传送中具有困难和乐趣的共通点。即是说，它们既体现了"外泄"的要求，也体现了"外泄"的限度。于是，反讽性比也许起初想象的微弱得多——那时，在出版商建议对《莫菲》大刀阔斧地加以删减之后，接着设想的是"贝克特肠胃图书"。这类新作品至少有一种节奏，会将作品与躯体及其必需的功能联系起来的节奏："下一部作品准备写在草纸上，每六英寸就竖着打一排孔，再用卷轴卷起来，放在布茨专卖店里售卖。每一章的长度要经过细致的计算，保证与平均水平的自由运动匹配。"[108]

写作和直肠痉挛有共通之处，都是直截了当地把主体从自我当中拉出来。然而，它们并非唯一这么做的痉挛，还有别的痉挛一道把贝克特从自我当中拉出来如此之远，甚至让他担心自己也许永远都回不来了。"总是预见身体的危机即将来临，"1937 年他给茜茜·辛克莱写信，确认这一危机他远非只是害怕，"它会解决有待解决的麻烦当中兴许最严重的烦心事，澄清问题的根源，我想这才是我们能期待的最佳方案。"[109] 这一"危机"以脓肿、囊肿尤其是心悸的形式呈现，甚至在他想把纯粹有机源归咎于它们时，贝克特也疑心所有这些症候都是由身心问题引发的。

只有当这一危机将"死亡的恐惧"灌输到他的脑海里时，[110] 贝克特才终于决定迁入一种崭新的文字编排，那还是一个相当陌生的世界，但正如在写作中那样，在其中，语言必须起到联系和创造的作用：1934 年，他开始在年轻的 W. R. 拜昂医生那儿接受精神分析治疗，而且很快就改称他为"群氓"。他计算着疗程："周一去就诊，第 133 次了。"[111] 他担心"分析治疗要白搭了"[112]。他"看不到分析治疗走向尽头的希望"。身体的症状依然存在，但他带着新的力量认识到："假如丧失了功能，那我会多么失落啊。"[113] 感知的转移也许并不明显，但贝克特的书信表明的——比他意想的要清晰多了——是这一转移有多么重要，以至于1935 年他写信给麦格里维："旧时的那颗心时不时怦怦直跳，仿佛要抚慰我经受住了病情好转时那些难以忍受的症状。"[114] 或者稍后给他写信，治疗结束后才告诉他说，自己"已经克服了必须回归呕吐物的毛病"[115]。

贝克特的信件表明，不只是信件的内容发生了转移，而且写信的方式也发生了转移。它们呈现了一种变化，那种变化一部分是通过在极其专业化的精神分析语境中使用的词语实现的，通过在并非全然不同的语境即信件写作中使用的那些词语实现的：现在，成为一种解人疑虑的直接性的，不只是词语的信息，而且是词语越来越裸露的文体。当然，贝克特有高度自我意识的词语大检阅尚有余地，使他能客观地看待早期的作品："虽说本人极其诚恳地努力赋予它我自己的气味，但它还是发出浓烈的乔伊斯的气味。"[116] 他的信件确实为新近长出的语言肌肉的弯曲提供了大量的机会，也为旧式的炫耀提供了众多的场合。例如，写给努阿拉·科斯特洛的那些信件就有许多自恋成分，既简约又铺张，正如他写过的所有东西，对此的察觉甚至在他拉长的时候，他似乎也揪住不放，告诉她说："我在这信件的炖菜里自行扩散的单纯意欲，已遭到传统辱骂的吓阻，于是这会儿我闷闷不乐，不愿玩游戏了。"[117] 在此，正如偶尔同茜茜·辛克莱那样，文字游戏的种种诱惑似乎取代了——从提喻的角度来说——更易察觉的诱惑。有一次，他甚至得寸进尺，半认真半揶揄地说："那么这封信就有所谓文学价值，也许加上几行诗，这种价值就会有所提升。"[118]

给麦格里维写信谈及"便秘"和"情感不温不火的漫长月份"之后不久，[119] 贝克特就宣称："［我］发现，避开词语的脓液是本人的新年打算之一。"[120] 当然，这一打算像其他所有决心那样是难以付诸实施的。不过，信件中的语言游戏和炫耀——会在 20 世纪 30 年代出版的作品中衍生出大家熟知的一种语气——任何时刻均确实能转换为不那么显摆或有所收敛的行文。当贝克特的行文在众多语言和语域之间东奔西突时，有时，与其说他在炫耀自己的才华，不如说在探索他掌控下的词语的短处。这一探索和他的乔伊斯式游戏之间的差异看似细微，却至关重要，因为他渴望的与其说是读者的钦佩，不如说是对一种共同的无能——现在同样是通过语言来共享——的理解。当贝克特写到"《爱尔兰时报》断然拒绝了他新写的散文作品"时，他也许不只是忘记了自己在用英语写作。[121] 当他给麦格里维写信，谈及一部作品再次遭到拒绝，说"无论如何，真是 tant piss"时，他提供的也许不只是一个跨国的双关语；他也许是在邀请好友来到一种语言的空间，那儿没有现成的语言可以逼真地表达他的感受，包括用尽可能少的词语摆脱整个失望的愿望。[122] 当他掠过语域和语言搜寻词语时，他并非总是在炫耀自己的才学。有时，他是在尽可能地直截了当。当他在从佛罗伦萨寄给麦格里维的明信片的背面匆匆写下"Che tu fossi meco"时，他不仅是在寻找花哨的方式说"希望你也在这儿"；他首先是相信自己的至交能懂得那一至密的信息，包括他们对各种语言、对意大利和意大利语、对但丁以及对这一切暗含的逃避的共同热爱。[123] 当他在写给麦格里维的诸多信件中在英语和法语——以及拉丁语——之间来回穿梭时，当他抱怨说"这 vitaccia 真是 terne 沉闷得令人难以置信"时，他不只是在通过这一表述本身否定"terne"（沉闷）一词。[124] 他是哄骗读者走向多种语言之间的一片脆弱的地带，在未来的岁月里他会愈加大胆地将那一地带作为自己的领地。

　　贝克特的信件揭示了很多，它们有呈现，有解释，有高谈阔论，偶尔有说教，极少数时候有辩解。但是，既然从他开始写作的时刻起——不仅是因为乔伊斯的影响——信件的作者就对任何对语言的工具论理解嗤之以鼻，那么这些信件如此作为，就成了作家的行为，写作的行为。可能看似为矛盾——有高度自我意识、对其而言写作行为（即使是信件的写作）如一日三餐一样重要的贝克特，与我们在上文中努力刻画、心中总是有自己的收信人、惯于给别人写信的贝克特之间的矛盾——的东西，也许事实上为这些信件在语气和风格上的与众不同之处——即与同一时期更有目的性的文学创作相比时显现的区别性特征——提供了答案。因为贝克特在信件中的写作，只有从自我中走出来时才那样毫无掩饰地展现自我，只有对收信人信任之至时才那样清新且鲜明地预示了他的未来。此处呈现的信件展现了其语言和习语的区间，但并非为了炫耀；它们如此作为，是为了逗乐、吸引、挑战意想的读者，是在读者的语言学主场上如此作为。从他给表弟莫里斯·辛克莱写信时所用的傻瓜吹牛式法语，到写就职申请信时使用的一本正经的英语，再到和阿兰·厄谢尔称兄道弟时使用的俚语，如此种种：既然他希望而且越来越相信有人聆听，他就写作。

像他同一时期的文学创作一样，贝克特的信件既是交流的工具，也是表现的途径；只是，假如是表现的途径的话，它们也是呈现给一个特定的读者。当他越来越信任这一读者时，正如越来越信任麦格里维那样，他的语言就跳来跃去，探索间隔空间，获得突然的凝结。但他的语言也会松弛下来。然后呢，一种自由——无自我意识的简洁——浮现出来，这种简洁直到二战末期贝克特转而用法语创作小说时才能在其作品中发现。这就是读者在他 1935 年 3 月 10 日写的那封不同凡响的信件中感觉到的，在该信中贝克特向麦格里维解释了自己接受和坚持精神分析治疗的原因；解释了他在严重身体危机的驱使下做出的努力，即摆脱"高傲的'他者性'这一感觉"，摆脱"感觉自己太多优秀"的想法，拥抱他尚未找到其名字的东西——除非其名字就是这封不同凡响的信提供的扩展版术语。[125] "我再也唠叨不下去了。" 1937 年给阿兰·厄谢尔写信时他这么说道——在该信中他确已唠叨很久了。[126] "在工作和生活之间达成一个可以忍受的平衡，真是难啊。"他写信向麦格里维说道，而那封信正是这样一种"平衡"当中那不可或缺的连接。[127]

注释

1. 贝克特致托马斯·麦格里维的信，193［6］年 11 月 28 日。

2. 贝克特致玛丽·曼宁·豪的信，1936 年 11 月 14 日。

3. 贝克特致托马斯·麦格里维的信，1939 年 6 月 6 日。

4. 贝克特致托马斯·麦格里维的信，1936 年 10 月 9 日。

5. 贝克特致玛丽·曼宁·豪的信，1936 年 12 月 13 日。

6. 贝克特致托马斯·麦格里维的信，1938 年 1 月 5 日。

7. 贝克特致玛丽·曼宁·豪的信，1937 年 1 月 18 日。

8. 贝克特致托马斯·麦格里维的信，1931 年 2 月 24 日。

9. 贝克特致托马斯·麦格里维的信，11 月 4 日［1932 年 11 月 3 日］。

10. 贝克特致托马斯·麦格里维的信，［1932 年］8 月 4 日。

11. 贝克特致托马斯·麦格里维的信，1932 年 10 月 18 日。

12. 贝克特致托马斯·麦格里维的信，1936 年 8 月 7 日。

13. 贝克特致托马斯·麦格里维的信，［1932 年 8 月］18 日。

14. 贝克特致托马斯·麦格里维的信，1930 年 3 月 1 日。

15. 贝克特致托马斯·麦格里维的信，周五［？ 1929 年夏］。

16. 贝克特致托马斯·麦格里维的信，1932 年 10 月 8 日。

17. 贝克特致乔治·雷维的信，1932 年 10 月 8 日。

18. 贝克特致托马斯·麦格里维的信，1936 年 8 月 7 日。

19. 贝克特致托马斯·麦格里维的信，1936 年 6 月 27 日。

20. 贝克特致托马斯·麦格里维的信，［1936 年］7 月 26 日。

21. 贝克特致托马斯·麦格里维的信，1936 年 8 月 7 日。

22. 贝克特致托马斯·麦格里维的信，1937 年 2 月 16 日。

23. 贝克特致托马斯·麦格里维的信，［1935 年］2 月 20 日。

24. 贝克特致托马斯·麦格里维的信，1936 年 7 月 7 日。

25. 贝克特致托马斯·麦格里维的信，1936 年 8 月 7 日。

26. 贝克特致托马斯·麦格里维的信，1936 年 10 月 9 日。

27. 贝克特致托马斯·麦格里维的信，［1936 年］7 月 17 日。

28. 贝克特致乔治·雷维的信，1937 年 2 月 23 日。

29. 贝克特致托马斯·麦格里维的信，1936 年 8 月 7 日。

30. 贝克特致乔治·雷维的信，1932 年 10 月 8 日。又见致雷维的信，1936 年 12 月 27 日。

31. 贝克特致乔治·雷维的信，1937年8月4日。

32. 贝克特致乔治·雷维的信，1936年12月27日。

33. 贝克特致乔治·雷维的信，1936年11月13日。

34. 贝克特致乔治·雷维的信，1936年12月20日。

35. 贝克特致玛丽·曼宁·豪的信，〔1937年10月10日之后〕。

36. 贝克特致托马斯·麦格里维的信，1937年12月22日。

37. 贝克特致托马斯·麦格里维的信，周四〔？1930年7月7日〕。

38. 贝克特致托马斯·麦格里维的信，〔1930年8月5日前〕。

39. 贝克特致托马斯·麦格里维的信，1931年1月25日。

40. 贝克特致托马斯·麦格里维的信，1931年11月8日。

41. 贝克特致托马斯·麦格里维的信，〔1932年〕8月4日。

42. 贝克特致托马斯·麦格里维的信，1931年2月3日。

43. 贝克特致托马斯·麦格里维的信，1931年3月11日。

44. 贝克特致玛丽·曼宁·豪的信，〔1937年12月10日之后〕。

45. 贝克特致托马斯·麦格里维的信，〔1936年〕7月17日。

46. 比如，贝克特致托马斯·麦格里维的信，周六〔1932年9月3日〕。又见贝克特致托马斯·麦格里维的信，〔1932年9月〕13日，注4。

47. 贝克特致托马斯·麦格里维的信，1935年9月8日。

48. 贝克特致托马斯·麦格里维的信，〔1936年〕5月23日。

49. 贝克特致托马斯·麦格里维的信，1936年6月9日。

50. 贝克特致托马斯·麦格里维的信，1932年10月18日。

51. 贝克特致托马斯·麦格里维的信，1931年3月11日。

52. 贝克特致玛丽·曼宁·豪的信，1937年1月18日。

53. 贝克特致莫里斯·辛克莱的信，1934年5月5日。

54. 贝克特致萨缪尔·帕特南的信，1932年6月28日。

55. 贝克特致托马斯·麦格里维的信，1935年9月8日。

56. 贝克特致玛丽·曼宁·豪的信，1937年1月18日。

57. 贝克特致托马斯·麦格里维的信，1936年3月25日。

58. 贝克特致托马斯·麦格里维的信，〔1932年〕8月4日。

59. 贝克特致托马斯·麦格里维的信，1936年3月5日。

60. 贝克特致托马斯·麦格里维的信，1931年11月8日。

61. 贝克特致托马斯·麦格里维的信，1930年7月7日〔8月7日〕。

62. 贝克特致托马斯·麦格里维的信，〔1932年〕8月4日。

63. 贝克特致托马斯·麦格里维的信，周二［1934 年 8 月 7 日］。

64. 贝克特致托马斯·麦格里维的信，1937 年 8 月 4 日。

65. 贝克特致托马斯·麦格里维的信，周五［？ 1929 年夏］。

66. 贝克特致托马斯·麦格里维的信，周五［？ 1929 年夏］。

67. 贝克特致托马斯·麦格里维的信，1936 年 3 月 5 日。

68. 贝克特致托马斯·麦格里维的信，周五［约 1930 年 7 月 18 日或 25 日］。

69. 贝克特致托马斯·麦格里维的信，周二［约 1931 年 9 月 22 日］。

70. 贝克特致托马斯·麦格里维的信，1932 年 10 月 8 日。

71. 贝克特致托马斯·麦格里维的信，［1932 年］12 月 5 日。

72. 贝克特致托马斯·麦格里维的信，［1935 年］2 月 14 日。

73. 贝克特致托马斯·麦格里维的信，1938 年 2 月 21 日。

74. 贝克特致托马斯·麦格里维的信，［1936 年］7 月 26 日。

75. 贝克特致托马斯·麦格里维的信，［1932 年］8 月 4 日。

76. 贝克特致查尔斯·普伦蒂斯的信，1930 年 10 月 27 日。

77. 贝克特致托马斯·麦格里维的信，1932 年 11 月 3 日。

78. 贝克特致托马斯·麦格里维的信，1936［1937］年 6 月 5 日。

79. 贝克特致托马斯·麦格里维的信，［1932 年］8 月 4 日。

80. 贝克特致托马斯·麦格里维的信，1933 年 7 月 2 日。

81. 贝克特致托马斯·麦格里维的信，［1932 年 8 月］18 日。

82. 贝克特致托马斯·麦格里维的信，1936 年 3 月 5 日。

83. 贝克特致托马斯·麦格里维的信，1937 年 4 月 26 日。

84. 贝克特致托马斯·麦格里维的信，1937 年 12 月 10 日。

85. 贝克特致托马斯·麦格里维的信，1938 年 1 月 27 日。

86. 贝克特致托马斯·麦格里维的信，1937 年 3 月 7 日。

87. 贝克特致托马斯·麦格里维的信，1938 年 3 月 3 日。

88. 贝克特致阿兰·厄谢尔的信，［1939 年］6 月 14 日。

89. 贝克特致托马斯·麦格里维的信，1937 年 2 月 16 日。

90. 贝克特致托马斯·麦格里维的信，1937 年 5 月 14 日。

91. 贝克特致托马斯·麦格里维的信，1936 年 11 月 28 日。

92. 贝克特致阿克塞尔·考恩的信，1937 年 7 月 9 日。

93. 贝克特致托马斯·麦格里维的信，1934 年 9 月 8 日。

94. 贝克特致托马斯·麦格里维的信，［1932 年 9 月］13 日。

95. 贝克特致茜茜·辛克莱的信，［1937 年 8 月］14 日。

96. 贝克特致托马斯·麦格里维的信，1937 年 8 月 14 日。

97. 贝克特致托马斯·麦格里维的信，周四［1938 年 8 月 4 日］。

98. 贝克特致托马斯·麦格里维的信，1932 年 10 月 18 日。

99. 贝克特致托马斯·麦格里维的信，1937［1936］年 11 月 28 日。

100. 贝克特致托马斯·麦格里维的信，周六［1931 年 9 月 12 日］。

101. 贝克特致乔治·雷维的信，1932 年 10 月 8 日。

102. 贝克特致托马斯·麦格里维的信，［1930 年］8 月 25 日。

103. 贝克特致托马斯·麦格里维的信，周五［？ 1929 年夏］。

104. 贝克特致托马斯·麦格里维的信，［？ 1931 年 8 月 15 日之后］。

105. 贝克特致查尔斯·普伦蒂斯的信，1931 年 8 月 15 日。

106. 贝克特致乔治·雷维的信，1935［1936］年 1 月 9 日。

107. 贝克特致乔治·雷维的信，1936 年 5 月 6 日。

108. 贝克特致玛丽·曼宁·豪的信，1936 年 11 月 14 日。

109. 贝克特致茜茜·辛克莱的信，［1937 年 8 月］14 日。

110. 贝克特致托马斯·麦格里维的信，［1935 年］3 月 10 日。

111. 贝克特致托马斯·麦格里维的信，［1935 年］2 月 8 日。

112. 贝克特致托马斯·麦格里维的信，1935 年 1 月 1 日。

113. 贝克特致托马斯·麦格里维的信，［1935 年］2 月 14 日。

114. 贝克特致托马斯·麦格里维的信，［1935 年］2 月 20 日。

115. 贝克特致托马斯·麦格里维的信，1937 年 5 月 14 日。

116. 贝克特致查尔斯·普伦蒂斯的信，1931 年 8 月 15 日。

117. 贝克特致努阿拉·科斯特洛的信，1934 年 2 月 27 日。

118. 贝克特致茜茜·辛克莱的信，［1937 年 8 月］14 日。

119. 贝克特致托马斯·麦格里维的信，11 月 4 日［1932 年 11 月 3 日］。

120. 贝克特致托马斯·麦格里维的信，1933 年 1 月 5 日。

121. 贝克特致阿兰·厄谢尔的信，1936 年 3 月 25 日。

122. 贝克特致托马斯·麦格里维的信，［1932 年 8 月］18 日。

123. 贝克特致托马斯·麦格里维的信，1937 年 2 月 2 日。

124. 贝克特致托马斯·麦格里维的信，1931 年 2 月 24 日。

125. 贝克特致托马斯·麦格里维的信，［1935 年］3 月 10 日。

126. 贝克特致阿兰·厄谢尔的信，1937 年 3 月 26 日。

127. 贝克特致托马斯·麦格里维的信，1935 年 10 月 8 日。

贝克特书信集

1929—1940

1906—1929 年年表

1906 年 4 月 13 日	萨缪尔·巴克利·贝克特出生于库尔德里纳，是日为受难日。
1911 年	在埃尔斯纳幼儿园上学前班。
1915 年	在埃尔斯福特寄宿学校上小学。
1916 年 4 月 24 日	随父亲在威克洛山中散步时看见都柏林升起硝烟：复活节起义。
1918 年 11 月 11 日	一战结束。
1919 年 1 月 21 日	英国–爱尔兰战争开始。
1920 年 4 月	萨缪尔·贝克特同哥哥弗兰克·贝克特一起到位于北爱尔兰费马拉郡恩尼斯基伦镇的波托拉皇家学校上中学。
12 月 23 日	据《爱尔兰政府法案》，北爱尔兰归属英国。
1921 年 12 月 6 日	《英国–爱尔兰条约》签订。
1922 年 6 月 28 日	爱尔兰内战爆发。
9 月	贝克特在波托拉皇家学校被授命为学长。
1923 年 5 月	参加都柏林圣三一学院的入学考试。
5 月 23 日	爱尔兰内战结束。
8 月	贝克特以六年级学长身份从波托拉皇家学校毕业。
10 月 1 日	入读都柏林圣三一学院。

1924 年 3 月	在都柏林的阿比剧院观看肖恩·奥凯西的戏剧《朱诺与孔雀》。
1925 年 3 月	参加丹尼布鲁克摩托车选拔赛。
4 月	选为都柏林圣三一学院板球队首发 11 人队员。
6 月	获得高等奖学金。
1926 年 1 月	在都柏林跟比安卡·埃斯波西托学习意大利语。
2 月 8 日及 11 日	同杰弗里·汤普森在阿比剧院参加肖恩·奥凯西戏剧《犁与星》的首演式。在 W. B. 叶芝给观众讲话的当晚再次观看演出。
5 月 31 日	获"基金会奖学金"（现代语言奖）第四名，得以在圣三一学院免费住宿。
8—9 月	首次前往法国；遇到美国学生查尔斯·克拉克，并与之同行。
米迦勒节学期（秋）	搬入新广场 39 号的圣三一学院宿舍。在学院遇见从巴黎高等师范学校来的法国交换讲师阿尔弗雷德·佩隆。
1927 年 3 月 22 日	由都柏林圣三一学院董事会推荐为赴巴黎高师的交换讲师。
4 月 20 日—8 月	首次前往意大利。住佛罗伦萨，与埃斯波西托一家相聚；同比安卡·埃斯波西托一起读但丁的作品。在意大利与查尔斯·克拉克重逢。同马里奥·埃斯波西托一起游览科莫湖附近的群山。
7 月 6 日	托马斯·麦格里维在巴黎高师留任 1927—1928 年度交换讲师。贝克特获贝桑松大学的备选岗位，及 1928 年秋季前往巴黎高师赴任的保证；他听从圣三一学院导师 T. B. 鲁德莫斯–布朗的建议，拒绝了此项提议。

10 月	圣三一学院颁授现代文学一等学位及大金质奖章。获得旅费补助。
12 月 8 日	正式获得都柏林圣三一学院颁发的文科学士学位。
1928 年 1—7 月	接受鲁德莫斯–布朗安排的临时岗位，在贝尔法斯特的坎贝尔学院任教。
7 月	在都柏林迎接表妹玛格丽特（佩吉）·辛克莱和查尔斯·克拉克前来做客。
9 月	前往德国的卡塞尔，住在辛克莱家里；去维也纳看望佩吉·辛克莱。
11 月 1 日前	到达巴黎高师。托马斯·麦格里维仍住在巴黎；他把贝克特介绍给詹姆斯·乔伊斯、让·博弗雷、理查德·阿尔丁顿和欧仁·约拉斯。
11 月	乔伊斯定下题目，建议贝克特给集子《对〈进展中的作品〉事实虚化上正道的审核》投稿。贝克特在卡塞尔度过圣诞节。
1929 年 1 月	贝克特以有关普鲁斯特和乔伊斯的论文申请法语博士学位。
3 月 23 日	就乔伊斯有关其文章《但丁··布鲁诺·维柯··乔伊斯》的建议做出回应。
3 月 31 日	前往辛克莱家过复活节假期。
5 月 10 日	正式提出 1929—1930 年度继续在巴黎高师任教的申请。
6 月	贝克特的短篇小说《臆断》和文章《但丁··布鲁诺·维柯··乔伊斯》刊于《转变》。
6 月 27 日	在枫丹白露的利奥波德饭店参加"尤利西斯午餐会"。
7 月 16 日	《爱尔兰出版物审查法案》颁布。

7 月或 8 月	贝克特前往卡塞尔看望辛克莱一家。
10 月	米迦勒节学期之初待在都柏林圣三一学院,直到巴黎高师的交换讲师抵达,耽误了回到巴黎高师的行程。
10 月 24 日	纽约股市崩溃。
11 月 14 日	文章《灾难》在《都柏林圣三一学院:学院杂集》见刊;为呼应《审查法案》而作。
11 月 28 日	贝克特回到巴黎,继续在巴黎高师担任交换讲师。
12 月	开始同阿尔弗雷德·佩隆将乔伊斯的《安娜·利维娅·普鲁拉贝尔》翻译成法语。乔治·佩洛尔松 12 月初抵达圣三一学院,担任巴黎高师委派的希勒里节学期(1930 年 1 月)交换讲师。
12 月 25 日	贝克特在都柏林。佩洛尔松与贝克特一家共度圣诞节。
12 月 26 日	贝克特动身前往卡塞尔。
12 月 31 日	佩吉·辛克莱与贝克特分手。

巴黎

詹姆斯·乔伊斯

1929 年 3 月 23 日 　　　　　　　　　　　　　卡塞尔

　　　　　　　　　　　　　　　　　　　　兰德格拉芬街 5 号

尊敬的乔伊斯先生：

　　这是最新插入的内容。窃以为，插入的内容和将形式当作内容的具体化那段衔接得上。已将这三点融合在一起，使整个段落多少还算合理。[1]

　　今天去书店查找格林的书，但没有找到任何可能让您满意的资料。[2]不过，还有很多其他的地方可以去找一下。

　　可否请您代我向尊夫人、乔治以及露西娅问好？

　　　　敬上

　　　　　　　　　　　萨姆·贝克特

ALS；1 张，1 面；NjP，西尔维娅·比奇卷宗，C0108/138/1。

1. 贝克特指的是《但丁···布鲁诺·维柯··乔伊斯》，该文由詹姆斯·乔伊斯[*]（1882—1941）授意，为其《进展中的作品》（1939 年定名为《芬尼根守灵夜》出版）辩护；贝克特的文章是为《对〈进展中的作品〉事实虚化上正道的审核》一书所写，该集子收录了探讨《进展中的作品》一书基本构思的文章;当时,《进展中的作品》还只有一些选段在杂志上连载([巴黎:莎士比亚书店,1929]第1—22页;以下作《审核》)。

尚管贝克特的文章最早发表于《转变》杂志(第16—17期[1929年6月],第242—253页),但该文列入集子时做了校订。1929年4月25日,《转变》*创办人兼编辑(1927年4月—1938)欧仁·约拉斯*(1894—1952)给《审核》的出版人西尔维娅·比奇*(原名南希·伍德布里奇·比奇,1887—1962)写信,要求对贝克特的文章进行校订。信中写道:"乔伊斯先生愿意让其发表在下一期《转变》中。该文是一个绝妙的注解。"(NjP,西尔维娅·比奇卷宗,C0108/138/1;标注日期尚待讨论:玛丽亚·约拉斯致詹姆斯·诺尔森,BIF,UoR,MS 1277/1/2/28,以及《审核》所费开支记录,NjP,西尔维娅·比奇卷宗,C0108/138/3)

尚未找到该增加段落的手稿;该段可能在校样副本投递给《转变》之前就已插入文中。对比《转变》版和莎士比亚书店版,可发现后者第13—15页对论文的内容有增加和改动。(约翰·皮林,《萨缪尔·贝克特年表》[汉普郡贝辛斯托克镇豪恩兹米尔区:帕尔格雷夫–麦克米伦出版社,2006],第19页)

2.乔伊斯在《芬尼根守灵夜》中提到了《格林童话》和《格林定律》,但不清楚乔伊斯要的到底是哪一本。这两本书的作者都是德国神话作家、语言学家,一个是雅各布·路德维希·卡尔·格林(1785—1863),另一个是弟弟威廉·卡尔·格林(1786—1859)。

3.詹姆斯·乔伊斯的妻子诺拉(原姓巴纳克尔,1884—1951),儿子乔治*(1905—1976)和女儿露西娅*(1907—1982)。

巴黎
詹姆斯·乔伊斯

[1929年4月26日]　　　　　　　　　　　　　　　　　　　　　　[巴黎]

尊敬的乔伊斯先生:

文本如下:

ἐκπορεύομενον[ἐκπορευόμενον]

παρα πατρος[1]

不定式：

ἐκπορεύεσθαι[2]

名词性词组：

το＋不定式[3]

　敬上

萨姆·贝克特

ALS（气递快件）；1张，2面；寄往：巴黎格勒奈尔街19号（罗比阿克广场），巴黎第七大学，詹姆斯·乔伊斯收；寄出邮戳"1929/04/26，中午12：55，巴黎"；收讫邮戳"1929/04/26，下午13：00，巴黎"；NbuU；先前出版：帕特里夏·哈钦斯《詹姆斯·乔伊斯的世界》（伦敦：梅休因出版公司，1957），第169页（影印版），及休·肯纳《庞德时代》（伯克利：加州大学出版社，1971；再版，伦敦：皮姆利科出版社，1991），第102页。日期判定：据气递快件寄送的邮戳。

1. 在1954年4月25日给帕特里夏·哈钦斯·格里森（1911—1985）的信中，贝克特写道："给乔伊斯的那封短信我一点儿都记不起，恐怕没法对其进行说明。"（TCD，MS 4098/11）

贝克特寄给乔伊斯的文本无法查明。希腊短语"ἐκπορευό μενον παρα πατρος"（ekreuomenon para patros［由圣父而来］）出自《约翰福音》第15章第26节，这也是"Filioque"之争的中心问题。由谁而来之争是罗马天主教和东正教的分歧所在。"Filioque"即"由圣子而来"。该篇可能与《芬尼根守灵夜》有关；欲知详情，参阅：罗兰·麦克休，《〈芬尼根守灵夜〉注解》修订版（巴尔的摩：约翰斯·霍普金斯大学出版社，1991），第156页，及达尼斯·罗斯1975年6月26日写给卡尔·盖伊馆长的信，见纽约州立大学水牛城分校洛克伍德图书馆诗歌室。

2. "ἐκπορεύεσθαι"（ekporeuesthai［由……而来］）。

3. "το"（to［定冠词the］）。

巴黎，高等师范学校

欧内斯特·韦西奥

1929 年 5 月 10 日 [1]　　　　　　　　　　　[巴黎]

高等师范学校

尊敬的校长先生[1]：

　　本人写信来，是希望您能批准本人下一学年留在贵校继续担任英语讲师。[2]

　　本人个人的计划是写一篇论文，向巴黎大学申请博士学位。[3]

　　　　您忠诚的朋友

萨缪尔·B. 贝克特

ALS；1 张，1 面；AN，61AJ/202。巴黎国家档案馆展出（1994）。

1. 欧内斯特·韦西奥（1865—1952），1927 年至 1935 年间担任巴黎高等师范学校*校长。

2. 在都柏林圣三一学院和巴黎高等师范学校的交换项目中，贝克特由导师托马斯·鲁德莫斯–布朗*（昵称鲁迪，1878—1942，都柏林圣三一学院罗曼语教授）提名，计划于 1927 年至 1928 年赴巴黎高师担任英语讲师（英语助理）。巴黎高师校方对其提名并无偏见，但还是决定继续聘用时任讲师托马斯·麦格里维*（1893—1967），同为都柏林圣三一学院毕业生（巴黎高师校长 [1919—1927] 古斯塔夫·朗松致鲁德莫斯–布朗的信，1927 年 7 月 31 日，AN，61AJ/202）。贝克特受聘为 1928 至 1929 年的交换讲师。

贝克特请求留任一年，这需要双方学校的批准；1929 年 5 月 14 日，欧内斯特·韦西奥写信给法国驻爱尔兰总领事阿尔弗雷德·布朗什，表示他乐于批准该请求（AN，61AJ/202）。

3. 至于该论文的论题，贝克特打算写乔伊斯和马塞尔·普鲁斯特（1871—1922），

———————
[1] 原信用法语写成。

但巴黎高师人文学科部主任塞莱斯坦·布格勒教授（1870—1940）建议他放弃该选题（詹姆斯·诺尔森，《盛名之累：萨缪尔·贝克特传》[纽约：格罗夫出版社，2004]，第107页，及20世纪60年代初劳伦斯·哈维采访贝克特时所做的笔记[NhD，劳伦斯·哈维文献集，MS 661，《〈萨缪尔·贝克特：诗人和评论家〉余叙》，第16页]）。

巴黎
托马斯·麦格里维

周五 [？ 1929 年夏]　　　　　　　　　　　卡塞尔
　　　　　　　　　　　　　　　　　　　　兰德格拉芬街 5 号

尊敬的麦格里维[1]：

　　拉赛尔[拉塞尔]这个可恶的陈年圆面包按时退回了我的几页手稿，还用第三人称写了一张简洁的便笺，全都装在一个邮资略显不足的信封里。这一举动的好意让我有些麻痹。无论怎样，无论何处，我都想摆脱这该死的东西（显然，除了《转变》），可是不那么令人恶心的文学垃圾桶，我是一个都不认识。难以想象爱略特[艾略特]会碰它——当然不是诗歌。兴许，谢默斯·奥沙利文的小报会接受我的投稿？[2] 要是您想到了可以投稿的地址，请相告，我会感激不尽。

　　让人惊骇的是，我到达卡塞尔的钟点正是无数工作人员打包票说我定会到达、准会到达的那个钟点。[3] 整夜，车厢里只有我一个人，但是打一会儿盹本人都做不到。阿司匹林是个骗局，咖啡是个幻觉。所以干脆读完了《爱的荒漠》，那本书无疑是我特别不喜欢的。那是一次耐心、微弱的哭泣，有人巴望着看到你大声地朝手帕里擤鼻子。[4]

　　昨天我们从克拉根霍夫回来了。[5] 我被太阳烤成了丝带，躺在卧铺上就像病妇佛罗伦萨一样难受。

11

Che non può trovar posa in su le piume

Ma con dar volta suo dolore scherma.[6]

　　读完了《去斯万家那边》的第一部，感觉内容异常起伏。里边有些东西是无与伦比的——如布洛赫、弗朗索瓦丝、莱奥妮阿姨、勒格朗丹，还有一些段落矫揉造作得让人厌恶，缺乏诚实感。[7]对普鲁斯特，真是难以下定论。他绝对是写作形式的主人，甚至常常沦为其奴隶。他的有些比喻让一整页都蓬荜生辉，就像一次耀眼的爆炸，而另一些却像是在最黯淡的绝望中苦吟而出。他先展现各式各样的精妙平衡，让人着迷的颤颤悠悠的平衡，然后突然静止不动，天平的双臂被楔牢，呈一条绝对水平的直线，比麦考利处于最低潮时还要对称得多，第一、第二声部洋洋得意地相互呼应，来回呼应。跟摩尔相比，他连绵的叙事当然更有趣，更巧妙，而且更丰富多彩，就像饱受绞痛之苦的胃发起的一次煽情的假牙狼吞虎咽般的排泄。我想，他是椴花茶喝多了。[8]想想吧，要揣摩他的心思，得读16卷之多，那还不像蹲便！茜茜正如饥似渴地读《尤利西斯》，也喜欢谈论该书和乔伊斯。在佩吉面前，这是一种微妙的行为，因为佩吉对书籍毫无兴趣，坚信读书识字等同犯罪。[9]已下定决心给《转变》投稿，赢得他们该付的稿费，可我把地址弄丢了。[10]要是您随信写上该杂志社的地址，我将感激不尽。

　　您最近在专心写作呢，还是受到了讨人喜欢的托马的骚扰？会考怎么样？至于《可怕的孩子》，翻译的进展如何？……[11]

　　感觉身体结实了就给我写信。您知道，收到您的回信我会有多高兴。我的姑妈茜茜经常想起您，在此传达她最诚挚的祝愿。姑父波士在爱尔兰，孩子们也趁机各奔东西，所以此时此刻，公寓里安静得出奇。昨晚不睡［睡不］着，读了《阿瑟·萨维尔老爷的罪行》《什么什么的幽灵》

和《散文诗集》，觉得最后一部作品是巨著。[12]

Leb wohl. [13]

　　谨上

　　　　　　　　　　　　　　　　　　　　　　　　S. B.

ALI；1张，4面；TCD，MS 10402/1。日期判定：尽管詹姆斯·诺尔森认为该信的日期可能为 1930 年 6 月的某一天，但 1929 年夏更可靠（诺尔森，《盛名之累》，第 639—641 页，注 90，注 118）。教师资格会考在夏初进行，且贝克特说到严重晒伤。1930 年 4 月 12 日《爱尔兰政治家》停刊，贝克特就这一事情给麦格里维写过一些信，此信中相对正式的问候表明这可能是其中最早的信之一。同时，鉴于 AE 明确拒绝贝克特的稿件是在 1930 年初（见 1930 年 3 月 1 日的信），信中所述略欠邮资的退稿信很可能早于 1930 年。

1. 贝克特接任巴黎高师英语讲师后，麦格里维仍待在巴黎；他将贝克特介绍给了乔伊斯及英国小说家兼诗人理查德·阿尔丁顿 *（1892—1962）。

2. 乔治·威廉·拉塞尔（笔名 AE，1867—1935），爱尔兰诗人、画家和编辑。他是《爱尔兰政治家》（1923 年 9 月 15 日至 1930 年 4 月 12 日）的编辑之一，该周刊倡导民族理想、离婚自由政策和出版审查制度。托马斯·麦格里维曾以 L. 圣西宁的笔名在该刊发表诗歌，经其建议，贝克特可能给该刊投过一篇散文作品；约翰·皮林认为，该作品就是《臆断》（皮林，《萨缪尔·贝克特年表》，第 19 页）。贝克特的短篇小说《臆断》后发表于《转变》第 16—17 期（1929 年 6 月），第 268—271页。他提到信封所贴邮资略显不够，表明所投稿件不止一两页。

托马斯·斯特恩斯·艾略特（1888—1965），诗人及《标准》杂志的编辑（1923—1939）。谢默斯·奥沙利文 *（原名詹姆斯·沙利文·斯塔基，1879—1958），诗人、散文家，曾任《都柏林杂志》编辑（1923—1958）。

3. 贝克特这封信写于德国卡塞尔的姑妈家。姑妈名为弗朗西丝·辛克莱 *（原姓贝克特，昵称范尼，亲友都叫她茜茜，1880—1951），姑父名叫威廉·亚伯拉罕·辛克莱 *（昵称波士，1882—1937），是个艺术品商人。

4. 弗朗索瓦·莫里亚克，《爱的荒漠》（1925）。

5. 1923 年至 1925 年期间，辛克莱一家住在靠近卡塞尔的富尔达河畔克拉根霍夫的公寓里；他们经常去克拉根霍夫游泳，沿着河边或在林间散步（莫里斯·辛克莱，

13

1993 年 10 月 20 日）。

6. 在但丁·阿利吉耶里（1265—1321）的笔下，佛罗伦萨市被比喻成病妇："她在绒毛床上难以安睡，/只有辗转反侧缓解苦痛。"（典出《神曲》，恩里科·比安基评注［佛罗伦萨：阿德里亚诺·萨拉尼出版社，1927］，《炼狱篇》第六歌，第150—151 行；但丁·阿利吉耶里，《但丁·阿利吉耶里的神曲》第二部《炼狱篇》，约翰·D. 辛克莱翻译并评注［伦敦：约翰·莱恩－鲍利海出版公司，1939 年初版，1948 年修订］，第 89 页）所有相关引文均出自以上版本。

贝克特用的是 1926 年萨拉尼的版本，尽管他对其评价不高；编者只能找到 1927 年的版本。欲知萨拉尼版详情，参见达尼埃拉·卡塞利，《〈卑劣的萨拉尼集〉中的佛罗伦萨版：文本比较研究》，见《贝克特研究期刊》第 9 卷第 2 期（2001），第 1—20 页；达尼埃拉·卡塞利，《贝克特手稿中但丁的影子》，见《笔记汇编全息》，*SBT/A* 特刊第 16 期（2006），第 237—257 页。

贝克特读的《神曲》是意大利语本，而非英译本。编者选用的是辛克莱的散文译本，该本中意大利语原文（"意大利但丁学会评注本，由朱塞皮·万代利校订"）排在对开页上，所以读者可以同时阅读两个版本（《但丁·阿利吉耶里的神曲》第一部《地狱篇》，第九歌）。

7. 贝克特指《去斯万家那边》中的人物。《去斯万家那边》是普鲁斯特小说《追忆似水年华》（1913—1927）的第一卷。

8. 托马斯·巴宾顿·麦考利（1800—1859），英国作家、政治家；乔治·奥古斯塔斯·摩尔（1852—1933），爱尔兰小说家。

在普鲁斯特的小说《追忆似水年华》中，就着一份玛德琳小蛋糕喝了一杯"椴花茶"之后，叙述者就回忆起了自己的童年。

9. 露丝·玛格丽特·辛克莱 *（昵称佩吉，1911—1933），茜茜·辛克莱和波士·辛克莱的女儿，1928 年夏和贝克特在都柏林共度一段时光，1928 年 9 月又在卡塞尔和维也纳共处，当时她在赫勒劳－拉克森堡学校学习舞蹈和运动（皮林，《萨缪尔·贝克特年表》，第 17 页）。

詹姆斯·乔伊斯，《尤利西斯》（1922）。

10. 贝克特的文章《但丁…布鲁诺·维柯··乔伊斯》及短篇小说《臆断》刚于《转变》见刊。

11. 麦格里维仍住在巴黎高师的一间房子里。让·托马 *（1900—1983，于 1926—1932 在巴黎高师就读）通过教师资格会考（最高级别的大学考试）后，留校担任考生的辅导老师。当时，贝克特教会考的英语科目。

让·科克托（1889—1963）已请麦格里维考虑将《可怕的孩子》（1929）翻译

14

成英语（麦格里维致乔治·叶芝的信，1929 年 8 月 21 日，NLI，MS 20,849；苏珊·施赖布曼，2007 年 1 月 15 日）。

12.《阿瑟·萨维尔老爷的罪行》《坎特维尔的幽灵》《散文诗集》，奥斯卡·王尔德（1854—1900）著（伦敦：詹姆斯·R.奥斯古德出版公司，麦基尔文出版社，1891）。

13. "Leb wohl"（德语，"保重"）。

巴黎，高等师范学校
罗歇·迪翁

1929 年 II 月 25 日 [1]   都柏林

                                                圣三一学院

尊敬的迪翁先生[1]：

现在可以确切地告诉您本人返回巴黎高师的日期。本月 28 号（周四）之前是无法动身的。[2]本人将于下周五的下午前来高师。

此致

s/ S. B. 贝克特

TLS；1 张，1 面；AN，61AJ/119。日期判定：信件原署月份为罗马数字 II，指 11 月。

1. 罗歇·迪翁（1896—1981），社会科学系部教师，1929 年任巴黎高师督查（负责学科的高级行政官）。

2. 鲁德莫斯-布朗推迟了贝克特原定 1929 年秋返回巴黎高师的日程，要求贝克特在安德烈·帕罗（1906—1979）缺席期间留在圣三一学院。帕罗是巴黎高师派出的交换讲师，1928 年至 1929 年在圣三一学院任教，本应返回圣三一学院担任 1929 年至

---

[1] 原信用法语写成。

1930 年的工作，但由于要重考英语和语文，他只得在巴黎滞留（见鲁德莫斯－布朗致巴黎高师校长的信，1929 年 10 月 9 日，AN，61AJ/202）。决定不让帕罗返回圣三一学院担任 1929 年至 1930 年的工作后，巴黎高师重新任命乔治·佩洛尔松*（生于 1909 年，1945 年后更名为乔治·贝尔蒙）于希勒里节学期开始时（1930 年 3 月 27 日）前往圣三一学院任教。做出此项决定后，贝克特方能返回巴黎高师继续就任。

1930 年年表

1930 年 3 月	贝克特的诗《以备未来参考》在《转变》发表。
5 月 14 日	贝克特把意大利语作品的英译本投给《此季》特刊。
6 月 1 日	理查德·阿尔丁顿提议查托-温德斯出版社推出一套丛书，该丛书后来定名为"海豚丛书"。
6 月 15 日	贝克特将《腥象》的手稿投往时光出版社。
6 月 16 日	《腥象》获时光出版社征文奖。
7 月 1 日后	向都柏林圣三一学院申请"现代语言"讲师席位。
8 月 5 日	把乔伊斯《安娜·利维娅·普鲁拉贝尔》一章的两页法语译文交给菲利普·苏波。
8 月 25 日	开始写《论普鲁斯特》。雅各布·布罗诺夫斯基从贝克特发表于《欧洲大篷车》的四首诗（《地狱鹤与椋鸟》《糖果盒送给浪荡满大人的千金》《文本》《自由的羁绊》）中选了三首。
9 月 16 日	贝克特离开巴黎，前往伦敦。
9 月 17 日	在伦敦亲自将《论普鲁斯特》的手稿交给查托-温德斯出版社的查尔斯·普伦蒂斯。
10 月 1 日	回到都柏林，赶上圣三一学院的米迦勒节学期。
10 月 10 日	查托-温德斯出版社接受《论普鲁斯特》。

10 月 14 日	贝克特提议给《论普鲁斯特》增添结论部分。
10 月 15 日	《毕福尔》公布贝克特和阿尔弗雷德·佩隆所译《安娜·利维娅·普鲁拉贝尔》的印前清样，但乔伊斯撤回了译文。
10 月 17 日	查托–温德斯出版社送来《论普鲁斯特》的出版合同。
11 月 14 日前	贝克特向都柏林圣三一学院的现代语言学会陈述《向心主义》一文，该文是对虚构诗人让·迪·沙的恶搞式评述。
11 月 25 日	第一次拜访杰克·B. 叶芝。
12 月 12 日前	将《论普鲁斯特》终稿打印件送往查托–温德斯出版社。
12 月	歌词《从独特的诗人到耀眼的娼妓：供亨利·克劳德演唱》发表于亨利·克劳德的专辑《亨利–音乐》。

凯里郡塔伯特镇
托马斯·麦格里维

1930 年 3 月 1 日   巴黎

Cher Ami[1]:

在 40〔42〕号窟，我按指示捋了捋两个 salauds 的络腮胡，翻译了标题。他们还给了我别的活儿干，主要是翻译德拉波特的考古学年表，以及两组插画——马约尔和毕加索的插画——的目录。[1] 都已弄完，寄出去了。旅馆没有寄给您的信。

拉赛尔〔拉塞尔〕把我的诗儿[2]退了回来，还附了一张便条，大意是我大可不必自寻烦恼，再给他投寄稿件了。行文如下："我有一个稿件箱，里面满满当当地塞满了诗稿，无须再收一份稿件都能满足《政治家》下一年度的出版所需。接收新的投稿，让它们积压在一起等待出版，那是毫无益处的!!"[2] 眼下，我觉得那差不多是迄今为止最好的措辞了。好像我在给他推销一堆屎蛋或是一吨砖头似的。诗里那行文精妙的低声呜咽是专给他写的！天天天啊！昨晚跟"作家"合作了。他背诵了魏尔伦的诗，说诗歌就该押韵，还说"sinon à une petite femme"，他想象不

---

[1] 法语，"亲爱的朋友"。
[2] 原文"pome"为俚语，即"poem"，指《以备未来参考》一诗。

19

出有谁会作诗。他说了很多关于 petites femmes 的话。[3] 他自己的呢，却不知身在何处。没有新鲜事儿——除了春天终于在今天来了。艾伦做了个梦——他收到一包书，里面有萧伯纳的两部新作，一部是戏剧，另一部是谋杀案审讯分析。[4] 压抑的欲望啊！

Amusez-vous bien.[5]

谨上

萨姆·贝克特

ALS；1 张，2 面；TCD，MS 10402/5。

1. 贝克特临时接替托马斯·麦格里维担任《线条：国际造型艺术评论》英语版助理编辑。该刊为法英双语的艺术理论杂志（1929 年 12 月—1933 年 3 月）。总编为福岛繁太郎（1895—1960），艺术总监为沃尔德玛·乔治（原名沃尔德玛·耶日·耶罗金斯奇，1893—1970），秘书为马塞尔·扎哈尔（1898—1989）。编辑部设在巴黎 8 区帕斯基耶街 42 号。通常，麦格里维为《线条》翻译和打字的工作量为"每月 2.5 万至 3 万字之间"（托马斯·麦格里维致詹姆斯·平克的信，周日［1930］，NYPL，Berg：詹姆斯·B. 平克父子出版公司档案：1893—1940）。不过，贝克特只翻译了文章的标题、一组插图的目录，以及路易·德拉波特（原名路易-约瑟夫·德拉波特，1874—1944）的"考古学年表"（《线条》第 4 卷［1930 年 4 月］［2］，第 25 页）。巴勃罗·毕加索（1881—1973）和法国雕刻家阿里斯蒂德·马约尔（1861—1944）的插画与两篇谈艺术家的文章相关，即法国小说家儒勒·罗曼（原名路易·法里古勒，1885—1973）的《阿里斯蒂德·马约尔》（［2］第 5—7 页），及沃尔德玛·乔治的《毕加索的热情》（［2］第 8—9 页）。贝克特的译文未署名。

"salauds"（法语，"混蛋"）。

2.《爱尔兰政治家》于 1930 年 4 月 12 日出版了最后一期。贝克特可能投寄了一篇《十四行诗》（"终于我发现……"），以为该诗会博得通神论者 AE 的欢心（劳伦斯·E. 哈维，《萨缪尔·贝克特：诗人兼评论家》［普林斯顿：普林斯顿大学出版社，1970］，第 283—285 页；皮林，《萨缪尔·贝克特年表》，第 23 页）。《十四行诗》后来用在贝克特的短篇小说《坐与歌》中，发表于《转变》第 21 卷（1932 年 3 月），第 17 页；同时收入贝克特的长篇小说《梦中佳人至庸女》，约恩·奥布莱恩和埃迪特·富尼耶编（纽约：拱廊出版社与奔流出版社联合出版，1993），第 70

页；所有引文均出自该版。

3. 詹姆斯·乔伊斯又称"作家"（因其小说《芬尼根守灵夜》中的人物"作家闪"而得名）。保罗·魏尔伦（1844—1896），法国诗人。

"sinon à une petite femme"（法语，"除了给小女子"）。

4. 艾伦·乔治·邓肯*（1895—1943）从 1924 年开始住在巴黎；他和妻子伊莎贝尔·贝琳达·阿特金森·邓肯*（1893—1964）经常同贝克特一起喝咖啡。艾伦·邓肯"唯一的话题"就是萧伯纳（布莱恩·科菲，1993 年 6 月）。

萧伯纳（1856—1950）那时确实出了一部新剧，即《苹果车》（最初以德语出版，名为 *Der Kaiser von Amerika: Eine politische Komödie in drei Akten*，齐格弗里德·特雷比奇译[柏林：菲舍尔出版社，1929]，后与《圣女贞德》一道以英语出版，见萧伯纳，《萧伯纳作品集》，第 17 卷（伦敦：康斯特布尔出版公司，1930），又于 1930 年 12 月出版单行本［伦敦：康斯特布尔出版公司，1930]）。在萧伯纳的《医生的错觉》《原始犯罪学》及《虚假教育》（1931）中，有多篇属刑事案件分析的文章重版（见 D. H. 劳伦斯，《萧伯纳：著作目录》，第 1 卷［牛津：克拉伦登出版社，1983]，第 187—189 页）。

5. "Amusez-vous bien"（法语，"祝您开心"）。

凯里郡塔伯特镇
托马斯·麦格里维

周日［约 1930 年 4 月 27 日至 5 月 11 日间］　　　　　［巴黎］

高师

亲爱的汤姆：

刚读了您的来信，很开心您发现自己的母亲及姐妹恢复了些许平静和快乐。[1] 而这儿，两者都有些谈不上，也许今天例外，这里空荡荡的，寂静无声。已稀里糊涂地开始干正事儿了。去见了戈尔。又是个奴隶。明天去见苏波，请他替我翻译河流的名称，这样我好着手主体部分的翻

译。[2]昨晚跟艾伦、贝琳达、哈里·克拉刻［克拉克］以及麦肯纳夫妇一起喝了几杯。[3]［……］

哈里·克今早去了伦敦。麦肯纳夫妇昨晚到的，带了一大摞要他签名的爱伦·坡和歌德的作品。[4]有些人是不是蠢货？给照片签名，给图书签名，给菜单签名。要是乔伊斯给自己用过的一张手纸签上名，交给吉尔伯特一家和卡尔杜齐一家，只怕他们也会感到荣幸之至呢。[5]周四晚见到了乔伊斯。韦弗小姐也在。[6]挺喜欢她的。再有就是露西娅和乔伊斯太太了。真是个愉快的夜晚。有时会收到从德国寄来的信，但眼下来信时有时无，说不大准。[7]我一直在做一些 tapirising，还读些济慈的作品，听到这个你要遗憾了。喜欢济慈诗歌中那种蹲下沉思的特质——蹲坐在青苔上，碾碎一片花瓣，舔着嘴唇，摩挲双手，"几小时几小时数着徐徐滴下的酒浆"。所有诗人当中我最喜欢的就是他，因为他不用将拳头砸在桌子上。喜欢那透顶的甜美，那浓稠、柔软、湿漉、翠绿的华丽。还有那份倦怠。"求他把我的一息散入空茫。"可是这儿，身边无一人聆听述说，［而］且有人对事物如此热忱或者欣喜，这已是少之又少了。[8]

恐怕圣三一学院和巴黎高师的委派泡汤了。担心自己又要面临尴尬了——即使他们给本人派个活儿。只是间接听说，安排了佩洛尔松与博弗雷交换——所以请保密。[9]他们在犯大错。

《线条》的事不用担心。到目前为止，事实上一直无事可做。作为打发时间的方式，无所事事跟其他方式一样属于上乘——而且比多数方式都要安全。[10]

露西娅要来喝茶了。上帝保佑。

　　谨上

　　　　　　　　　　　　　　　　　　　萨姆

ALS；1 张，4 面；TCD, MS 10402/6。日期判定：哈里·克拉克 1930 年 4 月底离开波城，途中在巴黎和伦敦停留，5 月 16 日到达都柏林（尼古拉·戈登·鲍，《哈里·克拉克的生活与工作》[都柏林：爱尔兰学术出版社，1989]，第 223 页）。他们傍晚相会的日期可能是 4 月 26 日，或者 5 月 3 日或 10 日，前两个日期可能性更大。约 5 月 13 日至 6 月 17 日间，乔伊斯在苏黎世。

1. 麦格里维的父亲托马斯·麦格里维（1858—1930）于 4 月 19 日去世；麦格里维已回到塔伯特镇陪伴母亲玛格丽特·麦格里维（原姓恩莱特，1855—1936）和姊妹。

2. 受邀将《进展中的作品》中的《安娜·利维娅·普鲁拉贝尔》一章翻译成法语时，贝克特正协助乔伊斯将该章罗织成一体的上千条河流的名称翻译成法语。后来出版时，乔伊斯的手稿更名为《芬尼根守灵夜》（纽约：维京出版社，1959），第 196—216 页；河流名称列表，参见麦克休，《〈芬尼根守灵夜〉注解》，第 196—216 页。

伊万·戈尔（原名伊萨克·朗，1891—1950），生于法国洛林的孚日圣迪耶，用法德双语创作诗歌、戏剧和小说。他代表巴塞尔的莱茵出版社找到乔伊斯，商量将其作品译成德语出版。戈尔通晓数国语言，在乔伊斯创作《进展中的作品》时给予了很大帮助。

菲利普·苏波（1897—1990），法国超现实主义诗人、作家和评论家。

3. 艾伦·邓肯和贝琳达·邓肯。

哈里·克拉克（1889—1931），都柏林插画家、彩绘玻璃艺术家。麦肯纳夫妇的身份尚不明确。

4. 哈里·克拉克给埃德加·爱伦·坡（1809—1849）的《神秘与幻想故事集》（伦敦：G. G. 哈拉普出版社，1919）及约翰·沃尔夫冈·冯·歌德（1749—1832）的《浮士德》（伦敦：G. G. 哈拉普出版社，1925）创作了插画。

5. 斯图尔特·吉尔伯特（1883—1969）参与了乔伊斯《尤利西斯》的法语翻译工作，并撰写了《论詹姆斯·乔伊斯的〈尤利西斯〉》（1930）一书，以协助推广乔伊斯的作品。奥古斯特·莫雷尔（生卒年不详），法国诗人、翻译家，在吉尔伯特的协助下将《尤利西斯》翻译成法语（Ulysse, 1929）；该译本由法国小说家、诗人、评论家及翻译家瓦莱里·拉尔博（1881—1959）校订。（翻译的具体过程参见：理查德·艾尔曼，《詹姆斯·乔伊斯：新校订版》[牛津：牛津大学出版社，平装校订本，1983]，第 562—563、601—602 页；詹姆斯·乔伊斯，《詹姆斯·乔伊斯书信集》，第 1 卷，斯图尔特·吉尔伯特编[纽约：维京出版社，1957]，第 28 页）

意大利作曲家、乐评家埃德加多·卡尔杜奇-奥古斯蒂尼（1898—？）给乔伊斯的诗作《独自》配曲，并且几个月中"每日两个小时用意大利语给乔伊斯朗读"（艾尔曼，《詹姆斯·乔伊斯传》，第648页）。

6. 哈丽叶特·肖·韦弗（1876—1961）在英国出版并推广乔伊斯的作品。她是乔伊斯忠实的朋友和恩人。

7. 贝克特的德国通信人即住在卡塞尔的表妹佩吉，二人已是情深意笃（参见诺尔森，《盛名之累》，第113—114页）。

8. "tapirising"原形为"tapir"（法语学术俚语，"上私教课的学生"）。

贝克特错引了约翰·济慈（1795—1821）《秋颂》中的一句诗："你几小时几小时瞧着徐徐滴下的酒浆"；第二句引自济慈的《夜莺颂》："我几乎爱上了静谧的死亡/我在诗思里用尽了我的言辞/求他把我的一息散入空茫。"（约翰·济慈，《约翰·济慈诗集》，杰克·斯蒂林格编［马萨诸塞州坎布里奇：贝尔克纳普-哈佛大学出版社，1978］，第476—477页；第369—372页）

9. 鲁德莫斯-布朗希望贝克特在1930年秋返回都柏林圣三一学院担任他的助手。当年，圣三一学院没有为与巴黎高师的交换项目提出候任教师（见圣三一学院教务主任威廉·肯尼迪致巴黎高师欧内斯特·韦西奥的信［1930年5月31日］，AN，61AJ/202）为补圣三一学院外派的空缺，巴黎高师接受了格拉斯哥大学的罗伯特·I. 布朗（1907—1996）前来担任英语讲师。让事情更复杂的是，乔治·佩洛尔松请求于1930年至1931年继续留在圣三一学院，而不愿接受去格拉斯哥大学的调派（见佩洛尔松致巴黎高师校长的信［1930年6月21日］，AN，61 AJ 202）。

让·博弗雷*（又称"船首斜桅"，1907—1982），哲学系学生，麦格里维在巴黎高师的室友；"Bowsprit"（船首斜桅）源于法语"beaupré"[1]（诺尔森，《盛名之累》，第150—151页）。

10. 贝克特继续在《线条》杂志社顶替麦格里维，这样麦格里维不在巴黎期间也能保留该职位（见1930年3月1日的信，注1）。

巴黎
萨缪尔·帕特南

1930年5月14日 　　　　　　　　　　　　　［巴黎］乌尔姆街45号
　　　　　　　　　　　　　　　　　　　　　高等师范学校

---

[1] "beaupré"与"Beaufret"（博弗雷）谐音。

尊敬的帕特南先生：

您的气递快件寄达时，这项工作快要完成了，于是本人继续干剩下的活儿。[1]毫无疑问，这是下签里的上签。还记得《猫咪童话》吗？里面有些地方写得很棒。大概说来，这个集子有《风景》篇幅的四倍。您希望本人把它翻译出来吗？——不然，您是不是宁愿让本人翻译短些的作品，就像一件坠饰对于这泪水汪汪、田园诗般的谦卑那样，比如《曙光传奇》？[2]等您回信后，本人再开始翻译。

最最真挚的

s/ S. B. 贝克特

TLS；1 张，1 面；附件未随信寄出；NjP，萨缪尔·帕特南《新评论》通信，C0111/1/9。

1. 萨缪尔·帕特南 *（1892—1950）是《此季》杂志副主编，为《此季》第 2 卷第 4 期（1930 年 4 月至 6 月）编纂了《当代意大利文学袖珍选集》。该《选集》收录了贝克特的三篇译文：意大利作家拉法埃洛·弗兰基（1899—1949）的《风景》；埃乌杰尼奥·蒙塔莱（1896—1981）的《三角洲》；乔瓦尼·科米索（1895—1969）的《回家》（第 672 页，第 630 页，第 675—683 页）。

《欧洲大篷车：欧洲文学新精神选集》*原定为两卷本；意大利部分计划编入第 2 卷，但没能出版（萨缪尔·帕特南、梅达·卡斯特伦·达恩顿、乔治·雷维及雅各布·布罗诺夫斯基合编［纽约：布鲁尔·沃伦及帕特南出版公司，1931］）。

2. 弗兰基的《猫咪童话》发表于《那堤亚广场》（都灵：弗拉泰利·布拉蒂出版社，1929）第 97—106 页。《曙光传奇》（第 120—122 页）是《那堤亚广场》所刊《造景》（第 107—124 页）的第 3 节。

凯里郡塔伯特镇
托马斯·麦格里维

周四［？ 1930 年 7 月 17 日］　　　　　　　［巴黎］
高等师范学校

亲爱的汤姆：

真高兴收到您的来信，知道您路过伦敦时平安无事。关于《行家》编辑部的同事，您信里只字未提。[1] 见到他们了吗？除了天天喝酒和做无用功，这儿就没有有趣儿的事了。阿尔菲在这儿，而且我们一起见了苏波。我们正一起翻译这该死的东西，有点儿懵懵懂懂，又词不达意。[2] 阿尔菲已到他妈河畔（或者塞纳河畔，随您挑）布洛涅休息去了，当然啦，接着准会跟他那娇小的俄罗斯甜妹躺在一起。确实，我很少见他。他变了，要不就是我变了，或者俩人都变了。让我猜猜过去的阿尔菲是啥样子。头天傍晚，他对艾思娜暴跳如雷，骂她是 "salaud qui m'a fait rater ma vie"。此后就是无聊、讥笑加解体，还有万事大吉。闪亮的否定之玛瑙。这些自称愤世嫉俗之人和 désabusés，他们总是如此精力充沛，如此壮怀激烈，如此 jemenfoutiste 和 jusquauboutiste 地捶胸顿足。[3] 月底前他会一直待在这儿，然后就去奥弗涅。到那时我们还能做得成什么？傍晚见面时一身疲惫，却能飞块［快］地译完一页？我知道毫无办法，任何有益的办法都不会采取，可是受风驱赶，人就像那群 accidiosi 那样一如从前。[4]

14 号没出问题，因为我喝得比南希和亨利都更醉一筹。一起喝酒的还有其他人，天知道都有哪些人，但他们走得早，我想是享受 coucherie 去了。[5] 还有天知道我那天说了啥又做了啥，但好在没出问题。最后我实在累坏了，差点都爬不进计程车。他们喜欢喇合卖身那种蠢事儿，愿上帝保佑。好几次亨利都说，那种事儿"确实每［美］妙及［极］了，苏［舒］服及［极］了"。他温文尔雅，而且举止得体，在鹡鸰酒店弹了钢琴，我则聊了原创式样的阿拉伯花饰。[6]收到了南希从伦敦寄来的信。她把我向她要的《视差》给了我，还把《上帝之猿》和庞德的几篇《诗章》借给了我。读了《视差》。对它不知该作何评价。有些地方写得不错：

> 在大堤旁我数着那些灰色的海鸥，
> 扭曲的潮头上方迎风起伏的海鸥。[7]

毫无……? 接着恐怕就是一堆废话。说不准。也许写得很好吧。

关于普鲁斯特的论文，还没法动笔。催稿这么急，真他妈催命。[8]伦敦方面提到了这事儿吗? 知道会怎么样：德国之行会不了了之，而我啥事都没做成——不管是翻译乔伊斯，还是评论普鲁斯特——会在最后时刻灰溜溜地走开。至少已经读完了那个混蛋的书。

在常去的那家客栈，同艾伦和贝［琳达］一起度过了难熬的一个半［小］时。当时正跟阿尔菲（他们认识他）、佩洛尔松坐在那儿，当然了，得邀请他们坐到我们这桌来。接着，那位尊贵的上校兼诽谤者打开唾液腺，忙不迭地掏出带回的萧伯纳作品来，就像个借助 14 日的彩旗叫卖的 camelot。他说个没完，而阿尔菲一抬杠，就更是火上浇油。佩洛尔松不自觉就瘫倒在沙发上，我感觉到一种可怕的寂静，那种寂静是拉斯曼斯人绝不会释怀的。[9]以后就更不可能见到他们了。幸好路易·勒卡东内尔在场，还有优雅的泰里夫。佩洛尔松乐了。泰里夫啤酒钱都没付就走了，而那位肥胖的切斯特顿人火气冲天，拒绝替他买单。[10]佩洛尔松则兴奋之至，开心之至。真的，他很有魅力——尤其是独处的时候。昨天我们熬了一个通宵。最后，我们在"夏尔吕斯"那儿买了瓶香槟，还把香槟连同他的留声机一起带上楼，放上《特里斯坦与伊索尔德》和《火鸟组曲》两首曲子。可怜的佩洛尔松！多不幸的伙计！他说，Il n'y a que cela。[11]

鲁迪寄来一封信，冗长沉闷，不过十分友好。他想写一本关于拉辛的书，但找不到有意向的出版社。查托-温德斯说得通吗？我买了拉鲁斯版，准备读《以斯帖》了。我出了什么问题吗？总觉得到处都是 chevilles，而以前读拉辛时从没这样的感觉。[12]

佩吉在北海，同 Boche Hausfreund 还有茜茜和最小的妹妹待在一起。她从那儿寄了一张画面精美、措辞友好的明信片给我。[13] 我开心极了。把那首诗儿给波士寄去了。[14]

还收到了露西娅的来信。不知该做些什么。她说自己过得挺郁闷。既然您走了，那件事就没人可以诉说了。眼下不敢去威尔士，但我曾保证，要是他们恰好在我要经过的路上，那我一定会去。[15]但这是办不到的。毫无办法。在正确——或错误——的时刻，导致他们拥有天赋美貌的，是怎样可怕的本能啊！

明天就能拿到您的书，连信一并寄来。有一封鼓鼓囊囊的信给您转到塔伯特镇了，想着是杰克·叶芝寄来的。[16] 还没跟马里奥见面，不过明天傍晚会见到他。我们［打算］带"船首斜桅"出去狂欢一下。

没错，当时安杰洛是找得到我的。他本该今天下午就过来，于是我急忙赶回来，却看到一张便条，说他得去领事馆办理证件。[17]

灯又坏了，他们不会来修的。这会儿房间里点满了蜡烛。

　　谨上

　　　　　　　　　　　　　　　　　　　　萨姆

Alfy dit que les Japonais aiment beaucoup à enculer des canards agonisants, à cause du duvet, paraît-il.[18]

戈丹collé，可怜的家伙，而且他当时想要结婚。Réclame pour moi!¹⁹

ALS；5张，10面；附言在首面的右上角；TCD，MS 10402/2。日期判定：贝克特提到仰仗14号的旗帜，指巴士底攻占日。1930年7月14日，杰克·B. 叶芝在巴黎给麦格里维写了一封信（"我想夏天的巴黎会相当闷热"，随信附了对伦敦叶芝画展的评论[TCD，MS 10381/111]），贝克特把该信转寄到了爱尔兰的塔伯特镇。1930年7月，乔伊斯一家到了威尔士，但7月28日返回了英格兰（见[1930年8月5日前]的信，注3）。《上帝之猿》1930年6月时已出版。1930年7月15日，南希·丘纳德到了伦敦，至少待到了7月21日，因为那天她在那儿参加了一场纪念乔治·摩尔的晚餐会。因此，此信的日期多半是1930年7月17日那个周四。

1.从巴黎回老家塔伯特镇的途中，麦格里维路过伦敦。1925年11月至1927年2月，麦格里维在伦敦的《行家：艺术期刊》（1902—1992）担任助理编辑。

原文中，贝克特画掉"准则"，在上方插入了"行家"。

2.）·佩隆[*]（1904—1945）1924年考入巴黎高等师范学校，1929年任教师资格会考英语科目老师；他与贝克特首次见面，是他在都柏林圣三一学院任法语讲师的时候（1926—1928）；1929年，他们在巴黎高师相聚。当时，佩隆正与贝克特合作将乔伊斯《进展中的作品》中《安娜·利维娅·普鲁拉贝尔》一章翻译成法语，该章已首次用英语单独出版（詹姆斯·乔伊斯，《安娜·利维娅·普鲁拉贝尔》[纽约：克罗斯比·盖吉出版社，1928]）。菲利普·苏波在指导翻译工作，译本原计划在巴黎的《毕福尔》杂志（1929年5月—1931年6月）上发表，杂志由乔治·里伯蒙-德萨涅（1887—1974）主编。

3.玛丽·莱津（又称玛尼亚，1900—1988），1930年与佩隆结婚。

艾思娜·玛丽·麦卡锡[*]（1903—1959），跟贝克特是都柏林圣三一学院现代语言专业的同龄人，在贝克特的短诗《晨曲》及小说《梦中佳人至庸女》中以情人的形象出现。"salaud qui m'a fait rater ma vie"（法语，"毁了我生活的臭婊子"）。

"désabusés"（法语，"绝望之人"）；"jemenfoutiste"（法语，"满不在乎"）；"jusquauboutiste"（法语，"绝不妥协"）。

4.贝克特提到的"accidiosi"（懒鬼）典出但丁的《神曲》，但他似乎把该词与"lussuriosi"（好色鬼）一词混淆了。《神曲》中"受风驱赶"的那些灵魂出现在《炼狱篇》第五歌，是"好色鬼"，在《炼狱篇》第十一歌（第71行）中也露了一面，是"荒淫无度之人"。"懒鬼"出现在《炼狱篇》第七歌，但处于烂泥之中，风吹不到它们："我们曾在阳光普照且甜美的空气中闷闷不乐／心中留着一股懒洋洋的烟霭／而现在我们在黑泥当中都郁郁寡欢。"（但丁，《神曲：炼狱篇》，第七歌，第121—124行；但丁，《神曲》第一部：《炼狱篇》）

5. 巴士底攻占日，即7月14日，法国国庆节。

6月15日，贝克特写了《腥象》一诗，当晚就投给时光出版社，赶上了该社的最佳诗歌大赛。英国作家、记者南希·丘纳德*（1896—1965）是时光出版社（1928—1934）的出版人，她与理查德·阿尔丁顿一道将贝克特的《腥象》（巴黎：时光出版社，1930）评为获奖作品。丘纳德给路易丝·摩根（1883—1964）写了封信，但时间只标了"凌晨3点"（多半是1930年6月），内容如下：

> 我们选出了一首诗，一种美，诗人所写——这首诗甚至得单独付印才行。23岁的爱尔兰人，在此处的巴黎高师，我就知道这些，不过明天我会见到他。理查德说，诗中多处典故出自笛卡尔［。］不然我是不会知道的。很多内容我们谁都读不懂，但整首诗太棒了，再次证明其他的都无关紧要。

> 请您宣布时光出版社的最佳"时刻"诗歌奖授予萨缪尔·贝克特。诗题为《第八天》［……］（CtY, GEN MSS 80, 系列五，36/861）。

发表的具体日期难以确定，应在1930年7月1日至8日之间。在标明周一［1930年6月30日］写给摩根的明信片中，丘纳德写道："贝克特真棒（不是说甜心！）明儿把他的诗发了——会给你送来——千万记得插入获奖公告。"路易丝·摩根是《人人》的主编；获奖公告会写明，获奖作品将"即刻"出版，"其中100本为签名本，300本为无签名本，售价分别为法郎5分、1分"（《图书与作者》，《人人》，第75卷［1930年7月3日］，第728页）。丘纳德在周六［1930年7月6日］写的一张卡片中说："准备在周二发贝克特的诗给你。"（CtY, GEN MSS 80, 系列五，36/861）。也可参见诺尔森的《盛名之累》第116—118页，及南希·丘纳德的《时光往事：1928—1931年于雷昂维尔和巴黎办时光出版社之回忆》（卡本代尔：南伊利诺伊大学出版社；伦敦：费弗—西蒙斯出版社，1969），第109—111页。

亨利·克劳德*（1895—1954），美国爵士乐钢琴师，南希·丘纳德在时光出版社时的伴侣和助理。

"coucherie"（法语，"床笫之欢"）。

6. 贝克特写了《从独特的诗人到耀眼的娼妓：供亨利·克劳德演唱》（亨利·克劳德，《亨利–音乐》［巴黎：时光出版社，1930］［曲集6，第12—14页］）。该歌词的开头为"神圣战场的喇合",典出耶利哥城的妓女喇合(《约书亚记》第2篇；参见哈维，《萨缪尔·贝克特》，第305页)。亨利·克劳德在鹳雀酒店弹过钢琴，该酒店位于巴黎15区尼维尔十字路187号。在回忆录中，他谈到了贝克特："南希对这个男人很感兴趣，而他确实很有人格魅力。"(亨利·克劳德和雨果·斯佩克，《一切都那样美好？：1928—1935年亨利·克劳德与南希·丘纳德交往回忆录》，罗伯特·L.艾伦编[加州纳瓦罗：野树出版社，1987]，第76页)

7. 从1930年7月15日起，南希·丘纳德待到伦敦，至少待到了7月21日(南希·丘纳德致路易丝·摩根的信，周六[1930年7月6日]，CtY, GEN MSS 80，系列五，36/861；伊夫林·沃，《伊夫林·沃日记》，迈克尔·戴维编[伦敦：韦登菲尔德与尼科尔森出版社，1976]，第323页)。

南希·丘纳德从伦敦寄给贝克特的信尚未找到。南希·丘纳德，《视差》(伦敦：霍加斯出版社，1925)，第11页。

《上帝之猿》(1930)是温德姆·刘易斯(原名珀西·温德姆·刘易斯，1882—1957)的小说，为当年6月出版。

埃兹拉·卢米斯·庞德(1885—1972)的《诗章》当时还在创作中，其中两章已限量发行：《埃兹拉·庞德〈诗章〉初稿十六章：长诗开篇》，亨利·斯特雷特绘制首字母(巴黎：三山出版社，1925)，及《埃兹拉·庞德〈诗章〉初稿第17—27章》，格拉迪斯·海因斯绘制首字母(伦敦：J.罗德科尔出版社，1928)。

8. 理查德·阿尔丁顿传达了麦格里维的建议，请贝克特为其朋友、查托-温德斯出版社的出版人查尔斯·普伦蒂斯(约1892—1949)的"海豚丛书"写一篇关于普鲁斯特的专论；普伦蒂斯同意请贝克特提交手稿以备审稿(普伦蒂斯致理查德·阿尔丁顿的信，1930年6月20日，ICSo，阿尔丁顿68/5/11)。尽管麦格里维向贝克特暗示约稿有点急，但该约稿并非委托；更确切地说，也许贝克特必须完某篇专论充作博士论文，才有资格于当年秋季返回都柏林圣三一学院任教。

9. 艾伦·邓肯(退休一战老兵)，贝琳达·邓肯(来自都柏林郡的拉斯曼斯区)，阿尔弗雷德·佩隆，乔治·佩洛尔松。萧伯纳的作品出版时为《萧伯纳作品集》(伦敦：康斯特布尔出版公司，1930)。"camelot"(法语，"小贩")。

10. 路易·勒卡东内尔(1862—1936)，法国象征主义诗人，1896年成为牧师，主要以宗教诗闻名。"肥胖的切斯特顿人"可能指勒卡东内尔。

安德烈·泰里夫(原名罗歇·皮多斯特[曾用笔名：坎迪杜斯·迪索里、罗曼·莫蒂耶、扎多克·蒙泰伊]，1891—1967)，保守派，法国报纸《时报》(1861—1942)颇有影响的评论员；他就战后小说的危机发表评论，批判唯美主义倾向、赫耳墨斯主义以及势利习气(贝鲁瓦·勒鲁，《安德烈·泰里夫及其朋友，14—18》[圣布里厄克：B. 勒鲁出版社，1987］，第 18 页）。

11. 夏尔吕斯男爵是普鲁斯特小说《追忆似水年华》的主角之一。威廉·理查德·瓦格纳（1813—1883）的歌剧《特里斯坦与伊索尔德》（1865），伊戈尔·斯特拉文斯基（1882—1971）的《火鸟组曲》（1910）。

"Il n'y a que cela"（法语，"再无其他"）。

12. 鲁德莫斯–布朗出版了一本评述版的拉辛《安德洛玛刻》（牛津：克拉伦登出版社，1917），但没有出版关于让·拉辛（1639—1699）的专论或专著。拉辛的悲剧《以斯帖》（1698）。

"chevilles"（法语，"废话连篇"，"词语冗余"）。

13. 佩古·辛克莱、母亲茜茜、最小的妹妹戴尔德丽（1920 年生，嫁汉密尔顿）跟 Boche Hausfreund 在一起。"Boche"（法国士兵给德国人取的绰号），"Hausfreund"（德语，"全家的朋友"）。

14. 贝克特可能给波士·辛克莱寄过一本自己的图书出版处女作：《腥象》，或诗歌《糖果盒送给浪荡满大人的千金》；后者有许多处典出贝克特在卡塞尔的经历（见哈维的辨析，《萨缪尔·贝克特》，第 273—274、277—296 页）。

15. 1930 年 5 月，贝克特已告诉露西娅·乔伊斯，说自己对她没有男女之情（诺尔森，《盛名之累》，第 111 页）。据乔治·佩洛尔松叙述，他曾与他们俩共进午餐，发现贝克特与露西娅相处得很不自在，场面相当尴尬（乔治·贝尔蒙，《回忆上流社会：一个出生的故事》［巴黎：卡尔曼·莱维出版社，2001］，第 170—173 页）。1930 年 7 月，露西娅跟家人待在威尔士，住在兰杜德诺大酒店，直到 7 月 28 日才返回英格兰（乔伊斯致瓦莱里·拉尔博的信，见詹姆斯·乔伊斯，《詹姆斯·乔伊斯书信集》第 3 卷，理查德·艾尔曼编［纽约：维京出版社，1966］，第 201 页）。

16. 杰克·巴特勒·叶芝*（1871—1957），爱尔兰画家、作家。1930 年 7 月 14 日，他写信给身在巴黎的麦格里维，随信寄去美术界对其伦敦画展的评论（TCD, MS 10381/111）。

17. 马里奥和安杰洛是巴黎 6 区高乃依路 7 号烤乳猪饭店的服务生（对贝克特的采访，1989 年 11 月）；当时，麦格里维正给马里奥辅导功课。

18. "Alfy dit que les Japonais aiment beaucoup à enculer des canards agonisants, à cause du duvet, paraît-il."（法语，"阿尔菲说，日本人热衷于鸡奸垂死的鸭子，似乎就为了鸭子的绒毛。"）

19. 奥古斯坦·戈丹（1905—1987）1926 年进入巴黎高师学习英语，但 1926—1927 学年及 1928—1929 学年在伦敦国王学院度过。1929 年 6 月，戈丹完成了高等研究文凭的学业，1929 至 1930 年住在巴黎高师，参加 1930 年的教师资格会考。"collé"

（法语，"考试没过"）。"Réclame pour moi！"（法语，"宣传我吧！"）指贝克特在辅导戈丹备考一事中的作用。1932年，戈丹与埃尔西·希利托（生卒年不详）结婚，后者1927年毕业于国王学院。戈丹在法国工作多年，事业有成，后来担任伦敦法语中学的校长。

凯里郡塔伯特镇
托马斯·麦格里维

周五［约1930年7月18日至25日］　　　　　　　　　　［巴黎］

……师范学校

亲爱的汤姆：

您的信今天上午寄到了，傍晚我见了马里奥，他给了我那200法郎。该原封不动地把这笔钱给您寄来，还是兑换好了再寄给您？要不，先保管着等您回来拿？唉！收到你的邀请却没法成行。今天下午见了洛吉耶，安排买咖啡因的事。[1]论普鲁斯特的文章越写越长，看来在动身前是愈加不可能写完了。或许真这样，虽说佩隆和佩洛尔松都走了。我们（佩隆）在急急忙忙地翻译《安·利·普》。眼下这事儿具有喜剧性了。我猜那是唯一的态度。[2]

真希望你在这儿，这样就能跟您当面聊了。发生了一件令人很卜［不］愉快的事——但不能在信里写出来。得留待以后。等见到您的时候再做决断，想方设法做个决断。[3]

早一天的上午，哈里·辛克莱顺道来过。他真是热情好客，请我在布里斯托酒店吃过两次晚餐，我在那儿尝到了佳酿——夏布利木桐1926——那可是我迄今尝过的最好的红酒；此外，还去喜剧歌剧院看了五幕《路易丝》，唉，大煞风景。[4]现在哈里已离开了。那会儿他吵着要见您呢。

至于鲁迪的事，在这一特定方面我不会把人性的关怀与文学的赏析混为一谈。心想除了他，没人能写关于拉辛的书——这样的书您绝不会喜欢（即使作者匿名），但于我，终于代表了真相，不，不是真相，而是勇敢的赏析（多么难能可贵）。[5]收到了平克的来信，（他说的）尽是一贯的空话，还列了一份客户名单——那名单我恐怕印象不深。[6]

早一天的晚上，和佩洛尔松一起见了艾伦和贝琳达。艾伦在申请贝尔法斯特某博物馆的馆长助理职位——得到了奥布莱恩的鼓励，天知道还有谁的鼓励。哦！他真是一堆破事！贝琳达也是，可能会买车，还要回大陆。别传出去，因为这兴许还是个秘密，不过我不这么想。[7]安杰洛走了，马里奥跟另一位满脸笑容，一副愿意效劳的样子。"船首斜桅"每隔一天来一次，说些大话，还在图书馆给我 déniche 书籍。[8]那位苏格兰人在这儿，不过还没见到人，他带了彭斯、卡莱尔、司各特 und so weiter 的书，有 80 多公斤重。[9]

您的邀请我忘不了。可我没有勇气接受——也不像以前有勇气逃往意大利，叫圣三一学院及其所有的活儿都见鬼去。接受这桩事，会让潜逃和回避越加复杂，因为要是过一年就逃离都柏林，那我就不只是在逃离都柏林——肯定如此——还是在逃避家人，让他们难过。我想自己倒不如下定决心，做一株没有情感的植物好了。[10]

露西娅来信了……镇静。我给"作家"寄了《腥象》。[11]真高兴您在家过得很愉快，也能理解个中缘由。有些担心圣三一学院没有同等的职位等着我。也许该做些准备——不……有些行动。

《上帝之猿》真是差劲。如果那也是讽刺文学，那么小毛孩使性子也算讽刺文学了。可是，就那些海鸥我想得越多，就越不赞同您所谓的"视觉机制"。不至于那样。是啊，这场说教有些可悲可叹。[12]

给弗兰克送了一本拉穆兹的《人间佳丽》作为生日礼物。您读过那本书吗？会给您寄来的，鲁迪受不了拉穆兹，所以也许您会喜欢这部作品。这是自历经炮火的三剑客之后，我近年读过的最棒的小说！[13] 在读叔本华的书。对此大家都哈哈大笑，比如博弗雷和阿尔菲等人。但不是当哲学来读，我不在乎他是对是错，是个优秀的玄学家还是一无是处的形而上学者。从智识角度对悲苦所做的辩解——人类做过的最伟大的辩解——值得喜欢莱奥帕尔迪和普鲁斯特而非卡尔杜齐和巴雷斯的人去审视。[14]

告诉我那 200 法郎该怎么处理，顺祝 bon travail 且 bon sommeil，并 tante belle cose。[15]

萨姆

ALS；4 张，8 面；TCD，MS 10402/3。日期判定：从 1930 年 7 月 17 日到 7 月 26 日（弗兰克·贝克特的生日），其间只有两个周五，即 7 月 18 日和 7 月 25 日。该信写于贝克特给麦格里维的信［？ 1930 年 7 月 17 日］之后：南希·丘纳德寄来的《上帝之猿》收到了；鲁德莫斯-布朗寻找拉辛论著出版商的信收到了；罗伯特·I. 布朗 7 月到达巴黎，来监管自己著作的派送（见下文注 9）；沙彭蒂耶的歌剧《路易丝》在 1930 年 7 月 10 日和 22 日上演；艾伦·邓肯申请了贝尔法斯特的职位，到 1930 年 8 月 8 日时已是四名最终候选人之一（J. C. 诺兰，阿尔斯特博物馆馆长，1993 年 8 月 4 日）。

贝克特和佩隆"在急急忙忙地翻译《安娜·利维娅·普鲁拉贝尔》"，这表明该信先于署明 1930 年 7 月 5 日［8 月 5 日］致苏波的信，当天两页译文寄给了苏波。

1. 麦格里维已向贝克特发出邀请，请他当年夏天晚些时候，待他来到法国蔚蓝海岸勒拉旺杜附近的艾格贝勒看望理查德·阿尔丁顿时前来相聚。

亨利·洛吉耶[*]（1888—1973），国立艺术工艺学院的生理学教授（1929—1936），内科医生。购买咖啡因需要医生的处方。

2. 整个夏天贝克特都待在巴黎高师，既要撰写普鲁斯特专论，又要跟佩隆一道翻译《安娜·利维娅·普鲁拉贝尔》。

3. 详情不明。

4. 亨利·莫里斯·辛克莱（又称哈里，1882—？ 1938）是威廉·辛克莱的双胞胎兄弟，哈里斯与辛克莱古碟、珠宝与艺术品商行（位于都柏林市纳索街47号）的业主。

布里斯托酒店位于巴黎8区弗布尔·圣奥诺雷路112号。古斯塔夫·沙彭蒂耶（1860—1956）的歌剧《路易丝》于7月10日和7月22日在喜剧歌剧院上演；《路易丝》只有4幕，而非5幕，但第2幕分为两部分。

5. "众多剧作家中，我最喜欢拉辛，"鲁德莫斯–布朗在回忆录中写道，"我从未……真正在意过该写什么，或者能写什么。我的气质一直是科学家式的（或艺术家式的），感兴趣的是何物存在及为何存在……我还从未被政客和卫道士的伪善、口号和陈词滥调蒙骗过：但我还从未对世人的愚昧和腐败而愤慨过。"（A. J. 利文撒尔编，《已故 T. B. 鲁德莫斯–布朗未出版回忆录摘录》，《都柏林杂志》第31卷第1期［1956年1月至3月］，第32页）

6. 詹姆斯·拉尔夫·西布鲁克·平克（活跃于1900—1950），伦敦詹姆斯·B. 平克父子出版公司创始人之一，理查德·阿尔丁顿和托马斯·麦格里维的文学代理人。

7. 1930年6月，邓肯向贝尔法斯特的阿尔斯特美术博物馆申请了助理一职；截至1930年8月8日，在36名考虑对象中有4名应聘者入选参加面试，包括一名居住在巴黎的爱尔兰人（诺兰，1993年8月4日）。

德莫德·奥布莱恩（1865—1945），爱尔兰肖像画家，爱尔兰皇家艺术学院院长（1910—1945），都柏林联合艺术俱乐部主席。

8. 让·博弗雷。

"déniche"（法语，"掘出"）。

9. 1930年7月到达巴黎时，罗伯特·I. 布朗对自己的书派送至高师的过程进行了监管，但直到10月才在高师住下来。他的书里并无苏格兰作家罗伯特·彭斯（1759—1796）、沃尔特·司各特（1771—1832）或托马斯·卡莱尔（1795—1881）的作品（罗伯特·I. 布朗，1991年8月5日）。

"und so weiter"（德语，"等等"）。

10. 麦格里维此时正在爱尔兰，计划8月底去艾格贝勒，待到9月中旬。

11. 贝克特可能给乔伊斯寄过《腥象》，寄到了威尔士的兰杜德诺，或者他在巴黎的住址（罗比阿克广场2号）。《腥象》据称将于1930年6月30日推出，但多半在1930年7月1日至8日之间才出版（《我们写于伦敦的信》，《爱尔兰独立报》：第8版；贝克特致麦格里维的信，周四［? 1930年7月17日］，注5；丘纳德，《时光往事》，第210页）。

12. 在温德姆·刘易斯的小说《上帝之猿》中，人物贺拉斯·扎格列欧斯同尤利乌斯·拉特纳谈起讽刺文学，说："拉特纳，要当真正的讽刺作家，你得停留在存在的表面……你绝不可深入底部。"（［伦敦：阿瑟出版社，1930；再版，加州圣巴巴

拉市：黑雀出版社，1981〕第 451 页）

尽管《上帝之猿》中提到了"海鸥"，但贝克特多半是指麦格里维对南希·丘纳德诗歌《视差》中"海鸥"形象的评论，那一段贝克特在上一封致麦格里维的信〔？1930 年 7 月 17 日〕中称赞过。

13. 贝克特的哥哥弗兰克·爱德华·贝克特*（1902—1954）的生日是 7 月 26 日。《人间佳丽》（1927）是瑞士裔小说家夏尔－费迪南·拉穆兹（1878—1947）的作品。"历经炮火的三剑客"可能指下列一战小说：亨利·巴比塞（1874—1935）的《火线》（1916），乔治·杜阿梅尔（原名德尼·泰弗南，1884—1966）的《新殉难者书》（1917），罗兰·多热莱斯（原名罗兰·勒卡弗莱，1885—1973）的《木十字架》（1919）；前两部作品分获 1917 年和 1918 年的龚古尔文学奖。

14. 在《论世间的苦难》一文中，德国哲学家阿图尔·叔本华（1788—1869）探讨了幸福，称其为"仅仅是欲望的废止和痛苦的灭除"；他补充道，假如谁的同伴被视为"难友"，那"就让我们记起万物之中最不可或缺的：宽容、耐心、克制和善良，这些品质我们人人都需要，因此也人人都欠缺"（《随笔与格言》，R. J. 霍林代尔编译〔伦敦：企鹅图书，1970〕，第 42、50 页）。

让·博弗雷与阿尔弗雷德·佩隆。

意大利诗人贾科莫·莱奥帕尔尔迪（1798—1837）；指贝克特读莱奥帕尔迪诗作所做的笔记：TCD，MS 10971/9。欲知莱奥帕尔迪对贝克特的影响的详情，参见 C. J. 阿克利和 S. E. 贡塔尔斯基，《格罗夫版萨缪尔·贝克特指南：作品、生平与思想导读》（纽约：格罗夫出版社，2004），第 316—317 页。

贝克特是指意大利诗人、博洛尼亚大学古典文学教授（1860—1904）焦苏埃·卡尔杜奇（1835—1907）；指贝克特所做的读书笔记：TCD，MS 10965 及 MS 10965a。

莫里斯·巴雷斯（1863—1923），法国小说家、记者、政治家，热忱的反犹太民族主义者，著有两个小说三部曲：《自我崇拜》（1888—1891）和《民族能量的故事》（1897—1902）。

15. "bon travail"（法语，"工作顺利"）；"bon sommeil"（法语，"睡眠良好"）；"tante belle cose"（意大利语，"万事如意"）。

凯里郡塔伯特镇

托马斯·麦格里维

［1930 年 8 月 5 日前］ ［巴黎］

高等师范学校

亲爱的汤姆：

您要的那个短语我眼下找不到，不过应该找得到。曾以为自己知道它的出处，可是跟往常一样记错了。您是不知道。曾想是在"疏忽"那篇里，可结果不是。¹您是说哪首诗？拉弗格的诗有一半写的都是幼蝇和修道院。我这卷拉弗格阅读笔记给您寄来吧。会查查科比埃尔的作品，把它一起寄来。²不管什么事儿，只要力所能及，我都乐意去做。只是您也知道，我可能做不好，弄出大岔子来。

关于普鲁斯特的论文我还没有下笔。不过我会写的，而且希望能进展顺利。动笔之前又在通读普鲁斯特了，这让我十分疲惫。此外，还得继续翻译乔伊斯的那一章，一个人译，因为阿尔菲走了，愿上帝行行好，救救我。这该死的活儿我做不了。这是背叛，绝对是背叛。

［……］

收到了露西娅的来信。眼下丝毫都不想她。猜想他们已经离开兰杜德诺，去牛津了。³见了布罗诺夫斯基。是个话多的蠢货。想来我是喜欢帕特南和雷维的。⁴但可能不是太喜欢。雷维给我的打字机买了条新色带，现在机子用起来十分顺手。您打算啥时回来？看在上帝的分上快点儿回来。听到比贝斯科的事儿感到很遗憾。他肯定还是会付账的，是吧？⁵安杰洛从皮埃蒙特寄来了明信片，叫我很开心。见了您的医生，他给我开了些该死的药，效果还不错，可我宁愿服咖啡因。⁶他们从不照您的要求去做。那只挑剔又满腹诗意的普鲁斯特公鸡，我期待着扯掉

38

他的蛋。他崇拜罗斯金和诺瓦耶女伯爵，把阿米耶尔当作先驱！我打算也写一首关于他的诗，把哥特式公共小便池中夏尔吕斯的同性恋长裤写进去。[7] 明天会再次写信，把我知道的都告诉你。您收到阿尔丁顿的信了吗？[8] 一个叫沃恩小姐的人送来一张免费的通灵照片，您转寄给他了！对将死之人那会更有用处！等您回来，咱们要喝上两瓶香贝丹，外加半瓶 cochon fine，然后找一部 ciné cochon 看看。[9] 您把那 200 法郎留在我这儿，这可不是明智之举。您知道，我会把钱花光的。我把破鞋拿到一家店铺去，可他们不愿修，好在要是天气十分干燥，这破鞋还能凑合着穿。还有一双旧鞋，他们也不愿修。

叔本华说 defunctus 是个美丽的字眼——只要人不自杀。[10] 兴许他说得对。

谨上

萨姆

ALS；1 张，4 面；TCD，MS 10402/4。日期判定：当时，雅各布·布罗诺夫斯基正替萨缪尔·帕特南编辑《欧洲大篷车》中的英国和爱尔兰部分；1930 年 7 月 31 日至 8 月 3 日，他待在巴黎，而 8 月 16 日返回伦敦途中，又在巴黎待了一晚（布罗诺夫斯基致帕特南的信，1930 年 7 月 28 日；布罗诺夫斯基致帕特南的信，1930 年 8 月 14 日［NjP，萨缪尔·帕特南《新评论》通信，C0111/1/231］）。贝克特可能是在这当中某一次遇见过布罗诺夫斯基，但具体时间更有可能是 1930 年 8 月初。从 6 月底到 7 月上中旬，乔伊斯一家待在兰杜德诺；1930 年 7 月 28 日，乔伊斯从英格兰写信给瓦莱里·拉尔博，8 月 3 日又从牛津写信给斯坦尼斯洛斯·乔伊斯（乔伊斯，《乔伊斯书信集》第 3 卷，第 512 页，第 201 页）。因此，贝克特猜想乔伊斯一家回到了牛津，据此可以推断写此信的日期为 7 月底至 8 月初的某一天。

1. "疏忽了救赎的帝王"出自但丁的《炼狱篇》第七歌。在"海豚丛书"《论托马斯·斯特恩斯·艾略特》（伦敦：查托-温德斯出版社，1931）中，麦格里维并未引用但丁的作品；但在诗歌《碎片》（1931）（托马斯·麦格里维，《注解版托马斯·麦格里维诗集》，苏珊·施赖布曼编［都柏林：安娜·利维娅出版社；华盛顿特区：美国天主教大学出版社，1991］，第38、140—142页）中，他倒是引用了。

2. 在《论托马斯·斯特恩斯·艾略特》（第30—33页）中，麦格里维引用了法国诗人儒勒·拉弗格（1860—1887）的好几首诗：《最新诗作》《请愿》《卑微的请求无奢望》及《那个善良的使徒》（《那个仙境般的宗教盛会》中的一章）。麦格里维在找一首提及修道院的诗；《最新诗作》的第十二首无题诗便是以哈姆雷特与奥菲莉娅对话中的一部分作为引子，开头为"进修道院去吧"（莎士比亚，《哈姆雷特》，选自《河滨畔版莎士比亚全集》，总主编兼文本编辑 G. 布莱克莫尔·埃文斯，副主编 J. J. M. 托宾，第二版［波士顿：霍顿·米夫林出版公司，1997］，第3幕第1场，第120—129页；以下所有莎士比亚作品的引文均出自该版本）。麦格里维探讨了法国诗人特里斯坦·科比埃尔（原名乔西姆·埃多瓦，1845—1875）对艾略特的影响，引用了科比埃尔的《维苏威火山和苍穹》，该诗发表于《黄色恋情》（1873）（麦格里维，《论托马斯·斯特恩斯·艾略特》，第25—26页）。

3. 1930年8月1日前后，乔伊斯一家离开兰杜德诺大酒店，前往牛津的伦道夫酒店（达尼斯·罗斯，《詹姆斯·乔伊斯稿本详录》［都柏林：小人国出版社，1995］，第188页）。

4. 波兰裔数学家、科学家雅各布·布罗诺夫斯基*（1908—1974）在剑桥大学本科生杂志《实验》（1928—1931）任主编，该杂志由威廉·燕卜荪（1906—1984）、威廉·黑尔（原名威廉·弗朗西斯·黑尔，恩尼斯摩尔勋爵，1931年成为第五代利斯托韦尔伯爵；1906—1997）及汉弗莱·詹宁斯（1907—1950）创办；1929年，休·赛克斯［·戴维斯］（1909—1984）取代燕卜荪担任主编。同在剑桥的乔治·雷维*（1907—1976）在该杂志发表过文章。

布罗诺夫斯基正同乔治·雷维、梅达·卡斯特伦·达恩顿（1872—1940）和萨缪尔·帕特南一起编纂《欧洲大篷车》。

5. 安托万·比贝斯科亲王（1878—1951）是罗马尼亚驻伦敦使节，马塞尔·普鲁斯特的终生挚友，剧作家。麦格里维已开始给比贝斯科翻译什么作品，详情无人知晓，可能是其戏剧《那一个……？》（1930）。虽然未如此载明，但麦格里维确实翻译了《卡丁顿的汤姆森勋爵：回忆录及书信》（伦敦：乔纳森·凯普出版公司，1932），原作者玛尔特·露西·比贝斯科王妃（原姓拉霍瓦里，笔名露西尔·德科，1886—1973），罗马尼亚裔小说家、传记作家、旅行作家，结婚后成为安托万·比贝斯科的表亲。

6. 麦格里维的医生是亨利·洛吉耶。

7. 普鲁斯特花了多年时间翻译并注解英国艺术评论家、作家约翰·罗斯金（1819—1900）的作品：《芝麻与百合》（1865—1869）法译为 *Sésame et les lys*（1906），以及《亚眠的圣经》（1885）法译为 *La Bible d'Amiens*（1904）。安娜·德·布朗科旺即玛蒂尔·德·诺瓦耶伯爵夫人（1876—1933），诗人、作家。亨利–弗雷德里克·阿米耶尔（1821—1881），瑞士诗人、哲学家，在日内瓦大学任美学和道德哲学教授，著有《私密日记》（1883—1884）。

在普鲁斯特的《追忆似水年华》中，夏尔吕斯男爵经常去公共小便池寻找同性恋。

8. 理查德·阿尔丁顿。

9. 指照相师凯·沃恩小姐（生卒年不详）寄来的广告单，其地址为：伦敦西 1 区多佛尔街 44 号 A 座。

"cochon fine"（法语，"府邸白兰地"）；"ciné cochon"（法语，"色情电影"）。

10. 在《论世间的苦难》中，叔本华写道："生命是要逐步完成的任务，在这一意义上，defunctus（死亡）是一个美丽的表达。"（《附录与补遗中的悲观主义研究：哲学短篇》，E. F. J. 佩恩译，第 2 卷［牛津：克拉伦登出版社，1974］，第 300 页）在"海豚丛书"之《论普鲁斯特》（［伦敦：查托–温德斯出版社，1931，］第 72 页；页码标注与单行本《论普鲁斯特》［纽约：格罗夫出版社，1957］中的相同）中，贝克特用的最后一个词就是"defunctus"。

巴黎
菲利普·苏波

1930 年 7 月［8 月］5 日 [1]　　　　　　　　巴黎 5 区

乌尔姆街 45 号

高等师范学校

尊敬的苏波先生：

终于弄完了。寄了两份，万一《毕福尔》要一份呢。[1] 但这个译文希望不要出版，只言片语都不，事先得征求乔伊斯先生本人的同意，只怕他会觉得这个译文糟糕透顶，跟原文的差距太远。[2] 这个译文本人越

---

[1]　原信用法语写成。

看越觉得译笔太拙劣。无论如何，译文就这个样，给您寄来了。

致以最美好的祝愿

s/萨缪尔·贝克特

TLS；1 张，1 面；附件：TMS 并 AN；乔伊斯《安娜·利维娅·普鲁拉贝尔》法语首译稿，2 张，2 面；CtY，詹姆斯·乔伊斯文献集，GEN MSS 112，系列二，5/102；影印版 OkTU，艾尔曼文献集。

打字版附件结尾为："Patain de founder! En voila du pourprauperisme!" 有三种可能：(1)原本所附译文不止这几页；(2)翻译工作由贝克特接手，佩隆参与或没参与(此事可进一步辨析，故日期仍标为 1930 年 7 月 5 日)；(3)翻译工作由别人完成，只是没有注明。《毕福尔》保留的译文校读稿所盖邮戳日期为 1930 年 10 月 16 日，该稿吸收了巴黎国家档案馆对打字版原稿的几处修正；译文校读稿本身屡经修改(GEN MSS 112，系列二，5/103；http://beinecke/library.yale.edu/dl_crosscollex/default.htm，及宽阔面架上第 641 号文件夹)。这一证据表明，翻译工作是由 "M. 佩龙和 S. 贝克特" 共同完成的，但其实应改为 "A. R. 佩隆"。

另有一份打字稿，尽管没署名，却能表明从《毕福尔》校读稿得出的结论仍可修正(GEN MSS 112，系列二，5/104；该稿长达 10 页，只是有两页均标为第 7 页，因此总页数标的是 9 页)。

日期判定：编者确定写信的日期为 1930 年 8 月 5 日,依据的是[？1930 年 7 月 17 日]至[1930 年 8 月 7 日]间所写但未署明日期的信件，那些信件提供了系列语境参照。

1. 贝克特和阿尔弗雷德·佩隆给乔伊斯《进展中的作品》中的《安娜·利维娅·普鲁拉贝尔》一章翻译法语初稿，准备在《毕福尔》发表(TM；2 张，2 面；CtY，詹姆斯·乔伊斯藏品，GEN MSS 112，系列二，5/102)；影印版 OkTU，艾尔曼文献集。

2. 巴黎"书友之家"书店的业主阿德里安娜·莫尼耶(1892—1955)写道："该译文……到了排字的阶段……但尚未到达同意付印的阶段，因为我们咨询他的意见时，乔伊斯虽然对译文颇为满意，却突发奇想，要指导一个七人的团队来鼓噪……那就是得到鼓吹'七十子译本'的乐趣。"(《阿德里安娜·莫尼耶的富足时光》[纽约：斯克里布纳出版社，1976]，第 167 页)

修订工作于 1930 年 11 月开始，每周均进展顺利，一直持续到次年春；"翻译工作背后的驱动力"是苏波(保罗·利奥波多维奇·莱昂[1893—1942]致罗杰·维塔克[1899—1953]的信，1932 年 12 月 30 日，见詹姆斯·乔伊斯、保罗·莱昂，《爱尔兰国家图书馆所藏詹姆斯·乔伊斯－保罗·莱昂卷宗：编目》，凯瑟琳·费伊编［都柏林：爱尔兰国家图书馆，1992］，第120页）。

在《谈〈安娜·利维娅·普鲁拉贝尔〉的翻译》一文（《新法兰西杂志》，第36卷第212期［1931年5月1日］，第633—636页）中，菲利普·苏波描述了修订的过程；尽管此文的标题中是"利维娅"，但原文通篇及译文本身的题头均将"利维娅"写作"利维"。译文署名萨缪尔·贝克特、阿尔弗雷德·佩隆、伊万·戈尔、欧仁·约拉斯、保罗·L.莱昂、阿德里安娜·莫尼耶、菲利普·苏波，为译者与原作者协作完成（《新法兰西杂志》第36卷第212期［1931年5月1日］，第637—646页）。翻译过程的更多详情见《翻译……即背叛？》，玛丽亚·约拉斯编《詹姆斯·乔伊斯年鉴》（巴黎：转变出版社，1949），第171—178页；该书重印了苏波的回忆录，见其《詹姆斯·乔伊斯的礼物》（阿尔及尔：泉水出版社，1943），也重印了欧仁·约拉斯对翻译过程的叙述，见其当时未发表的自传手稿《巴别塔来的人》，安德烈亚斯·克拉默和赖纳·鲁莫德编，"亨利·麦克布赖德现代主义与现代性丛书"（纽黑文：耶鲁大学出版社，1998）。

凯里郡塔伯特镇
托马斯·麦格里维

1930年7月［8月］7日 　　　　　　　　　　　　　　　巴黎

　　　　　　　　　　　　　　　　　　　　　　　　　　　　［高师］

亲爱的汤姆：

　　给您寄来科比埃尔的作品，还有男爵的呕吐物。您瞧我又夸张了。是酸醋，不是牛尿。希望你不会太失望。哎，但丁的原话还是找不着，整个《神曲》都翻遍了。真抱歉，可是在我不知道上哪儿去找的时候，这事儿是没有指望的。准备把自己这本拉弗格的作品给您寄来。[1]

　　虽说我还没有真正动笔，可《论普鲁斯特》的思路在缓缓延展。1.7万个单词真是死多，我哪能干得了这么多活儿。[2]阿尔菲走了。得给他写信，因为我一个人是没法把翻译工作进行下去的。做不到。再给那个混蛋苏波写信，说我什么合同都不会签。我们已经译完的部分给他寄去了两份，一份给乔伊斯，要是乔伊斯对自己笔下的象形文字和我们乌七八糟的法语译文之间在情感和技巧上的鸿沟不是太过厌烦的话，另一份就给《毕福尔》。[3]可是我不会独自干下去。干不了，累坏了，此外还有好多事儿要做。晚上又在读邓南遮对乔尔乔内的评价，眼下只觉得那都是胡扯，卑劣、下流的胡扯。那时我想起了济慈和乔尔[乔]内笔下的两个小伙——《音乐会》与《暴风雨》——可资引用，加深对普鲁斯特恋花癖的论述。邓南遮似乎觉得他们只是在两次淫荡之间稍停。可恶。他长了个脏兮兮、脑汁横溢、吧唧吧唧的脑瓜，流着血、裂着缝，就像他那驰名的红石榴。[4]昨晚（确切地说是今天凌晨）睡觉时，我的脑瓜里是思想和词语的洪流，可是这对我毫无益处——反倒弄得既睡不着，又起不了床把神思奇想写下来。今天下午，一只鞋在波尔·米奇的商店崩裂了，害得我只好进去买了一双新的。我把旧鞋子留在了商店里，离开时感觉如释重负。昨晚见了艾伦和贝琳达。拿破仑[、]丹东和路易十四[的]红鞋跟！[5]准备明天和南希吃饭。她说"小小的红色破旧束发网"在大卖了，可我不信她的话。[6]

上帝保佑，快点回来。

s/萨姆

TLS；1 张，2 面；TCD，MS 10402/7。日期判定：南希·丘纳德整个 8 月中旬都待在巴黎；1930 年 8 月 13 日，她给路易丝·摩根写信道："谢天谢地，在这儿度过的最后几天了。然后就离开[……]坐上车沿着皮瑞宁沃兹路驶去[……]要是在回都柏林的途中贝克特经过伦敦，我会斗胆把他送到你这儿。他是个了不起的人。"（CtY，贝内克，GEN MSS 80，系列五，36/361）

1. 贝克特寄去了自己那本科比埃尔的《敌视的爱》和拉弗格的诗集。虽然无人知晓他给麦格里维寄去的拉弗格诗集是哪个版本，也没人知道麦格里维是不是还了书，但据詹姆斯·诺尔森看来，贝克特去世时，他手头拥有的是 1903 年版的拉弗格《诗集》（巴黎：法兰西水星出版社）。

2. 和查托–温德斯出版社"海豚丛书"中的其他册子相比，贝克特的文章竟然篇幅相当。

3. 贝克特给佩隆的信或后来给苏波的信都无从找到。

4. 意大利作家加布里埃莱·邓南遮（1863—1938）的作品《火》（1900）中讨论了《音乐会》（佛罗伦萨碧提宫）中的三个人物，认定该画作为意大利画家乔尔乔内（原名卡斯特弗朗科的佐尔齐，又称佐尔宗，约 1477—1510）的作品，但现在通常认为原作者是提香（原名提塞诺·维切里奥，约 1485—1576）。邓南遮笔下的人物斯泰利奥·埃弗拉就该画发表了长篇大论，描绘了拨弦键琴旁的乐师与右边轻轻触碰其肩膀的年长者之间的相互凝视；画作中的另一个人物在左边，戴着插着羽毛的礼帽，在邓南遮看来是个看似置身局外的旁观者。斯泰利奥说道："乔尔乔内似乎是在从伟大的海伦神话反射而来的一线光芒的影响下创造了［他］，赫尔玛弗洛狄托的理想形象就是从此而来。"（《火：红石榴的故事》，见《散文故事》第 2 卷，埃齐奥·莱蒙迪、安娜玛利亚·安德雷奥利、尼瓦·洛伦吉尼编［米兰：阿诺尔多·蒙达多里出版社，1989］，第 247 页；《生命的火焰：红石榴故事集》，卡桑德拉·维瓦里亚译［波士顿：L. C. 佩奇出版社，1900］，第 62—63 页）在《论普鲁斯特》中，贝克特引用了《火》中对所谓旁观者的感官本质一针见血的一段，还将其与乔尔乔内画作《暴风雨》（威尼斯：学院美术馆）中的另一位旁观者进行了比较（《火》，第 248 页；《生命的火焰》，第 63 页；贝克特，《论普鲁斯特》，第 70 页）。邓南遮并未在这一语境中讨论《暴风雨》，只是在谈乔尔乔内的文章里顺带提到了该画作（《谈乔尔乔·巴巴雷里的艺术》，见《散文选》［米兰：弗拉特利·特里维斯出版社，1924］，第 17—22 页）。

贝克特提到了《火》（第 311 页；《生命的火焰》，第 142 页）中红石榴碾碎时迸出的红色汁液。斯泰利奥·埃弗拉将红石榴当作自己的个人徽章；该意象让人想起"富足且隐秘的事物"，在小说中通篇都是性爱的隐喻（《火》，第 207、209—211 页；《生命的火焰》，第 13 页）。

在《论普鲁斯特》中，贝克特比较了普鲁斯特的"恋花癖"和邓南遮、济慈对花的固恋，断定"在普鲁斯特的作品中，意志没有丝毫的崩塌，而在比如斯宾塞、济慈和乔尔乔内的作品中，却有所崩塌"（《论普鲁斯特》，第 68—70 页）。

5. 艾伦·邓肯和贝琳达·邓肯。贝克特指的是拿破仑·波拿巴（1769—1821）、被斩首的雅各宾领袖乔治·雅各布·丹东（1759—1794）及国王路易十四（1628—

1715），但其含义很不明确。

6.贝克特所谓"小小的红色破旧束发网"指《腥象》。

瓦尔省拉旺杜市
托马斯·麦格里维

［1930 年］8 月 25 日　　　　　　　　　　　　　［巴黎］

高师

亲爱的汤姆：

　　布罗诺夫斯基写信来要您的地址，说需要更多的诗作。我把地址给了他。这没问题吧？他说自己在用从我的中央盥洗室弄来的三颗粪球。哎，可惜用的不是那些有两倍那么圆而尖的粪球。¹ 今早开始动笔了，像突发灵感的人干了两个半小时的活儿，然后把一切都撕得粉碎，还把碎片当礼物给了 panier。既然一直在弄湿 Schöne Lippen，那首先就采取了预防措施，借"黑与白"的恩典激起唾液的过度分泌。² 他妈的这事儿我干不了。不知道该从结尾开始呢，还是从开头动笔——一言以蔽之，该把普鲁斯特的肛门当作 entrée，还是 sortie 呢——libre 选其一吧。无论如何，我就是搞不清为什么［原文如此］，或者自己身在何处，但是离开之前，要写 1.7 万个单词，虽说我的慎言和奥兰多的木雕相比也许同样缺乏变化，而就算其作品中有的真挚我也缺乏。³ 对于刻画自己［的］姓氏首字母时让其横跨饰带中线的诱惑，叔本华做过精辟的解释。对意志的刺激。既然中线作为柏拉图的"理念"的中线——对于"事物"本身毫无作用（上帝开恩！），那么它们极有可能有所反应。现在敝人就试试他的《论音乐的形而上学》，其独特见解和广泛涉猎让普鲁斯特钦佩不已——变了形的。他的《意志和表象》中谈音乐的那一章很有意思，且适用于肯定读过此章的普氏。[（］该章在 A. La R. 里偶然提到了。）一个贵族婊子对盖尔芒特公爵夫人一本正经地说道："Relisez ce que S. dit sur la Musique."公爵夫人咬牙切齿，讥笑道："Relisez! Relisez! Ça alors, c'est trop fort!"因为她有种从无知而来的势利心态。[4]

[……]南希和亨利从阿尔比和穆瓦萨克寄来了卡片。亨利说：尊敬的神甫说教堂不错。呃，这狗屁玩意儿我很厌烦，我喜欢的是教堂的建筑。这段时间他一直在读阿图尔的凝聚论，液点点地唾。[5]在饱受抨击的序言里，我说过那位哲学家把公众看成自身三段论的便捷痰［盂］盆，还说过萧伯纳先生可以说是在呼吁，而非精选。[6]可是我没有心思继续取笑。

布罗诺夫斯基退回了鲁迪的诗，鲁迪立马就写信来问那位布罗诺夫斯基或者布格林–安道夫斯基先生到底是何方神圣，问他是否知道上哪儿找个象牙睾丸。[7]

嗯，amuse-toi bien，尽快回信，因为要是鲁迪抑郁了，我也抑郁。

此致

萨姆

Meilleures amitiés au ménage. [8]

ALS；1 张，4 面；TCD，10402/8。日期判定：麦格里维 1930 年 7 月 14 日前离开巴黎去伦敦，1930 年 7 月 14 日回都柏林的途中待在伦敦（普伦蒂斯致阿尔丁顿的信，1930 年 7 月 15 日，ICSo，阿尔丁顿 68/5/12）；至 1930 年 8 月 16 日，他已回到巴黎（皮林，《萨缪尔·贝克特年表》，第 26 页），此后他该去拉旺杜拜访阿尔丁顿（阿尔丁顿致德里克·帕特莫尔的信，1930 年 8 月 9 日，该信表明了他奔波的路线，也说明阿尔丁顿期待他的来访；ICSo，VFM9）。1930 年 9 月 17 日，贝克特把《论普鲁斯特》手稿交给了普伦蒂斯（普伦蒂斯致阿尔丁顿的信，1930 年 9 月 17 日，ICSo，

68/5/12）。

1. 贝克特写的是"〈实验室〉盥洗室"。

在《欧洲大篷车》中，雅各布·布罗诺夫斯基收录了托马斯·麦格里维的四首诗：《奥德赫·鲁阿德·奥丹姆奈尔》《向马塞尔·普鲁斯特致敬》《向杰克·B. 叶芝致敬》及《戈尔德斯·格林》（第493—496页）；也收录了贝克特的四首诗：《地狱鹤与椋鸟》《糖果盒送给浪荡满大人的千金》《文本》及《自由的羁绊》（第475—480页）；据皮林猜测，《自由的羁绊》尚未入选（《萨缪尔·贝克特年表》，第26页）。

在都柏林圣三一学院读书期间，贝克特写了一首《致公共盥洗室的无题颂歌》，此处他借用了其中的词汇：

> 那儿有个行家能
> 两绕闪亮的便池
> 绝对对称地铺陈
> 两端都尖得整齐。

（杰拉尔德·帕克南·斯图尔特，《粗糙的与平滑的：自传》［怀卡尼：遗产出版社，1994］，第22页）

2. "panier"（法语，"废纸篓"）。"Schöne Lippen"（德语，"美唇"）。"黑与白"，苏格兰威士忌品牌。

3. "sortie"（法语，"出口"），"libre"（法语，"自由的"，"随意的"）：指标准的商店招牌"entrée libre"（法语，"进门随意"，意为"入店随意，不购由君"）。

在莎士比亚的喜剧《皆大欢喜》中，奥兰多写给罗莎琳德的诗行挂在树上。

4. "饰带"指建筑物框缘与飞檐之间的装饰建筑元素，"中线"指标明饰框中央的横线；如下文叔本华的例子所示，贝克特指的是有必要在纪念碑的一处建筑特征上留下姓氏首字母，作为到此一访的标记。

在《作为意志和表象的世界》中，叔本华区分了两类人，一类能够从美的事物中获得愉悦，另一类则"全然不能从纯粹的知识中获得愉悦"，他们"整个都屈从于意志"。为了说明后者有必要"想出某种办法激发自己的意志"，他慎重地说道，在去过的地方他们都留下自己的名字，为的是"影响该地，因为该地没有影响他们"（《作为意志和表象的世界》，第1卷，E. F. J. 佩恩译［科罗拉多州印第安希尔斯：隼翼出版社，1958］，第314页；感谢迈克尔·迈耶协助查证了这一典故）。

叔本华的"将意志看作事物本身"（Ding an Sich）这一观念，贝克特在后来的

《哲学笔记》中缩略为"TII"［10］。（戴维·E.卡特莱特，《叔本华哲学历史词典》［马里兰州拉纳姆：稻草人出版社，2005］，第171、181页；还可参见TCD，MS 10967/252，马修·费尔德曼，《贝克特的本子：萨缪尔·贝克特"大战间隔期的笔记"文化史考察》［纽约：连续体出版社，2006］，第49页）叔本华写道："各地的审美满足均倚仗对（柏拉图）理念的领悟。"（《作为意志和表象的世界》，第2卷，E.F.J.佩恩译［科罗拉多州印第安希尔斯：隼翼出版社，1958］，第414页）

虽说贝克特可能从让·博弗雷处借了一本，但巴黎高师图书馆在《附录与补遗》中确有一本叔本华的《生活的智慧隽语集》，J.–A.康塔屈泽纳译（巴黎：费利克斯·阿尔坎出版社，1914）。

叔本华论音乐的那章是《论音乐的形而上学》，出自《作为意志和表象的世界》，第2卷，第447—457页；第1卷第256—266页上也有关于音乐的探讨。

在普鲁斯特《重现的时光》中，康布勒梅尔侯爵夫人说道，"您得重读叔本华谈音乐的那章"，盖尔芒特公爵夫人回答道，"我得说，重读可真是有钱啊。她以为自己在耍谁呀！"（《追忆似水年华》，第4卷，让–伊夫·塔蒂耶编，普雷雅德图书馆［巴黎：伽利玛出版社，1989］，第569页；《追忆似水年华》中的《重现的时光》，第6部，安德烈亚斯·梅尔和特伦斯·基尔马丁译，D.J.恩莱特修订［纽约：现代文库，1993］，第444—445页）。贝克特记错了盖尔芒特公爵夫人的回答，写成了"Relisez! Relisez! Ça alors, c'est trop fort!"（法语：重读！重读！真的，有点儿过头了！）。

5. 南希·丘纳德和亨利·克劳德从图卢兹东北部的南比利牛斯给贝克特写了信。阿尔比以13世纪的圣塞西尔大教堂闻名；外部的简约与意大利画家所做的奢华内部装饰形成对比，也与一幅由不知其名的佛兰德艺术家所绘的壁画《最后的审判》（1474—1484）形成对比。

穆瓦萨克以其罗马式建筑圣皮埃尔大教堂闻名，该教堂有76个保存完好的柱头和4个回廊步道，南门上还绘有圣约翰对末世大劫的想象。

在《作为意志和表象的世界》第1卷，阿图尔·叔本华把凝聚和引力及密闭（第125、214、533页）一起做了探讨，认为凝聚是自然界无所不在的力量。在第2卷，叔本华写道："对于只当作美术的建筑，自然界最低等级的'理念'，即引力、刚性和凝聚，是恰当的主题，但不……仅仅是规则的形式、比例和对称。这些是……空间属性，不是'理念'；因此它们不能成为美术的主题。"（《作为意志和表象的世界》，第414页）

"阿图尔，……液点点地唾"（"Arthur, or spittle by spittle"）是贝克特拿著名书名 *Eric, or Little by Little*（弗雷德里克·威廉·法勒，《埃里克，又称一点点地：罗斯林学校的故事》［爱丁堡：亚当与查尔斯·布莱克出版社，1858］）的节奏玩的文字游戏。作为陶冶情操的学校生活故事，该书当年很是畅销，但后来成了劝善废话的代名词。

6. 贝克特指已抛弃的《论普鲁斯特》的伪开篇。

贝克特引用了《马太福音》第 20 章第 16 节和第 22 章第 14 节，提到萧伯纳好写长篇自序的习惯，即在剧作的序言中大谈自己的政治和哲学立场。萧伯纳自己解释说："如果剧作呈现的是个大话题，那么就有许多内容不能搬上舞台，只能在文章里探讨。"（萧伯纳，《萧伯纳序言全集》第 1 卷，1889—1913，D. H. 劳伦斯和丹尼尔·J. 利里编［伦敦：企鹅图书，1993］，第 vii 页）

7. 尽管布罗诺夫斯基没有把鲁德莫斯–布朗的诗作收入《欧洲大篷车》，但他将后者的文章《让·拉辛与恩典无缘》收录其中（第 558—564 页），还写了一篇抚慰性序言评价道："他是位颇见功底的批评家，其文章会对年轻一代爱尔兰论者产生影响；尽管属于战前一辈，但他预见了当代法国和英国批评的大致走向，因而引人注目。"（第 558 页）

8. "amuse-toi bien"（法语，"祝您开心"）。

"Meilleures amitiés au ménage"（法语，"祝阖家幸福"）；麦格里维在拉旺杜参加阿尔丁顿在家里举行的聚会。

法国
萨缪尔·帕特南

［? 1930 年 9 月 9 日前］   ［巴黎］

乌尔姆路 45 号

尊敬的帕特南：

    本人给莱昂寄了快件，又给他打了电话。没有回音，又出门了。布罗诺夫斯基最好的举措，就是写信给 M. 保罗·莱昂（巴黎卡西米尔［–］皮埃尔路 27 号），向他提议，指明自己想选用的篇什。[1] 要是您想和莱昂取得联系，请记下他的电话：利特雷 88.89。但是，他似乎从不在家。

要是有一秒钟的闲工，本人都会去他那儿看看。整个白天和大半个晚上本人都在拼命，想把这狗屁《论普鲁斯特》写完。[2]

情况还好吗？得试试，在本人回来之前好好痛饮一次——就像便秘的欧律狄刻向着粪便的痕迹那样。

此致

萨姆·贝克特

ALS；1 张，1 面；NjP，萨缪尔·帕特南《新评论》通信，C0111/1/9。附在帕特南写给布罗诺夫斯基的信件里，该信未署日期［早于 1930 年 9 月 9 日］。日期判定：见注 1。1930 年 9 月 15 日之前，贝克特写完了《论普鲁斯特》手稿，接着写信给查尔斯·普伦蒂斯，约定于 1930 年 9 月 17 日在伦敦交付手稿。

1. 雅各布·布罗诺夫斯基寻求乔伊斯的允许，在自己正在编辑的《欧洲大篷车》中的英国与爱尔兰部分发表《尤利西斯》的一个选段。尽管已写信给西尔维娅·比奇询问美国的"《尤利西斯》版权事宜"，布罗诺夫斯基还是向帕特南汇报说"乔伊斯的材料还没弄到手"，并请帕特南"去莎士比亚书店，把我们怎么才能屹立不败弄个［……］明明白白"（［1930 年］8 月 30 日，NjP，萨缪尔·帕特南《新评论》通信，C0111/1/23）。1930 年 9 月 9 日，布罗诺夫斯基再次给帕特南写信询问此事，但此信夹在了帕特南给第一封信的回信中："关于乔伊斯的事我已经尽力了，徒劳无功。贝克特同样也尽力了。我们就是没法和乔氏的代理人取得联系，和一个叫利昂［莱昂］的家伙联系上。我把贝［克特］关于此事的来信附在信中。"（未署日期信件［早于 1930 年 9 月 9 日］，NjP，萨缪尔·帕特南《新评论》通信，C0111/1/23）眼前这封贝克特的信就是该信中所附。

美国的版权有待解决，因为《欧洲大篷车》即将在纽约出版。《欧洲大篷车》收录的乔伊斯选段（出自《尤利西斯》中的插曲《普罗透斯》）取自《小评论》（詹姆斯·乔伊斯，《尤利西斯：插曲三》，《小评论》第 5 卷第 1 期［1918 年 5 月］，第 31—45 页）发表的本子，但与该文本有所不同；《小评论》于 1914 年至 1929 年由玛格丽特·安德森（1886—1973）和简·希普（1887—1964）出版，因此要寻求版权许可，就得联系她们俩。保罗·莱昂是乔伊斯的助手。

2. 贝克特计划几天后动身去爱尔兰，回都柏林圣三一学院接受教职。

伦敦，查托-温德斯出版社

查尔斯·普伦蒂斯

1930 年 9 月 15 日

巴黎 5 区

乌尔姆路 45 号

高等师范学校

尊敬的普伦蒂斯先生：

    周三上午或者下午，本人可以见见您，并把拙文《论普鲁斯特》交给您，看能否入选"海豚丛书"吗？托马斯·麦格里维向本人保证，您不会认为这一提议有些鲁莽。[1]

    在回都柏林的途中，本人会在加兰旅馆歇两晚——周二傍晚才到。[2] 您的留言条可否放在那儿呢？

      谨上

萨缪尔·贝克特

ALS；1 张，1 面；邮戳日期，1930/09/16 收讫；UoR，MS 2444，CW24/9。

1. 贝克特写信给麦格里维说："今天上午我见到了普伦蒂斯，把《论普鲁斯特》交给了他。他很潇洒，但我有种预感，他不会替查托-温德斯出版社碰它，觉得我的稿子学术功底不够，算不上数一数二的文章。不过，稿子终于交过去了，脱手了。"（周三傍晚［1930 年 9 月 17 日］，TCD，MS 10420/9）

2. 加兰旅馆，伦敦萨福克街 15—17 号，1941 年毁于炸弹爆炸。

巴黎

托马斯·麦格里维

1930 年 10 月 5 日

[都柏林郡]

库尔德里纳

亲爱的汤姆：

收到您的来信甚是喜悦。一定要再写信来。这儿的生活令人生厌，真搞不懂怎么忍受下去。打趣——那最恶臭难闻的痼疾——谣言与关心。在鲁迪家还有公休室俱乐部，是永远一成不变的廉价闲聊的套话和有些下流、全然可鄙的 potin，在父母家则全是关心，高压水泵似的给我灌。我在收拾新广场 39 号顶楼属于自己的 [弗赖伊的] 房间。[1] 也许只有搬到那儿去了，情况才会好转。鲁迪的 vico 似乎是个死胡同。要是我只能听他谈哲学或者莫坦和"风雅之风"，那情况就会轻松了。但是他所有那些陈旧的反这个主义、顶那个主张的思想还在甚嚣尘上，我都厌倦了：那些话题您懂的——主要是神甫和士兵以及浪漫派。接着就是冗长且无可忍受的打趣，比季洛杜的 astuce 差远了。[2] 我 toujours 喜欢鲁迪，很喜欢，这个您知道，可是当他在一群崇拜者中间插科打诨时，我该怎么给他那个印象——却还活着呢？我明白，要是能吵一次，迟早都要吵一次的。一次争执，我猜您会这么叫的。在学院里朦胧望去，我知道别无所有，唯有孤独，兴许那就是我自从回到爱尔兰以来得出的最令人满意的结论——虽然上帝知道，在抽象意义上，身处巴黎时孤独是再清晰不过且必不可少的。迄今我啥事没干，只做了一点检查——今天下午和明天还有周五得继续。"J'en aurai pour un an au maximum"这一感觉，[3] 真是不得不信的东西。那段时间里我只能有望读几本书。在这里，每一天都让人时时充满敌意，把怒气变成怒火和狂躁，叫人怎么写作呢？[……]

谢谢告知普伦蒂斯的想法。他一个字都没给我写，虽说答应过写信来，把他的意见告诉我。再次瞧瞧这东西时，末尾都急不可耐了，可眼下我却拿它毫无办法。[4]［……］

您的《论艾略特》写得怎么样了，能告诉我吗？希望离开前能读到您的大作。您把"Nobiscum peregrinator"写了进去吗？[5]有新的计划呢，还是冬季继续弄《线条》？[6]猜想您没有机会来都柏林？我在大门剧院只看了一部"诗体喜剧"，奥斯汀·克拉克的《饿魔》。真的有百害无一益。老迈的 poisse 格雷戈里所写《德沃吉拉》的复兴。阴沟里的片段。构思粗俗且文笔粗俗，当然还得到了美不可言的克罗的强化，那个贱货扮演王室情人，像罗特夫人那样定了型，成了谴责自由贸易的象征。[7]

我想强迫自己读伦诺克斯·鲁宾逊和杰克·叶芝的书，读一会儿，可是一时 la main m'en manque。[8]

我给"船头斜桅"写了信，但还没收到回音。求求上帝，可悲的罪人他可是受够了，罪人对艺术经验的种种状况的兴趣是碎片式的、间歇性的。

千万要回信。不必跟您说，我也会想念您，想念巴黎的所有生活，那样的生活才算得上是合理的事情。

谨上

萨姆

ALS；2 张，3 面；TCD，MS 10402/11。

1. 贝克特说到鲁迪家的"potin"（法语，"闲言碎语"）和都柏林圣三一学院公共休息室的聚会。贝克特的房间在圣三一学院的新广场 39 号；先前由自然哲学教授马修·怀亚特·约瑟夫·弗赖伊（1864—1943）居住，他于 1927 年获聘圣三一学院"高级讲习"职位，是该校仅次于副校长的最高学术主管。

2. 鲁迪的"vico"（意大利语，"道路"）。贝克特喜欢听鲁德莫斯-布朗谈论法国诗人皮埃尔·莫坦（1566—1610）和"风雅之风"——17世纪源自朗布依埃侯爵夫人凯瑟琳·德·维沃纳（1588—1665）及其沙龙的一场"运动"。

鲁德莫斯–布朗的"anti-isms"（"反对主义"思想）在其回忆录中显而易见："我什么教条都不接受，也什么教条都不否定"（第31页）；"于我而言，最大的益处是可能的最大程度的个体自由。那就是我既非法西斯亦非共产党，既非帝国主义者亦非社会主义者的原因"（利文撒尔编，《已故 T. B. 鲁德莫斯–布朗未发表回忆录摘录》，第33页）。

"astuce"（法语，"妙语"）。让·季洛杜（原名伊波利特–让·季洛杜，1882—1944），法国小说家、剧作家。

3. "toujours"（法语，"依然"）。"J'en aurai pour un an au maximum"（法语，"我顶多还剩一年的命"）。

4. 1930年10月初，麦格里维和普伦蒂斯保持了通信联系，询问其关于艾略特的册子在查托–温德斯出版社"海豚丛书"出版的条款。

5. 麦格里维确实把"Nobiscum peregrinatur"（拉丁语，"与我们同行"）写了进去，该引文也许是贝克特向他提议用的："叔本华说，美国人对自身的粗俗的看法兴许和西塞罗对科学的看法相同，'Nobiscum peregrinatur'。"（麦格里维，《论托马斯·斯特恩斯·艾略特》，第4章马库斯·图利乌斯·西塞罗（前106—前43）。

6. 见1930年3月1日的信，注1。在查尔斯·普伦蒂斯于1930年12月2日收到的信中，麦格里维写道："《线条》分裂了，彻底完了。就原则发生了争执，主编辞职了，东家觉得那是个减少损失的良机，那些损失他都说过百十遍了。我还没拿定主意怎么办。"（UoR, MS 2444, CW41/2）后来有了基金，允许《线条》再办3个月（查尔斯·普伦蒂斯致理查德·阿尔丁顿的信，1930年12月18日，ICSo，阿尔丁顿68/5/13）。

7. 爱尔兰诗人、剧作家奥斯汀·克拉克*（原名奥古斯丁·约瑟夫·克拉克，1896—1974）。其剧本《饿魔》于1930年9月27日至10月4日由大门剧院搬上舞台；先前，该剧已用《学术之子》的书名发表（1927）。

阿比剧院再次推出爱尔兰民间剧《德沃吉拉》（1907），作者格雷戈里夫人（原名伊莎贝拉·奥古斯塔·珀斯，1852—1932）；该剧和爱尔兰剧作家爱德华·麦克纳尔蒂（1856—1943）的《玛丽·多伊尔的求婚》一同推出，于1930年9月29日至10月4日搬上舞台。爱尔兰女演员艾琳·克罗（1899—1978）。

格雷戈里夫人创作了40多部剧本，是爱尔兰文学剧院（1899—1901）和阿比剧院（1904）的创始人之一。

"poisse"（俚语，"霉运"，和格雷戈里夫人的原姓"Persse"形似）。

8. 伦诺克斯·鲁宾逊*（原名埃斯梅·斯图尔特·伦诺克斯·鲁宾逊，1886—1958），阿比剧院的制片人兼导演。"la main m'en manque"（法语，"我无此手段"），系由贝克特将尽人皆知的俗语"le coeur m'en manque"（法语，"我无此心情"）改写而成。

伦敦，查托-温德斯出版社
查尔斯·普伦蒂斯

1930 年 10 月 14 日 　　　　　　　　　　都柏林郡

　　　　　　　　　　　　　　　　　　　　福克斯罗克

　　　　　　　　　　　　　　　　　　　　库尔德里纳

尊敬的普伦蒂斯先生：

　　非常感谢您及时回信，还费心审读本人的文章。对于出版合同所提条款，本人真是再知足不过，因此非常乐意在您方便的最早时刻签署合同。本人觉得在签署协议的时刻，有必要请您十分慷慨地支付 20 镑预付款。[1]

　　不，书库的公耗子当然不会购买如此虚张声势并被这样的署名玷污的版本。可是，客厅的母耗子难道不喜欢显摆一本比每册 2 角的小册子更有说服力的证词吗？不然，难道下颚突出、专舔普鲁斯特肛门的lèche-fesses 种族灭绝了吗？这种心烦气躁的文不对题请别放在心上。[2]

　　本人担心美利坚会坚持要披露更多的内容。要是本人贴上一份丢脸的作者简介，那倒会合了美利坚的意。[3]本人认识耶鲁大学的那位法语教授。可以联系他看看。[4]

　　读到您就拙著所说的美言，本人真是深受鼓舞，放下了悬着的心，因为对于拙著会给人留下什么样的印象，本人真的一无所知。结尾是匆忙写就的。[5] 能让本人给末尾 9 页再添上 5 到 6 页吗？那样会不会太长呢？本人想把普鲁斯特和陀思妥耶夫斯基的相似之处写得充分些，再把普鲁斯特的直觉论与柏格森的区分开来。[6]

此致

s/ 萨姆·贝克特

TLS；1 张，1 面；邮戳日期，1930/10/15 收讫；UoR, MS 2444 CW 24/9。

1. 普伦蒂斯代表查托 – 温德斯出版社于 1930 年 10 月 10 日给贝克特写信，表示同意出版《论普鲁斯特》，并列出了条款；20 镑的预付款包括了销售 "约 2 000 册" 的版税（UoR, MS 2444 CW 信件誊写簿 130/193）。

2. 普伦蒂斯已解释说，"海豚丛书" 中的部分图书采用两版印制："2 角 / 册的廉价版，纸质封面" 和专供收藏者出版的 "大纸质版"；不过，他强调那时这样的特版销量不多，而且由于贝克特还名不见经传，"不为收藏大众和爱书大众熟知"，因此他建议只以 2 角 / 册的廉价版形式出版《论普鲁斯特》。（1930 年 10 月 10 日，UoR, MS 2444 CW 信件誊写簿 130/193）

"lèche-fesses"（法语，"马屁精"）。

3. 普伦蒂斯的信已指出，贝克特会保留在美国的版权和翻译的版权，但他又补充说，查托 – 温德斯出版社会乐意担任该书在美国的代理，以连载的形式出版该书，代理费率为 10%；普伦蒂斯建议该书在英国不要以连载的形式出版。（1930 年 10 月 10 日，UoR, MS 2444 CW 信件誊写簿 130/194）

4. 夏尔·卡梅龙·克拉克（1861—1935），谢菲尔德科学学院（耶鲁大学下辖学院）法语教授，夏尔·勒梅尤尔·克拉克（1900—1979）的父亲。贝克特 1926 年暑期在法国的图尔遇见过他，当时二人正骑车游览罗亚河河谷。1927 年，夏尔·L. 克拉克在意大利遇见贝克特，还去福克斯罗克拜访了他一家人。

5. 普伦蒂斯给贝克特写信说："我觉得该文极为有趣，其中一些段落堪称精彩。在某人看来，该文是一篇颇显才华的作品。"（1930 年 10 月 10 日，UoR, MS 2444 CW 信件誊写簿 130/194）

6. 贝克特认定普鲁斯特的直觉论是 "直觉的感知"。"直觉……也是一种反射，从普鲁斯特的视角来看隔着理想的距离且属间接，是一种链式反射。" 贝克特翻译并引用了普鲁斯特的原话："印象之于作家正如实验之于科学家——唯有这一差别，即若是科学家，智力行为先于事件，若是作家，则后于事件。"（《论普鲁斯特》，第 63—64 页）贝克特比较了普鲁斯特和费奥多尔·米哈伊洛维奇·陀思妥耶夫斯基（1821—1881），认为普鲁斯特"对现象的陈述是非逻辑的，是按照其感知的顺序和精度来进行的"。贝克特接着说道："就此而言，可以把普鲁斯特与陀思妥耶夫斯基关联起来，后者展示其人物却不做解释。"（第 66 页）

法国哲学家亨利·柏格森（1859—1941）对"分析"和"直觉"做了区分。前者滞留在事物的外表；后者进入了内心（见柏格森，《形而上学导论》，《形而上学与道德评论》，第 11 期［1903］，第 1—36 页）。

伦敦，查托-温德斯出版社
查尔斯·普伦蒂斯

1930 年 10 月 27 日　　　　　　　　　　　　　都柏林
　　　　　　　　　　　　　　　　　　　　圣三一学院 39 号

尊敬的普伦蒂斯先生：

　　衷心感谢您寄来支票和合同。斯诺登说的真是不幸。也许本人总有一天能得到部分退税。[1]

　　还要感谢您的宽容，说拙文《论普鲁斯特》不必急就。[2] 要［是］摆脱了这侃大山的怪诞喜剧就好了，本人会两三天搞定的。

　　汤姆·麦格里维还好吗？他就是不写信来。[3]

　　　　此致

　　　　　　　　　　　　　　　　　　　　萨缪尔·贝克特

ALS；1 张，1 面；印制信头：〈公休室〉，插入签名，都柏林圣三一学院"39 号"；邮戳日期，1930/10/28 收讫；UoR, MS 2444 CW 24/9。

1. 普伦蒂斯已于 1930 年 10 月 17 日寄来了查托–温德斯出版社的《论普鲁斯特》出版合同。1930 年 10 月 22 日，查托–温德斯出版社给贝克特寄来了预付款支票和一份已签署的合同副本。普伦蒂斯解释说，查托–温德斯出版社财务部的斯诺登先生指出，南爱尔兰的作者应当作"'海外'公民，应缴纳所得税"；这意味着查托–温德斯出版社得从贝克特的预付款中扣除税款。然而，普伦蒂斯附了一张表格，方便贝克特申请部分退税。

2. 普伦蒂斯于 1930 年 10 月 15 日写信给贝克特，并随信寄回了《论普鲁斯特》的手稿，说："你要是愿意的话，想方设法也要在末尾添上五六页。"（UoR, MS 2444 CW 信件誊写簿 130/238）在 1930 年 10 月 22 日的信中，普伦蒂斯已告知贝克特说，他有"成堆的时间"把增补内容插入《论普鲁斯特》的手稿中（UoR, MS 2444 CW 信件誊写簿 130/322）。

3. 麦格里维于 1930 年 10 月 28 日抵达意大利，去接理查德·阿尔丁顿，而查尔斯·普伦蒂斯也于 10 月 31 日到达意大利与他们相会；麦格里维于 11 月 11 日前打道回府（理查德·阿尔丁顿致德里克·帕特莫尔的信，1930 年 10 月 25 日，ICSo, VFM 9；查尔斯·普伦蒂斯致托马斯·麦格里维的信，1930 年 11 月 11 日，UoR, MS 2444 CW 信件誊写簿 130/541）。

巴黎

托马斯·麦格里维

［1930 年］11 月 14 日   都柏林

圣三一学院 39 号

亲爱的汤姆：

很高兴收到您的卡片。您有没有撞见圣马克［大］教堂呢？[1] 这里只有否定加否定，足以喂饱不孕的、无意志的、得了角斑病的阳物。一战休战日还有给《爱尔兰时报》、卢斯及鲁迪的几封信，还有精子失能突然发作的所有其他方式。[2] 周一到周五白白流逝，一无所成，接着周末像降解脱脂棉一样插入，用黑暗撒旦的那类方式打断空洞、统一、纯粹之物的连续性。我和所教的班级相处不好，这反倒让人喜上眉梢，触发我的傲气膨胀起来，叫我感觉到索邦大学的喜剧是某种现实的陈述。这种状态会拖延多久呢，亲爱的汤姆，我真想不出。鲁迪的黏附力够强了，而我们的交集点比我曾经预想的还要干净和简单。房间里净是混蛋在大侃战争电影和国歌——满脑子主意——et quelles idées——a toute vitesse。[3] 还开小玩笑——流着口水似笑非笑的那种。

我在现代语言学会宣读了一篇论文，谈的法国诗人——让·迪·沙——是虚构的，那些诗也是我自己写的，这事儿让我乐了两三天。[4]《论普鲁斯特》还只字未改，正想着把手稿原封未动地寄回去。我"曾喜欢读费利克斯"（·罗）的书。一天傍晚和布罗德里克聊过，印象不赖。可是他被打败了。还没去看望 L. R.，也没去拜访杰克·叶芝。[5] 就是提不起精神去做事儿。真的，我谁都没见。忽然间，我莫名地想起 S. 奥沙利文和怀特彻奇，就好像在雅梅饭店瞥见他的背影。[6] 哈里·辛克莱在慢慢变成一块多嘴的臭狗屎！这样说太尖刻，但还是有所保留。巴望着回到巴黎，甚至德国、卢森堡，在啤酒中消沉。

没有来自格勒奈尔街的消息。[7]

在想能否在伦敦找个工作呢？

这拖疲了抽象的愤怒——无以表达的被动的反对——都柏林总是一成不变。一定要写信来，汤姆，原谅我所有这些闲话，从我拥有的唯一源头、了解世事的唯一源头、我自己的狗屁自我说出来的闲话。

　　谨上

　　　　　　　　　　　　　　　　　　　萨姆

ALS; 2 张，4 面；印制信头：〈公休室〉，插入签名，都柏林圣三一学院"39 号"；TCD，MS 10402/22。

1. 10 月底，麦格里维已到威尼斯和理查德·阿尔丁顿相聚。贝克特暗指普鲁斯特笔下的叙事者绊倒在盖尔芒特公主庭院里的鹅卵石上，那一跤让他忽然间回想起在威尼斯的时光，那时他绊倒在圣马可大教堂的洗礼堂里（《追忆似水年华》，第 4 卷，第 446—451 页；又见贝克特，《论普鲁斯特》，第 52 页）。

2. 麦格里维参加过第一次世界大战，对爱尔兰共和国的公民如何看待在英军中服役这一话题较为敏感。致《爱尔兰时报》主编的信件涉及一战休战日 12 周年纪念，里面有一封署名"罗萨纳"，表达了对"独自"与英军一道参加了大战的自豪感，但他也尊重那些没有参战的人士，还补充说他自认为是当代爱尔兰的共和国国民（1930 年 11 月 10 日：第 8 版）。另一封信是在伦敦所写，署名"杰里科"，信中号召人们支持鸦片贸易，协助英国军团筹集基金护理有需要的退伍老兵（1930 年 11 月 11 日：第 5 版）。

阿瑟·阿斯顿·卢斯（1882—1977），都柏林圣三一学院精神与道德科学教授，爱尔兰哲学家乔治·伯克利（1685—1753）研究专家，贝克特的导师（咨询导师，非授课导师）。

3. 爱尔兰国歌《战士之歌》写于 1907 年，首次发表于 1912 年；其合唱于 1926 年正式采用为国歌，取代了更早的芬尼亚运动颂歌《神佑爱尔兰》。

"et quelles idées-à toute vitesse"（法语，"什么主意——全速"）。

4. 贝克特用法语戏仿了虚构的法国诗人让·迪·沙的生平与创作"及据说由他奠基的诗歌运动，写成所谓学术报告《向心主义》，并向……现代语[言]学会宣读"；该文开篇为"描述其论文如何为人发掘的一封信"（玛丽·布来登、朱利安·加尔福思和彼得·米尔斯编，《贝克特在雷丁：雷丁大学贝克特手稿集编目》[雷丁：白骑士出版社与贝克特国际基金会，1998]，第 144 页）；BIF，UoR，MS 1396/4/15；贝克特，《向心主义》，见《碎片集》，第 35—42 页（所有引文均出自该版）；至于《向心主义》手稿的详情，参见鲁比·科恩，《贝克特正典——戏剧：理论 / 文本 / 表演》（密歇根州安娜堡：密歇根大学出版社，2001），第 21—22 页。

5. 查尔斯·亨利·罗（1894—1943），都柏林圣三一学院数学教授，音乐迷，小有成就的钢琴演奏师，不过"一首曲子让他感兴趣的只是其中的骨架"（沃尔特·斯塔基，《学者与吉卜赛人：自传》[伦敦：约翰·默里出版社，1963]，第 112 页）。贝克特引用的亨利·罗的那句话典出德国作曲家费利克斯·门德尔松（1809—1847）。

蒂莫西·斯塔尼斯劳斯·布罗德里克（1893—1962）1918 年毕业于都柏林圣三一学院，20 世纪 20 年代偶尔在该校讲学，1930 年当选数学研究员；他是个"腼腆、不善交际的人，极少当着别人的面说话"（约翰·卢斯，1991 年 7 月 20 日）。

"L. R."指伦诺克斯·鲁宾逊。

　　6. 雅梅国饭店，位于都柏林纳索街 46 号。谢默斯·奥沙利文住在怀特彻奇的格兰奇宅；怀特彻奇即现今都柏林郡的乐瑟法恩汉。

　　7. 詹姆斯·乔伊斯住在巴黎的罗比尔克广场 2 号，就在格勒奈尔街不远处。

伦敦，查托-温德斯出版社
查尔斯·普伦蒂斯

1930 年 12 月 3 日

都柏林
圣三一学院 39 号

尊敬的普伦蒂斯先生：

　　您给我寄来《阿尔刻提斯》，可谓宅心仁厚。[1]真是万分感谢。《论普鲁斯特》还一个字都没添。在这儿我是啥都干不了——读不成，想不出，写不好。所以最晚明后天，我会把稿子给您寄回来，着实只字未动。[2]得为整个程序的荒唐向您道歉。曾奢望在麻痹中有更加慷慨的裂隙。

　　汤姆从威尼斯写信过来，刚离开乔尔乔内的丰盈世界。[3]这儿只有雾和顺从——从黎明到黑夜都是画谜。

　　　　此致

萨姆·贝克特

ACS；1 张；2 面；邮戳日期，1930/12/04 收讫；UoR，MS 2444 CW 24/9。

　　1. 欧里庇得斯，《阿尔刻提斯》，理查德·阿尔丁顿译，"海豚丛书"（伦敦：查托-温德斯出版社，1930）。该书寄给贝克特，"是为了让您看看'海豚丛书'的模样"（普伦蒂斯致贝克特的信，1930 年 11 月 29 日，UoR，MS 2444 CW 130/740）。

　　2. 在 11 月 29 日的信中，普伦蒂斯也写道："《论普鲁斯特》的事我不想催你，但是如果你不久就能把手稿交给我，我会马上安排排版，这样在 3 月或 4 月我们就可以出版了。"见 1930 年 10 月 27 日的信，注 2。

3. 回巴黎之前，麦格里维还参观了乔尔乔内的故乡卡斯特尔夫朗科（普伦蒂斯致麦格里维的信，1930 年 11 月 11 日，UoR，MS 2444 CW 130/541）。

1931 年年表

1931 年 1 月 24 日　　　　贝克特同乔治·佩洛尔松拜访杰克·B.叶芝。

1 月 25 日前　　　　将《论普鲁斯特》手稿寄给文学代理商 J. R. 平克，但平克不愿担任贝克特在美国的代理商，说离查托–温德斯出版社于 3 月推出该书的时间已所剩无几了。

2 月 18 日前　　　　寄出《读书人》要求的《论普鲁斯特》打印稿。

2 月 19—21 日　　　乔治·佩洛尔松同贝克特创作的《小子》在孔雀剧场上演，该剧戏仿的是皮埃尔·高乃依的《熙德》，算是法国戏剧对现代语言学会年度戏剧节的奉献。

3 月 5 日　　　　　　查托–温德斯出版社出版《论普鲁斯特》。

3 月 11 日前　　　　《都柏林杂志》请贝克特给麦格里维的《论托马斯·斯特恩斯·艾略特》和艾略特翻译的圣–琼·佩斯《远征记》撰写书评。

3 月 12 日　　　　　《都柏林圣三一学院：学院杂集》匿名发表贝克特的《着魔》，该文是对一篇谈《小子》的评论做出的反应。

3 月 25 日　　　　　前往巴黎的途中路过伦敦。

3 月 26 日　　　　　在巴黎参加阿德里安娜·莫尼耶举办的乔伊斯之夜。

4月5日	复活节参观卡塞尔。
5月1日	《新法兰西杂志》发表《安娜·利维娅·普鲁拉贝尔》的法语译文，采用的是经乔伊斯等人修订的贝克特和佩隆的首译。
5月29日前	开始创作《德国喜剧》，该片段后来融入了《梦中佳人至庸女》。
6月29日	同哥哥弗兰克离开都柏林去法国旅行。
6月30日	在鲁昂。
7月6日	在土伦。
7月8—12日	在拉旺杜，麦格里维和阿尔丁顿一直待在那儿。
7月12—20日	途经迪涅、格勒诺布尔、阿讷西、第戎和特鲁瓦前往巴黎。
7月21—27日	在巴黎。
7月27日	在伦敦。
7月28日	会晤普伦蒂斯，提议写一本关于陀思妥耶夫斯基的书。
8月	《新评论》发表《回到礼拜堂》。
8月2日	贝克特从伦敦前往都柏林；住在都柏林圣三一学院的宿舍里。
8月8日	递交两份《晨曲》给《都柏林杂志》。
8月15日前	将短篇《出去》寄给平克。把短篇《坐与歇》寄给普伦蒂斯。
8月31日前	平克退回《出去》。贝克特将其寄给麦格里维。普伦蒂斯退回《坐与歇》，附个人意见。
9月22日前	《都柏林杂志》接受短诗《晨曲》（"床笫诗"）。《都柏林杂志》拒绝《自由的羁绊》（"她欲望的唇口"）。

10 月 8 日前	贝克特将《自由的羁绊》寄给《人人》。翻译勒内·克勒韦尔的《妓院的黑女人》，计划给南希·丘纳德的《南希·丘纳德编黑人文选，1931—1933》做更多的翻译。
11 月 13 日	《欧洲大篷车》出版。
11 月 27 日前	将《怨曲之一》投给《都柏林杂志》。
12 月 8 日	都柏林圣三一学院授予文科硕士学位。
12 月 20 日前	《都柏林杂志》退回《怨曲之一》。贝克特将其寄给麦格里维。
12 月 26 日	动身去德国。

巴黎

托马斯·麦格里维

1931 年 1 月 25 日

［都柏林］
圣三一学院 39 号

亲爱的汤姆：

听说您又卧床不起，我很揪心。您住在高乃依宾馆，n'est-ce pas？尽快写信来，告诉我您再次站了起来，身体棒极了。——除了托马斯，就没人来看您吗？听说了索菲·J. 的事，知道她姐姐已去了巴黎；据我所知，恐怕谢·奥 en profite。[1]

期盼着读到您的《论艾略特》。在一次精力——愤慨——的发作中，我重新打印了《论普鲁斯特》，把稿子寄给了平克。他说要是一个月之前就收到了稿子，他就能在美国发行，可眼下已为时太晚，无能为力了，因为查－温正于 3 月推出该书。简短、冰冷的告知，毫无 bonne volonté。[2]

格勒奈尔街听来真是可怕又复杂，我的疑心竟没法替美丽、灯光和荣耀找到必要的归属。

收到了露西娅的信，她超级冷静，建议我拥抱世界，多参加聚会。[3]还

67

收到了《亨利–音乐》专辑，接着在我写信向他致谢后，又收到了亨利从伦敦寄来的信。[4]

下周四开学。既然佩隆来了，我的活儿就有所减少。偶尔跟他见面，其他人一概不见（甚至鲁迪也不见），只是每两周在不得安宁的家人怀里病倒一次。[5]有意的孤立是自然的保护措施，仅仅是不够彻底的妥协。昨天下午佩［洛尔松］和我去拜访杰克·叶芝，可是他当时不见客，于是我们不远百里，步行穿过林森德，走向海湾边的皮金府邸。[6]美丽极了，惶恐极了，满天阴郁，朔风呼呼，傍晚都柏林那青灰色的光芒映照在浅滩上。今天我就一个人，直到明天凌晨一两点，一边在圣奥古斯丁的书里寻词猎句，一边靠最后几块煤勉强取暖，感觉 assoupi。[7]一想到教课，我就又瘫痪不起。在想一旦拿到复活节的支票，就去汉堡，坐船去，在那儿待上一个月，放浪形骸，兴许还期盼有勇气绝尘而去。弗兰克倒了大霉，感觉事业出现了某种悬停和荒废，永久性的，绝无能力拒绝或者接受；他待在妥协的阴影里，谈着老之将至的后果。

您读了马尔罗的《征服者》和《帝王之路》吧。后者的开篇我瞥了一眼，看起来有读头。佩洛尔松对《征服者》赞赏不已。[8]

您没说是不是有机会来爱尔兰——是说因为我的缘故。您知道我空着一张床，会把您安顿得舒舒服服的。我的废料桶言行谨慎，和我很贴心，弗赖伊从没靠近过那间房。[9]

看了鲁宾逊导演的《批评家》。Raté，结尾确实令人失望。倒是喜欢特拉弗斯–史密斯小姐的印花衬布。[10]

您知道，我根本就没法动笔。最简单的句子都是一种折磨。盼望能和您见个面，聊一聊——在我变得口齿不清之前，或者口齿练达之前。上帝保佑，照看好您自己。猜想《济贫院病房》已过了演出季了。[11]哈里·克拉克去世之后，您见过艾伦吗？[12]

祝安康

此致

　　　　　　　　　　　萨姆

ALS；2 张，4 面；TCD，MS 10402/15。

1.麦格里维住在高乃依路 5 号的高乃依宾馆，对面是奥德翁剧院。他得了流感（查尔斯·普伦蒂斯致麦格里维的信，1931 年 1 月 15 日，TCD，MS 8092/23）。"n'est-ce pas?"（法语，"对不对？"）

让·托马。

索菲·雅各布斯（原姓所罗门斯，1887—1972）在法国学习歌剧，并在比彻姆和昆兰两家歌剧团演唱，后嫁给贝瑟尔·雅各布斯（1881—1955）（伯特利·所罗门斯，《正逢其时的医生》［伦敦：C.约翰逊出版社，1956］，第 20、67 页）。索菲·雅各布斯当时的个人情况无人知晓。她姐姐是爱尔兰画家埃斯特拉·所罗门斯（1882—1968），虽然嫁给了詹姆斯·斯塔基（又称谢默斯·奥沙利文），但大家仍以乳名相称。

"en profite"（法语，"正充分利用此次机会"）。

2.麦格里维的《论托马斯·斯特恩斯·艾略特》于 1931 年 1 月 22 日由查托－温德斯出版社推出（查尔斯·普伦蒂斯致理查德·阿尔丁顿的信，1931 年 1 月 23 日，ICSo，阿尔丁顿 68/6/1）。在那封表示同意出版《论普鲁斯特》的信中，普伦蒂斯已指出贝克特应保留"在美国推出和翻译的版权"（1930 年 9 月 15 日，UoR，MS 2444 CW 信件誊写簿 129/858）。麦格里维也许提过建议，让贝克特寄一份《论普鲁斯特》给其文学代理商詹姆斯·拉尔夫·平克，请他在美国发行。

"bonne volonté"（法语，"善意"）。

3.乔伊斯家人；露西娅·乔伊斯。

4.贝克特的诗《从独særの诗人到耀眼的娼妓：供亨利·克劳德演唱》由亨利·克劳德配乐（《亨利－音乐》，第 12—14 页）；亨利·克劳德献给贝克特的唱片存于俄亥俄州立大学。但贝克特写给亨利·克劳德的信却未曾找到。

5.在法国度过圣诞节假期后，佩洛尔松就回到了都柏林圣三一学院，继续担任讲师。

6.贝克特和佩洛尔松顺着林森德社区走去，从大运河与利菲河的交汇处向东走到了都柏林湾。皮金府邸位于都柏林湾的南防浪堤上，离林森德 1.25 英里。该建筑得名于曾任管理员的约翰·皮金（生卒年不详）（布鲁斯·比德威尔与林达·赫弗，《乔伊斯之路》［巴尔的摩：约翰斯·霍普金斯大学出版社，1981］，第 59、139 页；艾蒙·麦克托马斯，《本人至爱的都柏林》［都柏林：奥布莱恩出版社，1974］，第 97 页）。

7. 贝克特在希波主教（354—430）圣奥古斯丁的《忏悔录》中寻词猎句，这一点在其《梦中佳人至庸女》创作笔记中是显而易见的（BIF, UoR, MS 1227/1—3）。在《贝克特的〈梦中〉笔记》中，约翰·皮林指出，贝克特读的《忏悔录》是 E. B. 皮由兹的译本，收入"人人文库"（伦敦：登特出版社，1907）；尽管贝克特的笔记有几处提及一个拉丁语本，但该版本尚无人知晓（皮林编，《贝克特的〈梦中〉笔记》[雷丁：贝克特国际基金会，1999]，第 11—30 页）。贝克特所做关于圣奥古斯丁生平与创作的笔记可查 TCD, MS 10968；见埃弗里特·弗罗斯特与简·马克斯维尔，《TCD, MS 10968：希波主教奥古斯丁和波菲利论普罗提诺》，《笔记汇编全息》，*SBT/A* 特刊第 16 期（2006），第 91—93 页。

"assoupi"（法语，"昏昏欲睡的"）。

8. 法国作家安德烈·马尔罗（1901—1976）的小说《征服者》（1928）和《帝王之路》（1930）。

9. 贝克特的"废料桶"（学院服务员）指 J. 鲍尔（贝克特致 A. J. 利文撒尔的信，1953 年 8 月 6 日，TxU; TCD, MS 3717d-e [也见 TCD MUN/V/75/62]）。作为都柏林圣三一学院的研究员，马修·约瑟夫·弗赖伊在圣三一学院 39 号配了一间可以辅导学生的房间，但他没必要把它当作住宿之处，因为他已结婚，家就安在都柏林（约翰·卢斯，1993 年 8 月 4 日）。

10. 伦诺克斯·鲁宾逊导演了爱尔兰剧作家理查德·布林斯利·谢里丹（1751—1816）的戏剧《批评家，又名一出重排悲剧》；该剧于 1931 年 1 月 6 日在阿比剧院上演；鲁宾逊以当代都柏林为原型改编了这出 18 世纪伦敦的滑稽剧。都柏林戏剧评论家约瑟夫·霍洛韦（1861—1944）称其为"截肢"（约瑟夫·霍洛韦，《约瑟夫·霍洛韦的爱尔兰戏剧，第一卷：1926—1931》，罗伯特·霍根与迈克尔·J. 奥尼尔编 [加州迪克森：前台出版社，1969]，第 71 页）。

"Raté"（法语，"乏善可陈的"）。

都柏林艺术家、舞台设计师多萝西·特拉弗斯-史密斯（又称多莉，1901—1977）于 1931 年 9 月 8 日在伦敦嫁给了伦诺克斯·鲁宾逊。

11. 格雷戈里夫人的戏剧《济贫院病房》（1908）和《批评家》在阿比剧院同台上演（1931 年 1 月 6—17 日）。

12. 艾伦·邓肯。

哈里·克拉克于 1931 年 1 月 6 日死于瑞士库尔。

巴黎

托马斯·麦格里维

1931 年 2 月 3 日 ［都柏林］

圣三一学院 39 号

亲爱的汤姆：

早已收到您的来信和《论艾略特》，拖了这么久才告知您并致以谢意，得恳请您的原谅。[1]我的牙齿一直在折磨人，有些得拔出来，有些得补一补，真让我感到难过。

《论艾略特》给我留下的印象是潇洒、自在得令人嫉妒。您知道我说潇洒是什么意思——倾泻而下，柔顺又蓬松。我禁不住觉得，您在尽自己所能地善待此事。您横向的屠戮——萧伯纳、贝内特还有 Galère，有益于我的心脏，我的 "petit coeur de neige"，而且还几乎达到了液化的地步，fesses 变成了共休楼的鸭舌帽与学识服。[2]还有短语的炸弹，说得更到位一些——还有短语的电压。全能的上帝——马里恩·德勒姆又壮实又闪亮，总之叫我欣喜不已。[3]总之，我羡慕您写了一篇长文，一篇在意境、张力和真诚方面均如此统一的长文，还羡慕您修长的手臂带回了这么多的色彩。拙文《论普鲁斯特》似乎很灰暗，幼稚得令人作呕——几乎是浮夸——充其量是愤怒。Tant pis。至于评说的人——我说不上。觉得自己并不怎么在乎。感觉和《论普鲁斯特》没有了牵连——仿佛它不属于我，当然随时准备接受正在到来的荣誉，可是——我想，由衷地——对横挑鼻子竖挑眼的人感到厌恶这一前景与其说是愤慨，不如说是兴趣盎然。也许我完全错了。窃以为，您引用的韦斯特的评论等于几乎毫无保留的赞同。也许这些愚昧无知的热诚比什么都让人痛苦。[4]

上周六，我同佩洛尔松去看望了杰克·叶芝。[5]他一个人在家，我们畅畅快快地花了两个小时看他的画，看了许多画，以前我们都没看过，还直抒胸怀。他要对残酷下个定义，扬言大家可以从残酷出发，一直回溯到原罪。毫无疑问。可是我觉得给残酷下个定义是做不到的，因为无论怎样，要理解残酷，就得把它同一切相伴而生的迹象区分开来。谁能想象出一个纯粹的残酷行为？绝非新生的问题！

莱昂在编写乔伊斯的《地名索引》（我偷走了它），还有佩隆和我本人在译文碎片中提到的河流的索引。心想乔伊斯和苏波会一起编写河流的索引。可怜的苏波！ [6]

您是说假如弄到了那些译文，您就会回家吗？ [7] 我期待着3月底离开这儿，外出待一个月。还想着汉堡呢——

此致

萨姆

ALS；1张，4面；TCD，MS 10402/16。

1. 麦格里维，《论托马斯·斯特恩斯·艾略特》。

2. 在专论中，麦格里维确立了艾略特在美国、英国和欧洲大陆文学运动中创作的语境。在探讨美国式粗俗品位的过程中，他把英国小说家、批评家伊诺克·阿诺德·贝内特（1867—1931）描述成"只值5便士的英国大画师"（《论托马斯·斯特恩斯·艾略特》，第3页）。他对萧伯纳嗤之以鼻，断言其讽刺和愤慨缺乏共相："在进攻之前，有哪个士兵带着愉悦的心情读过萧伯纳？"（第17页）对特里斯坦·科比埃尔作为影响了艾略特的诗人（第26页），麦格里维也是不屑一顾。

"Galère"（法语，"船员"）；"petit coeur de neige"（法语，"雪儿小心脏"）；"fesses"（法语，"屁股"）。

3. 贝克特引用的是麦格里维《论托马斯·斯特恩斯·艾略特》中的一段："可以想象，假如维克多·雨果和罗塞蒂知道在自己离世40年之后，会有天才的作家发现万能的上帝是比《马里恩·德勒姆》或者《珍妮》更大的灵感之源，那他们会是多么义愤填膺啊。"（第37页）维克多·雨果（1802—1885）的《马里恩·德勒姆》（1829）是一部关于17世纪法国同名名妓（约1613—1650）的戏剧。《珍妮》

也许指但丁·加百利·罗塞蒂（原名加百利·查尔斯·但丁·罗塞蒂，1828—1882）的同名诗歌。

4. 在理查德·阿尔丁顿的要求的鞭策下，丽贝卡·韦斯特（1892—1983）在其《每日电讯报》的专栏中提及了麦格里维的《论托马斯·斯特恩斯·艾略特》；她将麦格里维比成圣奥古斯丁，说他"每一个句子均是用其个性的印痕造就的，而且其个性令人愉悦，讨人喜欢……其专论满满当当都是让人受益的观点"（"新书"专栏，1931年1月23日：第15版）。虽然很赞赏她友好的举动，但麦格里维对韦斯特还是一点都不钦佩（麦格里维致普伦蒂斯的信，周日［1931年1月25日］，UoR, MS 2444 CW 41/2）。

"Tant pis"（法语，"糟糕透顶"）。

5. 杰克·叶芝周六"在家"度过。

6. "乔伊斯的《地名索引》"也许指詹姆斯·乔伊斯拥有的一本地图集，也可能指爱尔兰地理学家帕特里克·韦斯顿·乔伊斯（1827—1914）的一本书：《爱尔兰地名集》（1913），《爱尔兰地图集与百科集》（1900），或者《菲利普斯爱尔兰地图集与地理学》（1883）。

保罗·莱昂在与菲利普·苏波、乔伊斯等人一道翻译贝克特和阿尔弗雷德·佩隆还没译完的《安娜·利维娅·普鲁拉贝尔》；见贝克特致苏波的信，1930年7月5日［1930年8月5日］，注1。

7. 麦格里维想从伦敦出版商维克托·戈兰茨（1893—1967）和查托–温德斯出版社的查尔斯·普伦蒂斯那儿赚取翻译佣金，已向普伦蒂斯提议翻译路易·伯特兰（1866—1941）两部专论中的一部：《论西班牙的菲利普二世》（1929），或者《论菲利普二世与安东尼奥·佩雷斯》（1929）（麦格里维致普伦蒂斯的信，1931年2月6日，TCD, MS 8092/29）。正如该提议被拒绝后，麦格里维向普伦蒂斯解释的那样，"于我而言，这只是确信能拿到足够的佣金（去干我不会羞于署名的活儿），让自己能回家待上两三个月，做些翻译，自食其力"（周六［1931年2月7日］，UoR, MS 2444 CW 41/2）。

理查德·阿尔丁顿寄了钱给麦格里维；得到那笔钱，麦格里维千挑万选去了佛罗伦萨，而没有待在巴黎（阿尔丁顿致布里吉特·帕特莫尔的信，1931年2月9日，TxU）。

伦敦，查托－温德斯出版社

查尔斯·普伦蒂斯

1931 年 2 月 16 日 　　　　　　　　都柏林

　　　　　　　　　　　　　　　　圣三一学院 39 号

尊敬的普伦蒂斯先生：

　　谢谢您的来信。得知出版日期已定，本人非常高兴。是的——当然了，于本人而言，3 月 5 日再合适不过。没想到这么快就万事大吉了。[1]

　　您如此善解人意，费了这么多心血，可本人还是担心《论普鲁斯特》最终会血本无归。[2]希望哪一天给您寄来更名副其实、更直截了当的稿子。

　　《论艾略特》卖得怎么样？[3]本人读了，挺喜欢的。

　　　　谨上

　　　　　　　　　　　　　　　萨姆·贝克特

ALS；1 张，2 面；印制信头：〈公休室〉，插入签名，都柏林圣三一学院"39 号"；邮戳日期，1931/02/18 收讫；UoR，MS 2444 CW 24/9。

1. 1931 年 2 月 12 日，普伦蒂斯写道："我社将于 3 月 5 日推出《论普鲁斯特》；希望这一安排没有问题。给您的赠本会提前数日送达贵处。"（UoR，MS 2444 CW 信件誊写簿 31/5/76）

2. 在回信中，普伦蒂斯向贝克特保证道："我想大作《论普鲁斯特》一定会大卖；普鲁斯特本人没有数不清的粉丝，但是有许多人向我询问过您的大作，心情期盼至极，而且全国的预售也是来势喜人。"（1931 年 2 月 18 日，UoR，MS 2444 CW 信件誊写簿 31/647）

3. 在同一封信中，普伦蒂斯写道："《论艾略特》卖得很不错。不是说那是一本畅销书；不过，其销售在平稳爬升，而且由于列入丛书，该书有望长期保有市场。"

佛罗伦萨

托马斯·麦格里维

1931 年 2 月 24 日　　　　　　　　　　　都柏林

　　　　　　　　　　　　　　　　　　圣三一学院 39 号

亲爱的汤姆：

　　Là-bas，您准备写什么样的片段呢？不知道您干吗离开了意大利。[1]

　　无论如何，您的《论艾略特》在引起反响。[2]我想即使遭人践踏，《论普鲁斯特》也吭不出一声。收到美国《读书人》的一封电报，说请寄一本去——在平克那个混蛋把我晾在一边之后。随信寄去了——但毫不指望。[3]

　　这 vitaccia 真是 terne 得令人难以置信。周四、周五和周六，我们在孔雀剧场演了三场戏——《燃烧》《微笑的布迪太太》和《小子》（高乃依和柏格森）。这些戏还会更糟。无可避免的庸俗化让人疲惫不堪又恶心之至。在《小子》里我们倒安排了一个可爱的笛卡尔式 Infante，笨嘴笨舌，目瞪口呆，穿过舞台走向拉威尔的《孔雀舞曲》。特伦奇乐了。[4]

　　我三下五除二地上完课，焦急地等着期末，那时希望可以远赴汉堡。会是 3 月 20 号左右。是不是意味着，在您途经都柏林时和您擦肩而过呢？Il ne manquait que cela。[5]

　　今晚我得去和副校长还有他那些不太友善的顽童一起吃饭。Cela me fait chier，穿上学生服，说"好的，先生"或者"不行，先生"。[6]把这封信寄出去后，我就去洗个桑拿浴，在一时的大汗淋漓中麻痹自己的神经。我的身子在养成坏毛病。[7]昨天下午在皇都会，音乐不温不火的时候，我感觉脖子有点异样。在这儿什么音乐都听不清。昨天他们演奏了一首贝多芬最后的弦乐四重奏，一首门德尔讼［松］的五重奏，还有一首舒伯特的五重奏。[8] 觉得贝多芬的四重奏是浪费时间。他执拗地拒绝对吹毛求痴［疵］的传统善加利用，让我气不打一处来。他需要一架钢琴，或者一支管弦乐队。他们干吗一直演奏那个混蛋门德尔讼［松］的曲子呢！咬文嚼字又不够胜任——利文撒尔的对话［。］[9] 舒伯特的曲子很显高贵，听众理解有必要将其室内乐与其歌曲背景音乐关联起来。不知道竟有如此精妙的室内乐。构思上是垃圾——那砾石留在池塘里的令人惋惜的效果您是知道的——但运用节俭得死板。哎！为啥不上讲台就没法告诉您我的感觉呢。

去看了医生，因为我这颗破心脏总让人睡不着。他用一句轻蔑的"少抽些烟"就掐死了我的自傲。所以要试试少抽些烟。

鲁迪总是彬彬有礼，但在漂向远得方便的距离，可触又不可触。佩洛尔松是个谜。有时很潇洒，而且充满希望的手势层出不穷。他给我看了不少有趣的诗作。离开巴黎以来，我啥都没写。在读《儒勒·列那尔私人日记》……稀奇古怪的东西。[10]

请原谅我写了这封无益且并不忧郁的信。过 20 年我兴许会健康得足以交朋友。

要是您看望埃斯波西托一家，请告诉他们我常常想他们（真是这样，虽然确切地说是想到自己在他们面前晃悠）。感觉您不会有什么话要向马里奥说，可我打赌您会喜欢比安卡的——还有她妈妈。要是您觉得他们在乎的话，请代我向阿尔丁顿夫妇问好。[11] 一弄到《论普鲁斯特》，我就给您奇来［原文如此］。相信 3 月 5 日会弄到。请您 au courant 和我联系。[12]

　　此致

萨姆

ALS；3 张，6 面；印制信头：〈公休室〉，插入签名，都柏林圣三一学院"39 号"；TCD，MS 10402/17。

1. 麦格里维已决定和理查德·阿尔丁顿一起，从佛罗伦萨开车游历意大利（阿尔丁顿致布里吉特·帕特莫尔的信，1931 年 2 月 13 日，TxU）；阿尔丁顿鼓励麦格里维就行程做出选择，包括去托斯卡纳甚至最南部的布林迪西省的行程（阿尔丁顿致查尔斯·普伦蒂斯的信，1931 年 3 月 5 日及 1931 年 3 月 6 日；UoR，MS 2444 CW 48/6）。普伦蒂斯支持过这次旅行，希望能让麦格里维安心写小说（1931 年 2 月 12 日，ICSo，阿尔丁顿文献集 68/6/1）。1931 年 3 月 11 日，詹姆斯·乔伊斯写信给哈丽雅特·韦弗说："麦格里维也离开了巴黎。有个人或者有些人给了他一份 300 镑的年金让他搞创作。他已从意大利动身去爱尔兰了。"（乔伊斯，《詹姆斯·乔伊斯书信集》，第 1 卷，第 303 页）"Là-bas"（法语，"在遥远的南部"）。

2. 除了丽贝卡·韦斯特的书评，查托–温德斯出版社也在广告中宣传了麦格里维的《论托马斯·斯特恩斯·艾略特》，声称该书是"一篇不长但中肯而且出众的专论，评论的作家数年来受有识之士的推崇，对现代文学具有至为重要的影响"（《泰晤士报文学副刊》1931 年 1 月 22 日：第 54 页）；H. F. 在《谈 T. S. 艾略特》一文中也做了评述，见《时代与潮流》（第 12 卷第 6 期［1931 年 2 月 7 日］，第 165 页）。

3. 1931 年 2 月 17 日，《读书人：图书与人生评论》（纽约：1895—1933 年 3 月）主编苏厄德·柯林斯（1899—1952）给贝克特发电报，说："可否烦请寄来即将推出的大作《论马塞尔·普鲁斯特》兴许可在美国的《读书人》发表。地址：纽约第四大道 386 号。"（CtY，YCAL，MSS 12，系列一，2/42）贝克特直到 1933 年 8 月才收到《读书人》的电报（彼时该刊已改为《美国评论》）："电报送来时，就谈普鲁斯特的文章而言，我们算是有一种财富的尴尬。然而，那时柯林斯先生喜欢拙文，希望采用它，但现在他感觉腾不出版面。"（《美国评论》副主编多萝西亚·布兰德［1893—1948］致贝克特的信，1933 年 8 月 7 日，CtY，YCAL，MSS 12，系列一，2/42）

平克中断了在美国出版的程序。

4. "vitaccia"（意大利语，"惨淡的人生"，"悲惨的生活"）；"terne"（法语，"沉闷"）。

贝克特写的是"〈大门〉孔雀"。

现代语言学会在孔雀剧场推出一部法国戏剧，这是都柏林圣三一学院的一项年度盛事；乔治·佩洛尔松负责三部戏剧的策划。塞拉芬·阿瓦雷兹·金特罗（1871—1938）和华金·阿瓦雷兹·金特罗（1873—1944）兄弟的西班牙语喜剧《燃烧》（1922）由都柏林圣三一学院的西班牙语和意大利语教授沃尔特·斯塔基（1894—1976）导演。

贝克特建议排演德尼·阿米耶尔（原名纪尧姆·罗什，1884—1977）和安德烈·奥贝（1892—1975）的《微笑的布迪太太》（1921）。《小子》是对皮埃尔·高乃依（1606—1684）的《熙德》（1637）的戏仿之作，在贝克特的建议下由佩洛尔松改编，受到了亨利·柏格森的影响（详见诺尔森，《盛名之累》，第125—128页；杜格尔德·麦克米伦与玛莎·费森菲尔德，《剧场里的贝克特：作者作为实际的剧作家和导演——从〈等待戈多〉到〈克拉普的最后一盘录音带〉》［伦敦：约翰·考尔德出版社；纽约：奔流出版社，1988］，第17—23页）。

莫里斯·拉威尔（1875—1937），钢琴曲《写给已故公主的孔雀舞曲》（1889）。贝克特通常称这首曲子为 *Infanta*（西班牙语，"《公主》"）。

威尔布拉汉·菲茨约翰·特伦奇（1873—1939），都柏林圣三一学院英语教授。

5. 麦格里维计划于春季途经都柏林回凯里郡的塔伯特镇。"Il ne manquait que cela"（法语，"那是最后一根稻草"）。

6. 爱德华·约翰·格温（1868—1941），杰出的古爱尔兰语学者，都柏林圣三一学院副院长（1927—1937）。

"Cela me fait chier"（法语，"真让人沮丧"）。

7. 当时，都柏林圣三一学院没有洗浴设施；林肯广场的桑拿浴室和伦斯特街的桑拿浴室是离学院最近的两家。

8. 皇家都柏林学会1931年2月23日的室内乐音乐会由"合一弦乐四重奏"乐团演奏，添加了伴奏中提琴和大提琴。节目包括路德维希·范·贝多芬（1770—1827）的弦乐四重奏E大调，曲集127；门德尔松的一首弦乐五重奏（无法查证，可能是A大调第一首，曲集18，或者是降B大调第二首，曲集87）；弗朗兹·舒伯特（1797—1828）的弦乐五重奏C调D956；彼得·伊里奇·柴可夫斯基（1840—1893）的《佛罗伦萨的回忆》弦乐六重奏D大调，曲集70；以及意大利裔都柏林作曲家米歇尔·埃斯波西托（1855—1929）的弦乐四重奏D大调，曲集33。

9. 亚伯拉罕·雅各布·利文撒尔 *（又称科恩，1896—1979）。

10. 贝克特读的是法国作家儒勒·列那尔（1864—1910）的四卷本遗著《私人日记：1887—1910》（巴黎，F.贝尔努阿尔出版社，1927）。参见此版所选贝克特的笔记，皮林编，《贝克特的〈梦中〉笔记》，第30—34页（BIF，UoR，MS 5000）。

11. 米歇尔·埃斯波西托的家人有妻子娜塔莉亚（原姓科里伯尼科夫，1857—1944）、女儿比安卡·埃斯波西托（1879—1961）、薇拉·多克雷尔（原姓埃斯波西托，1883—1967）、尼娜·鲍塞利（原姓埃斯波西托，1890—1970），以及儿子马里奥·埃斯波西托（1887—1975）（诺尔森，《盛名之累》，第84页；J.鲍耶·贝尔，《等待马里奥：埃斯波西托一家、乔伊斯及贝克特》，见《爱尔兰人的爱尔兰》第30卷第 2 期［1995］，第 7—26 页；迈克尔·M. 戈尔曼，《马里奥·埃斯波西托（1887—1975）与中世纪爱尔兰的拉丁语学研究》，见马里奥·埃斯波西托，《爱尔兰拉丁语学研究》，迈克尔·M. 戈尔曼编辑，"集注本全集研究系列"［英国艾迪索特：阿什盖特/集注本出版社，2006］，第 300—309 页）。贝克特和比安卡·埃斯波西托在位于都柏林伊利广场 21 号的一所语言与音乐学校补习意大利语；她"培养了他对但丁的热爱"（诺尔森，《盛名之累》，第 67—68、630 页）。贝克特已于 1927 年晚春及整个夏季访问意大利，为意大利语结业考试做准备，在埃斯波西托一家居住的佛罗伦萨待过一段时间（NhD：劳伦斯·哈维，《和贝克特的见面》，第 92 页；诺尔森，《盛名之累》，第 83—84 页）。

12. "au courant"（法语，"随时"）。

佛罗伦萨
托马斯·麦格里维

1931 年 3 月 11 日 ［都柏林］
圣三一学院 39 号

亲爱的汤姆：

您对拙著《论普鲁斯特》多有美言，真是万分感谢。要不是因为夏尔吕斯会称作一次不幸的"机缘巧合"的话，您此前就拿到一本了。包裹寄到了福克斯罗克，是两三天前才收到的。得了极其严重的感冒，人都瘫痪了，只得因徒般待在炉火边。三天的寒风恐怖极了，无情的西伯利亚寒潮，听到它盘旋而上，直抵卧室后边的那块告示牌，我就紧张得要命，随时准备躲到无烟煤的怀抱里。接着风落了下来，我就感觉仿佛经过漫长的熏烟消毒拔了一颗牙似的。[1]

读了您对拙著的美言，知道其意义胜过自己的预想。这本小册子我飞快地翻阅了一遍，真不懂自己在说些什么。它就像灰白色的砂纸，戳

79

戳戳，毫无魔力。太抽象了，因为我的脑袋似乎每隔一会儿就会头皮崩裂，想要呼吸一口纯粹语言的激情。小册子的模式设计不无道理，是一种平直的三段论式滑动，就像《艺术家的画像》中长长的除法算式的折叠扇：顶多是我本人的某个方面或某些方面的大杂烩经蒸汽机碾压而成的变形对应物。[2] 那就是您看到的，而且因为我生而有幸得到您的垂青，那也就是让您高兴的。我是说，您看到了自己的直觉呈现出的方程式。那是我唯一能找到的让您高兴的动因。让我把批评的范围扩展一点，有什么能更加 blafard 呢，粗糙得像"国民警卫"的肛门。[3] 在小册子与其公然的动因之间没有强健的隔膜——最随和的读者大众会因此而对我略表赞赏的唯一动因——普鲁斯特。窃以为，小册子以某种方式紧贴着普鲁斯特，紧贴着他的后挡板，有些词语的零碎杂物，就像一把把杂草［，］风筝底下的玩偶盒。不是说我在乎。才不想当教授呢（揣度一下这个狗屁职位几乎［是］一种乐趣）。况且，当您给我写信，甚至对认同和参与做出的残缺不全的陈述也心满意足，叫人一整个夏日都沉浸在比贪婪求知欲的小小鸬鹚式潜水还深的水域中，这时，对于法盖一伙、朗松一伙、格温一伙、布伦蒂埃一伙以及所有 Sobonagres 的讥笑，我还在乎个鬼啊。[4] 忘不了您的来信。靠在栏杆上读的，那会儿太阳正要敞开胸怀拥抱实行审查制的都柏林。——Douceurs。[5]

谢默斯·奥沙利文请我给您的《论艾略特》写篇书评，计划发在下一期——就在正要出版的这期之后。倒是乐意。可我够格吗？他给我寄来了艾略特翻译的《远征记》，让写书评。我不喜欢《远征记》——觉得是克洛岱尔不行，色彩令人厌恶。译笔参差不齐。当他彻底抛弃原文时，可谓上乘。[6] 除了兰波，我啥都没读——被列那尔的书累坏了。啊，好名字——狐狸一样、狐狸那般。会回头再读的。可是兰波我谈不了，虽然曾不得不想办法，向那些臭屁大四学生解释这个谜团。给他们讲过"挤眼自裁"的情节——pour des visions——这个您记得。（《七岁的诗人》）[7]哄堂大笑。正如我引用下文时他们哄堂大笑那样：

Noire bise, averse glapissante

Fleuve noire et maisons closes.

于是我重复一遍。叽叽喳喳。我一脸无辜，不明所以，想着是不是"maisons closes"两个词挠得他们压抑不住。我告诉佩洛尔松，他善意地做了解释，说笑话在于"glapissante"中的"pissante"。[8]嚯，那些母狗还有那些种马。佩洛尔松 s'éloigne, toujours très pris, très mélancolique, mal aux yeux, au Coeur, aux bronches, hallucinations, rêves seuil de la folie，总是如此。[9]我总是独自一人，除非他或者弗兰克进来。鲁迪 s'efface。博弗雷从柏林寄来一封相当吓人的信。他用了一个美丽的短语："le diamant du pessimisme"。[10]

渴望着离开，可又受不了动身这个想法，不明白为啥是汉堡，那儿也不会暖和，去了我恐怕会慌张。那是最新的心脏羽漂之旅。担心——后面没跟属格。

奥沙利文说艾伦在都柏林。Pas vu 斯特拉说，茜茜要我去，希望见到我。是补药呢，还是镇痛软膏？[11]

就此搁笔，上帝保佑。随时保持联系。再次——祝万事如意。

萨姆

向阿尔丁顿夫妇致以最诚挚的问候。

《读书人》没有回音。[12]

ALS；2 张，7 面；TCD, MS 10402/18。

1. 在普鲁斯特的《追忆似水年华》中，夏尔吕斯先生说道，"而我说的不只是已经发生了的事，还有种种机缘的巧合"；叙事者评论道，"这是夏尔吕斯先生最喜欢的说法"。（《盖尔芒特家那边》，《追忆似水年华》第2卷，让·伊夫·塔迪耶编，"七星文库"［巴黎：伽利玛出版社，1987—1989］，第583页；《前往盖尔芒特家》，见《追忆似水年华》第3卷，C. K. 司各特·蒙克里夫与特伦斯·基尔马丁译，D. J. 恩莱特校［纽约：现代文库，1992—1993］，第389页）

贝克特的《论普鲁斯特》赠本已按家庭地址寄给他，没有寄到都柏林圣三一学院39号。

1931年3月6日到8日，都柏林经历了几场东风，3月9日东风转为东北风。

2. 见詹姆斯·乔伊斯《年轻艺术家的肖像》，切斯特·G. 安德森编［纽约：维京出版社，1964］，第102—103页：

> 誊写员那页上的等式开始展开，尾部越来越宽，上面有眼和星星，就像孔雀的尾羽；当指号的眼和星星已经剔除后，等式就开始收缩，又慢慢卷成一团……
>
> 是他自己的灵魂在冲向前来感受，一根弦一根弦地展开，把繁星燃烧的火舌伸到域外，又缩卷回来，渐燃渐暗，最后熄灭自己的灯与火。

3. "blafard"（法语，"苍白的"）。

"国民警卫"队伍于1922年8月组建，便于将政治权力从英国政府移交给爱尔兰临时政府。

4. 贝克特所称的"Sorbonagres"（索邦野驴）指与巴黎高师、巴黎－索邦大学和都柏林圣三一学院有关的一批有影响的学术界人物。该词由弗朗索瓦·拉伯雷（？1494—？1553）在《巨人传》（1532—1533）中首创。

埃米尔·法盖（1847—1916），索邦大学法国诗歌教授，维护古典理想，用革命的模式阐释文学史（《巴黎高师的名人与学者：1794—1994》［巴黎：国家图书馆，1994］，第158页）；其五卷本《文学习作全集》（1885—1891）对16到20世纪早期的文学进行了梳理。

古斯塔夫·朗松（1857—1934），1897年至1900年在索邦大学任教授，1902年至1927年在巴黎高师任校长。其著作有《法国文学史》（1894）和《法国现代文学编目手册：1500年至今》（1909—1912，四卷本）等。

爱德华·约翰·格温，都柏林圣三一学院副院长（见1931年2月24日的信，注6）。

费迪南·布伦蒂埃（1849—1906），1886年至1904年在巴黎高师任法国文学教授，主张艺术应体现道德意义，而文学是由进化统治的；1893年至1906年，他主编了《两个世界评论》，著有《法国文学史》（1884—1886）、《体裁的演化与法国文学史》（1890）、《19世纪抒情诗的演化》（1894）、《法国文学史指南》（1897）、《艺术与道德》（1898）等著作。

5. 都柏林圣三一学院靠纳索街的一侧由围栏隔开，称作"栏杆"。

"Douceurs"（法语，"和蔼可亲"）。

6. 贝克特没有为《都柏林杂志》撰写关于麦格里维《论托马斯·斯特恩斯·艾略特》的书评，也没有替 T. S. 艾略特翻译的圣－琼·佩斯（原名亚历克西斯·圣莱热，1887—1975）诗歌《远征记》撰写书评（原诗1930年由费伯出版社推出）。不过，贝克特已认真读了艾略特的译文（排版为法英对照）。

贝克特将该诗比作保罗·克洛岱尔（1868—1955，20世纪初法国天主教文学复兴中的杰出人物）的作品。

7. 儒勒·列那尔（Jules Renard），《日记》；"renard"（法语，原意"狐狸"）。

"大四学生"指都柏林圣三一学院第四即最后一学年的本科学生。

1871年，阿蒂尔·兰波（1854—1891）写了《七岁的诗人》；该诗遵循兰波前两首《先知的信札》的思路，表达了他通过刻意的感知错乱来探索诗学想象的意旨。在该诗中，有个小孩"闭上眼睛看斑点"，其形象即贝克特所称的"pour des visions"（法语，"挤眼自裁"）——刻意旋转着把拳头往眼睛里插："挤压眩晕的眼睛，让眼睛里出现幻视。"（阿蒂尔·兰波，《阿蒂尔·兰波全集》第43—44页，安托万·亚当编，"七星文库"［巴黎：伽利玛出版社，1972］；阿蒂尔·兰波，《阿蒂尔·兰波全集》，保罗·施密特译［纽约：哈珀与劳出版社，1975］，第77—78页）。

8. 儒勒·拉弗格，《最新诗作》"第12首"："黑色的风，倾泻尖声叫，/ 黑色的河，宅子关门了。"（《儒勒·拉弗格诗歌全集》第2卷，帕斯卡·皮尔编［巴黎：伽利玛出版社，1979］，第215页；《儒勒·拉弗格诗集》，帕特里夏·特里译［伯克利：加州大学出版社，1958］，第183页）

"maisons closes"（法语，"妓院"）；"pissante"（法语，"尿尿"）；"glapissante"（法语，"尖声叫"）。听到"glapissante"一词中的"pissante"，学生不禁哄堂大笑。

9. "s'éloigne, toujours très pris, très mélancolique, mal aux yeux, au Coeur, aux bronches, hallucinations, rêves seuil de la folie"（法语，"这会儿正团团转，总是手忙脚乱，心情抑郁，眼睛有问题，心脏出毛病，支气管炎发作，出现幻觉，做噩梦，处在发疯的边缘"）。

10. "s'efface"（法语，"离得远远的"）。

让·博弗雷在德国研究马丁·海德格尔（1889—1976）的著作；短语"le diamant du pessimisme"（法语，"悲观论的钻石"）出现在他写给贝克特的一封信中。

11. 谢默斯·奥沙利文，在说艾伦·邓肯。"Pas vu"（法语，"久未谋面的"）。埃斯特拉·所罗门斯是贝克特的姑妈茜茜·贝克特·辛克莱的闺蜜。

12. 麦格里维在意大利，同理查德·阿尔丁顿和布里吉特·帕特莫尔（原姓莫里森-司各特，1882—1965，阿尔丁顿 1928 年至 1936 年的伴侣）在一起。

1931 年 2 月 18 日，贝克特给查尔斯·普伦蒂斯写信道："您把美国《读书人》主编的一封热情洋溢的信转交给我，真是万分感谢。我已把《论普鲁斯特》寄给他了。"（UoR，MS 2444 CW 24/9）

伦敦，查托-温德斯出版社
查尔斯·普伦蒂斯

1931 年 3 月 13 日 都柏林
圣三一学院 39 号

尊敬的普伦蒂斯先生：

听到《论普鲁斯特》已卖出了这么多册，本人十分高兴。[1] 汤姆写了来信，对拙著大加赞扬。[2] 他认为本人值得标上一面旗帜，真是宅心仁厚。先前本人都没有注意到"海豚丛书"的封面到底是绿色还是棕色。[3]

能再给六册赠书吗？随信寄来 1.3 法郎的支票。0.1 法郎够邮费了吗？

谨上

萨姆·贝克特

ALS；1 张，1 面；印制信头：〈公休室〉，插入签名，都柏林圣三一学院"39 号"；邮戳日期，1931/03/16 收讫；UoR, MS 2444 CW 24/9。AN，左侧的数字与额外六册图书的费用有关。（见普伦蒂斯致贝克特的信，1931 年 3 月 16 日："这六册《论普鲁斯特》今天给您寄出，支票的余额也将退回。还不知道总额会是多少，但当然得照价向您收费，比如 0.25 法郎 / 册，而非 0.2 法郎 / 册。"［UoR, MS 2444 CW 信件誊写簿 31/985］)

1. 1931 年 3 月 12 日，普伦蒂斯给贝克特写信道："大作初卖相当喜人。上周四出版，迄今已售出 639 册。书评相继发表时，希望有更激动人心的消息告知您。"（UoR, MS 2444 CW 信件誊写簿 31/948）丽贝卡·韦斯特在《每日电讯报》发表书评，称《论普鲁斯特》是"一部令人激动的论著，因为贝克特先生是一名优秀的青年"，但她也提醒说，"作者的形而上学思想与用典的习惯"对读者提出了智力上的挑战（1931 年 3 月 6 日：第 18 版）。

2. 麦格里维写给贝克特的信无从查找，但他对《论普鲁斯特》多有美言，令贝克特十分感激，这一点在贝克特 1931 年 3 月 11 日的回信（见上文）中是显而易见的。

3. 普伦蒂斯提到，他收到了麦格里维关于《论普鲁斯特》封面的短信："汤姆说我做错了事，不该把你的'海豚丛书'弄成棕色。他说该用绿色封面；显然，我一直在想办法把你从爱尔兰偷走。[1]请你原谅好吗？"（普伦蒂斯致贝克特的信，1931 年 3 月 12 日，UoR, MS 2444 CW 信件誊写簿 31/948）

巴黎，《新评论》
萨缪尔·帕特南

周一［1931 年 3 月 30 日至 4 月 13 日？］　　　　巴黎 6 区
　　　　　　　　　　　　　　　　　　　　　　高乃依路
　　　　　　　　　　　　　　　　　　　　　　高乃依宾馆

尊敬的帕特南：

您哪天会进城吗？在动身离开之前，本人倒是很想见见您，周三下午或者周四傍晚？请您写一行留言好吗？[1]

---

[1] 爱尔兰有"翡翠岛"的美誉，崇尚绿色。绿色封面象征作者的国籍。

祝贺您主编《新评论》。雷维给了本人一册。文章都很精彩。[2]

A bientôt n'est-ce pas?[3]

萨姆·贝克特

ALS；1张，1面；NjP，萨缪尔·帕特南《新评论》通信，C0111/1/9。日期判定：贝克特3月26日抵达巴黎；皮林注意到，贝克特于4月5日前往卡塞尔度复活节假（《萨缪尔·贝克特年表》，第7页）；1931年4月，贝克特列出了从巴黎经纽伦堡前往卡塞尔的行程（BIF，UoR，GD 5/f.55，1937年3月1日）。此后他也许立即回到了巴黎，因为维姆利·鲍德（1902—1990）在其4月7日的专栏"左岸生活录"中提到了贝克特："眼下我们当中又有了一位爱尔兰诗人，那就是萨缪尔·贝克特"，这表明当时贝克特在巴黎，甚至直到此后那周也在（《芝加哥每日论坛》欧洲版［巴黎］，1931年4月7日；维姆利·鲍德重印，《左岸生活录》，1929—1933，本杰明·富兰克林编，卷五［雅典：俄亥俄大学出版社，1987］，第57页）。后贝克特回到都柏林，因为该学年的第三学期将于1931年4月20日开学。

1. 贝克特于1931年3月26日抵达巴黎，当天阿德里安娜·莫尼耶在"书友之家"组织了一场"詹姆斯·乔伊斯专场"（见艾尔曼，《詹姆斯·乔伊斯传》，第636—637页，及诺尔森，《盛名之累》，第129—131页）。《新评论》（1930—1932）的办公室设在巴黎附近的丰特奈－欧罗斯。

2. 乔治·雷维已把帕特南主编的《新评论》首期（1931年1—2月）给了贝克特。尽管第2期及其内容已宣布将于1931年3月至4月出版，却直到1931年5月至7月才推出。贝克特已投来短诗《回到礼拜堂》，但该稿直到第3期（1931年8—10月，第98—99页）才见刊；该期也提到了《论普鲁斯特》。

3. "A bientôt n'est-ce pas？"（法语，"待会儿见好不好？"）

凯里郡塔伯特镇
托马斯·麦格里维

1931 年 5 月 29 日

都柏林郡

福克斯罗克

库尔德里纳

亲爱的汤姆：

收到您的来信真是分外高兴。是的，那天早晨收到了玩偶盒，我在阿比剧院把它们留给了 L. R. 。[1] 乔伊斯寄来了《跟屁虫》和《新法兰西杂志》，都有亲笔签名。担心已拖延了太多的日子才回信向他致以谢意，最终请西尔维娅转交了回信，鲁莽且愚蠢地写道，不理解译文的无益是没法读懂他的本子的。没法相信他自己看不出译文的好坏，看不透那糟糕的打趣风格和庸俗的措辞，这必然是因为动因是没法翻译的；收到了他们三人寄来的"圣灵降临节"卡片，上面有他们在伦敦的地址。[2]

上一周一直卧床，得了干性胸膜炎，上帝才知道啥时候能把我放出房间，虽说除了不愿打喷嚏和打嗝之外，还算感觉良好。可怜的鲁迪和佩洛尔松一直在分担我的活儿。[3]

听到你的《阿尔丁顿》写完了而且寄出去了，真是为之高兴。感谢您沿用了拙著中的一个短语。上周，圣三一学院发表一篇 éreintement 来给您捧场。听说他们本周也给了我同样的待遇，可我还没看到那本杂志。眼下想到了自己谈您的《论艾略特》的书评，想投给奥沙利文，连同《远征记》的译稿一道投给他。[4] 在写"德国喜剧"，零零碎碎地写，时断时续，倒是愿意在您来首都时给您读那么一两页。永远不会相信那个忘乎所以的牙医曾是一个艺术家，虽说除了零零落落的几个让人惊骇的句子，我对他可谓一无所知。[5]

Was ich weiss kann jeder wissen,

Mein <u>Herz</u> hab['] ich allein!!

Herz! [6] 总是心衰还有那个松垮的词和那不只是月经般的轻信的流泻。要是能找到地方，让您在陀思妥耶夫斯基的床上睡一觉，那该多好！在读《群魔》，译得真差。即使这样，俄文一定写得漫不经心，文笔恶劣，满是陈词滥调和新闻用语：除了情节转换，除了过渡！[7] 没有谁像陀思妥耶夫斯基那样不着边际。没有谁曾像他那样懂得对话的错乱。

您知不知道有文笔尚可的玛丽·斯图亚特的法语传记？[8]

是啊，节欲的旅馆就像禁欲的妓院。

要是您8号周一的1点之后到达，我可以开车来车站接您。想想办法，行的话，请留一个傍晚和我聊聊。

此致

萨姆

ALS；1 张，4 面；印制信头；TCD，MS 10402/19。

1. 阿比剧院，伦诺克斯·鲁宾逊。

2. 詹姆斯·乔伊斯，《处处都有跟屁虫：〈进展中的作品〉选段》（巴黎：亨利·贝博与杰克·卡哈内出版社，1930；巴黎：泉水出版社，1930；《准则杂谈》[伦敦：费伯出版社，1931]）；乔伊斯寄给贝克特的很有可能是 1931 年 4 月 2 日的费伯本。

詹姆斯·乔伊斯，《安娜·利维娅·普鲁拉贝尔》，萨缪尔·贝克特等译，《新法兰西杂志》，第 637—646 页。

贝克特写信给乔伊斯，请他转交西尔维娅·比奇。此时，乔伊斯夫妇和露西娅住在伦敦西 8 区肯辛顿的坎普顿·格罗夫 28 号 B 座。圣灵降临节（五旬节）在复活节之后 50 天；1931 年的五旬节是 5 月 24 日。

3. 贝克特的课由鲁德莫斯-布朗和佩洛尔松代上。

4. 在著作《理查德·阿尔丁顿：一个英国人》（"海豚丛书"，伦敦：查托-温德斯出版社，1931）的题词中，麦格里维引用了贝克特的话："昨日不是一座已经超过的里程碑，而是踏平的岁月险径上的一块外露岩石，不可逆转地是我们的一部分，位于我们心中，沉重且危险。因为昨天，我们不只是更加疲惫，还会蜕变，不再是昨日这一灾祸之前的曾经的我们。"（《论普鲁斯特》，第3页）

麦格里维的《论托马斯·特恩斯·艾略特》在都柏林圣三一学院周刊《学院杂谈》上受到批评（D. H. V.，《书评》[1931年5月21日]，第162页）。贝克特的《论普鲁斯特》在下一期经受了评论："由于其批评的统一性和对主题的精确把握，该文称得上是一篇颇有价值的深刻的论文。"（W. J. K. M.，《书评》[1931年5月28日]，第177页）

"éreintement"（法语，"严厉、尖刻的书评"）。

没有关于麦格里维《论艾略特》的书评或关于艾略特翻译的圣-琼·佩斯《远征记》的书评在《都柏林杂志》发表（见1931年3月11日的信，注6）。

5. 如鲁比·科恩猜测，"德国喜剧"也许指《贝拉夸故事集》中的第一篇《坐与歇》，但更可能指该短篇插入《梦中佳人至庸女》后的扩写版（《贝克特正典》，第28页；约翰·皮林，《戈多之前的贝克特》[剑桥：剑桥大学出版社，1997]，第56—57页）。在《梦中佳人至庸女》中，伯沙撒是"一个长得像胖牙医的国际象棋手"。他邀请斯梅拉迪娜一起吃饭时，对方严词拒绝；但邀请贝拉夸一起吃饭时，对方却接受了。这使得斯梅拉迪娜要求贝拉夸和她同时离开（贝克特，《梦中佳人至庸女》，第89—91页）。

6. "Ach, was ich weiss kann jeder wissen—mein Herz habe ich allein!!"（德语，"噢，我拥有的知识谁都可以获得，可我的心却为我个人所有！"）（约翰·沃尔夫冈·[冯·]歌德，《少年维特之烦恼——1774年版与1787年版合编缩写本》，阿尼卡·洛伦兹与赫尔穆特·施密特编[帕德博恩：伊格尔文学出版社，1997]，第123页；约翰·沃尔夫冈·冯·歌德，《歌德作品集》第9卷《少年维特之烦恼》，戴维·E.威尔贝利编，维克多·朗与朱迪斯·瑞恩译[纽约：苏尔坎普出版社，1988]，第52页）

7. 此时陀思妥耶夫斯基的小说《群魔》只有一个法语译本，即 Les Possédés，第2卷，维克多·迪瑞里译（巴黎：普隆出版社，1886）。

8. 关于苏格兰女王玛丽·斯图亚特（1542—1587），其时并无当代法语传记。

都柏林，《都柏林杂志》
谢默斯·奥沙利文

1931 年 8 月 7 日 ［都柏林］

圣三一学院 39 号

尊敬的谢默斯：

我可否将这两首犹如窘迫气息般的拙劣短诗首先呈现给您，然后再投往您的杂志呢？[1]

向斯特拉和您本人致以诚挚的问候。[2]

s/萨姆·贝克特

TLS；1 张，1 面；两首诗没有附寄；KU，詹姆斯·斯塔基文献集。

1. 这两首寄给奥沙利文的诗，贝克特取名《晨曲》，这一点在贝克特周六［1931 年 9 月 12 日］写给麦格里维的信中写得很清楚。后来，贝克特于周二［约 1931 年 9 月 22 日］写信给麦格里维说："谢默斯·奥沙利文纡尊降贵，同意发表'裹尸布'《晨曲》，但不愿碰另一首。他不喜欢'擦去我们的罪'这样的措辞，也不喜欢'炭疽'之类的意象。"（TCD，MS 10402/13）

发表的那首《晨曲》有这样 3 行："在我面前你的美丽只是一条裹尸布""只有我与随后的裹尸布／以及大批的尸体。"（《都柏林杂志》第 6 卷第 4 期［1931 年 10—12 月］，第 4 页）"第二首"《晨曲》后更名《怨曲之二》，发表于萨缪尔·贝克特著《回声之骨及其他沉积物》，"欧罗巴诗人"丛书第 3 辑（巴黎：欧罗巴出版社，1935；萨缪尔·贝克特，《贝克特诗全集：1930—1989》［伦敦：考尔德出版社，2002］，第 16 页）。该诗有这样两行："看在耶稣的分上，擦去我们的罪""像炭疽在角落闪亮"。

2. 埃斯特拉·所罗门斯。

伦敦，查托－温德斯出版社
查尔斯·普伦蒂斯

1931 年 8 月 15 日 　　　　　　　　都柏林

　　　　　　　　　　　　　　　　圣三一学院 39 号

尊敬的普伦蒂斯：

　　对您热情洋溢的来信 gratias tibi。您说得对，本人的《坐与歇》异常沉重，尽管篇名意在把以下部分也涵盖在内：《他们出门共度傍晚》。[1]当然了，虽说本人极其诚恳地努力赋予它我自己的气味，但它还是发出浓烈的乔伊斯的气味。不幸的是，于本人而言，那是本人对创作饶有兴趣的唯一方法。下一篇为笨拙的习作，假肋还有浮着且打不破（？）的玻璃。说实话，对您的关注和提携，本人心存感激，对您的回信也心有触动。在伦敦跟您说的是算数的。那时本人没有把它投给查托－温德斯，而是投给您的。[2]想象自己有个真正的"绕马桶两圈且两端尖利"的家伙时，本人会拿泥人铲上面的螺旋冒犯您。把东西又弄回来，装在牙医的躺椅上，很是开心。依然相信，对这个短篇可以做点什么。

　　已经写完《出门》，可以称其为下下等的稿子，这个短篇本人在伦敦跟您提过，寄给了平克，他会找不出版面来刊发，但本人希望他会感到恼火。[3]那个旧玩具木马终于在朝顶点缩小范围，然后本人希望它会开出七个鬼魅般的花瓣。[4]

　　《世界末日》久未归还，见谅。[5]读第一遍时，感觉寓意丰富，于是把它搁到一边，仰仗您的宽容。但是过一会儿，海绵就又干了。

　　都柏林真该死。可是，过了法国的昼魇就麻木，倒不失为一种乐趣，这雨也可爱。

　　此致

　　　　　　　　　　　　　　　　萨姆·贝克特

91

ALS；1 张，2 面；邮戳日期：1931/08/18 收讫；UoR，MS 2444 CW 24/9。

1."gratias tibi"（拉丁语，"向您致谢"）。

《坐与歌》发表于《转变》第 21 期（1932 年 3 月）第 13—20 页，意大利语标题"Sedendo et Quiesciendo"有一处打印错误；后经改写，插入贝克特的长篇小说《梦中佳人至庸女》（第 64—73 页）。普伦蒂斯就该短篇给贝克特写的信无处可寻，但普伦蒂斯的确给麦格里维写了信，较详细地谈过，而且从此信可以清晰地看出，寄给普伦蒂斯的稿子开篇是"斯梅拉迪娜的情书"（《梦中佳人至庸女》，第 55—61 页）；尽管略有差异，这个短篇还插入了《徒劳无益》（［纽约：格罗夫出版社，1972］，第 152—157 页）；所有引文均出自该版本。

普伦蒂斯给麦格里维写信道："故事开篇提到的情书是无与伦比的，比我读到过的这一方面的任何东西都不差。但接下来的那个乔伊斯片段似乎更适合长篇巨作，而非短篇小说，而且无论如何，没有展现他自己的风格；尽管有时候写得出类拔萃，最优秀的部分还是从读者的手里滴漏出去了，其方式不可能全是有意的。"（1931 年 8 月 3 日，TCD，MS 8092/50）贝克特称作《他们出门共度傍晚》的短篇成了《梦中佳人至庸女》中的下一个部分（第 74—99 页）。

2. 1931 年 7 月 28 日在从法国回都柏林的途中，贝克特在伦敦拜见了普伦蒂斯。正如贝克特向麦格里维解释的那样，"同查尔斯·普伦蒂斯度过了一个令人十分愉快的傍晚。他的声音让您的心跳平和下来，让您的眼睛疲惫起来。［？］次日跟他就闲聊许久，但我本意不是这样。此后啥都没听清。为了找个比任何别的事情更有说头的话题，也明白自己不会（不能）去做，就提出写一篇关于陀思妥耶夫斯基的文章。幸运的是，我的伙伴冷静处之，权当玩笑"（［？1931 年 8 月 2 日之后至 8 月 8 日］，TCD，MS 10402/12）。普伦蒂斯给麦格里维写信道："他没有正式提交该短篇，但允许我个人看看——不过我担心，假如转交给公司的人，他们是不会看的。"（1931 年 8 月 3 日，TCD，MS 8092/50）

3.《出门》发表于短篇集《徒劳无益》（伦敦：查托–温德斯出版社，1934）。

4."七个鬼魅般的花瓣"指天堂露天剧场里的女性，她们坐在玛丽的脚跟前；拉结同贝雅特丽齐、萨拉、丽贝卡、朱迪斯和露丝坐在玫瑰宝座上，将信众划分为七组——他们相信基督即将从盯着已经现身的基督的那些人当中而来（但丁，《神曲》，第三部《天堂篇》，约翰·D.辛克莱译［伦敦：约翰·莱恩–鲍利海出版社，1946 年，1948 年修订］，第三十二歌，第 7—18 行，第 463 页）。

5.查尔斯·普伦蒂斯已把自己那本理查德·阿尔丁顿编辑的 D. H. 劳伦斯《世界

末日》（佛罗伦萨：G.欧里奥利出版社，1931）寄给了贝克特；劳伦斯对《启示录》所做评注已于 1931 年 6 月 3 日在这个限量版中发表；出售版直到 1931 年 11 月（纽约：诺夫出版社）和 1932 年 5 月（伦敦：塞克出版社）才推出。普伦蒂斯给贝克特回信道："无论如何，留着《世界末日》，直到您真的读完了的时候，我还是很乐意收回此书。"（1931 年 8 月 18 日，UoR，MS 2444 CW 信件誊写簿 133/708）

瓦尔省勒卡纳代镇
托马斯·麦格里维

[？ 1931 年 8 月 15 日之后] 　　　　　　　　　　[都柏林]

圣三一学院

亲爱的汤姆：

　　无论如何，盼望您万事大吉，开开心心 [。]¹

　　没有外面的消息，也没有里面的。查尔斯·普伦蒂斯把我的东西寄了回来，还附了一封编辑的来信，把迷人、仁慈的关系摆在我的面前。他是个挺好的人。平克寄回了一个短篇，附了一张退稿单。² 说不清他是不是个挺好的人。累坏了，累得该回头滑向那窘迫的气息。随同此信。没法像薄伽丘那样写，也不想像他那样写。³ 我会留在镇里，记录下 petites merdes de mon âme。不，从未写过关于 T. S. E.——Télégraphie sans éther 的书评。⁴ 再也不谈莱比锡了。茜茜就要来爱尔兰定居了，带最小的两个孩子来。波士不会离开就要沉没的轮船——因为船上的两个妹妹。⁵ 那时本人在读您的"计程车之诗"。"在痉挛中升起"是个绝妙的短语。⁶ 是的，"骚动者之夜"措辞巧妙。"沉默放逐与诡诈"不太像《跟屁虫》的风格。然而，不觉得哪儿出了什么问题。顺便说一句，他在都柏林正声名鹊起呢。眼下的明智之举，会是给《进展中的作品》写一篇《绪论》。您想不想合作？以篇名写一本书怎么样？[7]操他妈跑路的话还没跟鲁迪说过一句。他要本人申请去开普敦工作，哦，很好的工作，或者申请去卡迪夫工作，哦，很不错的工作，在那儿我能和瑞基同睡。斯塔基很可能受聘去牛津——上次他以第一名出线，然后是我亲爱的萨姆，当然他们会任命您为意大利文学教授，就在都柏林任教。[8]那将是真正的猪背。骑上她的自行车，会感觉像个福瑞卡特瑞克斯，马刀般扁平的福瑞卡特瑞克斯，因为尊敬的死神蹬得越来越快，嘴巴半张着，鼻孔扩张着。老爸说看在上帝的分上别胡说了，出来吃饭，我会给您饮料和亲吻，出来交朋友。上帝保佑亲爱的爸爸妈妈弗兰克比比还有一切本人所爱的把我培养成基督耶稣眼里的好孩子的人们阿门。[9]于是本人安静、直接、木然地说了点什么但我不会。不先生。什么都别想引诱我出来。听到格拉塞出版社的消息，佩洛尔松开心极了。他很 mou，和他见面不多。就像他自己笔下走着鸽步的警察——mous et lourds sur les toits du monde。[10]

亲爱的汤姆，请原谅我写了这封犹如瘟疫的信，忘了它。感觉空空如也。

向理查德和布里奇特［布里吉特］致以诚挚的问候。[11]

谨上

TL；1 张，1 面；TCD，MS 10402/25。日期判定：在贝克特 1931 年 8 月 15 日致信查尔斯·普伦蒂斯之后，该信点明平克已寄回了贝克特的短篇小说。

1. 理查德·阿尔丁顿和麦格里维在勒卡纳代，他身体不适，而麦格里维的母亲也有病缠身。更让麦格里维操心的是，阿尔丁顿离开法国南部后他该去哪儿；他向普伦蒂斯透露说，去伦敦和赫斯特·道登（1868—1949）同住是天方夜谭，因为她女儿多莉·特拉弗斯–史密斯即将与伦诺克斯·鲁宾逊结婚，这桩婚姻"确切地说早已是致胜一击"（1931 年 7 月 29 日，UoR，MS 2444 CW 41/2）。

2. 在查托－温德斯出版社的文献集里（UoR）没有查到普伦蒂斯致贝克特的信，表明那是一封关于贝克特收回短篇小说的个人信件。

3. 贝克特把《出门》寄给了麦格里维。乔瓦尼·薄伽丘（1313—1375），意大利作家，以《十日谈》（1349—1351）最负盛名。

4. "petites merdes de mon âme"（法语，"自我灵魂滴落之物"）。

贝克特没有给麦格里维的《论托马斯·斯特恩斯·艾略特》写书评，也没有给艾略特翻译的圣－琼·佩斯《远征记》写书评。

贝克特把艾略特名字的首字母 "T. S. E." 歪曲成 "Télégraphie sans éther"（法语，字面意义为 "没有乙醚的电讯"），是就 "Télégraphie Sans Fil"（法语，"无线电"，在法国通称 TSF）玩的文字游戏。

5. 贝克特一直在考虑去莱比锡（见信 [1931 年 9 月 12 日]）。茜茜·辛克莱考虑离开德国，带着最小的两个孩子戴尔德丽和莫里斯（1918—2007）回爱尔兰；然而，丈夫波士不愿离开卡塞尔，因为二人较大的女儿安娜贝尔·莉莲（又称南希，1916—1969）、萨拉·埃斯特拉（又称萨莉，1910—1976）和佩吉在德国找了男朋友，想留在德国（莫里斯·辛克莱，2004 年 8 月 10 日）。

6. 麦格里维的 "计程车之诗" 指 "Crón Tráth na nDéithe"（盖尔语，《众神的薄暮》）；该短语源自第三节："海关大楼着火时 / 希望从她绿色衬裙旁溜走 / 四法庭在痉挛中升起 / 摩西四处摸索寻找希望。"（麦格里维，《托马斯·麦格里维诗集》，第 19、107—122 行；爱尔兰语诗题的译文及题解由苏珊·施赖布曼提供，第 109 页）

7. "骚动者之夜" 就詹姆斯·乔伊斯的愤青文章《骚动者之日》（1901 年 10 月 15 日）的标题开展文字游戏；该文表达了乔伊斯对爱尔兰文学剧场的地方狭隘思想的愤怒，被都柏林大学学院学生举办的杂志《圣斯蒂芬》拒载。乔伊斯向该校的校长提出抗议，最终该文获私自发表。（F. J. C. 斯凯芬顿与詹姆斯·乔伊斯，《两篇文章：〈大学问题被人遗忘的一面〉与〈骚动者之日〉》[都柏林：杰拉德兄弟出版社，1901]，第 7—8 页；重印，《詹姆斯·乔伊斯的批评文章》，埃尔斯沃斯·梅生与理查德·艾尔曼编 [纽约州伊萨卡：康奈尔大学出版社，1959]，第 68—72 页）

在乔伊斯《年轻艺术家的肖像》临近结尾处，主角斯蒂芬·迪达勒斯发誓说："我要努力用某种生活或艺术的方式表达自我，尽我所能地自由表达，尽我所能完整表达，使用我允许自己使用的唯一武器来保护自己——沉默、放逐和诡诈。"（第 247 页）

帕德里克·科拉姆（1881—1972）给乔伊斯的《到处都有跟屁虫》写了书评（《〈进展中的作品〉选段》，《都柏林杂志》第 6 卷第 3 期 [1931 年 7—9 月]，第 33—37 页）；关于斯图尔特·吉尔伯特的专论《论詹姆斯·乔伊斯的〈尤利西斯〉》的书评已刊登在《都柏林杂志》的前一期（第6卷第2期［1931年4—6月］，第64—65页）。有关詹姆斯和诺拉·乔伊斯在伦敦举行婚礼的消息登载在《爱尔兰时报》（1931年7月4日：第6版；1931年7月11日：第6版）。贝克特提议，他和麦格里维给《进展中的作品》写一篇绪论或导言，甚至就该小说的篇名（当时尚未公布）写一本书。

8. "操他妈跑路"（fucking the field）：贝克特对法语过时隐喻"foutre le camp"（赶快跑路）的纯粹字对字英语改写，措辞怪异。鲁德莫斯-布朗鼓励贝克特申请南非开普敦和威尔士卡迪夫大学的学术岗位。利奥波德·约翰·迪克森·理查逊（又称瑞基——Reeky，贝克特拼作Rikky，1893—1979），在都柏林圣三一学院获得过古典文学最高荣誉，彼时于卡迪夫大学任拉丁语讲师。

沃尔特·斯塔基在马德里大学担任过访问教授（1928—1929），彼时也许应聘了牛津大学的岗位，但他一直待在都柏林圣三一学院，直到1940年赴马德里担任英国学院的院长。

9. "马刀般扁平的福瑞卡特瑞克斯"这一形象出现于《梦中佳人至庸女》，指"身体结实、胸部扁平的希腊奴隶或女猎手"（第83页）；短语"嘴巴半张着，鼻孔扩张着"源自该小说的开篇（第1页）。以"上帝保佑"开头的祷告词见《梦中佳人至庸女》（第8页）；比比是贝克特的奶妈（布里吉特·布雷，生卒年不详）（诺尔森，《盛名之累》，第35—36、134—135页）。

10. 贝克特已给麦格里维写过信，感谢他把乔治·佩洛尔松长篇小说《克劳多纳尔斯》的手稿转寄给亨利·穆勒（1902—1980）；穆勒是佩洛尔松的朋友，在巴黎格拉塞出版社创始人兼总编伯纳德·格拉塞（1881—1955）的手下工作。贝克特向麦格里维评论道："我也认为格拉塞不会接受这份稿子。"（［1931年8月2日之后至8月8日之前］TCD, MS 10402/12）这部小说佩洛尔松是在贝克特的打字机上写出来的，后来在贝克特的坚持下把手稿寄给了麦格里维；确实，这部稿子被出版社拒绝了。（贝尔蒙，《贝尔蒙回忆录》，第415—416页）

"mou"（法语，"柔和"）；"mous et lourds sur les toits du monde"（法语，"柔和又沉重地压在世界的屋脊上"）。佩洛尔松说，他发现一个爱尔兰警察的步态与鸽子昂首阔步的样子有几分相似（1990年11月2日的面谈）。

11. 理查德·阿尔丁顿，布里吉特·帕特莫。贝克特的原文是："〈阿尔丁顿夫妇〉理查德和布里吉特"。

巴黎

萨缪尔·帕特南

［1931 年 9 月 7 日前］　　　　　　　　　　　　　　　［都柏林］

［无问候］

　　寄来《新评论》，把本人超级棒的小诗收罗进去，还有人对敝人的狗屁《论普鲁斯特》做出热情的评述，这些都令本人万分感谢。[1] 希望总有一天能给您寄来很棒的作品。

　　向热爱本人的数千大众致以 tanti saluti。[2]

　　　　此致

　　　　　　　　　　　　　　　　　　　　　　萨缪尔·贝克特

ACS；1 张，1 面；NjP，萨缪尔·帕特南《新评论》通信，C0111/1/9。日期判定：1931 年 9 月 7 日前，当天普伦蒂斯给贝克特寄了一份理查德·托马的《无蛇岛》——对麦格里维《论托马斯·斯特恩斯·艾略特》的书评。（《新评论》第 1 卷第 3 期［1931 年 8—10 月］，第 119—121 页；UoR，MS 2444 CW 信件誊写簿 133/944）

1.《新评论》第 1 卷第 3 期（1931 年 8—10 月）刊有贝克特的短诗《回到礼拜堂》，还有萨缪尔·帕特南的通告，说下一期将刊对贝克特《论普鲁斯特》的书评，"连同欧内斯特·塞里埃尔的新作《谈普鲁斯特》"一起刊发，但"有必要说我们更欣赏贝克特吗？"（第 98—99、124 页）。

2. "tanti saluti"（意大利语，"无尽的问候"）。贝克特的措辞出自《出埃及记》第 20 章第 6 节。

瓦尔省勒拉旺杜

托马斯·麦格里维

周六［1931 年 9 月 12 日］　　　　　　　　［都柏林］

圣三一学院 39 号

亲爱的汤姆：

　　万分感谢您的来信，还要感谢托马在《新评论》发表的书评，该文普伦蒂斯给寄来了，之前我也读过，因为帕特南早已给我寄了一本《新评论》，心想没必要因为该文我们就裹足不前。[1] 得知您喜欢那两首《晨曲》，我真是兴高采烈。不，回头想想时，倒觉得拙诗既非十分新颖亦非极其精美。它们一起涌来，叠加在一起，是数月没有射精的日日夜夜之后的一次双轭式性高潮。三周前寄给了谢默斯·奥沙利文。迄今他还没有确认收到过。恐怕"擦去我们的罪"这个阴沟片段依然让人心情愉悦，至少既然如此"真实"，就依然让人难以忘怀。[2] 得想尽办法扣住诗歌的轮子，nicht wahr？或者冒"诺尔道的忍耐"这一风险。[3]

　　还要向您主动安抚我，诚心诚意地安抚我 à paraître 忧虑，致以最诚挚的 gratias tibi。您是最善良的友人，要是知道您在巴黎，那我对去莱比锡就远没有那么忧虑了。但是巴黎（同样）一时让我心有戚戚，几乎就是普天之下我最不想去的地方。太多的法国人走在错误的街道上。无论如何，我是真不知道我何时离开，或者是否会离开。什么都没跟鲁迪说——旧时就有的松手失去未来的胆怯。[4] 而且我疲惫之至，在胆量、胆气或者无论什么样的胆汁方面贫乏之至，无法给予老迈的行尸走肉以目标，再买上票、即刻打点行装。河马等待自己的天使们。[5] 真的，我就是没法认真地掂量自己有什么想要摆脱或者得到，没有自由或者财产的增加不能拿此处乌烟瘴气中的如别处那样荒唐的合理性的系数来剥除或者假定。无论怎样，没有什么如弃绝那样令人向往。宜人、宁静的生活不时被无意识的免罪打断（晨曲）。虽说我不大能看清楚自己的肚脐眼，但是难道它值不得任何别人的 10 个吗？

佩洛尔松有一部新作刚写完，我好像跟您提过，里面有些地方写得不错。他很快就要离开了，不是说这些日子我经常跟他见面（希望唯一的原因是他不像过去那样有空了）。[6]我莫名其妙地喜欢利文撒尔，确实，不明所以地喜欢是喜欢别人的唯一可能的方法。和他见面不多。收到了 J［.］B. 叶芝的邀请函，请我某个周六过去，可我还没有勇气去那么远的地方。弗兰克忙于处理日渐衰退的家族事业，但也时不时地过来。然后，有时就有绿色的郁金香，还总有宁静的生活（酒吧关门后）。[7]

千万写信，告诉我您自己的近况还有您作品的进展。

向理和布致以 schöne Grüsse。此致

萨姆

ALS；1 张，4 面；TCD, MS 10402/24。日期判定：1931 年 9 月 7 日之后，当天查尔斯·普伦蒂斯把托马关于麦格里维《论托马斯·斯特恩斯·艾略特》的书评转寄给了贝克特。1931 年 8 月 7 日，两首《晨曲》投寄给了谢默斯·奥沙利文。在写此信给麦格里维时，贝克特还不知道其中一首将由谢默斯·奥沙利文在《都柏林杂志》发表。

1. 美国作家理查德·托马（1903—1974）与萨缪尔·帕特南和哈罗德·塞勒姆森（1910—1988）一道，为响应《转变》杂志关于创作革命的号召，撰写了《方向》宣言（1930）；该宣言形成了《新评论》办刊宗旨的基础——该刊由帕特南任主编，托马任副主编。托马的书评对麦格里维的地方狭隘思想、对天主教的痴迷及"杂乱、迂腐、思辨性、业余性"的风格（《无蛇岛》，第 119—121 页）提出了批评。乔治·雷维进行了反驳（致理查德·托马的信，《新评论》第 1 卷第 4 期［1931—1932 年冬季］，第 397 页）。

2. 贝克特于 1931 年 8 月 7 日把两首《晨曲》寄给了谢默斯·奥沙利文及麦格里维。两篇手稿在《都柏林杂志》（圣三一学院）的档案中均无保存。在遭到拒绝的那首《晨

曲》中，贝克特用到了"擦去我们的罪阴沟片段"，这表明该诗后来更名为《怨曲之二》。

3. 马克斯·西蒙·诺尔道（1849—1923），匈牙利裔哲学家、文学批评家，犹太复国主义者。其两卷本论著《堕落》（1892）试图证明，许多艺术家和作家的精神特征与罪犯和疯子相似。贝克特读了该书（译者不详［伦敦：威廉·海涅曼出版社，1895］；见皮林编，《贝克特的〈梦中〉笔记》，第89—97页），并做了笔记。

"……, nicht wahr？"（德语，"……，难道不是吗？"）。

贝克特大概是指诗歌的扭曲或者意外（约翰·皮林，2005年3月）。

4. 贝克特原来所写为"要是我"，后改为"我何时离开"。

"gratias tibi"（拉丁语，"诚挚的谢意"）。

"à paraître"（法语，"前方的"）。

在前几封致麦格里维的信中，贝克特提到过想去莱比锡；他还没有跟鲁德莫斯-布朗讲过自己要离开都柏林圣三一学院的想法（见［？1931年8月15日之后］的信，注8）。

5. 贝克特指 T. S. 艾略特的诗《河马》（T. S. 艾略特，《诗歌与戏剧全集：1909—1950》［纽约：哈考特、布雷斯及世界出版公司，1952］，第30—31页）。

6. 根据其后来所写，1931年秋季离开都柏林之前，佩洛尔松一直在疯狂地撰写自己的第三部手稿，即他自称的"那类无名的东西或玩意儿"；除这部新作外，他还有"半个笔记本的诗歌，一部已完稿的小说"。同时，他也忙于处理与玛塞勒·格雷厄姆（1900—？）秘密结婚的问题，从巴黎高师辞职的纠纷问题以及在法国或别的地方谋生的前途问题（贝尔蒙，《贝尔蒙回忆录》，第324、333—334页）。

7. 弗兰克·贝克特。在诗歌《怨曲之二》（《回声之骨》，第16—17页；重版，贝克特，《诗集：1930—1989》，第16页）中，贝克特写到了"夜色里的郁金香／绿色的郁金香"。学者、传记作家劳伦斯·哈维（1925—1988）就写到的颜色询问他，贝克特解释道，"那些天空的郁金香我称其绿色，因为我见到它们就是那种颜色和那种花"（1965年3月8日，NhD，MSS 661，劳伦斯·哈维文献集）。

8. "schöne Grüsse"（德语，"诚挚的问候"）。理查德·阿尔丁顿和布里吉特·帕特莫尔。

巴黎

托马斯·麦格里维

周二［约 1931 年 9 月 22 日］   ［都柏林］

圣三一学院

亲爱的汤姆：

　　万分感谢您的跋诗。坦诚地说，我更喜欢您的《论艾略特》，觉
得这仅仅意味着我与一个话题更有同感，与另一个则少有同感。[1] 于我
而言，您引用的诗真的是最令人失望的玩意儿。[2] 我的确喜欢的，是您
那总让人着迷的措辞的节奏，还有您那套索［原文如此］思想的跳跃，
套住您身边可资类比的事物。阿尔丁顿和吕尔萨作为描绘"鲜活的自然"
的行家，其被随意处理掉的相似性我曾觉得十分奏效。但 d'une façon
générale，感觉这部诗集不像《论艾略特》那么有密度、有速度。[3] 别怪
我胡诌了这些——我正受文学龋齿的害呢。

　　得知您的计划，还只是在酝酿中的计划，我十分欣喜。以下是佛罗
伦萨那家人的地址：

　　　　奥图蓝吉小姐

　　　　康帕内拉路 14 号

　　那时他们向我收费 30 里拉一天（三餐），是有教养而体面的人
家——而且［是］住在佛罗伦萨一个僻静的地方，离奥贝达姆［奥贝丹］
广场较近，而且离火车站不远。您在附近有可能找到 30 或 35 里拉的地方。
下次见到老爸时，我问问他。嗯，很少见到他。[4]

　　这些日子啥事都没干，只是醉酒浇愁，翻［一］翻贝拉尔的《奥德赛》。

当然，他译得通俗易懂，我真的找回了一点儿童年时的专注［原文如此］，过去读《金银岛》《雾都孤儿》还有许多别的作品时的那种专注——摆脱了一切小偷小摸的单纯意欲的专注。但是我很厌恶他的亚历山大诗体行文，假如那种半行诗神经痛让我恼火的话，那么法国人会觉得怎么样呢？他的短语有些熠熠生辉，精彩纷呈：La quenouille[,] chargée de laine purpurine —! Et tout le jour le joug tressauta sur les cous. [5]

谢默斯·奥沙利文纡尊降贵，发表了有"裹尸布"的《晨曲》，但是另一首他碰都不愿意碰。他不喜欢"擦去我们的罪"这一行，还有"炭疽"那句。[6]

乔治下周初离开，我和他见面的机会如此之少，要分裂开来的黏合面也就只有几个。有时能见到利文撒尔，对他印象不错，只是也意识到了其态度是一套不孕的程式，心中有些恐慌。对于逃离，还没采取进一步的行动。[7]鲁迪没时间亲自完成的监考都堆在我身上，还有他那个狗屁负责人和支持者戈利格的监考也推给我。[8]真是愤怒，可是只要是"当助理"就得满脸堆笑地接受，都支支吾吾得麻木了。恐怕圣诞节时去不了德国。千万写信来，行行好，别认为我的脾气太坏了。

萨姆

Amitiés à Beaufret et Thomas si tu les vois. [9]

ALS；2 张，2 面；PS，左上页边面 1；TCD, MS 10402/13。日期判定：麦格里维的著作《理查德·阿尔丁顿：一个英国人》于 1931 年 9 月 17 日由查托-温德斯出版社推出，随后的周二即 1931 年 9 月 22 日（查尔斯·普伦蒂斯致麦格里维的信，1931 年 8 月 23 日，TCD 8092/53）。贝克特的短诗《晨曲》发表于《都柏林杂志》第 6 卷第 4 期（1931 年 10—12 月），第 4 页。

1. 贝克特已收到一册麦格里维的《理查德·阿尔丁顿：一个英国人》。
2. 麦格里维从阿尔丁顿的诗歌中引用了无数段，但并未全部标明诗题；下文给出的前编号指《理查德·阿尔丁顿诗歌全集》（伦敦：阿兰·温盖特出版社，1948）中发表的文本，后面编号指麦格里维著作中对应的段落。

引自《意象》：《在古老的花园》（34；12—13）、《腊肠》（21—23；14—15）、《莱斯比亚》（28；18）、《两年之后》（44；18）、《阿马尔菲》（35；19）、《在密特里尼》（26；19）、《在地铁里》（49；23—24）、《无言的悲伤》（64；25—26）、《囚徒》（68；26—27）、《日落》（68；26—27）、《半人半羊的囚徒》（69—70；27—28）。

引自《战争意象》：《坦蒂尼》（108；28）、《轰炸》（105；29）、《村庄》（90—91；29—30）、《机枪》（93；33—34）、《墓志铭》（106—107；34）、《无忧无虑》（80；35）。

从《森林里的傻子》（193—239）中，麦格里维也引用了数个段落：（194；42）；（198；420）；（202；43）；以及两个部分（206；43）。

引自《短诗》（同时标有阿拉伯数字和罗马数字）：4（295—296；65）；IV（297；65）。

3. 麦格里维指出，阿尔丁顿和法国艺术家让·吕尔萨（1892—1966）均因一战亲身经历而与众不同，均以描述他所称的"鲜活的自然"为己任，而 T. S. 艾略特"在用语言绘制'死亡的自然'"（第 31 页）。麦格里维辩论说，一战使得阿尔丁顿和吕尔萨"让作品更接近客观现实"，但无 19 世纪的现实主义之虞，这既是因为"二人技术上的出发点不是现实主义的"，也是因为"一直在鞭策他们加以表达的主要现实，回首起来是如此广袤，如此可怕"（第 32 页）。

"d'une façon générale"（法语，"总的说来"）。

4. 贝克特交代的是 1927 年夏天他在佛罗伦萨住过的家庭旅馆，那时正值法语和意大利语本科结业考试前夕（见诺尔森，《盛名之累》，第 83—86 页）。佛罗伦萨的火车站靠近奥贝丹广场。贝克特的父亲威廉·贝克特*（1871—1933）是测算师，本来会支付房费的。

5. 维克托·贝拉尔（1864—1931）将其据称为荷马（前 8 世纪）所著的《奥德赛》法语译本称作《荷马史诗》（荷马，《奥德赛》，维克托·贝拉尔译［巴黎：纯文学出版社，1924］）。他在译序中解释说："我想，假如去除在十二个音节的序列中作为亚历山大诗体行文特征的韵律，那么我们会得到一种可以想象的散文的模式，这样就可以在法语中获取一种与荷马的原文一样的节奏。"

"半行诗"指被休止符分开的一行诗的一半或一部分。

"La quenouille, chargée de laine purpurine"（法语，"纺线车，载满绯红的羊毛"）（I，82）。第二行"Et tout le jour le joug tressauta sur les cous"（法语，"整天羁绊把在脖子上提起又落下"）算不上准确的引文，因为原文译后约有三倍的篇幅："Le joug, sur leurs deux cous, tressauta tout le jour"（法语，"套在它们俩脖子上的羁绊把，

整天价提起又落下" ）（Ⅰ，75；Ⅰ，116；Ⅱ，205）。

麦格里维推荐过贝拉尔的译著，说读起来就像小说，是一部他可以读了又读的译著（《理查德·阿尔丁顿：一个英国人》，第 17 页）。《金银岛》（1883），罗伯特·路易斯·史蒂文森（1850—1894）的小说。《雾都孤儿》（1837—1839），查尔斯·狄更斯（1812—1870）的小说。参阅贝克特阅读贝拉尔译著的读书笔记：皮林编，《贝克特的〈梦中〉笔记》，第 102—103 页。

6.《晨曲》，《都柏林杂志》第 4 期。关于两首《晨曲》，详见：1931 年 8 月 7 日的信，注 1。

7. 贝克特写的原文是"〈令人恐慌的〉"，上面插入了"不孕的"一词。

乔治·佩洛尔松与玛塞勒·格雷厄姆秘密结婚后所做的安排，也许耽搁了他离开都柏林的计划；据其回忆录所写，他是将近 1931 年 10 月中旬才离开都柏林的（《贝尔蒙回忆录》，第 332—334 页）。

8. 贝克特担任鲁德莫斯–布朗的助教，工作包括替他和威廉·亚历山大·戈利格（1870—1941）监考；戈利格 1930—1937 年任圣三一学院的教务长，在贝克特的笔下是个"要求尊重"、享用"实权"的人，但他的话常常"尖酸刻薄或者愤世嫉俗"（R. B. 麦克道尔与 D. A. 韦伯，《1592—1952 年都柏林圣三一学院学术史》［剑桥：剑桥大学出版社，1982］，第 442 页）。

9. "Amitiés à Beaufret et Thomas si tu les vois"（法语，"若见到博弗雷和托马，代我向他们问好"）。

巴黎
托马斯·麦格里维

1931 年 11 月 8 日　　　　　　　　　　　　　　都柏林

　　　　　　　　　　　　　　　　　　　　　　圣三一学院 39 号

亲爱的汤姆：

　　上周仅有一封信——您的信，再无更受人欢迎的了。都柏林的周日通常都不留情面，而今天更是如此。又是雾又是雨还有钟声和禁酒。上个周日自个儿散了一次步——从乐瑟法恩汉走到恩尼斯凯里，穿过了松树森林。一切美丽又 lancinant，在昏暗中蹒跚下山，来到恩尼斯凯里，在鲍尔斯考特·阿姆斯宾馆享用清淡的黑啤。[1]佩洛尔松说他懂得兰波，那个常常一边散步一边作诗的兰波。可是于我而言，散步时，大脑有一种最令人喜悦又忧郁的疲倦感，是种种记忆的 carrefour，多数是童年的记忆，moulin à larmes。[2]可是今天，什么都在滴水，真是无可奈何，无人可见。

在特里亚农您似乎安顿得挺舒适的。要是查托-温德斯有这个眼光，把您的诗给出版了，那我会很惊讶。希望他们这样。对于您的著作，别这么含糊其辞。Où en es-tu?[3]给您寄一本《爱尔兰出版界》。[4]要是做得到的话，乐意拯救您的盘中餐。找谁呢？

我不偏不倚处在死结里，人生柚木的节疤之一，但我猜想迟早会摆脱的。什么作品都写不了，甚至句子的轮廓都想象不出，什么笔记也做不成（虽然上帝知道，我有充足的 "butin verbal" 去扼杀自己有可能想要说的任何话），什么书也读不懂，goût 或者 dégoût。[5]有人赠送了一本可爱的多语对译版《贺拉斯诗集》，可我还没这份胆量去翻开它。[6]读了波伊斯的两本书：《只有马克》和《塔斯克先生的诸神》，却丝毫都不懂，心理沮丧极了。如此人为编织的黑暗，如此痛苦构造的统一的悲剧性完整感。哈代式邪恶画成了画稿。谁都在告诉我他自己是个多伟大的作家。有多了不起的风格！[7]一切都是极其灰暗的、相似的，特别是 ton serviteur。那时我期待着在圣诞节脱身——甚至如果不去德国的话，就去巴黎——可是由于镑以及一次透支还有几笔小额债务和本人支票的渺茫，觉得离乡而去做不到。这会儿觉得自己永远都脱不得身。这次会再次得到提名（sauf scandale），任期两年，专心致志于专业的无能。真的，我相信会这样。没有多少懊悔的。[8]

在下次学位授予典礼上，学校会给鲁迪颁发"文学博士"头衔。和

柯蒂斯、艾丽森［埃里森］·菲利普斯一道。又安逸又无聊。[9] ［……］

［……］

我猜想新版《转变》的消息您一点儿都没有。他们登载了本人的东西——carmina quae legunt cacantes。[10]

亲爱的汤姆，真希望能给您写一封充满欢声笑语、闲适安逸和新闻趣事的信，就像您写给我的那些。Morveux 不止，恳请您谅解。低估了这可怕的都柏林。

Pourvu que cela ne t' empêche pas de ré[é]crire. [11]

上帝保佑。有机会能很快在这里见到您吗？

　　谨上

　　　　　　　　　　　　　　　　萨姆

ALS；1 张，4 面；TCD，MS 10402/21。

1. 贝克特步行从都柏林城区以南的乐瑟法恩汉走到了威克洛郡恩尼斯凯里村的鲍尔斯考特·阿姆斯宾馆，距离约 10 英里。蒂布拉顿山森林位于都柏林郡乐瑟法恩汉以南将近 2.5 英里处。

"lancinant"（法语，"刺人的"）。

2. "carrefour"（法语，"十字路口"）；moulin à larmes（法语，"泪车"），系根据"moulin à vent"（法语，"风车"）改写而成。

3. 麦格里维当时住在巴黎 6 区沃日拉尔街 3 号的特里亚农宫宾馆。查尔斯·普伦蒂斯早就鼓励他把诗作投给查托–温德斯出版社，他也照做了；不过，正如普伦蒂斯写信给理查德·阿尔丁顿所说，查托–温德斯出版社不可能推出那些诗作（1931 年 11 月 3 日，ICSo，阿尔丁顿 68/6/5）。麦格里维继而创作小说（见 TCD，MS 8039—55）。

"Où en es-tu?"（法语，"您进展如何？"）。

4.《爱尔兰出版界》于 1931 年 9 月 5 日在都柏林创刊，声称要呈现"一个爱尔兰人的爱尔兰，一个意识到了自身伟大之处、有自信心的爱尔兰，一个懂得已经将国民凝聚成拥有自身语言和习俗以及传承已久的基督教生活哲学的不同民族的精神力量的爱尔兰"；其格言是："新闻的真实"（1931 年 9 月 5 日：第 5 版）。麦格里维投的第一篇稿子是《给爱尔兰演员的伟大基督教戏剧》（《爱尔兰出版界》1932 年 12 月 28 日：第 6 版、第 11 版）。

5. "butin verbal"（法语，"语言战利品"），指贝克特"东鳞西爪的读书笔记"（见皮林编，《贝克特的〈梦中〉笔记》，第 xvi—sviii 页）。

"goût"（法语，"趣味"）；"degoût"（法语，"反感"）。

6. 贺拉斯，《贺拉斯诗集》，让-巴蒂斯特·蒙法尔康法语翻译，哈维尔·布尔戈斯西班牙语翻译，托马索·加尔加洛意大利语翻译，菲利普·弗朗西斯英语翻译，克里斯托弗·马丁·魏兰德与约翰·亨利·沃斯德语翻译，多语对译版［拉丁语本配法语、西班牙语、意大利语、英语及德语译文］（巴黎及里昂：柯尔蒙与勃朗出版社，1834）。

7. 西奥多·弗朗西斯·波伊斯（1875—1953）写了《只有马克》（1924）和《塔斯克先生的诸神》（1924）；两部作品均由查托–温德斯出版社推出。

托马斯·哈代（1840—1928），英国小说家。

8. "ton serviteur"（法语，"您的仆人"）；"sauf scandale"（法语，"除非是谣言"）。1931 年 9 月 21 日，镑离开金本位制，接着币值就下跌 25%；爱尔兰镑比照镑确定币值。

9. 都柏林圣三一学院授予文学博士头衔给鲁德莫斯–布朗、爱尔兰历史教授埃德蒙·柯蒂斯（1881—1943）和莱基现代历史教授即《不列颠百科全书》第 11 版首席副主编沃尔特·埃里森·菲利普斯（1864—1950）。

10.《转变》的出版出现了中断：第 19—20 期于 1930 年 6 月作为合订本推出，第 21 期则于 1932 年 3 月推出；后一期刊载了贝克特的短篇《坐与歇》（第 13—20 页）。

贝克特引用了马提亚尔（原名马库斯·瓦勒留斯·马尔提阿利斯，公元 1 世纪）的一首警句诗："carmina quae legunt cacantes"（拉丁语，"人们蹲便时读的诗"）（马提亚尔，《警句诗》第 2 卷，沃尔特 C. A. 克尔译［马萨诸塞州坎布里奇：哈佛大学出版社；伦敦：海涅曼出版社，1968］，第 XII 页，第 61 页：第 10 行，第 362—363 行）。贝克特是从罗伯特·伯顿（1577—1640）的《忧郁的剖析》（1621）中引用的该诗（见皮林编，《贝克特的〈梦中〉笔记》，第 104 页）。

11. "Morveux"（法语，"流鼻涕"）。"Pourvu que cela ne t'empêche pas de ré[é]crire"（法语，"只要这不妨碍您回信"）。

都柏林，《都柏林杂志》

谢默斯·奥沙利文

［1931 年 11 月 27 日］ ［都柏林］

圣三一学院 39 号

尊敬的谢默斯：

Darf ich …?[1]

SBB

怨曲[2]

痉挛之中出门[1]

厌倦了我宝贝儿带血的痰

离开波托贝洛私人疗养院

它秘密的东西

费力地走上浪尖般陡峭危险的拱桥

在围栏的尖叫声中茫然地滚落

进入被云层掐死的

黑色西天。

楼群之上檀香树

山峦

我的头忧郁地

---

[1] 译文主要参考萨缪尔·贝克特《诗集》（海岸、余中先译，湖南文艺出版社，2016；本书中提及贝克特作品中译本，均指此版本）第 6—11 页。此处有修订。

愤怒的凝块

扦在高空勒死在风枷里

像条狗撕咬着它的惩罚。

此刻我靠着遭殃的双脚快速地走过

与青灰色的运河一起奔流；

帕内尔桥畔一条行将沉没的驳船

载着满舱的钉子和木材

在水闸流沫的回廊里轻轻地摇荡；

远处的岸边一群落魄潦倒者看似就要修补一条船梁。

随后几英里只有风

和水面上一路匍匐的鞭痕

以及向南伸展的世界

穿过一片可悲的貌似平原抵达山峦

而胎死腹中的傍晚泛起污秽的绿色

肥沃夜间的菌落

还有失效的心智

在风中失事。

我蹚水从一位略显疲惫的老人身旁经过，

德谟克利特，

在拐杖和手杖间一路小跑，

他的残肢恐怖地缠在臀下，像个爪子，抽着烟。

随后因为在一阵突发的呼喊声和急促的口哨声以及猩红色和幽

蓝的毛衣中

左侧的一块场地抬升起来

我停下脚步爬上河堤去看那场比赛。

门口坐立不安的一个孩子喊道：

"可以让我们参加吗，先生？"

"当然，"我说，"来吧。"

可是，由于害怕，他沿路走开了。

"喂，"我追着他喊，"为什么不来参加呢？"

"哦，"他心照不宣地说，

"那个场地以前我进去过，可后来被赶了出来。"

如此这般，

遭人遗弃，

仿佛入夜后自山中着火的金雀花丛中赶了出来，

或是苏门答腊岛的丛林处女膜，

那仍然臭名远扬的大王花。

接着：

一窝可悲的染上寄生虫的灰色母鸡

在下陷的田野里死个精光，

颤抖着，昏昏欲睡，靠着鸡棚紧闭的门，

毫无可见的栖息手段。

糊状的大伞菌，

墨绿色，

在我身后渗出，

像一瓶瘟疫的墨汁浸透撕碎的天空，

在我的头颅里风散发出恶臭，

水……

接着：

一路下坡从狐鹅抵达伊索尔特教堂

一只恶毒的小山羊，放逐在路旁，

远远地啄着自己那块田野的大门；

伊索尔特商店汗津津的英雄们躁动不安，

穿着周日的盛装，

在凯勒梅堡看完高坡上的投手后

匆匆下坡喝上一品脱忘忧水或魔草液或二者参半的饮品。

利菲河深潭里溺亡的黄渍；

梯子的指头勾住女儿墙，

拉客；

下水道灰色的呕吐物里警觉的海鸥一身污泥。

啊！旗帜

旗帜般的肉体在流血

流在绸缎般的大海上和北极的花朵上！

（它们并不存在）

ACI；1 张，1 面；TMS，2 张，2 面；寄往：［都柏林］克罗街 2 号，《都柏林杂志》主编，谢默斯·奥沙利文先生收；所署时间：1931 年 11 月 27 日下午；TCD，MS 4630—49/3332/1—4。日期判定：依据所署时间和贝克特 1931 年 12 月 20 日致麦格里维的信："随信寄来奥沙利文因红色的<u>痰液</u>而不会得到的诗儿！"

1. "Darf ich …?"（德语，"我可以……？"）。
2.《怨曲》遭到《都柏林杂志》的拒绝；后作为《怨曲之一》发表于集子《回声之骨》（1935），而第二首《晨曲》则更名《怨曲之二》。

巴黎

托马斯·麦格里维

1931 年 12 月 20 日

都柏林郡

福克斯罗克

库尔德里纳

亲爱的汤姆：

　　此前未及回信，见谅。各种各样可以想见的让人忧郁的状况聊作借口。得花几天时间 reintegrate 父亲的屋檐下，但我要外出，malgré tout et malgré tous，过完圣诞就走，途经比利时的奥斯坦德，辗转前往德国，无论如何远至科隆，下周六晚上从北墙[1]出发，希望（且 entre nous）几个月都不回来，只是尚未从圣三一学院辞职。¹要是必须得拒绝他们，tant pis。一个金牌得主像某个潇洒的小瘪三，会受聘代理一个学期的课，直到校方能找到某个真正负责任的人，这难道不是叫人高兴的新年小惊喜吗？²（顺便说一句，所有通常的 voeux et que tous les tiens soient exaucés.）³当然了，很可能会爬着回家，尾巴卷在跑断了的跛腿上。但也有可能不会。无论如何都见不到您吗。不知道您还在不在巴黎。跟您共度圣诞该有多棒啊，可我不想去法国——尤其不想去欢闹的马赛——也知道您不想去日耳曼尼亚，也许了了魏玛！眼下汇率低迷，u.s.w.，就抽身而去，真是疯了，但问题也真是现在就走或永远不走。⁴像往常那样，没有挨着哪条船点火！此刻就希望能从远处向船只吐火。

　　已好几次造访这里的国家美术馆，去看新购得的佩鲁吉诺名画《圣殇》。画作埋藏在一座令人生畏的发光玻璃大坝的背后，这样要看清楚

---

[1]　指都柏林利菲河北岸的东段，包括利菲河入海口的码头。

就不得不一步步地来，一平方英寸一平方英寸地看。都被修复人员搞得一团糟，好在基督和两位女性修复得不错。一个剃尽胡须、身体强健的基督，还有为斯人已去而不洒泪的痛彻。最不可思议的构成要素是颜料罐，那只多半由拉非［斐］尔添加的颜料罐。错误地挂在这厚厚的橱窗里，打着错误的灯光，这样看清画作的整体就做不到了，而且古里古怪的修补到处都是。只有基督画得充满活力，令人赏心悦目，还有那个抚摸他的大腿、为他的珍宝哀叹的女人。[5] 觉得奥彭的《雷鸟》和《洗涤间》糟糕得跟基廷的好有一比。[6]

您的小说写得怎么样了？[7] 哎，我才动笔就感觉写不下去了。[8] 刚重读了《红与黑》。对高处、梯子、哥特式柱子、露台还有侏罗纪石窟和结尾处的空中地牢如此痴迷。还有《修道院》，通篇都是同样的东西。爱捕猎小说家的家伙［。］[9]

随信寄来奥沙利文因红色的<u>痰液</u>而不会得到的诗儿！还没想把它投往别处，那时就觉着会寄给您，à tout hasard 呢。[10]

从我申请举手之劳以来，就没有佩洛尔松的消息了。又拉了这么多尿。

准备给"作家"写信祝圣诞快乐，告诉他雕像、韦伯教授和查普利佐村地产证／平克的情况。可就是不知道他在哪儿。[11]

千万把信寄到我家里（这里），不管我在哪儿，他们都会转交给我的。

　　谨上

　　　　　　　　　　　　　　　　　　　　　萨姆

ALS；1 张，4 面；印制信头；附件已不存在；TCD，MS 10402/23。

1. 贝克特尚未辞去都柏林圣三一学院的工作，但期待着于 12 月 26 日前往德国，于是把个人物品从圣三一学院 39 号搬回了福克斯罗克的家里。"reintegrate"（法语借词，"回到"）。

"entre nous"（法语，"请勿外传"）。由于圣诞节前贝克特开车出了事故，撞伤了艾思娜·麦卡锡，预想的亲朋好友的反应——"malgré tout et malgré tous"（法语，"无论有何难处，无论有谁反对"）——就变得愈加复杂。欲知贝克特离家外出的详情，参见：诺尔森，《盛名之累》，第141—142页。

2. 贝克特的辞职信或电报尚未找到，但教务长 W. A. 戈利格保存的 1932 年 1 月 20 日"董事会会议记录"上有记载，说"贝克特刚递交了辞职函"；A. J. 利文撒尔于 1932 年 1 月 20 日受聘为法语讲师（简·马克斯维尔，TCD 手稿部，2004 年 8 月 19 日；让·奥哈拉，TCD 校友会，2004 年 8 月 6 日）。

3. "voeux et que tous les tiens soient exaucés"（法语，"祝愿并期盼您的愿望皆成现实"）。

4. 麦格里维在巴黎。

就 1931 年 12 月 31 日过去的年头而言，德国马克和英镑间的汇率从 20 降到了 14（M. 爱泼斯坦编，《年鉴：1931 年国内外公共事件回顾》[伦敦：朗文－格林出版公司，1932]，第 66 页；详情参见 1931 年 11 月 8 日的信，注 8）。

"u.s.w." 是德语"und so weiter"（等等）的缩写。

5. 佩鲁吉诺的《圣殇》（NGI 942）于 1931 年 6 月 12 日由爱尔兰国家美术馆馆长（1927—1935）托马斯·博德金（1881—1961）购得。意大利翁布里亚艺术家、建筑师佩鲁吉诺（原名彼得·克里斯托弗·万努奇·佩鲁吉诺，约 1450—1523）是拉斐尔（原名拉斐尔·桑西奥，或桑提/桑西，1483—1520）的老师，基督脚下的颜料罐兴许就是拉斐尔添加上去的；佩鲁吉诺在佛罗伦萨的乌菲兹美术馆另有一幅类似的画作，只是没有画上颜料罐（恩斯特·T. 德沃德，《1200—1600 年的意大利绘画》[纽约：霍尔特、赖恩哈特与温斯顿出版社，1961]，第 397—399 页）。

6. 威廉·奥彭爵士（1878—1931），侨居伦敦的爱尔兰裔画家，1919 年巴黎和会官方画家，1921 年入选皇家美术学院；贝克特指 1930 年奥彭赠送给爱尔兰国家美术馆的自画像《死去的雷鸟》（NGI 945），以及《洗涤间》（NGI 946）。奥彭在都柏林大都会艺术学校担任过茜茜·辛克莱的老师（见诺尔森，《盛名之累》，第 140 页）。

肖恩·基廷（1889—1977），爱尔兰艺术家，奥彭的学生，在阿兰群岛作画 4 年，是一名以工笔技艺著名的传统派；他 1923 年入选爱尔兰皇家艺术学院（都柏林），但 1962 年为表达对当代艺术的抗议而退出该院。

7. 麦格里维未及出版的小说临时取名为《我也不会》（TCD，MS 8039/55）。

8. 贝克特正在创作短篇小说；后来那些短篇插入了长篇小说《梦中佳人至庸女》和短篇集《徒劳无益》。

9. 贝克特指司汤达（原名马利－亨利·贝尔，1783—1842）的《红与黑》（1830）和《帕尔马修道院》（1839）。

10. 贝克特随函附上了《怨曲》（后改名《怨曲之一》），该诗开篇为"痉挛之中出门 / 厌倦了我宝贝儿带血的痰"。

"à tout hasand"（法语，"万一您感兴趣"）。

11. 贝克特寄给詹姆斯·乔伊斯由乔伊斯代理商拉尔夫·平克转交的信尚未找到；当时乔伊斯也许去巴黎了，住在帕西区的圣菲利伯特大街 2 号（罗丝，《詹姆斯·乔伊斯的文本日记》，第 190 页）。

托马斯·埃比尼泽·韦伯（1821—1903），道德哲学教授，后任钦定法学教授，都柏林圣三一学院发言人。韦伯翻译了歌德的《浮士德》（1880），还在最后一部著作中推定弗朗西斯·培根爵士（1561—1623）是莎士比亚作品的作者。

查普利佐村位于利菲河北岸的岛桥和帕默斯顿之间；传说该地与爱尔兰国王安圭谢的女儿伊索尔特有关。在《芬尼根守灵夜》中，安娜·利维娅·普鲁拉贝尔的丈夫汉弗利·钱普顿·壹耳微蚵在查普利佐村拥有一处客栈。

1932 年年表

1932 年 1 月	贝克特待在卡塞尔。给萨缪尔·帕特南寄去两首诗,投往《新评论》。
1 月 20 日	据董事会议记录,辞去都柏林圣三一学院的职位。
2 月 2 日	在巴黎。参加乔伊斯的 50 岁生日派对。
2 月 8 日前	提议为查托–温德斯出版社的"海豚丛书"撰写一篇关于纪德的文章,遭到普伦蒂斯的谢绝。
2 月 16 日	艾蒙·德瓦勒拉就任爱尔兰首相。
2 月 20 日	贝克特与普伦蒂斯和麦格里维在巴黎共进午餐。
3 月	贝克特的短篇《坐与歌》和宣言《诗系垂直》(贝克特的名字系增补)在《转变》发表。
4 月	《新评论》发表诗歌《文本》。
5 月 7 日	法国总统保罗·杜梅遭谋杀,所有在法外籍人士的旅行证件接受严格检查;贝克特没有有效证件,只得与艺术家让·吕尔萨同住,直到办好居留许可证。
5 月 7 日后	爱德华·泰特斯购得贝克特翻译的阿蒂尔·兰波诗歌《醉舟》。

6 月	贝克特创作诗歌《家园奥尔加》。
6 月 28 日前	把更多的诗和 / 或长篇小说《梦中佳人至庸女》手稿的一部分寄给萨缪尔·帕特南。
6 月 29 日	把《梦中佳人至庸女》寄给普伦蒂斯。
7 月 5 日	普伦蒂斯寄回对《梦中佳人至庸女》的审稿意见。
7 月 12—13 日	贝克特连夜坐船从巴黎前往伦敦。
7 月中旬	收集教学申请的证言。
7 月 20 日	与查尔斯·普伦蒂斯共进晚餐。把诗作交给普伦蒂斯。
7 月 22 日	申办大英博物馆的读者证。
7 月 27 日	普伦蒂斯寄回贝克特的诗作。
7 月 29 日	拿着麦格里维的介绍信、小说《梦中佳人至庸女》及诗作前往霍加斯出版社。见到德斯蒙德·麦卡锡。向教学代理机构特鲁曼与奈特利提交申请。
8 月	《此季》发表贝克特翻译的保罗·艾吕雅、安德鲁·布列塔尼和勒内·克勒韦尔作品。
8 月 17 日	贝克特与《新政治家》的埃利斯·罗伯茨会面，后者鼓励他投寄关于纪德的文章。
8 月 18 日前	霍加斯出版社寄回《梦中佳人至庸女》及诗作。凯普寄回《梦中佳人至庸女》。贝克特将该小说投往格雷森出版公司，将诗作交给《旁观者》的德里克·弗斯科伊尔；两者均被退回。
8 月 25 日前后	贝克特回到都柏林。
8 月 30 日	将诗作寄给威沙特。
9 月 13 日前	创作《小夜曲之一》初稿。鲁德莫斯–布朗协助贝克特寻找"苦差事"。

10月8日前	与哥哥弗兰克一道去戈尔韦、阿克尔和康尼马拉旅行，那是贝克特第一次去爱尔兰西部。《同时》接受《家园奥尔加》投稿。泰特斯同意将短篇《但丁与龙虾》刊发在《此季》。贝克特将《小夜曲之一》寄给麦格里维。
10月18日前	格雷森退回《梦中佳人至庸女》。贝克特将其寄给爱德华·泰特斯。
11月4日前	将《小夜曲之二》寄给麦格里维。
11月6日前	将两首诗寄给乔治·雷维，即《小夜曲之一》和后来定名的《脓液之二》。
12月	《此季》发表《但丁与龙虾》。
12月1日	贝克特做颈部囊肿和趾骨锤状变形手术；在疗养院住到圣诞节。
12月26日	步行到多纳贝特和波特雷恩疯人院。
12月31日	与约·霍恩在基利尼共进晚餐。

法国

萨缪尔·帕特南

[1932 年] 4 月 3 日 巴黎 6 区

沃日拉尔街

特里亚农宫宾馆

尊敬的帕特南：

感谢您对 ecco 拙作的校正。[1]

很想知道您是否收到了本人大约 1 月中旬从德国寄来的两首诗。一首长诗和一首短诗。[2]假如您尚未采用，本人可以撤回来吗？

希望有一天能见到您。[3]干吗不找个您进城的日子呢？下午本人一直在宾馆里。

向您太太致以最诚挚的问候［。］

此致

萨姆·贝克特

ALS；1 张，1 面；NjP，萨缪尔·帕特南《新评论》通信，C0111/1/9。日期判定：从 1932 年 2 月上旬以来，贝克特一直住在特里亚农宫宾馆。

1. 贝克特的散文片段《文本》发表于《新评论》第 2 卷第 5 期（1932 年 4 月），第 57 页。"ecco"（意大利语，"此处"）。

2. 贝克特 1932 年 1 月从德国寄给帕特南的诗尚不明所指。其中的"长诗"也许指未发表的《春之歌》，"短诗"也许指《多特蒙德》（14 行，写于卡塞尔），《秃鹫》（6 行，受歌德《冬游哈尔茨山》的启发而作），或者《守护精灵》（受歌德《讽刺诗》的启发）（《春之歌》，TxU，利文撒尔，及 TxU，贝尔蒙）。

3. 帕特南与妻子丽娃（1893—1979）住在丰特奈－欧罗斯。

巴黎
萨缪尔·帕特南

1932 年 6 月 28 日 　　　　　　　　　　　　巴黎

　　　　　　　　　　　　　　　　　　　　　沃日拉尔街 3 号

　　　　　　　　　　　　　　　　　　　　　特里亚农宫宾馆

尊敬的帕特南：

随信寄来最新片段，绝对的最新幻象［。］[1]

本人迈出迅捷的一步来到背阴处，用花了数年时间才掌握的柏拉图式挥手姿势将它们呈交。

感谢您在给蕾维［雷维］所写序言中的美言。但本人发誓，临死前必超过乔伊斯。真的。[2]

能不能告诉本人您是否收到拙作，对它们有何看法。

T. 麦格先生倒是很想了解，您是否收到了他从泰特先生身上弄来的皮屑。[3]

何时能与您邂逅呢？

Tanti saluti[4]

s/ 萨姆·贝克特

TLS；1 张，1 面；印制信头；NjP，萨缪尔·帕特南《新评论》通信，C0111/1/9。

1. 贝克特也许寄去了几首诗或《梦中佳人至庸女》手稿的一部分。《新评论》最后一期于 1932 年 4 月出版。不过，帕特南竭力要继续出版。1932 年 8 月 22 日，他给乔治·雷维写信道，"至于《新评论》何时再版，眼下我还说不准。但说得准的是，它终归会再版"；1932 年 9 月 13 日，他又写道，"《新评论》在续刊，今秋三倍数"（TxU，未编目雷维信函，15）。

2. 乔治·雷维将《浮士德的变形：诗集》（法国塞纳省丰特奈－欧罗斯：新评论出版社，1932）献给萨缪尔·帕特南。在为该书所写导言中，帕特南这样评价雷维：

> 乔伊斯之后具有一定影响力和一定前途的三四个爱尔兰年轻人之一。有萨缪尔·贝克特，有托马斯·麦格里维……每个人……大抵都是在走自己的路，选择自己的潮流。贝克特是最切近乔伊斯的，也许太切近了；但接着，他在乔伊斯已搁置一边的诗歌中看到了自己的责任——也许如兰波所说，就是在同一时刻表达热切的虚无观和超验观的责任。（第 7—8 页）

在为《欧洲大篷车》英国和爱尔兰部分所写导言中，雅各布·布罗诺夫斯基认为贝克特的诗与乔伊斯有关："在爱尔兰诗歌中有一个乔伊斯指定的方向，比如说在贝克特的较晚作品中就有。"（第 436 页）在为贝克特诗歌所写序言中，布罗诺夫斯基写道，贝克特"已将乔伊斯的方法用于自己的诗歌，取得了原创的效果。其冲动在于抒情，但由于这一影响及普鲁斯特和历史方法的影响，其冲动已趋深化"（第 475 页）。

3. 尽管麦格里维给美国诗人艾伦·泰特（1899—1979）的《1928—1931 年诗集》（1932）写了书评，但该书评没有在《新评论》发表（TCD，MSS 8009/4）。

4. "Tanti saluti"（意大利语，"致以诚挚的问候"）。

伦敦，大英博物馆

[乔治·希尔爵士]馆长

1932 年 7 月 22 日　　　　　　　　　　[伦敦]中西 1 区

　　　　　　　　　　　　　　　　　格雷律师学院路

　　　　　　　　　　　　　　　　　安普顿街 4 号

尊敬的先生：

　　本人提出申请，希望得到进入大英博物馆阅览室查阅资料的许可。本人借阅过的地方，有都柏林圣三一学院图书馆、爱尔兰国家图书馆、巴黎高师图书馆、巴黎圣热内维耶弗图书馆以及法国国家图书馆。[1]

　　大抵说来，本人需要查阅的是比其他藏书处更详尽的法语和意大利语原著。本人最关切的是 18 世纪大革命之前的小作家。本人已被迫中断对詹巴蒂斯塔·维柯和维托里奥·阿尔菲耶里的研究；之前已在巴黎刻苦攻读了数月，但苦于各种原著的匮乏而停滞不前：特别是维柯的《仇法者》和《普世权》，以及阿尔菲耶里的《自传》。[2]

　　随信寄来本人出版商查托–温德斯先生的介绍函。[3]

　　相信您会乐于批准本人的申请。[4]

　　　　此致

　　　　　　　　　　　　s/

　　　　　　　　　　　　（萨缪尔·贝克特）

中西 1 区

大英博物馆

馆长收

附寄

122

TLS；1 张，1 面，及附寄查尔斯·普伦蒂斯、查托-温德斯 1932 年 7 月 21 日的介绍函（TLS）；大英博物馆档案部；备份 UoR，MS 5047。

1. 圣热内维耶弗图书馆即巴黎-索邦大学图书馆。

2. 在 1720—1722 年推出的《普世权》中，意大利历史学家、社会理论家詹巴蒂斯塔·维柯（1668—1744）就普世法进行了细致的探讨。意大利诗人、剧作家维托里奥·阿尔菲耶里（1749—1803）著有《仇法者》（1799 年，讽刺著作，兼用诗体和散文）和《维托里奥·阿尔菲耶里自传》（1804）。贝克特误把维柯当作了《仇法者》的作者。

3. 查尔斯·普伦蒂斯给大英博物馆馆长写信道："我们热诚推荐萨缪尔·贝克特先生向大英博物馆申请阅览室读者证。近两年来，我们对他已有所了解，出版了他的书册《论普鲁斯特》；我们认为，他会是一个十分合适的读者证持有人。他在都柏林圣三一学院教过书，也在那里拿了学位，还在巴黎高等师范学校教过书。他计划研究 18 世纪文学。"（1932 年 7 月 22 日，大英博物馆档案部）

在《无垠的平原：一个意大利人的传记》（［纽约：E. P. 达顿出版公司，1938］第 16 页）中，贝克特在圣三一学院的意大利语教授沃尔特·斯塔基对阿尔菲耶里进行了评述。

4. 1932 年 7 月 23 日，大英博物馆通过第 3398 号告知函通知贝克特，他将获颁为期 6 个月的读者证；该告知函上端标有编号：B 51078，日期判定为 1932 年 7 月 28 日（大英博物馆档案部）；1934 年 9 月及 1937 年 10 月，该证进行了续期。

凯里郡塔伯特镇
托马斯·麦格里维

［1932 年］8 月 4 日

［伦敦］中西 1 区
安普顿街 4 号

亲爱的汤姆：

真庆幸，那时伦敦和塔伯特镇之间的联系如此畅通。见到杰克·叶芝真好。可现在不畅通了。问题依然是，我的老爸是不是有所触动——但不知道弗兰克眼下怎么样。给他生日写信，给他寄文章，可啥回信都没有。收到了老妈写来的一封亲切的信，估计是在您离开后的那天，在斯威策百货写的："回家。"[1]眼下到了这儿，光完善自己的睡眠方［法］论，几乎不干别的。没勇气去艺术馆，去宫殿。去了圣保罗大教堂，觉得十分丑陋。绕了塔楼外墙一周，省下 6 便士的门槛钱。[2]来到码头边坐下，望着小轮船划开流水，从大桥下驶过，要是有大船要过去，大桥就打开。Très émouvant，[3]这就是眼下所做的——大约 2 点出门，找个地方坐着，直到酒吧开门，然后大概 7 点回到这儿，烧块猪肝，读读《新闻晚报》。[4]再也受不了大英博物馆了，吃不消柏拉图、亚里士多德，还有诺斯替教徒的书。[5]昨天买了《物种起源》，花了 6 便士，从没读过文笔这么差劲的掺水读物。只记得一件事：蓝眼的猫总是耳聋（变异的相关性）。[6]读完了《名利场》，还有《孔对孔》。一部让人痛苦不迭的作品。从今天算起，一周之后唯一忘不了的情节只是斯班德瑞尔鞭打毛地黄。[7]今天买了《白鲸》，花了 6 便士。货真价实一些。白鲸与自然的虔诚。[8]睡得越来越多——一觉就是 10 个小时。希望一觉睡个 20 个小时。一周前的今天您离开以来，我还没张开过嘴，除了在酒吧和杂货店：向傲慢的酒吧服务生和心黑的杂货店主张嘴说话。去哪儿呢，没有主意。猜想得回家。还没试过写点什么。动笔这个主意本身似乎都有点荒唐。我心不在焉，泼了一瓶墨水在可怜的《宫娥》上。[9]上周五出了远门，拿着信、《梦中佳人至庸女》、几首诗和您的推荐信去塔维斯托克广场找霍加斯出版社。可是伍尔夫先生去乡下了，估计 9 月份才会回来。老板秘书说，她会把这一摞东西转交给他。说不定她已经转交了，可迄今没收到任何回音[10]给那个死混球麦卡锡打电话，打了大约 50 次才找到人。他似乎根本就没理睬我的稿子。也是在上周五，我问他，可否替格雷森给我写个收据，寄给我。好的，他会当天上午就给打字员口授。

他会提议写阿尔菲耶里，他会提议写维柯，他会提议既然有了我的稿子，那就写我，他会最要紧的事就首先办，把收据寄给我。说完就没有动静了。[11] 三封推荐信我留了几份给特鲁曼与奈特利，还填了一份详尽无遗的表格，里面问到了我是否擅长音乐。把所有的信息都想到了，都填进去之后，发觉自己的资历真是棒极了。我走出那个地方，期待着次日上午收到的第一封信就说，他们会把约翰内斯保［约翰内斯堡］或别的哪个大学副校长的位子交给我。[12] 此（上周五：这些 démarches 都是上周五在一种急躁中采取的）后却毫无音讯。不知道老爸会不会招收我到他的办公室干活。弗兰克就是那样的。在印度干了 3 年后，他就回家，到了老爸的公司。[13] 现在，瞧瞧他，开着小车，戴着圆顶礼帽。今天傍晚在《新闻晚报》上看到，在西印度群岛待了 3 周后，南希就回到了哈莱姆，之前她在牙买加受到了金斯顿国王的欢迎，受到了马克斯·加维黑人协会的款待。[14] 没有泰特斯的消息，没有吉尔伯特的回音，没有约拉斯的来信。[15] 今天傍晚收到您的来信，这是一周来收到的第一封信。

要是能编造出某个托辞，写一首诗、一个短篇或别的什么的托辞，那我就会全然无恙。假想自己已是全然无恙。可是有时，一想到写作之痒治好了，我就感到恐惧。心里在想，这是这闷骚的地方及其闷骚的天气所致。致死的雷电还有倾盆的大雨。

今天下午到了圣詹姆斯公园，坐在一张 2^d 帆布折叠椅上，看到一个小男孩时忽然心有戚戚，几乎落下了泪。他在同保姆玩"空巴士"游戏，还叫她奶妈；保姆的表情如残破的花岗岩那般，和我自己的保姆结婚前的表情毫无二致，她后来嫁给了花匠，成了被子植物。憋得没办法，跑到马戏场地铁站撒了一泡尿，回到那张折叠椅跟前时，却发现他们不见人影了。[16] 我想和奶妈一起走。过不了多久我会拍电报，让老妈过来，吻着我睡觉。陷入情网，写许多情诗：生个小孩好雇个奶妈。她得长个草莓鼻子，得吸丁香精油，要不至少是薄荷精油。她用网袋提着他的大球，一个青苹果俩人一起分享。

也许把查尔斯的书给他拿回来时，会从他那儿榨取一杯免费的饮料。随诗附寄一张便条："一种新鲜且奇怪的经历……要是他愿意陪我飞过更长的航程的话就好了：非常抱歉，非常非常抱歉。"[17]也许明天上午，会收到伍尔夫寄来的诗歌和《梦中》的清样，要不就是担任伊丽莎白公主的家庭教师、出入佛罗伦萨豪庭的请柬。今天是她母亲的生日。希望公爵"野营"回来安然无恙。社交新闻我可是灵通得很。不列颠尼亚的旗杆帽从吃水线算起有 171 英尺高，挂着价值 3 000 镑的帆布：只比地铁站的办公室低 8 英尺！格兰迪来了。镑汇率是 89。[18]

哎，亲爱的汤姆，原谅我这番哀诉。我心情沮丧，犹如爬满鼻涕虫的大白菜那样。希望您在都柏林一帆风顺。还希望您同"话匣子"有进展。[19]以及最诚恳的祝愿。还有，请快点儿写回信。

此致！

萨姆

ALS；3 张，3 面；年份由 AH 用墨水添加；TCD，MS 10402/28。日期判定：年份据 1932 年 8 月 4 日的《新闻晚报》确定。

1. 7 月底，麦格里维从巴黎前往塔伯特镇的老家，先途经伦敦，再途经都柏林，在那儿看望了杰克·叶芝。麦格里维致贝克特的信尚未找到，因此他向贝克特转告了关于贝克特一家的什么情况就不得而知了。

弗兰克·贝克特的生日是 7 月 26 日。玛丽亚·琼斯·罗·贝克特（又称梅，1871—1950），贝克特的母亲。

斯威策百货商店位于都柏林格拉夫顿街 92 号。

2. 伦敦圣保罗大教堂的上半部分可走楼梯上去；进入较矮穹顶里的"耳语画廊"、穹顶基座外围的"石头画廊"和大教堂"藏书室"，收费共 6 便士（芬德利·莫海德编，《精编伦敦指南》［伦敦：欧内斯特·本出版社，1933］，第 119 页）。

3. "Très émouvant"（法语，"动人极了"）。

4.《新闻晚报》（伦敦）（1881—1980，1987）。

5. 柏拉图（约前 428—前 348）、亚里士多德（前 384—前 322）及诺斯替教徒（中东思想家，前 2 世纪—4 世纪）。参考贝克特关于前苏格拉底哲学的读书笔记：TCD，MS 10967；埃弗里特·弗罗斯特与简·马克斯维尔，《TCD，MS 10967：西方哲学史》，见《笔记汇编全息》，*SBT/A* 特刊第 16 期（2006），第 67—89 页；阿克利与贡塔尔斯基，《格罗夫版萨缪尔·贝克特导读》，第 18、229—230、442—443 页。

6. 查尔斯·达尔文（1809—1882）写道："相关性的有些例证是不合常理的：因而蓝眼的猫总是耳聋；色彩和体质的独特性相互关联。"（《物种起源：第一版摹本》[1859]［马萨诸塞州坎布里奇：哈佛大学出版社，1964］，第 11—12 页）

7.《名利场》（1847—1848），英国小说家威廉·梅克皮斯·萨克雷（1811—1865）的作品。在英国小说家、杂文家阿道司·伦纳德·赫胥黎（1894—1963）的小说《点对点》（1928）中，人物莫瑞斯·斯班德瑞尔对传统的上帝观和自然观愤慨之至，做出了鞭打毛地黄的举动（《点对点》［纽约州加登城：道布尔迪－多兰出版公司，1928］，第 343—344 页）。

8.《白鲸》（1851），美国小说家赫尔曼·麦尔维尔（1819—1891）的代表作。

9. 贝克特也许是指伦敦"华莱士收藏馆"展出的西班牙画家委拉斯开兹（原名迭戈·罗德里格斯·德席尔瓦－委拉斯开兹，1599—1660）名画《宫娥》（约 1640—1642）的复制品。

10. 贝克特的投稿信和麦格里维的推荐信均未找到。霍加斯出版社位于塔维斯托克广场 52 号，由英国作家、出版家伦纳德·西德尼·伍尔夫(1880—1969)和弗吉尼亚·伍尔夫（原名艾德琳·弗吉尼亚·斯蒂芬，1882—1941）任总编。

1932 年 6 月 29 日（查尔斯·普伦蒂斯致理查德·阿尔丁顿的信，1932 年 7 月 1 日，ICSo 阿尔丁顿 68/6/7），贝克特把《梦中佳人至庸女》寄给了查托－温德斯出版社。1932 年 7 月 5 日，普伦蒂斯给贝克特回信，谈了自己对该小说的看法：

> 读《梦中》费了不少神。但它是个陌生的东西，我不知道如何从出版的角度对它做出反应；我们得坐下来好好谈谈。［……］那个派对、北极熊、船舷从卡克斯［库克斯］港吐出的那段写得引人入胜。这些地方你处于最佳状态，摆脱了乔伊斯的影响，独立自主，而且语言之美妙、之精确令我无比感动。（UoR MS 2444 CW 信件誊写簿 39/478）

在《梦中》交由第二人审读期间，贝克特就自己与普伦蒂斯的对话做了进一步的转述："谈及这部小说时，查尔斯虽然极尽巧舌之能地加以美言，但似乎还是有点儿尴尬。我觉得拙作几乎已遭拒绝。"（贝克特致麦格里维的信，［1932 年］7 月 14 日，TCD，MS 10402/27）查托的评价是负面的（UoR，MS 2444 CW 信件誊写簿 140/164）。后来贝克特拿着小说和诗歌去了霍加斯出版社。

贝克特对诗歌何时发表的预期并不乐观。1932 年 8 月，约翰·莱曼（1907—1987）忽然离开霍加斯出版社的岗位；正是他提议霍加斯出版社推出现代诗歌集《新签名派》，该集子 1932 年 2 月出版，编辑迈克尔·罗伯茨（原名威廉·爱德华·罗伯茨，1902—1948）。此外，伦纳德·伍尔夫和多萝茜·维尔利·威尔斯利（原姓阿什顿，"霍加斯版在世诗人"丛书的赞助人，1889—1956）有着严重的分歧。因此，1932 年 7 月至 1933 年 3 月，霍加斯出版社没有推出任何诗作（约翰·莱曼，《自传》第 1 卷，《耳语画廊》［伦敦：朗文－格林出版公司，1955］，第 194—206、260—261 页；伦纳德·伍尔夫，《一路下坡：1919—1939 自传》［伦敦：霍加斯出版社，1967］，第 176—177 页）。

通常，投往霍加斯出版社的小说先由伦纳德·伍尔夫或者约翰·莱曼筛选，然后送交弗吉尼亚·伍尔夫审终；鉴于当年夏季弗吉尼亚病得厉害这一事实，且在没有投稿或退稿记录的情况下，约翰·H. 威利斯（《伦纳德和弗吉尼亚·伍尔夫的出版生涯：1917—1941 霍加斯出版社》，1992）猜测，贝克特的小说和诗歌早被莱曼退稿了，"没有送到伍尔夫夫妇或者威尔斯利的手上"（约翰·H. 威利斯，1993 年 11 月 16 日）。

11. 英国记者德斯蒙德·麦卡锡（1877—1952）是《新政治家》的文学编辑（1921—1927），《人生与文学》（1928—1935）的主编（1928—1933），及《星期日时报》的资深文学评论员（1928 年起）。先天傍晚与贝克特见过面后，查尔斯·普伦蒂斯就寄了一册《论普鲁斯特》给麦卡锡（普伦蒂斯致贝克特的信，1932 年 7 月 21 日，UoR MS 2444 CW 信件誊写簿 140/181）。

西里尔·康诺利写到过德斯蒙德·麦卡锡："在任何意义上，他都是最慷慨的人。提携年轻作家时，他真的付诸行动，帮他们找工作，给他们借钱，仔细研究每一位作家可能因此成名的特有原创性……不过，其懒惰正如其不守时的习性，也是众所周知的。"（德斯蒙德·麦卡锡，《回忆录》，西里尔·康诺利所写"序言"［伦敦：麦吉本与基出版社，1953］，第 10 页）

格雷森出版公司位于伦敦西 1 区梅费尔的柯曾街 66 号，是刚改组成立的家族公司；1932 年之前，该公司前身为伊夫利·纳什与格雷森出版公司。

12. 三封推荐信分别由坎贝尔学院院长（1922—1943）达夫·吉本（1890—1955）、鲁德莫斯－布朗和让·托马所写（后两封于 1937 年 7 月 29 日寄出；开普敦大学档案馆）。特鲁曼与奈特利学术代理有限公司位于伦敦西 1 区康迪街 61 号，是《学校》和《名家生涯杂志》的出版商。

贝克特指特沃特斯兰德大学，该校 1922 年创建于南非的约翰内斯堡。

13. "démarches"（法语，"步骤"）。

弗兰克·贝克特 1927 年至 1930 年待在印度，后回到都柏林，加入贝克特与梅德卡尔夫测算事务所。

14. 据《新闻晚报》的报道，经为期三周的西印度群岛之行后，南希·丘纳德回到了纽约："上月在牙买加，她受到了金斯顿最高行政长官的欢迎，还受到了马克斯黑人协会的款待……终于回到纽约后，丘纳德小姐在哈莱姆的一家宾馆住了一段时间，专门为正在就黑人所写的书籍收集资料"（《南希·丘纳德小姐再次历经"肤色问题"之行后回到了纽约》，《新闻晚报》，1932 年 8 月 4 日：第 7 版）。在"全球黑人进步协会"于雪绒花公园举行的招待会上，金斯顿最高长官、官佐勋章获得者阿拉蒙特·E. 德克斯塔对丘纳德表示热烈欢迎（《南希·丘纳德小姐在有色人种派对上受到欢迎》，《格里纳日报》，1932 年 7 月 29 日：第 18 版、第 23 版；安·奇泽姆，《南希·丘纳德传》[纽约：阿尔弗雷德·A. 克诺夫出版社，1979]，第 203 页）。

马克斯·加维（原姓莫莱尔，1887—1940）黑人协会于 1914 年创建，分"全球黑人进步与保护协会"和"非裔社群联盟"两个组织；加维于 1927 年 11 月被美国驱逐出境，但在牙买加仍努力推进自己的事业（E. 戴维·克罗农编，《马克斯·加维》，"名人往事"系列[新泽西州英格伍德克里夫：普伦蒂斯-霍尔出版社，1973]，第 17、24 页）。

15. 贝克特已把《但丁与龙虾》（后列为短篇小说集《徒劳无益》的首篇）投给美国出版商爱德华·威廉·泰特斯*（1870—1952），当时泰特斯侨居巴黎，任《此季》主编。贝克特已把关于詹姆斯·乔伊斯的藏头诗《家园奥尔加》投给了《同时》的编辑（1931—1934）斯图尔特·吉尔伯特。也许贝克特已期待欧仁·约拉斯汇来短篇《坐与歌》的稿费。尽管贝克特可能还把《梦中佳人至庸女》手稿中的别的选段投给了约拉斯，但直到第 24 卷（1936 年 6 月），《转变》才再次发表贝克特的作品。

16. 贝克特把在伦敦圣詹姆斯公园所见的奶妈比作了自己的奶妈布布。贝克特所说的"马戏场地铁站"指皮卡迪利广场车站。

17. 查尔斯·普伦蒂斯给贝克特写信道，"希望能陪你飞过更长的航程"。他钦佩《春之歌》的美与恐怖，还有《有一方乐土》的惊悚。普伦蒂斯称颂《晨曲之二》"超级棒"，但觉得该诗不如"另两首那么重要或者有分量"。最后，他带着歉意写道，"我感觉查托的编辑室不能拿这几首诗怎么样"，不过于他而言，这几首诗意味着"一种罕见而陌生的经历开始了"。普伦蒂斯道歉说："再次让你失落，我心有不忍；非常非常抱歉。"（1932 年 7 月 27 日，UoR MS 2444 CW 信件誊写簿 140/274）《春之歌》一直未发表。"有一方乐土"是以《脓液之二》为题发表的诗歌的首行，很可能正是该诗的暂定标题；"晨曲之二"是《怨曲之一》原来的标题。（诺尔森，《盛名之累》，第648页，注80；约翰·皮林，1995年4月21日；见1931年8月7日的信，注1）

18. 约克郡公爵夫人伊丽莎白（全名伊丽莎白·鲍斯-莱昂，1900—2002）是约克郡公爵阿尔伯特王子的配偶，其32岁生日为1932年8月4日；二人的女儿伊丽莎白公主（1926年生，后为伊丽莎白女王二世）当年6岁。1932年8月6日周六，皇家赛艇"不列颠尼亚号"结束了在考斯举行的为期一周的比赛，暨"皇家伦敦游艇俱乐部赛艇大赛"（《泰晤士报》，1932年8月6日：第6版）。

迪诺·格兰迪（1895—1988）1929年至1932年任意大利外交部长，1932年至1939年任驻英国大使；1932年8月3日傍晚，格兰迪到达伦敦向英国国王递交国书（《泰晤士报》，1932年8月4日：第10版；《泰晤士报》，1932年8月10日：第13版）。

1932年8月4日，法郎与镑的汇率是89：1。

19. 麦格里维希望，阿比剧院的制片人伦诺克斯·鲁宾逊能喜欢自己翻译的亚历山大·普希金话剧《鲍里斯·戈都诺夫》（伦诺克斯·鲁宾逊，1932年9月11日；TCD，MS 8026）。

麦格里维眼里的"话匣子"（Talky）所指不明；在1932年8月30日致麦格里维的信中，贝克特再次提到了"话匣子"（talkie）（TCD，MS 10402/30）。

凯里郡塔伯特镇
托马斯·麦格里维

［1932年8月］18日

［伦敦］中西1区
安普顿街4号

亲爱的汤姆：

得知您的书又在往下写，心里真高兴，希望在您的下一封信中读到它的好消息。[1] 您就共产主义潜流所写的内容让人惊讶。[2] 或者说，我以为大家应当惊讶。心想，唯一会让我对爱尔兰或任何别的国家感到惊讶的事情，无非是把它建设成比这一切 faex 的内核更加令人厌恶的便于生活的国度。还有热浪……³ 今天傍晚给家里写了信，要回家的路费。收信地址是库尔德里纳。继续赖在这儿毫无意义了。这一个月的卑躬屈膝、点头哈腰和苦苦央求，什么都没换来，只有伦敦佬油腔滑调的歉意。书稿从霍加斯出版社退了回来，而几首短诗呢，只换来了正式的退稿单。伍尔夫只字未回。他出伦敦了，正如我带稿子到您那儿时跟您说的。敢打包票，我的手稿从未离开伦敦，而且十有八九也从未进入过他的视野。可他一定收到过我的信。或许该轮到他进精神病院了。无论如何，真是 tant piss。⁴ 后来把书稿交给了格雷森和凯普。昨天凯普把它寄了回来。他们的审读意见"让他们没有理由跟我洽谈出版权事宜"。要是能看到其中的几份审读意见，那倒会饶有趣味。⁵ 迄今还没有格雷森的回音。去出版社的时候，见到了鲁伯特·格雷森，也就是"亨利爵士的作家儿子"。外表像个不赖的布丁。他至少答应了我，说要是不接受书稿，他们一定会告诉我其中的原因。⁶ 那样的答复读起来令人愉快。顺道去见了德里克·弗斯科伊尔，《旁观者》的文学编辑，我还在任教期间他装成学生在都柏林圣三一学院听课。把三首最新的短诗交给了他。今天傍晚诗稿退回来了。⁷ 他没有书稿要审读。但他非常友好地接待了我，给了我一支雪茄。昨天去见了埃利斯·罗伯茨先生，《新政治家》的总迷糊。他没有书稿要审读。他说自己［对］谈［论］纪德的文章兴许会有兴趣，要把那位艺术家们［原文如此］的人生沉浮都写进去，从《安德烈·沃尔特》写到《俄狄浦斯王》，篇幅不超过 1 800 个单词；或者谈［论］维柯的现代性的文章，篇幅要相同。⁸ 我答应竭尽全力。可是，这当然是做不到的。才不相信自己能就哪个狗屁主题拼凑出十几个词。可是罗伯茨先生也友好地接待了我，给了我一杯茶。老爸宅心仁厚，寄来了一张 5 镑的支票，[1] 是上周六上午收到的。我把支票放在抽屉里，昨天去取。

---

[1]　1932 年（美欧经济危机期间），5 镑相当于大学教师半个月的薪水，算得上数额不菲，因此在下文中，房东发毒誓来撇清关系。

支票不见了。临时房客也不见了。是房客拿了，索森太太拿了，还是白痴西普拿了，无从知晓。昨天傍晚，索先生装出一副罕有其匹的伦敦佬苦恼相的样子。失窃的事儿以前从未有过，这些年来从未有过，这一点似乎借住在厨房里的房客能够作证。索先生宁愿失去自己的下睾丸，也不想让这样的灾难发生。Villeggiatura就此打止。心想自己可以赖在床上，直到家里寄来新的支票，直到"家人两眼发蓝"。[9]还没去见普伦蒂斯。明天会把他的书给他拿回来，开始打扫排水孔。[10]特[鲁曼]和奈[特利]给了我招工通知，有康沃尔郡、德文郡、德比郡的，有本地的，还有萨塞克斯郡和巴塞尔市的；最后这个岗位是去贝立兹学校当英语教员，每月275法郎，每周40小时！想法衣旧[原文如此]，要是此刻没有这么疲倦，没有空乏其身，那就申请。去没有爱的巴塞尔，好过去D. D. D.，那儿的垫子上只有伤感的大杂烩等什物。[11][……]确实害怕回到都柏林，回到故土，可是在这个时期别无他故。说起去老爸的办公室谋生时，我没有当真。那间办公室没有地方再容下一个职员，即使有地方，我也真的干不了那活儿。[12]得是私立学校、培训学院什么的，像笨拙的安迪[1]在车库里，在家里的后花园里。要是我甚至能补好轮胎的孔，那该有多好。

热浪袭人，今天树荫下都飙升到华氏92度了。遇见了阿蒂·希利斯，您记得的，就是高师那个慷慨的音乐morpion，他借给我一镑，请我免费住到汉普斯特德去，下周一就去。[13]但眼下搬地方，不值得我花这个时间。假如他们不再次接济我住在这儿，那我就不再付任何房租，一收到路费就会扫地出门。过些天有机会在都柏林和您见个面吗？曾想一口气冲向巴黎，但令人难以置信的是，我太没有胆量付诸行动了，而且老妈会大发脾气。

---

[1] "笨拙的安迪"（Unhandy Andy）是英美童话故事里的角色。

打止。收信地址：库尔德里纳。此致

s/ 萨姆

TLS；2 张，2 面；TCD，MS 10402/29。日期判定：月份、年份属添加，可能是亲笔所为，信中对天气的描述即为证明，且贝克特即将从伦敦回到都柏林（参见贝克特致麦格里维的信，1932 年 8 月 30 日，TCD，MS 10402/30）；普伦蒂斯于 1932 年 9 月 5 日给理查德·阿尔丁顿写信，说贝克特大约 10 天前已动身回爱尔兰（ICSo，阿尔丁顿 68/6/8）。

1. 麦格里维已继续动笔创作长篇小说（查尔斯·普伦蒂斯致理查德·阿尔丁顿的信，1932 年 7 月 1 日，ICSo，阿尔丁顿 68/6/9；又见 1931 年 12 月 20 日的信，注 7）。

2. 此时都柏林的刊物上出现了反共产主义的文章，例如：《要审查共产主义》，《爱尔兰时报》，1932 年 8 月 16 日：第 7 版；《科斯格罗夫先生与"共产主义"》，《爱尔兰出版界》，1932 年 8 月 5 日：第 1—2 版；一篇谈共产主义宣传对戏剧的影响的报道（《在脚灯跟前》，《爱尔兰时报》，1932 年 8 月 11 日：第 4 版）。

3. 伦敦正经受热浪袭击，8 月 18 日气温高达华氏 90 度。

"faex"（拉丁语，"渣滓"）。

4. 伦纳德·伍尔夫对《梦中佳人至庸女》及那几首诗未做任何评价，也没对贝克特的信做出任何回应（欲知详情，参见 1932 年 8 月 4 日的信，注 10）。

"tant piss"（贝克特篡改自"tant pis"［法语，"糟糕透顶"］）。

5. 伦敦的乔纳森·凯普出版社寄给贝克特的信尚未找到，但该出版社的档案中有一份审读意见。1932 年 8 月 13 日，爱德华·加内特（1868—1937）写到了《梦中佳人至庸女》："我不会拿驳船的撑竿碰这个。贝克特多半是个聪明的家伙，但在这部书中，他费尽了心机模仿乔伊斯，只知盲从，且相当零散，语言上最稀奇古怪，还满是矫揉造作得令人厌恶的段落——且有伤风化；这个流派是可恶的——而且这本书一看书名就不好卖。查托把它退稿了，没做错。"（UoR，凯普；经编辑发表于迈克尔·霍华德，《乔纳森·凯普出版社：赫伯特·乔纳森·凯普与 G. 雷恩·霍华德》［伦敦：乔纳森·凯普出版社，1971］，第 137 页）

6. 亨利·格雷森爵士（获授大英帝国爵级司令勋章，1865—1951）及其儿子布莱恩·格雷森（1900—1989）任格雷森出版公司的董事长；其另一个儿子鲁伯特·斯坦利·哈里森·格雷森（1897—1991）则任文学顾问。

7. 德里克·雨果·弗斯科伊尔（1911—1973）于 1932 年至 1940 年担任《旁观者》

的文学编辑；他 1929 年考入都柏林圣三一学院，但未拿学位。贝克特投给他的是哪几首诗已无从查证。

8. 理查德·埃利斯·罗伯茨（1879—1953）于 1930 年至 1932 年担任《新政治家》的文学编辑；担任《时代与潮流》（1933—1934）及《人生与文学》（1934 年 11 月至 1935 年）的文学编辑后，他依然经常投稿。

安德烈–保罗–纪尧姆·纪德（1869—1951）创作了《安德烈·沃尔特的笔记本》（1891）；其后来的作品有散文体戏剧《俄狄浦斯王》（1931）。

詹巴蒂斯塔·维柯。

9. 索森太太是贝克特的房东。具体指何人尚未查证，但"西普"指狄更斯小说《大卫·科波菲尔》中的乌利亚·西普。索先生即索森先生。

"Villeggiatura"（意大利语，"假日"）。

"家人两眼发蓝"可能源自贝克特的《梦中》，参见约翰·皮林，《〈梦中佳人至庸女〉指南》（佛罗里达州塔拉哈西：《〈贝克特研究杂志〉丛书》，2004），第 78 页。

10. 普伦蒂斯早已把 D. H. 劳伦斯的《世界末日》借给了贝克特（1931 年 8 月 15 日的信，注 5），但贝克特可能是指另一本书。

11. 特鲁曼与奈特利（见 1932 年 8 月 4 日的信，注 12）。"D.D.D."（Dear Dirty Dublin，意为"亲爱的、肮脏的都柏林"）。

12. 弗兰克·贝克特在其父亲的贝克特与梅德卡尔夫测算事务所工作。

13. 阿瑟·亨利·麦克纳马拉·希利斯*（1905—1997），律师及国际经济学家，与贝克特同年考入都柏林圣三一学院。也许他去巴黎高等师范学院拜访过贝克特。

"morpion"（法语，字面意思指"阴虱"，但此处用作学生戏谑语，指"小鬼""顽童"）。

凯里郡塔伯特镇
托马斯·麦格里维

［1932 年 9 月］13 日　　　　　　　　　　　　　　　　　［都柏林郡］

　　　　　　　　　　　　　　　　　　　　　　　　　　　　福克斯罗克

　　　　　　　　　　　　　　　　　　　　　　　　　　　　库尔德里纳

亲爱的汤姆：

今天上午我会骑老爸的自行车进城，届时要想方设法搞到那两块硬通货[1]。觉得弗兰克是不会拒绝我的。总之，过渡期欠您大约 2.5 镑，心想早该给您了，只是在这儿一直没找到工作，一切都要靠老爸。有望在月底的时候应聘几个家教活儿。鲁迪菩萨心肠，一直帮着我找工作，真希望《梦中》没有北极熊那个角色。[1] 没有格雷森的消息，下不了决心给他们写一封蜇人的信。可眼下，自从他们答应立马答复我以来，都过去整整 3 个星期了。里克沃德说从未收到那几首诗。[2] 看来什么好果子都不会有。也曾孤注一掷，想动笔写一写纪德，可又碰了一鼻子灰。[3] 昨天开始写诗，《家园奥尔加》之后的第一首诗，茫然又盲目的那类玩意儿，但是一瞧，心里又明白那个片段充其量只是略为愉人而已。老生常谈——激情和狂热要么缺乏，要么纯属伪装，于是发生的也许是虚有其表的韵文，但根本成不了一首诗。[4] 好像老待在国家美术馆，看看普桑的《圣殇》，偷偷溜下楼梯，来到日耳曼厅那魅人的光亮里，在布吕格尔的画作、"疲惫的眼睛大画师"以及"银色的窗户大画师"的画作跟前逗留。伦勃朗笔下的少妇精美绝伦。[5] 真希望我们可以一道漫步一阵子。幸运女茜茜回到了德国，带着戴尔德丽去了，留下萨莉在这儿工作。她动身前，我们想法子共度了整整一个下午，先在美术馆徜徉，然后去莫伊拉酒店，再然后去酒吧。[6] 上周日在珀西·厄谢尔家遇到了 R. N. D. 威尔逊，他对您的《论艾略特》赞佩有加。窃以为跟他没啥可聊的，在一起倒让人隐隐地感到不自在。他拿自己的诗朗读或者诵读个没完，当然了，也时不时地打个岔，说几句自我欣赏的话。他长着整齐、稠密、光亮的黑发，他那散文短诗的和声似乎是按照 A. E. 的旋律编排的。A.

---

[1] 原文为"quid"，指"镑"。

E. 和 W. B. 常一道在乐瑟法恩汉的里弗斯代尔玩槌球，前者总是赢一英里之多。猜想是詹姆斯·斯塔基持有股权。奥斯汀·克拉克和蒙克·吉本在大堤上搜寻下流的定义。[7]真希望自己曾见过"属于恺撒的东西"［。］"现时的权力"似乎是寻常的垃圾。[8]周六下午出发，本想去拜见杰克·叶芝，但途中改变了主意，反倒顺海滨骑了一阵子车。装作喜欢新鲜空气和海水时，昔日的肋间风湿杀了个回马枪，这回是在左肋。不过，眼下病痛快过去了，我也得不到轻微的干性胸膜炎到了安全环境中的那种激动心情。于我而言，替代之地同样要么是此处，要么是巴黎，而且虽然泰特斯有许多的理由应当写信来，但我没有收到他的任何来信，真弄不清该怎么说他。"智力的交配"不会奏效吗？[9]无论如何，给我一个准信，让我知道您是否会路讨［原文如此］，同时祝您 alles gut，以及您必定需要的祝愿——祝大作进展顺利。[10]

　　此致

　　　　　　　　　　　　　　　　　　s/ 萨姆

　　TLS；1 张，1 面；TCD，MS 10402/32。日期判定：在［1932 年 8 月］18 日致麦格里维的信中，贝克特描述了同格雷森的见面；在［1932 年 9 月 3 日］致麦格里维的另一封信［TCD，MS 10842/31］中，他再次提及了"两周前"的那次见面。此信表明，从贝克特就《梦中佳人至庸女》之事拜见格雷森以来已过去三周了，而且贝克特 1932 年 10 月 8 日致麦格里维的信也提到，已有"六个多星期"过去了。

　　1. 在《梦中佳人至庸女》中，贝克特以鲁德莫斯-布朗为原型塑造了"北极熊"的角色。
　　2. 贝克特于周日［1932 年 9 月 3 日］给麦格里维写信道："我拜见格氏兄弟，是在两周前的此刻，在伦敦，他们答应我迅速做出决定。可他们迟迟没有回复，不知是吉是凶。"在同一封信中，贝克特提到了自己的几首诗："我并不期待威沙特接受这几首诗，但希望自己更早的时候就把它们寄了出去，希望在伦敦见到里克沃德。是格雷森帮我联系了他们。"（TCD，MS 10402/31）
　　伦敦出版商欧内斯特·爱德华·威沙特（1902—1987）。1932 年，英国诗人兼批评家埃杰尔·里克沃德（1898—1982）只是偶尔为威沙特工作，尚未全职加盟该公司；他刚翻译了马塞尔·科隆的《土星下的诗人：魏尔伦的悲剧》（1932）。

3. 1932年2月，贝克特已向查尔斯·普伦蒂斯提议写一篇关于纪德的专论；普伦蒂斯回应说："你撰写谈纪德的短篇论文的想法最最诱人，但是我们看不出，此时此刻自己能就此事给你帮上什么忙"，意思是说贝克特的"论文应为长篇专论，分两期或更多期连载"（1932年2月8日，UoR，MS 2444 CW信件誊写簿136/513）。贝克特继而向《新政治家》的埃利斯·罗伯兹提出该建议（贝克特致麦格里维的信，［1932年8月］18日，注8）。贝克特给麦格里维写道："虽然所有需要的注释和引文都有了，无须打开文本就会浮现在脑海里，但我还是不敢动笔谈纪德"；他补充道："用'在普遍性中麻痹'来描述写纪德专论的困境又当如何？"（贝克特致麦格里维的信，周六［1932年9月3日］，TCD，MS 10402/31）

4. 贝克特给麦格里维写信道："又从头到尾把这几首诗打出来，拿它们倒腾来倒腾去，这时我比以往更加感觉到，所有早期的诗歌——《大篷车》里所有的诗歌——都是赝品，拿它是没有办法的，如果说它们开始有一丁点儿价值了，那仅仅是自《腥象》开始。我清楚，你目光敏锐，是不会附和我的，但那时我的感觉越来越强烈。"（周六［1932年9月3日］，TCD，MS 10402/31）《家园奥尔加》系为乔伊斯所写，投给了《同时》主编斯图尔特·吉尔伯特。新的诗作指《小夜曲之一》（贝克特，《回声之骨》［第25—27页］）。

5. 对贝克特而言，尼古拉·普桑（1594—1665）的名画《圣殇》（NGI 214）可谓"出类拔萃。我从未见过这样的蓝、紫相间，这样长于抒情的色彩"（周六［1932年9月3日］，TCD，MS 10402/31）。日耳曼厅展出的画作有小彼得·布吕格尔（约1564—约1638）创作的《农夫的婚礼》（NGI 911），以及彼得·保罗·鲁本斯（1577—1640）和扬·布吕格尔（1568—1625）创作的《玛莎和玛丽房子里的耶稣》（NGI 513）。贝克特还提及了有"描摹疲惫眼睛的大画师"（佛兰德，约1540）之称的早期佛兰德画家创作的《老妇画像》（NGI 903），以及哈尔门松·伦勃朗·范·赖恩（1606—1669）创作的《少村画像》（NGI 808）。在爱尔兰国家美术馆1945年的编目中，画作《圣奥古斯丁生平风景》（NGI 823）的作者经鉴定，获得"描摹银色窗户的大画师"之称（1550）；在后来的编目中，他获称"描摹圣奥古斯丁的大画师"（约1500年）（托马斯·麦格里维，《爱尔兰国家美术馆的画作》［伦敦：B. T. 巴茨福德出版社，1945］，第11—12页；詹姆斯·怀特编，《爱尔兰国家美术馆画作编目》［都柏林：爱尔兰国家美术馆，1971］，第197页；《爱尔兰国家美术馆画作图志编目》，霍曼·波特顿作序［都柏林：吉尔与麦克米伦出版社，1981］，第107页）。

6. 茜茜·辛克莱带着最小的女儿戴尔德丽回到了卡塞尔；其女萨莉留在都柏林。

莫伊拉酒店位于都柏林三一街 15 号。

7. 北爱尔兰诗人 R. N. D. 威尔逊（全名罗伯特·诺贝尔·邓尼森·威尔逊，1899—1953）的第一部集子是《茑尾的圣井及其他诗》（1927）；约翰·休伊特所写的讣告对威尔逊做了描述："是个阴郁的小个子，长相有点儿像一只唱歌时胸腔鼓鼓的小鸟"（《都柏林杂志》第 28 卷第 2 期［1952 年 4—6 月刊］，第 54—55 页）。贝克特把威尔逊的诗比作 AE 的诗。他是在珀西瓦尔·阿兰·厄谢尔（1937 年中期之前人称珀西，之后人称阿兰，爱尔兰作家、哲学家，1899—1980）位于都柏林的家里遇见威尔逊的。

威廉·巴特勒·叶芝（1865—1939）的家"里弗斯代尔"位于都柏林郡乐瑟法恩汉区的威尔布鲁克，有一处草地槌球场，叶芝在那儿玩槌球上瘾，以至于在其常客当中，AE 竟"为躲避槌球赛而重新安排来访的时间"（安·萨德尔迈耶，《成为乔治：W. B. 叶芝夫人传》［牛津：牛津大学出版社，2002］，第 453—454 页）。贝克特提到的诗人还有奥斯汀·克拉克和威廉·蒙克·吉本（1896—1987）。

8. 爱尔兰剧作家保罗·文森特·卡罗尔（1900—1968）的话剧《属于恺撒的东西》于 1932 年 8 月 15 日搬上舞台，获得了当年的"阿比剧院奖"。特丽萨·狄比（1894—1963）的话剧《世俗的权力》于 1932 年 9 月 12 日在阿比剧院上演；在约瑟夫·霍洛韦看来，其中的人物没一个"在舞台上真实起来"（霍洛韦，《约瑟夫·霍洛韦的爱尔兰戏剧，第二卷：1932—1937》，霍甘与奥尼尔编，第 216 页）。

9. 早在 1932 年 5 月，贝克特已接受了爱德华·泰特斯的任务，承担阿蒂尔·兰波《醉舟》的英译工作；他已收到佣金，但未收到出版的任何消息（更多背景信息参见，萨缪尔·贝克特译，《醉舟》，詹姆斯·诺尔森与菲利克斯·利基编［雷丁：白骑士出版社，1976］，第 7—10 页）。

随后，贝克特还翻译了《此季》第 5 卷第 1 期（1932 年 9 月）超现实主义特刊中的诗歌和文章，该刊由安德烈·布勒东(1896—1966)任特邀主编(贝克特所译清单参见：雷蒙德·菲德尔曼与约翰·弗莱切，《萨缪尔·贝克特的作品与批评：一篇目录体文章》［伯克利：加州大学出版社，1970］，第 92—93 页)。

此外，贝克特已将短篇小说《但丁与龙虾》投给了泰特斯。

10. "alles gut"（德语，"一切顺利"）。

伦敦

乔治·雷维

1932 年 10 月 8 日

都柏林郡

福克斯罗克

库尔德里纳

尊敬的雷维：

谢谢您的来信！在这段连续几天 dies diarrhoeae 里，我定会搜肠刮肚地写首诗给您。假设这是通常的名誉与光荣之举。屁话打止。心里有种感觉，在一首给我增光添彩的悲伤长诗中，我把彼时所见的樱草山和水晶宫奉若神明了，仿佛自己是马塞尔·施沃布，在透过早期白内障凝视一个通红的屁股。Très émouvant。还有个狒狒的屁眼和丹尼尔·笛福。[1] 他们和谐共存，相亲相爱。

谢天谢地，所有 Uebersetzungen 都收到了，按照磕巴的都柏林腔调做完了。[2]

小说还没脱手。渣透－瘟得死认为写得很棒，但他们不能出版，真的不能。“霍加斯私立疯人院”拒绝了拙著，就像《笨拙》会漠然待之那样。凯普抽着烟斗，穿着羊毛衫，écoeuré，他的亚伯丁㹴和他意见一致。格雷森把稿子弄丢了，要不就是拿它当手纸了。踢掉他的鸟蛋，它们撒满了西 1 区柯曾街 66 号。[3]

死去之前我会留在这儿，骑上陌生人的自行车，顺着斯文的道路讨好卖乖。

如若可能，代向布罗诺夫斯基致以美好的祝福，告诉他在安普顿街我过得愉快极了，直到保险柜厂家一个可怜的家伙，比我更急需米米的伙计，碰巧撞见了一张五磅［镑］的票子，在我的米尔纳手提箱里翻来

覆去的票子，然后——您猜怎么着——把票子拿去归了自己。是故……[4]

要看的东西：德斯蒙德·萨维奇·哈兹里特·兰姆·沃德豪斯·弥尔顿·梅克皮斯·麦卡锡，以及西班牙人客栈的麻雀。[5]

Salut[6]

s/ 萨姆·贝克特

TLS；1 张，1 面；TxU。

1. "dies diarrhoeae"（法语，字面意思为"腹泻之日"，改自安魂曲弥撒中的《最后审判日》）。

贝克特指自己的短诗《小夜曲之一》。该诗提到了伦敦的樱草山（伦敦西北部，摄政公园动物园以北）和水晶宫（为 1851 年的万国博览会所修，1854 年迁往伦敦西南部）。

梅尔-安德烈-马塞尔·施沃布（1867—1905），法国中世纪研究专家、批评家、短篇小说作家及翻译家。在日记《首演素描》中，施沃布写道，"我认识两类人：显微镜式和望远镜式"；在他看来，显微镜式的人能在一杯水里淹死，望远镜式的人则能在一切事物中发现轮廓（皮埃尔·尚皮恩，《马塞尔·施沃布父子》[巴黎：贝尔纳·格拉塞出版社，1927]，第 26—27 页）。施沃布的短篇小说《树林里的星星》详尽无遗地描述了一个村庄，村庄里有一处修道院在玫瑰色薄雾中依稀可见："一处修道院，像一团修剪整齐的玫瑰色薄雾，雾中圣乔治浑身是血，正拿长矛掷进砂岩火龙的嘴里。"（《大都会》第 8 期 [1897 年 10 月 22 日]，第 104 页；重印，《树林里的星星》[巴黎：布歇出版社，2003]，第 13 页）

《小夜曲之一》以"凝视"收尾，对一只家蝇附在窗子上的形象进行了特写。

"Très émouvant"（法语，"极其动人"）。该诗提到了（西非狒狒）"乔治山魈那炙热的 b.t.m."，还有英国小说家、散文家丹尼尔·笛福（原姓福，1660—1731）。"b. t. m."（儿童用语，即"bottom"，指"臀部"）。

2. "Uebersetzungen"（德语，"译文"）。

3. 查托-温德斯出版社、霍加斯出版社、乔纳森·凯普出版社与格雷森出版公司都拒绝了贝克特的《梦中佳人至庸女》，或者没有做出回应。乔纳森·凯普对书稿"écoeuré"（法语，"感到厌恶"）。鲁伯特·格雷森还没有答复。

伦敦的讽刺周刊《笨拙》于 1841 年至 1922 年间及 1996 年至 2002 年间出版。

4. 布罗诺夫斯基已提议贝克特住在安普顿街的索森太太家里。经查证，有一家保险箱厂家叫米尔纳，但没有同名的手提箱或行李箱厂家。

5. 雷维已在巴黎开办欧洲文学书局，此时正在伦敦设立办事处，处理数件出版事宜（1986 年 4 月 18 日：埃米尔·德拉弗奈的笔记）。德拉弗奈（1905—2003）是巴黎高等师范学校派往剑桥大学康韦尔与科斯学院的法语讲师（1927—1929），在该学院遇见了当时还是学生的雷维。雷维去法国时，德拉弗奈介绍他认识了托马斯·麦格里维（埃米尔·德拉弗奈，《1905 年至 1991 年见闻录：拿一个萨伏伊村换一个蒙迪艾尔村》［拉卡拉德：南方出版社，1992］，第 117 页）。然而，雷维在回忆录手稿中说，自己认识麦格里维是通过艾伦·邓肯的介绍（TxU）。

贝克特恣意开玩笑，把下列英国作家的名字塞进了德斯蒙德·麦卡锡的名字里：理查德·萨维奇（1697—1743），威廉·哈兹里特（1778—1830），查尔斯·兰姆（1775—1834），P. G. 沃德豪斯（全名佩勒姆·格伦维尔·沃德豪斯，1881—1973），约翰·弥尔顿（1608—1674），威廉·梅克皮斯·萨克雷（1811—1863）。

西班牙人客栈位于伦敦北部的汉普斯特德西斯公园，始建于 1585 年，原为西班牙大使官邸；18 世纪中叶由西班牙两兄弟开办为客栈，后成为著名酒吧。附近的街道以该客栈命名。

6. "Salut"（法语，"祝好"）。

凯里郡塔伯特镇
托马斯·麦格里维

1932 年 10 月 8 日

［都柏林郡］

福克斯罗克

库尔德里纳

亲爱的汤姆：

原谅我没有回复您最近两封信中的第一封。信倒是写了，但写成了哭诉文字，心里觉得不妥，就没敢寄来。看在上帝的分上，别为这 2 硬通货的事儿担心。弗兰克不那么性急。请等上一小会儿。前些天干了几次家教活儿，这些天也再干几次，遇上一个好日子就会得到酬劳，多半在下周早些时候，那时就可以把欠的钱还给您了，要是我记得清楚的话，大约是1镑10先令。听到事情这么难办，您的书再次拖延了下来，心里不是滋味。窃以为，您本就不会攀着《爱尔兰出版界》很久的，但您要写的定是值得一写的。[1]都柏林停滞不前，一如往常。偶尔骑车进城去，兜兜风，去路边的酒吧喝几口，但很少去，而且至少从表面看来，她对发生的一切都无动于衷。

弗兰克得去西部的戈尔韦就任，他尽显兄长风范，掏钱让我同行，于是我终于见到了戈尔韦。一座壮丽、玲珑、神奇、灰色的小城，满是被赋予了情感的石头、桥梁和水。我们还北上，去了马拉瑞尼镇，在大西洋岸边的阿克尔岛上走了一天。我们一直顺着马斯克湖往回走，穿过了山峦起伏的乔伊斯之乡，走在马斯克胡［原文如此］和科里布湖之间。无论我们途经何处，克罗帕特里克山都耸立在一切之上，总有亚拉拉［亚拉腊］云帽漂浮在山巅的小教堂附近。总的说来，那是一段难忘的旅程，只是太短暂了，走过的湖沼和山峦景象说来比我们在此处所有的鬼鬼祟祟、偷偷摸摸的景象都单纯得多，质朴得多，鲜明得多。真想回到戈尔韦，在那儿住上一阵子。在我们抵达的那个周六的上午，教堂正举行什么退修会，这样就进不了多明我会和方济各会的教堂，据说那些教堂里有些不同凡响的马赛克画。不过，我们参观了迷人的圣尼古拉教堂，据说在冒险出海之前，克里斯托弗·哥伦布曾在那儿做了一场弥撒。[2]

是的，收到了雷维的来信。他也纡尊降贵，说跟出版商聊天时听到了关于我小说的"种种传言"，还说要是我足够聪明，跟他保持联系的话，在不久的将来他就会有些翻译任务交给我。[3]吉尔伯特终于收到了《家园奥尔加》，还打包票说要把该诗列入《同时》的 suceculeries 当中，这事儿我跟您说过了吗？希望大家都满意。[4]还有，泰特斯就《但丁与龙虾》写了回信，说这个短篇他很满意，计划在下一期刊出，这个消息是否也跟您说过了呢？ [5] 格雷森一个字都没回。从他亲口答应立马做出决定以来，已过去6个多星期了。2周多之前给他写了一封礼貌的询问函，可他说没收到。所以在同一个信封里，他还会掏出一封蜇人的信，但愿魔鬼会照看自己的选民，采取最后的伎俩，确确实实想尽空对空的办法，把可能必需的所有把戏都付诸实行。料想他会想办法，做出下流的事儿。他毫无背景，而且我也拿不出证据，证明他有我这样的天资。泰特斯问起拙著，建议我把稿子寄给他。那总比 gar nix 要好些。不过，我宁愿把那几首诗寄给他。里克沃德说，那些诗他从未收到过。[6] 什么东西，统统下地狱去。跟他们当中最无聊的家伙相比，泰特斯已径［原文如此］是彬彬有礼的标杆了。

［……］茜茜回马恩岛去了，带去了伊巴赫大钢琴。钢琴曾无缘无故发出那种海盐的气息。眼下他们找到了一幢新的公寓，阳光翻了一倍，租金却降了一半。她说，那儿有一张躺椅留给我。但我不明白这话的意思。佩吉读了《转变》的刊文，说看在上帝的分上，下次"pfennig"中的"n"要双写！收到了南希从洛特寄来的信，是她返回巴黎途中所写，说想要保持联系。也许她有正事要忙。泰特斯给超现实主义特刊写了序言，做了小小但迅速的推介，兴许会给我带来几名客户。[7] 这里死板的节制五花八门，开始产生严重的伤害了，可我没有胆量再次夺门而出，冲向外面那冰冷冰冷的世界。要是您路过都柏林的话，请千万想办法，给我留出一个傍晚的时间。真想和您见个面，聊聊寓居巴黎的前景。

［……］

随信附上从巴黎回家以来信笔所写的唯一片段，就自己的判断看来，这个片段没给我特别增光添彩。[8] 将《约瑟夫·安德鲁斯》《雅克》和《威村的牧师》融为一体，这样的作品让我心醉神迷。[9] 狄德罗的回忆叫我兴趣盎然，展现的反讽性 replis 和放弃与展现本身的速度相等，正如他刚将一段纯专业性的话划归"虚荣"，这时又发觉必须得想尽办法继续唠叨，不然那一章就会太短了。而且主角形象的刻画令人赞佩，几乎入木三分，处处是大腿和性爱，palpitant，就像艾米塔或者马里沃的 prétendant，毫无狄德罗的 volupté pensée & pensante。这样的东西还从未读过！个人觉得，那些简短的章节本身就是妙想。[10]

能给我推荐一本有分量的谈荷兰绘画的书吗？[11]

　　此致

s/ 萨姆

我动笔写下[1]

这含糊其辞的《卡门》

令人愉悦得多轻松得多的作品

胜过我的诗行亦非散文

还有我的恶癖或者正如他们所说的恶习

谢天谢地并非没有屁股

我的意思是我不爱她

不爱陆地海上或者天空的景象

尤其不爱我们的救世主

我也没有签订任何契约我曾无法履行契约

不我的算法咪咪走入了死角我只是觉得热诚

不明所以地泛泛地殷切

上帝啊帮帮她还有我勃起的小脑经

像屠夫的性器怦怦地跳动

---

[1] 此处无题诗第一节为译者补译，后续诗节即《小夜曲之一》，主要参考萨缪尔·贝克特《诗集》第 27—31 页。

没有古老宏伟的大英博物馆

不见泰勒斯和阿雷蒂诺

摄政公园怀抱夹竹桃

雷鸣下劈啪作响

我们的世界猩红美丽仿佛一条漂浮的死角

万物充满神意

承受重压出血不止

鸟身女妖已不在乎橘红色的织巢鸟

秃鹰也忽视癞皮样的蟒蛇

它们凝视的目光越过猴山象群

爱尔兰

光线潜入老家的峡谷

舔着我远离那帮值得信赖的老友

山魈乔治那燃烧的热臀

啊游过一条蟒蛇

白如雪

在她溪流般令人目眩的蠕动中

精心打磨

啊父亲父亲你已在天堂

我发现自己误将水晶宫

认作源于樱草山的极乐岛

唉我定是那种人

从此在肯伍德森林谁会发现

我藏身灌木丛摒住呼吸

没人除了穷迫苦等的情人

我意外地为之感动船上众多相连的烟囱
向着塔桥致敬
毒蛇和城市互行屈膝礼
直到黄昏下一条驳船
盲目自傲
撞开了活动桥的接口
随后在救护车的灰暗囚笼里
随河岸落潮的声声叹息而颤动
接着我在一群暴民中搂住了自身
直到流浪儿炸瞎黑眼圈的眼睛
问我是否读过《镜报》
我害怕又愤怒步履沉重地走过婚后宿舍区
走过血腥塔
赶紧离开雷恩涉及的高大莽汉
诅咒那些囚禁的日子气喘吁吁地站在露台上
闪耀的骨灰盒下
我不是那曾在此生活的笛福

但在肯伍德森林
谁会发现我

苍蝇我的兄弟
普普通通的家蝇
侧身飞出荷叶飞入白昼

在阳光下找准位置

磨练六条蝇腿

迷恋他的飞翔他的平衡

他已进入生命的秋天

他已不再伺候伤寒伺候钱财

TLS；4 张，4 面；附无题诗，后该诗得以发表，定题为《小夜曲之一》（首节省略；发表版有多处改动）；TCD，MS 10402/33。

1. 麦格里维在创作小说；他本希望为《爱尔兰出版界》写些稿件，但未及动笔（贝克特致麦格里维的信，1931 年 11 月 8 日，注 4）。

2. 康尼马拉是戈尔韦郡西部的一个地区。马拉瑞尼是阿克尔岛东面的小镇。阿克尔岛位于库洛恩半岛的西面，是爱尔兰近海岸最大的岛屿。乔伊斯之乡在戈尔韦的西面和北面，是一片岩石、湖沼与山脉交错的贫瘠之地，境内有马斯克湖和科里布湖；该地区原为乔伊斯男爵领地，命名与作家詹姆斯·乔伊斯无关。克罗帕特里克山（高 2 510 英尺）与圣帕特里克有关，因此有"圣山"之称；山顶的教堂是朝圣之地。亚拉腊山位于土耳其东部，据说是诺亚方舟停靠的地方。

戈尔韦的方济各会男修道院和多明我会教堂（山顶圣玛丽教堂）并不以拼贴画闻名，但附近克拉达村的多明我会教堂有一幅马赛克画，描绘了一座山顶教堂、一条船、一个小伙和一个姑娘。戈尔韦的"米拉的圣尼古拉"教堂始建于 1320 年，是爱尔兰最大的中世纪教堂；传说出海前往美洲之前，克里斯托弗·哥伦布（1451—1506）曾在该地祷告，但更可靠的说法是，1477 航海前往冰岛途中，他在戈尔韦停留过（吉安尼·格兰佐托，《克里斯托弗·哥伦布传》，斯蒂芬·萨尔塔瑞利译［诺尔曼：俄克拉何马大学出版社，1985］，第 36—37 页）。

3. 雷维已迁往伦敦。雷维致贝克特的信尚未找到。

4. 斯图尔特·吉尔伯特在北卡罗来纳州的教堂山编辑《同时》(1931—1934)；《家园奥尔加》系为 1932 年詹姆斯·乔伊斯的生日所写，发表于《同时》最后一期（第 3 卷第 13 期［1934 年 2 月］，第 3 页）。

"suceculeries"（法语，"溜须拍马"）。

5. 爱德华·泰特斯在《此季》第 5 卷第 2 期（1932 年 12 月）第 222—236 页推出了贝克特的短篇小说《但丁与龙虾》。

6. 贝克特写给格雷森的蜇人信不复存在。至少贝克特想要回手稿，这样就可以把手稿转寄泰特斯。"gar nix"（德语俗语，由"gar nichts"［化为乌有］变来）；亦可参见皮林，《〈梦中佳人至庸女〉指南》，第37页。

其实，里克沃德于1932年8月30日收到了贝克特寄来的诗歌手稿。

7. 辛克莱夫妇的钢琴是伊巴赫牌。

佩吉·辛克莱评述的是贝克特的《坐与歇》，该短篇描述了斯梅拉迪娜走近贝拉夸所坐火车的过程；贝克特写道，斯梅拉迪娜的站台票花了"10个Pfenigs"（指"Pfennige"［pennies，便士］）（《转变》第21期［1932年3月］，第13页）。

南希·丘纳德请贝克特翻译的文本与其编撰的《南希·丘纳德编黑人文选：1931—1933》有关（伦敦：威沙特出版公司，南希·丘纳德编，1934）。

在《此季》超现实主义特刊的导言中，爱德华·泰特斯写道，"把供我们编选的材料译成英语，其间经历的种种难处我们不提也罢，但我们禁不住要单单提一提萨缪尔·贝克特先生，要对他的贡献表示特别的致谢。尤其是，他所译艾吕雅和布勒东的诗歌独具风格，非以最高级来形容不可（《编辑的话：顺便为此超现实主义特刊作序》第5卷第1期［1932年9月］，第6页）。

8. 附寄诗歌的多数内容后得以发表，题为《小夜曲之一》。

9. 《约瑟夫·安德鲁斯及其朋友亚伯拉罕·亚当斯先生历险记》（1742年，简称《约瑟夫·安德鲁斯传》）为英国小说家亨利·菲尔丁（1701—1754）的作品。贝克特将其比作法国作家德尼·狄德罗（1713—1784）的小说《宿命论者雅克》（1796）和爱尔兰裔作家奥利弗·哥尔德斯密斯（1728—1774）的小说《威克菲尔德的牧师》（1766）。

10. 贝克特指《约瑟夫·安德鲁斯传》。菲尔丁的小说分为四部，每一部均有简短的章节；叙事者常自我指涉，权衡叙述的选项及读者可能产生的反应。"replis"（法语，"迂回"）。章节标题和叙事中断均指向未及展开的事件。

第1部第15章末尾引出了"噢虚荣"一节，在其随后的内容中叙事者写道，"它亦不会带来任何痛苦，只要你［虚荣］应声劝说读者来谴责这一段题外话，说这是漫无目的的废话；因为你不得其解的是，我引出你这个角色并无其他目的，仅为把本来简短的章节拖拉得不胜冗长着想；因此我又回头讲自己的生平"（亨利·菲尔丁，《约瑟夫·安德鲁斯传》，马丁·C.贝特斯丁编［康涅狄格州米德尔敦：卫斯理大学出版社，1967］，第69—70页）。

贝克特把约瑟夫·安德鲁斯和艾米塔的性格相比。他指的也许是意大利剧作家托尔夸托·塔索（1544—1595）的田园剧《艾米塔》（1581），或是法国剧作家皮埃尔·卡莱·德·尚布兰·马里沃（1688—1763）笔下的"prétendant"（法语，"求婚者"）。

"palpitant"（法语，"颤动"）。"volupté pensée & pensante"（法语，"肉感即

148

为思想，即为思考"）。

11.麦格里维是否提了建议不得而知。

凯里郡塔伯特镇
托马斯·麦格里维

1932 年 10 月 18 日

［都柏林郡］

福克斯罗克

库尔德里纳

亲爱的汤姆：

　　得知您喜欢那首诗，我心里深受鼓舞。[1]真真正正，我以前的印象是那首诗几乎一无是处，因为它没有呈现一种匮乏。意思是说，在某种意义上它还是"facultatif"，而且即使没有写它，我也不会更加拙劣。看待诗歌的这种方式是不是十分过激呢？ Quoi qu'il en soit，我发觉，要抛弃对诗歌的那一看法是做不到的。[2]还是真真正正，我的感觉越来越强烈，就是本人的大多数诗歌虽然措辞还算妥帖，但依然失败了，正是因为它们是 facultatif。而我喜的那第 3、第 4 首，似乎已顶着那些晴朗日子之一的真正肮脏的天气拽下来并塞进"生活隐私"的洞穴里的那几首，《晨曲》，较长的《怨曲》《多特蒙德》，甚至《魔草》，现在没有给我留下 construits 的印象，过去也从未留下。[3]它们有什么样的品质能与其他诗区分开来，这一点我向自己也说不清，道不明，但那种品质是树状的，或者说是天空之物，不是瓦格纳，不是轮子上的云朵；在脓疮的上方写成，而非出自蛙洞，是对精神的燥热补偿精神的脓液的陈述而非描述。这不正是艾吕雅所说的吗？

149

Quel est le rôle de la racine?

Le désespoir a rompu tous ses liens.[4]

　　这样跟您嗑巴我并不害臊——您早已习惯了我表述自己幻象中想说的话的狂乱方式，也懂得嘴巴必须得嗑巴个不停，要不就歇着不动，直到塞口布已嚼得适合吞下去或者吐出来。而要歇着不动，那张嘴得比我的更加坚忍。

　　有一种创作与创作小屋犯下的欺诈和淫荡行为对应。我一发不可收，不得不在创作中发出的呻吟就在那儿——几乎全都摆弄得整整齐齐，在土地（faute d'orifice）摩擦的燥热而非精神的自发燃烧里服服帖帖，以弥补威胁其简练的脓液和疼痛，弥补让蛀洞为其所不能为的欺诈伎俩——脓疮的杰作。[5]耶稣会式的诗本身即为宗旨，可以不择手段，却竟然叫我如此恶心，个中原因不得而知。但是，这种诗确实如此——再次——越来越如此。几天前正想办法再次喜欢马拉美，可做不到，因为他的诗是耶稣会式的，甚至《天鹅》和《希罗底亚》也是。[6]只怕甚至在诗歌方面，我就是个一身肮脏的低教派傻 P，穿着白色的法衣为诚信度操心。我在哀叹的，是 pendu 喷射精液的可信度，是我在荷马、但丁、拉辛有时还有兰波的作品中发现的东西，是大脑得知风中有砂砾之前眼皮就眨下来的可信度。[7]

　　说了这些，可否原谅？精神对脓液为什么这么抗拒，大风对砂砾为什么这么贪婪？

　　眼下，艾思娜·M. 我从来见不到，从不写信去，也从来收不到她的来信，更得不到她的看望。"如此更好！"我倒是这么想，就是没法单单去看望人的时候，干脆等着，直到他们涌现在记忆里，这怕是更叫人心满意足。我见不到她，也想象不出她。偶尔有这样的巧合，就是我刚还记得她，一眨眼就忘到了脑后！曾经我在衣袖里没有暗藏玄机，她在紫色胸衣里也没有暗藏锦囊。[8]

受那封犬牙交错、伤人不止的信的刺激，格雷森兄弟把我的手稿寄了回来。"画地为牢的魅力……无缘无故的'力量'！"什么意思？我回了信，拿读者［的］反馈来辩护。回信的大意是，没有横加指责的笔头记录，拙著——他可以说，是一个与众不同的特例——已有 3 名最杰出的人士审读过，也同 Fratellacci 口头讨论过；他们给我的建议十分坦诚，且毫无伤人的意愿，就是把《梦中》搁到一边，忘记有这么回事儿，未来当个好青年，创作适合创作的作品——畅销书。[9]那一点我做到之后，他们就会乐意再收到我寄来的稿件。于是我擦干双眼，把手稿寄给了泰特斯，不过他说尚未收到。我浑身颤抖，这样就不会把他逼得太急了。[10]

南希从屈内恭德写了来信，又是鬼画符，谈些保持联系的事。她有几本布勒东和艾吕雅的稿件。我回信说，翻译艾吕雅和布勒东的作品历来都是乐事一件。[11]

抱歉，本想随信寄来的稿件不能附上，因为我尚未 touché 那肮脏的商品。[12]一旦拿到，即刻寄来。

这儿有个法国女人叫雷德蒙夫人，嫁给了医生。和我聊天时，她建议我跟《每日快讯》的主编布卢门菲尔德先生去封信，那人是她的密友，而且她也极其乐意替我写一封洋溢着 boniments 的推荐信给他。我依计而行，昨晚写了一篇无法抗拒的稿子。今天可能寄出去——也可能不寄。[13]我的角质层催促我在此冬眠，但消磨的重压开始叫我直不起腰了。我没停没歇地走，漫无边际地走，爬山涉涧，整天整日地走，然后在宝尔势格庄园买上两三品脱酒插在腰间的蒙帕纳斯皮带下，再穿越浓重的暮色走回来。暴走常常十分动人，有助于掩盖寻常的心悸。不过，对于这一带的花园式景观，我的看法和您不同。这里最矮的山丘比我在康尼马拉或者阿克尔见到的任何东西都更叫我害怕，叫我恐惧得多。难道是花园比垃圾场更叫人恐惧？我步行穿过了格伦库伦河与格伦克里河之间的一座矮山——"威廉王子的宝座"，被那静默、神秘的敌意生吞活剥，弄得几乎都大小便失禁了。我跑着下了山，进了恩尼斯凯里镇。[14]

那些人把王尔德的《丈夫》改得完美无缺之后，正在大门剧院上演《罗密欧与朱丽叶》。我没有胆量去听《培尔·金特》。如此奇妙的灯光，您，全都从背后射来，而不是从前面照去。想想吧！而且格里格不留情面。[15]

多纳·布莱恩死了。[16] 此致。

萨姆

ALS；2 张，4 面；麦格里维，TCD, MS 10402/34。

1. 贝克特已随 1932 年 10 月 8 日的信给麦格里维寄去了一首无题诗，该诗（省去第一节）后以《小夜曲之一》为题发表。

2. "facultatif"（法语，"可供选择的"）。

"Quoi qu'il en soit"（法语，"无论如何"）。

3. 诗歌《晨曲》《怨曲之一》和《多特蒙德》发表于《回声之骨》（第 18、12—15、19 页）。《魔草》发表时题为《自由的羁绊》（哈维，《萨缪尔·贝克特》，第 314 页）；该诗标以此题，存于《诗歌杂志》（ICU）档案室及 A. J. 利文撒尔收藏室（TxU）。

"construits"（法语，"刻意所为的"）。

4. 贝克特指理查德·瓦格纳（1813—1883，德国作曲家、音乐剧导演）的作品。

这两行出自法国超现实主义诗人保罗·艾吕雅（1895—1952）的诗《虚构》（保罗·艾吕雅，《痛苦之都》[巴黎：伽利玛出版社，1964]，第 12—13 页）；贝克特将其译为 "What is the role of the root? / Despair has broken all his bonds"（"根的作用何在？/绝望打破了他所有的桎梏"）（保罗·艾吕雅，《雷霆的荆棘：诗歌选》，萨缪尔·贝克特、丹尼斯·德夫林、戴维·盖斯科因等译，乔治·雷维编[伦敦：欧罗巴出版社及斯坦利·诺特出版社，1936]，第 8 页）。

5. "faute d'orifice"（法语，"因为缺乏排泄孔"）。

6. 斯特凡纳·马拉美（1842—1898）的诗。《天鹅》指十四行诗《质朴、美丽、活泼的日子》（《马拉美诗歌全集》第 1 卷，伯特兰·马夏尔编，"七星文库"［巴黎：伽利玛出版社，1998］，第 36—37 页；《十四行诗》出自斯特凡纳·马拉美，《新诗集》，罗杰·弗赖译，查尔斯·莫龙注，"新经典系列"［纽约：新方向出版社，1951］，第 67 页）。马拉美的《希罗底亚》有数种版式（《诗歌全集》第 1 卷，第 17—22、85—89、135—152 页）。

7. "P" 指 "Protestant"（"新教徒"）。"pendu"（法语，"吊死鬼"）。

8. 艾思娜·麦卡锡。"如此更好"也许典出约翰·德莱顿（1631—1700）的戏剧《一心为爱》；提到故去的安东尼时，克利奥帕特拉说道，"噢！让他如此岂不更好，/好过见到他搂在她的怀里"（约翰·德莱顿，《一心为爱》及《西班牙托钵修会会士》，小威廉·斯特兰克编［波士顿：D. C. 希腊出版公司，1911］，第 144 页）。

9. 尽管查尔斯·普伦蒂给理查德·阿尔丁顿写信说，他已听说格雷森出版公司打算出版《梦中佳人至庸女》，但他们并未出版（1932 年 9 月 5 日的信，ICSo，阿尔丁顿 68/6/8）。贝克特致格雷森出版公司的信已不复存在。"Fratellacci"（意大利语，"难兄难弟"）。

10. 贝克特将《梦中佳人至庸女》寄给了爱德华·泰特斯。泰特斯 1929 年至 1932 年任《此季》主编，1926 年中至 1932 年春兼任黑色人模出版社总编。

11. 丘纳德从多尔多涅省（Dordogne）的屈内热（Cunèges）镇给贝克特写了信。贝克特将两处地名拼合成 "Cunègonde"（屈内恭德）；屈内恭德是伏尔泰（原名弗朗索瓦－玛丽·阿鲁埃，1694—1778）小说《老实人》（1759）中的人物。贝克特翻译了巴黎"超现实主义小组"的《害人性命的人道主义》，该小组包括安德烈·布勒东、保罗·艾吕雅等成员（丘纳德编，《黑人文选》，第 574—575 页）。尽管贝克特给麦格里维写信说，丘纳德计划把"艾吕雅和布勒东（的作品）"寄给他，到 1932 年 12 月时（1932 年 11 月 21 日的信，TCD，MS 10402/38）她确实也寄了，但没有任何证据表明贝克特为丘纳德翻译了这两位作家的其他作品。他为《此季》的超现实主义特刊（见［1932 年 9 月］13 日的信，注 9）翻译了他们的作品。

12. "touché"（法语，"得到"）。

13. 玛丽·雷德蒙夫人（原姓鲁宾逊，昵称埃尔西，1885—1976）即 H. E. 雷德蒙（1882—1951）医生的妻子，英国后裔，在巴黎出生并长大。在都柏林，她是法语方面可以"前去请教"的人，教过贝克特。在后来的岁月里，她会说，"看来，那个叫贝克特的伙计学得很不赖"（安妮克·奥梅拉，2007 年 10 月 17 日）。

拉尔夫·D. 布卢门菲尔德（1864—1948）生于美国，1902 年至 1932 年任《每日快讯》（伦敦）主编，是雷德蒙夫人父母的世交。

"boniments"（法语，"鼓吹之词"）。

14. "威廉王子的宝座"是都柏林南面威克洛路沿线的一处海岬；恩尼斯凯里镇在其以北通往福克斯罗克的方向。

15. 威廉·莎士比亚（1564—1616）的戏剧《罗密欧与朱丽叶》于1932年11月1日在都柏林的大门剧院上演。奥斯卡·王尔德的《理想丈夫》已于10月18日开始上演；此前，从9月27日至10月15日，大门剧院把亨里克·易卜生（1828—1906）的《培尔·金特》重排并搬上了舞台。该剧院创始人之一希尔顿·罗伯特·爱德华兹（1903—1982）已于1928年10月导演了第一版；新版依据灯光从背后射来这一布景概念做了"改进"（《爱尔兰时报》，1932年9月29日：第4版）。

《培尔·金特》中独唱、交响曲及合唱的配乐《23号叙事曲》，由挪威作曲家爱德华·哈格吕普·格里格（1843—1907）创作。

16. J. D. O. 布莱恩（昵称多纳，1903—1932），都柏林圣三一学院历史学金质奖章得主及研究奖得主，1931年1月受聘为该校历史学助理讲师，1932年10月9日去世。

凯里郡塔伯特镇
托马斯·麦格里维

11月4日［1932年11月3日］　　　　　都柏林郡

　　　　　　　　　　　　　　　　　　福克斯罗克

　　　　　　　　　　　　　　　　　　库尔德里纳

亲爱的汤姆：

　　上午暖和、惬意，吹着西南风，所以就能从炉栅里走出来，坐在桌子旁写信。不过没什么新闻。替鲁迪干的活儿尚未拿到酬金。那会儿我等着写信去，要等到收到酬金的时候，可眼下我丝毫看不到有酬金寄来的迹象，又不敢冒昧地写信去，向他要钱。大约3周前把《梦中》寄给了泰特斯，但还没收到他手稿收讫的回信。[1]在这里，在这幢房子里，真是无所事事。整天四处坐坐，从一间房到另一间房，或是在教区里警慎地四处走走，直后悔老朋友便秘没让我更频繁地享用那几张紫檀座位。曾有一两次，想动笔写点啥，可刚写下一个词儿就断了线。于是只好放弃。得到了致《每日快讯》主编布卢门菲尔德的介绍信，又自己写了一封祈求信。他口气相当粗鲁，说很遗憾，无能为力——我几乎都申请到南罗得西亚去某〔原文如此〕差事了，到布拉瓦约理工学院当法语老师，可片刻的斟酌又将利弊权衡得如此全面，直叫我像往常一样觉得束手束脚，不如啥事不干算了。[2]但是，过了这几个情感不温不火的漫长月份，心智如陷污泥之后，几乎什么改变都会是可喜的。

收到了乔治·雷维的信，附有从其新版《吉诃德组诗》里摘录的一首诗。比他通常的诗要好，至少更加愉人。他踌躇满志，也认识不少主编、出版商和文学代理商。死去之前，他兴许会有些用处。南希·丘纳德再没来过信。[3]

您怎么样？上次写信时您有些伤心。听到吕尔萨的那桩买卖做完了，我由衷地高兴。那幅画我什么传言都没听到过，可同时也没个 occasion 去目睹。[4]美术馆闭馆了，在重新布展。还没见过 J. B. 叶芝。Chez lui 那些个周六的下午叫人相当不快。明天下午会花 3 镑买几个楼座，去皇家剧院听霍洛韦茨的钢琴。节目单抓人眼球。[5]

管所得税的那几个杂种盯上了我，竟委派当地警佐调查我在干什么营生，还跑到克莱尔街的办公室秘密搜查。迄今未下达正式的纳税通知。无论如何，我可什么也给不了他们。[6]

将近傍晚的时候，我推着自行车北上进山去，到兰姆·多伊尔客栈、格伦库伦镇或者恩尼斯凯里镇喝上一品脱，然后跨上自行车溜下山坡，回家读《汤姆·琼斯》。是的，如您所说，就他而言。但是，他是其中最优秀的。越来越喜欢那些简短的章节了，还有那些有讽刺意味的章节名。他的戏仿相当笨拙，但是他一本正经的语气真可谓出类拔萃。不管怎样，曾期待读《汤姆·琼斯》会有更多的收获。[7]

亲爱的汤姆，这是一封非常干巴巴的信，可我没法写得更好了。附寄一张照片，心想您会喜欢它，另附一首诗。[8]

上帝保佑

萨姆

这片阵挛的土地[1]

她上下颤抖睡眼惺忪

肥得半死总算还能随心所欲

黑白相间的毛皮毛发

是灰色的菘蓝

林间的咆哮和哀嚎惊醒所有的雀鸟

驱散了蕨丛里的妓女

愚蠢的黄昏在车闸上脱了粒

低声地诉说血染一片

这狂饮暴食的寂静

撕开了它的心

她在梦中再次颤抖[9]

气喘吁吁重回往日的黑暗岁月

在十二峰的掌心里在时光的重压下

身囊痛苦地扭动她自感奄奄一息

光线暗下来该是躺下休息的时候

---

[1] 此诗即《小夜曲之二》，译文出自萨缪尔·贝克特《诗集》第32—35页。

克卢湾有成片的黄花

克罗帕特里克山让印度教徒面色暗淡怨恨朝圣

她一切就绪重要的是她已躺下为了全岛的荣耀

此刻不堪承受花环安息日的夜晚

健硕的天鹅发出唷喃之声

一头风帆般的鬈发离开这在劫难逃的土地

她在一片沼泽产崽

鲸鱼在布莱克索德湾狂舞

日光兰追寻旗帜一路奔来

她自感奄奄一息她已无地自容

她领我抵达一道分水岭

仿佛童年的红标题

看见米斯郡在山林里叮当闪亮

大片的落叶松林让人流连忘返

溃退的足迹随溪水流向大海

尖顶的幼儿园以及港口

犹如一位妇人举起手遮住双乳

随后弃我而去

怀有何等的恐慌我们出去

以求更多的回报

自家的狗与主人之间的恐慌丝毫不见减弱

尽管那就是条母狗

一包湿漉漉的牧师牌香烟

路标一样的沉默

比睡梦更糟

略为好色的母狗也不易

这片阵挛的土地

所有的幽灵战栗着四处晃动

闭上眼也无济于事

世上所有的琴弦都断了恰如一位女琴师的琴弦

癫蛤蟆再一次离洞，四处游走

悄悄地贴近自身的罗网

米斯郡的童话结束了

你要就此做完祈祷上床休息

你灯前的祈祷开始在落叶松后歌唱

此刻双膝下跪如石

随后在骨子里说声再见

ALS；3 张，5 面；印制信头；附件 TMS，2 张，2 面（"这片阵挛的土地"）；所提照片未与此信存世；寄往：凯里郡塔伯特镇，托马斯·麦格里维先生收；邮戳：1932/11/03，都柏林；TCD，MS 10402/35。日期判定：贝克特署明的日期比邮戳晚一天。

1. 鲁德莫斯–布朗。1932 年 10 月 18 日之前，贝克特将《梦中佳人至庸女》手稿寄给了爱德华·泰特斯。

2. 贝克特写给拉尔夫·布卢门菲尔德的信及布卢门菲尔德的回信均未找到。
非洲的布拉瓦约原属南罗得西亚，现属津巴布韦。

3. 1932 年，雷维为《吉诃德组诗》写了如下诗歌：《别了，普罗洛维奇》《墓志铭》《乡绅阶层》《彻查》；他将其中之一寄给了贝克特（乔治·雷维，《吉诃德式彻查：第一组》[伦敦：欧罗巴出版社，1939]，第 11—12、17—23 页）。

4. 麦格里维已做好安排，让爱尔兰国家收藏馆的藏友会购得让·吕尔萨 1932 年的画作《装饰风景》（见麦格里维致德莫德·奥布莱恩的信，TCD，麦格里维，MSS 8126/47—48）。藏友会主席萨拉·珀泽（1848—1943）持保留意见："我们的公众相当念旧，能否接受和如何看待该画，我有些担心。"（致麦格里维的信，参见帕特里夏·博伊兰，《一切有情操的人：都柏林联合艺术俱乐部史》[英国白金汉郡杰拉兹克洛斯镇：科林·斯迈思出版社，1988]，第187—188页）该画（709号）一直存于库房，直到新建的"市立现代艺术美术馆"于1933年6月19日在查利蒙特大楼开馆（现称作都柏林休雷恩市立现代艺术美术馆；见伊丽莎白·梅斯及宝拉·莫菲编，《意象与洞察力》[都柏林：休雷恩现代艺术馆，1993]，第258—259页）。

"occasion"（法语借词，"机会"）。

5. 爱尔兰国家美术馆。

"chez lui"（法语，"在[他]家"）；贝克特常哀叹有别人在场。

楼座：夹层的廉价座位。

1932年11月5日，俄罗斯裔美国钢琴家弗拉基米尔·霍洛韦茨（1903—1989）在都柏林皇家剧院举行演奏会。节目有：德国作曲家约翰·塞巴斯蒂安·巴赫（1685—1750）的《C长调托卡塔慢版》（巴赫曲集564），由德国裔意大利作曲家费鲁乔·本韦努托·布索尼（1866—1924）改编为钢琴曲；歌剧《沙皇萨尔坦的故事》的选段《野蜂飞舞》，由俄罗斯作曲家尼古拉·安德烈叶维奇·里姆斯基-科尔萨科夫（1844—1908）创作；根据法国作曲家乔治·比才（1838—1875）创作的歌剧《卡门》编写的一首幻想曲（也许即霍洛韦茨自己的《〈卡门〉主题变奏曲》）；奥地利交响曲之父弗朗茨·约瑟夫·海顿（1732—1809）的《降E大调奏鸣曲》；匈牙利作曲家弗朗茨·李斯特（1811—1886）第二版《交响诗与修女》（S173，第7首）的选段《葬礼》；德国作曲家约翰内斯·勃拉姆斯（1833—1897）的《帕格尼尼主题变奏曲》（曲集35）与三首《钢琴间奏曲》中的两首（曲集117）；法国作曲家弗朗西斯·普朗（1899—1963）、《三首单曲》（曲集48）中的《田园曲》与《托卡塔慢版》；俄罗斯作曲家伊格尔·斯特拉文斯基（1882—1971）芭蕾舞曲《彼得鲁什卡》的选段《俄罗斯舞曲》；以及波兰作曲家弗雷德里克·肖邦（1810—1849）的《F大调练习曲》（曲集10，第8首）和《升F大调船歌》（曲集60）。

贝克特给麦格里维写信道：

> 霍洛韦茨的演奏会精彩极了，但多少有些不尽人意。海顿的《奏鸣曲》不堪入耳，且演奏这么早，让我欣赏后面的曲子时心有怨气。他演奏得极其精妙，尤其是勃拉姆斯的《间奏曲》，真是动人心弦，叫我心有戚戚。普朗的《田园曲》与《托卡塔慢版》叫人着迷。尽管如此，我还是乐于在喝彩声响彻剧院之前离场，跑到苏格兰酒吧。（1932年11月11日，TCD，MS 10402/37）

6. 贝克特与梅德卡尔夫，克莱尔街 6 号。

7. 兰姆·多伊尔客栈坐落在斯泰普阿塞德丘上，位于威克洛郡的三岩山麓。格伦库伦镇和恩尼斯凯里镇位于都柏林郡的南缘，地处威克洛丘陵。

亨利·菲尔丁的小说《弃儿汤姆·琼斯的历史》（1748）。

8. 该诗此处无题，是《小夜曲之二》（《回声之骨》，第 28—30 页）的早期初稿。照片所指不明。

9. 贝克特原文写道"〈再次醒来〉颤抖"。

伦敦
乔治·雷维

1932 年 11 月 6 日

都柏林郡

福克斯罗克

库尔德里纳

尊敬的雷维：

随信附寄诗稿 Prépuscules d'un Gueu 两篇。[1]

还不知道拙著的命运如何了。要是您觉得能替本人发一本诗集，那本人很乐意寄来给您看看。[2]请直言。也许哪一天，本人会自己去巴黎。但恐怕做不到。

祝您的新公司开门大吉。

此致

萨姆·贝克特

谢谢寄来《吉诃德》那首诗。非常喜欢。[3]

ALS；1 张，2 面；印制信头；寄往：巴黎中 6 区波拿巴大街 13 号欧洲文学书局，乔治·雷维收；邮戳：1932/11/07 收讫，都柏林；附寄内容未与信件共同保存；TxU。

.

1. 贝克特附寄的诗稿不复存在。不过贝克特致麦格里维的两封信表明，他给雷维寄了两首诗，其中一首开篇为"［有一方］乐土"，后以《脓液之二》为题发表于《回声之骨》（1932 年 11 月 21 日的信及 1932 年 11 月 11 日的信，TCD，MS 10402/38 及 37）；该诗也寄给了查尔斯·普伦蒂斯（见 1932 年 8 月 4 日的信，注 17）。皮林认为，这两首诗指《小夜曲之一》和《脓液之二》（《萨缪尔·贝克特年表》，第 40 页）。

贝克特对瓦格纳的歌剧《诸神的黄昏》（1876）剧名的法语形式 *Crépuscule des dieux* 进行了文字游戏。

"prépuce"（法语，"包皮"）；"gueux"（法语，"乞丐"，"可怜虫"，"无赖"）。

2. 爱德华·泰特斯早已收到《梦中佳人至庸女》，"但尚未读过"（贝克特致麦格里维的信，1932 年 11 月 11 日，TCD，MS 10402/37）。里克沃德尚未回信，确认收到了贝克特于 8 月寄来的诗；贝克特在询问雷维是否有兴趣发表这两首诗。

3. 签名之后，用铅笔亲笔补写："P.T.O."（PS on verso，"附言见背面"）。

1932 年为《吉诃德式彻查》所写的四首诗之一：贝克特致雷维的信，11 月 4 日［1932 年 11 月 3 日］，注 3。

凯里郡塔伯特镇
托马斯·麦格里维

［1932 年］12 月 5 日

都柏林
上梅里恩街 28 号
梅里恩疗养院

亲爱的汤姆：

终于鼓起勇气找医生了，看看脖子上的毛病。照医生的描述，是根

161

深蒂固的脓毒性囊状系统！！他建议把整个囊肿连根切除，une fois pour toutes 切除。[1] 因此上周三进了这家医院，周四上午就做了手术。同时，锤状趾上也切除了一个关节。手术进展顺利，现在感觉好多了，能起床，跛着脚四处走走，但估计一时半会儿出不了院，至少还要住一周。住了一间不错的病房，里面整个上午都洒满阳光，而且躺在床上睡觉呀，读书呀，依稀品味惯坏和受苦的感觉呀，真是令人愉快，同时还有些搞笑。〔……〕

那时在重读《重现的时光》第一卷——战火中的巴黎以及夏尔吕斯的欢乐与看法。以前不喜欢这一章，觉得纯粹就是 bourrage，全然失控——因而明显就是 ajouté & hors d'oeuvre。可这次，根本就读不下去。巴尔扎克式滔滔不绝——还有就莫雷尔对夏尔吕斯的生理恐惧的描述，以及夏尔吕斯承认说早就计划害死莫雷尔的来信，这些在我看来纯粹是巴尔扎克式的。[2] 接着读第二卷——该书的最后一卷——确确实实，前 100 页是持续创作而成，精彩可与各国最伟大的作品媲美。每读一次，都感觉这一卷愈加令人心醉神迷。[3]

对圣伯夫崇拜极了，觉得他的思想是所有 galère 中最有趣味的，但不禁遗憾，这样的思想用在了批评上。心想，要是您照时间顺序读他的《随笔》，〔？您就会〕注意到一个相当可怕的明晰化过程，变成具有可信的结晶法效率的过程，唯一添加的东西是材料——pièce de[à] conviction——dossier souplesse 变成发条装置。[4] 可是，要是您还没有读过他的小说《淫荡之人》，我手头有，很乐意一出院就把它找出来给您寄来。写得美极了，真想不明白为何通常都列为相当幽暗、凶险之作。形象勾勒得如此之精妙，色彩运用得如此之丰富，像个褪色的万花筒。批〔比〕《一个世纪儿的忏悔》更像是卢梭的《遐想》，但没有那份疯狂和扭曲。在某一点上，窃以为他和卢梭颇为相似。真希望他不只是探寻出了一种批判方法，préciser 了一种态度。那样的事儿，难道没有足

够的泰纳之类的人去做？⁵

泰特斯什么都没寄来，南希也没有。⁶关于克鲁申，独自一人也得出了同样的结论。⁷

记得给她写信，上帝保佑

永远的

萨姆

ALS；2 张，4 面；寄往：凯里郡塔伯特镇，托马斯·麦格里维先生收；邮戳：1932/12/06，都柏林；TCD，MS 10402/39。日期判定：据邮戳。

1. "une fois pour toutes"（法语，"一劳永逸地"）。

2.《重现的时光》是普鲁斯特小说《追忆似水年华》的最后一部。

"bourrage"（法语，"填充物"）；"ajouté & hors d'oeuvre"（法语，"纯属添加且无关"）。此处，贝克特将普鲁斯特比作奥诺雷·巴尔扎克（1799—1850）。夏尔吕斯的忏悔信见《重现的时光》（《追忆似水年华》法语版第 4 卷，第 384—385 页；英语版第 6 卷，第 167—168 页）。

3. 在贝克特使用的版本中，《重现的时光》最后一卷的第二册以所谓"第三章"的中间开篇，起始就是夏尔吕斯进了盖尔芒特府邸的院子（见马塞尔·普鲁斯特，《追忆似水年华》，第 8 卷，第 2 部［巴黎：伽利玛出版社，新法兰西杂志版，1927］，第 7 页；《追忆似水年华》末部《重现的时光》，第 4 卷，第 445 页；《追忆似水年华》末部《重现的时光》中"转动阴郁的思想"一节，第 6 卷，第 255 页）。

4. 夏尔-奥古斯丁·圣伯夫（1804—1869）写有每周文学杂文集《月曜日文谈》（1858—1872）。

"galère"（法语，"帆桨战船"）。

"pièce à conviction——dossier souplesse"（法语，"物证——通用档案"）。

5. 圣伯夫，《淫荡之人》（1834）。

让-雅克·卢梭（1712—1778）所著《孤独漫步者的遐想》（1776—1778，1782 年出版）。贝克特凭记忆所写，多半将卢梭的《忏悔录》（1782）与法国诗人、剧作家兼小说家阿尔弗雷德·德·缪塞（1810—1857）的自传体小说《一个世纪儿的忏悔》混作了一谈。

"préciser"（法语，"明晰化"）。

法国批评家、历史学家及哲学家伊波利特-阿道夫·泰纳（1828—1893），著有《当代法国的起源》（1874—1894）。

6. 爱德华·泰特斯尚未寄来载有贝克特短篇《但丁与龙虾》的《此季》12 月刊，也未寄来关于《梦中佳人至庸女》的只言片语。南希·丘纳德早已建议贝克特翻译艾吕雅和布勒东的作品，但此时仍未将原作寄来；贝克特对这一愿景做了考量："我想，置换他们的作品，我会得到真正的乐趣。"（贝克特致麦格里维的信，[1932 年 12 月] 12 日，TCD，MS 10402/40）

7. "克鲁申"，矿物盐，溶于温水，是一种慢性利尿药；1932 年广而告之时，用作减肥产品，据说于肾脏有益，利于恢复元气。

1933 年年表

1933 年 1 月	贝克特继续为丘纳德的《黑人文选》翻译作品。
1 月 5 日前	贝克特申请去米兰任教。
1 月 26 日	考虑申请去曼彻斯特任教。
1 月 30 日	希特勒被授命为德国总理。
约 2 月 2 日	完成丘纳德的翻译任务。决定不再任教。与钢琴教师一道撰写关于莫扎特的文章。
3 月 20 日前	给《都柏林杂志》寄去一个短篇（兴许是《叮咚》）。
4 月 15 日	骑车穿过马拉海德，绕过波特雷恩入海口，再穿越索兹。
4 月 23 日前	《都柏林杂志》退回短篇。贝克特创作另一首诗《脓液之一》，及另一个短篇（兴许是《芬戈尔》）。同父亲一道在乡间漫步。
5 月 3 日	脖子上进行第二次手术。佩吉·辛克莱死于德国。
5 月 13 日前	贝克特向梅休因出版社的一位编辑毛遂自荐。
5 月 13 日	将《脓液之一》初稿寄给麦格里维。
6 月 22 日前	泰特斯退回《梦中佳人至庸女》。贝克特将其转投梅休因出版社。
6 月 22 日	贝克特的父亲威廉·贝克特心脏病发作。
6 月 26 日	威廉·贝克特病逝。

7月25日前	贝克特在克莱尔街6号设立"工作室",准备招收"家教"学生。茜茜·辛克莱回到都柏林。
约7月至8月	贝克特扩充短篇集,要么从《梦中佳人至庸女》取材(《雨夜》和《斯梅拉迪娜的情书》),要么给《多么不幸》和《糟粕》增补几段。
9月6日前	将10个短篇寄给查托–温德斯出版社。此时辛克莱全家均在都柏林。贝克特在都柏林与努阿拉·科斯特洛会面。
9月25日前	查托–温德斯出版社接受短篇集,附带修改书名等条件。
10月3日	贝克特接受查托–温德斯出版社的合同,取新书名为《徒劳无益》。
10月9日前	贝克特一家迁往多基度过一个月。贝克特将诗歌《小夜曲之三》寄给麦格里维。申请去伦敦的国家艺术馆工作。
11月1日前	想给《徒劳无益》补写一个末篇,让贝拉夸"复活"。国家艺术馆拒绝贝克特的申请。
11月8日	贝克特一家回到福克斯罗克。
11月10日前	贝克特将《徒劳无益》的末篇《回声之骨》寄给普伦蒂斯。
11月12日	普伦蒂斯退回《回声之骨》;查托–温德斯出版社愿意出版未增补该末篇的《徒劳无益》。
12月6日前	短篇《回声之骨》遭拒后,贝克特创作了同名诗歌。校订《徒劳无益》的部分清样。
12月18日前	普伦蒂斯寄来附有麦格里维相关注释的校样,贝克特同意此付印。
12月25日	贝克特待在都柏林。

凯里郡塔伯特镇

托马斯·麦格里维

[1933 年] 1 月 5 日　　　　　　　　　　　[都柏林郡

福克斯罗克]

库尔德里纳

亲爱的汤姆：

许久没回信，见谅。圣诞和除夕是跨不过的坎，才从诊所出来，刚好赶上这两个日子。[1] 脖子还有点儿麻烦，要清理还要上药，不过比以前真是好多了。而且四面八方都安静些了。

您对绝对与相对这一话题的细致辨析叫我几乎都窒息了。若非如此，是不是该说严肃和讽刺呢。为何不是两者兼备，讽刺的重压中有些严肃呢。可又发现，避开词语的 sanies 是本人的新年打算之一。这样您就能宽心安坐了。[2]

茜茜写信了；眼下他们每况愈下，钢琴、画作和一切都变卖了。[3]甚至珀西·厄谢尔去拜访他们时都感到难受。

这会儿在替南希干活——有些颇为有趣（《刚果雕塑》），有些全是瞎扯（《马达加斯加》）。有一篇尚待着手，谈的是全体超现实主义小组签署的寻常害人宣言。还有佩雷的一篇长文。[4]

申请过去米兰工作，但是没门儿。不过眼下没这份心思了。

泰特斯再也没有回音了。[5]

［……］

上周六在基利尼人士约·霍恩夫妇那儿共进晚餐（写的是"共进晚餐"，但绝无此类事情发生）［……］您认识他们吗？眼下他在同一个叫罗西的人（《伯克利》的另一个编者）合作，编一本关于可怜的斯威夫特的书。是个乏味、垂死的家伙。[6] 我溜出来去找耶稣，在罗林斯顿做了 bonafide 一事，接着凭 9 个脚趾头，在新年到来之际赶回了家。[7]

节礼日去了多纳贝特，心情很沮丧，冒雨在波特雷恩疯人院附近徘徊来徘徊去。来到大门外，正和一个蓝贝本地人攀谈，问他附近田野里见到的那座古塔有什么故事。"那是斯威夫特教展和他的 motte 幽会的地方。"他说道。"什么 motte？"我问道。"名叫斯特拉。"接着，还说到贴身男仆替他挑选黑女人的传奇，还有波特雷恩的狂躁病人和大饥荒时作为赈灾工程而修的圆塔，诗歌浮渣在发酵，自从婊子和骨头以来澡盆里的第一道闪光。[8]

我 malgré moi 直流口水，知道自己流口水且不该如此，那毫无益处。[9] 也许有诸神，可他们破什么样的冰呢？

会立马找找《淫荡之人》，一定给您寄来。这阵子啥都没读，只读了一点儿历史（咯林［格林］！），他对可怜的查理二世的中伤。[10] 是个专让王室郁郁不乐的人！

上帝保佑

萨姆

ALS；1 张，2 面；寄往：凯里郡塔伯特镇，托马斯·麦格里维先生收；邮戳：1933/01/05，都柏林；TCD, MS 10402/43。日期判定：据邮戳和语境。

1. 除夕：元旦前夜，即圣西尔维斯特节。

2. "sanie"（拉丁语，"脓液"）。贝克特给两首诗都取名《脓液》。

3. 茜茜·辛克莱已回到卡塞尔，写过来信，大意是"大萧条"在影响她家的境况。

波士·辛克莱是现代艺术经销商，拥有不少画作；已知他当时收藏的作品之一，就是德国艺术家埃瓦尔德·杜尔贝格（1888—1933）的《最后的晚餐》；詹姆斯·诺尔森认为，该画原由汉堡美术馆收藏，但"在'堕落艺术'清理行动中充公，两年后即1939年被毁"（詹姆斯·诺尔森，《贝克特在卡塞尔：与德国表现派的初次相遇》，见《陌生人贝克特：萨缪尔·贝克特与德国文化》，特蕾泽·菲舍尔－赛德尔与马里昂·弗里斯－迪克曼编，马里昂·弗里斯－迪克曼译［法兰克福：苏尔坎普出版社，2005］，第76—78、94页）。

辛克莱一家还拥有美国艺术家莱昂内尔·法宁格（1871—1956）的一幅画作：油画《沐浴者之一》（现拥有人不详，也许已失传）（见注109，汉斯·赫斯，《莱昂内尔·法宁格》［纽约：哈里·N.亚伯拉罕出版社，1961］，第66、257页；也见诺尔森，《贝克特在卡塞尔》，第76页）。

4. 贝克特在替南希·丘纳德的《黑人文选》翻译所选法语文章。尽管也为此书翻译了其他文章，但此处指的是：亨利·拉瓦赫利（1852—1934）的《谈刚果雕塑的风格》；让－雅克·拉贝亚里韦卢（1903—1937）的《马达加斯加历史简况》（第687—693页）；乔治·西泰纳（1906—1944）和弗朗西斯·茹尔丹（1876—1958）的《法国在马达加斯加实行的帝国主义》（第801—802页）。

有待翻译的除邦雅曼·佩雷（1899—1959）的《巴西的黑与白》（第510—514页）之外，还有"巴黎超现实主义小组"的《害人性命的人道主义》——签署该集体宣言的有安德烈·布勒东、罗歇·凯卢瓦（1913—1978）、勒内·夏尔（1907—1988）、勒内·克勒韦尔（1900—1935）、保罗·艾吕雅、儒勒·莫内罗（1909—1995）、邦雅曼·佩雷、伊夫·唐吉（1900—1955）、安德烈·蒂里翁（1907—2001）、皮埃尔·乌尼克（1909—1945）、皮埃尔·约约特（？—1941）（第574—575页）等。

5. 尚未收到爱德华·泰特斯对《梦中佳人至庸女》的任何回应。

6. 爱尔兰传记作家、批评家约瑟夫·曼塞尔·霍恩*（1882—1959）在都柏林创办了曼塞尔出版公司。在霍恩的讣告中，其妻维拉（原姓布鲁斯特，1886—1971）得到如下描述："一位极其美丽的美国人，既以其挖苦人的机智闻名，亦以其不知疲倦的投入享誉"（《约瑟夫·霍恩先生：传记作家兼批评家》，《泰晤士报》，1959年3月28日：第19版）。霍恩同马里奥·曼里奥·罗西（1895—1978）一道，合写了《伯克利主教：生平、作品与哲学》（1932）和《斯威夫特；又名自我主义者》（1934）两部传记。

7. 贝克特的措辞典出美国黑人灵歌《溜到耶稣处》。在饮酒时间外合法饮酒也是做得到的，"前提是饮酒人已完成正事，走过了法定的三英里'旅程'，能证明其旅行者的声明属实"（约翰·瑞恩，《记得我们站立的方式：世纪中叶放荡不羁的都柏林》［都柏林：吉尔与麦克米伦出版社，1975］，第25页）。在通俗用法中，"bona fide"（拉丁语，"法外饮酒"）发音时为三个而非要求的四个音节，用来指酒吧，而非旅行者。罗林斯顿为基利尼附近的小村子，位于都柏林东南约8英里处。

8."节礼日"：12月26日。

多纳贝特属都柏林郡，位于都柏林以北、蓝岛岛以西。波特雷恩疯人院（现圣伊塔疗养院）曾收留1 640名住院病人，将他们安置在占地600英亩的成片建筑和设施中；该院离多纳贝特车站2英里。

乔纳森·斯威夫特（1667—1745）是埃丝特·约翰逊（斯威夫特称其为斯特拉，1681—1728）的监护人，后者是威廉·坦普尔爵士的私生女；斯威夫特是坦普尔的秘书和异母弟弟。1699年坦普尔去世后，斯威夫特离开英格兰；斯特拉也随他回到爱尔兰。虽然二人关系密切，甚至有传闻说二人已秘密结婚，但斯威夫特只在有第三方在场时才愿意见斯特拉。"motte"（爱尔兰俗语，"妙龄女子"）。波特雷恩曾是斯特拉的乡居所在。斯特拉之塔是一座圆形炮塔，建于大饥荒时期（约恩·奥布莱恩，《贝克特国度：萨缪尔·贝克特的爱尔兰》［都柏林：黑猫出版社和费伯出版社联合出版，1986］，第373页，第232—233页；也见维多利亚·格兰迪宁，《乔纳森·斯威夫特传》［纽约：亨利·霍尔特出版公司，1999］，第215—228页）。

在爱尔兰，（圣帕特里克大教堂的）教长（Dean）斯威夫特常被无知者称为"教展"（Dane）。在关于斯威夫特的传统爱尔兰故事中，有一种说法就是，他总是吩咐仆人"替他找一个过夜的女人"；而关于那个女人，说法各异，有的说她老迈、丑陋，有的说她手脚残疾，更有的说她是黑人（麦基·L. 贾雷尔，《杰克与教展：爱尔兰的斯威夫特传统》，《美国民间文学杂志》第77卷第304期［1964年4—6月刊］，第101—102页）。经W. B. 叶芝在《窗玻璃上的词语：一篇评注》（《都柏林杂志》第6卷第4期［1931年10—12月刊］，第17页）中提及，贝克特兴许已留意到了这个传闻；贝克特的诗《晨曲》就发表在该刊的前一期（伊恩·希金斯和克劳德·罗森指出，关于斯威夫特的"传奇"出自这些故事）。

贝克特徘徊的区域在收入《回声之骨》的短诗《脓液之一》中举足轻重，在收入短篇集《徒劳无益》的故事《芬戈尔》中也是如此。

9."malgré moi"（法语，"不由自主地"）。

10.《淫荡之人》：见［1932年］12月5日的信，注5。

约翰·理查德·格林，《英格兰民族简史》（纽约及伦敦：哈珀兄弟出版社，1898），第620—664页。英格兰的查理二世（1630—1685）。

凯里郡塔伯特镇

托马斯·麦格里维

周一［1933 年 3 月 20 日］[1]   ［都柏林］

亲爱的汤姆：

　　谢谢您的来信！何时才能享有与您再次见面的乐趣呢？心里清楚您读我的欧甘文有些困难，而写此信无非是想告诉您，要不是忙于写一个短篇小说，甚至把这张漂亮的卡片都写坏了，且今天傍晚之前就得着手这么做，不然，是可以早些给您回信的。[1]

　　　　　　　　　　　　　　　　　忠诚的萨

　　APCI；1 张，2 面；寄往：凯里郡塔伯特镇，托马斯·麦格里维先生收；邮戳：1933/03/20，都柏林；TCD，MS 1040/47。日期判定：据邮戳。

　　1. 欧甘文（Ogham）是古代凯尔特人所用的一种书写体系，共 20 个方块字，用于传递密信。

　　贝克特将这一短篇寄给谢默斯·奥沙利文，看能否刊发在《都柏林杂志》上，这一点在他次日写给麦格里维的信中有交代："昨晚把一个短篇寄给了谢默斯·奥所罗门［原文如此］，心想那个短篇您会喜欢的，不过其他人没几个会。"（［1933 年 3 月］21 日，TCD，MS 10402/48）正在写的短篇交代不明，不过皮林认为，应该是后来收入短篇集《徒劳无益》中的《叮咚》（《萨缪尔·贝克特年表》，第 42 页）。

　　奥沙利文的妻子叫埃斯特拉·所罗门斯，贝克特将二人的名字混作了一谈。

---

[1]　原信用法语写成。

巴黎

托马斯·麦格里维

[1933 年 4 月] 23 日 　　　　　　　　　　　　[都柏林郡]

　　　　　　　　　　　　　　　　　　　　福克斯罗克

　　　　　　　　　　　　　　　　　　　　库尔德里纳

亲爱的汤姆：

　　在老打字机跟前敲个不停，真是累坏了，于是冒昧地跟您写信。信里的字迹希望您认得出。

　　敢打包票，您去巴黎是对的。真希望像您那样有勇气，只带着路费和捉摸不透的关系，à l'arrivée 就离家而去。可我呢，哪个洪耶都不熟悉，哪个吕尔萨也都不认识。¹当然了，您的来信让我极其渴望前往巴黎。在一个地方扎根，靠一种从众的鼻悌［鼻涕］活着，那种感觉像鼻子里长息肉那样，讨厌极了。更何况在千万个地方中的这个地方扎根。思想与个人或者家族的本性沆瀣一气，猛地冒出头来，说道"égal"。倒是乐意见到 en militaire 的博弗雷，看起来一半像鼓手，一半像吉祥物。在推荐信里，托马斯说我有"très précieuses amities"。²只怕让他们大家都白费心思了。肖恩·奥沙利文先是问我，是不是需要给朋友弄张艺院 vernissage 的票。接着就说道，"噢，我忘了，你不搞那类奢侈享受"。³说对了，就是奢侈享受。纪德似乎在把自己最后的日子捣腾出个欢乐的漩涡来。也许，他希望在陀思妥耶夫斯基开始的地方结束，拿一部《贫苦人》宣告结束。听说过《长夜行》，对书名钦佩不已。您能肯定那不是佩洛尔松的书吗！⁴书名像他的措辞。

　　谢默斯·奥终于退回了那个短篇——［？评说道］他落后于时代了，陈年旧世才是他唯一可以"理性地快乐"的时候，那可是他的"大秘密"！

算不上多大的秘密。曾想过把稿子寄给《阿德菲》。[5] 是不是荒诞至极？我说不清。写了另一个短篇（zig zag acquis！），与街上的晨曲擦身而过之后还写了一首诗，那个场合我的致敬就是利文撒尔的致敬的功能。要留个心眼，无须严肃地看待这些偶然事件。复活节没个尽头。老爸和弗兰克去了威尔士。周六骑车外出过了一天，穿过马拉海德，绕过通往波特雷恩的海湾，再经索兹返回。[6] 暮霭之中，回家匆匆，乃贫贱之乐。周一陪老妈去了植物园。什么都刻意打理，看似令人愉悦，faute de mieux。[7]

［……］

今天上午同老爸漫步愉快极了。他上年纪了，有了一种十分得体的人生哲学。把蜜蜂和蜻蜓比作大象和鹦鹉，还拿水平仪讲解双联契约。闯过树篱，在儿子肩膀的帮助下翻过围墙，骂句脏话，然后打着欣赏景致的幌子停下来休息。老爸这样的人不会再有了。

心里记着阿尔菲耶里，却要读普鲁塔克，当然读不下去。心里记着阿尔菲耶里呢！还有伯克利的《札记书》，那本书霍恩作为起步读物加以推荐，充满了深奥的道理，同时又写满了一种肮脏（且虚假）的智力上的 canaillerie，足以让您再也没有读书的欲望了。希望有条件去图书馆，研读赫拉克利特之流，可除了买咖啡，我从不进城。[8] 我理解波士·辛克莱，还有别人，除非受到奉承或者有人陪伴，他们也是不愿出门的。得把《梦中》……寄给戈兰茨。他会"兴高采烈地请人审读"!! [9]

弗兰克万事无恙。Rien ne presse et lui pelote.[10]

向安吉洛问好。为了健康，得吃一块 parmentier。[11] 待会儿接着写。

谨上

萨姆

找不到我们可以同住的住处吗？

ALS；1 张，2 面；TCD, MS 10402/42。日期判定：麦格里维在巴黎；谢默斯·奥沙利文已退回了该短篇。

1. 麦格里维身在巴黎，住在巴黎高等师范学校（麦格里维致查尔斯·普伦蒂斯的信，［1933 年 4 月 11 日］周二，从巴黎 5 区乌尔姆大街 45 号寄出信件）。在麦格里维的巴黎朋友中，有让·吕尔萨和加泰罗尼亚画家霍安·洪耶（原名洪耶·伊·帕斯夸尔，1904—1994）。

"à l'arrivée"（法语，"一到达"）。

2. "égal"（法语，"大家一个样"）；"en militaire"（法语，"身穿制服"）；"très précieuses amities"（法语，"最珍贵的友好关系"）。

让·托马寄来的推荐信写于 1932 年 7 月 22 日，录在此信的末尾，后作为附件随贝克特 1937 年 7 月 29 日的求职信寄往开普敦大学。

3. 肖恩·奥沙利文*（1906—1964），爱尔兰肖像画家。爱尔兰皇家艺术学院没有 1933 年举行 "vernissage"（展前观摩）的记录（埃拉·威尔金森，都柏林，爱尔兰皇家艺术学院及图书馆）。

4. 1932 年 12 月，伽利玛开始出版《安德烈·纪德全集》，至 1933 年 4 月已推出前三卷（让·普雷沃，《安德烈·纪德作品集：第 1、第 2 及第 3 卷》，《我们时代》1933 年 4 月 16 日刊；克劳德·马丁，《纪德》［巴黎：门坎出版社，1963 年及 1995 年］，第 211 页）。

贝克特所说纪德与《贫苦人》（1846）里的陀思妥耶夫斯基之间的联系，很可能基于纪德最近对非洲贫困现象的反思（1927 年的《刚果河之行》及 1928 年的《重返乍得》；两文合译为《刚果之行》）。

《长夜行》（1932），法国作家路易–费迪南·塞利纳（原名路易–费迪南·德图什，1894—1961）的作品。

5. 《阿德菲》（1923—1955）创办人为约翰·米德尔顿·默里（1889—1957）。默里担任主编至 1930 年 8 月，此后一直是该刊的常聘撰稿人。《阿德菲》推出了 D. H. 劳伦斯（全名戴维·赫伯特·理查德·劳伦斯，1885—1930）的作品。麦格里维通过阿尔丁顿认识了劳伦斯。

6. "zig zag acquis"（法语，"之字路的冲力"）。

在短篇集《徒劳无益》中，人物晨曲（原型为艾思娜·麦卡锡）在《多么不幸》中出场，在《雨夜》（为《梦中佳人至庸女》所写的一段插曲）中也露了面，在《糟粕》中，晨曲也举足轻重；不过，该短篇写于 1933 年较晚的时候。

该诗指《脓液之一》。马拉海德位于波特雷恩南面，索兹镇则在马拉海德以西（详

174

情及图片参见：奥布莱恩，《贝克特国度》，第239—240页）。皮林认为，该短篇可能指《芬戈尔》，波特雷恩在其中也举足轻重（《萨缪尔·贝克特年表》，第42页）。

1933年的复活节为4月16日。

7. 国家植物园，位于都柏林北郊的格拉斯奈文。

"faute de mieux"（法语，"只因没有更好的东西"）。

8. 普鲁塔克（约46—约120）。乔治·伯克利，《伯克利的札记书》，G. A. 约翰斯顿编（伦敦：费伯出版社，1931）。乔治·伯克利（1685—1753）的哲学笔记围绕其"新原则"或曰"唯心论"展开，18世纪早期入选都柏林圣三一学院的本科教材，其中提到了众多都柏林地方文献。

"canaillerie"（法语，"廉价垃圾"）。

对爱菲斯学派的赫拉克利特（约前535—约前475）及其他希腊前苏格拉底哲学家的作品，贝克特饶有兴趣。他对哲学的系统研读可能始于1930年夏天；1932年夏天及后来，他仍坚持在大英博物馆研读哲学（见1932年8月4日的信）。贝克特的笔记和所读书单记录在TCD, MS 10967；详情参见：弗罗斯特与马克斯维尔，"TCD, MS 10967：西方哲学史"，《笔记汇编全息》，*SBT/A* 特刊第16期（2006），第237—257页。

9. 伦敦出版商维克托·戈兰茨有限公司写给贝克特的信尚未找到。

10. "Rien ne presse et lui pelote"（法语，"不着急，在玩女人"）。

11. "parmentier"是一种土豆饼，用土豆泥和肉末做成；正式的说法是"un hachis parmentier"（法语，"焗烤肉末马铃薯"）。

巴黎

托马斯·麦格里维

［1933年］5月13日 ［都柏林郡］

库尔德里纳

亲爱的汤姆：

听到您再次拾笔写作了，甭提多高兴。是续写原来那部小说呢，还是另写一部？¹您似乎是在困难之中创作。找不到比马耶更好的地方吗？往南到克鲁尼远处的角落里要好些，那儿的咖啡也好些，而且没有阿兰之类，没有民众主义者和塞尔维亚人。记得有个周日的下午，您出城去了西郊的阿弗雷镇，想在那儿写一点儿《贝拉夸》的内容，结果一个词儿都没写成，后来回到旅馆，可在房间里也没有灵感。²这样的创作是一种该死、可怕的折磨。又搞了两个"短篇"，瓶装的思潮，comme ça, sans conviction，因为人总得做点儿什么，要不就无聊致死。眼下已搞成五篇了。³但想来自己恐怕搞不出十二篇，好让出版商拿来擦屁眼。有一天霍恩来了电话，推荐梅休因出版社的一个小伙子，即科林·萨摩福德先生，表面看来，他心态平和，竟然请我在谢尔本酒店吃了午餐。⁴他要我的集子，可拙书不可得呀，泰特斯还没寄回来，戈兰茨也没。梅休因啊！⁵他们出版威廉明娜·斯蒂奇的作品，想必有空碰碰运气，至少夏季试一试，那会儿卢卡斯在罗兹忙得不可开交，没空理会我的事儿。于是把几首诗和三个短篇给了他，然后他就作揖告别，祝愿我心想事成。⁶他大概是和斯蒂文斯［斯蒂芬斯］同来的，那位仁兄似乎在想办法，要出个文艺学院的选集。那个策划善莫大焉。他说斯蒂文斯是位了不起的诗人，还是位了不起的哲学家，其《严格的乔伊》是天堂送来的热食。他似乎把这儿的窑子看了个遍，从戈加蒂到长于蛙跳的柯蒂斯都看了。⁷他脸色很是苍白，但举止优雅，从容大方，知道布里吉、理查德、道格拉斯、皮诺、德里克、迈克尔、查尔斯、艾略特（人不错，只是诗写得不行），et en était trés évidemment。从萨摩福德先生那儿得到了一些，就是龙虾和简装夏布利葡萄酒，不会再有更多的。⁸

上上个周三进了城，在当地一位麻醉师那儿把脖子上的脓肿切了，然后就回了家。还好，次日、次次日、再次次日、再再次次日都还好，那些天在床上度过，脓液顺着缝的线渗漏出来，像一股股热流。这会儿线已取出，切口在愈合，排脓将告结束，可以后会不会还长囊肿，却不敢打包票。医生说，他希望这［毛病］不会复发。

　　还是上上个周三，清晨的时候，佩吉在卡塞尔附近的维尔东根死了，在安眠药催生的睡眠中经过一阵咳嗽，然后就平静地死了。没收到茜茜的来信，但收到了萨莉从都柏林市区寄来的信。佩吉的德国未婚夫一直陪着她，据信中说真是悲痛欲绝。[9]她是刚进城，去卡塞尔看医生的，而且人家刚告诉她说，好些了，可以躺着晒晒太阳，于是大家都满怀期待，以为她会有所康复。看来，最近她和未婚夫一直纵情于规律的阵发性发作，沉浸在对婚后生活的憧憬中。现在，她都火化了。

　　肖恩·卡格尼先生威胁说，要是一周内不交付 5 个基尼，那他就要扣押我的财产。可是，我一无所有，他扣押得了什么呢？把我送交法庭，成本却得由他自己付，那有什么好处吗？想来，下一件要花一点儿心思的事儿，就是造访卡格尼先生，求他延期。他无权让老爸挑这副担子，条子也无权搜查老爸的房子。而且就我所知，他也无权将我作为债务人关进监狱。[10]

　　同一个晚上做了两个奇怪的梦：匆忙地和鲁德莫斯–布朗骑上自行车，惊慌失措地冲下山去；想尽办法赶往海边去和杰克·叶芝漫步，却无法成行，赶不上火车，诸如此类。

　　总共欠了 50 镑，其中有些是欠您的，可破落成这个样子，只好欠着不还，等见到您再说！实在不敢带着病痛离家而去，而且似乎一切都不遂我的愿，要把我留在这岛上，这样即使立稳了脚跟，挣了些钱，我想自己也不会操他妈背井离乡的屁心。在家里，在故土，他们鼓励我振作起来，可我靠的是烈性黑啤，感觉与其沉浸在 Lib., Egal., Frat. 以及 quarts de Vittel 的王国里，倒不如忘情于黑啤的世界。[11]让我找工作的话他们一句都不说，而对他们的 inquiétude，我也开始不为所动了。那是一种病毒性囊肿，对谁都没有任何好处。发觉动笔创作越来越难了，心想自己因此也写得越来越差了。但我仍心存希望，自己的作品会像赤痢一样喷涌而出。附上一首诗。这首诗给利文撒尔看过。他说了句中听的话：一口黏稠不断的唾液。尽管如此，我还是禁不住大芙［原文如此］。他以为**资助回家的路途**与出钱给她买张有轨电车的车票有关！真觉得自己越来越喜欢利文撒尔了。他买了件黄色的衬衣，送给我作为生日礼物。[12] 有时，周日的下午骑车去恩尼斯凯里，在恩尼斯凯里酒庄同他会合，一起合法地喝，直到跟爸、妈 Mahlzeit 的时间。骑车去恩尼斯凯里痛饮一番，然后又骑着车穿过秃顶岭回家，真［是］开心极了，而且半醺地回到家，吃几口就睡觉，也是开心极了［。］一切都令人开心，无所事事地开心。[13]

听说丘奇又有新作了，真高兴。您还没有开始翻译他的剧本吗？[14]

去了文艺学院，那儿简直啥都没有。最好的是一部里奥 *·韦兰牌闹钟，纳维尔·威尔金森爵士拿它当加温平底锅。[15]

托赫尔的戏上演了，据大家说好像很不卖座。[16]

弗兰克 pelote，还玩高尔夫，锻炼喝威士忌的能耐，其实他的酒量已经相当超群了。[17]

要是您见到"船首斜桅"的话，代向他致以 herzlichste Grüsse。[18]

此致，随后再写［。］

s/ 萨姆

*或许是阿提的。

别了唯一的你！[1]

漫长的道路下了一天飘自波特雷恩海岸的阵阵细雨

---

[1] 此诗即《脓液之一》，译文出自萨缪尔·贝克特《诗集》第19—22页，并据此手写书信略做改。

多纳贝特忧伤的特维天鹅索兹

奏鸣曲般变换三档重重地前行

像位崎士［骑士］一路荡着黑色忧虑的阴囊

波提切利在叉架下槌碾递送

轮胎一路流血排气嘶鸣

那括约肌内全是天堂

此刻疲疲疲疲惫

此刻一路颠簸越过散步者

可信赖的全钢超级棒

像个好男儿驶往家门

那是我出生的地方砰的一声落叶松呈现绿意

啊此刻重回胎膜没了信任

没了手指没了溺爱

一路飞驰不忘紧握单车

波涛般的适婚身子为蜡布所包裹的残骸

酒后壮胆褪尽胎膜摘下帽子腰缠一片破布

肌肉火腿为爸爸妈妈准备

也是温暖的"坟墓"说说这词

幸福岁月折断根茎流下一滴泪

这一天是负卖星欺三［星期三］三十五年已逝

哦落叶松般的痛苦像木塞抽动

龟头他请一天假去跋山涉水

见到一只沉闷的小鹿来自利物浦伦敦环球保险公司

面对布丁卷哦面对我一个打屁股的男孩

嘶嘶作响蹬腿的分娩是件口干舌燥的活

对助产士而言他沾满血污

对自豪的父母而言他洗下一嘴的欢乐

对远道而来的阿卡特斯而言他高兴得直喘气

对我而言是泛着光亮的初乳

此刻累了毛发褪尽乳牙褪尽退回了家

短暂的挥霍之后此刻步入金子般美好的青春年华

是的温文尔雅

温文尔雅文质彬彬超然于善恶之外

我毫无怨恨等待时机你也许得发个誓

心神错乱弯身招惹这些牧神和漂亮仙女的讥笑

像个鸡奸者夹紧裤腰一端

一根野忍冬牌香烟后吸吮我那灯笼般发胀的乳房

身着肮脏的雨衣兜住死亡

撒开字号的迅捷牌单车袒露情场老手斯特姆汹涌的情怀

我最终明了主要动词的含义

她是孤独的宾格

我下车来做爱

不羁的舞女在水面朝我滑翔而来

不羁的欲望女儿身穿黑色旧衣而火烈鸟

与你和睦相处此刻搭乘六路七路八路车或单层小巴

回家前往你的监牢你位于桑迪芒特的客厅

与我何干要不搭乘蓝线[1]回家前往你位于桑迪芒特的网那处小屋

你妈随时都盼你

---

[1]　指由都柏林市中心通往东南郊的轻轨火车；通往西南郊的轻轨火车为"红线"。

我认识她她一动不动接着站了起来

接着我们心中的老虎

那资助回家的道路的老虎也微笑起来

TLS；4 张，4 面；AN 第 2 页；寄往：巴黎东 5 区乌尔姆大街 45 号巴黎高师，托马斯·麦格里维先生收；邮戳：1933/05/13 收讫，都柏林；TCD，MS 10402/49。日期判定：见注 16。

1.麦格里维已于 1 月把小说创作搁到了一边；1933 年 1 月 24 日，他从塔伯特镇写信给代理商詹姆斯·平克，说："现在，我终于放弃了创作小说的努力。兴许有一天我会回头接着写，可眼下我得立刻着手，想别的办法挣钱［……］打算试一试，回巴黎去看看那里是不是有机可乘。"（IEN，平克文献集）

2.马耶咖啡吧位于苏福洛路的圣米歇尔大街上，临近埃德蒙·罗斯丹故居。克鲁尼咖啡吧位于圣日耳曼大街和圣米歇尔大街的拐角处。贝克特指艾伦·邓肯等人，其言论常与政治有关。贝克特的《梦中佳人至庸女》有一部分写克鲁尼咖啡吧。

美国作家亨利·丘奇（1880—1947）及其德国裔妻子芭芭拉（生卒年不详）住在阿弗雷镇的阿尔芬路 1 号，那是一处新古典风格的宅子（"丘奇别墅"），由瑞士建筑师勒柯布西耶（原名夏尔-爱德华·让纳雷，1887—1965）扩建和翻新。理查德·阿尔丁顿已把麦格里维引荐给了丘奇夫妇（托马斯·麦格里维，"朋友理查德·阿尔丁顿"，TCD，MS 10402/7996/1，第 8—11 页）。

3.短篇小说集《徒劳无益》中的五篇已经写完：《但丁与龙虾》《芬戈尔》《叮咚》《外出》，及《胆怯》《多么不幸》或者《爱情与忘川》（皮林，《萨缪尔·贝克特年表》，第 43 页；皮林，《戈多之前的贝克特》，第 96 页）。最新的是《叮咚》和《芬戈尔》。

"comme ça, sans conviction"（法语，"就像那样，大抵如此"）。

4.科林·萨摩福德（1908—1989）代表伦敦出版商梅休因；贝克特同约瑟夫·霍恩一道在圣斯蒂芬公园 27 号的谢尔本酒店与他见面。在彼得·维特的描述中，萨摩福德是个"聪明、逗乐又相当软弱的人"（莫林·达菲，《一千个无常的巧合：1889—1989 梅休因出版物史考》［伦敦：梅休因出版社，1989］，第 95 页）。

5.《梦中佳人至庸女》的两份手稿尚在爱德华·泰特斯和戈兰茨的手里。

6.梅休因出版社推出威廉明娜·斯蒂奇（原名露丝·科利，1889—1936）的诗集，常常一年两到三本：比如说 1931 年就推出了《织锦画》和《透过撒满阳光的窗子》。

E·V·卢卡斯（全名爱德华·维拉尔·卢卡斯，1868—1938）是梅休因出版社的董事。罗兹是伦敦中部的一处板球场，当时为英国板球界管理机构 MCC 总部所在地。

7. 萨摩福德已同爱尔兰诗人詹姆斯·斯蒂芬斯（1880—1950）一起来到都柏林。斯蒂芬斯已创作《严格的乔伊：诗集》（1931），并向梅休因提出了推出爱尔兰文艺学院成员作品选的策划。"该项目没能完成，部分原因在于从所有相关作家手中搜罗作品十分困难。"（《詹姆斯·斯蒂芬斯书信集》，理查德·J.芬尼兰编[伦敦：麦克米伦出版社，1974]，第 274—275 页）

贝克特指爱尔兰文学院（此处称为"窑子"，即"妓院"）的成员，包括奥利弗·圣约翰·戈加蒂（1878—1957）和埃德蒙·柯蒂斯。1933 年 11 月 10 日，丹尼斯·德夫林＊（1908—1959）给麦格里维写信道："不收入我们四人的作品，斯蒂芬［斯］的爱尔兰作品选难道不可笑吗？"（贝克特、麦格里维、德夫林和布莱恩·科菲＊［1905—1995］；TCD, MS 8112/2）

8. 布里吉特·帕特莫尔，理查德·阿尔丁顿，英国作家诺曼·道格拉斯（1868—1952），意大利出版人兼作家皮诺·欧里奥利（1884—1942），布里吉特的儿子德里克·帕特莫尔（1908—1972）及迈克尔·帕特莫尔（1911—？），查尔斯·普伦蒂斯，T. S. 艾略特。

"et en était trés évidemment"（法语，"而且再清楚不过，［他本人］也是其中之一"）。

9. 佩吉·辛克莱于 1933 年 5 月 3 日死于肺结核；虽然没有举行订婚仪式，海纳·斯塔克仍是其"未婚夫"。

10. 肖恩·卡格尼是所得税征收员，在都柏林基尔代尔街 41 号办公。

"条子"原文为"bumtrap"，又作"bum-trap"，俚语，指"法警"（参见 C. J. 阿克利，《癫狂的细节：批注本〈莫菲〉》，第二版修订本［佛罗里达州塔拉哈西：贝克特研究期刊出版社，2004］，第 59 页）。

11. "Lib., Egal., Frat."（法语，"自由、平等、博爱"），法兰西共和国的革命口号。"quarts de Vittel"（法语，"1/4 升瓶装维特尔"；维特尔是一种法国矿泉水）。

12. "inquiétude"（法语，"焦躁不安的"）。

本诗原题为德文"Weg du Einzige!"，经多次修改，定题为《脓液之一》，发表于《回声之骨》。该诗结尾几行（"接着我们心中的老虎／那资助回家的道路的老虎也微笑起来"）被劳伦斯·哈维串联起来，形成五行打油诗，暗示恋爱关系的终结（哈维，《萨缪尔·贝克特》，第 148—149 页）。

13. 秃顶岭为一处岩石裸露的山岭，位于都柏林以南，恩尼斯凯里以北约两英里处。恩尼斯凯里酒庄（又名宝尔势格庄园、伦斯特酒庄）是当地的酒吧。

贝克特写道，"［时间］Mahlzeit 的时间"；"Mahlzeit"（德语，"吃饭"）。

14. 亨利·丘奇的剧本用法语出版：《小丑》（1922）、《波斯艳后》（1929）、《马戏大王巴纳姆》（1934），以及《冷漠》（1934）；麦格里维1929年翻译了《小丑》，1932年秋翻译了《马戏大王巴纳姆》，1933年整年翻译其余三部剧本（参阅亨利·丘奇致托马斯·麦格里维的信，TCD, MS 8119/3—5; TCD, MS 8021—8023, 8189；致苏珊·施里布曼的信，2007年1月5日）。

15. 在爱尔兰皇家艺术学院的年度画展中，都柏林画家迈克尔·里奥·韦兰（1892—1956）展出了数幅肖像画和三幅室内静物画——《信》《如歌的慢板》和素描《阿依达》——但没有一幅画里有闹钟。贝克特在韦兰的姓与名之间标上星号，指其亲笔签名的附言，该附言也用星号做了标注："或许是阿提的"几个字。"阿提"所指不明。

纳维尔·威尔金森爵士（1869—1940）1908年至1940年在都柏林堡担任阿尔斯特王室纹章官。

16. E. W. 托赫尔（威廉·丹尼斯·约翰斯顿的假名，1901—1984）的《独角兽的新娘》于1933年5月9日在大门剧院开演。该戏革除了现实主义的舞台布景，据称是一场"大胆的实验"（《爱尔兰时报》，1933年5月10日：第6版）。整个1934年，约翰斯顿都使用该假名；此后，其早期戏剧（《绿色狂想曲》［1928年；后更名为《老太太不同意》搬上舞台，1929］、《月映黄河》［1931］及《独角兽的新娘》［1933]）就使用原名号了。

17. "pelote"（法语，"在玩女人"）。

18. "herzlichste Grüsse"（德语，"最诚挚的问候"）。

巴黎

托马斯·麦格里维

1933年7月2日 ［都柏林郡］

福克斯罗克

库尔德里纳

亲爱的汤姆：

上周一下午，病了差不多一周之后，我的父亲终于去了，接着周三的上午就下葬了，埋在布雷头靠灰岩镇这边的一个小公墓里，埋在山丘和大海之间。[1] 他生病期间，母亲和我轮番照看他。他走的那天早晨，医生来探视了病情，告诉我们说他好多了。我一阵欣喜，把能找到的色彩最靓丽的衣服穿上了。可医生的前脚刚跨出房子，父亲就倒下了。我担心，在下午四点去世之前，他受了很多苦。家人都在身边。一切都结束后，他又显得很英俊。我想母亲快要崩溃了，好在她挺住了，身体还相当健康。眼下，家里空空如也，寂静无声了。

事情会怎样发展下去，此刻断言还为时过早。家人都宁愿继续住在这儿，但这事儿做不到。弗兰克会继续经营公司。[2] 而我的前途呢，当然比以往更扑朔迷离。眼下，我得代表母亲回复无数的信函，还得尽心尽力地照顾她。在与公司和房产相关的事务方面，弗兰克得自己睁大了眼睛，而我呢，似乎帮不上他任何的忙。母亲的一个哥哥住在英格兰，深受她的喜欢，他过来参加了葬礼，要在我们家住到下周二。[3]

舅舅都六十一岁了，可是显得比实际年龄年轻多了。只要喘得过气来，他就开玩笑，咒骂医生。他躺在床上，香豌豆撒满一脸，还发下誓言说身体好些后，一丁点儿的活儿他都不会干。他宁愿开车去霍斯山的顶上，躺在羊齿蕨上放屁。他说的话最后两句是，"拼拼拼"和"一天之计在于晨"。所有小事情就都回到了眼前——mémoire de l'escalier。[4]

父亲的事我写不下去。只能走过田野，攀爬水沟，去追寻他的身影。

　　上帝保佑。

萨姆

TLS；1 张，1 面；TCD，MS 10402/52。

1. 威廉·贝克特于 1933 年 6 月 26 日去世，葬于威克洛郡布雷镇以南的雷德福德新教公墓（诺尔森，《盛名之累》，第 166—167 页）。

2. 弗兰克·贝克特早已在贝克特与梅德卡尔夫事务所工作。

3. 爱德华·普莱斯·罗（贝克特称作内德舅舅，1869—约 1952）；当时住在英格兰的诺丁汉郡，之前在非洲尼亚萨兰（现马拉维）首府布兰太尔工作，担任英国中非公司的会计师（诺尔森，《盛名之累》，第 44、621 页）。

4. 霍斯山，指都柏林湾北部俯瞰霍斯区的山丘。

贝克特以"mémoire"（法语，"记忆"）替换了固定表达法"esprit de l'escalier"（法语，"楼梯上的精神"）中的"esprit"（精神）；该表达法意为"动身离开（走到楼梯上）时方才恍然大悟"，即"马后炮"。

佛罗伦萨
托马斯·麦格里维

1933 年 10 月 9 日

都柏林

克莱尔街 6 号

亲爱的汤姆：

非常感谢您跟我讲了贝雅特丽齐、乔托还有伦卡诺。确实，真的巴不得跑到那儿与您相聚，可惜至少今年是不必考虑离家出走的事儿了。[1]［……］有时我就是个合适做伴的人，属于家庭纽带的一环，又有时就像这首拙诗。[2]查托接受了薄薄的一个短篇集《徒劳无益》，付了我 25 镑预付金，快有版税的 25% 了，真叫我振作了一阵子。[3]

恐怕从科菲和德夫林那儿得到的激励并不多，他们的口袋里塞满了恬静、珍奇的诗篇。听取巴黎的消息，知道什么电影上映了，最新的超现实主义小组是什么情况，倒是一大乐趣。把《怨曲》给了他们，一起去了国家美术馆（grosse erreur[1]），在那儿喝了几杯，此后就没见过他们了。科菲似乎觉得，《怨曲》读来令人愉悦，叫人发笑，使人捧腹。德夫林搞不懂刺柏为何树，我也没办法让他开窍。他们另有口袋装满了法国 jeunes［jaunes］、"lac des mains"及各种常备的东西。4 我是个性情古怪的人，谁都不喜欢。

所得税征收员真他妈卑鄙，为了天大的数额纠缠不休，时不时塞给我猩红色墨水写的纳税通知，还威胁说要扣押财产，甚至不计成本地告上法庭。我去了一趟，见了卡格尼先生，cagne cagneuse，说整件事是个误传的问题，我说我一辈子没挣过这么多钱，说我就是付不起，没有个人财产，也没有个人花销，说要是他们告上法庭，请便，我不奉陪；卡格尼先生怒目而视，讥笑我还没就业的窘境，还做了记录。5 遇到了迈克尔·法雷尔，他时不时拿一个没完没了、语气轻蔑的夸张来毁灭我，拿他自己在伟大天才的粗言鄙语和天赋屁股缝里的根茎之间平淡无奇的悬摆来打击我。两块小脸颊在内侧相遇，就像对禁尿布势［对襟尿布垫］横排折叠扣上的一对小结节纽，全世界累计起来的智慧把两片小嘴唇像拉链似的团结起来，而且法雷尔先生很高兴自己是个医生。6

冲动之下，我向伦敦特拉法加广场的国家美术馆申请了助理岗位，请了查尔斯·普伦蒂斯和杰克·叶芝为推荐人。心想在那儿会过上一阵愉快的时光，身处鸽子之间，离加里克剧院里迷人的法国演员也不远。除了那只能把乌切洛和手锯区分开来的鉴赏力之外，还能分发信件什么的，干得跟别的活儿一样利索。7 而且要是从现在到4月间在英格兰住下来，还能从查托那儿弄回6镑10先令。8 可是事情成不了，也不期待能成事。

听说您的小说在接着写，心里很欣慰。您是打算回塔伯特写完呢，

---

[1]　法语，"大错""大失策"。

还是在都柏林找到房子住下来呢？[9] 千万把您的想法告诉我。得为《徒劳无益》再搞一个短篇，写贝拉夸 redivivus，真是蠢得像山羊。眼下要是能把几首诗脱手就好了，会翘尾巴呢。Nissssscht möööööglich! Ce qu'il est sentimentique! [10]

Tante belle cose. 给圣明尼亚托带个好。[11]

敬上

s/ 萨姆

朝这上颚上那美的挂钩裂开嘴
若你愿意就当是结局

从她上面下来她是天堂而随后
长毛绒处女膜盖在你眼珠上

在巴特桥上为你那胸部担忧
那些乳房的混合变格
翘起你的屁股别无词汇言之
把她翘起到坠落西天的郁金香下方
晕倒在拱形储气罐上
不幸岗上崭新的青灰色
噢凶猛无比的西非狒狒的色彩
晕倒在小小紫红色的
祷告堂上
圣母什么之心
永不聚首的防浪堤和热电厂烟囱
此生永不聚首

187

却又穿过嬉戏的花茎飞驰而去

驶过维多利亚桥这就对了

减速行驶顺着林森德路溜去

爱里什顿、桑迪芒特犹如迷宫发现"地域之火"

梅里恩公寓画上了三万亿个"∑"

耶稣基督上帝之子救世主圣指

女孩被剥光衣服这就对了

在布特斯格勒挡风墙上和水上

潮水搅起灰褐色鸥鸟一阵恐慌

沙粒在你老迈的心中加速

别藏身于"磐石"里继续行驶

继续行驶

TLS；2 张，3 面；所附诗稿发表于《回声之骨》，题为《小夜曲之三》；寄往：托马斯·麦格里维先生收，托马斯·库克旅行社转交，意大利佛罗伦萨托纳波尼路；邮戳：1933/10/09，都柏林［背面，邮戳：11/12 日下午，佛罗伦萨］；TCD, MS 10402/55。

1. 麦格里维已于 9 月 28 日从奥地利赶到那儿与亨利·丘奇及其妻子芭芭拉见面，此刻正同他们待在佛罗伦萨（麦格里维致母亲的信，1933 年 9 月 23 日，TCD MS 10381/59）。伦卡诺是佛罗伦萨阿诺河沿岸道路的名称。乔托（全名乔托·迪·邦多纳，约 1267—1337）设计建造了佛罗伦萨大教堂的钟楼；其壁画位于佛罗伦萨的圣十字大教堂内。兴许麦格里维给贝克特寄了印有相关图片的明信片，其中一张描绘的是但丁笔下的贝雅特丽齐。

2. 该诗为《小夜曲之三》的初稿。

3. 贝克特给麦格里维写信道："我一直在弄短篇小说集，已弄完了大约一半甚至 2/3 之多，可忽然间灵感枯竭了，只好中途作罢。也许现在可以拾笔写下去了。可都是些拼凑，我也没兴趣。"（1933 年 6 月 22 日，TCD, MS 10402/51）在该信中，贝克特还汇报说，爱德华·泰特斯终于回信了，把《梦中佳人至庸女》退了回来："泰特斯终于寄来了一封最让人宽心顺气的信，说他发觉自己必须随美元一道堕落，抛弃手里的《此季》和《假人》（《佳人》）"。至7月末时，贝克特从克莱尔街6号的"阁楼"给麦格里维写信道："我已拼凑出一间简装公隅房［原文如此］，装作在那儿搞创作"（［1933 年 7 月］25 日，TCD，MS 10402/52）；在 9 月 6 日之前，他把手里的短篇小说寄给了查尔斯·普伦蒂斯："给查尔斯寄去了 10 个 contes，约 6 万字"（贝克特致麦格里维的信，1933 年 9 月 7 日，TCD，MS 10402/54）。"contes"（法语，"短篇小说"）。

由于《梦中佳人至庸女》得不到积极的回应，贝克特兴许已决定选用其中的篇什填补为新集子——原名《糟粕》——所写短篇小说的空缺。在 9 月 6 日之前，他把集子寄给了查尔斯·普伦蒂斯；9 月 25 日，普伦蒂斯回信道，"查托会乐意推出这些短篇"，但他要求书名取得更有生气些，要"既魅人又口语化"（普伦蒂斯致贝克特的信，1933 年 9 月 6 日，UoR，MS 2444 CW 信件誊写簿 150/134—135）。

贝克特给短篇集改名《徒劳无益》，并留有添加一到两个短篇的余地。据普伦蒂斯 1933 年 9 月 29 日的回信，"关于那一点，我相信再写 1 万个单词甚至只写 5 000 个单词，就会让集子完善些；要是您能抽丝剥茧，把要补写的内容指出来，那会再好不过"（UoR，MS 2444 CW 信件誊写簿 150/196—197）。

4. 关于与贝克特的见面，丹尼斯·德夫林给麦格里维写信道：

> 最近几天，我们见过贝克特两次。在我们面前他一直很潇洒，大家数小时地谈着巴黎和诗歌；我很高兴听他叙述自己同布勒东和艾吕雅的会面；布勒东给他留下了深刻印象，而艾吕雅则惹人怜爱；那不无道理；我觉得自己会喜欢他的。在慢慢地了解他；根据其人生轨迹——像一匹害羞的马徘徊不前——来了解他。他喜欢只使用最基本的短语，使得自己与布勒东之间的对话饶有趣味。
> （［1933 年 9 月 23 日］，TCD，MS 8112/1）

科菲和德夫林已提议推出麦格里维、贝克特及他们自己的诗篇，印制在圣诞节卡片上。贝克特已给麦格里维写信道："关于大家推出诗篇的计划，窃以为我可以把在运河边所写的《怨曲》丢到他们眼前，这样他们兴许就知道帕内尔桥在哪儿，狐鹅地区在哪儿，但是跟您说实话，我不那么热心。"（［1933 年］9 月 7 日，TCD，MS 10402/54）德夫林向麦格里维转述说："（贝克特）确实答应过把最宁静的诗篇交给我们，后来交给我们时带着这样的神色（说了这样的话）——'拿好了；知道你们的难处。商业性，圣诞节，神圣爱尔兰'。其余诗篇会是什么样子就可想而知了！不过，那首诗我还是喜欢，我们推出来不会惹任何麻烦，因为它带来的惊讶无关性事，也无关神学。"（1933年9月23日，TCD，MS 8112/1）但推出系列诗篇的计划没有实现。《怨曲之一》即被《都柏林杂志》退回的那首诗（见［1931年11月27日的］信，注2）。

刺柏：指希腊圆柏。

"jaunes"（一种香烟）；"lac des mains"（法语，所指不明）。

5. "cagne cagneuse"：法语，基于"cagne"的文字游戏，字面意思为"没用的骡马，螺旋腿"；相当于英语中的"Cag the nag"，指"所得税征收员卡格尼先生"。

6. 爱尔兰小说家、记者迈克尔·法雷尔（1899—1962）曾在国立大学和都柏林圣三一学院学习医学。其五卷本小说《尔之泪会当止住》是其毕生的创作；他不忍精简，死后经蒙克·吉本编辑，缩减至10万字，于1963年出版。

7. 贝克特向（伦敦）国家美术馆申请助理岗位的申请书尚未找到；招聘公告声明，申请人"对美术史和美术学要烂熟于心"，优先录取"外语熟练的人士"（《泰晤士报》，1933年9月8日、11日：第3版）。10月4日，普伦蒂斯给贝克特写信道："衷心希望你的'国美'申请会大获成功。［……］但他们尚未写信给我，邀请我担任'推荐人'。"（UoR，MS 2444 CW 信件誊写簿150/245）加里克剧院位于查令十字街，就在国家美术馆的后面。

佛罗伦萨画家保罗·乌切洛（原名保罗·迪·多诺，1397—1475）；基于哈姆雷特台词的文字游戏：哈姆雷特自称能把"雄鹰和手锯区分开来"（《哈姆雷特》，第2幕，第2场，第379行）；"乌切洛"本意为"鸟"。

8. 除《徒劳无益》会签出版合同，普伦蒂斯还按照非本地作家纳税的要求，给贝克特寄来了已扣除所得税的版税预付款；他给支票迟签了日期，让其"在随后6个月之内兑换均可。假如您4月5日之前迁来英格兰居住的话，我们会把总数6.5镑的余额支付给您，但要是您不来的话，我会把已扣除所得税的通用凭证给您寄来"（1933年10月4日，UoR，MS 2444 CW 信件誊写簿150/245）。普伦蒂斯对扣税后所得净收入的算法没错，倒是贝克特计算有误。

9. 麦格里维先是回到巴黎小住，时间"刚够核实与工作有关的事务"，接着就去了伦敦。其计划是11月中旬前在都柏林定居下来："千万不能首先就把自己埋没在塔伯特，一段时期内得把都柏林当作大本营，但是能回家的时候还是要回家，即使圣诞节之前回不去也要在当天回去。"（麦格里维致母亲的信，1933年9月23日，TCD，MS 10381/59）但11月中旬他还在伦敦："得继续待在伦敦，直到做到这一点，就是回到爱尔兰时仍有足够的活儿干。"（麦格里维致母亲的信，1933年11月19日，TCD，MS 10381/62）

10. 该短篇成了《回声之骨》（NhD，哈维文献集）。普伦蒂斯给贝克特写信道："从您明信片的语气来推断，那一万声尖叫声一会儿就会打好包，送往霍利黑德。祝贺贝拉夸。"（1933 年 11 月 2 日，UoR，MS 2444 CW 信件誊写簿 151/138；贝克特致普伦蒂斯的明信片尚未找到）

"redivivus"（德语，"复活"）。在原短篇小说集的最后一篇（即《糟粕》）中，主角贝拉夸死去了；要续写，就得让他复活。

6 月 22 日之前，贝克特已将《梦中佳人至庸女》寄给了梅休因出版社，但未得到任何回复。

"Nissssscht möööööglich"（由德语"Nicht möglich"［不可能吧］变来）是瑞士滑稽演员格洛克（原名查尔斯·阿德里安·韦塔赫，1880—1959）的喜剧套话。

"Ce qu'il est sentimentique!"（法语，"他真是多情啊！"）；"sentimentique"是个合成词，由英语"sentimental"和"romantique"拼合而成。

11. "Tante belle cose"（意大利语，"祝万事如意"）。

虽然贝克特也许是指离佛罗伦萨将近 25 英里的小镇圣明尼亚托，但更有可能是指位于蒙特的佛罗伦萨式圣明尼亚托教堂。

伦敦
托马斯·麦格里维

1933 年 12 月 6 日［1933 年 12 月 5 日］　　　　　　都柏林

克莱尔街 6 号

亲爱的汤姆：

我啥事都没做成，更别说 taper à la 了，个中原因以前没法告诉您。[1]兴许一直叫人厌恶的，是天气，那寒冷、潮湿得让人无法忍受的天气。收到您的来信很是欣喜，只是感觉到您非常伤心时，我心里也有些难过。不过，今天上午收到查尔斯的来信，说您心情不错，有望接到活儿。[2]那是好消息。哎，向上帝许个愿，但愿此刻身在伦敦——换个环境或者

en passant[1]——但愿与您再次相聚一段时光。曾想过去伦敦，找个广告公司从头干起。至少会摆脱这儿一阵子，而且在外闯荡也会充满乐趣。或许，此时的伦敦已经有了一支广告精英。这个行当我其实并不在乎，可脑瓜里有这个想法很久了，多少次都禁不住要向老爸提出来。现在只能向老妈提出来了。总有个人可以去征询意见。假如只是总有某一个人可以去……

有一阵子啥都没干了。查尔斯把最后一个短篇，我把所知的一切和比他人更有感悟的一切都融入进去了的那首短诗，从《回声之骨》中 fouting à la porte，真是叫人沮丧之至，au point même de provoquer ce qui suit：

避难所一整天都踩在我的脚下
他们低沉的狂欢随着肉骨落地
破碎不带一丝可怕或偏爱的风
意义和胡言手套般缠结四处奔逸
蛆虫们都信以为真。[2]

不过，毫无疑问他做对了。我把这个意思跟他说了，³因而这一切entre nous[3]。校对稿分批寄来了，corrigées si on peut dire，今天已将一批回寄给他们。⁴要是有空闲的时光，您会乐于拿它们过一下目的。要是没空，那也没关系。那些短篇已修改过好多次了，远在查尔斯接受之前就在修订，因而无须继续润色。只有排版错误。一看到校样，心里就生恨。

［……］

---

[1] 法语，"顺便"。

[2] 译文出自萨缪尔·贝克特《诗集》第43页。

[3] 法语，"请保密"，"不足为外人道也"。

Shem toujours froissé dans la perfection, c'est dégueulasse.[5]

读了杰里米·泰勒和莱布尼茨。只读一本就达到了目的时，为何要读两本，《圣生》与《圣亡》。[6]看到本地乐队准备和法西里合作，演奏普罗科维耶夫［普罗科菲耶夫］的《交响曲》和莫扎特的一首协奏曲，因而窃以为，要是谁一定要去听的话，得带上救命的药。上次他们表演时，我得了黏膜炎，所有深受弦乐之苦的女士和所有没有当班的 poilus 当天都请假休息了。[7]

上帝保佑。

s/ 萨姆

TLS；1 张，2 面；寄往：伦敦切恩花园 15 号，托马斯·麦格里维先生收，道登太太转交；邮戳：1933/12/05，都柏林；TCD，MS 10402/57。日期判定：据邮戳。

1. "taper à la[machine]"（法语，"打字"。）

2. 1933 年 11 月 28 日，普伦蒂斯退回了麦格里维翻译的三部亨利·丘奇的戏剧（《马戏大王巴纳姆》《冷漠》《波斯艳后》），致歉说查托–温德斯不能出版那些戏剧（UoR，MS 2444 CW 信件誊写簿 151/497；亦见［1933 年］5 月 13 日的信，注 15）。麦格里维给母亲写信道："依然身陷伦敦，依然不知何时能回家。计划越宏大，推进得越缓慢，但完成这类计划的前景并不令人丧气，而且至于不那么宏伟的计划，我已在替这里的几家周刊写书评了。"（1933 年 11 月 30 日，TCD，MS 10381/63/1）

3. 1933 年 11 月 10 日，普伦蒂斯确认收到了《回声之骨》（UoR，MS 2444 CW 信件誊写簿 151/241）。1933 年 11 月 13 日，他给贝克特写信道："假如我们将其从集子里踢出去——就是说，照您当初投稿时的原样出版《徒劳无益》，您是否介意呢？虽说集子显得略薄，但我们依然能将价格定在 7 先令 6 便士。我敢说，《回声之骨》会让集子失去大量的读者。"普伦蒂斯还详细描述了自己的反应："该诗是个梦魇。劝导性过于张扬。让我神经过敏。同样可怕、急迫的焦点转换加同样狂乱、难解的族群动能。有些语段我找不到关联。很抱歉我的感觉就是这样。也许只是就细节而言，而对主体印象我或许有个正确的初步感知。抱歉，因为我痛恨稠密，但我希望自己并非彻彻底底地麻木不仁。《回声之骨》真的给了我沉重一击。"不过，普伦蒂斯为自己所称的"可怕的溃败"承担了责任："是我造成的，不是你。［……］但我恳求怜悯只能有一次，就是亡魂的手指摸起来冰凉刺骨，叫我承受不了。我正坐在地上，骨灰就在我的头顶。请写得体贴些。"（UoR，MS 2444 CW 信件誊写簿 151/277）

"fouting à la porte"（法语，"踢出去"，为法语短语的诙谐英语直译）。"au point même de provoquer ce qui suit"（法语，"确实到了惹怒下文的地步"）。这是短诗《回声之骨》的初稿。1933 年 11 月 17 日之前贝克特给普伦蒂斯写过信，因为普伦蒂斯回复道："您的宽容就像那清凉油——不过对于自己的败笔，我还是没法赦免自己。万分感谢。要是可以的话，我倒是乐意让［短篇小说］《回声之骨》再长一点儿，但我们等不起，得开始此书的排版了。"（1933 年 11 月 17 日，UoR，MS 2444 CW 信件誊写簿 151/325）《徒劳无益》于 11 月 20 日交付了印刷厂。

4. "corrigées si on peut dire"（法语，"校订过了，要是您能那么说的话"）。

5. "Shem toujours froissé dans la perfection, c'est dégueulasse"（法语，"可惜，依然是一团糟，乱七八糟，足以让您呕吐"）。

6.《圣生的原则与锤炼》（1650）及《圣亡的原则与锤炼》（1651）；作者杰里米·泰勒（1613—1667）于英国王朝复辟之后任爱尔兰道恩和康诺格教区的主教。德国哲学家、数学家和逻辑学家戈特弗里德·威廉·莱布尼茨（1646—1716）。

7. 弗拉基米尔·霍洛韦茨的皇家剧院音乐会于 1933 年 11 月 18 日举行，节目单上有：巴赫的四首圣咏前奏曲（由布索尼改编为钢琴曲），贝多芬的降 E 大调《钢琴奏鸣曲 26 号》（曲集 81a［俗称《离别曲》]），C 大调《阿拉伯风格曲》（即罗伯特·舒曼［1810—1856］的第 18 首协奏曲），李斯特的《但丁交响曲》、《旅行岁月第二部——意大利钢琴曲》第 7 首，2 首练习曲、1 首玛祖卡舞曲及 B 小调诙谐曲（即肖邦曲集第 20 首），克劳德-阿希尔·德彪西（1862—1918）的练习曲《复合琶音练习曲》和《5 音钢琴练习曲》，以及霍洛韦茨自己的《比才歌剧〈卡门〉主题变奏曲》等（《爱尔兰时报》，1933 年 11 月 17 日：第 6 版；1933 年 11 月 20 日：第 4 版）。

都柏林爱乐乐团演奏的曲集并非贝克特提及的那些（一首莫扎特的协奏曲，一首俄罗斯作曲家谢尔盖·普罗科菲耶夫［1891—1953］的交响曲），而是匈牙利裔钢琴家阿迪拉·法西里（1886—1962）1934 年 3 月 3 日主奏的曲集。她演奏了《D 大调贝多芬钢琴协奏曲》（曲集 61），以及法国作曲家卡米尔·圣桑（1835—1921）的钢琴交响曲兼独奏曲《序曲与回旋随想曲》。都柏林爱乐乐团演奏了瓦格纳的两首曲子：歌剧《唐豪瑟》中的《前奏与狂欢曲》和歌剧《西格弗里德》中的《森林私语》，还演奏了英国作曲家爱德华·埃尔加（1857—1934）的《青春的魔杖》（曲集 1，第 2 首）（"都柏林爱乐会：皇家剧院最后的演奏会"，《爱尔兰时报》，1934 年 3 月 5 日：第 5 版）。

"poilus"（法国俚语，"普通士兵们"）。

1934 年年表

1934 年 1 月 23 日前　　贝克特前往伦敦，住在保罗顿广场 48 号。向查托–温德斯出版社推荐 A. J. 利文撒尔的论著；论著未被接受。

1 月 27 日前　　开始在 W. R. 拜昂医生处接受精神分析治疗，一周三次。

2 月 1 日前　　将《徒劳无益》清样寄给赖恩哈特，后者将清样转交其美国伙伴法勒。

2 月 15 日　　《同时》发表短诗《家园奥尔加》。

2 月 16 日　　《南希·丘纳德编黑人文选：1931—1933》出版。

4 月 4 日前　　查托–温德斯出版社将《徒劳无益》呈送纽约的哈里森·史密斯与哈斯出版社。

5 月 7 日前　　贝克特创作自称"两三篇胡诌"的片段。

5 月 9 日前　　麦格里维将贝克特所写关于詹［姆斯］·布［莱尔］·利什曼翻译的里尔克《诗集》的书评投给《准则》。

5 月 23 日　　《旁观者》发表贝克特所写关于爱德华·莫里克著《莫扎特在去布拉格的路上》英译本的书评《施瓦本人的恶作剧》。

5 月 24 日　　《徒劳无益》出版。

6月22日	《旁观者》发表贝克特所写关于阿尔贝·弗耶拉著《普鲁斯特如何写小说》的书评《零乱的普鲁斯特》。
6月23日	贝克特接受雷维在海外代理《徒劳无益》的要求。
7月	《都柏林杂志》发表贝克特的短诗《箴言》和关于麦格里维《诗集》的书评《人文主义的平静论》。
7月13日	《准则》发表贝克特关于利什曼英译里尔克《诗集》的书评。
8月	《读书人》发表贝克特的短篇《罕见的病例》及以假名安德鲁·贝利斯撰写的评论《近年爱尔兰诗歌》。
8月2日	贝克特离开伦敦前往都柏林。
8月7日前	《读书人》征求关于爱尔兰出版审查制的文章。
8月16日前	贝克特将《怨曲》（后定题为《怨曲之一》）投往《读书人》。
8月27日前	《读书人》拒绝《怨曲》；贝克特将评论《自由邦的出版审查制》投往《读书人》。
9月2/3日	回到伦敦；搬到格特鲁德街34号。继续接受精神分析治疗。
10月23日	《徒劳无益》列入《爱尔兰禁书索引》。
11月1日	贝克特将四首诗投给《诗歌杂志》：《多特蒙德》《回声之骨》《怨曲》及《魔草》（后改题为《自由的羁绊》）。

12 月	三篇书评发表在《读书人》圣诞专刊：《凭庞德教席》（评庞德的《创新》）、《帕皮尼的但丁》（评乔瓦尼·帕皮尼的《假如但丁还活着》）及《本质的与偶然的》（评肖恩·奥凯西的《风瀑》）。
约 12 月 20 日	贝克特在都柏林度假。
12 月 31 日	查尔斯·普伦蒂斯辞去查托–温德斯出版社的"创业伙伴"之职。

都柏林
莫里斯·辛克莱

1924［1934］年 1 月 27 日 [1]

［伦敦］西南 3 区
保罗顿广场 48 号

亲爱的桑尼[1]：

来信今早收到，读来叫人万分愉快，这样的信多多益善，要多写哦。读懂来信没有丝毫的困难。瞧，你的信函——恕我这么冒昧地说吧——写得这么清晰易懂，几乎不输格林兄弟，尽管我的德语很差劲，也丝毫不叫我伤脑筋。[2] 既然动笔了，那就请勿吝啬——每周一封，至少这样。

虽然贵校人文学科的氛围相当阴郁，但生活正待你不薄，还有那头肩峰颠倒的陌生走兽也渐渐温顺了，听到这些，我很是欣慰。那头走兽总是在我心里唤起某种忧虑感，就是说，他那极其平静的生活总有一天会驱使他投身大海，就像《圣经》里的那头猪猡那样。这事儿会叫人遗憾。你不妨让他专注起来，好好考虑一下这个问题。给他解释说，厌倦是所有毛病中最容易忍受的，是再常见不过的，与其受够气，不如愁眉苦脸。要是起初他还显得不情愿听你的劝说，那你就只能抓住他

---

[1] 原信用法语写成。

的软肋，就是说抓住他的虚荣心（因为每一匹马都非常爱慕虚荣），向他讲明他那脊柱的曲线本可以让波提切利的嘴流下口水，讲明要是他剥夺了霍斯居民这种迂回曲折的胜利的话，那将是巨大的遗憾，不仅如此，那将是犯罪。[3] 而且，假如你做出结论，跟他说，“好马劣马有何关系 / 只要美丽、忧伤就行”，听了这样的话，你丝毫不要怀疑，他就再也不会有抵触心理了。他会诚服的。他会屈尊扮美的。甚至一旦投入到幸亏有你他才刚刚学会舌背音狂想曲的意识中，他的忧伤就会烟消云散，这也是可能的。但是，既然忧伤总是促生美丽，既然它是波德莱尔称作“圣饼”的永恒、不变的元素，那么至少在我看来，我倒宁愿我们那匹马一直保持那噘嘴板脸、闷闷不乐的样子，我一直都知道他摆的那副样子。[4] 不管这一切结果会怎样，一重读刚刚费尽力气化作语言的东西，我就注意到自己一点儿都不关心那匹马，也不在乎他的命运、他那颠倒的肩峰，或者霍斯的美学家们。他要是想的话，就让他淹死吧。祝他慢慢地死，痛苦得无比恐怖，死在自己的田野里，仰面倒下，四脚朝天。此外，我对他再无兴趣。不说他了。

茜茜告诉我，说你接下来要学巴赫。可怜的人儿！我是说你，不是巴赫，他从来都不那样。曾迫不得已地耐着性子听了他的一部鸿篇巨制，曲名很幽默：《管弦乐组曲》，由卑劣的富特文格勒指挥演奏，那家伙似乎是给自己的大半幅裸体画盖上了 Hakenkreuze。[5] 他谦逊得很潇洒，竟让自己被铜管乐手们牵着走，被那吹的劲头只有啤酒豪客才有的人牵着走，一边用娇小的左手朝第一小提琴手们做着十分大胆的手势——幸而，对那些手势他们丝毫都不理睬，一边甩动着柔软、肥嫩的屁股，仿佛急着要去蹲马桶。我几乎还没从这场突袭中恢复过来，他就鲁莽地着手指挥舒曼的《第四交响曲》了，那曲子与其说像交响曲，不如说像前奏曲，由雷哈尔开篇、戈林完成、约翰尼·多伊尔（假如不是其爱犬的话）修订的前奏曲，一首说实话不值得考虑，更别提热切地要着手演奏的曲子。[6]不消说，假如屠杀一篇当然从未真的喘过气的乐谱可以算作一次胜利的话，在他那该死的灵魂的纵容下，害人不浅的富特文格勒已是臭名昭著了。为了从空无中创造出空无，一小时里花去三刻钟来打理，此刻就有成就了！然后，他终于能上卫生间了。但是，他并未余生都待在那儿，而是回来了，身后跟着一群助理刽子手，为的就是当着我们的面，把贝多芬的《第七交响曲》撕成碎片。富特文格勒先生像个标准的纳粹党徒，对事物的奥秘没法容忍，而他呈现的这支曲子很像一个煎鸡蛋，换言之（假如你愿意的话），很像踩进煎鸡蛋里的一只脚。他指挥最后一个乐章的演奏，就像指挥最优雅的Ständchen那样。他得到了欣然接受。他不仅扣住了那可怜的交响曲的脖子，紧得到了窒息而亡的地步，还随心所欲地给它添加多彩的扣眼。凭什么呢，以上帝之名？一截Würstchen。[7]

一周三次，我要把自己交给精神病医生，让他探究我内心深处的病因；想来这种治疗已经给我带来了益处，理由有二：一是我能镇静一些了，二是夜晚莫名来袭的恐慌不那么频繁了，也不那么剧烈了。可是治疗必定要花很长时间，也许还要花几个月呢。倒不是在抱怨。自以为幸运之至，竟得以率先接受这一治疗，而这一治疗是此刻唯一让我心生兴趣的东西，且这一治疗就该那样进行，因为这类东西要求人全神贯注，甚至实质上忘却一切别的事物。[8]因而，即使有欲望，我也没有空闲，去做点儿跟文学有关的事。也许这也是治疗的要求吧。已经过头了，就过了一丁点儿，但也过头了，对什么都没有了主见。除了刚刚提过的心理探秘，除了无数次站在图画跟前，我都待在家里，舒舒服服地待着，窝在暖气片跟前的扶手椅里消磨时光，直到能上床睡觉的时候，这一工序我现在做起来比一个月前自信了些。情况就是这样。每个阶段都大抵如此。

向全家问好，致以诚挚的问候。请他们写信来。希望收到波士的来信，也收到你本人的来信。

　　此致

萨姆

TLS；2 张，4 面；辛克莱。日期判定：1934 年贝克特住在这一地址。

1. 贝克特的表弟莫里斯·辛克莱，家里人称作"桑尼"（Sunny），而贝克特常常称"松尼"（Sonny），意为"太阳"（Sonne）。

2. 雅各布·格林和威廉·格林（见 1929 年 3 月 23 日的信，注 2）。莫里斯·辛克莱发现，"格林兄弟［……］有许多民间故事是从一个老太太那儿收集来的，那个老太太就住在卡塞尔南面的村庄里"（莫里斯·辛克莱的信，1993 年 11 月 28 日）。

3. 在致贝克特的信中，莫里斯·辛克莱描绘了霍斯山坡上的这匹马。

波提切利（原名亚历山德罗·迪·马里阿诺·迪·菲力佩比，约 1445—1510 年），15 世纪末佛罗伦萨著名画家。

4. 法国诗人夏尔·波德莱尔（1821—1867）的诗《忧郁的牧歌》起始两行如下："你的聪慧于我有何意义？／只要可爱又忧郁就好！"（夏尔·波德莱尔，《波德莱尔全集》第 1 卷，克劳德·比西瓦与让·齐格勒编，"七星文库"［巴黎：伽利玛出版社，1975—1976］，第 137—138 页；夏尔·波德莱尔，《恶之花》，理查德·霍华德英译［波士顿：戴维·R. 戈丁出版社，1982］，第 170—171 页）。

贝克特还提及波德莱尔的散文诗《蛋糕》，诗中一块面包本由两兄弟分享，却成了他们为之争斗的"蛋糕"，最后不知所终（波德莱尔，《巴黎的忧郁》，见《波德莱尔全集》第 1 卷，第 297—299 页）。

5. 1934 年 1 月 22 日，威廉·富特文格勒（1886—1954）在伦敦的女王音乐厅担任柏林爱乐乐团的指挥；演奏的曲集包括巴赫的《管弦乐组曲》B 小调第 2 首（《巴赫作品集》第 1067 首），舒曼的《交响曲》D 大调第 4 首（《舒曼作品集》第 120 首），以及贝多芬的《交响曲》A 大调第 7 首（《贝多芬作品集》第 92 首）。

贝克特暗指富特文格勒决心留在德国，继续与纳粹政权打交道（后者的详情参见：汉斯–休伯特·休恩兹勒，《富特文格勒传》［伦敦：杰拉德·达克沃斯出版社，1990］，第 48—90 页）。

"Hakenkreuze"（德语，"（纳粹）万字符"）。

6. 舒曼的《第四交响曲》由富特文格勒指挥柏林爱乐乐团录制（德意志留声机公司，LPE 17 170）。弗朗茨·莱哈尔（1870—1948），匈牙利裔维也纳作曲家兼指挥，以轻歌剧（尤其是《风流的温莎》）和军队进行曲最为闻名。

赫尔曼·戈林（1893—1946），曾担任德国国会议长（1932），后担任纳粹德国空军总司令。

贝克特提及的约翰尼·多伊尔指代不明，可能是泛指。也许指以翻唱爱尔兰歌曲闻名的歌手 J. C. 多伊尔（生卒年不详；《都柏林著名歌手》，《爱尔兰时报》，1930 年 11 月 10 日：第 4 版）；或如莫里斯·辛克莱所言，也有可能指贝利邮政区（都柏林郡霍斯区，辛克莱一家从德国回到都柏林时所住的地方)的邮递员 J. M. 多伊尔(莫里斯·辛克莱，1994 年 11 月 5 日）。

7."Ständchen"（德语，"小夜曲"）。"Würstchen"（德语，"香肠"）。

8.贝克特刚开始在威尔弗雷德·鲁普雷希特·拜昂医生*（1897—1979）那里接受精神分析治疗。虽然贝克特一直用"分析"一词，但是路易·奥本海姆发现，当时拜昂并未获得精神分析治疗师的资质（路易·奥本海姆，《对客体再现的执着：重温贝克特－拜昂的案例》，《国际精神分析杂志》第 82 卷第 4 期［2001］，第 768 页）。

伦敦
努阿拉·科斯特洛

1934 年 2 月 27 日

［伦敦］西南 3 区
保罗顿广场 48 号

亲爱的努阿拉[1]：

我没法直截了当地表达自我，行为方式不能体现与环境相处的最脆弱的规范，对于愈加严重的病情和停滞不前的治疗而言，这是一个巨大的障碍。巨大的障碍啊。为此我懊悔不已，远比自己希望有能力讲出来的更加懊悔。可是，障碍就在眼前。人非人之所非。我在阅读但丁的过程中发现，不是因为所为，而是因为不为，维吉尔才到了灵薄狱，尽管比身在那儿的死胎受人尊重，也比一群群在高压之下践行所有美德的男男女女受人尊重——只不过除了他们并不熟悉的那个神学小组，肩负着四处巡回、远达炼狱伊甸园的使命，到达之后他就打退堂鼓，而女士们就接管了过来。[2] 呃，在一个叹息出于忧郁而非出于折磨的地方，我恐怕比找到自我做得更糟，因为我的自我永久地两极化了，一端是德谟克利特，另一端是赫拉克利特。会了解这一处境的。德谟克利特做点儿像叹息这么浪漫的事儿，当然还有赫拉克利特做点儿像叹息这么克制的事儿，这个想法中似乎存在固有的矛盾，但千万别介意。[3] 真没有什么事儿该让人介意的，即使有，我也会乐于了解具体是啥事儿。兴许柯蒂斯会了解。[4] 问过珀西，发现他透露的秘密总是令人不太知足。[5] 兴许《彩色穹顶》的作者会了解，他会在自己的《圣女特雷莎》中替我查阅一下；又或许 R. B. 巴里先生会了解，他会在四大律师学院之一（比如说中殿律师学院）的图书馆里找到答案——那家图书馆藏有一些专谈巫术的神秘著作；假如这些人当中谁都不了解，或许——要是我还没有忘记自己的都柏林的话——位于德里尔街、学院街、皮尔斯街和汤森德街交会处的那条石化的小毒蛇，兴许会听人的劝，对这个问题表个态，不然，皮金府邸跟前的入海口里那些狂野的海浪，甚至告别祖国的那个晚上我在学院绿地广场说起过且无疑还在那儿的那堆高贵的 étron，也会表个态。[6] 可是，假如这些或者类似权威［们］当中无一了解，或是了解却闭口不言，那么我就得裹足不前了，就得拿我省去了运动的麻烦这一想法来尽力安抚自己了。因为整个停滞不前的本质，我是说良好品质的整个停滞不前的本质，就是让人根据目的地因而即是依据时刻表来探寻其纯粹性。这样的推理再自然不过，不是吗，根据我一直在说的来推理，与此同时，轮到它时——假如在当前的语境中，"轮到"这个词确实有意义的话——再根据它来继续推理，我是说根据这一令人垂涎的把运动当作移动的构想，当作纯粹而别无他物的 gress 的构想来推理，那么就像鸟儿到了鸟窝一样——虽说在这样的段落里，"鸟窝"一词多半属用词不当——我们就会得出结论，即对 crime immotivé 的阐释，这样的犯罪从未真正发生过，也不可能发生在纪德身上或者他的任意一个肾脏上，或者说确实从未发生在能听到沟槽嗡嗡作响的任何人身上，而是唯独发生在我自己身上——向你打包票，我这人不可能在引诱下和它拜拜，为了爱、钱或者别的无论何种方式的煽动就抛弃它，因为它具有无法估量的消炎功效，具有超越我曾经试用过的任何这类药物的消炎功效，而我什么都试用过了，从缓解红肿的冷水到抑制性欲的健力士都试用过了。[7]

毕竟我没有登门拜访，都是天气使然。这会儿既然想到了它，我还真想纠正一个错误，依稀记得是在上一封给你的信中所犯的错误，在那封信里我说过挪到哈里街和动物园去的事儿。[8]当然，不是自己挪动，而是坐车。坐车去猴儿山，坐车去野驴棚、小啮齿动物馆、小猫馆、费罗氏茶叶馆，去宽蛇窝、画笔火机［火鸡］窝、草原土拨鼠与涉禽窝，坐车去牛羚围场、山羊山、伶羊［羚羊］棚和烷熊［浣熊］笼，去猪猡舍、狐猴舍、麝香猫舍和猛禽舍，坐车去卡琳·斯蒂芬、梅兰妮·克莱恩、克雷顿·米勒［克莱顿-米勒］和伯特-怀特那儿，坐车去在黑暗和——复活的阴影中蔓延开来的它们那儿。[9]要不，继续坐车前往汉普斯特德，在西班牙人客栈小酌一杯，看一看你的兄弟蝇，啊，西班牙蝇，从黑暗挪进光明，et sqq。冬季时斑蝥去哪儿呢？刚不是告诉你了吗，有些去汉普斯特德，其余的呢像燕子那样，立马就冻僵了，淹死在露池里。群体自杀。这事儿珀西全知道。[10]就这样，我们写出了一首配得上十字勋章甚至邓莫熏肉的双行诗：

> 光明与甜美，甜美与光明，
> 擦去那愁容，诞生好心情。[11]

是的，写了两首小诗，一首是与《陌生的需要》的作者（绝对令人惊讶，亲爱的）有过短暂面谈之后所写，另一首是与我低洼的花园里那些陌生的（不会令人信任，亲爱的）动植物有过深奥、持久的神交之后所写，而且 ut infra，它们各自一路奔驰：

> 曾有一女韦斯特为名
>
> 出众之处乃天赋异禀
>
> 如此不懈的知觉
>
> 何为适者的知觉
>
> 甚至几乎从不裸身嗡鸣。

（直到她遇见威尔斯，而且那时，我猜她不得不这样。）[12] 在某些住处，这首小诗颇受人喜欢。至于另一首嘛，只是经过一阵子犹豫，这会儿才拿出来给你看看的，而且在一阵均匀的刮擦又折断又拖洗又割除的些微狂躁中，请相信，写得差了一些：

> 玛门的屁股，
>
> La Goulue 的，我的，短腿壮马的，
>
> 抽打，抚摸，
>
> 我母亲的胸部。
>
> 可是上帝的
>
> 山羊的，驴子的，
>
> 疏离美，
>
> "神曲"。[13]

这个你不在乎。我自己也不怎么在乎。但是，这是一首诗而非一行诗，是一篇祷文而非一句祷词，这一点我丝毫都不怀疑，丝毫都不。

你所说的都柏林的事儿，青年、才俊都飞走了，那难以置信。昨天买了一瓶墨水

> （大象跟猫头鹰说：
> "嗨，你有啥可以喝的？"
> 大象跟猫头鹰说：
> "嗨，你有啥可以喝的？"
> 大象跟猫头鹰说：
> "嗨，你有啥可以喝的？"
> "嗨，衷心感谢您，先生，"猫头鹰说道，
> "我有一瓶墨水可以喝。"）

从一位女士那儿买的，她是克郎莫尔提炼厂的，即使有再次踏足菲什加德这一枉然的希望，也不敢拿自个儿的命来造假。[14]可接下来，下一口气你就引用珀西，而且在我读的时候，那一段于我确确实实如此真实，甚至我都不得不拿出手帕来。这会儿我猜，你恐怕会别上自个儿女式围巾［的］别针，来做珀西牌饮用咖啡，说些失去了都柏林也保持一致的事儿。我在想啊，自己满可以用上这些漫长、清醒（Kia-Ora 和最狂野的美德景观）的傍晚，来按照笛福《正统的英国佬》的模子创作一部《正统的都柏林佬》，不过，当然会写得更加妙趣横生、更到位得不知有多少。[15]接着，他就会趁热拿着醋瓶子喝几口。

我在这信件的炖菜里自行扩散的单纯意欲，已遭到传统辱骂的吓阻，于是这会儿我闷闷不乐，不愿玩游戏了。那本书至少一个月里是出不来的。没法子在美国发行。[16]所以在大英博物馆里的下流言行中，我读了最后一个词，那不可思议的中央圣所我是凭借一次无法抑制的急切的力量获准进入的——急于"查阅不那么知名［的］法语和意大利语文本，

206

那些别处查找不到的文本"，然后再横穿以骑兵卫队阅兵场开头的那一串公园，步行回租住的公寓，一路颤抖着，两脚踩着橘子酱，从那些受人爱戴的鹈鹕身边经过，它们真的有着一副最最仁爱的表情，垂下对峙眼来表情达意，且随时乐于打断独处的极乐来进食（它们什么时候一有食欲就得拉空肠胃呢？谁知道？），吃那金钱能买的最昂贵的蛋，不过，当你在老切尔西寻找鸭蛋的时候，一个有钱人愿意在天堂进进出出二十多次，这肯定是一件奇怪的事儿，而且也许此刻就该交代，说我是个大端派，并非本能如此，而是教唆使然。就本能而言，我是个小端派，结果就是我累坏了的时候，或者犯糊涂的时候，这两种可怜的择邻记——文明者亲和蛋的大端，原始者亲和蛋的小端——就冲突起来，而蛋却无人享用。[17]

不，我想眼下自己已做出决断，要远离利菲河恶臭的潮水很久很久，而且在这个问题上，我此刻也确实别无他法，只能赖在这儿，这场治疗要花多久就赖多久，上帝才知道得花多久，多半比我打算的还要多花几个月。无论如何，现在不能停下来，即使能停也不敢停，因为假使我停下来了，此人的第二种状态……看来，我的人生就是一部完整的Comédie à tiroirs-vides。[18]

该敬礼处就敬礼，拥尔入怀，正如索尔代洛拥抱维吉尔那样，là've il minor s'appiglia，而且假如你写来十分亲切的信，我会告诉你引文的出处。[19]

　　À toi[1]

s/ 萨姆

TLS；2 张，4 面；科斯特洛。

---

[1]　法语，"想你"。

1. 1929 年，努阿拉·科斯特洛*（1907—1984）开始在索邦大学从事研究生学习；她在巴黎遇见了露西娅·乔伊斯，又通过乔治·乔伊斯和海伦·乔伊斯认识了贝克特（帕特里克·奥德怀尔，《巴黎来信》，《大蒂厄姆年鉴》[1991]，第 73、75 页）。关于她，贝克特给麦格里维写信道："有一次遇见了一个叫科斯特洛（重音在哪儿？）的小姐，在乔治的熏肉家里遇见的，闪也在场，还有科拉姆和所有 galère，那时 affianceé 但此时 disponible，她还吓得我重回 âme des glaces。那人是谁？"（[1933] 9 月 7 日的信，TCD, MS 10402/54）"galère"（法语，"船员"）；"affiancée"（贝克特将英语古词 "affianced"[已订婚的]和法语 "fiancée"[未婚妻]拼合而成）；"disponible"（法语，"随时备用的"）；"âme des glaces"（法语，"寒冰之魂"）。

海伦·弗莱希曼（原姓卡斯托尔，1894—1963）于 1930 年 12 月嫁给乔治·乔伊斯；帕德里克·科拉姆（1881—1972），美籍爱尔兰作家、批评家，爱尔兰文艺复兴的干将。

2. 在但丁的《地狱篇》中，维吉尔是"灵薄狱"（第一层地狱）的尊者之一，因为作为异教徒，他是没法上天堂的。维吉尔获许引导但丁穿越九层地狱、穿越炼狱之城；打退堂鼓时，他对但丁说："因而冠冕均由尔嘉戴头上。"（但丁，《神曲》之《炼狱篇》第二十七歌，第 142 行；但丁，《神曲》第二部，《炼狱篇》，辛克莱译，第 357 页）

后来，在采花仙姑玛蒂尔达和贝雅特丽齐的引导下，但丁继续前行，终究抵达了天堂。贝克特曾申明，"我没法直截了当地表达自己"；为求一致，他并未直接引用描写"灵薄狱"且常被引证的句段，而是提及维吉尔对自己交由索尔代洛接替的叙述，即《炼狱篇》第七歌第 25 行："非因所为，而因不为"（但丁，《神曲》第二部《炼狱篇》，辛克莱译，第 95 页）。

3. 贝克特的原文为"德谟克利特〈叹息〉做事儿"。

在《地狱篇》第四歌第 136—138 行，前苏格拉底哲学家德谟克利特（约前 460—前 370）和赫拉克利特均出场。据传，对于人类的愚蠢，德谟克利特大肆嘲笑，而赫拉克利特则伤心流泪；在贝克特的想象中，他"两极化了"，分裂成了两个极端。贝克特援引了《炼狱篇》第七歌第 29—30 行："叹惋无丝毫哀号之声而仅为叹息之所"（但丁，《神曲》第二部，《炼狱篇》，辛克莱译，第 95、97 页）。

4. 埃德蒙·柯蒂斯，1914 年至 1943 年任都柏林圣三一学院现代历史教授，著有《南意大利的诺曼人》（1912）和《中世纪爱尔兰史：1110—1513》（1923），当时还在撰写《爱尔兰史》（1936）。

5. 贝克特兴许在对话中提过这个问题。

6. 弗朗西斯·斯图尔特*（全名亨利·弗朗西斯·蒙格莫里·斯图尔特，1902—2000），澳大利亚裔爱尔兰作家，《彩色穹顶》（1932）和《女性与上帝》（1931）

的作者。斯图尔特读过伊夫林·安德希尔的《神秘论》（1912），深受其影响，还专门研究过圣徒的人生。在其传记作者杰弗里·埃尔伯恩看来，"于他而言，其中最重要的［是］利雪圣女特蕾莎"："斯图尔特推定，假如圣女特蕾莎'未曾出家为尼，那她该是多好的恋人啊'，这一阐释构成了其信念的部分基础，他相信，通过女性寻求完满是对与上帝的热切关系的同样渴望的一部分。"（杰弗里·埃尔伯恩，《弗朗西斯·斯图尔特传》［都柏林：渡鸦艺术出版社，1990］，第73—74页）

拉尔夫·布里尔顿–巴里（1899—1943）毕业于都柏林圣三一学院，1922年应召进入爱尔兰法庭，1933年进入英国法庭（格雷律师学院）。作为伦敦四大律师学院的法官，他本来有权进入中殿律师学院图书馆，那里的"珍本与古籍"历史藏书中有一些谈巫术的书籍和册子；不过，此类图书那里没有当代收藏（斯图尔特·亚当斯，伦敦中殿律师学院图书馆，2005年4月1日）。

德里尔街、学院街、皮尔斯街和汤森德街的交会处在都柏林圣三一学院的西端。

皮金府邸：见1931年1月25日的信，注6。

"étron"（法语，"屎"）。

7. "gress"：名词，"移动"，"运动"；由"gressus"派生而来，该词系拉丁语动词"gradior，gradi，gressus"（走动，起步）的动名词。

"crime immotivé"（法语，"无动机犯罪"）。安德烈·纪德的小说《梵蒂冈的洞穴》（1914）探索了一次以犯罪形式呈现的"acte gratuit"（法语，"无正当理由的行为"）。

贝克特引用了阿尔弗雷德·丁尼生（1809—1892）的诗《洛克斯利厅》："向前，向前，让我们前行，／让偌大的世界永远旋转，顺着嗡嗡作响的革新沟槽滚去。"（《丁尼生选集：含圣三一学院手稿》，克里斯托弗·里克斯编［伯克利：加州大学出版社，1989］，第192页）

健力士：一种黑啤。

8. 贝克特写给努阿拉·科斯特洛的上一封信尚未找到。伦敦西1区的哈里街上医疗诊所集中，在马里伯恩大街南侧，靠近摄政公园东南侧的摄政公园地铁站；动物园在阿尔伯特亲王路南侧的樱草山附近，摄政公园的东北侧。

9. 在所列摄政公园动物园的动物笼舍中，贝克特列入了附近哈里街周边的诊所，其中的从业人员有：精神病医生卡琳·科斯特洛·斯蒂芬（1889—1953），精神分析医师梅兰妮·克莱恩（1882—1960）和休·克莱顿–米勒（1877—1959），以及因飙车和离婚案经常成为新闻人物的外科兼妇科医生哈罗德·J.伯特–怀特（1901—1952）等。

10. 西班牙人客栈位于汉普斯特德西斯公园（见1932年10月8日的信，注5）。

"西班牙蝇"又称"斑蝥"。干斑蝥亦称刺蝥甲虫，是一种天然的致炎因子。多数斑蝥越冬时为坚皮幼虫。

"et sqq."（拉丁语，"et sequentes"的缩写，意为"及如下"）。

在同贝克特的对话中，阿兰·厄谢尔也许察觉到甲虫和燕子的群体性死亡有几分相似，不然，这兴许只是贝克特的捏造。这样的比较当时是有机缘的——1931年，当燕子的迁徙模式遭到阿尔卑斯山风暴的严重扰乱时，有大批燕子死亡（参见《泰晤士报》，1931年9月5日、7日、25日及28日）。

11. "邓莫熏肉"奖颁给"最幸福的夫妻"。"吃到邓莫熏肉"这一说法用于婚姻幸福的夫妻，即经年相伴、从未争吵的夫妇。该习俗源自1104年："任何人到了埃塞克斯郡的邓莫镇，恭恭敬敬地跪在教堂门口的两块尖角石上，只要发誓说12个月又一天里自己从未跟那口子吵过嘴，或者从不后悔结了这次婚，就可以申请领一块熏肉。"（埃比尼泽·科伯姆·布鲁尔，《布鲁尔短语与寓言词典》，阿德里安·鲁姆修订，第16版［纽约：哈珀里索斯-哈珀柯林斯出版社，1999］，第373页）时至今日，"熏肉考验"仍在小邓莫教堂里进行，由6个老处女和6个老光棍主持。

12. 丽贝卡·韦斯特，《陌生的需要》（1928）。1913年秋，韦斯特同赫［伯特］·乔［治］·威尔斯（1866—1946）有过一段恋情，跟他生下了一个孩子——作家安东尼·韦斯特（1914—1987）。贝克特同丽贝卡·韦斯特的见面没有文献记载。

"ut infra"（拉丁语，"如下所示"）。

13. "La Goulue"（法语，"贪心女"）即指"红磨坊"的扮演者路易丝·韦伯（1870—1929），据称比酒吧里的任何人都喝得多，因而得此绰号；在亨利·德·图卢兹-洛特雷克（1864—1901）设计的海报《红磨坊——贪心女》中，对她和表演搭档雅克·勒诺丹（绰号"无骨舞者瓦伦丁"，1843—1907）都有描述。

14. 克郎莫尔镇是爱尔兰蒂珀雷里郡的首府，位于沃特福德市西北30英里处。威尔士的菲什加德濒临爱尔兰海，是通往爱尔兰东南角韦克斯福德郡罗斯莱尔村的渡船码头。

15. "起亚-奥拉"（Kia-Ora）原为柠檬汁，后改为一种橙子汁，生产于澳大利亚，1913年以来推向英国市场；"Kia-Ora"（澳大利亚毛利语，"祝您健康"）。

贝克特关于写一篇《正统的都柏林佬》的提议无论是开玩笑，还是如约翰·皮林断定的是一个使用爱尔兰素材创作小说但后来放弃了的计划，詹姆斯·诺尔森都指出，贝克特的确为乔伊斯做过关于爱尔兰历史的笔记（《"为了篡改"：贝克特与英国文学》，《笔记汇编全息》，*SBT/A*特刊第16期［2006］，第223页）；诺尔森，《盛名之累》，第638页，注49；埃弗里特·弗罗斯特与简·马克斯维尔，"TCD MS 10971/2：爱尔兰历史"，《笔记汇编全息》，*SBT/A*特刊第16期［2006］，第126页）。

"都柏林佬"（Jackeen，英式爱尔兰语），指"自大却一无是处的家伙"。《正统的英国佬》（1701）是笛福的讽刺诗。

16. 查尔斯·普伦蒂斯联系美国出版商期间，《徒劳无益》的出版受到耽搁，直到 1934 年 5 月 24 日才由查托-温德斯出版社推出。首先，他联系了乔伊斯的出版商、维京出版社的本亚明·W. 许布施（1876—1964），但遭到谢绝（普伦蒂斯致许布施的信，1934 年 1 月 23 日［UoR, MS 2444 CW 信件誊写簿 153/177］；许布施致普伦蒂斯的信，1934 年 1 月 31 日［UoR, MS 2444 CW 57/2］）。接着，普伦蒂斯将未订正的校对稿寄给了斯坦利·马歇尔·赖因哈德（1897—1969），后者则将校对稿转交给了自己的出版伙伴约翰·法勒（1896—1974）（普伦蒂斯致赖因哈德的信，1934年 2 月 1 日；普伦蒂斯致赖因哈德的信，1934 年 2 月 7 日；UoR, MS 2444 CW 信件誊写簿 153/307 及 1378）。

普伦蒂斯没有收到赖因哈德 / 法勒的最终答复，又将《徒劳无益》寄给了纽约出版商哈里森·史密斯与罗伯特·哈斯出版社（1932—1936），这一点他在 1934 年 4 月 4 日致贝克特的信中写道：

> 因此，除非我们找找史密斯与哈斯，或者说除非你希望我们另找一个美国佬，我倒是认为一收到史密斯与哈斯的来信，无论他们怎么答复，大作的批量印装都应该马上着手。但是正如你喜欢的那样，我一点儿都不想催促你。写来此信的目的，不过是弄明白你对此事的看法。（UoR, MS 2444 CW 信件誊写簿 155/91）

17. 贝克特在大英博物馆借阅资料的时间：1932 年 7 月 22 日。

贝克特描绘了自己从特拉法加广场向着切尔西方向步行横穿伦敦多处公园的顺序：骑兵卫队阅兵场、圣詹姆斯公园、格林公园、白金汉宫花园、海德公园、肯辛顿花园。圣詹姆斯公园中的湖泊是鸭子和鹈鹕的庇护所。

橘子酱（柔软、黏糊的东西）。典出《马太福音》第 19 章第 24 节："较之让富人进入上帝之国，让骆驼穿过针眼反倒更容易。"

贝克特提到了乔纳森·斯威夫特《格列佛游记》（1726）中的《小人国游记》：在画稿式刻画中，按照先打破煮鸡蛋的哪一端来划分，天主教徒属于大端派，新教徒属于小端派。

18. 贝克特指自己在拜昂医生处接受的治疗。也许典出《马太福音》第 12 章第 45 节和《路加福音》第 11 章第 26 节，两篇福音均写道："那人最终的状态恶过最初的状态。"或者典出伊曼纽尔·斯韦登堡（1688—1772）在《天国、神迹及地狱：见闻杂记》中探讨的"人类的第二种状态"：根据该书的描述，"死后，人类进入第二种状态"，那时"我们可以抵达自身头脑或者意愿和思想的深层界域"（乔治·F. 多尔译，乔治·F. 多尔、罗伯特·H. 科文与乔纳森·露斯注，《新世纪版伊曼纽尔·斯韦登堡作品集》，乔纳森·露斯编［宾州西切斯特：斯威尼基金会，2000］，第380页）。

"Comédie à tiroirs-vides"，法语，意为"情节副线多不胜数的戏剧"，通常为"roman à tiroirs"（情节副线多不胜数的小说）。贝克特抓住"tiroirs"的字面意思（橱柜抽屉）不放，还添加了"vides"（空的）一词。

19. 索尔代洛拥抱了维吉尔两次。第一次拥抱后，索尔代洛认出维吉尔是个曼托瓦同胞："哦，曼托瓦人，我是贵城来的索尔代洛。"然后二人拥抱在一起。（但丁，《神曲》之《炼狱篇》，第六歌，第74—75行；但丁，《神曲》第二部《炼狱篇》，辛克莱译，第85页）第二次拥抱后，索尔代洛谦逊地承认了维吉尔的地位："在卑微者抱紧之处抱紧。"（但丁，《神曲》之《炼狱篇》，第七歌，第15行；但丁，《神曲》第二部《炼狱篇》，辛克莱译，第95页）贝克特的引文出自第七歌。

都柏林
莫里斯·辛克莱

1934年3月4日 [1]

［伦敦］

保罗顿广场48号

亲爱的桑尼：

再次给你说个准信。疏忽这种小过失对我毫无影响。我是说，我自个儿完全在它们的掌控之下，即使它们出现在别人身上，那也只会叫我心生暖意，因为那正是我此刻迫切需要的。因此要谢谢你的来信——那封信虽说姗姗来迟，却叫我心驰神往，让在他乡独处的我平添了生气；

---

[1] 原信用法语写成。

还要谢谢你的删减——我想虽然删减了，那个妄想狂老畜生受到的待遇却还不够糟。不过，开头了就行。

多走运啊，你都能进管弦乐队演奏了，管它是不是三流货色呢。那可是个千载难逢的机会，可以了解乐谱的各个要素。我嘛，对《田园交响曲》还从没感到心平气和过，总觉得贝多芬把自己内心所有粗俗、轻率、幼稚的东西（许许多多的东西）都写进了曲子，于是就一劳永逸地把它处理掉了。[1]听了一场绝妙的音乐会，是爱乐四重奏乐队演奏的，那乐队我先前跟茜茜讲过，眼下就不重提了。不过，另一场倒是值得一提，是布施四重奏乐队演奏的，这个乐队眼下正举办五场系列音乐会，把贝多芬的所有弦乐四重奏曲子都弹奏一遍。[2]节目单上有三首四重奏曲集，第一首（《竖琴》）写于 1809 年，就是说可能介于《田园交响曲》和《第七交响曲》之间；第二首写于 1800 年；第三首写于 1825 年。[3]去的就是这一场，可以说我丝毫都不失望。只不过演奏会只选了他的倒数第二首四重奏为终曲，也就是他给今人留下的最后一首曲子，一首美妙无比的快板。但让我感触最深的，是就列在那首快板前面的抒情短曲。在镇定不移和强度方面，那一乐章超越了我所听过的令人敬重的路德维希的任何作品，而且我都疑心他写不出这样的作品来——真的，要是你对这支四重奏（降 B 小调，第 130 首）还不熟悉的话，掌握它也是大有裨益的。[4]该系列中的最后一场演奏会定于周六（17 号）举行，不堪入耳的帕特里克的一场盛宴，我都忍无可忍，可竟然买了票，防止自己想起他那粗俗的动物学和植物学的胡言乱语。还会有最后一支 F 调四重奏（曲集 135），里面有 "Schwer Geffasste Entschluss" 这一句：

庄板　　　　　　快板

Muss es sein?　　　　Es muss sein!　　　Es muss sein![5]

再过几天，应该是20号，有雅克·蒂博的小提琴演奏会，节目单煞是壮观——包括维塔利的《恰空舞曲》，莫扎特的《A大调协奏曲》，还有数不胜数的西班牙群星的作品。[6]不过，即使早已开始为此省钱，我也说不准自己能否买得起票。此时此刻，伦敦就有一场音乐的风暴，一系列壮丽之物的展示，即使每一场的票都买得起，可同一天就有几场，还是叫人难以抉择。眼下我陷入了困境，叫人睡不着啊！哎！

　　春天来临，令我心生久别、温雅的快乐，那些快乐真是无以言表。假如这个句子容易遭人奚落，对我而言那就更加不妙了。来临的过程我以前从未观察过，如此迫不及待又如此心旷神怡地观察过。而且我觉得，那是对黑暗、噩梦、虚汗、惊慌和疯狂的一场胜利，春天的番红花、水仙花是对尚可承受的人生的许诺，那一人生曾经享受过，但瞬间就成了遥远的过去，甚至一切痕迹都消失殆尽，一点儿记忆都不曾留下。但愿诸神保佑我没有说错——半岛一定是辐射状的。身处西风之神当中，马儿有所苏醒吗？请代我向他问好。

　　学习进展如何？正如你所说，鲁迪的这个选集真是个恶臭难闻的东西，而且布满了陷阱。给你提个建议，就是手拿法兰西地图，把它研读一番。那样的话，至少可以发掘其中的地理价值。否则，那个集子就成了一堆孰不可忍的琐屑之物。顺便告诉你，本人还从没读过。普罗旺斯那部分（莫拉斯等人）要特别留心，因为那才是那位高贵教授心爱的领域。不消说，研读那些此刻正建议研读的文本远没有体悟提出建议的人本身那么重要。换言之，就是披上鲁迪的皮囊（空间是有的），把他的集子或多或少地打入地狱去。[7]

　　有个事实让我内疚，就是还没给你不苟言笑的老爸写封回信。但是，随着光明的时光愈来愈多，随着黑暗的时刻渐渐融入光明的时光，在精神世界这一巨大的熔炉里，唯一配得上他、配得上我和他的语言组合体在成形。假如他碰巧需要慰藉，那么就请拿一小块酿造中的佳肴让他先行品尝。

前不久给你老妈寄了一封远离凡尘的信，这会儿最最急切、最最不懈地期待她来信说已收到了那封信。在你非凡的老妈面前，我匍匐在地，热切地嘴啃尘土。这些运动请为我代劳。

至于你，我的好友，虽然世上这样的美德似乎越来越稀缺了，但我依然祝愿你现在和将来都吉星高照。

此致

萨姆

ALS；3 张，3 面；辛克莱。

1. 贝多芬的 F 大调《第六交响曲》，曲集 68（《田园曲》）。

2. 爱乐四重奏乐队于 1934 年 2 月 16 日在 BBC 广播大楼举办了音乐会，曲集有贝多芬的升 C 小调《弦乐四重奏》第 14 首，曲集 131；贝拉·巴尔托克（1881—1945）的《弦乐四重奏》第 4 首，曲集 95；及克劳德·德彪西（1862—1918）的 G 小调《弦乐四重奏》，曲集 10（"本周音乐"，《泰晤士报》，1934 年 2 月 12 日：第 8 版）。

从 1934 年 2 月 24 日至 3 月 17 日间，布施四重奏乐队在伦敦威格摩音乐厅举办了共 10 场系列音乐会；其实，他们只在 6 场音乐会中（2 月 26 日和 3 月的 2、3、9、15、17 日）演奏了贝多芬的弦乐四重奏。

3. 3 月 2 日，布施四重奏乐队演奏了贝多芬的降 E 大调《弦乐四重奏》第 10 首，曲集 74（《竖琴》）；D 大调《弦乐四重奏》第 3 首，曲集 18；及降 B 大调《弦乐四重奏》第 13 首，曲集 130。《竖琴》确实写在贝多芬的 A 大调《第六交响曲》和《第七响曲》之间，为曲集 92。

4. 贝克特其实说的是降 B 大调《弦乐四重奏》第 13 首（曲集 130）中的《谣唱曲和快板》。贝多芬为这首四重奏谱写的终曲原本是《大赋格曲》；后来他承认该曲过于激越，只好拿它单独发表（降 B 大调《大赋格曲》，曲集 133），另谱写了终曲《谣唱曲》（菲利普·拉德克利夫，《贝多芬的弦乐四重奏》第 2 版［剑桥：剑桥大学出版社，1978］，第 135—137 页）。

5. 贝多芬的 F 大调《弦乐四重奏》第 16 首（曲集 135）于布施乐队的最后一场音乐会上演奏，当天是 1934 年 3 月 17 日，恰逢爱尔兰的圣帕特里克节。贝克特引用了最后一个乐章的题词及其音乐主题："这抉择令人揪心／非得如此？非得如此！非得如此！（约翰·布里格斯，《贝多芬乐曲集》［康州西港：绿林出版社，1978］，第41—42页；拉德克利夫，《贝多芬的弦乐四重奏》，第170—174页）。

6. 1905年至1935年间，法国小提琴家雅克·蒂博（1880—1953）经常与法国钢琴家、指挥家阿尔弗雷德·科尔托（1877—1962）和加泰罗尼亚大提琴家、作曲家巴勃罗·卡萨尔斯（1876—1973）组成三重奏乐队一道演出。

1934年3月20日，蒂博在威格摩音乐厅举办了音乐会，演奏的曲集有：当时据称为意大利作曲家托马索·巴蒂斯塔·维塔利（1663—1745）所作的G小调《恰空舞曲》；沃尔夫冈·阿马多伊斯·莫扎特（1756—1791）的A大调《小提琴协奏曲》K219；比利时作曲家纪尧姆·勒克（1870—1894）的G大调《小提琴奏鸣曲》；波兰作曲家卡罗尔·齐马诺夫斯基（1882—1937）所作《神话》中的《水神之泉》（曲集30，第1首）；伊萨克·阿尔韦尼斯（1860—1909）所作《涛声》中的玛拉奎那舞曲《海湾的涛声》（曲集71，第6首），由奥地利裔美国小提琴家、作曲家弗里茨·克莱斯勒（1875—1962）改编为小提琴曲；西班牙钢琴家、作曲家恩里克·格拉纳多斯·坎皮纳（1867—1916）献给蒂博的《真人舞曲》；西班牙作曲家曼努埃尔·德·法利亚（1876—1946）所作歌剧《人生如此短暂》中的《组曲》。（目前对《恰空舞曲》作者的认定，参见沃尔夫冈·瑞奇，《〈恰空舞曲〉的作者是维塔利吗？》，《音乐学杂志》第2卷［1965］，第149—152页）。

7. 都柏林圣三一学院1933年至1934年的校历将让·奥迪奥（Audiau）所编《新民谣选集》（巴黎：德拉格拉夫出版社，1928）列入了圣米迦勒节（9月29日）学期的考试范围，不过编者的名字误拼作了奥迪安（Audian）（第127页）。鲁德莫斯-布朗对普罗旺斯文艺复兴兴趣浓厚，是菲列布里什学会的成员。

夏尔·莫拉斯（1868—1952）是"高等罗曼司"的成员；该团体由让·莫里亚斯（1856—1910）、欧内斯特·雷诺（1864—1936）、莫里斯·杜·普雷西（1864—1924）和雷蒙德·迪·拉·特雷德（1867—1938）创立，寻求回归古典传统，反对象征派、高蹈派和浪漫派。也见罗杰·利特尔，《贝克特的业师鲁德莫斯-布朗：形象素描》，《爱尔兰大学评论》第14卷（1984年春），第34—41页。

都柏林

莫里斯·辛克莱

1934 年 5 月 5 日 [1]　　　　　　　　　　　　伦敦西南 3 区

　　　　　　　　　　　　　　　　　　　　　　保罗顿广场 48 号

亲爱的桑尼：

　　无论谁哪一天想摘玫瑰，都该时不时地振作起来，把强加给自己的时光点亮。因此，当我急于即刻就放下自己的法语胡言时，请原谅我。诚然，从这必不可少的语言转换中我们得不到更多的收获，但也许能感受到一点点乐趣。收获！我们那些［？schweizzige］卫道士说起收获就吵吵嚷嚷，他们到底想说什么！ 1 他们对生活如此惧怕，假使有什么实物从中得不到实实在在的益处，他们就即使没有觉得丢了性命，也感觉一败涂地。对这些人而言，乐趣和收获慢慢地变得不可调和了，变得势不两立，甚至在他们看来，纯粹取乐的行为必定等于自残。假如我有这种没有它就没有人心生恨意的信仰，那我必定会痛恨这位 Gegenstandsauger。 2

　　预祝在 Feis 上大获全胜。 3 许久没听音乐了。除了正在办几场演奏会的霍洛韦茨，除了已如火如荼的"循环演出"（就是说演出季），啥音乐会都没有。 4 窃以为，不管怎样，幸好出于我尚不知道的原因，我仿佛与音乐绝缘了，眼下竟没有一丁点儿胃口。

　　　　但愿我更加苍老哦

　　　　更多皱纹更加冷漠……

---

[1]　原信用德语写成。

217

希望你会体谅我的固恋，对甚至与那个问题毫不相干的所有事物的固恋。

真喜欢这夏季的时光，因为黑暗及其一切恶行至少都为此有所迟滞。因为就黑暗而言，我是个摩尼教徒。[5]

在此我四处逞强，不能也不愿换个花样，甚至不知道上帝会不会保佑我。毕竟有一种几乎永恒的乐趣，就是想想那些没有或者应该没有我幸运的千百万人。那是怎样的盛宴啊！可是，一旦反思一下这件事儿，痛苦和感觉之间就再也找不到关联，这一点也就清晰起来了，于是甚至那一乐趣也开始显露虚伪之貌。比如说，假如我起床之前，在报纸上读到可怜的某某先生凌晨就要处决了，我立马就沾沾自喜，庆幸自己不必度过这么难熬的一个夜晚，那么就我所比较的是两种情形而非两种情感而言，我就是在自欺欺人。况且，八成被判处死刑的人还没有我害怕。至少他对何事生死攸关、何事要细心料理是一清二白的，这种慰藉比一个人往往乐于相信的还要大。如此巨大，甚至许多有病之人都变成罪犯，就为了约束自己的恐惧，获得那份慰藉。只有超越思辨，人类才能抵达伊甸园，抵达不再有危险的避难所，换言之，就是抵达那处先决的、人类能聚焦于斯的避难所。

近来就那位英语老师左思右想，不知他是否还好。当然，一直没给他那封精彩绝伦的来信写一封回信，必须向他致以歉意。[6]因而得请你代我劝劝他，想象这一疏忽绝非出于我的本意。[7]假如可以使用这么一个精妙的说法的话，一拿起笔用英语写点儿什么，我就有"被去个性化"的感觉。[8]所以，兴许当时就写下了的一切反倒会离我的本意再遥远不过，这么说吧，其效应会暂时麻痹。于是就几乎不值得一做了。本能地退缩，远离自我，再仿佛透过锁孔来观察自我，这是一种奇怪的感觉。奇怪，是啊，而且于写信绝不适合。

何时能回家一时还说不准。我住在这个小镇上，几无快乐可言。由于橱窗玻璃的缘故，这儿的画作基本上只能一滴一滴地呈现在眼前，可除了它们，就没有什么可以看了。9 有时很向往那些大山和田野，那些如此熟知的山峦和土地，那创造出一种与这粗野的英格兰景观衍生出的静谧截然不同的宁静的大自然。假如都柏林是一座陌生的城市，那该有多好，那么在附近的某处定居下来定当怡人如意。

怎样的最后修饰才配得上这里的哀伤呢？故此呼吸的是……？换言之：小约翰尼没有学过的是……？总而言之，交响曲未谱完就撇下不管，这才是重点。这一点明白了，一切就会显得井然有序。

　　此致

萨姆

ALS；3 张，3 面；辛克莱。

1. 贝克特写的是"schweizzige"，但此处所指却不甚明了；兴许指"schweizer"（瑞士的）或者"schweissige"（汗流浃背的），甚至"geschwatzige"（叽叽喳喳的）。

2. "Gegenstandsauger"（对实物觊觎不休的人），该词可能是文字游戏，自德语词"Staubsauger"（真空吸尘器，字面意思即"舔灰尘者"）变来。

3. 莫里斯·辛克莱是小提琴手，参加了"Feis Ceóil"（爱尔兰音乐节）。该音乐节暨音乐大赛在都柏林举行，始于 1934 年 5 月 8 日。

4. 在接下来的一周，弗拉基米尔·霍洛韦茨在伦敦的女王音乐厅举办了三场音乐会：1934 年 5 月 8 日的慈善音乐会，5 月 9 日的 BBC 音乐会，5 月 28 日的演奏会。

1934 年 5 月 1 日至 18 日，瓦格纳歌剧节《尼伯龙根的指环》（包括《指环》《女武神》《齐格弗里德》《众神的黄昏》）有两场循环演出在考文特花园的皇家歌剧院举行。5 月 2 日，《女武神》第 3 幕在伦敦的"地方"电台播出。

5. 事实上，贝克特说自己认同摩尼教，这种说话只是一个语法和逻辑的碎片。[1]

6. 贝克特说的是莫里斯·辛克莱的父亲波士·辛克莱；当时，波士在卡塞尔上英语课（莫里斯·辛克莱，2003 年 5 月 1 日；诺尔森，《盛名之累》，第 153 页）。

7. 假如用了"erklären"（德语，"解释"）一词，贝克特的行文就正确了。可惜，他用了"vorstellen"（德语，"想象"），因这一动词就将两种可能的行文糅在了一起，

---

[1]　摩尼教（Manichaeism）又称明暗教，公元 3 世纪创立于波斯，是一种基于明暗对立说的宗教。

将两个意思（"介绍"与"想象"）糅作了一团，于是两种形式都用得不对。考虑此信的内容和语气，英语译者选用了"想象"一词。

8.贝克特玩起了德语的文字游戏，似乎是在用反义词"verpersonifiziert"（去个性化的）消解"personifiziert"（个性化的）一词。

9.在德语中，使用"tropfenweise"这一表达法描述画作，正如英语中使用"drop by drop"（一滴一滴地）一样令人惊讶。

都柏林
努阿拉·科斯特洛

[1934年]5月10日　　　　　　　　　　　　　　[伦敦]西南3区
　　　　　　　　　　　　　　　　　　　　　　保罗顿广场48号

亲爱的努阿拉：

　　你看来过得愉快极了，有了新的 nastorquemada nyles。[1] 这个深得很呢。在读《阿米莉亚》。[2] 看了《阿兰人》，恐怕当时感觉都无可救药地与那张椅子不离不弃了。就其本身而言，片子无疑光鲜极了，大海、礁石、空气，还有花岗岩采空区都精致极了，可那只是对阿兰岛的炒作，你难道不会这么说吗，是一种感情化，算得上辛格的刺绣。还深切地感受到了蒙太奇和摄影的 trucs，确实深切地感受到了。捕鱼的男孩是纯粹的哈罗德·劳埃德。Au ralenti 暴风雨是夏娃的时事讽刺剧。给湖沼堵漏的金同志是个善良的人。还有对十二峰的奇异的一瞥。[3] 让人十分沮丧的电影，普通人言行的画稿，竭力逮住正在逝去的每一秒钟，只不过大家捕获了 27 英尺长的鲨鱼，方式却没那么好笑。可是，这么多纯粹自然的东西一股脑地描写，这难道不是下饺子吗？当时都快要忘掉岩生花卉了，浮雕式样的花卉，就像高乃依的戏剧遗忘了过去式。而且一

220

滴 poteen 都没有。[4] 当然了，一点儿 poteen 本不会无关紧要。那狂野的海浪没有发出奇怪的喧闹声吗，当时就觉得那种声响并非大海所特有。爱泼斯坦的电影《天涯海角》中的海浪就好一些。[5] 小些，而且好些。事实上，整个玩意儿很有雨果的味道，雨果喝够了阿斯蒂的味道。不是 Lautréamont，而是 Lautréaval。Pauvres Gens 氧化了。[6] 现在发觉，这一贬损唯一可能的进展就是无端的诽谤。这样的言行估计你不屑一顾。不过，说了这么多戏言，这难道不搞笑吗？Ochone, ochone, 似乎已经再搞笑不过了。[7] 毫无疑问，这［是］有益的练习。

　　显而易见，对于对我所说、给我所写、就我所言的一切，我都感到彻头彻尾的麻木不仁，在我深受麻木之苦的时候，你怎能这样不［？讲］公平公正呢？听到一个小男孩傻笑着吓跑了两个自由派时，我满脸通红，连白发那些发臭的发根都红了。即使是最轻微的冷冷一刀，也是给我的心脏插上一把匕首，另一把匕首。因此，你知道我听不得的话，请一句都不要跟我说。那时，说我"厚颜无耻"是一句很重的话，能把我气炸。

　　既然没法把本人的健康状况给你做一个光彩夺目的转述，大家都会乐于听到的那种转述，那么这么一说我就知足了，就是本人犬瘟热典型的各种剜除术采用的是最高等的形式。你想象得出鼓泡的源头吗？以下我就不再取悦你了。请原谅。这会儿，虽说这一有趣的新石器时期的发泡迄今已如此宽宏大量，仅大抵拘隅于本人惰性的中心及周边，可最近已开始无所畏惧亦无所偏袒地向全身蔓延了，从前顶到足底蔓延了。它让我不再操心脚底的鸡眼，向你保证，这一益处非同小可。假如这种 recul 的慷慨也算是迹象的话，那么深秋时节就会知晓，总有一天，会绝无平常的筋斗要翻，而且本人乐于这么理解，就是这是一个素数阶的指数。

> "且雨雾连绵、湿漉 / 阴冷的季节
>
> 秋天确曾为他选择了生命，
>
> 当旁［傍］晚的露珠滴落在那些
>
> 田野之上时，就带走他去偿命。"

请原谅我这般动情。英联邦日即将来临，真是不合时节。[8]

《观察家报》里的广告词是不是蠢得没边呢？说本人从未读过魔法精灵的故事，也从未读过"无双的电报"的书，说本人的《徒劳》摆脱了乔伊斯繁复文体的影响，正如免于典故的堆砌，说本人**从不**定约，干不了这个，亲爱的，本人只叫牌，有没有必要这样说呢？[9] 于我有影响的人主要有格洛克、但丁、乔叟、伯纳德·德·曼德维尔和乌切洛。[10] 在英联邦日出版这一念头，让我的脑海充满千万种柔美的遐想。

给你寄了明信片，说准备寄来汤姆·麦格里维刚发表的诗作，想入非非地期待你会为此尽你所能。这是个整体美学的时代吗？觉得不是。那些诗作还没寄呢，但今天会寄，要么明天，明天不过也是一天嘛。当铁石心肠的汉纳还没有在橱窗里摆上几百册的时候，就让他一个人承受谩骂吧。Ceci me tient, je ne dis pas au Coeur, organe qui n'offre plus de prise, mais enfin à une andouille auelconque. [11]

无论多么疏远，你同"塞浦路斯岛的少女"路易莎·斯图尔特·科斯特洛小姐有亲缘关系吗？[12]

听说珀西确实离开了首都，回到凯巴赫了。[13] 但我坚信消息不实。

要是你尚未读过格林的《关了门的花园》，那么我给你的建议就是，别读。"乡村尸骨园"我闪电般地访问过。千万别去。

> 他升上去接着走进来
>
> 然后竭尽全力爬下去，

正如终究会悔恨盈怀

直到余生重穿那校服。[14]

我有些喜用格言了。这是最后一个阶段。

致以美好的祝福

s/ 萨姆

TLS；1 张，2 面；科斯特洛。日期判定：据《徒劳无益》的出版日期，1934 年 5 月 24 日。

1. "nastorquemada nyles" 所指不明。词段 "torquemada" 要么指西班牙神圣裁判所的裁判长托马斯·德·托克马达（1420—1498），要么指 1926 年至 1939 年间《观察家报》里藏头字谜的设计人爱德华·波伊斯·马瑟斯（假名托克马达，1892—1939）。

2. 亨利·菲尔丁的小说《阿米莉亚》（1751）。

3. 美国电影制片人罗伯特·弗莱赫提（1884—1951）任纪录片《阿兰人》（1934）的导演。该片在戈尔韦湾以西的阿兰群岛实地拍摄，描述了人类对自然的抗争。据艾弗·蒙塔古的影评，该片将"现实变成了罗曼司"（"罗曼司与现实"，《新政治家与民族》[1934 年 4 月 28 日]，第 638 页）。贝克特将弗莱赫提比作剧作家约翰·米林顿·辛格（1871—1909）。1898 年至 1902 年间，辛格曾几度在阿兰群岛的岛民中体验生活；这一点在其剧作《骑马下海的人》（1904）中有所反映，在其《阿兰群岛》（1907）里的沉思录中也有记载。

弗莱赫提使用了蒙太奇手法。贝克特将米克林·迪雷恩扮演的捕鱼男孩比作无声电影喜剧演员哈罗德·劳埃德（1893—1971）。

"trucs"（法语，"技法"）；"truca"（法语，"加速"）指将两架摄影机拍下的连续镜头组合起来，创造所需的特效（罗歇·布希诺编，《电影百科全书》[巴黎：博尔达斯出版社，1967]，第 1437—1438 页；莫里斯·贝西与让-路易·夏尔丹，《电影、电视词典》第四卷 [巴黎：帕维尔出版社，1971]，第 431—446 页）。"Au ralenti"（法语，"慢动作的"）。

一名叫"老虎"科尔曼·金（生卒年不详）的铁匠在《阿兰人》当中扮演了金同志。

"十二峰"指戈尔韦湾东北的山岭。

4. 高乃依的戏剧中极少使用过去式。

"poteen"（爱尔兰语，"私酿威士忌"）。

5. 法国电影制片人让·爱泼斯坦（1897—1953）指导了布列塔尼海滨系列电影中的第一部《天涯海角》（1929）的拍摄。

6. 贝克特指意大利的阿斯蒂起泡酒。

维克托·雨果（1802—1885）的 *Pauvres Gens*（《贫苦人》），收录在诗集《世纪传奇》（1859）中。

孔特·德·洛特雷阿蒙（原名伊西多尔·迪卡斯，1846—1870），长篇散文诗《马尔多罗之歌》（1868）的作者。贝克特拿洛特雷阿蒙的名字（Lautréamont）玩文字游戏：用反义词"aval"（法语，"下游"）替换了最后两个音节"amont"（法语，"上游"），造出"Lautréaval"一词。

7. "ochone"，爱尔兰感叹语，表哀伤，常闻于哭丧。

8. "recul"（法语，"消退"，"撤退"）。

贝克特引用了辛格短诗《墓志铭》的第二节，但用"生命"替换了"死亡"，用"湿漉/阴冷"替换了"阴冷"（J. M. 辛格，《作品集》第1卷，《诗集》，罗宾·斯克尔顿编［伦敦：牛津大学出版社，1962］，第31页）。

1934年，英国工党提出动议，"帝国日"应改称"英联邦日"（《泰晤士报》，1934年4月28日：第14版）；贝克特的短篇集《徒劳无益》即将于当天出版，即1934年5月24日。现在，"英联邦日"定在3月的第二个周一。

9.《观察家报》登载的《徒劳无益》出版预告写道：

> 谈马塞尔·普鲁斯特的英语论著屈指可数，其中一部为萨缪尔·贝克特先生所著。现在，贝克特先生以短篇小说作家的身份闪亮登场了。他的短篇不是传统意义上的。每个短篇中都有同一个都柏林小伙露脸。它们一道形成其人生的缩影。只要想象一下这样的情形，即 T. S. 艾略特先生受到《储金罐》的影响，对乔伊斯先生的词汇也并非毫不留意，那么对贝克特先生您就会有所了解。《徒劳无益》将于24日由查托推出，故事中的事件倒也平常，只是事件的讲述并非平铺直叙。贝克特先生将仿英雄喜剧和低俗喜剧结合起来，很让人惊讶。当您盼望他延展时，他却收缩。让都柏林小伙住院是一场胜利。此外，次要的精彩之处尚不可胜数。贝克特先生旁征博引，未来的编辑兴许得增补注释。（阿农，《图书与作者》，1934年5月6日：第6版）

贝克特指爱尔兰作家詹姆斯·斯蒂芬斯（1880—1950）的小说《储金罐》中魔法精灵

的故事，还依据法语"Télégraphie Sans Fil"（无线电报，法国通常缩写为 TSF）玩文字游戏，将艾略特全名的首字母 T.S.E. 曲解为"Télégraphie Sans Egal"（无双的电报）。

贝克特将出版预告中的"contract"（收缩）一词，故意曲解为桥牌术语"定约"。

10. 瑞士小丑格洛克，见 1933 年 10 月 9 日的信，注 10；其对贝克特的影响，参见：皮林，《〈梦中佳人至庸女〉指南》，第 33 页。

杰弗里·乔叟（约 1342/1343—1400）。

伯纳德·德·曼德维尔（1670—1733），荷兰医生、檄文作家，卷入鹿特丹的一场民众起义后移居伦敦；其小册子《蜜蜂的寓言，又名个人的邪恶与公众的福利》（1714）对 18 世纪的欧洲社会学产生了影响。

乌切洛，佛罗伦萨画家。

11. 托马斯·麦格里维，《诗集》（1934）。

在由查尔斯·贝兹、罗伯特·比奇洛和杰克·耶林作曲的爱尔兰通俗歌曲（纽约：艾格、耶林与伯恩斯坦出版社，1924/1950）中，有"铁石心肠的汉娜……萨凡纳的妖妇"一句；贝克特据此对纳索街 29 号的都柏林书商弗莱德·汉纳的名字玩起了文字游戏。

"Ceci me tient, je ne dis pas au Coeur, organe qui n'offre plus de prise, mais enfin à une andouille auelconque."（法语："我不会说，这临近我的心脏，不再令人紧张的器官，而临近某处肝肠或是别处。"）

12. 路易莎·斯图尔特·科斯特洛（1799—1870），爱尔兰裔微型画画家、诗人和小说家，住在巴黎；《塞浦路斯岛的少女》（1815）为其第一部诗集。

13. 阿兰·厄谢尔已从都柏林迁回爱尔兰南部沃特福德郡的老家凯巴赫。

14.《关了门的花园》（1927），作者为法国裔美国作家朱利安·格林（1900—1998）。

谈及该作品时，贝克特又影射托马斯·格雷（1716—1771）的感伤诗《作于乡村墓园的挽歌》，将其中的"Churchyard"（墓园）改成了"Boneyard"（尸骨园）。这四行诗为贝克特本人所写。

伦敦

乔治·雷维

1934 年 6 月 23 日 [1] 　　　　　　　　［伦敦］西南 3 区最右边

　　　　　　　　　　　　　　　　保罗顿（非波特兰）广场 48 号

尊敬的乔治：

　　接着聊吧，但愿奥林波斯山上的所有妓女都对我们青睐有加。瞎多胖－瘟得死多半会把您扫地出门，让您顺着屁死特·都霉得的一众混蛋（未编号）街走去。¹必要的话，我可以给您奉上一些校样稿，谢天谢地，不是长条校样，而是单页清样，是的，绝对是单页清样，那些清样我早已搁置一边，用来在这 fecontent 的冬季——这个季节就要来临了，我都听得到它呼啸而来的声音，有如爆竹和风暴前的桅杆的喧闹声——最黑暗的时刻擦兔唇取乐，这一乐趣我倒是乐于摒弃，就为了 ars longa，尤其在手头有《查拉图斯特拉》的时候。²《爱情与忘川》应译作 *Mort plus précieuse*。³

　　祝好

　　　　　　　　　　　　　　　　　　　　　　萨姆·贝克特

TLS：1 张，1 面；铅笔署名；TxU。

1. 在《徒劳无益》于 1934 年 5 月 24 日出版之前，查托－温德斯已在积极寻找美国发行商，同年 6 月 12 日也回复了代理德国版权的请求（查托－温德斯致 G. M. 格里菲斯夫人的信，伦敦：UoR, MS 2444 CW 信件誊写簿 156/479）。既然贝克特尚有清样在手，那么雷维多半询问过，请求担任法国和美国发行商的代理；即使得到了贝克特的允许，雷维也必须获得查托－温德斯的同意。

---

[1] 原信用法语写成。

约翰·皮林断言，雷维同意在作者自费的前提下出版贝克特的诗集（《萨缪尔·贝克特年表》，第48页）。然而，查托−温德斯已经拒绝出版那些篇件，因此不会有雷维需要他们允许一事。

"屁死特·都霉得"（Pister Doomerd）是贝克特对法兰西第12任总统（1924—1934）加斯东·杜梅格先生（Monsieur［Gaston］Doumergue, 1863—1937）名字的刻意歪曲；在塞尔吉·亚历山大·斯塔维斯基丑闻期间（1934年2月至11月），已退休的杜梅格又应召担任首相。

2. "fecontent"取自莎士比亚历史剧《理查三世》中其时尚为葛罗斯特公爵的理查三世的开场白（第1幕，第1场，第1行）："现在我们严冬般的宿怨"；贝克特将"fécond"（富足的，丰收的）与"discontent"（牢骚，不满）拼在了一起。

"ars longa"（拉丁语，"艺术永恒"）。该短句虽说有拉丁语作家使用，却是从希腊名医希波克拉底（前460—前370）谈医学实践的原话翻译而来："生命短暂，艺术永恒，机遇稍纵即逝，经验不可信任，判断实难做出。"（希波克拉底，《警句》，见《希波克拉底与赫拉克利特》，T. E. 佩吉、E. 开普斯及 W. H. D. 罗斯编，W. H. S. 琼斯译，"洛布经典丛书"第4卷［伦敦：威廉·海涅曼出版社；纽约：G. P. 帕特南出版社，1931］，第99页）

查拉图斯特拉（Zarathustra，希腊语拼作Zoroaster，生卒年不详），古波斯传奇士师，曾预言世界的腐败和末日的来临；在《查拉图斯特拉如是说》（1883—1885）中，弗里德里希·尼采（1844—1900）将他虚构为回归的预言家。

3. "Mort plus précieuse"（法语，"死亡更宝贵"）。

在贝克特的短篇小说《爱情与忘川》中，贝拉夸和鲁比·塔夫签订的自杀契约以激情告终，这一转折贝克特用皮埃尔·德·龙萨（1524—1585）的《第127首写给海伦的十四行诗》做了标识："因为爱情与死亡不过为一物。"（龙萨，《第127首写给海伦的十四行诗》，见《龙萨全集》第1卷，让·塞亚尔、丹尼尔·梅纳热及米歇尔·西莫南编，"七星文库"［巴黎：伽利玛出版社，1993］，第423页；《爱情与忘川》，见《徒劳无益》［纽约：格罗夫出版社，1972］，第100页）

都柏林

莫里斯·辛克莱

[1934年7月13日之后至8月2日之前][1]　　　［伦敦］西南3区

保罗顿广场48号

亲爱的桑尼：

听说你得了奖，得了大奖，我真是高兴。1 只要你毫不在乎我告诉你的，未来就属于你。因为我是个游戏玩家。

别以为芭蕾等于音乐。芭蕾让我恼火，恰恰是因为音乐包含隶属成分。2 因为严肃的音乐不可能有用途。按特定方式再现一支曲子，用舞蹈啊，姿势啊，布景啊，服装啊，等等，等于贬低曲子，使其贬值得仅为趣闻而已。有些人除非亲眼看见，是断不可能心满意足的。至于我，无疑雪上加霜的是，除非眼睛闭上，本人是万不会心驰神往的。

听说波士对我毫无偏见，终于放心了。不过，这一点我事先就猜着了。3

汁液是个不错的表达。它是生命之椅的润滑剂，不过这一器官的确切位置还从未查清楚过。

我猜，你就要在圣三一学院住下了。你想过要读法律吗？显而易见，是谋生的手段。Sonst...4

虽说给你写过信，说过找份工作是办不到的，但我一直在努力，想尽最稀奇古怪的办法写些谁都不想听的东西。5 我们确实有些疯狂的想法，不是吗，丝毫不缺偏差的想法。

傍晚时分我溜达几个小时，希望走得精疲力竭，能睡个好觉。越来

---

[1]　原信用法语写成。

越喜欢溜达了，因为运动本身是一种麻醉剂。

凌晨我的房间里亮着柔和的委拉斯开兹牌电灯。可下午就要换成油炉子了。

祝万事顺意，并再次致以祝贺！

萨姆

ALS；2 张，2 面；辛克莱。日期判定：1934 年 7 月 13 日贝克特给莫里斯·辛克莱写信时，考试成绩尚未公布，因为他问道："免费生评选出结果了吗？"贝克特 8 月 2 日离开伦敦，又于 8 月 3 日从老家库尔德里纳给麦格里维写了信（TCD，MS 10402/59）。

1. 莫里斯·辛克莱 1934 年获得了免费生资格；在 1934—1935 年的校历中，他被称为"新锐大三男、新晋免费生"。都柏林圣三一学院规定，根据选拔考试的结果，给学生颁发免费生奖学金，帮其抵销学杂费；免费生资格可沿用四年。

2. 1934 年 7 月 13 日，贝克特给莫里斯·辛克莱写道："还看了几场芭蕾，其中有德·法利亚的《三角帽》，用上了毕加索装饰画和服装。你会喜欢的。"《三角帽》（1919）采用了毕加索的布景和服装，莱奥尼德·马西涅（原名列昂尼德·费奥多罗维奇·米亚辛，1896—1979）的编舞，甚至还让马西涅本色出演剧中的米勒。该芭蕾舞剧列入了考文特花园剧场 1934 年 6 月 19 日开演的剧目，当晚就表演了一场，1934 年 7 月 13 日又演出了一场。

3. 短篇集《徒劳无益》中有《斯梅拉迪娜的情书》一篇，其出版让佩吉·辛克莱的父母茜茜·辛克莱和波士·辛克莱十分沮丧（见诺尔森，《盛名之累》，第 176—177 页）。

4. 辛克莱并未选修法律。
"Sonst"（德语，"否则"，"不然"）。

5. 贝克特已于 1934 年 7 月 13 日给莫里斯·辛克莱写道："我什么活儿都干不了，正如谁都没法一边擤鼻子一边插根针进去。所以我几乎都放弃了，试都不试。"

伦敦

托马斯·麦格里维

周二［1934年8月7日］　　　　都柏林

克莱尔街6号

弗兰克·E. 贝克特，B. A. I.

贝克特与梅德卡尔夫测算事务所

亲爱的汤姆：

您的信今早收到了。无论怎样，家里的事儿似乎简单些，对热衷咖啡与摊位的氛围，我似乎也变得无动于衷了［……］不过，别人的感觉似乎无关紧要，ad lib[1]，有人待所有人都不错，害人亦受害，用从不弃人而去的男声最低音聊隐私。只有这会儿，我才开始明白精神分析对本人有何效果。

［……］这会儿我不得不承认，自个儿的恐慌都是精神性神经病症——这一点吓得我赶紧回来，继续分析。周日同杰弗里长途漫步，到了恩尼斯凯里，灌足了酒。[1]他对您印象不错，希望不久就给您写信。

［……］

窃以为，知道有人想念您，那总是令人惬意的。我似乎正在纪德所说的"平庸"近旁航行，处境危险。您觉得，对赫斯特而言这一切都是合适的。《屋瓦上的牛肉》是鼠胆者的创作，就像此地所有绘画和创作那样。[2]轮廓的恐怖。我自个儿也有，但至少我知道自己有。

听说有个叫柯万（假如他就是这样拼写的）的家伙，一直在伦敦骂我，无时无处不骂，尤其在皇家咖啡厅骂得凶。一位译者。此前从

---

[1]　法语音乐术语，"临时穿插"。

未听说过他。[3]

周六在阿比剧院看了 W. B. 叶芝最新的两部戏——《复活》和《大钟楼之王》。古代的赫莫雷特在耍。巴尔布斯砌墙会更有戏剧性。瓦卢瓦令人叹服地翻卷着下腹部。还有多兰吟唱着叶芝大逆不道时能写出的渎神的台词，竟让基督反驳柏拉图。[4]

两城之（一）别：都柏林耗尽人的急躁，伦敦则消磨人的耐心。哪处的 incendie 更糟糕？[5]

没有一篇文章，所有记者都蹑手蹑脚，可怜分分，要不就将永远都不会见刊的稿件堆成山，这时的都柏林才最显温良。[6]

心想，您觉得弥尔顿冷漠的地方，我倒觉得写到了极致，至少在他自己看来如此，信念的爆燃冷却成一次文学释放的终结。至于劳沦斯［劳伦斯］，永远都不会有意义的是 telle quelle 扩散的爆燃，即使那次爆燃起初只是不那么沉闷的湿气着火。[7]可我知道，本人所谓激情的迹象，您十有八九会称作激情的灭迹。

《读书人》把所有谈纪德、兰波和类似不妥主题的文章都推迟发表，声明优先刊载谈爱尔兰可恶的出版审查制度的长文。绞尽脑汁。曾想办法弄一份《刑法修正案》，可该《修正案》尚未以法案的形式颁布，据伊森的专家看来，甚至尚未写成法案的模样。[8]

敬佩有加。请速回信。

萨姆

弗兰克和杰弗里向您致敬。

ALS；2 张，4 面；贝克特在信头标有日期；寄往：伦敦西南 3 区切尔西区切恩花园 15 号，托马斯·麦格里维先生收；邮戳：1934/08/08，都柏林；TCD，MS 10402/60。日期判定：邮戳是 1934 年 8 月 8 日下午，是周三，因此前一天周二就是 1934 年 8 月 7 日。

1. 阿瑟·杰弗里·汤普森*（信中称杰弗里，1905—1976）与贝克特是中学同学，在北爱尔兰恩尼斯基伦的波托拉皇家学校上学，后来也上了都柏林圣三一学院，1928年在该校获得行医资质。1930年起，他在都柏林的巴格特街医院任医生，后于1934年前往伦敦学习精神分析。

2. 在《谈文学的影响力》一文中，安德烈·纪德写道："伟大的人只有一件操心的事：尽可能变得有人性——可我要说：**变得平庸。**"（安德烈·纪德，《安德烈·纪德全集》第3卷，路易·马丁-乔菲尔编［巴黎：新法兰西杂志出版社，1933］，第262页；又见H. J. 内尔索岩，《安德烈·纪德：无神论者的有神论》［雪城：雪城大学出版社，1969］，第193页）

赫斯特·道登，同麦格里维住在伦敦。

在爱尔兰绘画和写作这一语境中，贝克特所说的《屋瓦上的牛肉》所指不明，不过他提到了轮廓，兴许是指让·科克托为芭蕾舞剧《无所事事酒吧》（1920）所写的脚本《屋顶的牛》，该舞剧由达吕斯·米约（1892—1974）配曲（曲集58）。

3. 帕特里克·柯万（生卒年不详），鲁伯特·格雷森的朋友，译者，格雷森出版公司《黑色交易》（1934）的作者。皇家咖啡厅，伦敦摄政街68号。

4. W. B. 叶芝的戏剧《复活》和《大钟楼之王》于1934年7月30日在阿比剧院上演。"古代的赫莫雷特"指基督；剧中人物惊骇不已，对基督的复活议论纷纷，他们如此评价剧中基督的鬼魂模样："魅影的心脏在跳动。"（W. B. 叶芝，《W. B. 叶芝戏剧集》，第2版［纽约：麦克米伦出版社，1952］，第372页；也见霍洛韦，《约瑟夫·霍洛韦的爱尔兰戏剧，第二卷：1932—1937》，霍根及奥尼尔编，第35页）

历史人物卢修斯·科尼利厄斯·巴尔布斯（公元前1世纪），腓尼基人，罗马领事和首届三人统治集团成员，物理工程师首领。在《年轻艺术家的肖像》中，乔伊斯描绘了厕所门上的一幅画：男子蓄着山羊须，穿着罗马长衫，手里各拿一块砖头，下方是画作的名称：《巴尔布斯在砌墙》（乔伊斯，《年轻艺术家的肖像》，第43—44页）；在拉丁语课本中，该句是个常见的例句（玛丽·科拉姆，《生活与梦想》［纽约州加登城：道布尔迪出版公司，1947］，第357页）。

尼内特·德·瓦卢瓦（原名伊德里斯·斯坦纳斯，1898—2001），爱尔兰裔舞蹈家、教师、编舞师，曾在谢尔盖·帕乌洛维奇·季阿吉列夫（1872—1929）的俄罗斯芭蕾舞团担任过独舞演员（1923—1926），后任阿比剧院芭蕾舞学校校长。叶芝将《大钟楼之王》献给她（"用面具盖住了她表情丰富的脸庞，由是求她谅解"）；她扮演了女王的角色，拿着"漫步者"被割下的头颅起舞（《W. B. 叶芝戏剧集》，第397、400页）。

迈克尔·J. 多兰（1884—1954），阿比剧院演员、经理，在《复活》中扮演乐师

232

的角色。在该剧的结尾，乐师唱道："基督被屠时鲜血的腥味／叫一切柏拉图式隐忍都枉费／还叫所有多立克式规矩都枉然"（《W. B. 叶芝戏剧集》，第 373 页）。

5.（一个）那个区别（A/The difference）：贝克特在"The"的上方写了个"A"，再用斜线把两者连在了一块。

"incendie"（法语，"火"）。

6. 1934 年 7 月 26 日至 9 月 29 日，都柏林爆发了报刊业大罢工。（《泰晤士报》，1934 年 7 月 27 日：第 16 版；《泰晤士报》，1934 年 9 月 29 日：第 12 版）

7. 贝克特对约翰·弥尔顿（1608—1674）和 D. H. 劳伦斯进行了比较。

"telle quelle"（法语，"照原样"）。

8.《读书人》（伦敦，1891—1934）。

《刑法修正案》旨在保护少女，打压妓院和嫖娼。虽然 1934 年 6 月 21 日就已提交爱尔兰国会，但该《修正案》直到 1935 年 2 月 28 日才生效。其草案并不影响出版法，只是给补了"《出版审查法案》（1929）中的漏洞，该法案认定避孕套广告为非法，但并未就此排斥其意义或销售"（詹姆斯·M. 史密斯，《性知识政治学：爱尔兰遏制文化与 1931 年〈卡里根报告〉的源头》，《性史杂志》第 13 卷第 2 期［2004 年 4 月］，第 213 页）。

"伊森父子"，书商、文具生产售卖商、出版商，位于都柏林中阿比街 70 号及 80—82 号。

凯里郡塔伯特镇
托马斯·麦格里维

1934 年 9 月 8 日

［伦敦］西南 10 区

格特鲁特街 34 号

亲爱的汤姆：

收到您的来信，得知事事平安，我甭提有多高兴。向您母亲和妹妹致以最诚挚的问候。希望您有时间静处、休息——谁不知道这正是您需要的呢？期待烦恼会离您而去。[1]［……］听说希金斯尚未伺机拿歌曲的道具讨伐我，心里很高兴，不在乎那用奥林匹克榭寄生做成的道具。[2]

觉得挺喜欢这个地方，弗罗斯特先生和弗罗斯特太太（原名奎妮，来自亲爱、古老、灌木丛生的阿斯隆），曾给某家不复存在的贵族当私人司机和女佣，已退休，对桶装波尔图葡萄酒和中国茶无所不知，小弗雷德·弗罗斯特是牙医助理技师，房子维修也随喊随到的人，真是难以置信，安装浴缸和马桶不要一丁点儿帮忙，刚替我装好了台灯，这样我就能走到房间最遥远的角落，还有奎妮·弗罗斯特，弱视 midinette，那视力我都没抱任何希望了。[3]前客厅里有一架"幼虫"钢琴，哎，《亚麻色头发的少女》第一个音符就弹不出。[4]弗太太是个一汲就有的老妈子，您一拉手柄，她就端着茶来了，萨纳托根，给得了麦粒肿的眼热敷的开水，各式各样的抽象救助和一种沉重、清醒、心甘情愿的在场混在一起。[5]厨房周边的事我就无须插手了，这比一百万个金色的煤气炉火圈还要暖心，而且总能随心所欲，沉浸在家酿果酱和《每周电讯报》的氛围里。无时无刻不是给恐慌消炎的熟石膏，假使那恐慌只是弗先生深更半夜在隔壁打鼾，要不就是楼上的年轻夫妇（男的是卡多甘酒店的服务生，女的是汉斯新月酒店本该酣睡却喧嚣震天时的服务员）醒来喝上一杯。[6]大大的房间，宽敞得很，可以来回丈量那些杰作，而且远远望去，那油地毡就像布拉克的画。租金和保广相同，幸而额外的费用却少得多。[7]几乎每顿饭我都在楼下的餐厅里吃，而且当我不乐意喝她的立顿红茶，而拿出自己的拉普山红茶时，她并不失落。真是万事如意，至少此时此刻如此。

您的信是今天下午去 15 号拜访时收到的。周四我前去拜访，想要首曲子，却发现那架施坦威钢琴 comme un prêtre mis en morceaux，还有一位男士带着绿色台面呢 cache-sexe-à-peine，梳篦着散落构件里的蛾子。今天上午钢琴重新装好了，可是内博宁愿听不得有人触碰，非得等到调音师周一过来。[8]我表示异议，说试一试毫无害处，可她站在门槛右边

234

气鼓鼓的，看得出头上冒汗了，于是我一气之下冲出门，去了画廊。不过，我事先收好了书，拿上了外衣。

给《读书人》打了电话，喉头颤抖着，时而讥笑时而嘲弄，但是小罗斯·威廉森的狂喜源源不断地从电话那头传来，叫我都不知所措。谈出版审查的那篇文章早已让他赢得了霍德和斯托顿的双份满意，而那时，他弟弟恰好 en train de baver là-dessus（意思是说，对于文章是否得体，他们深表怀疑），他们正盼着引诱（对于他们，谁一直在求全责备呢？）我改投哈默史密斯，诺拉·迈吉尼斯［麦吉尼斯］就要回来了，拜拜。[9]自那以后，再也没有清样给他们，谢天谢地，再也不讨好了。后来，去看了哥尔德斯密斯。La gueule rose et grave à en mourir. 对于 verges，他没有消息可说，就是说坏消息，所以我没有请求告知详情。理查德正开车回卢瓦尔。[10]我说，正如本人会看来如此，当一个人养成了这个习惯，即用领悟（一看到这危险的第一个迹象还有双颌谨慎的犹疑，眼睛就闭上了）来评估人生，认为活着的动机是理解（兴许福利工作领域内的自我辩护刍议）的冲动，唯一的灾难是能力的悬停，甚至更糟，是必要性——领悟和理解的必要性——的悬停。他站了起来：有些人领悟的太多，拜拜，知道让您哪天请客吃晚饭或者中饭都不怀好意，拜拜。

我从科维那儿脱身后，他似乎为人倒也不错，而且我们又打上了交道。昨天约了个人，可是因为眼睛的毛病不得不推迟跟他见面；毛病已经相当严重了，好在用了热敷、眼罩和爱滴氏，今天多少恢复了些。[11]还有比嘴唇脓疱疮更讨人"喜欢"的一个衍生物——度假时发现，嘴唇上确实长有一小片隆起组织。现在真希望分析治疗加快一丁点儿。要是圣诞节前能结束治疗，那我就要烧高香了。

所有人格化了的风景画，比如范·霍延、阿维坎普、勒伊斯达尔一家、霍白玛的画，甚至克劳德、威尔逊和克罗姆·耶娄先生的画，或者被华托标准人格化了——这样《登船》就看似"poursuivre ta pente pourve qu'elle soit en montant"的插图——的风景画，或者被鲁本斯超人格化了的风景画，比如《分娩阵痛中的特勒斯》，或者《被柯罗去势了的特勒斯》，看过这些画之后再看《圣维克多山》，怎样的解脱啊；在整个风景画"推广"至激起背包客的激情——假定与背包客有关（多么不着边际啊，比伊索和众动物更糟）——之后，像膝头或者拳头（罗萨）活着那样活着。[12] 塞尚似乎是第一个这样的人：把风景当作且申明风景就是具有一种极其独特的秩序的材料，与无论哪种人类表情都不可通约。毫无活力论不完全意欲的原子论风景画，à la rigueur 是有个性的风景画，但个性是指其本身意义上的，而非佩尔曼学院所说是风景画特性。[13] 就说鲁伊斯达尔［勒伊斯达尔］的《走进森林》——根本就再也谈不上"走进"了，也谈不上和森林心领神会，其维度在于其秘密，而且它也没有什么可交流的。[14] 塞尚的风景画像 maison d'aliénés，他对"自然的"一词理解更到位，就是"白痴般的"。[15]

看来，一旦认识到勒伊斯达尔的激情不再真实，且库普的母牛同梅里恩广场上萨罗门的尿童一样不相关，除非作为用来强调不能尽其周期都静止不动者与能够静止不动者之间的龃龉的做作之物，那么如何用后印象派绘画的行话陈述勒伊斯达尔的激情这一问题（既然这一问题似乎会让都柏林新一代装饰画画家当中兴许最不糊涂的人——即麦高尼格尔［麦高尼格］——心醉神迷），就一定不再是问题。最后一次待在都柏林时，我深切地感受到了那一龃龉，自我因群山穷尽了意义，因拴在自身坐立不安的船桨上而忧郁。[16] 而且那些印象派又是冲来撞去，又是哭着嚷道，风景不愿安心！当塞尚能够理解动态的侵入就是其自我，因而风景就是定义上就疏离得不可触及的事物，是原子无法理喻的排序，尚不至于受到可靠性·琼斯一家亲切关怀的搅扰的排序，这时，他摆脱马奈他们的简单化幼稚有多远了啊。[17]

动画化之痒的合理化，还能有比 état d'âme 舞会、宴会和派对更滑稽的吗？或者说——薛西斯鞭笞大海、词典编撰家踹了一脚石头，"作家"打雷时钻到床铺底下之后——还能有比萨德对 impossibilité d'outrager la nature 的恼怒更 mièvre 的恼怒吗？ A. E. 的《溪谷》怕早就让他惊悚了。[18]

兴许在机械论的时代，唯一的亮点就是——艺术家的去人格化。甚至开始去人性化的肖像画，因为个人感觉自己越来越密闭、孤独，而邻居是一块有如原生动物或者上帝那样陌生的凝结物，无法爱恋或者憎恨除自己之外的任何人，也无法被除自己之外的任何人爱恋或者憎恨。

上帝保佑，原谅我这 dégueulade。[19]

谨上

s/ 萨姆

《女神游乐庭》［游乐厅］显得破败不堪，但《雨伞》保存得不错。[20]

TLS；2 张，3 面；寄往：爱尔兰自由邦利默里克市塔伯特镇，托马斯·麦格里维先生收；邮戳：1934/09/10，伦敦；TCD，MS 10402/63。

1. 麦格里维待在塔伯特，与母亲和一个妹妹在一起。因为伦敦的工作，他推迟了度假；对于母亲和自己的健康，他也有些担心（麦格里维致母亲的信，1934 年 8 月 29 日及 1934 年 9 月 23 日，TCD，MS 10381/70 及 /71）。

2. 爱尔兰批评家、诗人弗雷德里克·罗伯特·希金斯（1896—1941）倡议说，诗人应发掘民间素材来创作。在以安德鲁·贝利斯的假名发表在《读书人》的《近年爱尔兰诗歌》一文中，贝克特对希金斯诗歌中"浓烈的粪便气味"表示钦佩，但将其归于"古董派"行列；在该文中，贝克特引用了希金斯称作《致我的黑刺李拐杖》的诗："此处，正如青葱岁月里你就是栖木，/现在你就是歌声的道具。"[1]（《读书人》第 86 卷第 515 期［1934 年 8 月］，第 235—236 页；F. R. 希金斯，《可耕的租借地：

[1] 译文引自《近年爱尔兰诗歌》，萨缪尔·贝克特《碎片集》，曹波等译，第 111 页。

诗歌》［都柏林：库阿拉出版社，1933］，第7—8页）

贝克特的文章已在都柏林"掀起了一场风暴"，丹尼斯·德夫林致麦格里维的信可说明一二："看来叶芝暴跳如雷了；看来奥斯汀·克拉克［……］会一辈子追讨萨；看来榭墨斯［谢默斯］·奥沙利文认为文中至少应该提到他"；而希金斯"很高兴，'自己就这么被从轻发落了'。"（1934年8月31日，TCD，MS 8112/5）

3.贝克特刚从保罗顿广场搬到切尔西的格特鲁特街34号，国王路的天涯海角酒吧往北两个街区。弗罗斯特太太来自爱尔兰西米斯郡的阿斯隆。

"桶装波尔图葡萄酒"指550升波尔图葡萄酒；"midinette"（法语，"女店员"）。

4."幼虫"钢琴即共鸣板里有蛀虫的钢琴（爱德华·贝克特）。德彪西《亚麻色头发的少女》的第一个音符是D降调。

5."萨纳托根"是甘油磷酸盐酪素的商标名；该物质是一种补充蛋白，广告中作神经滋补剂，若每日服用，可增进食欲，也可增加红细胞。

6.《每周电讯报》（1862—1951）为一家全国发行的周六版报纸，由谢菲尔德电讯报社发行，在伦敦和谢菲尔德设有办事处。

卡多甘酒店，伦敦西南1区斯隆街75号；汉斯新月酒店及服务公寓，伦敦西南1区贝尔格莱维亚街区的汉斯新月街1号。

7.乔治·布拉克（1882—1963），法国野兽派/立体派画家。

"保广"（P.S.）即"保罗顿广场"（Paultons Square）。

8.切尔西区的切恩花园15号，赫斯特·道登太太的住所。内博太太（生卒年不详）是其管家（埃德蒙·本特利，《遥远的地平线：媒体与心灵调查员赫斯特·道登传》［伦敦：莱德出版社，1951］，第44页）。

"comme un prêtre mis en morceaux"（法语，"像一个撕得粉碎的神甫"）；"cache-sexe-à-peine"（法语，"甚至不能称作G的弦"）。

9.正如贝克特向麦格里维汇报的那样，在回复《读书人》的请求时，"我为《读书人》辛辛苦苦地挤出了1 800个词，凑成一篇谈爱尔兰出版审查制度的文章，该文他们肯定会拒绝"（1934年8月28［27］日，TCD，MS 10402/62）。

《读书人》1930—1934年春的主编是休·罗斯·威廉森（1901—1978）；接任主编是其弟弟雷金纳德·珀尔·罗斯·威廉森（1907—1966）。该期刊陷入了财务困境，因此出版商霍德和斯托顿决定暂停出版；虽然后来威廉森兄弟想买下期刊，但《读书人》仍然于1934年12月出刊后就停刊了。

"en train de baver là-dessus"（法语，"对它过分宠爱"）。雷金纳德·罗斯·威廉森住在伦敦西部的哈默史密斯。

诺拉·麦吉尼斯（1901—1986），爱尔兰裔画家、图书插画师、设计师，在巴黎学习过，此时住在伦敦。

10. "哥尔德斯密斯"所指不明。

"La gueule rose et grave à en mourir"（法语，"全都脸色粉红，一本正经"）。"verges"（法语，"阴茎"，即"刺"）（《多刺少踢》）[1]。

因汽车交通事故，理查德·阿尔丁顿6月至9月初在奥地利度过，身体逐渐康复，此时正驱车前往法国。

11. "科维"（Covey），贝克特给W. R.拜昂医生取的专用绰号，是俚语"cove"（伙计，家伙）的变体。

"爱滴氏"（Optrex）是一个滴眼液品牌。

12. 贝克特所说保罗·塞尚（1839—1906）的《圣维克多山》指萨缪尔·考陶尔德（1876—1947）收藏的《圣维克多山与高大的冷杉》（文图里，454）；1934年3月起，该画借给伦敦国家美术馆，本准备向公众展出（杰奎琳·麦考米西，《国家美术馆》，1994年4月26日）。

荷兰艺术家扬·范·霍延（1596—1656），亨德里克·阿维坎普（1585—1634），萨罗门·范·勒伊斯达尔（约1600—1670），迈因德特·霍白玛（1638—1709）；法国艺术家克劳德·洛林（原名克劳德·戈雷，约1604—1682）；威尔士画家理查德·威尔逊（约1713—1782）。贝克特所说的"克罗姆·耶娄先生"也许指英格兰艺术家约翰·克罗姆（1768—1821）。

法国画家让-安托万·华托（1684—1721）的风景画《登船去塞西拉岛》（1717年；卢浮宫，8525）；1961年以来，一直有人认为该画的主题其实是"登船离开塞西拉岛"（迈克尔·雷维，《谈华托〈登船去塞西拉岛〉的真正主题》，《伯灵顿杂志》第103卷第698期［1961年5月］，第180—185页；玛格丽特·摩根·格拉塞里与皮埃尔·罗森堡，《华托传：1684—1721》［华盛顿特区：国家美术馆，1984］，第399—401页）。

"Poursuivre ta pente pourve qu'elle soit en montant"（法语，"只要通向山顶，就顺着上坡路而行"）可能出自安德烈·纪德的小说《伪币制造者》："只要是朝上，就顺自己的性格而为"（《罗曼司：讽刺小说与抒情集》，伊冯娜·达韦与让-雅克·蒂埃里编，"七星文库"［巴黎：伽利玛出版社，1958］，第1215页；《伪币制造者》，多萝西·比西译［纽约：阿尔弗雷德·A. 克诺夫出版社，1927］，第327页）。

贝克特用罗马神话中自然女神特勒斯处于"分娩阵痛"（难产）中来描述鲁本斯风景画的特征。法国现实主义画家让-巴蒂斯特·卡米尔·柯罗（1796—1875）。在

---

[1] 《多刺少踢》即《徒劳无益》（*More Pricks Than Kicks*）的直译名。

据称伊索创作的寓言中，动物均有人类的属性。萨尔瓦托·罗萨（1615—1673），意大利巴洛克画家。

13. "à la rigueur"（法语，"差不多"，"也许"）。

威廉·约瑟夫·恩内瓦（1869—1947）于 1889 年在伦敦创建了"佩尔曼大脑、记忆与个性科学发展学院"；佩尔曼训练法是一种基于词语搭配的记忆训练法，专用于语言学习，作为开发大脑潜能的方法得到了广泛推广。

14. 贝克特所说的画并非萨罗门·范·勒伊斯尔创作，而是雅各布·范·勒伊斯达尔（1628/1629 —1682）的作品。《走进森林》（伦敦国家美术馆，2563）。尽管《国家美术馆图解：欧陆（不含意大利）学派》（［伦敦：为董事会印制，1937］第 326 页）如此认定画家的身份，但说画家是雅各布·范·勒伊斯达尔的观点现有人认为值得怀疑；在西摩·斯莱夫的《雅各布·范·勒伊斯达尔：油画、素描画与蚀刻画编目全集》（纽黑文：耶鲁大学出版社，2001）第 638 页中，该画名为《教堂附近的林中津渡》。

15. "maison d'aliénés"（法语，"疯人院"）。

16. 爱尔兰风景画家莫里斯·J. 麦戈尼格（1900—1979）。荷兰风景画家阿尔伯特·克伊普（1620—1691）。萨罗门·范·勒伊斯达尔的《静止不动》（1667 年，NGI 507）中，右手边远处有一个人物在朝墙上撒尿。

爱尔兰国家美术馆位于都柏林市中心的梅里恩广场。

17. "马奈他们"指爱德华·马奈（1832—1883）和其他印象派画家。

贝克特用"可靠性"替换了"能力"，将英格兰风景建筑师能力·布朗（原名兰斯洛特·布朗，1716—1783）的名字与英格兰建筑师伊尼戈·琼斯（1573—1652）的名字混在了一起。

18. "état d'âme"（法语，"情绪"）。

薛西斯大帝（前 519—前 465），公元前 486 年至前 465 年的波斯国王，建造了一座跨斯特律蒙河的大桥和两座跨达达尼尔海峡的通船大桥；这些工程被风暴摧毁时，他怒而鞭笞大海。

塞缪尔·约翰逊（1709—1784）"奋力朝一块大石头踹了一脚"，以驳斥伯克利主教的论点："要证明物质不存在，且宇宙中的万物只是理想而已。"（詹姆斯·鲍斯威尔，《鲍斯威尔的约翰逊传，附鲍斯威尔游历赫布里底群岛的日志与约翰逊北威尔士之行的日记》，乔治·伯克贝克·希尔编，老 L. F. 鲍威尔修订并放大版面，《约翰逊传：1709—1765》［牛津：克莱伦顿出版社，1934］，第 471 页）

"作家"詹姆斯·乔伊斯害怕雷暴："作为神力和震怒的工具，雷暴深深地触动了乔伊斯的想象，甚至到去世之时，一听到雷声他就颤抖。"（艾尔曼，《詹姆斯·乔

伊斯传》，第 25 页）

"mièvre"（法语，"幼稚的"）。

"Impossibilité d'outrager la nature"（法语，"对自然愤慨不已是做不到的"）。
萨德侯爵（原姓多纳蒂安 – 阿尔封斯 – 弗朗索瓦，萨德侯爵，1740—1814），比如说曾
在《朱斯蒂娜的故事，又名美德的不幸》中写道："对自然愤慨不已是做不到的，于
我而言，这是人类最大的痛苦。"（萨德侯爵，《萨德侯爵全集》第 4 卷，安妮·勒
布朗与让 – 雅克·帕维尔编［巴黎：帕维尔出版社，1987］，第 281 页）

在 A. E. 的《海景：溪谷》（市立现代艺术美术馆，现为都柏林休雷恩市立现代
艺术美术馆，243 号）中，有两位女性站在岩石上，四周是漩涡状飞溅的浪花。

19. "dégueulade"（法语，"大堆呕吐物"）。

20. 从 1934 年 3 月 1 日起，萨缪尔·考陶尔德将藏品爱德华·马奈的《女神游
乐厅》借给国家美术馆展出。该画保存极为不善，在巴黎马奈个展（1932）中展出时，
只能置于恒温恒湿的特制画框中；经肯尼迪·诺斯两年的修复后，该画借给了国家美
术馆（弗兰克·鲁特，《马奈的〈女神游乐厅〉》，《阿波罗》第 19 卷第 113 期［1934
年 5 月］，第 244—247 页）。

皮埃尔 – 奥古斯特·雷诺阿（1841—1919）的《雨伞》（国家美术馆，3268）是
休雷恩美术馆捐赠给国家美术馆的画作之一。根据遗嘱修改附录，雷恩收藏的画作捐
给了伦敦国家美术馆，而非都柏林的市立现代艺术美术馆，但那份附录无目击证人，
因而那次捐赠饱受争议。

凯里郡塔伯特镇
托马斯·麦格里维

周日［1934 年 9 月 16 日］   伦敦西南 10 区
                                          格特鲁特街 34 号

亲爱的汤姆：

听说您在敦辛过得很开心，而且您妈妈也心情愉快，我真是高兴。
觉得到目前为止，您的假期过得顺心如意，但愿就如您期盼的那样灿烂

地过下去吧——那一抹粲然对您会有多么重要啊。[1]

下周五杰弗里要离境来伦敦，周六我就去看他。不幸的是，他只会周末待在这儿。不过，他会亲口告诉您他的计划。看来，你们多半会一同从都柏林离境——[2]

我一切正常，同群氓一道东敲西打，随心所欲地骂人，深信不疑地瞎来。没一点儿正事儿——

同玄妙之物确立或友好或敌对的关系，这我看不到有任何可能，我在塞尚画作中感觉到的恰恰是罗萨或勒伊斯达尔觉得万事大吉的和谐关系的缺场，对他们而言形象化模式是合理的，但对塞尚来说可能就虚假了，因为他能感知到自己不仅同风景这样属于不同界域的生活有一种不可通约性，而且同自身界域的生活甚至在他本人体内运行的生命——看着泰特美术馆里的自画像而非若非戴了大毡帽就头上光光的塞尚时大家感觉到的生命——有一种不可通约性。[3]"幸而有基的荣耀"，或是"幸而有这个老混球的耻辱"，这类言辞中的谦卑我能理解，注定之事和假定之事之前的谦卑我能理解，但无尽的茫然之前的谦卑……却 comprends pas。毫无疑问，我将一个特别晴朗的日子转变成风景的难度夸大了，那就是基尔兰达约的《达佛涅》对我意蕴如此丰富的原因吗？[4]可是，从某人自己的分解大杂烩到《变形记》的泛神论一元观，整个是太 périlleux saut。[5]哎，当那位司汤达用 devoir de discrétion 替换 folie pour rien 时，世人早已失去了自己的活力，可现在看来，他的论文竟然蕴含如此多的真理："La vie d'un home était une suite de hasards. Maintenant la civilisation a chassé le hasard, plus d'imprévu。"[6]

在我看来，卢梭是个注定孤独的权力卫士，也是个真正具有悲剧性的人物，因为不仅这个社会把孤独当恶行（il n'y a que le méchant qui soit seul），而且他自身的体质也有幼稚的一面——对黑暗的害怕，导致他无法享受权力。这一点他自己也知道，就是一旦人家略显温情，他就

242

会上当，以为那与其说甚至像圣皮埃尔岛的脸庞，不如说更像名副其实的同孕文章："Mon plus grand Malheur fut toujours de ne pouvoir résister aux 'caresses'."[7] 假如他早知道如何在这两种立场之间见风使舵，那他遭受的苦痛就会少些。在探针的刺痛之中，为何不呜咽呢？[8] 我尚未读过《契约论》，但猜想至少《爱弥儿》意在解决这一二元论，或者说使得在二元项之间通行不像钻进铁手套，而像获得了通行权。[9] 但在并不要求穷奢极欲的装饰风格中，总是 promeneur solitaire 无所忌惮也无所偏袒地小便的背景，而且我觉得，足以容许那一点的自由不会有悖于狄德罗在精挑细选的公众面前宽衣解带。一个加以诱导就能容忍 "douceur du désoeuvrement" 的社会，是什么都能容忍的。[10]

随信附上拙诗，有总比没有好吧。明天或者后天寄来一镑，等您在杰弗里家相见。[11]

此致！

永远的萨姆——

尚未过去见赫斯特。[12]

ALS；2 张，4 面；PS，第一面左上端上边沿，垂直写到页面位置；寄往：爱尔兰自由邦利默里克郡塔伯特镇，托马斯·麦格里维先生收；邮戳：1934/09/16，伦敦；TCD，MS 10402/64。日期判定：据邮戳；1934 年 9 月 16 日是周日。

1. 敦辛是凯里郡海崖边的一个村庄，俯瞰丁格尔半岛附近的布拉斯基特群岛。

2. 至 9 月 22 日时，麦格里维已经从都柏林回到了伦敦（麦格里维致母亲的信，1934 年 9 月 23 日，TCD，MS 10381/71）。杰弗里·汤普森。

3. 贝克特指《塞尚的画像》（1879—1882，文图里 366，艾弗·斯宾塞·丘吉尔勋爵收藏），该画 1934 年 2 月至 1935 年 2 月借给泰特美术馆展出（简·鲁德尔，泰特美术馆档案部，1994 年 3 月 23 日）。塞尚的《橄榄绿墙纸自画像》（有时称作《塞尚的秃顶》，1880—1881，文图里 365）于 1926 年由泰特通过考陶尔德基金购得，但现存于伦敦国家美术馆（NGL，4135）。

4. 贝克特写的是"〈他的〉这类言辞"。

"comprends pas"（法语，"［我］不懂"）。

佛罗伦萨画家多梅尼科·基尔兰达约（约1448—1494）没画过《达佛涅》这类画。贝克特也许是指《阿波罗与达佛涅》（1470—1480，NGL，928），该画由安东尼奥·波拉约奥洛（约1432—1498）创作，描绘的是追逐的动感：阿波罗刚抓住她时，达佛涅的手臂变成了树枝，这样她就不会被阿波罗拐去。

5. 奥维德（原名帕利乌斯·奥维丢斯·纳索，前43—? 约17）的《变形记》。"泛神论一元观"是巴鲁赫·斯宾诺沙（又名本尼迪克特·德·斯宾诺沙，1632—1677）使用的术语。

"saut"（法语，"跳跃"）；"périlleux"（法语，"惊险的"）。贝克特将短语"saut périlleux"（杂技演员的一跃）拆开了。

6. 引诱玛蒂尔德（德·拉·摩尔小姐）之前，朱利安考虑到"他的首要职责是言行谨慎"（司汤达，《红与黑》［巴黎：加尼尔兄弟出版社，1925；1928年重印］，第360页；《红与黑》，罗伯特·M.亚当斯编译，"诺顿批评文集"［纽约：W. W.诺顿出版公司，1969］，第290页）。在自己那本法语版《红与黑》的边角处，贝克特写道："Beyle's［']Folie pour rien'…isme"（［巴黎：加尼尔兄弟出版社，1925］，第360页；也见皮林编，《贝克特的〈梦中〉笔记》，第127—130页；感谢马克·尼克松）。"folie pour rien"（法语，"为疯狂而疯狂"）。

"La vie d'un home était une suite de hasards. Maintenant la civilisation a chassé le hasard, plus d'imprévu"（法语："以前一个人的人生就是一连串的危险。现今，文明……［已］消除了危险，意外之事从不发生。"）（法语版《红与黑》［1928］，第329页；英语版《红与黑》，第265—266页）贝克特给"était"（法语，"曾经是"）一词加了下画线。

7. 贝克特引用了德尼·狄德罗的《私生子》（1757）。在该小说中，康斯坦斯说道："我向您的心祈求；那份神谕会回答说，'品行端正的人遵从社会；［只有］邪恶之人……回避它'。"（《私生子与"私生子"的考验》，让－波尔·凯伯特编［巴黎：拉鲁斯出版社，1970］，第82页；《多瓦尔，又名美德的考验：一出喜剧》，译者不详［伦敦：个人印制，1767］，第47页）

在《孤独漫步者的遐想》（1782）记载的第五次漫步中，卢梭写到了访问瑞士纳沙泰尔市北面的比恩湖的经历——1765年9月12日至10月25日，他徒步游历了湖中的圣皮埃尔岛。

在《忏悔录》第8卷中，让－雅克·卢梭写道："抵制不住阿谀奉承一直都是我最大的不幸"（让－雅克·卢梭，《卢梭全集》，第1卷，贝尔纳·加涅班与马塞尔·雷蒙编，"七星文库"［巴黎：伽利玛出版社，1959］，第 371 页；《忏悔录》，安吉拉·斯各拉译［牛津：牛津大学出版社，2000］，第 362 页）。贝克特给"caresses"（法语，"阿谀奉承"）一词添加了单引号。

8. 贝克特指卢梭用的"探针"或"导液管"。该疗法用来缓解间歇性尿潴留带来的痛苦，但治疗过程本身远非毫无痛苦。

9. 卢梭的《社会契约论》（又名《政治权利原理》）（1762），及小说《爱弥儿》（又名《教育论》）（1762）。

贝克特写的是"〈reconcile the〉resolve"（〈调和〉解决）。他写道"〈it possible for a man to〉the passage"（〈使一个人有可能〉通行）。

10. 卢梭的沉思录《孤独漫步者的遐想》。

"douceur du désoeuvrement"（法语，"甜美的懒散之乐"）。

11. 贝克特在［1934 年］9 月 18 日致麦格里维的信中附了一"镑"。"在杰弗里家"（在杰弗里·汤普森家），都柏林下巴格特街 36 号（TCD，MS 10402/65）。

12. 赫斯特·道登。

芝加哥，《诗歌杂志》
主编

［1934 年 11 月 1 日］[1]

多特蒙德[1]

荷马的黄昏神奇地

漫过圣殿红色的尖顶

我一切成空，她千金之躯

赶往紫红色的灯火赶往鸨母那淡淡的琴声。

---

[1] 以下 4 首诗的译文分别参考了萨缪尔·贝克特《诗集》第 17—18 页，第 65 页，第 43 页，第 6—11 页。

她站在我身前明亮的隔间里
撑着碎裂的玉片
宁静贞洁的标识留下疤痕
眼睛眼睛黑幽幽的直到变格的东方
定将分解漫漫长夜的乐句。
然后像一幅画轴，卷着，
还有她解除婚约的荣耀在我心中
膨胀，哈巴谷，一切罪人的先知。
叔本华死了，那鸨母
将琴搁在一旁。

魔草 [2]

她欲望的唇瓣呈灰白色
像绸带环般被人撑开
危及
纤细淫荡的伤口
她疲惫地捕食
敏感的野生玩意儿
那些欣然为她美貌的
庄严蹲伏撕裂的东西。
但她终将死去，而且她的圈套
那如此耐心地供给
给我警觉的悲伤的圈套
也将破裂，呈
可怜的月牙形挂着。

回声之骨[3]

避难所一整天都踩在我的脚下
他们压低的喧闹声随着肌体碎裂
不偏不倚地撕碎风儿
理智和无知奔流在铁手套里
被蠕虫们当作自身的本质

怨曲[4]

痉挛之中出门
厌倦了我宝贝儿带血的痰
离开波托贝洛私人疗养院
它秘密的东西
费力地走上浪尖般陡峭危险的拱桥
在围栏的尖叫声中茫然地滚落
进入被云层掐死的
黑色西天。

楼群之上檀香树
山峦
我的头忧郁地
愤怒的凝块
扦在高空勒死在风枷里
像条狗撕咬着它的惩罚。

此刻我靠着遭殃的双脚快速地走过

与青灰色的运河一起奔流；

帕内尔桥畔一条行将沉没的驳船

载着满舱的钉子和木材

在水闸流沫的回廊里轻轻地摇荡；

远处的岸边一群落魄潦倒者看似就要修补一条船梁。

随后几英里只有风

和水面上一路匍匐的鞭痕

以及向南伸展的世界

穿过一片可悲的貌似平原抵达山峦

而胎死腹中的傍晚泛起污秽的绿色

肥沃夜间的菌落

还有失效的心智

在风中失事。

我蹚水从一位略显疲惫的老人身旁经过，

德谟克利特，

在拐杖和手杖间一路小跑，

他的残肢恐怖地缠在臀下，像个爪子，抽着烟。

随后因为在一阵突发的呼喊声和急促的口哨声以及猩红色和幽

蓝的毛衣中

左侧的一块场地抬升起来

我停下脚步爬上河堤去看那场比赛。

门口坐立不安的一个孩子喊道：

"可以让我们参加吗，先生？"

"当然，"我说，"来吧。"

可是，由于害怕，他沿路走开了。

"喂，"我追着他喊，"为什么不来参加呢？"

"哦，"他心照不宣地说，

"那个场地以前我进去过，可后来被赶了出来。"

如此这般，

遭人遗弃，

仿佛入夜后自山中着火的金雀花丛中赶了出来，

或是苏门答腊岛的丛林处女膜，

那仍然臭名远扬的大王花。

接着：

一窝可悲的染上寄生虫的灰色母鸡

在下陷的田野里死个精光，

颤抖着，昏昏欲睡，靠着鸡棚紧闭的门，

毫无可见的栖息手段。

糊状的大伞菌，

墨绿色，

在我身后渗出，

像一瓶瘟疫的墨汁浸透撕碎的天空，

在我的头颅里风散发出恶臭，

水……

接着：

一路下坡从狐鹅抵达伊索尔特教堂

一只恶毒的小山羊，放逐在路旁，

远远地啄着自己那块田野的大门；

伊索尔特商店汗津津的英雄们躁动不安，

穿着周日的盛装，

在凯勒梅堡看完高坡上的投手后

匆匆下坡喝上一品脱忘忧水或魔草液或二者参半的饮品。

利菲河深潭里溺亡的黄渍；

梯子的指头钩住女儿墙，

拉客；

下水道灰色的呕吐物里警觉的海鸥一身污泥。

啊！旗帜

旗帜般的肉体在流血

流在绸缎般的大海上和北极的花朵上！

（它们并不存在）

TMSS：2 张，3 面；附诗信件不复存在；寄往：美国伊利诺伊州芝加哥东伊利街 232 号，《诗歌》主编收；寄出邮戳：1934/11/01，伦敦；贝克特的名字和地址写于第一面和第三面的右下方（此处只显示第三面的签名和地址）；收讫邮戳：1934/11/08 收讫。信封有别人签名：（1）伊弗路夏；（2）宽者似乎纯属乔伊斯的签名，但也许只是断想；（3）［哈丽特·门罗手书］也许我觉得有些不冷不热；ICU，萨贝尔档案，1 号信箱 /F5。日期判定：据邮戳。

1. 此处的《多特蒙德》文本与《回声之骨》中发表的版本略有不同。

2.《魔草》1931 年发表于《欧洲大篷车》（第 480 页），取名《自由的羁绊》；1931 年版与此处文本略有不同。

3. 此处的《回声之骨》文本与《回声之骨及其他沉积物》(第 36 页) 中发表的版本略有不同。

4.《怨曲》首发于《回声之骨》（1935）（第12—15页），原题《怨曲之一》。1931年11月27日前，该诗投给了《都柏林杂志》的谢默斯·奥沙利文（TCD，MS 4644），但1931年12月20日前遭到退稿。该诗的复写本及后来取名《怨曲之二》的诗，得以在理查德·阿尔丁顿收到的稿件中发现；在贝克特将《怨曲之二》改名《怨曲之一》前，即1932年11月4日之前，这两首诗就已寄到了阿尔丁顿手里（ICSo，74号收藏/1/2；贝克特致麦格里维的信，TCD，MS 10402/35）。

贝克特将一组诗先后寄给了查托-温德斯出版社（1932年7月27日退稿）、霍加斯出版社（1932年8月中旬退稿）、里克沃德出版社（1932年8月中旬，无答复），也许还寄给了《读书人》（1934年8月16日，该刊于1934年8月27日前退回了其中一首）；这些投稿的手稿未有发现。后来，贝克特于1934年11月1日将此诗的这个版本投给了《诗歌杂志》。

1935 年年表

贝克特回到伦敦，与弗兰克·贝克特同行。

1 月 29 日前　将短篇《闪电计算》寄给《拉瓦特·迪克森杂志》，迅即遭到退稿。

2 月 3 日　杰弗里·汤普森抵达伦敦，在贝特莱姆皇家医院任职。

2 月 8 日　贝克特将《闪电计算》寄给《人生与文学》。

2 月 14 日　露西娅·乔伊斯待在伦敦，直至 3 月 16 日。

2 月 26 日　贝克特参加在伦敦阿灵顿美术馆举行的埃斯特拉·所罗门斯、玛丽·邓肯与露易丝·雅各布斯三人画展的开幕式。

3 月 15 日　将诗集的标题修订为《回声之骨及其他沉积物》。

4 月 20 日　在都柏林度复活节假。

5 月 4 日　贝克特拜访杰克·B.叶芝。

5 月 20 日　回到伦敦。

7 月 23—31 日　贝克特的母亲前往英格兰：他们一道游历波洛克堰、斯特拉福、韦尔斯、林茅斯、温切斯特、巴斯、格洛斯特和拉格比。

8 月 1 日	贝克特独自前往塞缪尔·约翰逊的故乡利奇菲尔德。
8 月 7 日前	将短诗《天色渐明》寄给《都柏林杂志》。
8 月 20 日	开始创作《莫菲》。
9 月 8 日前	在伦敦看望努阿拉·科斯特洛。
9 月 18 日	拜访杰弗里·汤普森，同他一道去病房"查房"。
10 月	收到《回声之骨及其他沉积物》的校样。
10 月 2 日	同拜昂共进午餐，聆听了 C. G. 荣格的第三场"塔维斯托克研究所"讲学。
10 月 13 日	收到雷维为《回声之骨》所写的简介。
11 月 2 日	在杰弗里·汤普森和厄休拉·汤普森于西拉尔沃思举行的婚礼中当伴郎。
12 月	《回声之骨》出版。
12 月 25 日前	贝克特回到都柏林。患上了胸膜炎。

伦敦

托马斯·麦格里维

1935 年 1 月 1 日 　　　　　　　　　　　［都柏林郡］

　　　　　　　　　　　　　　　　　　　库尔德里纳

亲爱的汤姆：

　　谢谢您的来信，还有寄来的文章。希望那 10 镑妥妥地汇到了。听到迪丽的事儿有些遗憾。您得搬到道金斯小姐那儿去吗？ ¹

　　最畅快的时光还是那些遛狗的日子。其中一天尤其惬意，从这里走过田野，穿过三岩山还有双岩山，然后再从冬青谷和铅矿附近回来。真是鸦雀无声，从双岩山的顶上就能听到山下冬青谷河畔一只手风芩［原文如此］演奏的乐声，有几英里远啊。想起了不久前的一个圣诞节上午，同父亲站在秃顶岭的背后，听见歌声从冬青谷礼拜堂传来。接着是澄明的大气，可以透视如此遥远的地方，没有点画法亦能显现出轮廓。接着是别处从来见不到的粉红色和绿色的晚霞，夜幕降临后还有一处小酒吧，可以进去小憩再喝上几杯杜松子酒。

　　［……］

　　周六杰克·叶芝来了电话，可我已动身前往霍斯了。表面看来，他同我的老妈通话还是 exquis。我得登门拜访。波士在哈里的店子里干活，

254

而哈里依然腾出朗廷酒店的堡垒。看来需要奇迹，波士信心满满地等待着奇迹。[3]

昨天傍晚收到一封令人惊诧的信，是都柏林伯克利路一个叫约翰·科格伦的人寄来的，由查托转交，他一直在读《论普鲁斯特》，对拙著提出了表扬，并询问我还写了别的东西没有。《徒劳》要转运了。我大喜过望，尤其是那封信叫老妈兴高采烈的时候。虽说我谨小慎微，但同她确曾意见不一，眼下事情就要皆大欢喜了。［……］担心分析治疗要白搭了。来诊所以来心脏就没怎么好过，而且在茜茜家有过一次让人瘫痪的发作，最严重的一次。现在，拜昂是个梦中的 habitué 了。[4]

发现康和艾思娜勾在即将熄灭的炉火跟前，处于如此烂漫的明暗对比中，只好无比体贴地点了头，转身离开。Heureuse Jeunesse。[5] 肖恩·奥沙利文来电话了，可我不在家，或者说，至少他得到的印象就是那样。不过，我得找到他，万一要跟他扯清美术馆这个话题呢。对此，似乎谁都一无所知。[6]

心想，您在《爱尔兰时报》上看到弗朗西斯·斯图尔特的"高贵走兽"了。他干吗不同它们同床共寝，就那样摆脱它呢。他的模样越来越像珀西·厄谢尔了。[7]

一直在读《弗洛斯河上的磨坊》。它至少强过莎士比亚的历史剧。她似乎勉强弄懂了幼儿期。性情是乌七八糟的。狄更斯从她这儿汲取了多少啊。尤其是那位好开玩笑的专栏作家。[8]

都柏林一如既往地远胜于此。您要一条鱼，他们就给您一块泥炭栎木。盖尔族官僚的外形和特征早已高度程式化了。我去偷回了自己那本《小拉鲁斯词典》，给自己的都柏林之行找了借口。[9]

南希·辛克莱给我看了一本非常精致的谈坎彭东克的书，是"青年艺术家"系列中的一种。您了解他的创作吗？波士在德国收藏有他的一幅画，我只是从中有所了解。[10] 觉得那幅画有趣极了。可我猜想，您恐怕会对那个德国茶叶罐有些讨厌。

向赫斯特道歉，不该写那封愚蠢的短信。当天我就后悔了。会盼着演奏拉威尔的曲子。向赫斯特、迪丽还有雷文致以 schöne Grüsse。[11]

谨上

萨姆

ALS；2 张，3 面；[黑边信封，与信笺不符，标明]伦敦切尔西区切恩花园 15 号，托马斯·麦格里维先生收；邮戳：1935/01/01，都柏林；TCD，MS 10402/67。

1. 赫斯特·道登的朋友，爱尔兰剧作家、小说家杰拉尔丁·多萝西·卡明斯（即迪丽，1890—1969），已前来伦敦西南 3 区的切尔西，住在赫斯特·道登位于切恩花园 15 号的家里，这样麦格里维就不得不搬往别处，到乔治·亨利·道金斯位于切恩路 22 号的房子里安身。

2. 贝克特描绘了都柏林郡的地标：三岩山和双岩山，两山均以裸露岩层命名。冬青谷镇位于双岩山西北 1.75 英里、布雷以西 4.5 英里处；尤拉翰之岩的铅矿位于双岩山西北偏西 3.75 英里、布雷以西 2.5 英里处，以一座废弃的岩石烟囱为标志；两者均位于返回福克斯罗克的路上。对秃顶岭的描述：见 [1933 年] 5 月 13 日的信，注 14。

3. "exquis"（法语，"心情愉快的"）。

波士·辛克莱和茜茜·辛克莱住在都柏林北郊的渔港霍斯。当时，波士在位于南纳索街 47 号的 "哈里斯与辛克莱" 艺术品商行工作；商行由哈里·辛克莱打理。在伦敦期间，哈里·辛克莱住在西 1 区波特兰广场的朗廷酒店（莫里斯·辛克莱，1991 年 3 月 13 日）。

4. 约翰·科格伦的身份尚未查明。

"habitué"（法语，"常客"）。

5. A. J. 利文撒尔和艾思娜·麦卡锡。"Heureuse Jeunesse"（法语，"快乐的青年"）。

6. 在 1934 年 12 月 28 日的董事会特别会议上，托马斯·博德金请求辞去爱尔兰国家美术馆馆长的职务；其辞职于 1935 年 3 月 1 日生效（《爱尔兰国家美术馆博德金博士辞职》，《爱尔兰时报》，1934 年 12 月 29 日：第 4 版）。

7. 弗朗西斯·斯图尔特的诗《库拉克赛马场的一匹赛马》（《爱尔兰时报》，1934 年 12 月 29 日：第 5 版）。

8.《弗洛斯河上的磨坊》（1860），作者乔治·艾略特（玛丽·安·伊万斯的假名，1819—1880）。贝克特或指狄更斯小说《马丁·瞿述伟》（1843—1844）中《纽约喧吵报》战地记者杰弗逊·布里克。

9.《小拉鲁斯词典》，法语词典与百科全书。

10.安娜贝尔·莉莲·辛克莱（昵称南希，1910—1976），茜茜·辛克莱和波士·辛克莱的女儿。论德国表现主义画家海因里希·坎彭东克（1889—1957）的著作由乔治·别尔曼撰写，书名《论海因里希·坎彭东克》，"青年艺术家"系列（莱比锡：科林克哈德与别尔曼出版社，1921）。辛克莱夫妇拥有坎彭东克的画作《孤独者》（据信约 1939 年为纳粹所毁）（詹姆斯·诺尔森，《贝克特与现代德国（及爱尔兰）艺术的初次相遇》，见《萨缪尔·贝克特：对绘画情有独钟》［都柏林：爱尔兰国家美术馆，2006］，第 64 页）；约翰·海恩斯和詹姆斯·诺尔森，《贝克特肖像》［剑桥：剑桥大学出版社，2003］，第 59 页）。

11.贝克特写给赫斯特·道登的便笺尚未找到。

关于拉威尔的《孔雀舞曲》，参见 1931 年 2 月 24 日的信，注 4。

"schöne Grüsse"（德语，"诚挚的问候"）。

托马斯·霍姆斯·雷文希尔（人称雷文，1881—1952）在伯明翰大学学习医学；他在智利任医疗官员，在高原医学领域进行了开创性研究，1914 年至 1918 年在皇家陆军医疗团服役。一战后，他放弃医学转行绘画，在赫斯特·道登位于切尔西的寓所里寓居了 20 多年（本特利，《遥远的地平线：赫斯特·道登传》，第 58 页；J. B. 韦斯特，《T. H. 雷文希尔及其对高山病理学的贡献》，《应用生理学杂志》第 80 卷第 3 期［1996 年 3 月］，第 715—724 页）。

凯里郡塔伯特镇
托马斯·麦格里维

［1935 年］1 月 29 日　　　　　　　　　　　　　［伦敦］西南 10 区

格特鲁特街 34 号

亲爱的汤姆：

已从赫斯特那儿听到了您的消息，因为我上周日去见了她。我明白，您得让它拖延下去，那一定烦人至极。无话可说。只能期盼您已找到法子保持耐心和宽心。[1]

上上个周日同弗兰克回来了。周二的上午，他回去了，而杰弗里也来了。周三的晚上，杰弗里又来了一趟。他已在贝肯纳姆附近的精神病院谋得了一个岗位，本周末就会过来，至少要待上3个月；对此我感激不尽，这个您是想象得到的。继续在拜昂那儿就诊，感觉好些了，只是症状都还有——度假期间它们没怎么骚扰我，可这会儿又蜂拥而至了。是对分析治疗的一种肯定。[2]

周日下午去雷文的画室喝了茶，同他聊了很久。可是照他那性格，是没法聊天的。显而易见，他过了聊天的岁月了。他似乎根本就没有出现过。

赫斯特气色很好，她的演奏会看起来大获成功。我受邀今天傍晚去那里就餐，弹一首《公主》。[3]

给拉瓦特·迪克森寄去了一个新的短篇。写得很短，很不充分。心想投给《标准晚报》，刊发的概率兴许还要大些。我是说想试试，找找缪尔。或许他能把某些翻译的活儿交给我。[4]"排名基督教世界第五位"（见《爱尔兰时报》"业余爱好者"的信）之后的国家美术馆，就像一块卷心菜菜地之后的15英亩绿地。[5]

［……］

回到伦敦是一次彻底的解脱。深深地想念您。没法子，只得同弗兰克的狐朋狗友一道去看《年轻的英格兰》，于是没了辙，只能坐等戏剧结束，一腔激愤无以描述。应该找找麦卡锡，可又害怕这剧在我心中掀起的那股殷切关怀的洪流。[6]

读完了琼生的两部《人人》和《蹩脚诗人》，开始读《伏尔蓬尼》了，那出戏开篇就不同凡响。文化的连篇累牍至少是对天赋的连篇累牍的改进。词典编撰用的 f 一不经意就溜了进来，真是可惜。[7]

上帝保佑

谨上

萨姆

ALS；1 张，2 面；寄往：爱尔兰自由邦凯里郡利默里克市塔伯特镇，托马斯·麦格里维先生收；邮戳：1935/01/29，伦敦；TCD，MS 10402/69。

1. 麦格里维的母亲病了。

2. 贝克特和弗兰克·贝克特于 1 月 20 日到达伦敦。

杰弗里·汤普森于 1 月 22 日到达伦敦，参加贝肯纳姆附近的贝特莱姆皇家医院的应聘面试；1935 年 2 月 4 日开始在那儿工作。精神病医学的研究在都柏林是无法开展的，这一点贝克特给麦格里维写信道："杰弗里说，精神分析学家会被赶出城去。真是那样吗？他说，是医生们自己说的，切身的经历。"（1935 年 1 月 18 日，TCD，MS 10402/68）

3. 赫斯特·道登是演奏会钢琴师；该演奏指哪场尚未查明。

《公主》，见 1931 年 2 月 24 日的信，注 4。

4. 霍拉肖·亨利·拉瓦特·迪克森（1902—1987），澳大利亚裔伦敦出版人、传记作家，曾任《双周评论》副主编（1929—1932）、《评论之评论》主编（1930—1932）、《拉瓦特·迪克森杂志》（短篇小说类杂志）主编（1934—1937）及拉瓦特·迪克森出版有限公司执行总编（1932—1938）。贝克特将《闪电计算》投给了拉瓦特·迪克森（皮林，《萨缪尔·贝克特年表》，第 50—51 页；科恩，《贝克特正典》，第 70—71 页；《闪电计算》未发表手稿，BIF，UoR，MS 2902）。

《标准晚报》，伦敦一家报刊（1827 年迄今，刊名曾数次变更）。

苏格兰裔诗人、文学评论员埃德温·缪尔（1887—1959）的译作是与其妻子薇拉·缪尔（原姓安德森，1890—1970）一道完成的，包括莱昂·福伊希特万格（1889—1958）、吉尔哈特·霍普特曼（1862—1946）、弗朗茨·卡夫卡（1883—1924）和海因里希·曼（1871—1950）等人的著作，由伦敦出版商马丁·塞克、劳特利奇以及戈兰茨推出。缪尔在《新短篇》一文中评论过贝克特的《徒劳无益》，见《倾听者》第 12 卷第 268 期（1934 年 7 月 4 日），第 42 页。

5. 托马斯·博德金辞去爱尔兰国家美术馆馆长一职的消息公布后，有人立刻做出回应，在致《爱尔兰时报》、署名"业余爱好者"的信中对其领导工作表示敬意，指出"我们的美术馆排名世界第五"，并询问假如给予"充足的酬金"，他是否愿意留任（《博德金博士》，《爱尔兰时报》，1935 年 1 月 12 日：第 6 版）。

"15 英亩"指都柏林凤凰公园辽阔的开放绿地，与租借给非土地所有者、让其种植自家土特产的小块土地形成对比（麦克托马斯，《我的珠宝和宝贝都柏林》，第 111 页；德克兰·凯伯特，2006 年 9 月 12 日）。

6.《年轻的英格兰》是（利兹）皇家剧场业主沃尔特·雷诺兹（1851—1941）的一部爱国情景剧，被评论家选为"20 年来在伦敦上演的最差剧目"；该剧很快就赢得了一批死忠粉丝，而且"有 25 万人次看了这部戏"，其中一位"夸耀说看了 150 场"（《"走错了门，走错了门"》，《时代》［，1939 年 12 月 25 日］，第 24—25 版；《戴利剧场："年轻的英格兰"》，《泰晤士报》，1935 年 1 月 22 日：第 10 版；《维多利亚宫：节目》，www.victoriapalacetheatre.co.uk ［History］，2005 年 7 月 24 日）。

德斯蒙德·麦卡锡。

7.《人人高兴》（1598）、《人人扫兴》（1599）、《蹩脚诗人》（1601）、《伏尔蓬尼》（1606），都是本·琼生（1572—1637）的戏剧。

在英语中，直到 18 世纪末，长写的"s"（"ƒ"）都是罗马印刷字体中字母"s"的标准替代符。

凯里郡塔伯特镇
托马斯·麦格里维

［1935 年］2 月 8 日　　　　　　　　　　　［伦敦］西南 10 区

格特鲁特街 34 号

亲爱的汤姆：

您译完了，甚至 M 那样的小感觉论者的作品都译完了，这是好消息啊。您身体还好，这也是啊。您该多出来走走。现在，您身边只有已成家的二姐吗？[1]

至于我自己，没啥可说的，只有旅行回来后的第一周有过的轻松感

和精力消失殆尽了，眼下感觉自己无用至极、卑鄙无耻、一无所长，自卑得无法形容。Basta.[2]

上周的周日，在赫斯特家听玛丽·乔·普拉多弹了一曲。那个叫福特纳的也来了。我不喜欢她。赫斯特说她很有些才智。可我感觉得到她那詹生派的 précieuse[1]。那个普拉多有些曲子弹得不错，有一首拉莫的《加沃特舞曲》，还有我不知其名的几首变奏曲，比如斯克里亚宾的《荣誉之争》，普罗科维耶夫［普罗科菲耶夫］的《魔鬼的蛊惑》［《魔鬼的诱惑》］，以及多赫尼安伊［多赫南伊］的某首丽俗的曲子。可是她弹的肖邦和德彪西的曲子被项背拉长了，令人十分不快。她高高地坐在键板上，俨然是马耶夫人坐在定做的椅子旁。她的左手弹斯克里亚宾的曲子真是一丝不苟，精彩极了。现在我都想，下周四一定要去她在风神音乐厅举办的演奏会。普拉多先生 sehr sympathisch.[3] 上周日的中午同赫斯特和雷文共进午餐，然后和她一道弹了几首二重奏。《公主》合奏得相当精彩。她给了我一套锁匙，让我愿意的时候就进门练练手，但我找借口谢绝了这份善意。自那以后就没去过了。对所有的心理证据我是厌倦透了，真纳闷在我经历那该死的老毛病的时候，它跟心灵到底有啥子关系。还有那几条狗、几只猫。[4]

在读《贝蒂表妹》。文体和思想的突降如此之大，都禁不住疑心他是在认真地写呢，还是在戏仿。不过我还是读下去了。阿德勒的书读完了。又是个一根筋。似乎只有教条主义者能横加指责。[5] 虽说我知道您不大喜欢谈荷兰画家，但依然期待您谈谈绘画。曾经以为在荷兰绘画中，特尼耶是最值得一提的，直到细细地看了布劳沃兄弟的画作，唉，如此稀有。在维多利亚与阿尔伯特博物馆发现了一幅很棒的，《弹琵琶的男人》。国家美术馆里的那幅看不到，画里女人扯着男人的头发。

---

[1] 法语，"矫揉造作的"。

他们仅剩的那幅在管理员称作"参考部"的画廊里。[6] 我疑心，他们是否雇用某位记者来虚构这些说法呢。在维与阿博物馆里，还有特尔鲍赫的一幅令人赞佩的微型画，是一位身着黑色的男人的肖像，藏在福斯特收藏部的屏风后。一直在许愿，渴望能久看一眼达利奇学院美术馆，可是每天上午我都避而不去，心动之后不见行动。[7]

杰弗里上周日来了，眼下安顿在贝肯纳姆附近的贝特莱姆皇家医院，奢华着呢。才见过他一次。也许来年的春天，那地方倒是可以去看看。[8]

［……］

偶然碰见了阿瑟·希利斯先生，就 de fil en aiguille 去了他位于切恩路一楼的公寓，精致极了，有保罗·亨利的近景画，还有彼得·德·霍赫的远景画，两者相互调和。他真的十分体面，是个热爱西班牙的人，有一本西班牙语《小拉鲁斯词典》，一架贝希斯坦钢琴，一台上好的留声机，还有科尔托演奏的《塞圭地拉舞曲》、马拉加民间曲调等的唱片。他学的是古典文学，即席谈起那位小作家泰奥弗拉斯托斯对整个英国文艺复兴尤其是对约翰·厄尔的影响，真是侃侃而谈，学识渊博。[9]

明天下午，我有莱纳的票，可是，哎，订票时谁说得准届时有没有这份心情呢。[10] 莫里斯·辛克莱从隆达写来了忧伤的短信，酗酒呀，frileux 呀，在高原上的橄榄树丛里拉小提琴呀，读莫泊桑呀。他就要继续飘，去塞尔维亚了，到时候就去。听起来他好像混得不太如意。茜茜离开了阿德莱德医院，回家去了，略好了点儿。[11]

Gottlob，露西娅再没来过信了。海伦让乔治待在了她想要他待的地方。科斯特洛似乎已抛弃了我，kein Wunder。[12] 拉瓦特·迪克森把短篇寄了回来，退稿了。我把它转寄给《人生与文学》。至于查尔斯，我既没见过，也不想见。[13] 傍晚时分贸然走进冰冷的世界，这个想法不能接受。觉得自己得同拜昂吵一回，争他一次。周一去就诊，第 133 次了。[14]

上帝保佑，尽早回信。

s/ 萨姆

TLS；2 张，2 面；寄往：爱尔兰自由邦凯里郡利默里克市塔伯特镇，托马斯·麦格里维先生收；邮戳：1935/02/08，伦敦；TCD，MS 10402/70。

1. 麦格里维翻译了法国作家亨利·米永·德·蒙泰朗（1895—1972）的《哀上流社会之死》（伦敦：约翰·迈尔斯出版社，1935）。麦格里维的大姐玛格丽特·麦格里维（昵称茜丝，1887—1952）尚未婚配，此时待在家里；二姐霍诺拉·费伦（原姓麦格里维，昵称诺拉，1891—1974）也住在塔伯特镇。

2. "Basta"（意大利语，"够了"）。

3. 玛丽·乔·普拉多（原姓特纳，生卒年不详）嫁给了弗拉维奥·普拉多（生卒年不详），此人居于伦敦和巴西的圣保罗两地，在贝克特看来"sehr sympathisch"（德语，"非常讨人喜欢"）。

玛丽·乔·普拉多弹奏的曲子：法国作曲家让–菲利佩·拉莫（1683—1764）、《大键琴曲和运指法》中的《加沃特舞曲》；俄罗斯作曲家亚历山大·斯克里亚宾（1872—1915）的变奏曲；西班牙作曲家曼努埃尔·德·法利亚（1876—1946）抒情剧《短暂的人生》中的《两支舞曲》；苏联作曲家谢尔盖·普罗科菲耶夫（1891—1953）《四首曲子》（1908 年修订版）中的《魔鬼的诱惑》，曲集 4，第 4 首；以及匈牙利作曲家厄尔诺·多赫南伊（原名恩斯特·凡·多赫南伊，1877—1960）的曲子。

阿米卡·德·拜登·福特纳（1874—1961），英国肖像画画家，画过的人物中有许多杰出人士；其妹妹曾撰文复述过"她那对话的直率和单纯"（《泰晤士报》，1961 年 10 月 20 日：第 15 版）。

马耶夫人（生卒年不详），马耶咖啡厅的业主。

没有材料显示 1935 年 2 月 14 日玛丽·乔·普拉多在风神音乐厅举办了演奏会；不过，当晚埃琳娜·卡瓦尔康蒂（生卒年不详）倒是在那里举办了一场钢琴独奏会（"本周音乐"，《泰晤士报》，1935 年 2 月 11 日：第 8 版）。

4. 赫斯特·道登把自动写作当专业媒介，以这一领域的实验知名，建成了"全国无有出其右者的代理行"（本特利，《遥远的地平线：赫斯特·道登传》，第 44 页）。赫斯特·道登的宠物包括几只暹逻猫和几条哈巴狗。《公主》：见 1931 年 2 月 24 日的信，注 4。

5. 巴尔扎克，《贝蒂表妹》（1846）。

阿尔弗雷德·阿德勒（1870—1937），奥地利裔心理学家。贝克特的心理学笔记涵盖阿德勒的《神经质的构成：比较个体心理学与心理治疗》，伯纳德·格鲁克与约翰·E.林德译（纽约：莫法特出版社，1916；重印，伦敦：基根·保罗出版社，1921）；这些笔记未标明日期，也许贝克特还读了阿德勒的其他著作（TCD, MS 10971/8/f24r—33r）。

6. 小戴维·特尼耶（1610—1690），佛兰德（比利时）画家，受到了布劳沃的影响。

阿德里安·布劳沃（约1605—1638），佛兰德画家，工作时间有许多在荷兰度过。《有人物的房间内景：弹琵琶的男人和一个女人》（约1635年，维多利亚与阿尔伯特博物馆，CAI/80）。

贝克特所提伦敦国家美术馆里的布劳沃的画作指《客栈风景》（NGL，6591），该画借自埃德蒙·培根爵士，借期"1907年7月至至少1971年止"；2002年7月，该画由伦敦国家美术馆购得（阿兰·克鲁克翰与弗拉维娅·迪特丽–英格兰，2005年7月1日）。"参考部"（或曰低等画廊）当时据称为布劳沃所作的油画名为《三个喝酒的莽汉》（NGL 2569）（《国家美术馆图解：欧陆［除意大利］画派》，第36页）；现在该画认定为"［阿德里安·］布劳沃的风格"，取名《地窖里的四个农夫》（格雷戈里·马丁，《佛兰德画派：约1600—约1900》［伦敦：国家美术馆，1970］，第12页）。

7. 小赫拉尔德·特尔·鲍赫（也作特尔鲍赫，1617—1681），《穿黑色长衫的男人》画幅为19 cm×21.6 cm（"福斯特赠画"，F.35，维多利亚与阿尔伯特博物馆）；这批画作是约翰·福斯特（1812—1876）的遗赠。达利奇学院美术馆的藏品包括佛兰德、意大利和荷兰的美术作品，其中有荷兰艺术家阿尔伯特·克伊普（1620—1691）的多幅画作。

8. 1935年2月4日至10月31日，杰弗里·汤普森在贝特莱姆皇家医院任高级住院医生，后续聘至1936年1月。

9. "de fil en aiguille"（法语，"走走停停地"）。阿瑟·希利斯住在切尔西区的切恩街131号。希利斯的贝希斯坦钢琴是其父亲赠给其母亲的新婚礼物。他拥有爱尔兰肖像画和风景画艺术家保罗·亨利（1876—1958）的一幅画，以及与（荷兰）代尔夫特画派有关联的彼得·德·霍赫（1629—1684）的一幅远景画。

阿尔弗雷德·科尔托（1877—1962）录制了阿尔贝尼斯《西班牙组曲：曲集232》中的《塞圭地拉舞曲》第5首，以及阿尔贝尼斯《旅行回忆：作品71号》中的马拉加民歌《海湾的喧嚣》第6首（见《阿尔弗雷德·科尔托演奏短篇曲集》，比多福录音公司，LHW 020，1994年，及《阿尔弗雷德·科尔托：1919—1947罕见78 rpm录音及罕见压膜》，"音乐与艺术"，CD-615，1989）。

阿瑟·希利斯在都柏林圣三一学院攻读古典学与法学。希腊哲学家泰奥弗拉斯托斯（约前372—前287），亚里士多德之后的逍遥学派首领，以"人物"研究闻名；所谓"人物"指与主导英国文艺复兴时期的个性气质论相关的人的类型。约翰·厄尔（1601—1665）根据泰奥弗拉斯托斯的"人物"模型，创作了素描集《微型特写》（1628）。

　　10. 贝克特的"莱纳四重奏"（贝多芬专场，女王音乐厅）门票不是1935年2月9日的，而是1935年3月9日下午3点的(见下文，1935年2月20日及3月10日的信)。

　　11. 隆达位于西班牙的安达卢西亚地区，是建于高原之上的小城。"frileux"（法语，"畏冷"）。

　　法国作家居伊·德·莫泊桑（1850—1893）。

　　茜茜·辛克莱已在都柏林的阿德莱德医院接受治疗。

　　12. 露西娅·乔伊斯。"Gottlob"（德语，"谢天谢地"）。

　　乔治·乔伊斯与妻子海伦在纽约，正追逐自己的音乐梦想（艾尔曼，《詹姆斯·乔伊斯传》，第678、683页）。

　　努阿拉·科斯特洛。"kein Wunder"（德语，"不足为奇"）。

　　13. 贝克特的短篇《闪电计算》转投给了《人生与文学》，该刊1934年11月起由理查德·埃利斯·罗伯茨任主编（皮林，《萨缪尔·贝克特年表》，第51页）。

　　查尔斯·普伦蒂斯。

　　14. 贝克特在拜昂那儿接受精神分析治疗已一年有余。

凯里郡塔伯特镇
托马斯·麦格里维

[1935年] 2月14日　　　　　　　　　　　　　[伦敦] 西南10区
　　　　　　　　　　　　　　　　　　　　　　格特鲁特街34号

亲爱的汤姆：

　　一想到就要见到您了，心中无比欣喜。您会去切恩花园吗? [1]

　　《准则》上一字未发。[2]

昨天弗兰克的朋友吉尔福德到了，得和他同住——若非弗兰克的朋友，我还真不太乐意。³心里明白，要是今晚不到风神音乐厅露面，听听普拉多的演奏会，赫斯特就会 froissée，可是又觉得自己去不了。到现在已经有很久没去 15 号了，所以《公主舞曲》弹得没一点进步。⁴

杰弗里见得很少。他没一点空余时间，老在贝特莱姆的留观病人、哈德菲尔德和某某小姐（什么名字来着）之间穿梭，而我也没见他写一个字来。⁵

顺便问问，索雷尔的《保皇派的没落》您收到了吗？我是从都柏林寄来的。包裹得太单薄，当时就有些担心。⁶

看不到分析治疗走向尽头的希望。但我意识到，假如丧失了功能缺失，我会多么失落啊。那老迈的潜意何时才会宣布决裂呢？⁷

斯特拉即将在阿灵顿美术馆举行画展。给您附上她的照片，看起来就像赫诺芬尼·莱斯特。还在都柏林时她就答应给我寄一张明信片来，可眼下仍没寄来。⁸

读完了《贝蒂表妹》——真是令人费解。股票交易所的雨果。眼下在读圣女简的书。觉得她有许多可以教给我。⁹真纳闷，英国文学怎么就从未摆脱过过去的道德类型化和简单化。猜想英国人对马的崇拜跟这事儿有关。但是感染［上］恶行和美德的选择性繁育毛病的创作，无论是琼生还是 Coglioni Lorenziani à la 气质论，都令人厌倦。难道阿尔丁顿不是直接取自切斯特的集子吗？¹⁰

帕蒂尼尔画派那两幅《逃亡路上的小憩》很有意趣。要是那小佛兰德陈列馆里放上一把椅子，那就完美无缺了。三联画《代尔夫特之主的殉难》是取之不竭的宝藏。一眼就能看出，有些走廊直接取自博斯。¹¹要是能坐拥《估典派［古典派］艺术的呈现》列出的那么些选项，那该有多好。泽韦梅尔艺术书店有不少降价画作。快要买下艺术家作品集系列中布劳沃的一幅画了，但还是收住了手，就像米开朗琪罗放开了布鲁图。6镑，带6个彩色的盘子，包括一处令人惊诧的风景。[12]

　　谨上

萨姆

ALS；1张，2面；附件，剪自《每日见闻报》1935年2月12日；无页码，主体为埃斯特拉·所罗门斯的照片，标题"爱尔兰艺术"（AN添加在图片上方的新闻标题内，波浪形下画线，添加了双感叹号：**基金沉甸甸**）；寄往：爱尔兰自由邦凯里郡利默里克市塔伯特镇，托马斯·麦格里维先生收；邮戳：1935/02/14，伦敦；TCD，MS 10402/71。日期判定：据邮戳和附件。

1. 在伦敦时，麦格里维通常住在赫斯特·道登家里，即伦敦西南3区切尔西切恩花园15号。

2. 麦格里维预测《准则》会发表自己《诗集》的书评，但不见刊发；其《诗集》已于1934年5月由伦敦的威廉·海涅曼出版有限公司推出，1934年11月再由纽约的维京出版社推出。

3. 詹姆斯·H.吉尔福德（1903—1997）住在福克斯罗克，与贝克特一家是近邻。

4. "froissée"（法语，"生气"）。2月14日的演奏会并非玛丽·乔·普拉多的（见1935年2月8日的信，注3）。贝克特已收到邀请，只要愿意，随时可去赫斯特·道登家，用她的钢琴练手（见［1935年］1月29日的信，注3）。

5. 杰弗里·汤普森1935年加入塔维斯托克诊所。詹姆斯·阿瑟·哈德菲尔德（1882—1967）于1928年至1951年担任塔维斯托克诊所的顾问和"研究部主任"。汤普森正在追求厄休拉·斯滕豪斯（1911—2001）；1933年至1935年，她在伦敦南部克罗伊登区的克罗翰赫斯德小学工作，后转至克罗伊登女子中学任教（黛博拉·汤普森，1994年6月13日）。

6. 阿尔贝·索雷尔（1842—1906），《保皇派的没落：1789—1795》，八卷本《欧洲与法国大革命》（1885—1904）的第2卷；重印，巴黎：普隆出版社，1914—1922年。

7. 潜意：潜意识。

8. 埃斯特拉·所罗门斯、玛丽·邓肯（1885—1967）和露易丝·R.雅各布斯（1880—1946）曾举办合展，名为"康沃尔郡、约克郡、多尼戈尔郡的风景画及肖像画、蚀刻画"，于1935年2月26日至3月8日在阿灵顿美术馆举行。

合展的通知刊登在1935年2月12日的《每日见闻报》上，同时登有埃斯特拉·所罗门斯的照片（无页码）。贝克特将其比作卢卡斯·克拉纳赫（1472—1553）的油画

267

《朱迪斯拿着赫诺芬尼的头》（NGI 186），很可能隐射麦格里维后来所说的朱迪斯"刻意的表情"（《爱尔兰国家美术馆的画作》，第47页）。贝克特将这一形象与荷兰艺术家朱迪斯·莱斯特（1609—1660）混作一谈了；莱斯特的画《内景：烛光下缝纫的女人》也收藏在爱尔兰国家美术馆（NGI 468）。

9. 巴尔扎克的《贝蒂表妹》被比作维克多·雨果的小说。

英国小说家简·奥斯汀（1775—1817）。

10. 在中世纪的道德剧中，人物通常是美德或恶行的化身。

在本·琼生的戏剧《人人高兴》（1598）和《人人扫兴》（1599）中，关于人的类型与行为的气质论得到了充分的展示。

"Coglioni Lorenziani"（意大利语，"劳伦斯的鸟蛋"）隐射长于情爱小说的 D. H. 劳伦斯；"à la"（法语，"……式的"）。

贝克特将理查德·阿尔丁顿及 / 或其小说中的人物置于切斯特戏剧集的语境中；切斯特的神秘剧以《圣经》叙事为题材，表现罪与救赎主题。阿尔丁顿的《英雄之死》（1929）、《上校之女》（1931）和《人皆为敌》（1933）。

11. 约阿希姆·帕蒂尼尔（亦作帕特尼尔、帕蒂尼埃尔，约1480—1524），早期（比利时）佛兰德风景画家。贝克特指所谓帕蒂尼尔画派所作的两幅画：《逃亡埃及路上的小憩》（NGL 3115）和《逃亡埃及》（NGL 1084）。"代尔夫特大画师"（活跃于1490—1520）三联画《基督受难风景》（NGL 2922）在中镶板上描绘了殉难的场景，有前往受难处、犹大吊在枯树上、圣母同圣约翰和三位圣女晕厥以及被俘的苦痛与准备等景象。荷兰画家希罗尼穆斯·博斯（1450—1516）。

在伦敦国家美术馆，小小的佛兰德绘画陈列馆（第13展厅）在第12和第14展厅之间的走廊对面；这些展厅1935年进行了重新规划和布置。

12.《海德格尔全集》（1904—1937）中的《古典派艺术的呈现》是一套综合研究丛书，配有插图，如伦勃朗、提香、丢勒、鲁本斯等画家的作品。伦敦的泽韦梅尔艺术书店（查令十字街76—78号）专营美术书籍。艺术家作品集系列中关于阿德里安·布劳沃的那卷（编号83）名为《阿德里安·布劳沃：由八种颜料绘制而成的作品》（莱比锡：E. A. 希曼出版社，1936），作者库尔特·策格·凡·曼陀菲尔（1881—1941）。

米开朗琪罗（全名米开朗琪罗·博纳罗蒂，1475—1564）起初雕刻布鲁图（1540年，佛罗伦萨市巴杰罗国立博物馆）半身像，是想把它"作为向佛罗伦萨的共和国精神献礼"，但是"听人说起"布鲁图谋杀恺撒"犯下了罪行"时，就放弃了该项目（霍华德·希巴尔德，《米开朗琪罗评传》，第2版［马萨诸塞州坎布里奇：哈伯罗出版公司，1985］，第264页）。

凯里郡塔伯特镇
托马斯·麦格里维

[1935 年]2 月 20 日

伦敦西南 10 区
格特鲁特街 34 号

亲爱的汤姆：

能盼着过两周就见到您，真是好消息。随信附上拖成了老处女的这一镑。最近赫斯特连一面都没见过。即使想要弹弹钢琴，我也没一丁点儿意愿去挂个电话，问她我可以进门练练手吗，况且我就没心思去练。在两个场合她都仔细地记下了我的地址，因此一旦需要我，她就可以写信来请，不过我相信她不会这样，也坦诚地希望不会如此。那里总让人紧张，几只宠物像列那尔笔下的刺猬——衰退的阴部无处可去，怎么就阉割得这么彻底。[1]

想去的演奏会去早了一个月。3 月 9 日才举行呢。[2]

弗兰克的伙计已经打发走了，没有大碍。他来无非是为了一根下垂带，这样他就像先前那样再也不用看下垂带了。[3]

有素材能用钩针编织的模式最便捷地处理，在这个意义上我喜欢简的创作方式，而且埃莉诺·达什伍德不知怎地写成了比菲尔丁笔下的索菲亚更叫人垂涎的姘妇。猜想于勒男爵的形象对夏尔吕斯男爵的精细刻画而言至关重要。[4]布劳沃离开了哈尔斯，逃离了哈勒姆，而鲁本斯和伦勃朗得到了他的画作，想来特尼耶也是这样。[5]德国厅很难看到埃尔斯海默的画作，但《托拜厄斯与天使》看似很细腻。鲁本斯替他散发出许多噩耗之气，谴责了他的"慵懒"！[6]赫乐特亨的《膜拜》一定是最早的聚光画之一。从拉斐尔的《圣彼得的解放》开始按时间列出这样的画作，这肯定只是把故事讲了一半。也从未见过有人从这个角度解读牛津的乌切洛。[7]

B. 奥布莱恩小姐在佛罗伦萨，"正在研习古典大画师"。兴许德莫特［德莫德］正培养她，准备让她入主美术馆呢。[8]现在，玛丽·曼宁叫马克·德·沃尔弗［沃尔夫］·豪太太了，正前往纽约度蜜月，还要去……百慕大呢！[9]您知道母蜈蚣守身如玉的故事吗？母蜈蚣夹紧那一千条腿，对求爱的公蜈蚣说："不嘛，一千次都是不。"

露西娅住在格罗夫纳广场，同她姑妈待在一起。她姑妈……"正要回爱尔兰"，管它什么意思呢。[10]她写了信来，想要见我。我丝毫都不回应——除了推托。

杰弗里还没见过面，但我已做好了计划，下个周日南下，去那家医院看看他。[11]这样也许有助于解决当天的目的地的问题。去维与阿博物馆端详过菲舍尔和克拉夫特的画稿式石膏像。一无所获。大厅里满是婊子。拉斐尔厅关门了。[12]

麦卡锡拿到了自己的画。[13]

继续同拜昂打交道……histoire d'élan acquis。干吗要终止分析治疗呢，找不到理由。旧时的那颗心时不时怦怦直跳，仿佛要抚慰我经受住了病情好转时那些难以忍受的症状的心灵。老妈写信来，她以为儿子才华横溢，素材成堆……其实就是 désoeuvrement。[14]

埃斯特拉·所寄来了一张券，下周二的 vernissage（et comment）券。她和玛丽·邓肯、露易丝·雅各布斯在阿灵顿美术馆布置画展。有多尼戈尔郡和约克郡的风景画。[15]

昨晚把眼镜从这间房子的阳台掉到院子里去了。[16]今早找到了镜片，嘿，没碎。当时正想找个由头把镜框给报废掉呢。

谨上

萨姆

ALS；1 张，2 面；寄往：爱尔兰自由邦凯里郡利默里克市塔伯特镇，托马斯·麦格里维先生收；邮戳：1935/02/20，伦敦；TCD，MS 10402/72。日期判定：据邮戳及阿灵顿美术馆 1935 年 3 月画展之前的开馆日期。

1. 麦格里维未按计划抵达伦敦（见 1935 年 3 月 10 日的信）。

赫斯特·道登之前就允许贝克特来家里弹钢琴。贝克特将其家里所养的猫和狗比作列那尔笔下的"刺猬"，该形象出自原为报刊所写、后汇编成册的系列幽默短文《自然的故事》：

刺猬

请擦擦你的……

II

你得原样地接纳我，不要挤压得太紧。

（儒勒·列那尔，《儒勒·列那尔全集》第 2 卷，莱昂·吉夏尔编，"七星文库"［巴黎：伽利玛出版社，1971］，第 126 页）

2. "莱纳四重奏"，1935 年 3 月 9 日在女王音乐厅举行（见 1935 年 2 月 8 日的信，注 10）。

3. 詹姆斯·吉尔福德来伦敦看专家门诊；下垂带用于缓解疝气的症状。

4. 贝克特拿简·奥斯汀小说《傲慢与偏见》（1811）中的埃莉诺·达什伍德与亨利·菲尔丁小说《汤姆·琼斯》（1749）中的索菲亚·韦斯顿相比，还把巴尔扎克小说《贝蒂表妹》中的于勒男爵当作普鲁斯特小说《追忆似水年华》中夏尔吕斯男爵形象的先驱。

5. 阿德里安·布劳沃曾在哈勒姆当学徒，拜在弗兰斯·哈尔斯（约 1581—1666）的门下；后前往阿姆斯特丹，约 1625—1632 年回到哈勒姆，再后来在安特卫普度过余生（杰拉德·克鲁特尔，《大画师阿德里安·布劳沃：其人、其画》，J. G. 塔尔玛–薛尔绍斯与罗伯特·维顿译［海牙：L. J. C. 班凯尔出版社，1962］，第 109 页）。鲁本斯拥有 17 幅布劳沃的画（179）；伦勃朗收藏的布劳沃作品有 7 幅绘画、1 幅《布劳沃之后》和 1 部炭画集（肯尼斯·克拉克，《伦勃朗与意大利文艺复兴》［伦敦：约翰·默里出版社，1966］，第 193—202 页）。

小特尼耶受到了布劳沃的影响，但前者拥有后者画作的唯一证据是前者的画作《画室里的艺术家》（1635 年，私人收藏），该画描绘了特尼耶在画室里创作自画像的情景，其自画像同 33 幅自己和同代人的画作挂在一起，包括布劳沃的《睡着的酒徒》（《睡觉的醉汉》，AH: 64: 05，南加州大学菲舍尔美术馆；玛格丽特·克林吉，《小戴维·特尼耶：油画与炭画》，安特卫普：康林克勒克皇家美术馆），1991 年 5 月 11 日至 9 月 1 日［根特：斯诺克–杜卡胡与祖恩出版社，1991］，第 50、52—53 页；玛格丽特·克林吉，2007 年 2 月 14 日）。

6. 在伦敦国家美术馆德国厅（19 号厅）展出的亚当·埃尔斯海默（1578—1610）的画作当中，有《马耳他岛上的圣保罗》（约 1600 年，NGL 3535，亦称作《圣保罗的船难》）、《圣劳伦斯准备殉教》（约 1600—1601，NGL 1014）、《基督受洗》（约 1599 年，NGL 3904）及《托拜厄斯与天使长拉斐尔》（约 1650 年，NGL 1424，当时认定作者为埃尔斯海默，现在认为是埃尔斯海默之后的人）。

1611 年 1 月 14 日，鲁本斯给住在罗马的生物学家、收藏家约翰·费伯博士（活跃于 17 世纪早期）写了信，之前后者告诉了他埃尔斯海默的死讯：埃尔斯海默"在小型人物画、风景画和许多其他主题方面都举世无双。他已在繁花盛开却未及硕果累累的时候死去了"。鲁本斯公开谴责埃尔斯海默"懒散的罪过，他借此剥夺了这个世界最美的事物"（基斯·安德鲁斯，《亚当·埃尔斯海默：油画、炭画、印画》［纽约：里佐利出版社，1977］，第 51 页）。

7. 贝克特指赫尔特亨·托特·桑特·扬斯（1460/1465—1495）的油画《耶稣降生》（15 世纪末，NGL 4081），指出该画早于拉斐尔的《圣彼得从监牢里出来了》（1513—1514）；后者画在梵蒂冈的一处窗洞上方（弗雷德里克·哈特，《意大利语艺复兴艺术史：绘画、雕塑与建筑》，第 3 版［纽约：哈里·N. 艾布兰斯出版社，1987］，第 513—514 页）。乌切洛的《森林狩猎》（约 1470 年，艾希莫林博物馆 A79）则更早。

8. 罗丝·布里吉德·奥布莱恩（婚后名甘利，1909—2002），爱尔兰艺术家，爱尔兰国家美术馆理事与监护委员会成员德莫德·奥布莱恩的女儿；该美术馆正招聘新任馆长。

9. 玛丽·曼宁*（1905—1999），爱尔兰作家，1935 年 2 月 28 日嫁给了美国历史学家、传记作家马克·德沃尔夫·豪（1906—1967）。

10. 露西娅·乔伊斯 1935 年 2 月 14 日抵达伦敦，同行的有姑妈艾琳·肖瑞克（原名艾琳·伊萨贝尔·玛丽·萨维尔·布里吉德·乔伊斯，1889—1963），二人住在约克街的马斯科特宾馆，而非格罗文纳广场。肖瑞克太太待在都柏林期间（2 月 24 日至 3 月 1 日），露西娅同哈丽雅特·韦弗住在格罗斯特广场 74 号。不过，2 月 26 日至 27 日，露西娅独自住在格罗斯特街的一家宾馆，后来又回来与哈丽雅特·韦弗同住。1935 年 3 月 16 日，露西娅随姑妈前往爱尔兰（艾尔曼，《詹姆斯·乔伊斯传》，第 681 页；卡罗尔·洛布·西洛斯，《露西娅·乔伊斯：在尾流中舞蹈》［纽约：法勒–斯特劳斯–吉鲁出版社，2003］，第 308—312、509 页；布伦达·玛多克斯，《诺拉：莫莉·布鲁姆正传》［波士顿：霍顿·米夫林出版公司，1988］，第305—309页）。根据詹姆斯·乔伊斯1935年2月19日写给乔治·乔伊斯和海伦·乔伊斯的信，这段时期露西娅遇见过贝克特"几次，他们一起吃过饭"（詹姆斯·乔伊斯，《詹姆斯·乔伊斯书信集》，第3卷，第344页）。

11. 杰弗里·汤普森在贝肯纳姆。

12. 在维多利亚与阿尔伯特博物馆收藏（46A展厅）的19世纪石膏塑像当中，有给彼得·菲舍尔（约1460—1529）画作《圣泽巴尔德的墓》（1508—1519，纽伦堡圣泽巴尔德教堂；维多利亚与阿尔伯特博物馆复制，1873-580：1）所配的哥特式华盖与外壳，上有小塑像和浮雕，装饰精美；馆中所藏彼得·菲舍尔的其他作品包括《亨尼堡的奥托伯爵四世纪念碑》（1488年，罗姆希尔德城市教堂；维与阿博物馆复制，1873-580：1）和《青铜纪念碑》（1497年，马格德堡大教堂；维与阿博物馆复制，1904-55：0）的铸模。该展厅的石膏塑像中还有德国雕塑家亚当·克拉夫特（活跃于1490—1509）的《施赖耶－朗道尔纪念碑》（1490—1492，纽伦堡圣泽巴尔德教堂，维与阿博物馆复制，1872-53）。

拉斐尔厅（48号厅）藏有教皇里奥十世（1515）为西斯廷礼拜堂预定的挂毯底图，但1934年4月至1935年8月间间歇性闭馆，以分阶段移出其中的绘画进行修复。维多利亚与阿尔伯特博物馆的记载显示，当时《彼得与约翰在美丽的大门边》的画稿（现称《给瘸子治疗》，1515—1516）于1935年2月初移出展厅，修复后于1935年3月6日重新放入画框（埃里森·贝博，国家艺术图书馆，维多利亚与阿尔伯特博物馆，1994年6月1日，出自该博物馆的在册卷宗）。所谓"大厅"也许指该博物馆的主入口门厅，或者展出借入展品的八边廷；没有记载能证实1935年该厅有何展品（埃里森·贝博，1994年6月13日）。

13. 艾思娜·麦卡锡收藏的波尔伯斯画派所作《贵妇的画像》（题记1599年，"61岁"）已提交拍卖（苏富比拍卖行，1934年6月13日，第85号），但没有达到底价。波尔伯斯家族中有一批（比利时）佛兰德画家，包括彼得·波尔伯斯（1523/1524—1584）、儿子弗兰斯·波尔伯斯（1545/1546—1581）及弗兰斯·波尔伯斯二世（1569—1622）。贝克特已受托前去拿回该画，并替麦卡锡保管。

14. "histoire d'élan acquis"（法语，"只是个动量问题"）。

"désoeuvrement"（法语，"无事可做"）。

15. "vernissage（et comment）"（法语，指"个人参观［附方式］"）。该展览于1935年2月26日对个人开放。玛丽·邓肯的风景画多为康沃尔郡的，露易丝·雅各布斯的多为约克郡的，而埃斯特拉·所罗门斯的多为多尼戈尔郡的。

16. 贝克特所写为"这间房子的〈这个〉阳台……"。

凯里郡，利默里克市塔伯特镇
托马斯·麦格里维

[1935 年] 3 月 10 日　　　　　　　　伦敦西南 10 区
　　　　　　　　　　　　　　　　　　　格特鲁特街 34 号

亲爱的汤姆：

　　收到您的来信真是高兴至极，得知您对我长期的 Grillen 如此忧心又心有戚戚。[1] 从效仿中得来的全都证实和强化了我自己的生活方式，一种力求化于无形又失败的生活方式。找到了许许多多的此类短语，诸如 qui melius scit pati majorem tenebit pacem，或者 Nolle consolari ab aliqua creatura magnae puritatis signum est，或者可爱的 per viam pacis ad patriam perpetuae claritatis，这些短语似乎是为我而生，而我也从未忘却它们。[2] 还有好多呢。可是它们都指向那不会太美好的孤僻观。拿"良知不受伤害，我们是很少回家的""出门兴高采烈，回家凄凄惨惨"还有"阿在房间里，尔难过否"这样的语句，除了屋顶上独有麻雀、屋檐下唯有鸟儿的清净论，还能创造出什么呢？确实是一种卑鄙的自指清净论，位于总拿耶稣当心肝者的警觉的清净之旁，却是我——对超自然的事物似乎从未有过一丁点儿才能或偏好的人——能够从文本中发掘出的唯一的一种，那时只有通过这种方式，即只有使用与您提出的术语截然不同的多个术语来替换，才能发掘出的唯一的一种。[3] 意思是说，我替换了他称之为"上帝"的充裕，并非用"仁慈"，而是用只有在我自己的羽毛或内脏之间寻觅的一种 pleroma 来替换，即用一种拥有它即是提出一条基本原理且与之神交即是展现"恩典"意识的自我的原则来替换。因而，效仿可用［来］为路西法式集中这一"罪过"推波助澜。况且我知道，眼下我会没有"谦和、朴素且真诚地"靠近其本质和类比的能耐，正如我起先将它们扭曲

274

成一个自给自足的方案时感到无能为力那样。即使它如此偏离了基督徒行为纲要，有着 oeuvres pies、谦逊、效用、自我抹除等，诸如此类，我依然会在整个概率中发现它，在从单纯行为上的这么一次努力的惨败的反弹——您"久久不去的忧郁"——之上构想和构建的概率中发现它；还会发现，假如某些接触的形式顺带得到了举荐，对他而言，对信仰"上帝"的他而言，那多半是顺带而为的，偶发的，与基本接触相比是次要的。这样，每次把"仁慈和无私"都当成"上帝"来读时，那就俨然把偶然当成必然，要向文本复仇，把它挖空；而允许怀疑论立场（希望这并不说明我自鸣得意，不过也许是一种专横）的存在，用个人且有限的事实原则取代绝对且无限信仰的原则，这样做就等于为了一种很有巴洛克特点的唯我论（假如您喜欢这个术语的话），而保留其宏富的基础，即首要与次要之间的差异。[4] 我弄不明白，"仁慈"是怎么变成任何事物的基础或者起始的。我是否要咬紧牙关，当个大公无私者呢？无法替自我负责，也不灭掉自我的时候，我怎能为他人着想呢？既然我的动机是无私的，我关心的是他人的福祉，那么恶魔——pretiosa margarital——会拿虚汗、战栗、恐慌、暴怒、寒战还有心跳过快弄得我不那么无能为力吗？Macché! [5] 不然，是否有某种将痛苦、怪异和能力缺失付诸值得为之的事业的方法呢？要坚持接受并无必要的殉难吗？

于我而言，这真是个简单而直截了当的立场，或者经这一分析显而易见、必不可少地复杂化之前曾经是这样的。多年来我闷闷不乐，自从中学毕业、入读圣三一学院以来就有意且刻意如此，于是越来越把自己孤立起来，越来越不承担义务，卖命于藐视他人和自己的渐强音。但那一切当中，没有什么在我看来是病态的。悲催、孤独、冷漠、嗤笑都是高人一等指数的构成要素，为高傲的"他者性"这一感觉提供保障，而"他者性"似乎如此正当、自然，无甚病态，正如与其说将它明确表述不如说拿它隐藏、储备、留待未来可能的言说的种种方式那样。

直到那种生活——确切地说，否决生活——的方式生出如此恐怖的生理症状，让人无法继续遵循的时候，我才意识到自身有病态的东西。简而言之，假使心脏没有给我灌输对死亡的恐惧，那我必将依然在豪饮、嗤笑、四处闲逛，感觉自己太过优秀，万事不屑。我是带着特定的恐惧和特定的病痛去找杰弗里的，后来去找拜昂，得知自己那"特定的恐惧和病痛"是一种始于本人不曾记得的时候、始于本人的"前历史"的生病状态最无关紧要的症状，是水洼上的泡沫；得知本人曾当作高人一等之人的标志来珍视的那些愚昧的折磨，都只是同一病态的组成部分。在我不得不接受它的时候，情形就是那样，到现在依然多半如此，而且我就不明白，它何以容许哲学或伦理学或基督式的模仿性 pentimenti，或者说他们怎样才能赎回一篇先前因单词"去"就作废且现在得整个分解的创作。[6] 假如心脏依然冒泡，那是因为底下的水洼尚未排干，而且心脏比以往更拼命地冒泡这一事实，兴许易于接收浴缸快要排干时噼啪声最多的废水送来的慰藉。

假如我拿这一切来愚弄自己，那我就愚弄自己，没别的。这场 canular 要付出巨大的代价。[7] 我已努力去面对它可能无法让活着这一正业尚可接受的局面，但尚未做到。它声称要更有作为，可是假如它的作为一如从前，那么在我看来，两种恐慌或三种恐慌的年头似乎比迄今我能指望的任何别的年头都过得更惬意。

雷维近来很活跃，在这儿给自己的国际书局建了个分部，或者说同样引人入胜的部门。您在"六铃铛"洗手不干了，这事儿他依然记得。那时我正期待手头有他那珍贵的《超现实主义选集》可以归还给他。但是他要过两周才会回来。他有太多的译文、选集、改编、集锦要整理，还有各式各样的业务要办理。他给我看了一首诗，那首诗让我惊讶，大大胜过迄今我所看到过的他手里的其他所有作品。[8]

露西娅的余烬腾起了一团火，嘶嘶几声就又熄灭了。更多细节 viva voce。

和赫斯特见面不多，不过一旦我过去，我们总是十分融洽，弹奏《孔雀舞曲》时特别参照了舞蹈中的致敬动作。[9]

家里传来的是好消息。给老妈寄了莫顿的《追寻主的足迹》作生日礼物，她十分欣喜。[10]弗兰克从不写信。

有一个傍晚同杰弗里待在一起，今天要南下去伊甸公园，在那儿打发下午和傍晚。他工作极其顺利，眼下已全身心投入巴塞的精神门诊部，因而很少能挤出时间自己开展分析治疗！[11]

昨天去了女王音乐厅，听莱纳演奏《拉祖莫夫斯基四重奏》，真是大失所望。乐团的演奏似乎干巴巴的，拘谨得到了《老处女》的地步，《路德维希》从未如此地像《伦勃朗》。[12]

斯特拉同露易丝·雅各布斯和玛丽·邓肯的画展真是令人惋惜。她有一幅10年前的杰克·叶芝肖像画，定价100镑！展厅里塞满了精挑细选的粉丝，他们是为开展日而来。我正同露易丝·雅各布斯聊，因为唯有她的作品可以让看客凝神端详，而且就个人而言，她似乎是位讨人喜欢的女性。[13]谢默斯说，他会在四月刊推出我就代用告别所写的那苍白无力的四行诗。可是那毫无意义。[14]

一直在读赫斯特的那本《真理与诗》，已读到了斯特拉斯宝〔斯特拉斯堡〕时期，就是歌德结识约翰·赫德的时候。觉得有些部分写得引人入胜，比如歌德在莱比锡时期的文学图景。早年在法兰克福度过的时光，对黑森国王加冕的连篇累牍的描写，等等，都有些乏味。他有个多像臭狗屎的老爸呀。[15]下周有人在大使馆表演《炼金术士》，想去看看。被围的房子展现了多么令人敬佩的戏剧空间同一律啊，他多么充分地运用了它啊。那 Nourri dans le sérail 的焦躁不安和黑曜石般的氛围等——[16]

没待在拜昂那儿或没在散步的时候，绝大多数时间都靠着炉火读书。昨天下雪了。偶尔去看望麦卡锡。艾思娜已取走了那幅画，要运回都柏林。[17]

抓紧点儿，赶快过来。

向您母亲致以最良好的祝愿，祝老人家安康、顺意！但愿春天会让老人家略感畅快。

　　　　此致

　　　　　　　　　　　　　　　　　　　　　　萨姆

ALS；3 张，6 面；寄往：<u>爱尔兰自由邦凯里郡利默里克市塔伯特镇，托马斯·麦格里维先生收</u>；邮戳：1935/03/11，伦敦；TCD，MS 10402/73。日期判定：据邮戳，及 1935 年 3 月 9 日在女王音乐厅举行的"莱纳四重奏"演奏会。

1. 正如歌德频繁如此，贝克特也用了"Grillen"这一德语术语，也许"是指其郁郁寡欢和烦恼"（马克·尼克松，《"德语碎料"：谈读德语文学的萨缪尔·贝克特"》，《笔记汇编全息》，*SBT/A* 特刊第 16 期［2006］，第 265 页）。

2. 德国裔神学家托马斯·阿·肯皮斯（原名托马斯·哈莫林，1380—1471）于 1441 年写了《效法基督》一书；该书于 1471 年初版。下文及有关注释中的相关拉丁文引文均出自托马斯·阿·肯皮斯的原著，新版《效法基督四篇》（比利时马苏里拉：H. 德森出版社，1921）；该版各章及篇目按罗马数字标出，其后为按阿拉伯数字标出的页码。现代英语译文选自托马斯·阿·肯皮斯，《效法基督》，欧内斯特·里斯编，"人人丛书"［伦敦：J. M. 登特出版社；纽约：E. P. 达顿出版社，1910］，该书销售甚广。里斯的译本基于第一个英语译本，J. K. 英格拉姆编，"早期英语本协会编外丛书"（伦敦：基根·保罗、特伦奇与特纳出版公司，1893）。贝克特的笔记见其《〈梦中佳人至庸女〉笔记》，BIF，UoR，MS 5000；参见皮林（编），《贝克特的〈梦中〉笔记》，第 80—87 页。

"qui melius scit pati majorem tenebit pacem"（第 2 节第 3 段，第 87 行）（拉丁文，"坚忍不拔者将赐予最多平安"）（里斯，第 66 页；英格拉姆，第 43 页）。

"Nolle consolari ab aliqua creatura magnae puritatis signum est"（第 2 节第 4 段，第 93 行）（拉丁文，"若不希冀得到任何人的慰藉，则为纯净至极的标记"）（里斯，第 72 页；英格拉姆，第 47 页）。

"per viam pacis ad patriam perpetuae claritatis"（第 3 节第 114 段，第 296 行）（拉丁文，"以平安之路指引他走向永久清明的国度"）（里斯，第 228 页；英格拉姆，第 150 页）。

3. 在《谈避免词语过剩》（第 1 节第 10 段）一篇中，托马斯·阿·肯皮斯问道，既然"良知不受伤害，我们是很少回家的"，那么我们为何不直接避免对话呢？他提议"我们相互间寻求慰藉，寻求解救因想法不一而疲倦的心"，但末了又断定说"这类外在的慰藉是对内在、上天的慰藉的巨大阻碍"(里斯，第 16 页；英格拉姆，第 11 页)。

在第 1 节第 20 段《谈热爱沉默和独处》中，托马斯·阿·肯皮斯引用了"闷在房间里，尔难过否"一句（出自《以赛亚书》第 26 章第 20 节）（里斯，第 37 页；英格拉姆，第 25 页）。他建议脱离俗世："兴高采烈地出门，常常带来凄凄惨惨的归家，而兴高采烈地守护傍晚，则带来凄凉难过的凌晨"（里斯，第 38 页；英格拉姆，第 25 页）。

在第 4 节第 12 段中有这样一句："他该多么勤奋地做好准备，方能得到基督的圣餐。"托马斯·阿·肯皮斯的建议是，把自己关在房子里，正如"一只鸟儿孤独地躲在屋檐下"（里斯，第 268 页；英格拉姆，第 276 页）。

4. "pleroma"（希腊文，"丰足"，"充沛"），与诺斯替教有关。

出自肯皮斯的《谈读圣经》（第 1 节第 5 段）："若汝欲受益于读经，则怀谦和、朴素、虔诚之心读之，勿求取博闻之名声。"（里斯，第 10 页；英格拉姆，第 107 页）

"oeuvres pies"（法语，"敬虔之工"）。

贝克特似乎在引用麦格里维的来信，但该信尚未找到。

5. "pretiosa margarital"（西班牙语，"宝珠"），比喻天国（见《马太福音》第 13 节第 45—46 行）。

在第 3 节第 37 段第 213 行中，托马斯·阿·肯皮斯写道："常人用嘴来传教，但生活中却远离了教义。然而，教义是一颗宝贵的珍珠，隐而不为常人所见。"（里斯，第 167 页；英格拉姆，第 108 页）

贝克特写的是"〈惊恐〉战栗"。"Macché"（意大利语俚语，"得了"，"别装蒜了"）。

6. "pentimenti"（意大利语，"悔悟"）。

7. "canular"（法语，巴黎高等师范学校俚语，"恶作剧"）。

8. 乔治·雷维已同马尔克·利沃维奇·斯洛宁（1894—1976）一道，在巴黎 15 区莱昂·吉洛广场 4 号创办了欧洲文学书局；编撰《欧洲大篷车》以来，他已数年都盼着在伦敦建立一个欧洲文学书局代理机构。

"六铃铛"是国王路上的一家酒吧，位于切尔西区土地广场附近。《超现实主义诗歌小集》，乔治·哈格涅编（巴黎：让娜·布歇出版社，1934）。

雷维同斯洛宁一道编辑并从俄文翻译了《苏维埃文学选集》（伦敦：威沙特出版公司，1933；法译本，《苏维埃文学选集：1918—1934》［巴黎：伽利玛出版社，1935］）。其编辑的保罗·艾吕雅诗集《雷霆的荆棘》中，有许多首为贝克特翻译；该书配合伦敦"国际超现实主义画展"（1936年6月11日至7月4日）发行。

雷维刚着手翻译尼古拉·亚历山德罗维奇·别尔佳耶夫（1874—1948）的作品《历史的意义》（1923；英译本，1936）。

雷维当前的诗歌基于集锦诗：例如，1935年他出版了两个集子，《浮士德的变形：诗篇》和《诺斯特拉达姆：诗集》，"欧罗巴诗人"丛书第一辑（巴黎：欧罗巴出版社，1935）；以及《爱的脆弱》，皮埃尔·沙尔奈译，"欧罗巴诗人"丛书（巴黎：欧罗巴出版社，1935）。雷维给贝克特看了哪一首诗，尚不得而知。

9. 露西娅·乔伊斯在伦敦的情况：见［1935年］2月20日的信，注10。

贝克特和赫斯特·道登在弹奏拉威尔的《悼念公主的孔雀舞曲》4首钢琴曲（见1931年2月24日的信，注4）。

10.《追寻主的足迹》（1934），作者亨［利］·沃［勒姆］·莫顿（1892—1979）。梅·贝克特的生日在3月1日。

11. 伊甸公园位于伦敦东南部，靠近贝肯纳姆。圣巴塞洛缪医院（巴塞），位于伦敦中东1区的西史密斯菲尔德。

12. 1935年3月9日，"莱纳弦乐四重奏"乐队在女王音乐厅演奏了贝多芬的整个《拉祖莫夫斯基四重奏》（曲集59）。

13. "来自多尼戈尔郡和约克郡的风景画"画展，见［1935年］2月20日的信，注15。

埃斯特拉·所罗门斯的杰克·叶芝的肖像画创作于1922年，现为斯莱戈郡图书馆兼博物馆收藏；在露易丝·雅各布斯的催促下，她已将自己的肖像画列入画展（露易丝·雅各布斯致埃斯特拉·所罗门斯·斯塔基的信，1934年10月10日，TCD，MS 4644/1208）。雅各布斯展出的画作有风景画（《蒙马特咖啡馆》《玩具岛的锦标赛》《惠特比镇的红屋顶》）以及肖像（TCD，MS 4644/3521；米歇尔·雅各布斯）。

14. 贝克特深感失望："《都柏林杂志》出刊了，可我的短诗却不在其中。"（贝克特致麦格里维的信，1935年4月26日，TCD，MS 10402/74）在一封致利文撒尔的信中，贝克特写道："［奥沙利文］拿了我的一首四行诗，说将于最好的一期刊出，可是他也许将该诗在灵床和淫乱转换上的恣意运用当烟抽了"；贝克特附上了《天色渐明》一诗（［1935年］8月7日的信，TxU）。

15. 歌德的自传《我的一生：诗与真理》（1811—1833；英译本名《歌德回忆录：

本人所写》）。贝克特也许读过标题"词序颠倒了的"版本，即《我的一生：真理与诗》，这样的版本有好几个。关于他读歌德自传的笔记见 TCD，MS 10971/1；详情参见：埃弗里特·弗罗斯特与简·马克斯维尔，"TCD，MS 10971/1；德国文学"，《笔记汇编全息》，*SBT/A* 特刊第 16 期（2006），第 115—116、120—123 页。

贝克特已读到歌德与德国哲学家约翰·戈特弗里德·冯·赫德（1744—1803）见面那一章（第 10 卷）。在歌德本人的笔下，其父亲有些专横，但令人尊敬。

16. 本·琼生的《炼金术士》（1610）将场景设置为一幢独立的医生住房里。贝克特引用了拉辛的歌剧《巴雅泽》（1672）："Nourri dans le serial, j'en connais les détours."（法语："虽圈养在后宫里，我却知其路径。"）（让·拉辛，《巴雅泽》[巴黎：门坎出版社，1947]，第 124 页；让·拉辛，《戏剧全集》第 2 卷，萨缪尔·所罗门译 [纽约：现代文库出版社，1969]，第 64 页）

17. 麦卡锡的画：见 [1935 年] 2 月 20 日的信，注 13。

巴黎
乔治·雷维

[1935 年 3 月 15 日]   伦敦西南 19 区

格特鲁特街 34 号

[无问候]

毕竟不叫《诗集》，而叫：《回声之骨及其他沉积物》。[1]

C'est plus modeste.[2]

S. B.

TPCI；1 张，2 面；寄往：巴黎 6 区波拿巴路 13 号欧洲文学书局，乔治·雷维先生收；寄出邮戳：1935/03/15，伦敦；收讫邮戳：1935/03/16，巴黎；正面另有他人手写，贾科梅蒂，伊波利特路 46 号，阿莱西亚街曼德隆十四；背面另有他人手写，1935 年 3 月 6 日；TxU。日期判定：据邮戳。

1. 贝克特选择了集子中最后一首诗的标题作为整个集子的标题。
2. "C'est plus modeste"（法语，"这个更谦逊"）。

伦敦
托马斯·麦格里维

1935 年 5 月 5 日

[都柏林郡]

库尔德里纳

亲爱的汤姆：

听说德夫林的访问获得成功，心里很高兴。周六的《爱尔兰时报》登载了他的诗，您看到了吗？令人欣喜的变化，摆脱了《古今颂歌》的束缚。[1]

除了两三个晚上心脏不舒服之外，事情都相当顺心了。同老妈待在一起很久了，发现她比以前更容易淡忘忧伤了，真是喜事。依然四处漫步。Quando il piede cammina il cuore gode.[2]

昨天下午，单独和杰克·叶芝待在一起，从 3 点一直待到 6 点，无人打搅，甚至叶芝太太也没有。看到了几幅崭新的画作。他似乎步入了更加自由的阶段。艺术学院的那幅——梅雷迪思替市立美术馆买下的《低潮》——让人不得不服。[3]他只模模糊糊地记得我手里的那幅水彩画，仿佛多半是斯莱戈的海鱼市场似的。[4]他想见见您，虽然没说一句表明他似乎知情的话，却强调了您想办法向国家美术馆求职这一明智的举动。[5]他从珀泽小姐那儿听说了吕尔萨的事儿——吕尔萨的画眼下在市立美术馆展出，遭人吐痰和戳棍子了。最后我们出了门，往南前往查利蒙特大楼，去探查一下周日开展的事，然后前往陪审团酒店喝上一杯。

282

像往常一样，临别时他主动给我买了一份《先驱报》。希望前往欧陆之前再看望他一次，但再也别想那样同他独处了。[6]

［……］

一天傍晚，同利文撒尔一道去看望了艾思娜。她在都柏林堡有份所谓的工作。波尔伯斯的画好像被海关无限期扣押了。[7]她借给我阿尔韦尼斯的两部曲子。我自个儿也找到了几首好听、好弹的德·法利亚钢琴曲。[8]

同托雷相处不错。可惜，他摆脱不了华丽的辞藻。先前的探索似乎才华横溢，不过，窃以为史学家会对这场"革命"吹毛求疵，说它不过是反封建民族传统中的一个插曲，会对从拒绝"革新"到议会大会的无逻辑推理无端指责。可是于我而言，简单化和随意的独断就再好不过了。[9]

［……］

猜想，您还记得美术馆里德尔·马索那幅不起眼的《乐师》。在我印象里，您似乎说起过它，说它就像您的宠物。真是引人入胜，有些华托的意境。威尔逊的两幅《蒂沃利》风景画画得不错，其中一幅简直就是达利奇那幅的复制品。[10]

今天傍晚教堂里要读的第二篇课文是"基督授命彼得"那节。"爱护我的羊羔，爱护我的羊群，爱护我的羊群"，还有"彼得，你要爱我"说三次。可怜的彼得，他凡事都要干三次。不管怎样，我记起了拉斐尔的画稿《授命》，而弥撒的其他环节倒也轻松，甚至有一场全谈 demes 的布道，以及 1/120 的 [?lav] per caput (si on peut dire)。[11]

都柏林倒也可爱，没有电车和巴士，山峦和大海仿佛匍匐得更近。[12]

可能待到月底，意思是说两周后的明天回到伦敦。说起老家的生活，我并不太乐意接受，可是回到伦敦这个想法，我也深恶痛绝。然而，必须如此。

我在格特鲁特街留下的那些书，不知您是否记得送往图书馆？

杰弗里没有消息。C'est l'amour.

向赫斯特和迪丽致以 schöne Grüssee。[13]

　　此致

萨姆

ALS；3 张，6 面；寄往：伦敦西南 3 区切恩花园 15 号，托马斯·麦格里维先生收；邮戳：1935/05/06，都柏林；TCD，MS 10402/75。

1. 丹尼斯·德夫林已入职爱尔兰外交部，正进行公务访问。其诗《片刻》分为三部分，每部分均以一次特定的观察起始；其早期诗作则主要取材于宗教或历史语境（《片刻》，《爱尔兰时报》，1935 年 5 月 4 日：第 7 版；见丹尼斯·德夫林，《丹尼斯·德夫林诗集》，J. C. C. 梅斯编［都柏林：德拉斯出版社，1989］，第 93—99、107—108 页）。

2. "Quando il piede cammina il cuore gode"（意大利语，"脚迈起步子时，心就喜悦起来"）。出处不明，多半是谚语。

3. 叶芝觉察到了贝克特的偏好，1935 年 2 月 13 日写信给麦格里维道："有一天我打电话找贝克特，可他不在家。我是想定个日子，请他到我这儿来——那个日子不要有别的访客，因为他不太喜欢身边有别的人。"（TCD，SM 10381/125）其妻是艺术家玛丽·科特纳姆·叶芝（原姓怀特，昵称科蒂，1867—1947）。

《低潮》（1935 年，都柏林休雷恩市立现代艺术美术馆，727 号；派尔 454 号）于 1935 年在爱尔兰皇家艺术学院画展中展出；该画卖给了法官詹姆斯·克里德·梅雷迪思（1875—1942）；1937 年，梅雷迪思将该画呈交市立现代艺术美术馆。（派尔，《杰克·B. 叶芝：油画分类编目》第 1 卷第 312 页，第 3 卷第 196 页）

4. 该水彩指《街头混混》（私人收藏，派尔 701 号）（派尔，《杰克·叶芝：水彩画、炭笔画及粉笔画》［都柏林：爱尔兰学术出版社，1993］，第 165 页）。

5. 招聘爱尔兰国家美术馆馆长的公告自 1935 年 4 月 9 日起登出两周；公告说明了应聘截止日期为 1935 年 5 月 21 日，强调"禁止理事会成员进行个人游说"（《爱尔兰时报》，1935 年 4 月 9 日：第 6 版）。杰克·叶芝劝说麦格里维道："希望你下定决心，回国应聘国家美术馆馆长一职。我有把握，你的胜算很大。"（1935 年 2 月 13 日，TCD，MS 10381/125）后来，他还寄了一份招聘公告，信中写道："我敢说，此事对双方都十分重要，只要你愿意干，下定决心干，那你就做得到，拿下这个岗位。"（1935 年 4 月 15 日，TCD，MS 10381/126）布莱恩·科菲也鼓励麦格里维应聘；其父丹尼斯·科菲博士（1865—1945）是都柏林大学学院校长兼国美馆理事（1935 年 5 月 16 日，TCD，MS 8110/19）。麦格里维于 5 月 18 日应聘，但未受邀参加面试。

6. 对吕尔萨《装饰风景》（都柏林休雷恩市立现代艺术美术馆，709 号）的破坏由馆长约翰·J. 雷诺兹（生卒年不详，1924 年 4 月 14 日至 1935 年 9 月 30 日任美术馆馆长）汇报给了市执行官（1935 年 4 月 26、27 日，"市立现代艺术美术馆记录"）。贝克特转告麦格里维说："中间的天空穿了一个大孔，几条划痕向左延伸，直达那'神奇的'壁架通道，以及看起来像痰渍的地方。"（1935 年 5 月 15 日，TCD，MS 10402/76）都柏林艺术家、艺术庇护人萨拉·珀泽已代表爱尔兰国家收藏馆藏友会接受了吕尔萨的画作：见 11 月 4 日［1932 年 11 月 3 日］的信，注 4。在《世界与裤子：范费尔德兄弟的画》一文中，贝克特写到了该画遭到的破坏，见《艺术手册》第 20—21 期（1945—1946），第 349 页；重印于萨缪尔·贝克特，《碎片集》，第 119 页。

当时，陪审团酒店位于学院绿地广场 6—8 号；叶芝经常阅读《先驱晚报》（1891—　）。

7. 艾思娜·麦卡锡名下的波尔伯斯画作：见［1935 年］2 月 20 日的信，注 13。其在都柏林堡的职位不得而知。

8. 艾思娜·麦卡锡把伊萨克·阿尔韦尼斯的哪几部钢琴曲借给了贝克特还不得而知。曼努埃尔·德·法利亚创作的钢琴曲数不胜数，其中有一些是从其芭蕾舞曲改编而成的。

9. 吉列尔莫·德·托雷（1900—1971），西班牙批评家，实验派诗歌运动"激进派"（兴盛于 1919—1923）的成员；在南美，该派诗人有阿根廷作家豪尔赫·路易斯·博尔赫斯（1899—1986）和智利诗人、外交官巴勃罗·聂鲁达（原名尼弗塔利·里卡多·雷耶斯·巴索阿尔托，1904—1973）。贝克特也许在读托雷的《欧洲先锋文学》（1925）；托雷是《文学报》（马德里）的创办人之一，给《新评论》第 1 卷第 4 期（1931—1932 年冬）也投过稿。

10. 贝克特把西班牙画家胡安·包蒂斯塔·马丁内斯·德尔·马索（约 1613—1667）的《乐师》（NGL 659 号）比作了安托万·华托的画。爱尔兰国家美术馆藏有理查德·威尔逊的两幅画：《俯瞰罗马平原的蒂沃利风景》（NGI 746 号）和《蒂沃利风景》（NGI 747 号），其中第一幅构图上更像达利奇的《蒂沃利、瀑布与"文学别墅"》（DPG 171 号）。

11. "基督授命彼得"（《约翰福音》第 21 章第 15—17 节）是为复活节后的第

二个周日（1935 年 5 月 5 日）傍晚礼拜所选经文篇目之一。

贝克特指维多利亚与阿尔伯特博物馆收藏的 7 幅拉斐尔画稿之一《基督授命彼得》（见［1935 年］2 月 20 日的信，注 12；www.vam.ac.uk/）。

贝克特所说有关 "demes" 的布道所指不明。关于最低付款额，法律规定是剩余负债的 1/120。傍晚礼拜的第二篇经文是《腓利比书》第 3 章 7—21 节；第 9 首诗提到拥有财富和拥有信仰的区别："没有我自己的正义，法律的正义，但……有上帝的正义，信仰赐予的正义"（《爱尔兰圣公会公祷书》［都柏林：爱尔兰圣公会基督教知识促进会，1927 年］，第 xxxvii 页）。

"Si on peut dire"（法语，"就那么说吧"）。

12. 都柏林的电车和巴士司机在罢工；弥撒到 1935 年 5 月 18 日才继续进行（"公交罢工持续 60 天"，《爱尔兰时报》，1935 年 5 月 18 日：第 9 版）。

13. 贝克特指汤普森追求厄休拉·斯滕豪斯的事。"C'est l'amour"（法语，"这就是爱情"）。"schöne Grüsse"（德语，"诚挚的问候"）。赫斯特·道登，杰拉尔丁·卡明斯（迪丽）。

伦敦
乔治·雷维

1935 年 5 月 23 日 [1]

伦敦西南 10 区

格特鲁特街 34 号

尊敬的乔治：

诺斯特拉达穆斯和米歇尔·德·洛必达携起手来，天体和陆地制图，真正的历史细胞。[1] 您的诗集扯掉了细胞膜。阴阳两极和阴阳原则，您要是喜欢的话就叫 ditto castanets[2]，这就是本人发现自己在阅读您整个诗集的过程中在沉思默想的，毫无疑问，这也是您的部分用意。[2] 但首

---

[1] 原信用法语写成。

[2] 西班牙语，"相同的响板"。

先要对那一威胁或者诺言表示祝贺，像某次期限无法预料的性高潮那样勃起的，圣巴塞洛缪本人的威胁或者诺言，这终究只是一种……呻吟，对苍穹跟着了火的臭屁一样毫无慰藉。[3]

所有标记都是告别的标记。[4]尽管这样，还是给本人一个吧。

此致

萨姆

ALS；1 张，1 面；TxU。

1.雷维引用了 D. H.劳伦斯的诗《死亡之船》中的几行，作为诗集《诺斯特拉达姆》的引言：

> 那么造一艘死亡之船，因为你得登上
> 最漫长的航程，通往湮没无闻的航程
> 然后死去，慢慢又痛苦地走向死亡
> 那介于新旧自我之间的死亡。（［第 3 页］）

《诺斯特拉达姆》的第一章为"说给诺斯特拉穆斯的一句话"（第 9—22 页），当中的诗探索了亨利二世（1519—1559）死后的政治和宗教动荡；这一局势法国医生、占星术士诺斯特拉达穆斯（米歇尔·德·诺斯特拉达姆的拉丁文名字，1503—1566）已预见到了。米歇尔·德·洛必达（约 1505—1573）是亨利二世在特伦特市政委员会（1545—1563）的代表，国王去世后于 1560 年至 1568 年间担任法国事务大臣；他倡导政策改革和宗教宽容，但随着"宗教战争"（天主教徒对胡格诺派教徒）于 1567 年再次爆发，洛必达及温和派信誉扫地。

雷维为这一章写下的引言出自诺斯特拉达穆斯之口（第 1 卷，第 53 页），只是用现代词汇替换了一些近代词汇：

> 哎，伟大的民族会遭受怎样的折磨
> 神圣的法律也会尽数毁灭，
> 基督教世界受到异教法则的搅动，
> 新的金矿、银矿何时才能找到。
> （《诺斯特拉达穆斯预言全集》，亨利·C.罗伯茨编译［纽约：王冠出版社，

287

1947〕，第 26 页）

　　雷维将《告诉我那个梦》一诗献给贝克特；该诗探索了诺斯特拉达穆斯的死亡之梦（《诺斯特拉达姆》，第 13 页）。

　　2. 雷维的《诺斯特拉达姆》中，第二诗集共 6 首，取名"没有怜悯之心的美人"（第 21—28 页）。贝克特暗指《诺斯特拉达姆》这两章之间的反差。

　　3. 在 1572 年的圣巴塞洛缪庆日，巴黎发生了针对法国胡格诺派教徒的大屠杀，该悲剧波及乡村，长达一个月。

　　4. 贝克特暗指雷维的法语诗《爱的脆弱》。

伦敦
乔治·雷维

1935 年 6 月 23 日 [1]　　　　　　　　　　　　　伦敦西南 10 区

　　　　　　　　　　　　　　　　　　　　　　　格特鲁特街 34 号

尊敬的乔治：

　　没错，他和她——活力的源泉、孤独的省略。我们会分手，绝不费心去查看两人之间相距有多远。

　　很高兴告诉您，在迄今为止本人所读过的您的大作当中，本人最喜欢的是《脆弱》。1 作为表达——言简意赅的抒情，朴实无华的思想，意蕴悠长的曲折叙述——它们毫无迷失方向的危险。（"Femmes si réelles"还有"Souci tristesse"的最后四行。）2 可是，主要是因为它们展现的性情，本人才赞佩其品质；在本人的脑海里，那种性情无别处可寻，只有在茹夫的《悲剧》里见识过，无论如何，只有在《悲剧》里才如此显著。3

---

[1] 原信用法语写成。

没有原文，本人也能断定译文近乎完美。[4]

万分感谢

此致

萨姆

ALS；1 张，1 面；TxU。

1. 雷维，《爱的脆弱》。
2. 雷维的诗：

> Femmes si réelles votre réalité n'est pas sûre
>
> quant à ce qui est des caresses
>
> signes d'adieu d' étoiles mourantes
>
> apposition des mains mésintelligence
>
> des lévres et des yeux
>
> l'enchainement de certaines moments
>
> et l'inconséquence de la plupart.

（第 21 页）

贝克特谈及了下节诗的最后 4 行：

> Souci tristesse
>
> Ainsi parle cette musique
>
> Mais le Coeur s'y laisserait prendre?
>
> Jamais! C'est une ravine ou l'on s'affaisse
>
> O destin plus fort que l'acier
>
> Et plus puissant que tout vouloir
>
> Il est là tapi dans cette musique
>
> Et le désir vous effleure
>
> Mais dans les failles des montagnes
>
> La neige s' écoule en torrents.

（第 16 页）

3.《悲剧》（1923），皮埃尔-让·茹夫（1887—1976）的诗集。

4.《爱的脆弱》，雷维诗集的法语译本：见［1935年］3月10日的信，注8；英语版推出了出版预告，但未能出版。

爱尔兰，塔伯特镇
托马斯·麦格里维

［1935年］9月8日   ［伦敦］

格特鲁特街34号

亲爱的汤姆：

　　思想与躯体的龃龉真是可怕。你们四人在一起，这才重要。[1] 还有就是您终于得以和她亲近了，即使只是一小会儿。但愿很快就会全都了结，于她和您的姐弟三人都了结。

　　我还是老样子，就像您了解的那样。真的很想念您。收到过赫斯特的明信片，说要回索伦托去。[2] 杰弗里圆滚滚的，不那么膜拜爱神了。我们在巴特西公园散过步，很是惬意。[3] 倒是想活在永恒的九月。人们竭力去青睐春天，那是徒劳。收到了西蒙与舒斯特的来信，他们想看看我手头的所有材料。于是告诉查托的人，请他们把《论普鲁斯特》和《徒劳》寄回来。帕森斯说，过了这么久又听到我本人的声音，真是服了。他是不是正要外出度假呢，诸如此类的原因吧。查托的人何时才能盼着接到我作为雇佣文人打来的电话呢。从今儿开始，慢慢等吧。没有查尔斯的消息，只收到他从英格兰中部寄来的一张明信片，说正在那儿大快朵颐。没问起您的情况。[4]

　　一直在校阅自己的诗，盼着尚未寄来的清样早些到手。"殡仪助理"是最难调和的。原本就不是诗，眼下能做的就是减少自己的损失。可是，那里面有某种东西，让我没法把它整个删除。它们会引发恼怒的哄笑和傻傻的驴叫，是吧。Déjà quelquechose. 还一直在校阅别的稿子，担心 involontairement 微不足道。[5] 既然如此，我亦如此，得了，阿门。真的，有点儿什么总强过事实之前的永恒空白和灭迹。希望坚持下去。

科斯特洛小姐从拉斯帕尔马斯过来了，可是我能预订的最好馆子只有波焦利。那儿的番茄肉酱意面很有催情功效，请杰弗里和正在求婚的极端派别见怪。我们去了托特纳姆法院路，看了一部西班牙彩色短片《蟑螂》。[6] 那部片子让我冷静了下来。也是好事啊，有这个没阴蒂的伴侣。

［……］

开始疑心，除了别的毛病，自己还得了恋老癖。您在周六下午和周日看到的那些衣衫褴褛却令人敬重的小老头，要么在花园里四处走动，顺便干些零活，要么在肯辛顿的圆形池塘边把风筝放得远远的，高高的。昨天，后者举行了定期的俱乐部活动，带着几个孙子孙女，坐成月牙形等着起风。风筝铺在草地上，长长的尾部精心地摆好，一切都装配好了，只待起风。因为风筝是拆开了带来的，支架和尾部卷在帆布里，线则卷在大大的线圈上。有的还备了小船，但真正的风筝迷没有。接着，刮起第一丝风的时候，就立马行动，准备放飞。他们把风筝放到一眼望不见的地方，昨天就越过南面的大树，放到了傍晚无一丝云彩的淡绿色天空中。再接着，当线拉到了尽头，他们就坐在那儿望着风筝，拉一拉线，一副马车夫拉缰绳的模样，想必是要让风筝保持高度。看来放飞活动丝毫都无关竞争。到后来，大约一个小时后，他们轻柔地收起风筝就回家了。昨天我待在那儿，脚底都生根了似的走不开，直纳闷到底是什么让我挪不开步子。鸟儿在风筝下方的近旁飞行，这也有不同一般的效果。我身旁的老头或者说老青年，不是大世界的人，而是来自小世界，他一定是个风筝迷。如此绝然地没有名利之心，就像一首诗，或者说在需求与供给发生巧合且祷告即是上帝的渊数才有益。没错，要说得清清楚楚，得说祷告而非诗歌，因为诗歌就是祷告，是"戴夫斯和拉撒路"的合二为一。[7]

还有对面房子里的那个"老小伙"，他的发作当然一直是首次描述给我听了的重罪，而他的杯子依然放在窗台上他放杯子的地方，只是外壳已被人弄走了。猜想他们在后院里养了母鸡。得了，猜想人们越少带着他们绕着肮脏荣耀的肮脏云彩奔波，他们就越加可亲可爱，于是干净的老头挖出眼睛。怀旧的教条适用于粪便。甚至他们也飞快就冷静下来。[8]

科斯特洛小姐对我说："除了一事无成的人，您对谁都没有一句好话。"当时我就觉得，那就是长久以来所有人对我说过的最中听的话了。

对您的所有祝福您都知道。首先，但愿您《安排》出版的希望不会再延迟太久。[9]接着是别的祝愿。

　　谨上

s/ 萨姆

TLS；1张，2面；TCD，MS 10402/80。日期判定：在1935年8月31日的一封信（TCD）中，贝克特给麦格里维写道，哥哥弗兰克到了西北部的多尼戈尔郡，要住上两周；而1935年9月22日，弗兰克和梅·贝克特已动身去了都柏林东南面的基利尼镇。先前见刊版本：以"开始疑心……"开头的那段发表于戴尔德丽·贝尔，《萨缪尔·贝克特传》（纽约：哈考特－布雷斯－约万诺维奇出版社，1978），第207页。

1. 麦格里维给理查德·阿尔丁顿写信道："我老妈状况很不好，但眼下心宽了些，思想清晰得一如从前。"（1935年9月10日，TxU：德里克·帕特莫尔）麦格里维六姐妹中有两位同他一起待在塔伯特，即已婚的霍诺拉·费伦和未出嫁的玛格丽特·麦格里维。

2. 赫斯特·道登在爱尔兰度假；之前她同朋友杰拉尔丁·卡明斯住在布雷，这会儿正在女儿多莉·鲁宾逊位于多基的索伦托家里做客（卡明斯致托马斯·麦格里维的信，1935年8月14日，TCD，MS 8111）。

3. 杰弗里·汤普森。巴特西公园位于伦敦西南11区的泰晤士河畔。

4. 纽约出版商，西蒙与舒斯特出版社。

伊恩·帕森斯（1906—1980）是查托–温德斯出版社的编辑。贝克特所谓的"雇佣活儿"指其书评创作。1932年，他向查托–温德斯出版社提出过要撰写一篇纪德评论（见［1932年9月］13日的信，注3）。

查尔斯·普伦蒂斯已于1934年底从查托–温德斯出版社社长的位置上退休（普伦蒂斯致哈罗德·雷蒙德［1887—1975，查托–温德斯出版社合伙人］的信，1935年1月3日，附一份"适时签署及连署的解除责任契据"［UoR, MS 2444 CW 54/13］）。贝克特在转告帕森斯告知的普伦蒂斯近况；意料之中的是，麦格里维误解了这一点，认为普伦蒂斯虽然没同自己保持联系，却一直同贝克特有来往："萨收到了一张奇怪的明信片，上面提都没提我。"（麦格里维致查德·阿尔丁顿的信，1935年9月11日；TxU，德里克·帕特莫尔档案盒）

5. 贝克特正盼着收到第一部诗集《回声之骨》的清样；该诗集1935年11月由欧罗巴出版社推出。所谓"殡仪助理"指诗集中的《马拉科达》（第33—34页）。

"Déjà quelquechose"［quelque chose］（法语，"聊胜于无"）。"involontairement"（法语，"无心地"，"不自觉地"）。

6. 努阿拉·科斯特洛。拉斯帕尔马斯，西班牙大加那利岛的首府。波焦利是一家意大利餐馆，位于伦敦索霍区的夏洛特街5号。电影《蟑螂》（1934）由劳埃德·科里根（1900—1969）导演。

7. 术语"恋老癖"在贝克特所做关于欧内斯特·琼斯《精神分析论稿》（1923）读书笔记中出现过（TCD, MS 10971/8/18）。

贝克特写的是"〈祷告〉诗歌就是祷告"。

在寓言"戴夫斯和拉撒路"（《路加福音》第16章第19—31节）中，富翁戴夫斯的祈求没有得到恩准，而乞丐拉撒路的愿望得到了实现。

8. "老小伙"及其病情在贝尔的《萨缪尔·贝克特传》第207页有描述，但该书未给明具体出处。

9. 麦格里维的小说《安排》（又名《我也不会》）从未出版（见 TCD, MS 8039/55）。

凯里郡塔伯特镇

托马斯·麦格里维

周日［1935年9月22日］ ［伦敦］

格特鲁特街34号

亲爱的汤姆：

今天与赫斯特和雷文共进午餐了。度完假后，赫斯特像换了个人似的。猜想是已和多莉搞定了事情的结果。她似乎跑了不少地方，见了所有本·琼生式的人物，见了奥凯西上上下下的人。根据她对第一晚所看希金斯（她叫他奥希金斯）扮演太监的那出戏的描述，我说出了朗福德的名字，这事儿令她大喜过望。[1] 她似乎知道您的名字与市立美术馆有关联，但她说自己听到的只有对雷诺兹的高度赞扬。您再也没收到斯图尔特的信了，真是搞笑。也许 Münden in 即将来临，佃农一个。[2]

没收到任何刊发拙诗的征询函，清样也没有寄来。收到了雷维从托莱多省寄来的明信片——来自奥尔加尔［奥尔加斯］伯爵。西与舒再无联系。查托兴许就没动过把书稿寄回来的心思。不要以为事情会有什么结果，除非他们想要和我签合同，约定某月某日交来某部作品。[3]

一直在强迫自己持之以恒地创作，但进展极其缓慢。写了大约9 000字了。写得很糟，自己都觉得索然寡味。[4]

肠道的病痛比先前更厉害了。拜昂没有兴趣。杰弗里装出笑容。我暗下决心，再也不像以前那样接受分析治疗了；从今往后，接受治疗就是拿钱打水漂。可是又没有勇气终止治疗。敢打包票，我的肠道也出了问题，可是又没勇气自个儿去看医生。像我这样缺乏勇气，那就再无可说可做的了。

杰弗里定于11月2日在多塞特郡的卢沃斯湾结婚，在教堂举行婚礼。老早前我就答应去婚姻登记处给他当见证人，于是现在就发现自己有事做了，要解决"毛人"的不幸了。一周前的今天南下到了贝德兰，生平第一次探视了病房，虽说什么都看到了，从轻微的压抑到深度的痴呆都没落下，但几乎没有恐怖感。[5]

周四去了沃伊兹可夫斯基的芭蕾专场，看了《空中精灵》，觉得相当丑陋，还看了《巫师之爱》和《彼得鲁什卡》。塔拉卡诺娃跳寡妇和木偶的角色，跳得出神入化。再次在国王路撞见了希利斯，于是同他一起去。一天傍晚，同他在切恩街共进晚餐，他为我弹起德彪西四重奏和《佩利亚斯》中的几首歌（si on peut dire）。真是讨人喜欢。他真是讨人喜欢，音乐方面见多识广。沃伊兹可夫斯基跳得没有马西涅到位，可是尽管毫无这么做的意图，但《彼得鲁什卡》的哲学性还是得到了阐释，露过面了，人性贫乏的人崇拜泥球，而人性充盈的人却咒骂自己的造物主。[6]

家里传来的消息让人放心。他们终于到基利尼了。[7]弗兰克从不写信，可是看得出老妈心情好些了。所有客人都走了，意味着他们俩的紧张感得到了强化。

雷文十分愉快（自个儿），谈吐间时常提及为您的书担保。周三拿了布瓦西耶的书，准备办续借手续，不会忘的。[8]一点儿都不麻烦。真高兴，您还留着书目。几个星期没去过美术馆了。全神贯注地创作吸干了我所有的注意力。连上床睡觉都不敢奢望呢！

对蒙克蕾蒂安一无所知。赫斯特老是说蒙泰朗的好话，还有居伊·德·普塔莱斯的《肖邦》的好话，可我得说，这样的作品我连瞄一眼都不愿意。[9]已再次陷入拉伯雷的书，登上了环游世界的航程，去求教圣瓶上的神谕。[10]

天气本来无比灿烂，无法不叫人走出门去，尤其是黄昏时分，可是自从一周前的上个周四恶毒的月亮爬上天空以来，天气就很不稳定了。

昨天，圆形池塘边的风筝就升不上去，满天空地扭转摆动。要是有这样的情形的话，拙书就以一个老头放风筝的情景结尾。[11]

茜茜从霍斯搬走了，眼下住在南郊的莫恩路。她租了一架钢琴，写信时兴高采烈，说有了庇护所了，只是波士不愿离开纽卡斯尔。[12]

希利厄德还在四处活动。一天上午我出门去，竟发现他在同街头的顽童玩板球。毫无疑问，他住在帕迪·特伦奇那儿；那哥们我见过，骑着旧摩托车四处狂飙。[13]

您母亲的康复能力真是令人惊讶，但愿能将她带往值得拥有的境况。当然，迪莉娅的情况叫人非常难堪，不过我敢肯定，您在为家里多住一个人而祈福。[14]

敬上

萨姆

ALS；3张，3面；寄往：爱尔兰自由邦凯里郡塔伯特镇，托马斯·麦格里维先生收；邮戳：1935/09/23，伦敦；TCD，MS 10402/81。日期判定：邮戳；1935 年 9 月 19 日为周四，唯有当天的傍晚，沃伊兹可夫斯基大剧场芭蕾专场的节目单上才同时有《空中精灵》《巫师之爱》和《彼得鲁什卡》。

1. 赫斯特·道登和托马斯·霍姆斯·雷文希尔。赫斯特刚从爱尔兰回来，结束了同女儿多莉·鲁宾逊一道的访问；贝克特提到本·琼生，表明赫斯特见了所有与阿比剧院有联系的剧作家：她女婿伦诺克斯·鲁宾逊正是该剧院的董事。

爱德华·阿瑟·亨利·帕克南（1902—1961），第六任朗福德伯爵，戏剧制片人兼剧作家，1931 年至 1936 年对新生的大门剧院给予了支持；其间，该剧院分为大门演剧公司和朗福德演员经纪公司，两者轮流驻都柏林演出 6 个月，再外出巡回演出 6 个月。

F. R. 希金斯 1935 年成为阿比剧院的董事；其诗剧《杰克斯的平手》于 1935 年 9 月 16 日开演，到场的有朗福德伯爵和爱尔兰优秀剧作家肖恩·奥凯西（1880—1964）（霍洛韦，《约瑟夫·霍洛韦的爱尔兰戏剧，第二卷：1932—1937》，第 48 页）。

2. 从 1924 年直至 1935 年 9 月 30 日，约翰·J. 雷诺兹（生卒年不详）一直担任市立现代艺术美术馆馆长；1935 年 10 月 1 日由约翰·F. 凯利（生卒年不详）接任。

威廉·麦考斯兰·斯图尔特（1900—1989），时任苏格兰圣安德鲁斯大学法语教授，曾向麦格里维提及过市立现代艺术美术馆招聘馆长的事，说只要麦格里维有兴趣，他就联系 W. B. 叶芝和德莫德·奥布莱恩，推荐他应聘（斯图尔特致麦格里维的信，1935 年 8 月 19 日［TCD, MS 8136/76］；苏珊·施里布曼，2007 年 1 月 15 日）。

"Münden in"（德语，"流出，如河口的流水"）。

3. 贝克特盼着乔治·雷维从欧罗巴出版社寄来《回声之骨》的清样。雷维已从西班牙寄来了一张明信片，上面的画是《奥尔加斯伯爵的葬礼》（1586 年，托莱多省圣托美教堂），作者克里特裔艺术家埃尔·格列柯（原名多米尼克斯·迪奥托克鲍勒斯，1541—1614）；对于该画，贝克特并不陌生，早在《梦中佳人至庸女》中就提道："她的大眼睛［……］变得大大的，黑黑的，就像埃尔·格列柯在《奥尔加斯伯爵的葬礼》中，拿粘满颜料的画笔巧妙地点上两三下就画成了伯爵儿子那淫荡的眼睛，要不是他的情妇？"（第 174 页）

西蒙与舒斯特出版社提出的交稿日期：1935 年 9 月 8 日。

4. 小说《莫菲》的手稿。

5. 杰弗里·汤普森和厄休拉·汤普森于 1935 年 11 月 2 日在英格兰的卢沃斯湾举行婚礼（辛西娅·弗莱泽，1994 年 7 月 18 日），贝克特担任伴郎。贝克特笔下的人物卡佩·昆"被粉丝们称作毛人"，也担任了贝拉夸与塞尔玛·博格斯婚礼的伴郎（《徒劳无益》，第 124 页）。

汤普森在贝特莱姆皇家医院（俗称贝德兰）担任高级住院医师；1914 年时，该医院据称是一家"慈善机构，收治轻度精神病人，尤其是可治愈病例（半数以上康复出院）"（芬德利·缪尔黑德，《伦敦及其环境》，第 2 版，"蓝色指南"丛书［伦敦：麦克米伦出版社，1922］，第 319 页）。

6. 1935 年 9 月 19 日（周四），波兰舞蹈家兼编舞师莱昂·沃伊兹可夫斯基（1899—1975）的演艺公司在伦敦大剧场进行演出。芭蕾舞《空中精灵》（1909 年；先前名为《仙女》）由米歇尔·福基涅（1880—1942）编舞，亚历山大·康斯坦丁诺维奇·格拉祖诺夫（1865—1936）、伊戈尔·斯特拉文斯基和谢尔盖·伊万诺维奇·塔涅耶夫（1856—1915）配乐，采用弗雷德里克·肖邦的曲子。

在芭蕾舞《巫师之爱》（1935）中，沃伊兹可夫斯基为曼努埃尔·德·法利亚的独幕芭蕾舞《爱上巫师》（1916—1917）编排了新的舞蹈；在该版舞蹈中，妮娜·塔拉卡诺娃（1915—1994）扮演了寡妇；在斯特拉文斯基的芭蕾舞《彼得鲁什卡》中，她还扮演了由米歇尔·福基涅编舞的芭蕾舞明星 / 木偶的角色。

阿瑟·希利斯回忆了贝克特对《彼得鲁什卡》的追捧，说贝克特对德彪西《G 小调弦乐四重奏》（曲集 10）的结构特别好奇：这支曲子在前三个乐章是怎么组合起来的，接着"在第四个乐章又是怎么分崩离析的"（阿瑟·希利斯，1992 年 7 月 3 日）。德彪西四幕歌剧《佩利亚斯与梅丽桑德》的选段录制为《收藏家的佩利亚斯》（巴黎唱片公司，VAIA 1083,1927—1928）。

"si on peut dire"（法语，"假如可以那么称呼它们的话"）。

1914 年至 1928 年间，莱奥尼德·马西涅在季阿吉列夫的芭蕾舞中扮演主角。1915 年至 1929 年间，沃伊兹可夫斯基是季阿吉列夫俄罗斯芭蕾舞团的成员，和马西涅轮流担任主角。

在《彼得鲁什卡》中，摩尔人推论说椰子里住着一个法力无边的神，还向椰子敬礼膜拜，而老巫师则证明彼得鲁什卡不过是个木偶，以此来驱除围观者的沮丧心情。

7. 梅·贝克特和弗兰克·贝克特已暂时搬到了基利尼的一幢房子里。

8. 雷文希尔对麦格里维新近出版的作品给予了积极评价：《诗集》（1934）及译著《哀上流社会之死》。

麦格里维离开伦敦期间，贝克特在图书馆办理了法国古典学者加斯东·布瓦西耶（原名玛丽–路易–安托万–加斯东·布瓦西耶，1823—1908）著作的续借手续。

9. 安托万·德·蒙克雷蒂安（约 1575—1621），法国戏剧家、经济学家。

居伊·德·普塔莱斯（1881—1941），《肖邦：诗人之所在》（巴黎：伽利玛出版社，1926），英译为《弗雷德里克·肖邦：孤独之人》，译者小查尔斯·贝利（伦敦：T. 巴特沃斯出版社，1927）。

10. 贝克特已购买了"法国精灵版"拉伯雷《巨人传》（1532—1533）四卷本（巴黎：R. 伊尔桑出版社，1932；巴黎：伽利玛出版社，1932）（贝克特致麦格里维的信，[1935 年 7 月] 25 日，TCD，MS 10402/77）。拉伯雷叙述了一场追寻"圣瓶上的神谕"的环球之旅（第 3 至第 5 部）。尽管圣三一学院的 10969 号手稿中有从此版摘录的笔记，但没有一处笔记摘自第 4 或第 5 部（埃弗里特·弗罗斯特与简·马克斯维尔，"TCD，MS 10969：德国、欧洲与法国革命。拉伯雷"，《笔记汇编全息》，*SBT/A* 特刊第 16 期 [2006]，第 96—97、102—103 页）。

11.《莫菲》的结尾：见 1935 年 9 月 8 日的信。

12. 茜茜·辛克莱已带着三个孩子（南希、戴尔德丽、莫里斯）搬到了都柏林郡拉斯格区的莫恩路 85 号；房子为贝克特家族的地产。波士·辛克莱正在爱尔兰的国立结核病医院接受治疗；该医院原名纽卡斯尔疗养院，位于威克洛郡灰岩镇附近的新镇山肯尼迪。

13. 罗伯特·马丁·希利厄德（1904—1937）曾在都柏林圣三一学院就读，作为次轻量级拳击手代表爱尔兰参加了 1928 年的奥林匹克运动会，后授予圣职，在贝尔法斯特的爱尔兰圣公会任教区牧师（1933—1934）；再后迁往伦敦担任记者（1935）（查默斯·［特里·］特伦奇，1993年8月27日，及1993年9月13日；巴尔牧师致特里·特伦奇的信，1993年9月28日；约翰·科科兰，"罗伯特·马丁·希利厄德（1904—1937）牧师"，《凯里考古与历史学会杂志》，丛刊二，第5卷［2005］，第207—219页）。

帕特里克·特伦奇（1896—1939）是都柏林圣三一学院英语教授威尔布拉厄姆·菲茨约翰·特伦奇的大儿子，1935年9月的时候住在国王路351号。

14. 布里奇特·麦格里维（昵称迪莉娅，1896—1977）没有找到教师工作，因而继续住在塔伯特镇的麦格里维祖屋。

凯里郡塔伯特镇
托马斯·麦格里维

1935年10月8日 　　　　　　　　　　　　［伦敦］西南10区
　　　　　　　　　　　　　　　　　　　格特鲁特街34号

亲爱的汤姆：

《观察家报》上没看到您的"读者来信"，但下个周日会进来的。多好的文章啊——tout de même！把那个尿壶加尔文自负地裁剪了下来。下周您会把它浆一浆，让它伸展开来的。[1]

您姐姐找到临时工作了，真是好消息。曾料想［现料想］这就免去了与您母亲面对面的尴尬。

好像是一周前的周六晚上见到了赫斯特。去了她家，看到她与侄女及丈夫在一起。[2]此后就没去过了。

有一天同拜昂共进晚餐，在夏洛特街的"星光"匆匆垫了垫肚子，但也垫饱了，接着就赶到心理医学研究所去听荣格的报告。在我的印象里，他像个超级AE，学识渊博得异乎寻常，敢于挑战，见解犀利，但末尾照样是乌贼喷墨水——逃离了论题。[3] 不过，他撂下了一些不同寻常的东西。他满腹牢骚，说自己竟不是个神秘论者，这倒让人觉得他一定是最最模棱两可的那类人之一。当然了，在自己的讲座里他没法不用这套术语，不过我料想，那对谁都不是易事。他的讲座——那晚我去听的那个——谈的主要是对某个病人的三个梦所做的所谓综合（与弗洛伊德的分析相对）阐释；最终，病人只能与狗为舞，因为他始终把梦中的某个要素当作俄狄浦斯情结的所在，而荣格却告诉他绝非如此！然而，与狗为舞期间，病人的神经病症却康复了——又是荣格的看法。[4] 这个头脑在我看来是瑞士人当中出类拔萃的，拉瓦特与卢梭，激情与欧几里得的混合物，一个有条不紊的行吟诗人。[5] 好吧，约拉斯的鸽子，不过，最终我会想得比弗洛伊德指甲下的灰尘还要少。[6] 没法想象他给病人治病就让神经病症一缕飞散，可是，据说他确曾治愈过几个精神分裂的病例。假如这是真的，那他就是第一个这么做的。他要求病人把自己的星座图刻成盘！[7]

拜昂下了班就讨人喜欢，可言语间总夹杂着阵营间你坑我绊的内容，叫我颤抖。[8] 但愿他那样请我去见面，还没有把两人都伤害到。

心想，过了圣诞节恐怕就不会接受分析治疗了。原先盼着通过分析治疗摆脱的种种困扰，我倒没期待会比眼下的情形有任何的减少。Tant pis. 我得顺着它们来。[9]

至于离家（甚至去西班牙）的事，担心一段时间里做不到。老妈会觉得我该多多陪着她，况且也许我终究会发现自己融入了都柏林，还能在那儿找份工作。她从基利尼写信来，我想比刚开始时心情好多了，还表露出一种新的意识，就是得如何接受今后的人生。她同弗兰克去看了电影《基督山伯爵》！真乃奇迹也！[10]

期望诗集的清样这周寄来。所有这类打发的活儿都干完了。"殡仪助理"那章改得不错，其余的多多少少还是您了解的那样。拿它们发表，任人恶评，这会是一种解脱。[11]

这本书我一直在废寝忘食地写，只不过进展缓慢，但我觉得有一点不容置疑，就是写完只是迟早的事。整件事儿都得丢下不管的感觉已经烟消云散了，只剩下写作的劳苦，再无别的。[12]没有多少随之而来的兴奋，一旦下一章开始，前一章就失去自身的光彩和新奇。写了大约2万字了。也许会给您寄一章来，看能否通得过您这一关，不过还是觉得宁愿先等等，到时候再把完整的书稿寄给您。

很久没见杰弗里了。本月底他要离开贝特莱姆，据我所知，他定于11月2日结婚的计划没有改变，安排了我去当拿礼帽的伴郎呢。该死的鸟事。[13]

有一天去了美术馆，在西格斯厅看到了很多画，是以前从未见过的，还在法布里蒂乌斯厅看到了《乐师》。[14]有各种各样的表演可以去看，可我还没看过一场。希利斯要我周四去看《鲍里斯》，但即使是里姆斯基修订过了，那部歌剧留给我的感觉依然是像个烫手的大山芋。好像当晚在威格莫尔音乐厅有一场四重奏，有勃拉姆斯、沃尔夫和西贝柳斯的曲子，我们也许会去听那场。希利斯——ça va。还有奥特韦的《兵饷》、T. S. 艾略特的《斯维尼》、约斯芭蕾舞团的节目以及嘉宝主演的新版《卡列尼娜》。也许最后这场想点办法就能看到。[15]

欧文在《观察家报》上打破了自己的所有纪录。给您寄过。"明白，亲爱的"！但麦卡锡给《霍金斯传》写的书评就在后面不远。谢天谢地，不用瞄一眼这些呕吐物，谁都可以动笔写作。[16]

可以相信，德夫林在提携我们。但我担心，他依附德·瓦的时机有点儿晚了。[17]

收到了杰克·叶芝的来信，信中提到他追索过的那幅画，这事儿我告诉过您吗？他去阿比剧院看《托拜厄斯与天使》了。那是什么样的戏？[18]

弗罗斯特太太同楼上的那对 Lieblings 吵了一架，因为他们拿收音机放个不停。他们要走了。下个周六走。谢天谢地。现在兴许能集些邮票了。她想知道杰弗里夫妇是否会租下那间房子！要是租的话，那张床就会相应地嘎吱作响。[19]

您那本布瓦西耶的书这周又要到期了，我得记住再去续借。[20]最近啥都没读。开始睁眼躺着前，翻翻《标准晚报》和贝德克尔的《巴黎导游》。[21]睡眠糟透了。猜想是因为借书的事。要在工作和生活之间达成一个可以忍受的平衡，真是难啊。

茜茜这么久都没给我写信。料想波士身体不太好，写不了信。他不会离开纽卡斯尔。西蒙与舒斯特没有消息。不知道查托是不是把我给毙了。[22]没兴头去打听。

　　上帝保佑

萨姆

ALS；2 张，4 面；寄往：爱尔兰自由邦凯里郡塔伯特镇，托马斯·麦格里维先生收；邮戳：1935/10/09，伦敦；TCD，MS 10402/83。

1. 麦格里维的"读者来信"题为《意大利艺术的问题》，探讨的是米开朗琪罗名画《圣家族与施洗者圣约翰》（约 1506/1508，为多尼家族创作，佛罗伦萨乌菲兹美术馆）背景中的几个裸体画像；该文认为，背景中的裸体画像代表了"自然法则"，而前景中的圣人之家则承载了"神恩法则"（《观察家报》，1935 年 10 月 13 日：第15 页）。

"tout de même"（法语，"依然"）。

1908 年至 1942 年，詹姆斯·路易斯·加尔文（1868—1947）任《观察家报》及《不列颠百科全书》（第 13、14 版）主编。其刊首语"这次别进来"声称，意大利军队对阿比西尼亚的阿杜瓦的攻击证实了他的观点，就是墨索里尼和希特勒构成了真正的威胁，英国的绥靖政策是荒谬和不当的，一旦美国、日本和德国退出国际联盟，其结盟公约就是一纸空文（《观察家报》，1935 年 10 月 6 日：第 18 版）。

2. 贝克特指麦格里维的姐姐迪莉娅。

赫斯特·道登的侄女所指不明；其妹妹希尔达·玛丽·道登（1875—1936）并未结婚。

3. 伦敦西郊索霍区夏洛特街30号的星光酒家。

卡尔·古斯塔夫·荣格（1875—1961）受医学心理学研究所（塔维斯托克诊所）的邀请，于1935年9月30日至10月4日举办5场系列讲座。拜昂在第2和第4场担任讨论人；他带贝克特去听了第3场（1935年10月2日，周三）。

AE（爱尔兰艺术家乔治·拉塞尔的笔名）对神智学、爱尔兰古代神话和神秘主义颇有兴趣。

4. 讲座刚结束，有人问荣格该怎样把神秘主义融入他的心理学研究和心灵研究。他回答道："神秘论者是对集体无意识的工作程序有一种特别生动的经验的人。神秘主义的经验即对原型的经验。"接着他补充说，对原型的形式和神秘主义的形式他不加区分（C. G. 荣格，《分析心理学的理论与实践：塔维斯托克系列讲座》［伦敦：劳特利奇和基根·保罗出版社，1968］，第110—111页）。在讲座（第99—100页）中，荣格探讨了梦境中的"阿尼玛人物"。他还谈道，有个病人想当教授，只是他做的梦暗示了这个目标远非其能力所及；无论如何，病人坚持认为自己的梦代表了一种未实现的乱伦欲望，而那种欲望是可以克服的。荣格汇报说："仅过了大约三个月，他就失去教职，与狗为舞了。"（第96—105页）

5. 贝克特写的是"〈他正是〉这个头脑"。

约翰·卡斯帕·拉瓦特（1741—1801），瑞士诗人、相面术士、神学家，赫德和歌德的密友。让-雅克·卢梭（1712—1778），日内瓦公民，哲学家、作家、作曲家。欧几里得（公元前3世纪），古希腊数学家，"几何学之父"。

6. "在荣格的著述中，约拉斯找到了在弗洛伊德的作品中寻觅过却不可得的形而上学"（欧仁·约拉斯，《巴别塔来的人》，第xxi—xxii页）。

7. 在第3场塔维斯托克讲座后的讨论中，荣格总结说："从原则上来说，我没法治愈精神分裂。偶尔碰上了好运，我倒是能把碎片合成整体。"（荣格，《分析心理学》，第113页）

1947年9月6日，荣格给《占星术杂志》（印度）的B. V. 拉曼写信道："在艰难的心理学诊断病例中，我通常靠星座盘来占卜，以从截然不同的角度得出更深刻的见解"（C. G. 荣格，《C. G. 荣格书信集》第1卷，杰哈德·阿德勒与安妮拉·雅菲编，R. F. C. 哈尔译，［普林斯顿：普林斯顿大学出版社，1973］，第475页；亦见安妮拉·雅菲，《C. G. 荣格生平与作品选》，R. F. C. 哈尔与默里·斯泰恩译［瑞士艾因西德伦：戴蒙出版社，1989］，第17—45页）。

8. "你坑我绊"指各派心理分析理论的拥护者相互抨击。

9. "Tant pis"（法语，"糟透了"）。

10. 电影《基督山伯爵》（1934），美国裔罗兰·V.李（1891—1975）导演，罗伯特·多纳（1905—1958）和伊丽莎·兰迪（原名伊丽莎白·玛丽·克里斯丁·库尼尔特，1904—1948）主演，1935年9月23日所在那周都柏林大都会影院上演。

11. 贝克特《回声之骨》的出版商欧罗巴出版社依靠订购量来抵销印刷成本。贝克特指短诗《马拉科达》。

12. 贝克特正在创作《莫菲》初稿。

13. 汤普森夫妇的婚礼：见1935年9月22日的信，注5。

14. 《山地风景》（NGL，4383），以前业内认为作者是赫尔克里斯·西格斯（又作西格尔斯，约1589—1638），现在认定作者为西格斯的模仿者（尼尔·马克拉伦，《荷兰画派：1600—1900》第1卷，克里斯托弗·布朗校订［伦敦：国家美术馆，1991］，第420页）。荷兰国家卡雷尔·法布里蒂乌斯（1622—1654），《带乐器经销商摊位的代尔夫特一瞥》（1652，NGL 3714）。

15. 希利斯提议他们去听莫迪斯特·彼得洛维奇·穆索尔斯基（1839—1881）的歌剧《鲍里斯·戈杜诺夫》，该剧于1935年9月29日上演，是沙德勒之井剧院演出季的开幕之作。海报上称，该版是1869年原版歌剧的首个英语版；穆索尔斯基于1872年做了修订，音乐制片人尼古拉·林姆斯基-高沙可夫于1896年和1908年重新编曲。

贝克特将两场音乐会混为一谈了。10月12日周六，伊索德·梅吉斯四重奏乐队在威格尔音乐厅演奏了芬兰作曲家让·西贝柳斯（1865—1957）的D小调《弦乐四重奏（曲集56）》（《亲密之声》）；奥地利作曲家雨果·沃尔夫（1860—1903）的G大调弦乐四重奏《小夜曲》（《意大利小夜曲》）；以及比利时裔法国作曲家塞萨尔·弗兰克（1822—1890）的D大调《弦乐四重奏》（曲集9）。10月17日周四，伊索德·梅吉斯四重奏乐队由小提琴家伊索德·梅吉斯（1893—1976）本人领队，另邀了海伦·贾斯特（1903—1989）和阿尔弗雷德·德·瑞格［尔］（活跃于20世纪三四十年代），在威格尔音乐厅演奏了俄罗斯作曲家彼得·伊里奇·柴可夫斯基（1840—1893）的D大调弦乐六重奏《佛罗伦萨的回忆》（曲集70）；德国作曲家约翰内斯·勃拉姆斯（1833—1897）的G大调《弦乐六重奏第二首》（曲集36）；以及英国作曲家弗兰克·布里奇（1879—1941）的《弦乐六重奏》。

"ca va"（法语，"还好"）。

英国剧作家托马斯·奥特韦（1652—1658）的《兵饷》（1680）正在大使剧场演出。T. S. 艾略特的《力士斯维尼》（1926）正在威斯敏斯特院上演；德国舞蹈家、编舞师库尔特·约斯（1901—1979）的约斯芭蕾舞团正在欢乐剧场上演保留曲集中的

《绿色的桌子》和《镜子》，外加《叙事曲》《大都会》和《维也纳的舞会》。葛丽泰·嘉宝主演的电影《安娜·卡列尼娜》（1935）正在莱斯特广场的帝国剧场上映。

16. 圣约翰·欧文（原名约翰·格里尔·欧文，1883—1971），爱尔兰裔剧作家、小说家，为《观察家报》撰写专栏"看戏"；先前一名年轻读者写道，部分看戏的人只是想去找乐子，去瞧瞧"与日常生活不搭界的戏剧……您明白我的意思吗？"，欧文的回答是"明白，亲爱的，我懂"（《两代人意见相左》，1935 年 10 月 6 日：第17 页）。

德斯蒙德·麦卡锡时任《星期日泰晤士报》的图书版主编，他给查尔斯·马勒爵士（1863—1947）的《安东尼·霍普及其著作》写了书评（《安东尼·霍普：成就与失望》，1935 年 10 月 6 日：第 6 版）。《安东尼·霍普及其著作》是《曾达的囚徒》（1894）的作者安东尼·霍普（全名安东尼·霍普·霍金斯，1863—1933）的传记。

17. 丹尼斯·德夫林在爱尔兰电台负责文学赏析与评论的播音；他给麦格里维写信道："不知道您听了昨晚的 2RN（也就是第四个时段）没有，我可听到了自己的倾情朗诵——朗诵的是您的《不言自明的在场梦幻曲》。那头有这一么句话，'托马斯·麦格里维先生，一位爱尔兰人士，最不可理喻地受到了忽视'。［……］您满意吗？得到这个机会我可真高兴。"显然，麦格里维没有听到那段广播，因为德夫林在 10 月 22 日续写道："真遗憾，您没听到我的播音。"（1935 年 10 月 5 日的信，1935 年 10 月 22 日续写，TCD，MS 8112/7）2RN 指都柏林电台。《不言自明的在场梦幻曲》原为麦格里维以 I. 圣塞南的假名发表的，见《爱尔兰政治家》第 7 卷第 3期（1926 年 9 月 25 日），第 57 页；重印，麦格里维，《托马斯·麦格里维诗集》，施赖布曼编，第 42—43 页。

德夫林在爱尔兰外交部工作；他以公使秘书的身份，陪同时任自由邦首相和国际联盟理事会主席的艾蒙·德·瓦勒拉（通常称德·瓦，1882—1975）出使了设在日内瓦的国际联盟（1935 年 9 月 3 日至 10 月 2 日）（德夫林，《丹尼斯·德夫林诗集》，第 19 页；《从日内瓦归来》，《爱尔兰时报》，1933 年 10 月 2 日：第 7 版）。

18. 叶芝也许追索过《街头混混》的出处；在落到贝克特手里之前，该画另有物主（见 1935 年 5 月 5 日的信，注 4）。

1935 年 9 月 22 日周日，苏格兰剧作家詹姆斯·布莱迪（原名奥斯本·亨利·马沃，1888—1951）的《托拜厄斯与天使》在欢乐剧场（而非阿比剧院）上演，是"都柏林暑期表演集训"汇演的活动之一（《爱尔兰时报》，1935 年 9 月 23 日：第 8 版）。

19. 弗罗斯特太太，格特鲁街 34 号的业主，贝克特的房东。"Lieblings"（德语，"情人"）可能指 1934 年 9 月 8 日的信中描述的那对夫妻。

杰弗里·汤普森与厄休拉·斯滕豪斯马上就要结婚了。

20. 布瓦西耶：见 1935 年 9 月 22 日的信，注 8。

21. 德国出版商卡尔·贝德克尔（1801—1859）出版了欧洲各地的旅行指南；更新的版本仍在出版。

22. 西蒙与舒斯特出版社及贝克特向查托–温德斯出版社的问询：见 1935 年 9 月 8 日的信。

伦敦
乔治·雷维

1935 年 10 月 13 日

伦敦西南 10 区
格特鲁特街 34 号

尊敬的乔治：

谢谢寄来信件和新书简介。更多受害人：

都柏林圣三一学院校友查尔斯·罗先生；

都柏林郡卡里克麦恩斯的弗朗西丝·斯丁小姐。[1]

您把书散发出去更好，不过给本人留十来本吧，万一本人想起了还有别人要送呢。

本人想到的美国出版商是位于纽约第 4 大道 386 号的西蒙与舒斯特。大约一个半月前，他们写了信来，问本人有什么现成的作品可以在美国发表。把《论普鲁斯特》和《徒劳无益》寄给了他们，不过他们的决定还不得而知。看来他们有点好感。情况就是这样，但这会儿本人忽然想起该把《回声之骨》被拒的第一稿交给他们，还想到在拿诗歌投稿之前，先等等他们就本人的散文作品做出决定，这样做兴许更可取。然而，这事儿交给您去处理吧，怎么合适就怎么办。EP［EB］先拿 20% 的预付款，

知足矣。²

希望《回声之骨》不要用新书简介的那种鲜黄色。假如这是您卑鄙的意图，且封面尚未印制完成，那就发发善心，把色泽改成**油灰色**吧。³

此致

s/ 萨姆

TLS；1 张，1 面；有别人的亲笔印记：画了钩和下画线；TxU。

1. 查尔斯·亨利·罗，都柏林圣三一学院数学教授。
弗朗西丝·斯丁（生卒年不详），贝克特在都柏林厄尔斯福特寄宿学校时的同学；其兄弟罗伯特·伊尔斯沃斯·斯丁（1902—1981）是贝克特在圣三一学院时的朋友，二人还曾一起在都柏林郡的卡里克麦恩斯打高尔夫球。
2. EB 即 *Echo's Bones*（《回声之骨》）的首字母。
3. 新书简介是鲜黄色；《回声之骨》最终的封面是油灰色。

伦敦
乔治·雷维

周六［1935 年 10 月 13 日之后］　　　　　［伦敦］西南 10 区

　　　　　　　　　　　　　　　　　　　格特鲁特街 34 号

Cher ami^[1]：

寄一册给《观察家报》，去"寻求某某的提携，等等"，这恐怕是个好主意，真要如此，那就寄给亨伯特·沃尔夫，免得落到奥斯汀·克拉克的黑爪里。¹

―――――――
[1] 法语，"亲爱的朋友"。

都柏林可分发的人士告知如下：

彭布里［彭布雷］先生，克莱尔街的格琳［格林］图书馆，汤姆和布莱恩都认识；

奈恩先生，格拉夫顿街的康布里吉书店；

霍吉斯与菲吉斯[1]也许也会要几册。[2]

闲暇时间翻了翻，对编排十分满意。只发现一个错误：《怨曲之二》中，"然而我依然向你保证"和"躺在奥康奈尔桥头"之间应有空行。

Pas sérieux—[3]

今天上午又寄出去 5 份新书简介，也许会多招来几个卖家。

A mardi

萨姆

找到《小夜曲之三》的手稿了，可以寄给您。[4]

ALS：1 张折叠，2 面；从"闲暇时间翻了翻……"起，信件即上下颠倒，因为贝克特翻到了折叠页；附言写在签名左侧；TxU。日期判定：在 1935 年 3 月 15 日的信中，贝克特给出了为诗集选定的书名；在 1935 年 10 月 8 日的信中，他提到期盼着那周寄来清样；在 1935 年 10 月 13 日致雷维的信中，他讨论了封面用色的问题。《回声之骨》的版权页交代了出版日期为 1935 年 11 月。《小夜曲之二》发表于《回声之骨》中，但贝克特在这封信中提到的问题没有得到订正；《小夜曲之三》（《回声之骨》［第 31—32 页］）也收入其中。据此推理，写该信的日期应在 1935 年 10 月 13 日至 11 月 30 日之间，多半为 11 月上中旬。

1. 亨伯特·沃尔夫（1885—1940），英格兰诗人、讽刺散文作家、公务员。奥斯汀·克拉克给《泰晤士报文学副刊》和《观察家报》写了书评，但贝克特不大想撰文回击（见 1934 年 9 月 8 日的信，注 2）。

2. 赫伯特·S. 彭布雷（1909—2000），与其父赫伯特·H. 彭布雷共同经营克莱尔街 16 号的格林图书馆，任邮政所副所长、业主。

托马斯·麦格里维；布莱恩·科菲。

---

[1] 霍吉斯与菲吉斯书店（Hodges & Figgis）临近圣三一学院西南门，是爱尔兰最大的书店。

欧内斯特·奈恩（卒于 1970 年），图书专家，在格拉夫顿街 18—20 号的康布里吉书店工作了约 50 年。霍吉斯与菲吉斯书店当时位于纳索街 20 号。

3. 见上文对日期的判定。

"Pas sérieux"（法语），"pas grave"（"没什么大不了的"）的英式表达。雷维可能误解了贝克特的意见，因为该版及后来几版的版面设计都没有修改。

4. "A mardi"（法语，"周二见"）。

1936 年年表

1936 年 1 月	贝克特对电影理论及方法兴趣盎然。
1 月 18 日	拜访杰克·B. 叶芝。
1 月 24 日	T. S. 艾略特在都柏林圣三一学院演讲。
2 月 1 日	贝克特同莫里斯·辛克莱拜访杰克·B. 叶芝。
3 月 2 日	申请去爱森斯坦门下学习。
3 月 7 日	德国人占领莱茵区。
3 月 25 日前	萨缪尔·贝克特同弗兰克·贝克特前往西部的戈尔韦。参观了克朗马克诺斯教堂。
4 月 9 日前	告诉雷维《转变》杂志愿意从《回声之骨》中选取任意一首诗发表。
5 月 2 日	谢绝雷维关于继续翻译艾吕雅诗歌的请求。
5 月 6 日	将未发表的《自由邦的出版审查制》呈交《转变》，补充了《徒劳无益》的出版审查登记号。
5 月 7 日前	买下杰克·B. 叶芝的画《清晨》。
6 月 9 日前	完成《莫菲》的第一个初稿。
6 月 11 日	"国际超现实主义画展"在伦敦的新伯灵顿美术馆开幕；艾吕雅《雷霆的荆棘》出版，附贝克特的译文。
6 月 27 日	《莫菲》打印稿完成。
6 月 29 日	贝克特将《莫菲》寄给查托–温德斯出版社的伊恩·帕森斯及查尔斯·普伦蒂斯，后又寄给麦格里维。

7 月	《都柏林杂志》发表《一部充满想象力的杰作！》——贝克特给杰克·B. 叶芝《阿玛兰瑟一家》所写的书评。
7 月 7 日前	贝克特将《莫菲》寄给纽约的西蒙与舒斯特出版社。
7 月 15 日	查托–温德斯出版社退回《莫菲》。
7 月中旬	贝克特将诗歌《渐弱》投给《都柏林杂志》。
7 月 17 日前	将《莫菲》寄给海涅曼出版社的弗里尔–里夫斯。收到《雷霆的荆棘》作者赠书。
7 月 17 日	西班牙内战爆发。
8 月 6 日前	海涅曼出版社退回《莫菲》。
8 月 12 日	贝克特在笔记本中将塞缪尔·约翰逊的《致切斯特菲尔德爵爷的信》译成德语。
8 月 18 日	起草《渐弱》的德语译文。
8 月 19 日前	将《莫菲》寄给雷维，方便他担任代理商。
约 8 月 31 日	同约·霍恩在北爱尔兰的卡帕村拜访阿兰·厄谢尔；游览阿德莫尔和卡舍尔。
9 月 6 日	雷维从贝尔法斯特来到都柏林。
9 月 29 日	贝克特前往德国。
9 月 30 日	到达勒阿弗尔港。
10 月 2 日	到达汉堡。
10 月 5 日前	西蒙与舒斯特拒绝《莫菲》。《都柏林杂志》刊登诗歌《渐弱》。
10 月 7 日	贝克特在汉堡的霍普旅馆住下。
11 月 3 日	拜访吕贝克。
11 月 5 日	德国各博物馆接到清除"堕落艺术"的命令。
11 月 13 日	贝克特拒绝波士顿霍顿·米夫林出版公司删减《莫菲》章节的请求。询问雷维怎样获得用漫画《猿猴对弈》作《莫菲》卷首插图的授权。

12 月 4 日	离开汉堡；游览吕讷堡。
12 月 5 日	在汉诺威；参观莱布尼茨故居。
12 月 6 日	在不伦瑞克。
12 月 7 日	在里达格斯豪森。
12 月 8 日	在沃尔芬比特尔；参观莱辛博物馆。
12 月 10 日	在希尔德斯海姆。
12 月 11 日	到达柏林。
约 12 月 16—17 日	在柏林的肯普旅馆住下。

乔治·雷维

伦敦

1935［1936］年1月9日   都柏林

克莱尔街6号

尊敬的乔治：

谢谢寄来明信片。眼下多多少少又恢复了。

科菲离开这儿了，好像是上周五的事，他周六上午要到索邦听课，所以恐怕您在伦敦没见得上他。他说已给您寄了几本《骨》。[1] 没错，该给本人多少本就给本人多少本吧。我想是他拿了本人那期《此季》。本人对他说，我没有继续做翻译的兴头了，不过，要是必要的话就做一做。[2] 看来，他想把这套哲学丛书做得很严谨，很 Fach。可是让本人翻译赫林克斯，那只会是一首文学幻想曲。[3]

听说了《欧洲季刊》的事，心里很高兴。心想自己还有几首旧诗，要不可以让您从本人提起过的散文作品中摘取一个选段。可是，已誊写在纸上的或者还在构思的东西似乎不多。[4] 还没见过德夫林。他在政府里工作，这您是知道的。傍晚时就在舞厅里。遮阴袋 Bordel de Danse，吉卜赛阴囊及其乐队。Ne suis pas à la hauteur.[5]

这儿的朋友多数都在 esquivent《骨》，就是说药丸到了家了。还没同本人树敌的人，他们会说些啥呢？但愿他们的话堵在屁眼里。"我敢肯定，你不是砰的一声出生的。"可是，本人难道不是正波光粼粼吗？那么，生产该怎样才会死产呢？ Sois calme, ô mon soûleur. [6] 安徒生是对马恩省一个法国人的间接一击。Ca explique Dieu. [7]

伦敦还要远多少？正如本人穿过楼梯去您的派对，去天文台站台，离那年轻女士犹如离天王星那么远的站台，她的名字本人完全想不起来了，您不知道吗？那个 garçon tirebouchon（ce qui m'intéressé, c'est le tirebouchon, non pas le Chandon — Gide）傻笑他不够格。他心地不纯。Non pas le condom. [8]

Hommages to Miss Cordon non pas bas bleu。[9]

    您驯服的仆人

                                            s/ 萨姆

        Ce n'est pas au nivers

        Pas si pitoybable

        Ni à Marie

        Pas si pure

        Mais à Lucie

        Egyptienne oui et peaussiére aussi

        Qui ne m'a pas guéri mais qui aurait pu

        Et a Jude

        Don'j'ai adororé la dépouille

        Que j'adresse la cause désespérée

        Qu'on dirait la mienne. [10]

    TLS；1 张，1 面；TxU。日期判定：《回声之骨》已于 1935 年 11 月出版，因此写信的年份必定是 1936 年。

1. 贝克特已患上了胸膜炎（贝克特［1935 年］12 月 31 日致麦格里维的信，TCD，MS 10402/84）。

布莱恩·科菲于 1936 年 1 月 3 日（周五）离开都柏林前往巴黎。在从巴黎回都柏林过圣诞节假之前，他已给乔治·雷维寄了几册巴黎欧罗巴出版社推出的《回声之骨》（布莱恩·科菲致乔治·雷维的信，1935 年 12 月 17 日：TxU）。

2. 科菲已拿走了贝克特的那期《此季》（第 5 卷第 1 期，1932 年 9 月），上面（第 86—98 页）登载了贝克特翻译的保罗·艾吕雅诗歌（《女士之爱》《朝我身体的方向脱离视线》《基本没破相》《虚构》《定义》《揭开的人生又或人类金字塔》《钻石女王》《汝眠否》《第二自然》《场景》《密闭：宇宙孤独》和《糖果》）。雷维正在编辑艾吕雅诗歌译文集《雷霆的荆棘》，其中有贝克特已在《此季》上发表的译文；看来，雷维已通过科菲问过贝克特，看他是否愿意翻译更多的作品。

3. 布莱恩·科菲计划编一套哲学家专题丛书；他正在巴黎天主教学院的天主教思想家雅克·马利丹门下研究科技哲学。

"Fach"（德语，"专业"）。

尽管已申明不愿参加丛书编撰，贝克特仍在都柏林圣三一学院继续研读佛兰德玄学家阿诺尔德·赫林克斯（1624—1669）的著述，正如他在给麦格里维信中所述："自从逃离都柏林以来，我第一次踏进［圣三一学院］那令人憎恶的大门，去干鲁迪交代的活儿。我担心自己得研读得更深刻，对赫林克斯理解得更透彻，那家伙的书国家图书馆没有，可圣三一学院有。"（1935［1936］年 1 月 9 日的信，TCD，MS 10402/85）贝克特从扬·彼得·尼古拉斯·兰德编的三卷本《安特卫普人阿诺尔德·赫林克斯的思辨哲学》（海牙：马提努斯·尼霍夫出版社，1891—1893）中选取《阿诺尔德·赫林克斯的伦理学》进行研读，做了大量的拉丁文笔记。要了解贝克特研读赫林克斯过程中所做的笔记，见"TCD，MS 1097/6；埃弗里特·弗罗斯特与简·马克斯维尔，"TCD MS 10971/6 阿诺尔德·赫林克斯与 R.P. 格雷德的拉丁文选段"，《笔记汇编全息》，SBT/A 特刊第 16 期（2006），第 141—155 页。

4. 正如贝克特给麦格里维写信所说，"雷维寄来了明信片，决定启动《欧洲季刊》……无缘无故，我愿意给他点儿什么稿子呢？"（1935［1936］年 1 月 9 日）尽管这封信的结尾附有一首诗，但贝克特到底想到了哪些诗或哪个短篇，那就不得而知了。雷维没有办成季刊。

5. 丹尼斯·德夫林（见 1935 年 5 月 5 日的信，注 1）。

"Bordel de Danse"（法语，"舞蹈青楼"）。"Ne suis pas à la hauteur"（法语，

"［我］不受它摆布"）。

6.《爱尔兰人日记: 爱尔兰作家》栏目（《爱尔兰时报》，1935 年 12 月 7 日: 第 6 版）已提到《回声之骨》即将出版。"esquivent"（法语，"在回避"）。贝克特给麦格里维写信道: "在我所知道的任何地方都没有对该诗集的专业反馈。康和艾思娜说自己已经熟读了大多数诗歌，借此摆脱了尴尬的处境。鲁迪也只是 feuilleté。"（1935［1936］年 1 月 9 日的信，TCD，MS 10402/85）"feuilleté"（法语，"翻了翻"）。

贝克特想象读者会对《脓液之一》中的这一行有所反应: "我砰的一声随着落叶松的绿色出生。"（《回声之骨》［第 19 页］）他想好了反驳之词，准备拿波光粼粼的酒／水和静止、生产及死产开展文字游戏。

在"Sois calme, ô mon soûleur"（法语，"哦，让我陶醉的东西，镇静"）一句中，贝克特拿波德莱尔诗歌《冥想》的首行开展文字游戏: "Sois sage, ô ma Doûleur"（法语，"规矩一点，我的忧伤"）（波德莱尔，《波德莱尔全集》，第 1 卷，第 140 页; 波德莱尔，《恶之花》，第 173 页）。

7. 汉斯·克里斯蒂安·安徒生（1805—1875）的父母属于未婚先孕: 父母才结婚两个月他就出生了; 父亲汉斯·安徒生是个手艺娴熟的鞋匠，来自丹麦的欧登塞（埃利阿斯·布瑞兹多夫，《汉斯·克里斯蒂安·安徒生: 生平及作品》［伦敦: 费顿出版社，1975］，第 15—16 页）。

"Ca explique Dieu"（法语，"上帝就是那样"）。

8. "犹如离天王星那么远"的妙龄女子尚不知身份。

"garçon tirebouchon (ce qui m'intéressé, c'est le tirebouchon, non pas le Chandon—Gide)"，法语，意为"拿拔塞钻的服务生（我好奇的是拔塞钻，不是尚东香槟——纪德）"，所指不明。

"Non pas le condom"（法语，"不是避孕套"）。[1]

9. "Hommages to Miss Cordon non pas bas bleu"（法语，"向不蓝的带小姐致敬"）; "bas bleu"（法语，"蓝袜子"）。贝克特用了双关，将"蓝袜子"与"Cordon bleu"（蓝带）融为了一体。但其所指不得而知。

10. 该版诗与发表在贝克特《梦中佳人至庸女》（第 21 页）中的版本有所不同。欲知其来源与差别，亦可参见皮林，《〈梦中佳人至庸女〉导读》，第 54—55 页。贝克特没有把该诗译为英语。[2]

---

[1]　上文提到的法国高级香槟"Chandon"（尚东）和英语单词"condom"（避孕套）发音相近，故有"他心地不纯"一说。

[2]　下面的译文参考了萨缪尔·贝克特著、朱雪峰译《梦中佳人至庸女》（长沙: 湖南文艺出版社，2016）第 36 页。

不是给鹈鹕

没这么可怜

也不给玛丽

没这么纯洁

而是给露西

对，埃及人（而且是皮革行当的）

没有治愈我但也许做到了的人

还给犹大

皮革让我凭吊的人

我将这无望的箱子交付

兴许像我本人物件的箱子

伦敦
托马斯·麦格里维

［1936 年］1 月 16 日 　　　　　　　　　　　　　［都柏林郡］

福克斯罗克

亲爱的汤姆：

　　收到您的信和诗，真是高兴之至。《牛津》的裁定是最终且英明的。对集子的编选我可不那么在乎。戴维斯像肉冻那样无足轻重。《我将走进沙漠》我也喜欢。不过，确切地说，这首诗难道不是来自沙漠吗？就叫它 camp foutu 吧。[1]

　　鲁特终于证明自己有点儿用了——告诉大家有沃拉尔的书即将出版。[2]

　　几天前在德夫林处理外交事务期间找到了他，约了明天跟他共进午餐。他有诗集正在编排中，还有一部新的散文诗体罗曼司。但他说，

317

自己已亲自给您写过信了。他不知道您是不是对他 böse 了。我说：Macché! [3]

这儿的天气糟透了，身子暖和不起来。有一天同茜茜走小路往南，去纽卡斯尔看望波士。一到那儿，我就比整个疗养院的人加起来还要忧郁，每次都这样。在回来的路上，布雷一个遭受重创的酒吧老板引用了丹尼尔·奥康内尔的话，想证明这个国家什么希望都没了。母牛，母牛，我的自由邦换一头母牛。在从布雷开出的火车上，费了力也没认出来，瘟神迈克尔·法雷尔刚从吉尔莫赫诺格村过来，是"全遗弃"的同类（他苦心孤诣地谈阿比剧院上演的《科里奥兰纳斯》的剧，相信您在切尔西图书馆读过）。他就要写完一部作品了，真正美不胜收且"全遗弃"都钦佩的作品，五分钟之后他自个儿就得到了法雷尔的赞扬，自然而然成了批评家！[4]

自从在这儿见过他以来就没有科菲的消息了。得进圣三一学院查询赫林克斯的书，因为国家图书馆没收录他的。忽然明白了，莫菲陷在了自己的 ubi nihil vales ibi nihil velis（积极／肯定的）和马尔罗的 Il est difficile à celui qui vit hors du monde de ne pas recherché les siens（消极／否定）之间。上次见过您之后还没敲过键盘呢。房间里的书架渐渐堆满了，希望就在那儿啃，还逐步地从克莱尔街弄了些回来。[5]

X 光没照出什么。Je m'en doutais.

上周六正想去看望 J. B. 叶芝，可最后去了美术馆。没一幅画触动人，只有两个"英国"厅关门了。[6]

拜昂终于承认了那句肮脏的"请相信，现在我已经快乐、知足地开展工作了"，因为他肯定我必须接受治疗，"即使没有完全摆脱神经病症"！当然，老妈一门心思要让儿子接受这儿的生活。而我呢，旅行之勇已烟消云散，随时都可能崩溃。我发现自己比以前更加害怕继续努力、积极进取这类前景，甚至害怕从一个地方到另一个地方这类小小的任性。在这里，孤独兴许比以前更清醒地感受到了，就像是"伦敦酷刑"的结局。确实，看不出分析治疗有何疗效。同 M 的关系棘手得一如从前，晚上的情况也丝毫没有改善。[7]昨晚突发心脏病，跟三年前不相上下。感觉自己的失败未被证实的唯一层面是文学层面。Warte nur...[8]弗兰克感觉没以前挑剔了。他的事业如日中天。[9]今天去了戈尔韦，要到周六才回。

很久没见鲁迪了。从这里过去真不容易，而且有人过去的时候……但是，听说他康复得差不多了。[10]早就发现犹太人都很忠诚，Con etc.，可是说真的，感觉自己再也不想见他们了。假如什么都没流传下来，只有习惯，那么坚守就是向阵亡纪念碑脱帽致敬。[11]眼下，正如我似乎已委身此地几个月了，伦敦和您还有杰弗里似乎就是庇护所，就是现实。也许出逃来得比我预想的还要早，不过不再见拜昂了。现在写作、思考、移动、说话的时候，赞扬、责备别人的时候，我发现本人符合这两年的经历教会了自己所属样本的标准。在我因自动症而羞愧之前，词语尚未说出口来。

杰弗里好像在莫兹利干得极其努力。他申请了生理学实践导师的岗位，每周 4 小时酬劳不菲，不会带来任何麻烦的活儿。之后他就能从莫兹利走人。应该说他得到那个岗位是十拿九稳的。看到今天报纸上登载的安迪·弗兰克·迪克森的讣告，他会心情沮丧。这一领域仅剩的少数几个杰出人士之一。[12]

可怜的迪丽，在一心期待林德的好评。您的失言肯定会救了她。向她问好，还有赫斯特和雷文。[13]盼尽早回信。

敬上

萨姆

肖恩·奥沙利文去巴黎了，照委托给闪[1] 画个素描。他问我跳水时是不是戴着眼镜。肖恩喜欢莱昂［莱昂］。Chez Fourquet［Fouquet］他们都兴高采烈。Paraît que Lucia est à Londres. [14]

ALS；2 张，3 面；寄往：伦敦西南 3 区切尔西区切恩花园 15 号，托马斯·麦格里维先生收；邮戳：1936/01/20，都柏林；TCD，MS 10402/86。日期判定：据邮戳。

1. 麦格里维致贝克特的信尚未找到，随信附上的是哪首诗也不得而知。

W. B. 叶芝给《牛津现代诗选：1892—1935》（牛津：牛津大学出版社，1936）选定了篇目，并撰写了导言。

麦格里维明白，自己的诗《奥德赫·鲁阿德·奥丹姆奈尔》和《向杰克·B. 叶芝致敬》会入选该书（第 333—335 页）。既然 1936 年 1 月上旬朋友乔治·叶芝（原名伯莎·乔治·海德–李，1892—1968）在处理授权，并编写诗选的索引，那么麦格里维很可能看到过入选的其他篇目（安·萨德尔迈耶，《成为乔治》，第 495—496 页）。

威尔士裔诗人威廉·亨利·戴维斯（1870—1940）有七首诗入选该诗集（第 128—133 页）。

称作《我将走进沙漠》的诗尚不知所指。

"camp foutu"（法语，"按时离开"）；贝克特刻意颠倒了 "foutre le camp"（走开，离开）的词序。

2. 弗兰克·鲁特（1876—1937）是《星期日泰晤士报》特约艺术评论员，给巴黎艺术经销商安布鲁瓦兹·沃拉尔（1867—1939）的回忆录《绘画经营商的回忆》（1936）写了一篇赞赏性书评，说该书"充满了引人入胜的话题和精彩的故事"（《最奇怪的艺术经销商安布鲁瓦兹·沃拉尔：回忆著名画家》，1936 年 1 月 12 日：第 5 版）。

3. 事实上，德夫林的诗集《调解》直到 1937 年 8 月才出版。贝克特所提德夫林的"散文诗体罗曼司"所指不明。尽管德夫林的文档中有一部未标日期的打印稿初稿题为"散文"，但"散文诗体罗曼司"仍可能指一组称作"历险"的诗歌，"'历险'是类属标题，指丹［尼斯］·德［夫林］30 年代早期以来手写但从未入选集子出版的许多诗歌"；其中第一篇《雕像与焦虑的市民》在第二部手稿中作《情感罗曼司》（爱尔兰国家图书馆，丹尼斯·德夫林文学卷宗，MS 38，第 5 盒；德夫林，《丹尼斯·德

---

[1] 闪（Shem）指乔伊斯。闪是《圣经》中挪亚的长子，闪族人的祖先。乔伊斯在《芬尼根守灵夜》中刻画了"作家闪"的形象，另有著名《闪之声》《闪与肖恩的两个故事》等有关的作品。

夫林诗集》，第 334 页）。

"böse"（德语，"生气"）。"Macché"（意大利语，"得了"，"别装蒜了"）。

4. 布雷位于基利尼湾南端，有海滨公路相通，也是都柏林南郊铁路线的终点。

丹尼尔·奥康内尔（1775—1847）有"解放者"之称，是爱尔兰天主教解放运动（1829 年 4 月）的领袖，提倡政治而非暴力手段；作为都柏林市的市长（1843），他领导了意在撤回《合并法案》、确保爱尔兰议会存在的政治运动，但未能成功。"母牛，母牛，我的自由邦换一头母牛"戏仿的是"骡马，骡马！我的王国换一头骡马！"（莎士比亚，《理查三世》，第 5 幕，第 4 场，第 7 行）。

迈克尔·法雷尔为《钟声》和爱尔兰国家电台写作：见 1933 年 10 月 9 日的信，注 6。

吉尔莫赫诺格，威克洛郡一村庄，位于舒格洛夫山的山坡上。

"All Forlorn"（全遗弃）是贝克特篡改爱尔兰作家肖恩·奥费朗（Seán O'Faoláin）的姓氏而来。奥费朗（原名约翰·韦朗，1900—1991）住在吉尔莫赫诺格村，他给《爱尔兰时报》主编写了一封信，谴责该报戏剧评论员对阿比剧院推出、休·亨特（1911—1993）导演的莎士比亚戏剧《科里奥兰纳斯》只有"注水的赞赏"，认为该剧是一场"潇洒"且"朝气蓬勃"的表演（《爱尔兰时报》，1936 年 1 月 15 日：第 3 版；也见霍洛韦，《约瑟夫·霍洛韦的爱尔兰戏剧，第二卷：1932—1937》，第 50—51 页）。

贝克特写了"〈大门〉"，插在"阿比"上面。曼雷萨路上的切尔西图书馆，临近麦格里维在切恩花园的住所。

5. 布莱恩·科菲在巴黎。

赫林克斯：见 1936 年 1 月 9 日的信，注 3。

在《伦理学》第 1 卷第 2 章的第 2 部分第 3 段（第 37 页）中，赫林克斯探讨了"自我的鄙视"；他对这一术语的注释包括 "ubi nihil vales ibi nihil velis"（拉丁文，"在你一无所值之处，你该一无所需"）一句（《思辨学》第 3 卷，第 222 页［GC 英译］）。

安德烈·马尔罗在《人的境遇》（1933）一书中写道："Il est difficile à celui qui vit hors du monde de ne pas recherché les siens"（法语，"终极的孤独，因为居于社会之外的人不寻求自己的群体，那是难以做到的"）（马尔罗，《罗马人》，"七星文库"［巴黎：伽利玛出版社，1947］，第 353 页；马尔罗，《人的境遇》，斯图尔特·吉尔伯特译［纽约：兰登书屋，1961］，第 246 页）。见贝克特的《莫菲》，第 178—179 页。

1935［1936］年 1 月 9 日，贝克特给麦格里维写信道："感觉自己该顺利地写完它，然后重来，想方设法重来。"（TCD, MS 10402/85）他正在家族的老宅里设立工作室，把 1934 年去伦敦之前放在克莱尔街 6 号贝克特与梅德卡尔夫测算事务所办公室书房里的书拿回来。

6. "Je m'en doutais"（法语，"正如我料想"）。

杰克·巴特勒·叶芝。

1935年10月受命担任爱尔兰国家美术馆馆长不久，乔治·弗朗（1898—1987）就着手美术馆的整修和收藏作品的修复。复位工作于1936年下半年进行，美术馆从9月底至11月底均关闭。

7. 贝克特记下了拜昂对最后一次缴费的反应，那次缴费表明贝克特在拜昂处接受分析治疗已告结束。"M"指"mother"（老妈）。

8. "Warte nur"（德语，"等着吧"）。源自歌德的《另一首夜曲》（克里斯托弗·米德尔顿编，《约翰·沃尔夫冈·冯·歌德诗选》[波士顿：苏尔坎普出版社/因塞尔出版社，1983]，第58—59页）。

9. 弗兰克·贝克特在经营贝克特与梅德卡尔夫测算事务所。

10. 鲁德莫斯-布朗病了，正在家里养病；其住所香格纳站台8号位于从贝里布拉克通往基利尼的公路旁。

11. A. J. 利文撒尔。

乔治·阿特金森（1880—1941）1918年至1936年任大都会艺术学校校长，1936年至1941年任国立艺术学院院长，负责设计了"阵亡纪念碑"暨"凯尔特大十字架纪念碑"。该碑1923年安放在伦斯特草坪上，作为临时性纪念碑；1950年，该碑被一座花岗岩方尖碑取代（弗雷德里克·奥杜耶，《遗失的都柏林》[都柏林：吉尔与麦克米伦出版社，1981]，第50、56页）。

12. 杰弗里·汤普森当时在伦敦的莫兹利医院工作。安德鲁·弗朗西斯·迪克森（1868—1936）系解剖学与外科学教授，都柏林圣三一学院物理学系主任，卒于1936年1月15日；杰弗里·汤普森曾是其学生。

13. 杰拉尔丁·卡明斯期待《新闻编年史》文学主编、《新政治家》撰稿人罗伯特·林德（1879—1949）给自己的小说《五朔节的火》（1936）写一篇善意的书评。麦格里维在《时代与潮流》第17卷第37期（1936年9月12日）第1260页发表了对该作品的书评。

赫斯特·道登和托马斯·霍姆斯·雷文希尔。

14. 肖恩·奥沙利文已到达巴黎，要按照乔伊斯的朋友康斯坦丁·科伦（1880—1975）的委托给詹姆斯·乔伊斯画一幅肖像画（詹姆斯·乔伊斯致康斯坦丁·科伦的信，1935年9月18日，见乔伊斯，《詹姆斯·乔伊斯书信集》，第1卷，第384页）。参见这次完成、署名1935年的画作（NGL, 2027）。

保罗·莱昂。

"Chez Fouquet"（法语，"在富格饭店"）。富格饭店是乔伊斯最喜欢的饭店，位于巴黎香榭丽舍大道 99 号。"Paraît que Lucia est à Londres"（法语，"好像露西娅在伦敦"）。事实上，露西娅·乔伊斯在北安普顿的圣安德鲁医院住院，从 1935 年 12 月中旬到 1936 年 2 月共住了 10 周（希罗斯，《露西娅·乔伊斯》，第 373—374 页；简·利德代与玛丽·尼科尔森，《亲爱的哈丽雅特·肖·韦弗小姐：1876—1961》［伦敦：费伯出版社，1970］，第 355—356 页）。

伦敦
托马斯·麦格里维

1935［1936］年 1 月 29 日 ［都柏林郡］
库尔德里纳

亲爱的汤姆：

谢谢来信。在老家各郡做饭和写作，听起来像最后两根稻草。希望他们会按比例给您酬劳。[1]

［……］

一周前的上个周六去了 J. B. 叶芝家，发现他独自一人，太太拿着捕鱼笼出门了。他给伦敦 3 月份的画展新画了很多小画，记不得具体地点了，但不是在阿尔派，可能是维戈街的哪家美术馆。[2] 新的画作中，有一些真是叫绝。特别是一幅小画，《清晨》，几乎就是一幅天空画，通往斯莱戈的宽阔街道照例望着西方，有个男孩骑着马，标价 30 镑。要是有 10 镑的话，我会拿分期付款的提议挠他的痒痒。可惜没有。我把提示落在这儿了，当时听懂了但没有贯彻的提示。但我没有放弃弄到那幅画的希望。您觉得他会接受分期付款吗？很久都没有看到过自己这么想要的画了。昨天在图书馆又撞见了他，可他心神不安，看上去生病了，不愿意一起喝一杯。希望下周日带小青年辛克莱去看看他。[3]

上周二到了大门剧院，去看《伯克利广场》，粗制滥造的《往昔意识》的粗制滥造的改编。有些片段麦克［麦克利］演得相当不错，那天下午早些时候雅梅太太和先生陪［着］我见了他。那根本就不是一出戏，当然不是，而是一个相当有趣的心理情境，里面塞满了各式各样的言外之意，据我的记忆，那些言外之意在原著中几乎是没有提示的。[4] 整个肮脏的都柏林都在里面，从朗福德们和蓝眼里布满血丝的第四地产主们，到休马斯［谢默斯］·麦考尔和斯凯芬顿 mit Frau，都在里面。麦考尔眼下是个炙手可热的记者、小说家兼传记作家，有多少创造力就有多少出版商。他刚写了 25 000 字的《T. 穆尔传》，又应约写大部头的《米歇尔传》，是伦敦哪家出版社邀约的我忘了，就像他忘［了］自己欠我将近一镑一样。他住在多基的"橡树堡"，道德上太自以为是，同时又这么博览群书，让我忍不住给他送了一册《骨》。[5]

昨晚赶到黑岩，去找雅梅夫妇。好咖啡加 fine。但没喝。他们是敌人，谁都不该走近他们。商务参赞，耳聋、顶秃、体胖、皮皱的 M. 里厄德（？），带着从 Gaeltacht 来的未婚妻拉金小姐（"c'est une Titiane!"），也在那儿，踱来踱去，拿 saumon fumé 三明治把 oeufs sur le plat 吸干。[6]

T. S. 艾略特在这里忙来忙去，先是在国图关于对自己并未扣压的议案进行猛烈抨击的耶稣会士"扣压－抨击"神父 [1] 申明属实的动议进行评论，接着第二天单独就"各国文学的关系"等等等等发表演讲。闪"对在根本就没几个人受教育的年代获得的天主教教育致以无意识的敬意"。老者退而依赖教学法。他的《谋杀》由民族剧团排演。他应该是同科伦待在一起。[7] 再也没读到过德夫林的文字了，昨晚他在阿斯隆电台［2 台］朗读了自己的几首诗。他想到拿《雷维式调解》做自己诗集的书名，这个书名倒真是绝妙。[8] 当然，年轻的蒙哥马利是张奇

---

[1]　在该神父的名字"Burke-Savage"（伯克－萨维奇）中，"Burke"可作动词"扣压"，而"Savage"既可作动词"抨击"，也可作形容词"野蛮的"。

异的借书卡，从他那儿借了很多谈电影的书：普多夫金、阿恩海姆的书，还有过期刊物《特写镜头》，里面有爱森斯坦的文章。多想去莫斯科，在爱森斯坦手下干一年啊。然后就超级有资格接受另一个层面的种种咒骂了。[9]顺便说一声，雷维没有任何回应，没写一个关于本人诗集的字来，也丝毫都没谈起应该给本人的那几册精装本。科菲也没写信来，他答应过把赫林克斯和艾吕雅的图书信息告诉我。对于本人的诗集，这地方没任何反应，什么反应都没有。[10]

您愿意去看拜昂，真是善解人意，可是我觉得，那结痂越少去挠就越好。如您所说，他已尽其所能地窥探过了，认为这些德性分别源自老妈和我。[11]不过，假如您愿意，倒是有一件事可以帮我。离开伦敦前我把两件外套往家里寄，写的是同样的地址和收件人（我本人），但其中一件顺利寄到了，另一件却要追加 3/6 的关税，我当然不付这笔钱，还把包裹远远地送出门外，心想圣诞节后再去城区的邮局，把这事儿解释清楚。几天前真去了邮局，他们说已按规定把包裹寄回给寄件人了，这意味着那个包裹眼下应该在弗罗斯特太太那儿，不过我没收到她的告知信。您可以过去看看吗？要是 [包裹] 在那儿，请您写上我家里的地址，注明：旧皮外套，购于都柏林，个人物品。似乎关键词是"个人"。老妈操心得很，说开春前应该让园艺工穿上它。给您添麻烦，见谅。要是包裹不在那儿，那就再也不管它了。请向弗罗斯特太太 et famille 带个好。[12]

一直没办法再过去看鲁迪，听说他都埋怨我一段时间了。从这里过去很费事儿。眼下他已好多了，可以下床，但这学期不会上课。艾思娜·麦卡锡接了上课的活儿，代他讲授普罗旺斯诗歌，我也一直在帮她做"菲列布里什宝库"一节的备课工作。奥巴内尔似乎是其中最优秀的。他们有米斯特拉尔的《米雷奥》和《记忆与讲述》。眼下她还在圣三一学院读医学，这两位作家非其能力所及。[13]

茜茜翻出了一些意大利图书，是前任房客留下的，其中有马基雅维利的《曼陀罗》等戏剧，有曼佐尼和那位舔屁股的老学究瓦尔基（16 世纪意大利艺术）的几本装帧精美的作品，以及《耶路撒冷》。还有朱斯蒂的诗歌。都是莫德·乔恩特在佛罗伦萨买的，上个世纪末买的。认识她兴许是件好事。[14]

终于把所有物品都搬进这间小房子了，书架也摆满了。希望您能来看看壁炉架上的那四位长者，就是沙特尔的"亚里士多德"和"皮埃尔·伊特内尔"，以及"邦纳洛蒂·克拉普索克罗"［邦纳罗蒂·克拉普索罗］和第戎附近"摩西之井"来的"加凡尔的基督太特"。要是您弄不到女人的话……[15]《莫菲》几乎没进展，所有理智和冲动似乎都崩塌了。还有第三、四章要写，剩下大约 12 000 字，可我觉得就是写不下去。没错，有时真希望自己能离开，也许初夏时节去巴伐利亚。那时去西班牙太晚了。去吕讷堡和汉诺威更好，从科夫到汉堡等地。[16]

遇到一个叫菲兹杰拉德的人，电影拍摄专家，应该是杰里的老爸。他是个大好人，在枕套上放了一部微电影。有一台 16 mm 的高清摄像机和投影机，对摄影的窍门无所不知。Mais pauvre en génie. 不过对蒙太奇毫无兴趣。就为了干上这个行当，该怎么着手混到像样的摄制厂里去呢？不然，甚至糟糕的摄制厂也行。Se munir d'un scenario? [17]

老妈一直都健康，已给自己的善行里添加了对一个麻疹之家的护理。[1]昨天她竟然迷上了那些画。弗兰克乐开了花。昨天他从拉斯法纳姆出发，一路走到了这儿，穿过了格伦度、费瑟拜德、格伦克里、恩尼斯凯里、斯盖尔普、基尔特南和卡里克芒斯。肯定超过了 20 英里。然后带女友到"皇家"看贝格纳出演的《不离不弃》。[18]

不知您留心了没有，大约一几个［原文如此］月之前《爱尔兰时报》

---

[1] 贝克特的母亲是退休护士。

登载了薇拉·埃斯波西托的一封短信，那封信给斯迈利涂脂抹粉，颂扬他对日本殖民扩张的宽容，还拿意大利当平行案例。[19]

上帝保佑，尽早回信。

s/ S

TLI；2 张，3 面；TCD，MS 10402/87。日期判定：TCD 的档案 MS 10402/87 里有一个信封，上面打印有收信人及地址：伦敦西南 3 区切尔西区切恩花园 15 号，托马斯·麦格里维先生收；邮戳：1936/02/08，都柏林；然而因下述原因，这个信封用错了地方，装上了 1935［1936］年 1 月 29 日的信。

尽管信件是用蓝色色带打印的，而信封是用黑色色带打印的，但有这种可能，就是更换了色带，或者用了不同的打字机；而且，正因为该信封在纸张质量和尺寸方面与贝克特同一时期使用的其他信封有所不同，所以还有一种可能，就是贝克特是在老家以外的地方备好的信封。然而内部证据表明，1936 年 2 月 8 日的邮戳不可能属于这封信：贝克特在这封信里告诉麦格里维如何要把他的外衣寄回来，而他［1936 年］2 月 6 日致麦格里维的信（邮戳为 1936 年 2 月 7 日，TCD，MS 10402/88）却交代说收到了那件外衣。1936 这个年份得到了信件语境的证实。

1. 麦格里维要做的工作不得而知。

2. 杰克·叶芝周六下午接待访客。

叶芝的画展在伦敦维戈街 5 号的但松美术馆举行（"杰克·叶芝：最近的画作"，1936 年 3 月 19 日开展）；展出的作品中有大量首次展出的小画（9 英寸 ×14 英寸）：《爱意的眼神》（派尔 475，沃伦·S. 奥尔伯恩，百慕大）；《男孩与马》（派尔 476，私人收藏）；《金瀑之下》（派尔 478，私人收藏）；《西恩的瀑布》（派尔 479，瓦丁顿美术馆，伦敦）（派尔，《杰克·B. 叶芝：油画作品分类目录》，第 1 卷，第 431、433 页；第 3 卷，第 203、204 页）。

3. 贝克特指杰克·叶芝的画《清晨》，该画现藏于爱尔兰国家美术馆（NGI 4628）（派尔，《杰克·B. 叶芝：油画作品分类目录》，第 1 卷，第 436 页）。

莫里斯·辛克莱。

4.《伯克利广场》（1931）于 1936 年 1 月 28 日（周二）在大门剧院搬上舞台；约翰·劳埃德·博德斯通（1889—1954）和约翰·柯林斯·斯奎尔（1884—1958）将美国小说家亨利·詹姆斯（1843—1916）一部小说的片段改编成了舞台剧，作者卒后该片段由珀西·卢伯克（1879—1965）编辑成《往昔意识》（1917）。迈克尔·麦克利阿莫尔（原名阿尔弗雷德·维尔莫，1899—1985），大门剧院的创建者、演员，在该剧中扮演彼得·斯坦迪什。

路易·雅梅（1894—1985）从父亲手里接管了雅梅饭店，1927年至1967年为该饭店的老板；妻子是艺术家伊冯娜·雅梅（原姓奥热，1900—1967）。

5. 朗福德伯爵，大门剧院恩主（1931—1936），自1936年起担任朗福德演员经纪公司总监。

谢默斯·麦考尔（1892—1964）已写完了一部传记，即《托马斯·穆尔传》（1935），还在写另一部——《爱尔兰的米歇尔：传记》（1938）；当时他还刚出版了小说《穿杂色衣服的诸神》（1935）。麦考尔住在都柏林郡多基乡萨鲁斯山的"橡树堡"。贝克特写的是"〈选集编者〉传记作家"。

欧文–希伊–斯凯芬顿（1900—1970）当时是都柏林圣三一学院的法语讲师；妻子是法国裔作家安德烈·希伊–斯凯芬顿（原姓德尼，1910—1998）。"mit Frau"（德语，"及妻子"）。

6. 路易·雅梅与伊冯娜·雅梅的宅子叫"科隆莫"，位于黑岩区女王公园8号。尤金·莱斯托夸（1895—?）尽管直到1939年2月才正式担任商务参赞一职，但从1932年起就已经是法国驻爱尔兰商务代办了；拉金小姐尚不知为何人。

"fine"（法语，"陈年白兰地"）。"Gaeltacht"（爱尔兰语，"盖尔语地区"）。"c'est une Titiane！"（法语，"她是个红发女"）。[1] "oeufs sur le plat"（法语，"煎蛋"）。"saumon fumé"（法语，"熏三文鱼"）。

7. T. S. 艾略特受都柏林大学学院"历史、文学与审美学会"之邀来到都柏林，于1936年1月23日在位于厄尔斯福特站台的委员会厅发表讲话。耶稣会士罗兰·伯克–萨维奇神父（1913—1998）作了书面报告《爱尔兰十字路口的文学》，T. S. 艾略特是点评人之一。伯克–萨维奇号召发展与爱尔兰语的复兴并驾齐驱的爱尔兰语文学。他宣称英语爱尔兰文学"已走过了异教主义的整个旅程"，从"浪漫主义"走到了"愤世主义""虚无主义""拜物主义"和"绝望"，指出真正的爱尔兰文学源自对基督教传统的接受。在点评中，艾略特赞同说新一代爱尔兰作家不能只从现时的主流中寻觅方向，并向叶芝表示敬意，还认为乔伊斯是"他这一代英语世界里最地道的爱尔兰"和"最虔诚的天主教作家"（《十字路口的文学》，《爱尔兰时报》，1936年1月24日：第8版；贝克特的引文也源自该文）。报告和点评均可在哈佛的休顿图书馆查阅：T. S.

---

[1] 爱尔兰西部的"盖尔语地区"为原住民保护区，许多居民是古代凯尔特人的后裔，讲盖尔语，头发呈红色，故有"红发女"之说。

艾略特 1888—1965 年的卷宗，bMS Am 1791/28—30。

1 月 24 日，艾略特在都柏林大学学院发表演讲，话题是在广泛阅读和更古老或异域多种文化的滋养当中兴起的文学传统，而非只是在先辈的模式上形成的传统。他声称，"诗歌不可能在智识的真空中繁荣"（《诗歌的原创性：文学的滋养》，《爱尔兰时报》，1936 年 1 月 25 日：第 6 版）。艾略特诗剧《大教堂谋杀案》改编版由"学院戏剧社"搬上舞台，艾略特本人坐在观众席中（《爱尔兰人的日记》，《爱尔兰时报》，1936 年 1 月 25 日：第 6 版）。艾略特是否与康斯坦丁·科伦待在一起就不得而知了。

8. 丹尼斯·德夫林 1936 年 1 月 29 日在阿斯隆电台朗读自己的诗歌（《诗人读诗》，第 3 期，丹尼斯·德夫林，《独立者》，1936 年 1 月 28 日：第 6 版）。德夫林的诗集即将由雷维在"欧罗巴诗人"丛书中推出；在致雷维的一封信中，德夫林指明自己诗集的书名叫《调解》（1936 年 1 月 18 日的信，TxU）。

9. 奈尔·蒙哥马利（1914—1987），都柏林诗人、建筑师，电影审查官詹姆斯·蒙哥马利（1866—1948）的儿子。弗谢沃洛德·普多夫金（1893—1953）的《谈电影技巧》（1930 年，1933 年修订），鲁道夫·阿恩海姆（1904—2007）的《电影》（1933），还有几期《特写镜头》（1927 年 7 月—1933 年 12 月）——在该杂志上，俄罗斯电影导演谢尔盖·爱森斯坦（1898—1948）发表过谈电影拍摄方法的文章，包括: 爱森斯坦、W. I. 普多夫金与 G. V. 亚历山德洛夫（又作格雷戈里·亚列克桑德罗夫，1903—1983），《有声电影：来自苏联的报告》，第 3 卷（1928 年 10 月），第 10—13 页；爱森斯坦，《电影摄影的新语言》，第 4 卷（1929 年 5 月），第 10—13 页；《影院里的第四维度》，第 6 卷（1930 年 3 月），第 184—194 页；《电影艺术与训练（与马克·西格尔的访谈）》，第 6 卷（1930 年 3 月），第 195—197 页；《影院 II 里的第四维度》，第 6 卷（1930 年 4 月），第 253—268 页；《动态方框》，第 8 卷（1931 年 3 月），第 2—16 页，及（1931 年 6 月），第 91—95 页；《电影形式的原则》，第 8 卷（1931 年 9 月），第 167—181 页；《GIK 里的侦探活》，第 9 卷（1932 年 12 月），第 287—294 页；以及《满是泪水的电影摄制！: 学习的方法》，第 10 卷（1933 年 3 月），第 3—17 页。

10. 几本《回声之骨》：见 1935［1936］年 1 月 9 日的信，注 1。

布莱恩·科菲 1 月初回到巴黎；他早已建议贝克特写一篇关于赫林克斯的专论。科菲拿走了贝克特的那本《此季》，上面登载有贝克特翻译的艾吕雅诗歌（见 1935［1936］年 1 月 9 日的信，注 2）。

11. 麦格里维要见拜昂，个中原因不得而知。

12. 大衣的关税是价值的 60%，除非是个人拥有且穿得较旧了。先前贝克特租住在伦敦的格特鲁特街 34 号，即弗罗斯特太太家里。"et famille"（法语，"及家人"）。

13. 尽管鲁德莫斯—布朗的健康据说在恢复，但都柏林圣三一学院还是宣布他本学期的课由本专业其他老师代授（《爱尔兰时报》，1936年1月25日：第6版）。艾思娜·麦卡锡负责代他讲授普罗旺斯诗人；她是"现代语言奖学金和一等学位获得者"（1926），不过，此时她已开始在圣三一学院攻读医学了。

"菲列布里什"是一场复兴奥克西坦语（法国南部语言）的文学运动，1864年由弗雷德里克·米斯特拉尔（1830—1914）、西奥多·奥巴内尔（1829—1886）和约瑟夫·鲁马尼耶（1818—1891）发起。米斯特拉尔编辑了《菲列布里什宝库：囊括现代奥克西坦语诸方言的普罗旺斯语—法语双词词典》（1878—1886）一书。该课程的选读材料有《米雷奥》（1859）和《记忆与讲述》（1901），作者米斯特拉尔于1904年获诺贝尔文学奖。贝克特所做关于米斯特拉尔和菲列布里什诗派的笔记可在圣三一学院查阅：MS 10971/4；见埃弗里特·弗罗斯特与简·马克斯维尔，"TCD，MS 10971/4：弗雷德里克·米斯特拉尔与菲列布里什诗派"，《笔记汇编全息》，*SBT/A* 特刊第16期（2006），第133—136页。

14. 茜茜·辛克莱把前任房客莫德·乔恩特（1869—1940）留在莫恩路85号的旧书给了贝克特。乔恩特精通多种语言，从拉丁语、法语和盖尔语翻译和/或编辑了一些作品，担任皇家爱尔兰文学院所办《爱尔兰词典》（1939）的主编。

《曼陀罗》（1518），意大利政客、作家尼科洛·马基雅维利（1469—1527）的戏剧。意大利作家亚历山德罗·曼佐尼（1785—1873）的作品集共达10卷；贝克特已得到的极有可能是《约婚夫妇》（1872）。贝克特收到的佛罗伦萨史学家、作家贝内代托·瓦尔基（1503—1565）的作品到底是其中的哪一部，已无可查证。他提到了托尔夸托·塔索的史诗《解放了的耶路撒冷》（1575）第6版（米兰：乌尔里科·欧伯利出版社，1923）。他得到的意大利讽刺诗人朱塞佩·朱斯蒂（1809—1850）的作品到底是哪个版本，也已不得而知。

15. 贝克特指沙特尔大教堂正门上的12世纪"亚里士多德"雕像（艾蒂安·霍维特，《沙特尔大教堂图解专论》[沙特尔大教堂：艾·霍维特出版社，1938]，第29页）的复制品。"皮埃尔·伊特内尔"也许指沙特尔大教堂中的数座"天父"雕塑之一，但没有哪一座叫这个名字："上帝造昼夜"（13世纪，北门），"上帝造百鸟"（13世纪，北门），"上帝造日月"（年代不详，北门），"上帝造亚当"（13世纪，北门），"上帝造人间天堂"（年代不详，北门），或者"上帝永恒"（12世纪，正门）（霍维特，《沙特尔大教堂图解专论》，第44—48、50页）。

贝克特指米开朗琪罗的人物雕像《暮色》，该雕像刻在洛伦佐·德·美第奇的墓碑上，位于佛罗伦萨的美第奇礼拜堂里。

"摩西之井"（离第戎10英里）来的"加凡尔的基督太特"可能是荷兰艺术家

克劳斯·斯吕特（约1360—1406）的作品，现藏于第戎考古博物馆（见科尔·恩格伦，《中世纪的神话》，贝努瓦·范·威斯堡译［鲁汶：C.恩格伦出版社，1999］，第214页）。

16. 科夫镇，爱尔兰南部科克郡小海港；吕讷堡、汉诺威、汉堡均位于德国北部。

17. "菲兹杰拉德"和"杰里"为何人均无可查明。

"Mais pauvre en génie."（法语，"但绝非天才。"）。

"Se munir d'un scenario?"（法语，"拿个脚本装备自己？"，"写个脚本当敲门砖？"）。

18. 弗兰克·贝克特的行走路线是个环形：从都柏林郊区拉斯法纳姆到了都柏林郡的东南部，再到威克洛郡，然后向北回到福克斯罗克。

德国女演员伊丽莎白·贝格纳（原姓埃特尔，1897—1986）在电影《不离不弃》（1935）中担任主演；该电影于1936年1月26日（周日）在皇家剧院上演，拉开在都柏林放映的序幕。

19. 在署名1936年1月2日从佛罗伦萨寄来的一封信中，薇拉·埃斯波西托祝贺R. M. 斯迈利（即罗伯特·梅尔·斯迈利，亦称伯蒂，1894—1954，1934年至1954年间的《爱尔兰时报》主编）发表了《日本的数百万民众》一文；在该文中，斯迈利辩护说日本需要扩张的机会，意大利也一样（《爱尔兰时报》，1935年12月30日：第6版）。维拉赞同斯迈利的观点，引用其结论说："真正的和平永远不会降临，直到这个世界找到了某种方法，承认这类事实并允许其存在，而不借用暴力。"（《爱尔兰时报》，1936年1月7日：第4版）

伦敦
托马斯·麦格里维

［1936年］2月6日

［都柏林郡］

福克斯罗克

库尔德里纳

亲爱的汤姆：

大衣今天上午寄到了，妥妥的。您这么及时就替我打理好了，真是善良、厚道。希望没给您带来太多 corvée。[1] 还要谢谢您的来信。纽曼尽量给《萨莫的愿望》说好话了，而且既然只有《格兰德河》可以与之媲美，那他就能将它夺走了。[2]

[……] 最近杰弗里的消息一丁点儿都没收到。偶然发现了"超现实主义与疯狂"那组文本，就是我给泰特斯翻译的那批，给他寄了过去，外带艾吕雅与布勒东的《模拟试验》……这些译文兴许他发不了这么多。[3]

在普多夫金这类人的门下可以学到的，就是怎么摆弄摄像机、剪辑工作台的高等 trucs，如此等等，而这些我几乎一无所知，正如对数量估算几乎一窍不通那样。[4] 即使是能想象得到的最开明的政府，在效力和气质上最宽宏的政府，都没法让我在那一方面聪明一点儿。有趣的是，彩色电影《贝姬·夏普》我想在伦敦公映了很久，可在这儿却一败涂地，在萨伏依影院放映三天就弄走了，也没有移交给任何别的影院。这事儿打击了我的信心，就是行业电影终将呈现如此彻底的自然主义风格，色彩上具有立体感，音效上更加保真，这样就可以为二维的无声电影创造一股回水——无声电影刚迈出基础阶段，就迅即遭到了淹没。那样的话，就会有两种事物并驾齐驱，之间会发生争执或者——确切地说——溃败，那是毫无疑问的。[5]

上周六带了莫里斯·辛克莱去看 J. B. 叶芝。看起来，他对他哥哥丝毫都不担心。他的世界里只有他自己，一切都平安无事。没法张口请他把那幅画免费送给我，也没法提高哪怕微不足道的首付的额度。[6] 家人的办法就是，绝不对我松口，逼我找份有固定薪水的工作。这个办法念起来比其本意更加令人苦涩。

上周一同丹尼斯·德夫林共进午餐了。当晚他要去布林斯利·麦克纳玛拉的首演式见一个女孩。他已经给自己的诗集取名《调解》了。雷维到底在干吗？一个字都没写来，还有那几本精装本也没再提起。倒不是我需要那几本。[7]

收到了查尔斯的信，他准备离开雅典，经普罗旺斯和巴黎慢慢回家。他问起了《莫菲》的进展。哎，哪有进展。只剩三章了，机械写作而已，可我没有勇气动笔，既要帮辛克莱，该上大学了的小青年，还要帮艾思娜·麦卡锡，在圣三一学院代鲁迪讲授普罗旺斯诗歌的女士，忙得把自己都要憋死了。顺便提一句，菲列布里什诗派和盖尔诗派真是有得一比。[8]不知道"notre beau parler de Saint-Remi"现时的状态。曾听说鲁迪一直在埋怨我对他不闻不问，所以一天下午走路过去看他，却发现他沉浸在浓厚的学院氛围里，奥图尔与利德尔（曼彻斯特来的新德国人——害群之马——德国裔苏格兰人）。表面看来，鲁迪自己又恢复得挺好了——可是，当然随时都可能再次复发。[9]

一直在疯狂地轧马路，有时是同弗兰克一起，有时是独自一人。Quando il piede cammina, il cuore gode. "gode"语气太重。"posa"会要好些。上周日走了几个小时，沿着两湖谷和冰川谷之间的山脊使劲地走。而且孑然一人，每天在当地走上 5 到 10 英里。这样做省去了 cafard，省去了手淫。[10]

喜欢查托"春季书目"里赫胥黎新小说的书名：《加沙无眼者》（《力士参孙》）。都柏林无脚者。新的短篇集觉得怎么样：《踢少于刺》或者《多得多的刺》。[11]

在大门剧院的上个演出季，朗福德损失了几千甚至上万镑，天晓得怎么回事。看样子他们不可能回来了。他在筹办"演员经纪公司"，以备他们外出巡演时所需，而且"戏剧联盟"再次充分展现了 Fragonard 的风格。[12] 丹尼斯·约翰逊［约翰斯顿］向卡贝尔街的"旧都柏林斯威夫特与斯特拉学会"的讲话。[13] 比彻姆一周后的周六和周日要随伦敦爱乐乐团来访，但没有公布节目单。准备带老妈 à tout hasard。[14]

刚读完《曼陀罗》，开始读《克莉齐娅》。他作为 uom saggio

e grave 致以歉意，因为在德·桑克蒂斯所谓的"cattivi versi ma strazianti"方面写得太轻率。以下引用一节，因为在我看来，这一节会让您赏心悦目：

> Scusatelo con questo, che s'ingegna
>
> Con questi van pensieri
>
> Fare il suo tristo tempo più soave:
>
> Perchè altrove non ave
>
> Dove voltare il viso:
>
> Chè gli è stato interciso
>
> Monstrar con alter imprese altra virtue.
>
> Non sendo premio alle fatiche sue. [15]

　　想读懂福伦戈和贝尔尼，还有皮皮耶拿的《红衣主教》（《科兰德拉》）和布鲁诺的戏剧，还有许多别的作品。在格琳［格林］书店淘到了里德的文集，18世纪的版本，完好无损，只花了六便士。翻译弗拉卡斯托罗的《梅毒》e poi mori。[16]

　　谨上

萨姆

　　ALS；2张，3面；寄往：伦敦西南3区切尔西区切恩花园15号，托马斯·麦格里维先生收；邮戳：1936/02/07，都柏林；TCD，MS 10402/88。日期判定：据邮戳；对1935［1936］年1月29日信件的回复，重提：外衣及普多夫金。

　　1.麦格里维寄回给贝克特的外衣：见1935［1936］年1月29日的信。"corvée"（法语，"琐事"）。

　　2.欧内斯特·纽曼（原名威廉·罗伯兹，1868—1959），《星期日泰晤士报》音乐评论员，给康斯坦特·兰伯特（1905—1951）的新作写了评论。纽曼写道，兰伯特的男中音、合唱及乐队三部式假面剧《萨莫最后的愿望与遗嘱》不可能成为精彩绝伦的《格兰德河》（钢琴、合唱及乐队三部式，1927）的真正劲敌（《本周音乐：室内乐》，《星期日泰晤士报》，1937年2月2日：第7版）。麦格里维同兰伯特是朋友，已给后来成为芭蕾舞剧《波莫纳》的作品写了唱词。

3. 贝克特已替《此季》超现实主义特刊（第5卷第1期［1932年9月］）翻译了其中的许多篇目；贝克特翻译的布勒东、艾吕雅和勒内·克勒韦尔的作品目录，参见费德曼与弗莱切，《萨缪尔·贝克特：作品及相关评论》，第92—93页。贝克特还提到了自己为该专辑翻译的布勒东和艾吕雅的文章：《占有》《大脑失能模拟试验》《普通麻痹模拟试验》（第119—125页）；贝克特还翻译了克勒韦尔的《阐释失常模拟试验》（第126—128页）。

4. 普多夫金认为，电影拍摄艺术就是一个场景、角度、光影平衡的筛选过程；在《谈电影技巧》一书中，他指出拍摄台本中一定要有详细的场景脚本和拍摄方法分析，还强调技术知识和创造力之间存在密切的关系。

"trucs"指"truqage"（法语，"特效"），参见：［1934年］5月10日的信，注3。

5.《贝姬·夏普》（1935）采用了迪士尼制片厂（创始人华特·迪士尼，1901—1966）在卡通片里使用的彩色印片处理法，标志着电影行业从黑白片向彩色片的转折。不过，《爱尔兰时报》匿名"电影通讯员"却称其是一部"相当差的电影"，认为色彩的新奇能降低对质量的追求，正如短片《话匣子》中引入了音效那样（《电影杂谈》，1936年1月28日：第4版）。该片不是在萨伏依影院放映，而是在都柏林的国会剧院，从1936年1月24日至30日仅放映了一周，观众有限。

6. 1936年1月29日，W. B. 叶芝在西班牙马略卡岛的帕尔玛港心脏病发作（《W. B. 叶芝的病情：据称有所康复》，《爱尔兰时报》，1936年2月1日：第9版）。

1936年1月31日，贝克特给莫里斯·辛克莱写信，准备次日带他去看杰克·叶芝："只要带30镑，我们就能买到那幅《清晨》"（辛克莱）。

7. 布林斯利·麦克纳玛拉（1890—1963）的《城里的大厦》于1936年2月3日（周一）在阿比剧院上演。

丹尼斯·德夫林的诗集《调解》将由乔治·雷维列入"欧罗巴诗人"丛书出版，但雷维推迟到1937年8月才推出（德夫林致雷维的信，1936年3月4日，TxU）。《回声之骨》已于1935年11月出版，但尚未在爱尔兰上市，也未有书评发表；德夫林已转告雷维，说剑桥的订单尚未填齐（1936年1月18日，TxU），布莱恩·科菲也已建议雷维亲自直接联系都柏林的书商（1936年1月14日，TxU）。

8. 查尔斯·普伦蒂斯已从查托-温德斯出版社社长的职位上退休，近期一直在希腊从事考古研究。

莫里斯·辛克莱正在备考都柏林圣三一学院的"本科生奖学金"考试。

艾思娜·麦卡锡正在代授鲁德莫斯-布朗生病期间的课程"普罗旺斯诗歌"。"菲列布里什诗派"(现代普罗旺斯诗人)与"盖尔诗派"(爱尔兰文艺复兴期间的盖尔语诗人)均寻求通过语言来复兴往昔的传统。

9. 贝克特所谓"notre beau parler de Saint-Remi"(圣雷米话)指法国南部的奥克西坦语,即普罗旺斯圣雷米城和圣雷米地区的方言。在摘自加斯东·帕里斯《思想家与诗人》(卡尔曼·莱维编,[巴黎:旧社,米歇尔·莱维兄弟出版社,1896])的笔记中,贝克特引用了帕里斯关于相似性的观点:"圣雷米(米斯特拉尔的菲列布里什诗歌中心)的口头语怎么成了一种新的文学语言……佛罗伦萨的方言[又是]怎么成为托斯卡纳的文学语言的。"(埃弗里特·弗罗斯特与简·马克斯维尔,"TCD,MS 10971/4:弗雷德里克·米斯特拉尔与菲列布里什诗派",《笔记汇编全息》,*SBT/A* 特刊第 16 期[2006],第 135 页)

养病期间,鲁德莫斯-布朗只能足不出户(基利尼的香格纳站台 8 号)。艾蒙·奥图尔(1883—1956)于 1929 年至 1954 年在都柏林圣三一学院担任爱尔兰语教授。马克西米利安·弗雷德里奇·利德尔(1887—1968)于 1933 年至 1968 年在都柏林圣三一学院担任德语教授兼盎格鲁-撒克逊语讲师;之前,利德尔不是在曼彻斯特工作,而是于 1922 年至 1932 年在伯明翰大学任教。

10. "Quando il piede cammina, il cuore gode"(意大利语,"脚迈起步子时,心就喜悦起来"):见 1935 年 5 月 5 日的信,注 2。"gode"(意大利语,"喜悦")。"posa"(意大利语,"放松")。

从两湖谷(圣凯文教堂所在地)往南顺山脊去冰川谷的步行道始于拉勒夫村,沿着威克洛郡埃文堡河的上游而行。

"cafard"(法语,"郁闷","忧郁")。

11. 奥尔德斯·赫胥黎的小说《加沙无眼者》(1936)书名取自英国诗人约翰·弥尔顿(1608—1674)的戏剧诗《力士参孙》(1671):该剧中,参孙被腓力斯人刺瞎眼睛,囚禁在加沙。

12. 朗福德伯爵创办了新的公司——朗福德演员经纪公司,计划在希尔顿·爱德华兹领衔的大门公司外出巡回演出期间在大门剧院排演现代戏剧(《爱尔兰时报》,1936 年 2 月 4 日:第 4 版)。此外,伦诺克斯·鲁宾逊、朗福德伯爵、W. B. 叶芝太太[乔治]和奥利弗·克雷格(弗兰克·克雷格太太,生卒年不详)重建了都柏林戏剧联盟,计划在周日和周一推出"非商业性"戏剧;其新系列中的首批演出节目有让·科克托的《俄耳甫斯》(1925)、哈辛托·贝纳文特(1866—1954)的《他遗孀的丈夫》（1908）、菲利普·巴里（1896—1949）的《宇宙酒店》（1930），以及 T. S. 艾略特的《大教堂谋杀案》（1935）（《爱尔兰时报》，1936 年 1 月 14 日：第 4 版）。

"Fragonard"（弗拉戈纳尔的风格）指法国宫廷画家让-奥诺雷·弗拉戈纳尔（1732—1806）的画风，主要特征是富丽堂皇。

13. 丹尼斯·约翰斯顿 1936 年 2 月 3 日对"旧都柏林学会"的讲话《已故斯威夫特博士的几件都柏林遗物》（《爱尔兰时报》，1936 年 2 月 4 日：第 8 版）。《格列佛游记》的作者斯威夫特（1667—1745）的情人斯特拉住在卡贝尔街。

14. 1936 年 2 月 15、16 日，托马斯·比彻姆（1879—1961）在都柏林皇家剧院指挥了伦敦爱乐管弦乐团的演奏；节目单公布在《爱尔兰时报》，1936 年 2 月 14 日：第 6 版。

"à tout hasard"（法语，"碰运气"，"投机"）。

15.《曼陀罗》和《克莉齐娅》（1525）均是尼科洛·马基雅维利的戏剧。"uom saggio e grave"（意大利语，"智慧又严肃的人"）摘自"对于喜欢被大家当作智慧又严肃者的人"一句（《尼科洛·马基雅维利戏剧全集》第 2 卷中的《曼陀罗》，弗朗切斯科·弗洛拉与卡洛·科尔迪耶编［米兰与维罗纳：阿诺尔多·蒙达多里出版社，1950］，第 561 页）；《马基雅维利的文学作品》中的《曼陀罗》，J. R. 黑尔译［伦敦：牛津大学出版社，1961］，第 6 页）。

对于贝克特从《曼陀罗》序曲中引用的这段台词，意大利文学史学家弗朗切斯科·德·桑克蒂斯（1817—1883）如此写道："拙劣的诗行，但是令人心碎。"（《意大利文学导读》，尼古拉·加洛编，第 2 卷［都灵：朱利奥·埃诺迪出版社，1958］，第 598 页）

> 原谅他：因为他凭痴心妄想
> 就要让时光没有表面那么苦涩。
> 苦涩，因为他别无他法
> 展现更高的价值，尽他所能；
> 为了更严肃的主题
> 他看不到庇护或酬劳的希望。

（《马基雅维利的文学作品》中的《曼陀罗》，第 6 页）

16. 贝克特希望研读 16 世纪文艺复兴时期三位意大利作家的作品，其特点在于活泼的幽默和粗俗的讥讽：泰奥菲洛·福伦戈（原姓吉罗拉莫，假名梅林·科克洛或科凯，1491—1544），最重要的"混合语诗人"，代表作《巴尔杜斯》（1517）；弗朗切斯科·贝尔尼（约1497—1535）；贝尔纳多·皮皮耶拿（原名贝尔纳多·多维兹，1470—1520），代表作《科兰德拉》（1513）也许是16世纪初最恶语相向的戏剧；以及哲学家乔尔达诺·布鲁诺（1548—1600），唯一的戏剧《拿蜡烛的人》（约1582）。

托马斯·里德（1710—1796），格拉斯哥大学道德哲学教授。其《人类理智能力论》收入1785年和1788年发表的论文，18世纪末编成3卷本，但版本繁多；不过，最早的全集版本是《托马斯·里德语集》（爱丁堡：贝尔与布拉德福特出版社，1803）。

意大利医生吉罗拉莫·弗拉卡斯托罗（1478—1553）创作了史诗《梅毒，又名法国病》（1530），诗中的主角"西弗里斯"身患皮肤病——现在以其名字命名的"梅毒"。

贝克特改造了关于那不勒斯的名言：Vedi Napoli e poi muori（意大利语，"看看那不勒斯，然后死去"）。

莫斯科
谢尔盖·爱森斯坦

1936年3月2日   爱尔兰自由邦

都柏林

克莱尔街6号

尊敬的先生：

本人在伦敦的杰克·艾萨克斯先生的建议下给您写信，想请您考虑让本人来莫斯科国立电影学院研读的事。[1]

本人生于1906年，都柏林人士，亦"受教育"于斯。1928年至1930年在巴黎高师任交换讲师。当过乔伊斯助手，合作将其《进展中的作品》片段译为法语（《新法兰西杂志》，1931年5月），并参与撰写关于该作品的文集（《审核》等）。[2]出版了《论普鲁斯特》（专论，伦敦查托-温德斯出版社，1931），《徒劳无益》（短篇集，同上，1934），及《回声之骨》（诗集，巴黎欧罗巴出版社，1935）。

本人没有摄制工作的经验，最感兴趣的自然是这一行业中的脚本及剪辑岗位。正是因为意识到电影脚本是其实现手段的功能，本人才迫不及待地想学习您在这些方面的高超艺术，并恳请您把本人当作电影行业后备人选，向您所在学院推荐入读 [3]。本人至少能读一年。

Veuilliez [Veuillez] agréer mes meilleurs hommages. [4]

s/

（萨缪尔·贝克特）

TLS：1 张，1 面；俄罗斯国立文学与艺术档案馆，爱森斯坦档案 1923-1-1642；复制件，牛津现代艺术博物馆；先前出版（抄录，有变异）：杰伊·利达编，《爱森斯坦二：提前纪念爱森斯坦百年诞辰》，阿兰·Y. 厄普丘奇等人译（加尔各答：海鸥图书出版社，1985；重印，伦敦：梅休因出版社，1988），第 59 页，抄录《贝克特的脚本》，《轨道车辆》第 7 期（1984），第 4 页。

1. 杰克·艾萨克斯（1896—1973），玛丽女王学院（伦敦）英国语言与文学教授，"电影学会"（1925—1938）创始人之一。他出演过爱森斯坦的电影《迷失》，还在爱森斯坦前来伦敦时担任其向导。

2. 詹姆斯·乔伊斯，《安娜·利维娅·普鲁拉贝尔》，见 1931 年 5 月 29 日的信，注 2。

贝克特，《但丁…布鲁诺·维柯‥乔伊斯》，《审核》。

3. 描述莫斯科国立电影学院教学大纲时，爱森斯坦写道："在我看来，了解大纲怎么实施，并确实参与实施过程，这对学生是最有益处、最增长知识的。"（《满是泪水的电影摄制！》，第 9 页）电影脚本介于叙事处理及其电影拍摄分析之间，是"拍摄脚本"（弗谢沃洛德·普多夫金，《谈电影技巧》，艾弗·蒙塔古译［伦敦：V. 戈兰茨出版社，1929］，第 176—177 页）。

4. "Veuillez agréer mes meilleurs hommages"（法语，"此致敬礼"）。

伦敦

托马斯·麦格里维

1936 年 3 月 5 日 ［都柏林郡］

库尔德里纳

亲爱的汤姆：

希望您感觉好些了，而且兴许"有几只鸟儿隐藏在树丛里"的某个地方。

骇人的同一、茫然、冷漠、愚昧、懦弱，日复一日，herE［原文如此］，凭这些来写作实属不易。威尔士的表姐莫莉来了，要待到全国大赛，一种传染病将她从假钢琴旁解放了出来。[1] 老妈把她留在这儿做伴。因此她倒不是个万恶不赦的交流对象。

一直在圣三一学院读赫林克斯的书，个中原因说不明白。兴许是因为那种书太难得弄到手。但这是有理化阐释，且我的本能没有错，而这活儿也值得去做，就因为它浸透了这一信念，就是 sub specie aeternitatis 这一观念是一直活着的唯一借口。他既不因为那个就挖出自己的眼睛，正如赫拉克利特之所为和兰波之所欲，也不像恐惧的伯克利那样否认它们。[2] 人感到它们耐心之至地把雅努斯或忒勒福斯的眼睛翻出来，又不带 Schwärmerei 地翻进去，就像《不为人知的杰作》中弗兰霍菲的眼睛那样——那时他都要忘记马布塞、不再 barbouiller 了。[3]

再次读到塔索，也带着厌倦，还有阿里奥斯托，他觉得自己兴许是他们所有人当中最伟大的文学艺术家（与诗人区别开来），还有歌德的《塔索》，除了些许花言巧语，任何更叫人恶心的东西都是难以创作出来的。假如他想陈述个人的立场，正如此处的情形，那么，即使只带着《择邻记》的那份直截了当，不从设定程序当中寻求先例，凭此他得到了宽恕而他们则得到否证的先例，他也应当直接这样，干吗不呢？他真是苦口婆心，要说服别人相信他是 machine à mots，是陈词滥调的分选机，还是尚未在一千种印象中证实自身价值的痛苦的地堡，或者随身手册版。[4]

德莫德·奥布莱恩要下至天堂，对科克或者确切地说利默里克发表讲话——言论的自由才刚赋予他，说宁愿当个爱尔兰人典范，也不愿成为伟大的画家！布里吉特［布里吉德］就要嫁给牙医了［……］[5]

两周没见 J. B. 叶芝了。上次去看他时来了一群人，包括拿 mots 生拼硬凑的费伦，还有顺着树梢碎步小跑的珀泽小姐；以及闻起来有克罗默堡气味的麦克卡德尔［麦卡德尔］小姐。[6] 而他呢，恐怕下周要动身去阿尔派，等不到我想去看他的时候。[7] 接下来的周一，在皇家都柏林学会再次认出了珀泽小姐，那儿在举行科尔托的演奏会，水平令人大跌眼镜。心想他病得很厉害。他弹奏了所有的《序曲》《儿童［的］乐园》以及李斯特的第二《狂想曲》。[8]

今天上午收到了布莱恩的信，对雷维大发雷霆——他竟然把赫伯特·雷德［里德］拽进来，成了艾吕雅的同党。几个月没收到他的只言片语了，也没收到任何地方有关《骨》的消息。[9]

莫菲不愿改变主意。正想着问问弗兰克，看他是否需要在克莱尔街舔过的邮票。不过，我担心自己现在的口水会把信封烧出个洞来。

敬上

萨姆

ALS；2 张，2 面；寄往：伦敦切尔西区切恩花园 15 号，托马斯·麦格里维先生收；邮戳：1936/03/06，都柏林；TCD, MS 10402/91。

1. 玛丽亚·贝利斯·罗（昵称莫莉，1903—1986），贝克特的表姐，梅·贝克特的弟弟爱德华·普莱斯·罗的女儿。莫莉在威尔士登比郡的豪威尔学校教音乐，当时该校因麻疹暴发闭门停课了。爱尔兰全国障碍赛马大赛于 1936 年 4 月 13 日举行，但莫莉 4 月 2 日即已离开("一周前的今天表姐离开了"，贝克特致麦格里维的信，[1936年] 4 月 9 日，TCD，MS 10402/93)。

2. 在《伦理学》(《思辨哲学》第 3 卷)中，阿诺尔德·赫林克斯"sub specie aeternitatis"(拉丁文，"从永恒的角度出发")，提倡对上帝彻底服从。也见[1936年] 1 月 16 日的信，注 5。

贝克特提到了几位哲学家和一位否定(如从视觉角度感知到的)文学现实的诗人。据但丁的叙述，"赫拉克利特流下了泪水"，见 1934 年 2 月 27 日的信，注 3。至于兰波的"挤眼自裁"，见 1931 年 3 月 11 日的信，注 7。乔治·伯克利的"非物质论假设"否定物质的存在，声称物质客体在精神之外并不存在；见 1934 年 9 月 8 日的信，注 18。

3. "Schwärmerei"(德语，"热忱"，"热情")。罗马神话中的雅努斯是个双面神，前脸、后脸朝着相反的方向。当赫拉克勒斯的儿子忒勒福斯在战斗中被阿喀琉斯刺伤时，"德尔斐的神谕"说只有伤人长矛上的铜锈才能治愈他的伤口。

在巴尔扎克《不为人知的杰作》(1837)中，日渐衰老的艺术家弗兰霍菲——佛兰德画家马布塞(原名扬·戈萨尔，约 1478—1532)唯一的学生——数年来都在创作一幅神秘的画作；等他消失不见了，人们才发现画布上能见到的只有一团线条和层层颜料。"barbouiller"(法语，"胡乱地涂上颜料")。

4. 托尔夸托·塔索：见 1935[1936] 年 1 月 29 日的信，注 14。

贝克特多半在读意大利诗人卢多维科·阿里奥斯托(1474—1533)的史诗《疯狂的奥兰多》(1532)，该诗他先前在备考圣三一学院专业学位考试时即已读过；查 TCD，MS 10962 可了解贝克特的阿里奥斯托阅读笔记(埃弗里特·弗罗斯特与简·马克斯维尔，"TCD，MS 10962：马基雅维利与阿里奥斯托"，《笔记汇编全息》，*SBT/A* 特刊第 16 期[2006]，第 31—32 页)。

贝克特指歌德的诗剧《托尔夸托·塔索》(1788—1790)及小说《择邻记》(1809)。

"machine à mots"(法语，"词语机器")。

5. 德莫德·奥布莱恩生于利默里克郡，也获得了利默里克市的"城市自由"奖(《爱尔兰时报》，1936 年 2 月 29 日：第 11 版)。布里吉德·奥布莱恩 1936 年 5 月 19 日嫁给了牙科外科医生、作家安德鲁·甘利(1908—1982)。

6. 威廉·罗伯特·费伦(1892—1959)是都柏林圣三一学院的生物化学教授(1934—1959)，同时也是剧作家，是《埃文代尔的帕内尔》(1934)的作者。

"mots"(法语，"警句"，"妙语")。

萨拉·珀泽。

多萝西·麦卡德尔（1899—1958），史学家、剧作家、小说家兼戏剧评论家；在爱尔兰独立战争和爱尔兰内战中较为活跃，后任日内瓦国际联盟记者。此时，她接受了新芬党创始人、主席艾蒙·德·瓦莱拉（1959—1963年任爱尔兰总统）的委托，正在创作史学著作《爱尔兰共和国》（1937）。克罗默堡是基尔肯尼郡采煤区的小镇。

7. 杰克·B.叶芝的画展于1936年3月19日开幕，但不是在伦敦的阿尔派俱乐部美术馆举行，而是在伦敦维戈街5号的伦勃朗美术馆（亦称罗伯特·但松美术馆）进行（《泰晤士报》，1936年3月24日：第21版；派尔，《杰克·B.叶芝：油画作品分类目录》，第2卷，第1098页；见1935［1936］年1月29日的信，注2）。

8. 1936年2月24日，钢琴家阿尔弗雷德·科尔托在皇家都柏林学会举行了两场演奏会。贝克特指的是傍晚场：肖邦的《24首序曲》（曲集28）及G大调《平稳的行板》（曲集22）；德彪西的组曲《儿童的乐园》；以及李斯特的C降小调《匈牙利狂想曲》，第2首（《皇家都柏林学会演奏会：科尔托向广大听众演奏》，《爱尔兰时报》，1936年2月25日：第5版）。

9. 布莱恩·科菲。

赫伯特·爱德华·里德（1893—1968），英国诗人、艺术评论家、散文家，1933年至1939年间编辑了《伯灵顿杂志》，定期为《听众》撰写艺术专栏，还出版了《艺术的意义》（1933）和《今日的艺术》（1933）。他还是伦敦"1936年超现实主义画展"的策划人之一。

保罗·艾吕雅挑选了赫伯特·里德为自己诗选《雷霆的荆棘》的英译本撰写序言。1936年5月5日，艾吕雅给雷德写信道："我想到了赫伯特·里德，因为我觉得他在英国拥有大量读者。不过，要是您愿意写这封信，那我必会无比乐意。"（保罗·艾吕雅，《艾吕雅全集》，第1卷，玛塞勒·迪马与吕西安·舍勒编，"七星文库"［巴黎：伽利玛出版社，1968］，第1459页）

由里德撰写序言的安排让艾吕雅诗选的多位译者感到心烦；1936年3月15日，丹尼斯·德夫林给托马斯·麦格里维写道："我反对让里德作序，接着又发现利［维］还没有告诉布［莱恩］和萨［缪尔］这件事儿。无论如何，布［莱恩］和萨［缪尔］拒绝同里德一起露脸，我也如此。"（TCD，MS 8112/9）

伦敦

乔治·雷维

[1936 年] 3 月 12 日 ［都柏林］

克莱尔街 6 号

尊敬的乔治：

Geheimrat 罗伯茨是个了不起的人物。[1] 您觉得，他会有心约个时间让本人俯下身去吗？诗人们的屁股都一个样，没有二致。

没搞懂延迟丹尼斯诗集出版的意思。"衰落"丝毫不会比"崛起"卖得多。[2]

要是逃离家乡成功了，本人会去伦敦。

坎布里奇有好几个人——包括索尔克尔德太太——问我要《骨》，白问了。他们告诉她已经给您写信了，白说了。[3]

此致

萨姆

ALS：1 张，1 面；信头〈都柏林，皇家希伯尼安酒店有限公司〉；TxU。日期判定：另有人手书"1935 年"与？"1936 年 5 月 12 日"（铅笔），均不正确；丹尼斯·德夫林的诗集《调解》直到 1937 年 10 月才出版，被雷维推迟了很久；虽然贝克特的《回声之骨》已于 1935 年 11 月出版，但在 1936 年 3 月 5 日的信中，贝克特抱怨说几个月来没有收到过雷维的来信，也不知道《骨》的任何消息。在 1936 年 3 月 25 日致麦格里维的信中，贝克特再次提到罗伯茨，证实 1936 年才是此信的写作年份。

1. 迈克尔·罗伯茨已于 1936 年 2 月 12 日写信给乔治·雷维，告知了他对《回声之骨》的印象。雷维是否把信转交了贝克特难以确定，但 1936 年 3 月 8 日他确实给麦格里维寄了一份抄件，同时附留言一句："亲爱的汤姆。附纯粹理性批评。"

344

尊敬的乔治：

您把萨缪尔·贝克特的新作寄给我，真是再友好不过了。

这些诗多半没有给我留下特定的印象；我是说，诗艺上它们没有冲击力。对贝克特这人的类型我有了某种想法。从诗中知道，他熟悉都柏林，读过乔伊斯，从过去人们认为不会如此的事物中得到了一种抒情的经历。但是，他发现了新颖因而激动人心的词语的碰撞吗？他的韵律是不是精准无瑕？他像［柯］尔律治在《克里斯塔贝尔》中那样创造了神话吗？他像华兹华斯在部分《露西组诗》中那样刻画了大理石般的永恒时刻吗？他像莎士比亚那样在事物中看到的比绝大多数人都要多，或者说做了新的事情吗？

我不晓得。他对语言的［感］受力（假如他声称做这些事儿）不是富矿。谁是或者说愿意当他的受众？显而易见，您从他的诗中看出了某种重要的东西，否则您是不会拿它们出版的。除了不表达任何看法或道德评判因而不向无关的抨击(比如对艾略特和奥登的抨击)敞开自身这一消极之处外，它们的优点何在？他担心自己一说话就会显得愚蠢或者多情吗？有把握的事情这么少，我只说自己知道的东西——就是说自己看得见、摸得着的东西，他是这么说的吗？

他有一套语言修辞的理论吗？

简而言之，该怎么读他的诗，读他的诗又有何益处呢？

此致

迈克尔［·罗伯茨］

（TLcc，1 张，1 面；A. D. 罗伯茨；TLS 抄件，TCD，MS 8117/9）

"Geheimrat"（德语，"枢密院顾问"）。

2. 贝克特已写信给雷维，谈起丹尼斯·德夫林的诗集延迟列入"欧罗巴诗人"丛书出版的事。德夫林 1936 年 3 月 15 日致麦格里维的信澄清了贝克特担心的事：

我的书［……］计划于刚过去的 11 月份出版！几个月来，雷维什么消息都没告诉我，但终于在两周前写了信来，说已将业务转移到伦敦去了，还说要到夏季前后才能推出我的诗集。这事儿叫我发疯。萨建议我改换出版商，但我承担不起损失已支付的 20 镑出版费的代价——那笔钱雷维肯定不还。他只想尽早推那卷艾吕雅诗歌译文，赶上下一年 5 月的"超现实主义画展"［……］书一而再再而三地延迟出版，我真是失望至极加绝望透顶。（TCD，MS 8112/9）

3. 爱尔兰诗人布拉尼德·索尔克尔德（1880—1958）在阿比剧院公司担任演员，艺名内尔·伯恩，因其文学沙龙在都柏林有些名气。

伦敦
托马斯·麦格里维

1936 年 3 月 25 日   ［都柏林郡］

                                    库尔德里纳

亲爱的汤姆：

谢谢您的来信及附件，我真是爱不释手，感谢。[1]

上次在这个时节待在乡间，已是许久之前的事了。得关着窗子睡觉，这样早上 6 点叽叽喳喳的鸟儿才不会把我吵醒。时光流逝，过得光鲜、和煦，却平淡无奇。很少进城，除非是去圣三一学院读赫林克斯，或者弗兰克忙得焦头烂额时去替他打理一下。[2] 虽说没开过这个口，但随时都可以去公司上班，拿一份不多的薪水，大概如此吧，可我不愿意。原姓曼宁的玛丽在替霍顿·米夫林吹捧，写信来要我把自己的作品再寄些去，还敦促我申请去哈佛演讲，说她公公是哈佛的大人物。Je n'en ferai rien.[3]《莫菲》每况愈下。给爱森斯坦写过信，问他如果我过去的话，他是否愿意招收我入莫斯科国立电影学院就读。迄今没有回音。管他回不回信，多半很快就会去。读了普多夫金的新书，感到厌倦。[4]

莫里斯·辛克莱要考取奖学金，出来补课也许一周才一次。期待他轻松入选。[5] 他又替我找到了些意大利语图书，包括《佛罗伦萨史》，这事儿让我满心欢喜；我自己也在韦伯书店淘到了一些，是某个叫博伊尔或者多伊尔的小 Jez——活蹦乱跳的佛罗伦萨人留下的，包括《但丁回忆录》，维拉尼、薄伽丘、阿雷蒂诺和马内蒂的回忆全编在一卷里。[6] 一直在疯狂地读书，四处读书，先是读歌德的《伊菲革涅亚》，接着读拉辛的同名作品换换口味，再读切斯特菲尔德、薄伽丘、**菲沙尔特**、阿里奥斯托和蒲柏的作品！"天空中没有亮色的逆转吗"，这是句妙语。蒲柏说亮色或白色，歌德说金色，雨果则说朱红色。[7]

弗兰克得从都柏林去戈尔韦，于是我同去，只在那儿待了两晚一天，真是择日不如撞日，科里布湖波光粼粼，浪花飞溅，阳光穿过康诺特的围墙，丝线一般。回来的路上，我们在半路上的克朗马克诺斯歇了歇脚，那儿有遗址和纪念碑，美得没法形容。[8]

可怜的鲁迪又走下坡路了，万事都忧心忡忡。要是情况没有好转，我担心他会活不了多久。他借给我一本书，是一个叫格琳［格林］的人写的，书名《小步舞曲》，谈的是18世纪的法国和英国，内容相当乏味。不过，关于雷蒂夫的那章倒有些趣味。已经请布莱恩把他的《农夫－农妇》和《尼古拉先生》借给我，但迄今没有动静。[9] 我明白，德夫林去苏黎世了。有一天跟他吃过中饭，他对诗集延迟出版感到无可奈何——我想，雷维那么做很不厚道——还写信去，向他如实相告。我不会把名字列在赫伯特·雷德［里德］所写序言的后面。枢密院顾问罗伯茨的卢布我没兴趣。但昨晚我去了索尔克尔德的沙龙，当时布拉尼德告诉我，她已经往坎布里奇跑了五六趟，去买本人的诗集，还说他们已经就本人的诗集给雷维写了五六次信了，又是白忙活儿。他说已经寄出去几本，在请人写书评。[10] 但我不信他。第一次见到塞西尔的诗，留下了深刻的印象。那时他正在床上，拿一部三重奏协奏曲和铺张的完整诗剧犹豫不决。[11]

您在弗罗斯特太太那儿住的就是我那间吗？说起那间房子，倒不是怀旧。[12] 没有任何杰弗里的消息，只是间接听说他"田园牧歌般的"幸福。妩媚的艾琳·亨尼西已经嫁给了甘利，嫁给了与布里奇特［布里吉德〕·奥布莱恩订了婚的那个甘利的兄弟。而且她也是"田园牧歌般的"幸福。[13]

我的肛门一直叫人很不省心，而且依然从睡梦中惊醒过来，但其他方面一切正常，没啥大不了的。弗兰克要去威尔士的兰杜德诺过复活节，我得想办法替老妈安排几次短途旅行，让她在请人给房子做春季大扫除期间出门几趟。[14] 她身体健康，而她周边的朋友及朋友的朋友一个个相继去世了。

敬上

s/ 萨姆

TLS；1张，1面；寄往：伦敦西南3区切恩花园15号，托马斯·麦格里维先生收；邮戳：1936/03/25，都柏林；TCD, MS 10402/92。

1. 麦格里维的附件为何物尚未查明。

2. 弗兰克·贝克特，贝克特与梅德卡尔夫事务所。

3. 玛丽·曼宁·豪既非贝克特的经纪人，亦非波士顿的霍顿·米夫林出版有限公司（她自己作品的出版商）的审稿人。

玛丽·曼宁·豪的公公叫马克·安东尼·德沃尔夫·豪（1864—1960），毕业于哈佛大学，1913年前哈佛校友会刊主编，传记作家兼《大西洋月刊》主编；其妻范尼·亨廷顿·昆西·豪（1879—1933）是1829年至1845年哈佛大学校长约西亚·昆西（1772—1864）的后人（《纽约时报》，1967年3月1日：第43页）。贝克特没有向哈佛提出申请："Je n'en ferai rien"（法语，"这样的事儿我决不做"）。在下一封致麦格里维的信（〔1936年〕4月9日）中，贝克特说道："我当然会建议您申请哈佛。看来，申请人需要的只是乔伊斯的一封推荐信——马萨诸塞州最高傲的人对他也是毕恭毕敬。"（TCD, MS 10402/93）

4. 《莫菲》仍未写完。

贝克特没有收到1936年3月2日致爱森斯坦的信的回信。

弗谢沃洛德·普多夫金的《电影表演：在莫斯科国立电影学院系列讲座教程》，艾弗·蒙塔古译（伦敦：乔治·纽尼斯出版社，1935）。

5. 出来备战大学生奖学金考试时，莫里斯·辛克莱遇到了贝克特；那份奖学金面向都柏林圣三一学院学生，是分量最大的奖项之一。获奖者入选学院理事会，获得共享资源及住宿费与学杂费减免，有效期自入选直到第五学年的六月学期结束，或者至颁发文科硕士学位时（《托姆之1936年度爱尔兰指南》［都柏林：亚历克斯·托马斯出版公司，1936］，第482页）。

6. 除了茜茜·辛克莱送的书（见1935［1936］年1月29日的信，注14），贝克特还在都柏林克兰普顿埠头5号及6号的乔治·韦伯书店购买了别的书。弗朗西斯科·圭恰迪尼（1483—1540）写了《佛罗伦萨史：1378—1509》（1509）；该书有1931年版（巴里：乔·拉泰尔扎与菲利出版社）。

"Jez"（都柏林俚语，"耶稣"）。这批书的前拥有者也许是弗朗西斯·博伊尔教兄（2005年9月20日，耶稣会卷宗管理员费格斯·奥多诺霍，爱尔兰耶稣会）。

乔瓦尼·维拉尼、菲力波·维拉尼、乔瓦尼·薄伽丘、莱奥纳尔多·阿雷蒂诺与乔诺佐·马内蒂，《但丁回忆录》，序及注释由乔［治白］·兰［朵］·帕萨利尼撰写（佛罗伦萨：G. C. 桑索尼出版社，1917）。

7. 歌德，《陶里斯的伊菲革涅亚》（1779年写成散文体，1786年至1787年改成无韵诗体）；拉辛，《伊菲革涅亚》（1674）。切斯特菲尔德爵爷（菲利普·多莫·斯坦霍普，切斯菲尔德第四任伯爵，1694—1773），以其《致儿子的信》《致亨廷顿爵爷的信》（1774）出名。贝克特此时所读薄伽丘的具体篇目不得而知。德国讽刺作家、"反宗教改革运动"的文学对手约翰·菲沙尔特（又称蒙哲，1547—1590）对拉伯雷的《巨人传》进行了改编（《巨人高康大》，1575）。至于阿里奥斯托：见1936年3月5日的信，注4。

贝克特引用的是亚历山大·蒲柏（1688—1744）的诗《致不幸女士的挽歌》。

8. 科里布湖是爱尔兰第二大湖，位于戈尔韦西北24英里处；康诺特省包括康尼马拉郡、科里布湖和克朗马克诺斯郡。石头围墙绕私有田地而修，是爱尔兰西部常见的景观。克朗马克诺斯修道院于548年由圣塞伦创立，中世纪时成为学术中心，是爱尔兰最著名的圣地之一；遗址位于香农河畔的阿斯隆镇以南的平原上，包括一座大教堂、八处教堂废墟、两座圆塔和三个精雕细刻的凯尔特十字架。

9. 鲁德莫斯–布朗还在逐步康复，该学期没在圣三一学院上课。

F. C. 格林，《小步舞曲：18世纪法国与英国文学思想概论》（伦敦：约瑟夫·马拉比·登特出版社，1935）；谈尼古拉–埃德梅·雷蒂夫（昵称布列塔尼的雷蒂夫，1734—1806）的那章名为《猎豹的斑纹》。雷蒂夫写过《变态的农夫》（1775）、《变态的农妇》（1784）和《尼古拉先生》（1794—1797）。

10. 丹尼斯·德夫林正随爱尔兰外交部出访苏黎世；1936年4月19日，当他从苏黎世的伊甸·拉奇酒店给乔治·雷维写信时，他才注意到自己已出国一个月了（TxU）。

德夫林对《调解》延期出版的烦躁及贝克特给雷维的信：见［1936 年］3 月 12 日的信，注 2。至于贝克特对赫伯特·里德受邀给《雷霆的荆棘》撰写序言一事的苦恼，见 1936 年 3 月 5 日的信，注 9。

迈克尔·罗伯茨对《回声之骨》的负面评述：见 1936 年 3 月 12 日的信，注 1。

雷维已将《回声之骨》的书评赠本寄送给了《泰晤士报文学副刊》《时代与潮流》《新政治家与民族》《英国评论》《准则》《细察》《当今人生与文学》《旁观者》《都柏林杂志》《都柏林评论》《剑桥评论》《观察家报》《星期日泰晤士报》（见雷克编，《无义可索，符号不存》，第 30 页）。

11. 爱尔兰艺术家塞西尔·弗伦奇·索尔克尔德（1904—1969）虽然作为画家和雕刻家的名声更盛，但也是诗人、剧作家和盖菲尔德出版社的出版商；他 1921 年来到卡塞尔，在埃瓦尔德·杜尔贝格门下学习艺术，1925 年底在德国工作（见 S. B. 肯尼迪，《犀利的美学家》，《爱尔兰艺术评论》第 21 卷第 2 期［2004 年夏］，第 90—95 页）。贝克特此处提到的作品均未出版或所指不详。

12. 弗罗斯特太太，贝克特在伦敦时的房东，住西南 10 区格特鲁特街 34 号。

13. 杰弗里·汤普森已于近期结婚。1936 年，艾琳·帕特里夏·玛格丽特·亨尼西（1904—1983）嫁给了威廉·珀西·甘利（1910—1974），即布里吉德·奥布莱恩的未婚夫安德鲁·甘利的兄弟。

14. 1936 年 4 月 8 日到 15 日，弗兰克·贝克特待在威尔士的海滨小镇兰杜德诺（贝克特致麦格里维的信，［1936 年］4 月 9 日；贝克特致麦格里维的信，［1936 年］4 月 15 日；TCD，MS 10402/93 及 94。

沃特福德郡卡帕村

阿兰·厄谢尔

1936 年 3 月 25 日

［都柏林郡］

库尔德里纳

Alter Freund und Ego:

谢谢您的来信。卡珀［卡帕］还没有拉低您作品的质量，真是谢天谢地。[1]

人们目不转睛地望着基尔代尔街俱乐部，望着乔及其老荷兰人、老伦敦、救世军和雪莉酒派对。在我的记忆中，在一个不值得打磨的世界里，他就像个 Il Traviato。[2] 全家都感冒了。

卡亨发现塞维利亚颇显乡下气，眼下已离开直布［罗陀］了。[3]

康您是认识的。[4]

昨晚 bei 布拉尼德·索尔克尔德。那时塞西尔正在床上颤动，比画着三重奏协奏曲、完整的诗剧，还从诗剧中摘录一段念给我听，其中有这么一句："爱情是拒收的礼物。这是倒错。"他老妈把他的诗拿给我看，我细看了几首，立马就爱不释手，建议他投给 T. S. 艾略特。以前是不是读过其中一首，这我真不记得。[5] "唇-旱"这一韵律反复出现的那首写得最出类拔萃，就像爱森斯坦电影《总路线》中那头公牛脱缰闯进那群母牛，这个比方我得承认是此时此刻才想到的，是在如睡着的水仙那般就范的三月和风的静明中闪现的。[6] 我明白，一天傍晚在辛克莱家里，您给自己的一次现实的爆发铺平了道路——当然我是暗指您的大笑，凭那声大笑您就不仅同 natura naturata 的低等形式也同其高等形式区别开来了[7]——还评说了一句，大意是塞西尔与我之间的相互厌恶是两个醉汉间的相互嫉妒。听完，对塞西尔我既不厌恶，也不劝他少喝，而是一如既往地喜欢他，任他喝个尽兴。而且我不能这么损他，就是想象他对我的感觉更准确一丁点。既然他已在乐谱纸上记下了我城里的地址和乡下的电话，我就不说情感组织出了问题。但是，我的嫉妒和厌恶只能是对他的才华而言的。[8]

肖恩我搞不懂。他不但是个维罗妮卡分子，还津津有味地品读莫里亚克的作品呢。[9]

在很短的时间里，杰克·叶芝就为画展创作了一些精美绝伦的作品，眼下已装裱成弗拉戈纳尔的风格，存到维戈街的伦勃朗美术馆了。《爱尔兰时报》对他的散文新作《阿玛兰瑟一家》accuses reception。¹⁰ 沿着斯蒂芬绿地公园向北走去时，我给他引用了多纳吉的四行诗句，开头一行是："怎样的奇迹啊，假如诗人……"这段引文让他觉得，死亡只不过会将猜字游戏变成哑谜。¹¹

自从圣诞节前后患上双干性胸膜炎以来，我就说不出有啥具体的病痛，只有肛门里长了个皮脂囊肿，幸而能做手术之前，一个屁就刮出来了。

不得不到圣三一学院图书馆来读书，因为阿诺尔德·赫林克斯的书别的地方可没有。最最衷心地向您推荐他的书，尤其是《伦理学》，特别是其中第一篇专论和第二章的第二部分，他在那儿重点阐释了第四种基本美德"谦卑"——contemptus negatives sui ipsius。¹²

Humiliter, Simpliciter, Fideliter.¹³

s/ 萨姆

TLS；1 张，1 面；TxU。

1. "Alter Freund und"（德语，"老朋友及"）；"(alter) Ego"（拉丁文，"［另一个］自我"）。贝克特拿"alter"玩起了双关游戏：德语意为"老"，拉丁文意为"另一个"。

阿兰·厄谢尔的祖居"卡帕"位于爱尔兰南部偏东的沃特福德郡，离邓加文镇和卡波昆镇 5 英里，离沃特福德市 30 英里。

2. 贝克特提及的基尔代尔街俱乐部位于都柏林基尔代尔街 1—3 号，是指 J. 霍恩及其朋友。在《帕内尔及其岛屿》（1886）中，乔治·摩尔写到基尔代尔街俱乐部代表了"一切体面的东西"，还把它描述为"一种牡蛎养殖场，有地乡绅阶层的所有长子们理所当然都掉了进去。在那儿，他们继续打发日子，喝着雪利酒，骂着格拉德斯通^[1]"（托马斯·帕克南与瓦莱丽·帕克南编，《都柏林：旅行指南》［纽约：雅典

----

[1] 威廉·格拉德斯通（William E. Gladstone, 1809—1898）是英国自由党政治家，在 19 世纪下半叶四度出任英国首相；他制定和通过的《爱尔兰强制法案》和《第二土地法案》激发了爱尔兰地主和佃农的矛盾，引起了不少骚乱。"基尔代尔街俱乐部"的成员都是地主后裔，对祖先的故土"老荷兰、老伦敦"等地很怀念。

娜文艺出版社，1988］，第 219 页）。

贝克特用"Il Traviato"（意大利语，"误入歧途的人"）来描述约·霍恩。贝克特的玩笑基于意大利作曲家朱塞佩·威尔第（1813—1901）的歌剧《特拉维亚塔》[1]。

3. 罗伯特·艾萨克·卡亨（1895—1951），在阿兰·厄谢尔的描述中是个"都柏林文学之友"（阿兰·厄谢尔致斯坦利·库克-史密斯的信，1957 年 1 月 15 日，私人收藏）。

4. A. J.［康·］利文撒尔。

5. "bei"（德语，"在……家里"）。

塞西尔·索尔克尔德的三重奏协奏曲、诗剧和诗歌具体所指尚未查明；T. S. 艾略特是文学杂志《准则》的编辑，也是费伯出版社的职员。

6. 爱森斯坦的电影《总路线》使用了共时蒙太奇的技巧，来创造"一头巨大的种公牛突然出现在母牛群上方［的］景象"（鲁道夫·阿恩海姆，《电影》，L. M. 西夫金与伊恩·F. D. 莫罗译［伦敦：费伯出版社，1933］，第 125 页）。

7. "natura naturata"（拉丁文，"造出来的本性"），此处指"人性"；见贝克特的《斯宾诺莎哲学笔记》（TCD, MS 10967/188；菲尔德曼转引，《贝克特所读书籍》，第 51 页）。

8. "城里"此处指贝克特在克莱尔街 6 号贝克特与梅德卡尔夫事务所的办公室；"乡下"指其福克斯罗克的祖居。

9. 肖恩·奥沙利文以其肖像画出名。贝克特也许指基督的脸据称留在圣维罗妮卡在去受难地的路上给他的衣物上这一形象。法国天主教作家弗朗索瓦·莫里亚克（1885—1970）。

10. 杰克·B. 叶芝的画展：见 1936 年 3 月 5 日的信，注 7。

"accuses reception"（法式英语，指"承认收到了"）。

杰克·B. 叶芝的《阿玛兰瑟一家》（伦敦：海涅曼出版社，1936）列入《收到出版物》栏目（《爱尔兰时报》，1936 年 3 月 21 日：第 7 版）。

11. 约翰·莱尔·多纳吉（1902—1942）的诗《想到自杀》："怎样的奇迹啊，假如诗人厌倦了 / 层层设计、谜中有谜的游戏，/ 假如在思想的嫖娼中疲惫了 / 他终于寻觅乏味的变更"（《走进光亮及其他诗》［都柏林：库阿拉出版社，1934］，第 82 页）。

"哑谜"（dumbcrambo）是一种游戏，其中有一组队员必须猜出另一组队员想出的一个词；对方告知该词与什么词押韵后，该组指派一名队员用哑剧形式表演出该词，直到队友们猜出正确答案。

---

[1] 同名主人公是个"堕落的酒徒"。

12. 赫林克斯，《伦理学》（1665），《思辨哲学》第3卷，兰德编（第1—271页）。在第1篇专论与第2章的第2部分中谈及谦卑："因而在追寻谦卑的过程中，人必须否定自我，不要为自我而努力，不要关注自我，不要为自己［贪求］任何东西，除了通向理性的理性之爱。"（第29页，AvW英译）

也见麦克米伦与费森菲尔德对"contemptus negatives sui ipsius"（拉丁文，"谦卑即对自己的否定"）的分析，《剧场里的贝克特》，第53—54页。

13. "Humiliter, Simpliciter, Fideliter"（拉丁文，"谦和地、朴实地、真实地"），引自托马斯·阿·肯皮斯（《效法基督》第1节，第5段，第10行；《效法基督》，里斯编，第10页，英格拉姆编，第7页）。

伦敦

乔治·雷维

［1936年］5月2日　　　　　　　　　　　　　　　［都柏林］

［无问候］

只怕暂时没法搞艾吕雅，别的活儿都忙得要命。[1]

至于您在使用的本人诗作的译文：可否请您插入一条注释，大意是它们已在某某日期的《此季》上发表过。[2]

您拿《转变》怎么样了？此后您收到过他们的信吗？这份杂志可望什么时候推出呢？[3]

谢谢再寄来两册《骨》。《都柏林杂志》上有5行该死的不痛不痒的话。Sonst nix.[4]

抱歉，没法效劳。

就此打止

萨

354

APCI；1 张，2 面；寄往：伦敦中西 1 区红狮广场 30 号，欧洲文学书局，乔治·雷维先生收；邮戳：1936/05/04，都柏林；另有人用铅笔写明，1936 年 5 月 2 日；TxU。日期判定：据邮戳；地址：据邮戳。

1. 雷维已请贝克特翻译保罗·艾吕雅《大众的玫瑰》(1934)中的《历久弥新的个性》一诗，计划发表在《雷霆的荆棘》中，但是正如雷维于 1936 年 5 月 12 日转告艾吕雅所说，"我请贝克特来翻译，但他这会儿也没时间来做"（TxU）。该诗的翻译已由英国诗人戴维·盖斯科因（1916—2001）启动，但他和雷维对译文均不满意（雷维，《无义可索，符号不存》，第 32—34 页）。只有一个片段——全诗 126 行的最后 13 行——发表在《雷霆的荆棘》中；书中标明盖斯科因为译者（第 55 页）。

贝克特所说"别的活儿"指小说《莫菲》的续写；正如他［1936 年］4 月 9 日给麦格里维写信所说："《莫菲》就是一动不动。我被最荒唐的细节上的困难之处害得停滞不前了。可是，大多数日子的大多数时光我还是坐在它的跟前。"（TCD，MS 10402/93）

2. 贝克特翻译的艾吕雅诗歌首次发表在《此季》第 5 卷第 1 期（1932 年 9 月），第 86—98 页，在《雷霆的荆棘》中雷维重印其中的一部分：《女士之爱》《虚构》《基本没破相》《场景》《密闭：宇宙孤独》和《朝我身体的方向脱离视线》（第 1、8、36、37—38、40—41、42 页）。雷维在"编者前言"中说明了取材自《此季》的事，贝克特的译文在《雷霆的荆棘》中也标注了其姓氏的首字母。

3.《回声之骨》中有三首诗（《马拉科达》《怨曲之二》《多特蒙德》）重印在《转变》第 24 期（1936 年 6 月），第 8—10 页。

4. D. C. S.-T. 给《回声之骨》及其他诗集一并写了书评，将其发表在《都柏林杂志》第 11 卷第 2 期（1936 年 4—6 月），第 77—80 页："对萨缪尔·贝克特我有些困惑。困惑，但印象深刻。"该书评引用了贝克特的诗《秃鹫》，写道：

> 在我看来，那首诗及《怨曲之一》和《怨曲之二》是真实的。《怨曲之一》中对激情的逃避是一件再真实不过的事儿。我想，在那些诗歌中贝克特先生找到了自我。也许在《晨曲》中也是这样。因为他的习惯用语——非常私密性、个人化的用语，其他的诗我就全然把握不住。有一种偶然现象的混乱让我不明所以。不明所以；但无论如何，还是印象深刻。（第 78 页）

"Sonst nix"（德语俗语，"没别的"）。

伦敦

乔治·雷维

1936 年 5 月 6 日   都柏林

克莱尔街 6 号

尊敬的乔治：

在您跟约拉斯的第一次沟通中，对于除那些诗之外他们还需要"6 到 10 页"内容的情况，您一言没发。[1] 在自己的 essuie-cul de réserve 里搜索时，本人发现了一篇约 2 000 字的文章，谈的是爱尔兰的出版审查制，是两年前的这个时候由《读书人》约的稿，但迄今 inédit。这篇稿子他们可以拿去，条件一如从前，就是得付稿酬。会在一天或两天里给您寄来，mis au jour。[2]

关于艾吕雅诗歌的翻译，非常非常抱歉。那要花很多的时间，要是在接下来的几天里做不完正在做的事儿，那本人决不做。[3]

非常感谢您提供避难所。期盼抓住大好时机。

相信您丝毫不会反对在本人的艾吕雅诗歌译文后面注明出处和日期。必将感激不尽。[4]

此致

[无签名]

TL：1 张，1 面；TxU。

1. 至于那些诗：见 1936 年 5 月 2 日的信，注 3。1936 年 4 月 9 日，贝克特写信给麦格里维说，自己已告知雷维《转变》可以发表《回声之骨》中的任意一首诗（TCD，MS 10402/93）。

尽管玛丽亚·约拉斯*（1895—1987）给雷维的信尚未找到，但 1936 年 3 月期间

356

欧仁·约拉斯和玛丽亚·约拉斯之间的通信清楚地表明,雷维给《转变》挑选的贝克特短篇散文片段是一段"散文速写",计划列入《安魂曲》专辑——下一期《转变》的主题(洛伊丝·摩尔·奥维贝克与玛莎·道·费森菲尔德,《为完整的文本一辩》,《笔记汇编全息》,*SBT/A* 特刊第 16 期[2006],第 354—355 页)。

2. 1934 年 8 月,《读书人》委托贝克特写一篇关于爱尔兰出版审查制的文章。贝克特应约写了《自由邦的出版审查制》一文,但《读书人》没有发表该文(见 1934 年 9 月 8 日的信,注 9)。

尽管贝克特将"inédit"(法语,"未发表的")文章称作"essuie-cul de réserve"(法语,"备用的卫生纸"),但他做了修订,"mis au jour"(法语,"更新了内容"),补写了有关 1935 年 9 月 30 日爱尔兰出版审查目录的内容——他的《徒劳无益》在该目录中列为第 465 号。

3. 关于艾吕雅诗歌的翻译:见 1936 年 5 月 2 日的信,注 1。

贝克特正努力完成《莫菲》的初稿。

4. 雷维从《此季》上选取了部分贝克特翻译的艾吕雅诗歌(见 1936 年 5 月 2 日的信,注 2)重新刊载,并在"编辑前言"(艾吕雅,《雷霆的荆棘》,第 vii 页)中说明了此前刊载的信息。

伦敦

托马斯·麦格里维

1936 年 5 月 7 日 都柏林郡

福克斯罗克

库尔德里纳

亲爱的汤姆:

今天上午收到了玛丽·曼宁的一行字,说她正要给您写信,并愿意跟豪先生说说。只要张罗一下,活儿就干成了。您会反对问乔伊斯要张字据吗?看来哈佛的人对他很敬佩。[1]

杰克·叶芝主动谈起了那幅画，而我那时是个破落仔，没法张口说要买下，但后来借到了 10 镑，他拿了那笔钱当首付，余下的 20 镑要随后付清（天知道什么时候做得到），于是这会儿我就得到了那幅画。既然买了那幅斯莱戈水彩画，这幅画老妈和弗兰克也没法推脱多久。挂上《清晨》，墙上就总是清晨，一种漫步出门、无须回家的感觉，多好啊。[2]

《转变》的人已确认会给拙诗付稿费，还说另需要"6 页"内容。我 au jour 把那篇《出版审查制》的旧文搞定寄了出去。自从写了该文，拙书就遭禁了，其难处我通过交代禁书名单序号加以克服，这样一切就都成了谦逊。[3]

这阵子，"全遗弃"正在《爱尔兰时报》的《春季秀》栏目里谈如何鉴赏本土家具。[4]

读了他给我的《阿玛兰瑟一家》，本来乐意给《都柏林杂志》写一篇书评，只是不喜欢求谢默斯高看。没错，是本迷人的书，其巢穴整个亮堂堂的。L'Ile des Paradisiers.[5]

雷维要我再给其艾吕雅供品翻译一首诗，但我回绝了。一直在忙《莫菲》的事儿，这会儿也忙，终于要写完初稿了。[6]结尾会很短，谢天谢地。

一阵子前收到科菲的一封长信，大多数地方看不清，更别说读明白了。[7]

思来想去，在这儿至少得待到秋季，而且确实也没有离开这盏电灯和这片大海前往某个城市的念头。[8]一家人似乎已安顿下来，习惯了彼此间温文尔雅、含蓄内敛的居家生活，能做到的就这样了。［……］

那时正跟美术馆的管理员说话，他说他们会再乐意不过地全部为馆长弗朗而死。他要采购的画作尚未送达公共展厅，但他似乎已穿过里面（就画在屋顶下的某个地方）有一把好梳子的地下室，购得了柯勒乔的一幅大尺寸画作（《大卫与歌利亚》），巴望着重新给荷兰展厅布展，试图把约尔丹斯的画全部移走。德·弗里斯的一幅新风景画挂上去了，正确之至又乏味透顶。[9]

学院开幕式好像很精彩，希金斯待在景观后面同话筒前的某个人辩论，蒙哥马利则把那儿的美丽画作比作在莫尔斯沃思街不得不看的那些丑陋涂鸦。[10]

过去两周我绝对谁都没见，除非莫里斯·辛克莱从学校出来了。奖学金考试后他就出局了，但看样子成绩还不错。[11]巴黎一家美术馆给哈里·辛克莱写信，说起萨尔瓦多的画，随信寄来几张照片。也许他们愿意呈送一幅给市立美术馆。辛克莱说找到了布歇的一幅画，那声音就像有人在圣诞节前夜听到了布谷鸟的叫声。[12]

致敬

萨姆

ALS；1张，4面；信头；寄往：伦敦西南3区切恩花园15号，托马斯·麦格里维先生收；邮戳：1936/05/09，都柏林；TCD，MS 10402/94。

1. 贝克特已代表麦格里维给玛丽·曼宁·豪写信说："请她在其哈佛计划中把我换成您，还把您的地址给了她。我知道她会尽其所能，您不久也会收到她的来信。"（［1936年］4月15日，TCD，MS 10402/94）玛丽·曼宁的公公马克·安东尼·德沃尔夫·豪：见1936年3月25日的信，注3。

从1933年至1935年，哈佛大学学生完成的论乔伊斯的学位论文有3篇获得了资深荣誉。"哈佛人"的品性之一就是"在詹姆斯·乔伊斯方面有所建树"（《哈佛人的类属》，《哈佛红》，1930年1月19日：第2版）。

2. 贝克特指杰克·B.叶芝的画《清晨》（派尔482；NGI 4628）。关于叶芝的斯莱戈水彩画《街头混混》：见1935年5月5日的信，注4。关于托马斯·阿·肯皮斯的典故：见［1935年］3月10日的信，注3。

3.《转变》的编辑请求贝克特为其诗集再提供几页稿件的详情：见贝克特致雷维的信，1936年5月6日，注1、注3。

《自由邦的出版审查制》一文补写了一段，交代了"1935年9月30日"经审查委员会列入禁书名单的"618种图书和11种期刊";在文章的结尾,贝克特写道:"我本人登记在册的号码是465,第四百六十五号,假如我可以这样说的话。/现在,我们拿甜菜浆喂猪。这对它们来说是一个样。"(贝克特,《碎片集》,第87—88页)

4. 肖恩·奥费朗写了《家具中的爱尔兰格调:民间主题的新进展》一文,见《爱尔兰时报》,1936年5月7日:第6版。

5. 贝克特确实问了谢默斯·奥沙利文,看他能否就杰克·B.叶芝的小说《阿玛兰瑟一家》给《都柏林杂志》写一篇书评(见[1936年]5月13日的信)。

"L'Ile des Paradisiers"(法语,"天堂鸟岛"),所指不明。

6. 艾吕雅,《雷霆的荆棘》。

7. 布莱恩·科菲的字通常写得很小。科菲致贝克特的信尚未找到。

8. 在[1936年]1月29日致麦格里维的信中,贝克特已提过可能于初夏前往德国。

9. 乔治·弗朗已于1935年10月1日就任爱尔兰国家美术馆馆长。

贝克特指爱尔兰国家美术馆1936年购买的巨幅画《大卫杀死巨人歌利亚》(NGI 980),作者为意大利画家奥拉齐奥·真蒂莱斯基(1563—1639),而非安东尼奥·阿莱格里·柯勒乔(约1494—1534)。爱尔兰国家美术馆收藏的佛兰德艺术家雅各布·约尔丹斯(1593—1678)的画作有《圣彼得发现献金》(NGI 38)、《得胜的教会》(NGI 46)及《以马忤斯的晚餐》(NGI 57)。1934年,该馆购得荷兰画家鲁洛夫·扬斯·德·弗里斯(1631—1681)的画作《有人物的风景》(NGI 972)。

10. 皇家艺术学院于1936年5月4日举行了第168场展览的开幕式。詹姆斯·蒙哥马利多半把画展中的作品比作南莫尔斯沃思街3号"伦斯特画室"里的作品了。他的律师事务所位于南莫尔斯沃思街13号,"官方电影审查处"办公室则位于南莫尔斯沃思街34号。

11. 莫里斯·辛克莱与大学生奖学金考试:见1936年3月25日的信,注5。

12. 加泰罗尼亚画家、瓷器家、锈蚀玻璃艺术家加辛托·萨尔瓦多(1892—1983)曾在巴塞罗那、马赛和巴黎学习,20世纪20年代活跃于巴黎;他是德朗和毕加索的朋友,毕加索还特意给他画了《小丑加辛托·萨尔瓦多的肖像》(巴塞尔艺术馆,G 1967.9)。

哈里·辛克莱:见周五[1930年7月约18日至25日间]的信,注4。贝克特提到了"市立现代艺术美术馆"(现都柏林休雷恩市立现代艺术美术馆),也许是想起了麦格里维曾请吕尔萨赠送这么一幅作品。

法国画家弗朗索瓦·布歇(1703—1770)。

都柏林

谢默斯·奥沙利文

[1936 年] 5 月 13 日　　　　　　　　　　　　　　[都柏林]

[无问候]

收到书，万分感谢。交给我来写是您的信任。[1]

只怕这会儿没一首新诗，不过，要是从眼下到那时写出了什么新玩意儿，一定投给您。

下个周日没空，但一周后的那天也许有。

此致

贝克特

APCI；1 张，2 面；寄往：都柏林克罗街 2 号，《都柏林杂志》主编收；邮戳：1936/05/14，都柏林；TCD, MS 4630—49/1346。日期判定及地址：据邮戳及贝克特 1936 年 5 月 23 日致麦格里维的信。

1. 奥沙利文给贝克特寄了一本杰克·叶芝的小说《阿玛兰瑟一家》，请他给《都柏林杂志》撰写书评（见 1936 年 5 月 7 日的信）。

伦敦

托马斯·麦格里维

[1936 年] 5 月 23 日　　　　　　　　　　　　　　[都柏林郡]

库尔德里纳

亲爱的汤姆：

J. B. 叶芝写了信来，说起您的研究计划，我万分高兴。[1]他给我看了自己画作的照片。那些照片没有我预想的那样黯然失色，甚至后来的那些都没有。感觉这本书不会让您伤什么脑筋，只会带来许多乐趣。手头有具体的事儿要做，这会让您感觉好些。请在下封信里再跟我讲讲这件事儿。

收到了 S. 奥斯［S. 奥沙］转寄过来的《阿玛兰瑟一家》，里面夹有一张超级和蔼的便笺，请我投些诗歌过去，还问我干吗不亲自过去看看，这事儿我告诉过您吗？他只许我写 500 字。版面这么少，除了精练还能怎么样呢？[2]

终于把《莫菲》点着了，再写 2 000 字就扫尾了。真是一部令人讨厌之至又不太实诚的作品。查托肯定不会接受它，这个我没把握。同时还要给查尔斯和帕森斯寄几份书稿去。要是能省去沿街叫卖的苦，那我会无比高兴。[3]

几天前的晚上，第一次遇见了厄斯金的小儿子博比·奇尔德斯，他娶了曼宁太太的小女儿克里斯塔贝尔。他照看爱尔兰出版机器。用高而急促的英式口音谈论政治角力。参加割草皮大赛，住在布西公园路，就在卢斯的隔壁。[4]我们永远都不会一起待在德尔斐[1]。

没收到杰弗里的一点儿消息，他弟弟艾伦也老久没收到过了。有个朋友叫斯图尔特，在圣三一学院时跟我共住过一段时间，这会儿刚带着太太从印度的一个邦回家。他从伦敦的普特尼写信来，会在"学者的聚餐"上见到我！利文撒尔无论落后一个年代还是超前一个年代，也期盼着免费醉一次。我倒宁愿自个儿掏钱，图个清醒。[5]

---

[1] 指希腊神话中的德尔斐神，他代表阿波罗神预言俄狄浦斯会弑父娶母。此处贝克特可能指他不相信博比对国内政治形势的预言。

虽说有东风[1]，这周还是在"40步"泡了两次澡。仅有的另一个泡澡者是麦格拉斯神父，由于憋着精液加之裸体，他一身通红。那人以前我同老爸经常在土耳其浴室碰见。上次见到他几乎是三年前的事儿了，就在我们家前门口，是请他来致悼词的。[6]

查尔斯写信说，他准备去伦敦看病。但没说得了什么病。[7]

埃尔斯海默画笔下的水和树林，还有海亨特画笔下的绵羊圆背，经常浮现在我的脑海之中。布莱恩的《画家词典》出版时标价7镑17便士又6先令，现在在格林书店只卖4镑17便士又6先令。要是有这笔钱，我会买一本。[8]

盼早日回信

谨上

萨姆

ALS；1张，2面；寄往：伦敦西南3区切恩花园15号，托马斯·麦格里维先生收；邮戳：1936/05/23，都柏林；TCD，MS 10402/96。

1. 麦格里维已主动提出对杰克·B.叶芝的绘画进行研究。

2. 贝克特的书评《一部充满想象力的作品！》发表于《都柏林杂志》第11卷第3期（1936年7—9月），第80—81页。

3. 查尔斯·普伦蒂斯一直是贝克特作品心有灵犀的审读人，但此刻已不在查托-温德斯出版社工作了（见1935年9月8日的信，注4）：伊恩·帕森斯接替了他的岗位。

4. 罗伯特·阿尔登·奇尔德斯（昵称博比，1911—1996），爱尔兰民族主义者罗伯特·厄斯金·奇尔德斯（通称厄斯金，1870—1922）的儿子；其妻克里斯塔贝尔·曼宁（1910—1988）是苏珊·曼宁（约1874—1960）的女儿；其兄厄斯金·汉密尔顿·奇尔德斯（亦通称厄斯金，1905—1974）是爱尔兰总统（1973—1974）。

博比和克里斯塔贝尔·奇尔德斯住在都柏林南郊布西公园路12号，与布西公园路13号的A. A.卢斯紧邻。

5. 杰弗里与弟弟艾伦·H.汤普森（1906—1974）都是贝克特自小的朋友，先是

[1] 对西欧岛国而言，"东风"来自西伯利亚，比来自北大西洋的"西风"干冷得多。

在北爱尔兰恩尼斯基伦的波托拉皇家学校一起读书，后又共同入读都柏林圣三一学院。艾伦·汤普森1932年应聘里奇蒙德医院的助理医师和病理学分析师。

杰拉尔德·帕克南·斯图尔特（1906—1998）是贝克特1926年在圣三一学院时的室友，二人都是"宿舍学者"；斯图尔特担任印度阿萨邦文官部的助理总监，其间遇到并娶了伊丽莎白·司各特（1912—1971）。普特尼区位于伦敦西南郊。

康·利文撒尔（圣三一学院1920年的法语、德语"优秀本科毕业生"）1916年获"本科生奖学金"。

6. "40步"指都柏林郡沙湾区的裸泳浴场，因驻扎过第40步兵团而得名；当时仅对男性开放。

贝克特所说的到底是哪个麦格拉斯神父现已无从核实。贝克特的父亲威廉·贝克特殁于1933年6月26日。

7. 查尔斯·普伦蒂斯。

8. 贝克特在回顾曾在伦敦国家美术馆看过的埃尔斯海默和赫尔特亨的画作（见1935年2月20日的信，注6、注7）。迈克尔·布莱恩（1757—1821）编了一本《布莱恩画家与雕刻家词典》（1816）；后乔治·C.威廉森将其修订、增补为五卷本（伦敦：乔治·贝尔出版社，1903—1905；第4版，1926—1934）。

伦敦
托马斯·麦格里维

1936年6月9日 ［都柏林郡］

福克斯罗克

亲爱的汤姆：

收到您的信已是很久以前的事儿了。希望您的支气管炎不那么严重。请尽快写信来，告诉我您的近况。

写完《莫菲》了，就是说给初稿添上了最后几行字。这会儿得再次通读一遍。读起来真他妈恐怖。该有个剪辑员，régisseur那样的。[1]

替谢默斯写了《阿玛兰瑟一家》的书评。才500字。很疲惫，写得很糟。把他和阿里奥斯托做了比较。[2]

莫里斯·辛克莱没有考取"本科生奖学金"，就差几分呢。出局者中的第一名。[3]比最优秀的得奖人大约聪明5倍。

昨晚给雷维写了一封口气凶狠、蜇人不浅的信。真他妈怒火中烧。他回信说，写出版审查制的那篇文章投得太晚，赶不上在《转变》上刊载，还说在他寄给我的约拉斯太太的几封信中，第一封信就提到了这个情况。他根本就没把那些信转寄给我。他只从她的信里摘录了一段，里面根本没提需要散文稿件，只说允许刊发《回声之骨》中的几首诗。他把她的第二封信寄来，重申需要散文稿件，于是我把那篇文章投了过去，并请他回信。[4]后来他寄来艾吕雅诗集的新书简介。《雷霆的荆棘》！！！我反对把自己的名字列在这种令人憎恶的东西里。我反对里德先生写的狗屁序言。我反对新书推介传达的暗示，就是本人在按照新伯灵顿BAVE作秀。这些事儿没有任何人跟我商量。去他妈的小小安特里姆路的灵魂。[5]

查尔斯肯定出了问题。[6]给他写了两封信，他都没回复。最后一次寄信来时，他说到了伦敦和医生。

大约三周前去了谢默斯·奥沙利文家里。他说收到了您的信，还说很乐意从您的评述中选一些发表。柯蒂斯也在场，在请人给自己的新史学著作写书评。贝瑟尔和索菲也在那儿，他已愈显迟钝，而她依然可人。我是同茜茜一起去的。[7]

据苏珊·曼宁说，玛丽说了，她公公说还没收到您的来信。[8]您没给他写信吗？希望您没在让机会溜走。

这阵子经常去海边泡澡，今天傍晚累坏了。在圣三一学院同住、在中学也同过学的那哥们，眼下在印度阿萨邦文官部经营一个什么奥里〔萨〕花园，今天他出来吃午饭，带了太太，是个新西兰人，长着一对猫眼，还 d'accent。[9] 他们都快活得不得了。"我说不准，"他说道，"但我依然认为，自己是个实用主义者。"

我在泡澡的时候，一条下流的小杂种狗同我们家那条老母狗一起钻进我的屁股缝，这会儿老母狗发起情来，而我连同这对狗杂种被一圈裸着身子的男孩围住，他们哄堂大笑，敦促我不要捣乱，不要坏了好事，如此等等。我孤立无援，只好夹着它们俩走到海里，把它们浸在水里，直到杂种狗把阴茎抽了出来。接着，我又只好带着老母狗往南，去上达格尔路的一家犬类堕胎诊所，花了 7 先令 6 便士把它的子宫清洗干净。[10] 但它依然可能生下一窝小杂种。可它已经 10 岁了，肥胖又老迈。

弗朗已把意大利厅整肃干净，提高了档次。波尔代诺内的画已经清理干净，放低到了恰当的高度，观看起来再好不过，这一点以前我总有些疑心。新买来的真蒂莱斯基画作（600 镑）糟透了。有一幅圭尔奇诺的画《约瑟夫与圣婴》真是棒极了，是以前没见过的。[11]

有一天在街上偶然遇到一个认识的《爱时》编辑，他说还没有一本《骨》送到他们手上请人写书评。可我把收书人的名字告诉了雷维啊。只好自己给他寄了一本，但迄今依然不见书评。还是那位仁兄告诉我，说希利斯结婚了，结了几个月的婚了。现在他兴许能把《克利夫斯公主》还给我了。[12]

叶芝那本书的书评您动笔了吗？［? 鲁特·］蒂尔尼的话："艾略特与叶芝之间的区别；一人总有表述精美之处，另一人毫无言之相当精美之处。"[13]

几个月前就该给科菲回信了。没那份精力进城，去图书馆查查他到底想了解什么。[14]

没收到杰弗里的只言片语，大约 3 个月了。[15]

有一天往南去了纽卡斯尔，去看望波士·辛克莱。担心没有一点儿康复的迹象。哈克特拜访了他。[16]

看过最新的小报《今日爱尔兰》吗？奥费朗和伙伴牙医约翰·道林论 J. B. 叶芝的文章写得很精巧。说叶芝的管路活儿很拙劣。[17]

　　谨上

　　　　　萨姆

ALS；2 张，4 面；寄往：伦敦西南 3 区切恩花园 15 号，托马斯·麦格里维先生收；邮戳：1936/06/10，都柏林；TCD，MS 10402/98。

1. "régisseur"（法语，"电影或戏剧导演的助理"）。

2. 在给杰克·J. 叶芝《阿玛兰瑟一家》所写的书评中，贝克特写道："那讽刺是阿里奥斯托式的［……］那间断性是阿里奥斯托式的。"（《一部充满想象力的作品！》，第 80 页）

3. 在"本科生奖学金"评选考试中，莫里斯·辛克莱的分数名列落选者名单榜首。

4. 尽管雷维说过《转变》有意刊发贝克特的诗歌，但没有证据表明，他表达过《转变》起初征求散文稿件（具体说来是征求"偏神话"）这层意思（见 1936 年 5 月 6 日的信，注 1）；贝克特对需要散文稿件的"再次申明"立刻响应，把那篇谈出版审查制的文章投了过去。

5. 《雷霆的荆棘》新书介绍未找到，但可能包括赫伯特·里德给该书所写的序言；该序言的刊发是为了配合在伦敦新伯灵顿美术馆举行的"国际超现实主义画展"（1936 年 6 月 11 日—7 月 4 日）。按照画展系列活动的安排，里德于 1936 年 6 月 19 日做了《艺术与无意识》的报告；1936 年 6 月 23 日，他还主持了"艺术家国际联合会"组织的一场讨论会（《国际超现实主义简报》第 4 卷［1936 年 9 月］第 2 期，第 7—13 页）。

保罗·艾吕雅于 1936 年 6 月 24 日做了《谈超现实主义诗歌》的报告，6 月 26 日又朗诵了自己和其他法国超现实主义者的诗作。朗诵会的公告称："英译者有萨缪尔·贝克特、丹尼斯·德夫林、戴维·盖斯科因和乔治·雷维等。"也许贝克特收到了前去朗诵自己译文的邀请，因为加托写到了"活动安排：原诗朗诵配译文朗诵；有些译文是年轻作家萨缪尔·贝克特完成的"（让-夏尔·加托，《保罗·艾吕雅——通灵的教兄：1895—1952》［巴黎：罗贝尔·拉丰出版社，1988］，第 235 页）。

"BAVE"（法语，"口水"，"唾沫"，"谣言"）。

乔治·雷维的办公室位于伦敦中西 1 区红狮广场；他在俄罗斯和西欧长大，但雷维家族的祖居"斯特拉莫"在贝尔法斯特离安特里姆路不远的奇切斯特公园，那是一处多为新教徒的中产阶级专业人士聚居区（《乔治·雷维——〈回忆录〉预备初稿》，第 2 页，及贝克特致雷维的信，［1936 年］8 月 21 日，TxU）。贝克特气不打一处来，认为安特里姆路代表了自命不凡、自私自利。

6. 查尔斯·普伦蒂斯。1936 年 6 月 2 日，伊恩·帕森斯给理查德·阿尔丁顿写信道："上周我和查尔斯共进晚餐，他告诉我说，他那希腊臭虫般的毛病还远远没治愈。"（UoR，MS 2444 CW 信件誊写簿 174/282）

7. 谢默斯·奥沙利文和埃斯特拉·所罗门斯住在都柏林郡拉斯法纳姆区的格兰奇宅。

埃德蒙·柯蒂斯是都柏林大学现代爱尔兰语教授，著有《爱尔兰史》（1936）；其书评由 P. S. O'H 撰写，发表在《都柏林杂志》第 11 卷第 3 期（1936 年 7—9 月），第 60—62 页。

贝瑟尔·雅各布斯及妻子索菲正从英格兰前来都柏林访问。贝克特的姑妈茜茜·辛克莱跟埃斯特拉·所罗门斯是闺蜜。

8. 通过玛丽·曼宁·豪夫家的关系可能在哈佛谋得的岗位：见 1936 年 3 月 23 日的信，注 3。

9. 杰拉尔德·帕克南·斯图尔特（见［1936 年］5 月 23 日的信，注 5）。据斯图尔特说（1993 年 3 月 22 日），贝克特的说法"在阿萨邦经营一个什么奥里［萨］花园"是没有依据的。"d'accent"（法语，"带外地口音"）。

10. 布雷镇达格尔路上唯一挂牌的兽医是"皇家兽医外科医学院成员"希尔达·比斯特小姐（《托马斯爱尔兰年度名录——1936 年》，第 1543 页）。

11. 乔治·弗朗，爱尔兰国家美术馆长。贝克特指的是：乔瓦尼·安东尼奥·德萨奇斯·波尔代诺内（约 1483—1539）的《费拉拉伯爵》（NGI 88）；真蒂莱斯基的《大卫杀死巨人歌利亚》；以及圭尔奇诺（原名乔凡尼·弗朗切斯科·巴比里，1591—1666）的《圣约瑟夫与基督圣婴》（NGI 192）。

12. 贝克特指 1935 年至 1936 年全年《爱尔兰时报》的撰稿人莱昂内尔·弗莱明（1904—1974）（见 1936 年 6 月 27 日的信）。后来弗莱明加盟英国广播公司，在伦敦及海外工作；回到都柏林后，他又替《爱尔兰时报》撰写外交专栏。当时，W. 亚雷克·纽曼（1905—1972）任《爱尔兰时报》副主编，负责图书版（莱昂内尔·弗莱明，《脑筋还是竖琴》［伦敦：巴里与罗克里夫出版社，1965］，第 168 页）。1954 年，纽曼升任该报主编，在该岗位工作到 1961 年。弗莱明、纽曼和贝克特均毕业于都柏林圣三一学院。

就算贝克特确实给雷维写过信，交代了书评本收件人的姓名，但可惜该信尚未找到；《爱尔兰时报》不在雷维起初寄送《回声之骨》书评本的报刊之列（TxU，乔治·雷维，欧罗巴出版社）。

阿瑟·希利斯1936年娶了莉莲·玛丽·弗朗西斯（1907—1990）；1942年至1951年，莉莲在英国广播公司任节目助理，后调往该公司南欧部西班牙科。

小说《克利夫斯公主》（1678），作者德·拉斐特夫人（原名玛利亚-马德莱娜·皮奥什·德·拉·韦尔涅，即德·拉斐特伯爵夫人，1634—1693）。

13. 迈克尔·蒂尔尼（1894—1975），1932年至1947年任都柏林大学学院希腊语教授，1947年至1964年任该校校长。蒂尔尼是否这么说过或者写过，那就不得而知了。

14. 布莱恩·科菲的研读计划无从知晓。

15. 杰弗里·汤普森。

16. 波士·辛克莱在接受肺结核治疗：见1935年9月22日的信，注12。

弗朗西斯·哈克特（1883—1962），爱尔兰裔美国作家、记者。

17.《今日爱尔兰》（1936年6月—1938年3月）由弗兰克·奥康纳（迈克尔·奥多诺万的假名，1909—1966）主编；投稿人有肖恩·奥费朗等。爱尔兰皇家艺术学院画展的专题评论提到了杰克·B.叶芝："现在，我们对画家甚至管路工提出要求，就是着手手上的活儿时，对结果会怎么样他应该心中有数。杰克·叶芝的画法不允许有这种要求。"（约翰·道林，《艺术学院的艺术》，《今日爱尔兰》第1卷第1期[1936年6月]，第61页）。道林的职业是牙医。

伦敦
乔治·雷维

1936年6月20日　　　　　　　　　　　　　　　　　　　　　　［都柏林］

乔治·雷维[1]ELEMENT COMBUSTIBLE REVOLTANT[2]

动词是 S'EMMERDER[3]

Lu et approuvé s/ 曼·雷[4]

et Comment! s/ 乔斯琳·赫伯特[5]

369

Pardit〔Pardi〕[6]

汉弗莱·詹宁斯[7]

TPC 带亲笔签名；1 张，2 面；收信地址：伦敦中西 1 区红狮广场 30 号，乔治·雷维先生收；邮戳：1936/06/20，邓莱里；TxU。日期判定：据邮戳。写信地址：据邮戳。除非另有注明，所有名字均为黑色墨水手签。

1. 贝克特已给雷维寄去一张未签名的打字明信片，以纠正动词的拼法（以上明信片的阴影处）。雷维及"超现实主义小组"的其他成员在伦敦"1936 年超现实主义画展"系列活动中的一场中举行聚会，随后加上了各自的评论和签名。

2. "ELEMENT COMBUSTIBLE REVOLTANT"（法语，"令人作呕、易燃易爆的成分"），用黑色墨水写在邮戳四周。

3. "S'EMMERDER"（法语，"厌倦"）。贝克特将此词打印在原明信片上，以纠正雷维就贝克特 1936 年 6 月 9 日"蜇人不浅的信"所写回信（尚未找到）中的拼写错误（也见贝克特致麦格里维的信，1936 年 6 月 27 日）。

4. "Lu et approuvé"（法语，"已阅并同意"）用蓝色墨水手写。曼·雷（原名伊曼纽尔·莱德内茨基，1890—1976），美国画家、摄影家、电影制片商及绘画艺术家，参与了"超现实主义画展"。

5. "et Comment"（法语，"而怎样"）。乔斯琳·赫伯特（1917—2003）此时是伦敦演播剧场的学徒。

6. "Pardi"（法语，"当然啦"）由他人手写。

7. 汉弗莱·詹宁斯（1907—1950），英国纪录片制片商、诗人、画家，"超现实主义画展"的策划人；他在明信片的底端横向签上了名字。

伦敦

托马斯·麦格里维

1936 年 6 月 27 日　　　　　　　　　　　　　　　　〔都柏林郡〕

福克斯罗克

亲爱的汤姆：

《莫菲》打完了，准备周一寄三份出去。一份给您，一份给帕森斯，一份给查尔斯。[1]本可以再修订，但不想这么做。所有更让人忧伤的丧失感都删除了。过去的这个月里写得太辛苦，都厌倦了，对拙作和广义的语言都厌烦透顶了。不是要您劳神审读。只要瞟一眼，然后就让我收回来。烦请尽早回复，比如说两周内。想寄一份给西蒙［与］舒斯特出版社。[2]

猜想您知道查尔斯做阑尾炎手术的事儿。他似乎在破纪录的时间内康复了，上周五就回格里诺克去了。[3]

对我那封怒气冲天的信，雷维也怒气冲天地写了回信。他是个：（1）骗子；（2）笨拙的诡辩家；（3）文盲。他把 emmerder 拼成 merder。另一个脓肿崩裂了，真是恰到时候。[4]

上次去 J. B. 叶芝家的时候，也就是两周前的事儿，德莫德·奥布莱恩同汤克斯也在那儿。奥布莱恩指着一个光平面，说道："真是个可爱的瀑布。"叶芝立即回答道："假如瀑布看起来只像瀑布，光平面只像光平面的话——如此等等。"汤克斯上了年纪了，但依然漂亮，讨人喜欢，身材也很苗条，颇有霍恩的风度，谈起乔治·摩尔、罗兰森和西克特可谓滔滔不绝。[5]

接下来的那个周一去了美术馆，发现一幅好得令人惊讶的萨福克郡风景画，是庚斯博罗的作品，画风上很像伯特［博特］，但勾勒的树影没那么显眼。还有一幅赏心悦目的威尔逊风景画，是一个叫史密斯的当代人士画的，那位画家我一无所知。普桑［的］《珀琉斯与忒提斯》之前通常的运笔。撞见了叶芝，他解答了普桑蓝的问题，可对于热里科画的马以前是什么颜色，我依然无解。在令人惊骇的新真蒂莱斯基面前，他颇显詹姆斯·乔伊斯的风范："我见过的第一个裸体，趾甲里有尘垢。"[6]

小辛克莱周一去巴黎，带了返程票、8 镑现金、巴士底广场的住址（每月 100 法郎！）还有写给雕刻家休斯的介绍信。[7]有一天在豪斯遇到谢波德［谢泼德］，是第一次见面。他说，斯利特是他给邮政总局创作《库乎兰雕像》的模特，还说，模特把头耷拉得太低，都晕厥过去了。[8]

这段时间每天都在"40 步"泡澡，有时候一天两次，身体比一年前好多了。杰弗里一点儿消息都没有。明天，原姓曼宁的玛丽会从波士顿赶到这里。您收到过哈佛的回复吗？[9]

发现没办法同科菲通信。同德夫林一个照面都没打过。找我要《回声之骨》时，《爱尔兰时报》的弗莱明说道："写个与人为善的书评，要不就不写。"都过去三个星期了，可一篇书评都没见报。[10]

在今天［的］《爱尔兰时报》中看到，据一位书商说，"都柏林在读"《五朔节的火》。在上一期《星期日泰晤士报》中看到一篇乏味的书评。希望它大卖特卖。[11]

收到查托的版税报告。在过去的一年里，《徒劳》卖了 2 本，《论普鲁斯特》卖了 20 多本。[12]

老妈的身体时好时坏，今天就不太健旺，哎，3 周年纪念日啊。每逢周年纪念日，罗家人[1]总是十分坚强。弗兰克见得少。他去威尔士圣头港附近的特雷亚［尔］德湾过周末去了。[13]

下次外出是离家出走。说来容易做来难。欠了 36 镑的账。这会儿小说写完了，要是查托不退稿的话，我会大喜过望。

　　　敬上

　　　　　　　　　　萨姆

ALS；2 张，3 面；寄往：伦敦西南 3 区切尔西区切恩西花园 15 号，托马斯·麦格里维先生收；邮戳：1936/06/27，都柏林；TCD，MS 10402/99。

---

[1]　贝克特的母亲原姓罗（Roe）。

372

1. 贝克特于 1936 年 6 月 29 日将《莫菲》寄给了查托-温德斯出版社的总编辑伊恩·帕森斯（UoR，MS 2444 CW 59/9）。查尔斯·普伦蒂斯已从查托-温德斯出版社退休，不然，贝克特会将书稿寄送给他个人。

2. 1935 年，西蒙与舒斯特出版社曾表示对贝克特的作品有兴趣：见 1935 年 9 月 8 日及 10 月 13 日的信。

3. 1936 年 6 月 19 日，查尔斯·普伦蒂斯在伦敦的一家诊所接受了手术治疗，同月 25 日就大致康复，回苏格兰格里诺克的老家修养去了（伊恩·帕森斯致理查德·阿尔丁顿的信，1936 年 6 月 17 日，UoR，MS 2444 信件誊写簿 174/466；伊恩·帕森斯致理查德·阿尔丁顿的信，1936 年 6 月 25 日，UoR，MS 2444 信件誊写簿 175/56—57）。

4. 贝克特怒气冲天的去信和雷维怒气冲天的回信均未找到。"emmerder"（法语，"使人厌倦"）。

5. 德莫德·奥布莱恩，爱尔兰皇家艺术学院院长。

亨利·汤克斯（1862—1937），英国医生兼艺术家，1892 年至 1930 年间在伦敦斯莱德美术学校教授绘画，第一次世界大战期间任官方"战争"艺术家。因其举止及与乔治·摩尔的友谊（当时霍恩就要写完摩尔的传记了）两个原因，贝克特将他比作约瑟夫·霍恩。汤克斯正在爱尔兰度假，照霍恩的建议住在梅奥郡，此时刚来都柏林参观（见霍恩，《亨利·汤克斯传》[伦敦：威廉·海涅曼出版社，1939]，第 291、303—305 页）。

托马斯·罗兰森（约 1756—1827），英国艺术家，以炭笔画和卡通画最为出名。沃尔特·理查德·西克特（1860—1942），德国裔英国艺术家，与菲茨罗伊画派和康登镇画派（1905—1913）有来往。

6. 贝克特将托马斯·庚斯博罗（1727—1788）的画《萨福克郡风景》（NGI 191）比作正在爱尔兰国家美术馆展出的扬·博特（约 1618—1652）的画作《一幅意大利风景画》（NGI 179）。当时，爱尔兰国家美术馆有两幅名为《一幅风景画》的画作（NGI 383 与 NGI 740），据称均为英国画家乔·史密斯（约 1714—1776）的作品，但现在只有 NGI 383 据认定为其所作；20 世纪 80 年代早期，NGI 740 据专家认定为爱尔兰画家威廉·阿什福德（约 1746—1824）的作品。贝克特将史密斯的画比作风景画家理查德·威尔逊的画。

《珀琉斯与忒提斯的婚礼》（NGI 814）是先前给尼古拉·普桑的油画所取的画名，"约 1960 年"改为《阿西斯与加拉蒂亚》（亦见托马斯·麦格里维，《尼古拉·普桑评传》[都柏林：多尔门出版社，1960]，第 14—16 页；西尔万·拉维西埃尔，《17 世纪绘画中的法国古典名画——1985 年 4 月 30 日至 6 月 9 日在爱尔兰国家美术馆展出的卢浮宫及法国地方博物馆名画》，金－梅·穆尼与雷蒙德·基伍尼译［都柏林：国美馆，1985］，第61页）。

在专论《论尼古拉·普桑》中，麦格里维探讨了普桑画作中的"亮蓝色"问题（第14页）。

法国画家让－路易－安德烈－泰奥多尔·热里科（1791—1824）画的《一匹马》（NGI 828）被描述为一匹灰色种马（《爱尔兰国家美术馆：收藏总集中的油画目录》［都柏林：文教用品部，1932］，第41页）；现在该画一般称作"热里科之后"。

真蒂莱斯基画作《大卫杀死巨人歌利亚》的购得：见1936年5月7日的信，注9。

7. 莫里斯·辛克莱即将前往巴黎求学，随身带了写给爱尔兰裔雕刻家约翰·休斯（1865—1941）的介绍信；休斯已在海外居住、工作多年。

8. 爱尔兰雕刻家奥利弗·谢泼德（1865—1941）最负盛名的作品是《库乎兰之死》（约1911—1912）；该雕像被爱尔兰政府选为1916年复活节起义的纪念雕像，立在都柏林邮政总局的大厅里。爱尔兰画家詹姆斯·斯利特（1889—1950）充当了库乎兰头部的模特。

9. 杰弗里·汤普森。

玛丽·曼宁·豪提及的哈佛大学岗位：见1936年3月25日的信，注3，及1936年5月7日的信，注1。

10. 布莱恩·科菲。丹尼斯·德夫林。

莱昂内尔·弗莱明：见1936年6月9日的信，注12。贝克特的《回声之骨》在署名 M. C. 之名的专栏"新现代杂志《转变》：艺术左派"（《爱尔兰时报》，1936年7月25日：第7版）中有所提及："顺带提一下，眼前这一期关注本地作家。萨缪尔·贝克特先生从其最新作品《回声之骨》中选了三首诗再版。那些诗'有些难懂'，但不比许多现代作家的诗更艰涩，也无法与某些其他投稿人的华丽诗篇相媲美。"

11. 杰拉尔丁·卡明斯的小说《五朔节的火》（1936）由多琳·华莱士撰写了书评《小说中的爱尔兰：更多叙述"麻烦"的短篇小说》（《星期日泰晤士报》，1936年6月21日：第9版）。在1936年6月20日和27日的专栏"爱尔兰畅销书榜"（《爱尔兰时报》：第7版）中，该小说还被列为畅销书。

12. 查托－温德斯出版社寄来了1935年4月1日至1936年3月31日之间的版税报告，显示《论普鲁斯特》售出了30本（英国28本，外销2本），《徒劳无益》只出手2本（InU，约翰·考尔德出版有限公司，"作者的通信"，1/52信箱）。

13. 威廉·贝克特的第三个忌日是1936年6月26日。

特雷亚尔德湾位于威尔士的安格西岛。

伦敦，查托－温德斯出版社
伊恩·帕森斯

1936 年 6 月 29 日 都柏林

克莱尔街 6 号

尊敬的帕森斯：

匆匆写上几句，谈一下随信寄来的手稿。很高兴告诉您，这次不是短篇小说。[1]

方便的话，请您尽早告诉本人查托的决定，好吗？不消说，要是再次承蒙推出，本人会多么高兴。[2]

祝您永远健康。

　　此致

萨姆·贝克特

ALS；1 张，1 面；标有别人字迹；UoR，MS 2444 CW 59/9。

1. 贝克特投寄的是长篇小说《莫菲》。
2. 查托－温德斯出版社已推出了贝克特的《论普鲁斯特》（1931）和《徒劳无益》（1934）。

伦敦
托马斯·麦格里维

1936 年 7 月 7 日 ［都柏林郡］

福克斯罗克

亲爱的汤姆：

不必赘言，收到您的来信，我心里甭提多高兴。先前有些担心，怕您不大会喜欢拙作。我自个儿也发现，所有人物都这么可恶可恨，甚至西莉娅也是这样，可您却发现了他们的可爱之处，着实让我意外，让我激动。[1]

您提出的那一点，我已思考再三了。很早的时候，想到有必要把太平间和圆形池塘那两个场景作为小说的结尾时，我发现在莫菲自己的"结尾"之后还写这么多内容，是多么为难和危险的。[2]似乎有两条出路。一条是直接把莫菲的死亡作为小说的高潮，其余的内容肯定就是尾声（您大概就是这么建议的）。比如说，我想到了把下象棋那一段作为独立的一部分。而另一条，我选择而且努力按其创作的那一条，就是淡化死亡，尽可能冷峻地写下去，尽可能迅速地结尾。我选了这条出路，是因为在我看来，这样与我对莫菲的整体处理更吻合，我的态度混合了同情、忍耐、嘲弄以及我似乎通篇都给予了他的"tat twam asi"的揶揄，同情之心到此为止（过了就失去"忍耐"之意了），正如有关其大脑对自身的妄想的那个简短陈述所说。[3]我觉得，太把他当回事儿，太决然而然地把他与他人区分开来，这种危险一直存在。事实就是这样，我并不认为自己完全避免了这个错（阿廖沙之错）。[4]兴高采烈地复述莫菲在"结尾"之后的经历，这在我看来正是我要避免的那种递进，而且正是我觉得多余的反讽性递进。在太平间那一幕我发现了这个错，那一幕我本想叙述得更快，可在对话中失控了。由于通篇运用了首字母 M，也许没有陷入递降的陷阱。当时我自己觉得，他很可能换一副畸形的样子再次出现，直到他与尘土融为一体。假如读者感觉到有什么相似的，那就是我所要的。最后那一部分的长度和节奏正是我期待的，但小说事实上的结局并不让我十分满意。

376

您热情审读并回信，真是令人万分感激［。］我对您的意见比对任何人的意见都要看重。

收到帕森斯寄来的一通便笺，草率地说收到《莫菲》打印稿了，此后再无消息。[5] 要是他们接受这份书稿，那倒会省去麻烦，可是假如他们不接受，那我也不会倒霉到底。我把自己这份打印稿寄给西蒙与舒斯特了。查尔斯眼下已回到格里诺克，不久就会重返伦敦，他回信谈到了拙著，语气和蔼可亲，建议说假如查托拒绝出版，就转投弗里尔·里夫斯。[6]

玛丽·曼宁·马克·德·沃尔夫·豪这会儿已到都柏林郡了，对您没有得到哈佛的工作表示难过。对法尔梅的情况她一无所知，只知道他的申请比您的到得早。她有一部戏 9 月份要在圣马丁上演。[7] 昨晚隅［遇］见艾琳·亨尼西·甘利带着那头公牛，觉得她有点儿令人不快。[8] 出了趟门，去拉罕（格伦克里山谷）看望莉莲·多纳吉，她同乔治的弟弟查理·吉尔摩住在一幢农舍里（约·坎普贝尔村舍），带着多纳吉的两个儿子和吉尔摩的一个女儿。男的 sehr simpatisch ［sympathisch］，是个领救济金的吉卜赛人。[9] 听到的最后一点消息是，莱尔住在梅里恩大道，用着利文撒尔的一张单人床。那时我正在翻阅他的《迈入光明》，里面满是他自以为是"凯尔特–贵族–古典"传统里的美好事物，还有一篇荒谬的序言，写着"无所不能"这类词汇，呼吁加入希金斯的行列。[10] 一周前的周一，我下到了邮船上，遇见弗兰克从安格西岛回来，还有威廉·叶芝带着保镖大摇大摆地离开码头，伦诺克斯、多莉、戈加蒂、沃尔特·斯塔基、奥康奈尔、海斯、希金斯等人，都拧成了一股绳。上个周日去看鲁迪，遇到了哈克特及其丹麦妻子，一副小便气色，是个虔诚的园艺工。她的《汉斯·克里斯蒂安·安徒生传》我还未有幸读到，但我知道，她每隔两页就让主人公抽噎一番。鲁迪的老妈是个丹麦人——鲁［德］莫斯——安徒生给她读过自己的童话故事。哈克特从头到脚都穿着白色斜纹装，神态让人忍俊不禁。眼下，他在写一部关于安妮·博林的历史小说，从巴特勒的视角来叙述。他的《绿师》[《绿狮》]被列为禁书。[11]

终于收到了杰弗里的信。他在莫兹利拼命工作，都要过劳死了，而邦蒂得了水痘。他对我有些不解，想不到我在这里竟然待了这么久了。[12]过两周，诺丁汉的舅舅（游戏人生，垂钓[，]温布尔顿，关节炎，烟草种植园，蒙巴莎[蒙巴萨]，还是一文不名）要带第二个老婆（家具款式及历史意识）来这里，要住上两周；在他们回去之前，我是没法出走的，即使有这笔钱也脱不得身啊。[13]

在读格里尔帕策的作品，但不是他的代表作（《希尔罗与利安达》），只是"伊阿宋－美狄亚"三部曲，其中至少第三部写得精彩绝伦。[14]您了解巴里画的约翰逊博士肖像画吗？那幅画在哪儿呢？复制品挂在雷诺兹各种画作的旁边，看上去也十分抢眼，我感受到的那张疯狂、恐怖的脸就是隐藏在脂肪层底下的真相。[15]

《五朔节的火》似乎卖得不错，令人颇感欣慰。看到了奥费朗写的热情洋溢的书评，应该是刊发在那份新小报《今日爱尔兰》上面。[16]

弗兰克好像状态不佳，而老妈依然沉浸在丧夫之痛中，这可不是对她情不自禁的行为进行刻薄的描述。读《埃丝特·沃特斯》时，她一脸的厌恶。[17]

给布莱恩写了信，没告诉他一点儿需要的信息。[18]雷维还没即来[寄来]我那本《艾吕雅诗集》。估计他抓住了传过去的那几句话，将额外的赠本据为己有了。您喜欢我的译文，令人心生喜悦。几年没看过那些译文了。您提到的那首，开头是不是"她站在我的眼睑上"？那些译文我都没有存稿了。[19]

看到丹尼斯给奥康纳诗集写的书评了，写得很谨慎，文笔老练，且态度含糊，刊发在《今日爱》上。[20]他本人我有很久没见到过了。

上帝保佑，请尽早回信；把读来如此惬意的事情写信告诉我，我真是感激不尽；去他妈丘奇先生，让丘奇先生见鬼去吧。[21]

　　谨上

　　　　　　　　　　　　　　　　　　　　　　　　s/ 萨姆

TLS；2 张，3 面；寄往：伦敦西南 3 区切恩花园 15 号，托马斯·麦格里维先生收；邮戳：1936/07/07，都柏林；TCD，MS 10402/100。先前出版：以"您提出的那一点"开头的那段曾发表于贝尔，《萨缪尔·贝克特》，第 228—229 页，及贝克特，《碎片集》，第 102 页（不过，两份出版物给出的日期均为 1936 年 7 月 17 日）。

1. 麦格里维就《莫菲》手稿所写的信尚未找到。西利娅是《莫菲》中的女主角。

2. 莫菲死后，先有太平间里的那段故事（《莫菲》，第 254—276 页），接着还有圆形池塘边放风筝那段（《莫菲》，第 276—282 页）（见 1935 年 9 月 8 日的信，及同年 9 月 22 日的信）。

3. 莫菲同安东先生下象棋那一段是第 11 章的一部分（《莫菲》，第 240—248 页）。"tat twam asi"（梵文，"那就是你"）出自《歌者奥义书》（约公元前 600 年），被阿图尔·叔本华用于文章《关于性格》；叔本华区分了"思考世界"的两种方法：前者冷漠以对，把所有他人均当作"非自我"，后者则认为所有他人均"与自我等同"，可谓"世界就是你自己"原则（《论人性：伦理学与政治学文集》（部分身后出版），托马斯·贝利·桑德斯编译［伦敦：乔治·艾伦与昂温出版社，1897；重印，1926］，第 95 页）。

贝克特指《莫菲》第 6 章：其中，"莫菲的大脑把自己想象成空洞的球体"（《莫菲》第 107—113 页）。

4. 贝克特指陀思妥耶夫斯基《卡拉马佐夫兄弟》中的阿廖沙。

5. 1936 年 7 月 1 日，查托–温德斯出版社的伊恩·帕森斯回信，说收到了《莫菲》打印稿（UoR，MS 2444 CW 信件誊写簿 175/114）。

6. 西蒙与舒斯特，纽约出版商。

查尔斯·普伦蒂斯致贝克特的信尚未找到。然而 1937 年 1 月 8 日，哈罗德·雷蒙德给英国诗人、批评家理查德·托马斯·丘奇（1893—1972）写信道：

正如我所想，萨缪尔·贝克特的小说伊恩·帕森斯和我的老搭档查尔斯·普伦蒂斯都仔细审读了，两人均历来对他的作品抱有浓厚兴趣。他们均对他的小说充满敬意，但得出了如此结论：由于贝克特频繁使用玄妙的典故，也由于他通常有些晦涩难懂的写作方式，这本书我们恐怕卖不动，正如卖他的短篇小说那样。（UoR，MS 2444 CW 信件誊写簿 178/689）

亚历山大·斯图尔特·弗里尔－里夫斯（有的人简称其为弗里尔，1892—1984）1923 年至 1961 年在伦敦的威廉·海涅曼出版社工作，1945 年至 1961 年任该社董事会主席。

7. 玛丽·曼宁·德沃尔夫·豪及哈佛的职位：见 1936 年 3 月 25 日的信，注 3。阿尔贝·约翰·法尔梅（1894—1976）为法国波尔多大学教师，获得法国交换项目，于 1936—1937 学年的前半年在哈佛任教；1945 年至 1964 年在巴黎－索邦大学任英语教授（帕特里斯·多诺霍，哈佛大学档案馆，1991 年 11 月 7 日）。

在 1936—1937 年的戏剧季，玛丽·曼宁并无作品在伦敦的圣马丁剧场上演。不过，她的剧本《年少正当……季？》参加了朗福德演员经纪公司"爱尔兰戏剧季"的活动，于 1937 年 10 月 5 日在伦敦的威斯敏斯特剧院上演。

8. 威廉·甘利与艾琳·亨尼西·甘利。

9. 莉莲·多纳吉（又称丽莲，原姓罗伯茨，生卒年不详）先前已嫁给爱尔兰诗人约翰·莱尔·多纳吉。查理·吉尔摩（1905—1987）同其哥哥乔治·吉尔摩（1898—1985）一样，也是爱尔兰民族党党员。莉莲和查理住在威克洛郡恩尼斯凯里镇附近的格伦克里山谷里的拉罕村；二人住的村舍属于爱尔兰诗人、学者约瑟夫·坎贝尔（1879—1944）。

"sehr sympathisch"（德语，"相当和善"）。

10. 约翰·莱尔·多纳吉正同 A. J. 利文撒尔一起住在都柏林，具体地址已不可考。贝克特写的是梅里恩大道，但都柏林并无这样一条大道，只有梅里恩巷（路、街、广场），黑岩镇附近还有一条梅里恩山大道。

在《迈入光明》的序言里，多纳吉讨论了"爱尔兰的诗歌传统"，声称研读过经典作品的诗人创造了一种与拉丁文和希腊文诗歌有亲缘关系的爱尔兰诗歌："凭借纯粹的学术性，爱尔兰的传统从根本上变成了盖尔语的古典主义传统"，且"具有典型的贵族气质"（第 i—ii 页）。在结尾，多纳吉总结道：

> 在那些心中再次想着融古典主义和贵族气质为一体的爱尔兰诗歌的诗人中，F. R. 希金斯是最重要的：其诗属于民族，因为它们具有民族性；具有想象力，经由殊相（特殊、个体和具体）抵达了共相，人性盈溢，诗艺渊博，风格高雅，措辞严谨，表达有力。我本人的作品也是依据这一传统而为的。（第 iii 页）

11. 弗兰克·贝克特和 W. B. 叶芝都是乘坐"爱尔兰号"海轮回国的。前来码头迎接叶芝的阿比剧院同行有伦诺克斯·鲁宾逊和多莉·鲁宾逊、奥利弗·圣约翰·戈加蒂、沃尔特·斯塔基、弗兰克·奥康纳、理查德·海斯博士（1882—1958）、F. R. 希金斯及欧内斯特·布莱斯（1889—1975）（《W. B. 叶芝再次回国：在邓莱里受到欢迎》，《爱尔兰时报》，1936 年 6 月 30 日：第 9 版；该文将理查德·海斯博士当作了利亚姆·海斯）。

7 月 4 日，贝克特在鲁德莫斯－布朗的家里遇见了弗朗西斯·哈克特及其妻子西涅·托克斯维戈（1891—1983）。托克斯维戈写了《汉斯·克里斯蒂安·安徒生传》（1934），之前还编辑过安徒生的《童话与故事》（1928）。其基拉德里南府邸的花园常常成为里斯·皮尔所编《西涅·托克斯维戈的爱尔兰日记：1926—1937》中的话题（1994）。

哈克特创作了历史小说《亨利八世》（1928）和《弗朗索瓦一世》（1934）；其关于安妮·博林（1507—1536）的小说，开篇从安妮的表哥詹姆斯·巴特勒即后来的奥尔蒙德伯爵九世（约 1496—1546）的视角来叙述——安妮曾谢绝詹姆斯的求婚（见《安妮·博林女王：一部小说》［纽约：道布尔迪－多兰出版公司，1939］，第 44—45、478、485 页）。在哈克特的小说《绿狮》（1936）中，爱尔兰民族党领袖查尔斯·斯图尔特·帕内尔（1846—1891）发起的最后一场政治运动意在重获民众的支持——但因通奸和离婚问题，帕内尔已被所在政党罢免了职务。[1]

12. 杰弗里·汤普森的妻子厄休拉（昵称邦蒂）染上了水痘。

13. 梅·贝克特的弟弟爱德华·罗于 1917 年娶了第二任妻子弗洛伦丝·本特利（生卒年不详）。爱德华·罗在英国的受保护国——东非的尼亚萨兰（1964 年独立后改称马拉维）生活过，本应熟悉印度洋滨海城市——肯尼亚的蒙巴萨。

14. 奥地利作家弗朗兹·格里尔帕策（1791—1872）创作了《海浪与爱潮》（又译《希尔罗与利安达》，1831），及伊阿宋－美狄亚故事的戏剧化三部曲《金羊毛》（1821 年，《美狄亚》是其中的第 3 部）。

15. 未完成的油画素描《塞缪尔·约翰逊博士肖像画》（NPG 1185）是詹姆斯·巴里（1741—1806）为壁画《津贴的分配》（属伦敦皇家美术学会"人类文化的进步"系列）所画。乔舒亚·雷诺兹（1723—1792）给约翰逊画了好几幅肖像画，分别收藏

---

[1] 多数爱尔兰人对婚外恋、离婚等伦理问题的观点非常狭隘、保守。帕内尔就是因为"生活作风"问题下了台，导致民族主义运动分崩离析，法律自治甚至独立伟业都遭受巨大损失。对这一问题的反思在很多历史和文学作品中都有反映；若语气略显尖刻，作品多会按"出版审查制"被列为"禁书"。

于：国家肖像画美术馆（1597），肯特郡七棵橡树镇诺尔修道院（258），泰特不列颠美术馆（887），以及哈佛大学（HNΛ 50）。

16. 杰拉尔丁·卡明斯的小说《五朔节的火》由肖恩·奥费朗撰写了书评（"小说"专栏，《今日爱尔兰》第 1 卷第 2 期［1936 年 7 月］，第 70—72 页）。

17. 乔治·摩尔，《埃丝特·沃特斯》（1894）。

18. 布莱恩·科菲（见 1936 年 6 月 9 日的信，注 14）。

19. 艾吕雅，《雷霆的荆棘》。关于传过去的话，见 1936 年 6 月 9 日、6 月 20 日及 6 月 27 日的信；至于贝克特的译文，见 1936 年 5 月 2 日的信，注 2。"她站在我的眼睑上"是贝克特翻译的艾吕雅诗歌《爱情》（《雷霆的荆棘》第 1 页）的首行。

20. 弗兰克·奥康纳的诗集《三个老兄弟》（1936）由丹尼斯·德夫林撰写书评；该书评题为《另一个爱尔兰诗人》，发表在《今日爱尔兰》第 1 卷第 2 期（1936 年 7 月），第 77—79 页。

21. 贝克特也许是指麦格里维的恩主亨利·丘奇。丘奇听从麦格里维的建议，读了贝克特的短篇集《徒劳无益》，但未曾提携；他已评说道："当一个朋友推荐另一个朋友时，je me méfie。意思是说，我们总是有所偏心，会夸大朋友的才华，沐浴在其天分的阳光里；我们都会有任人唯亲的倾向。"（亨利·丘奇致托马斯·麦格里维的信，1935 年 12 月 16 日，TCD，MS 8119/19）"je me méfie"（法语，"我就谨慎起来"）。

都柏林
谢默斯·奥沙利文

［约 1936 年 7 月中旬］ ［都柏林］

萨缪尔·贝克特的两首诗[1]

其一[1]

---

[1] 这两首诗的译文参考了《渐弱》一诗（萨缪尔·贝克特《诗集》第 104—106 页），但有较大区别。

你为何不只是我感到绝望的东西呢

有点儿像词语工棚 [2]

流产比不育不是更好吗

你去了之后的时光沉重如铅

它们总会过早就拉动

盲目抓紧匮乏之床的锚钩

翻出枯骨旧时的爱恋

曾经充盈着你那样的双眼的眼窝

每次如此，过早总比从不更好 [3]

黑色的匮乏飞溅在它们的脸颊上

重申九个昼夜绝没冲走爱恋之人

九个月份也没有

九次人生也没有

其二

重申

如果你不教我我就不学

重申甚至在最后的几次中

最后的几次祈求中

最后的几次爱恋中

还有最后一次

知道不知道假装

甚至最后几次说话中还有最后一次

如果你不爱我就没人爱我

如果我不爱你我就不会爱

旧时的词语再次在心中集会

爱爱爱旧时的柱塞砰的一声

捣碎亘古不变的

词语的乳清

再次惊恐于没有相爱

相爱而非你相爱

无人爱而非你不爱

知道不知道假装

假装

我和所有其他会爱你的人

如果他们爱你 [4]

[奥沙]

　　TMS；2 张，2 面；谢默斯·奥沙利文在两页上都签上了〈萨姆·贝克特〉；
TCD，MS 4630—49/3333。日期判定：1936 年 7 月中旬；这两首诗有一份抄件寄给了
麦格里维［1936 年 7 月 15 日的信］；贝克特在［1936 年］7 月 17 日致麦格里维的信
中写道："这些诗请勿计较［……］我把诗寄给谢默斯·奥沙了。"

　　1. 根据都柏林圣三一学院收藏的谢默斯·奥沙利文档案目录，这份手稿的题头为：
"诗两首，标题为 S. 奥沙利文添加；刊发时作一首诗《渐弱》。"手稿以"渐弱"为题，
作为一首诗发表于《都柏林杂志》第 11 卷第 4 期（1936 年 10—12 月），第 3—4 页。
　　2. 在《都柏林杂志》发表的版本中，前两行省去了。
　　3. 在《都柏林杂志》发表的版本中，此行为"每次如此，过早不是总比从不更好
吗"。是否是贝克特做此改动，现已不可考。
　　4. 1936 年 7 月 26 日，贝克特给麦格里维写信说，自己已给该诗的结尾添加了一

行："除非他们爱你。"在《都柏林杂志》发表的版本中，此行单独成一节，标号"其三"：

其三

除非他们爱你。

伦敦，查托－温德斯出版社
伊恩·帕森斯

1936 年 7 月 17 日 都柏林

克莱尔街 6 号

尊敬的帕森斯先生：

谢谢您的来信，还有寄回的手稿。请相信，对您的观点本人十分理解。[1]

此致

萨姆·贝克特

ALS；1 张，1 面；UoR, MS 2444 CW 59/9。

1. 1936 年 7 月 15 日，伊恩·帕森斯给贝克特写信道：

尊敬的贝克特先生：

我们已兴致勃勃地审读了《莫菲》。我多么希望自己能写信给您，说我们觉得能出版您的大作。但是实话实说，我社就大作发生的争执今天已告结束，大致意见是，您这样的作品对读者的智力和普通知识要求太高，没有多大的希望赢得大批读者，因此恐怕得告诉您，我们已很不情愿地做出结论，即总的形势不够有利，鉴于市场状况，我们不能接受大作。

我希望自己不必说，对不得不告诉您这个结论我有多么遗憾。我们多么希望出版目录中有您的另一部著作。可是，我敢说您会理解我们的看法，而且我希望您不会对我们有意见。毫无疑问，您会找到另一家出版商，那家出版商会像我们一样重视《莫菲》，但对这类作品的销路不持如此悲观的态度。无论如何，忠诚地希望如此。

致以最忠诚的祝愿，并再次致以歉意。

此致

［伊恩·帕森斯］

附：即将用另一个挂号包裹寄回您的手稿。（UoR，MS 2444 CW 信件誊写簿 175/318）

伦敦
托马斯·麦格里维

［1936 年］7 月 17 日 ［都柏林郡］

福克斯罗克

亲爱的汤姆：

这些诗请勿计较。[1]

刚收到帕森斯的回信。甜言蜜语般的歉意之词。因此，准备今天把《莫》寄给弗里尔-里夫斯。西蒙与舒斯特还没有任何回音，甚至表示收到书稿的便笺都没有。[2]

一天傍晚在城里撞见德夫林。发觉他没任何变化。他应该有一首蹩脚的诗发表在《都柏林杂志》。我本人给 J. B. 叶芝写的书评似乎并不诚恳，恭维过度，不过取悦了他，这才是紧要之处。[3]

布莱恩·科菲刚来过电话。很高兴又能见到他了——[4]

国美馆新购得三幅画，两幅巴扎尼的画，一幅扬·里斯的画，挂在太平间部的屏风墙上展出，真是骇人。也许并没有真蒂莱斯基的画那么糟，但绝对是拿大钱打水漂。[5]仿佛糟蹋国美馆、淹没珍贵名画的，并不确切是那枯燥的三流货色有所过剩。佩鲁吉诺的画（那幅大的）已送到伦敦清理去了。我过去就认为，那幅画很久以前就过度清理过了。[6]上次去那儿的时候，我在任何东西跟前都没法停留。那地方挤满了人，比我曾经见过的更拥挤，大多是美国人，还有没穿外套、没带雨伞的惊讶者唾沫飞溅。

我把诗寄给谢默斯·奥沙了。[7]

周六在叶芝家。他刚画完一幅新画，一个男的坐在灯笼海棠树篱里读书，风暴从海上席卷而去。总的看来，段落写得漂亮，但仍有不足之处。有点儿像人为的激动。您的书走得怎么样？他回答说，你在跟它同甘苦共命运。[8]

昨天，莫里斯·辛克莱从巴黎回来了。我觉得他见了乔伊斯，但我跟他只说了一分钟的话。[9]

我那本《艾吕雅诗集》寄来了，及时由作者和全体联系得上的译者签了名。他的特质，那份脆弱和神经兮兮，确实勉强传达了过来。但似乎没想过办法把停顿处翻译过来。就像贝多芬的曲子严格按时间来演奏。[10]上帝保佑。盼尽早回信。

谨上

萨姆

ALS；1张，2面；寄往：伦敦西南3区切恩花园15号，托马斯·麦格里维先生收；邮戳：1936/07/17，都柏林；TCD，MS 10402/102。日期判定：据邮戳。

1. 贝克特已于1936年7月5日将这两首诗（后来合作一首，题为《渐弱》）寄给了麦格里维（TCD，MS 10402/101）。

2. 贝克特指伊恩·帕森斯 1936 年 7 月 15 日退回《莫菲》的那封信。是查尔斯·普伦蒂斯提出建议，如果直托-温德斯出版社不同意出版《莫菲》，那就改投弗里尔-里夫斯出版社（见 1936 年 7 月 7 日的信）。1936 年 7 月 7 日之前，贝克特将《莫菲》寄给了西蒙与舒斯特出版社（见 1936 年 6 月 27 日及 7 月 7 日的信）。

3. 丹尼斯·德夫林的诗《达达尼昂的授职仪式》刊载于《都柏林杂志》第 11 卷第 3 期（1936 年 7—9 月），第 4 页。

贝克特给杰克·B. 叶芝的小说《阿玛兰瑟一家》所写书评《一部充满想象力的作品！》第 80—81 页。

贝克特谈及自己的书评时语气有些轻蔑，用了一个英式英语"surfait"（"高估"）表示他"恭维过度"。

4. 布莱恩·科菲在都柏林度暑假。

5. 1936 年，爱尔兰国家美术馆购得了朱塞佩·巴扎尼（1690—1769）的《吾主遇见圣母》（NGI 982）和《从十字架上下来》（NGI 983）两幅画，及约翰·里斯（又称利斯，约 1595—1631）的《圣杰罗姆的异象》（NGI 981）。真蒂莱斯基，《大卫杀死巨人歌利亚》：见 1936 年 5 月 7 日的信，注 9。

6. 佩鲁吉诺的《圣殇》（NGI 942）是 1931 年为国家美术馆购得的（见 1931 年 12 月 20 日的信，注 5）。维也纳艺术史博物馆的修复师塞巴斯蒂安·伊塞普（生卒年不详）于 1936 年 6 月 6 日递交了评估报告，指出佩鲁吉诺的画已"在早期的修复中损坏了——尤其是由于没有必要的颜料加涂、暗化修图、颜料开裂和危险的起泡"（NGI 档案部）。1936 年 7 月，该画经伦敦 X 光检测后送往维也纳进行修复（霍曼·波特顿，"序言"，《爱尔兰国家美术馆的画作：图解概要目录》，第 xxxv—xxxvi 页；1936 年 6 月 23 日确定的 1936 年 7 月 1 日管理与监护理事会议程［NGI 档案部］）。

7. 见贝克特致谢默斯·奥沙利文的信［1936 年 7 月中旬］。

8. 杰克·B. 叶芝的画《青年的乐土》（原文为盖尔语，私人收藏，派尔 491），描述的是一个年轻人在树篱之下读书的情景（派尔，《杰克·B. 叶芝：油画作品分类目录》，第 1 卷，第 446 页；第 3 卷，第 209 页）。

麦格里维已开始撰写专论，该专论（署名麦克里维）出版时题为《杰克·B. 叶芝：鉴赏与解读》（都柏林：维克多·沃丁顿出版社，1945）。

9. 莫里斯·辛克莱同乔伊斯的见面：见［1936 年］7 月 26 日的信，注 9。

10. 艾吕雅的诗集《雷霆的荆棘》由贝克特、丹尼斯·德夫林、戴维·盖斯科因、欧仁·约拉斯、曼·雷、乔治·雷维和鲁思文·托德等人英译。贝克特的那本有哪些译者签了名，已不得而知。

伦敦

托马斯·麦格里维

[1936年]7月26日   [都柏林郡]

福克斯罗克

亲爱的汤姆:

衷心感谢您的来信，及对拙诗的评价。我心想，您对开篇的看法多半是对的。以前就担心您会觉得下半节写得有些零乱，现在知道您并未如此，也就放心了。给结尾添加了一行："除非他们爱你。"[1]

收到弗里尔的便条，说手稿收到了。他这人真是不错，居然记得我们在万神殿广场见过一面，还对没能在伦敦相见感到遗憾。他们不愿碰本人的手稿。让我不安的是，西蒙与舒斯特出版社还没有消息。虽然他们有足够的时间这么做，但就是不写信，说一声手稿收到了。[2]

至于找多莉和伦诺克斯，觉得跟她提出版事宜多半会顺利些，跟他提就绝不会轻松了——[3]

弗兰克昨天走了，开车去北爱尔兰度假，要离开10天。今天他34岁。老妈一副凄凄惨惨的样子，那是她的一次周期性发作。上周二带她去高夫养马场看驴展，发现杰克·叶芝也在，正给一幅画画底稿。[4]老妈以前没见过他。她评述说，他看起来有多么悲伤，病得有多么厉害。

昨天去了国美馆。又有一幅新画，大约是奥地利原始派的，一块镶板两面都画了，一面是婆婆纳属耶稣像，另一面是十二使徒来到一个陌生的场景。[5]画放在金碧辉煌的玻璃箱里，搁在布劳沃展厅的中央展出，花了50镑。老弗朗干得不错。他希望把所有荷兰画都取下来放到印制画展厅去，再把未展出的意大利画挂在荷兰厅，一字排开。[6]昨天看那些画作时，发现了一幅埃尔斯海默的画，真是让人欣喜。还有一幅曼特

389

尼亚的底稿《恺撒的胜利》。[7]

同布莱恩散步，走得慢，还走走停停。他搞禅修，换言之，大约就是寻求自我的清净，那是托马斯派的术语，我跟不上。也许这个问题是共同的，多个问题，但陈述得大不相同，要取得进展是绝无可能的。他谈起了斯宾诺莎，谈得让人着迷。[8]

波士·辛克莱就要从纽卡斯尔转院出来，那儿的人说自己再也帮不了他了。他的情况兴许比 14 个月前进院时还好。一周后的周二，他就要回归家庭了。桑尼见到了乔伊斯，但只见了 5 分钟左右。据我看来，乔伊斯 pris，而且相当冷淡。一听到您的名字，他的脸就泛起亮色，但一听到我的，就不好了。幸好桑尼还在他面前时，莱昂就过来了。[9]

收到赫斯特好意但语气悲哀的便笺。[10]想象得出她充满疑惑和怨恨的样子。

在重读瓜里尼的《忠实的牧羊人》。像塔索，有如朗克雷像华托，只有技巧了不得。之后想专心读《浮士德》。[11]

这段时间，纽曼评交响曲芭蕾舞很有些巧言令色。既然知道诡辩术的说服力要大得多，他就刻意逻辑不通吗？他的幽默感太英国化，让人惊骇。确实，若是瓦格纳的信徒，必定会因为各种错误的理由而钦佩《舞蹈艺术》。因为芭蕾舞就抨击交响曲，将这一话题转移到因为浪漫曲就抨击抒情曲，这当然是无稽之谈。[12]

利文撒尔在替谢默斯写《雷霆的荆棘》的书评，这样就终于有人会说一句本人的好话了。收到了译者赠本，对自己的译文看不顺眼。当时把的小手指伸给雷维了，却让他和蔼可亲地拧断了。《转变》刊出了《骨》里的 3 首，却没付一点稿费。[13]

杰弗里的消息还不赖，他希望不久就逃脱医院精神病学，专门从事精神分析。厄休拉生了一场大病，但眼下已康复了。[14]

没法抽身外逃，最早也得 9 月份，因为老妈的弟弟和弟媳妇 8 月中旬就来了，要住上两个星期。[15] 心想，下一个小激动就是逃跑。希望自己还没有老迈得没法真正付诸行动，也没有在机器操作方面愚蠢得没有当商务导航员的资格。不想把余生耗在写谁都不会读的书上。倒不是我想写这样的书。

查尔斯又到伦敦了，估计得待上两个月，好接受术后治疗。他的肠道还是有毛病。[16]

上帝保佑，请尽早回信。

敬上

萨姆

向赫斯特致以 schöne Grüße [17]

ALS；2 张，4 面；寄往：伦敦西南 3 区切恩花园 15 号，托马斯·麦格里维先生收；邮戳：1936/07/26，都柏林；TCD，MS 10402/103。

1. 以《渐弱》为题在《都柏林杂志》第 3—4 页发表时，该诗的头两行"你为何不只是我感到绝望的东西呢 / 有点儿像词语工棚"略去了，但在后来的出版物中均补齐了。关于添加的那行：见［1936 年 7 月中旬的］信，注 4。

2. 贝克特已于 1936 年 7 月 17 日将《莫菲》手稿寄给 A. S. 弗里尔-里夫斯。西蒙与舒斯特：见 1936 年 7 月 7 日的信，注 6。

3. 多莉·鲁宾逊与伦诺克斯·鲁宾逊。

4. 弗兰克·贝克特。

高夫养马场经营纯种马销售，1936 年举行 50 周年建场纪念。驴展于 7 月 21 日举行。杰克·叶芝于 7 月 23 日给麦格里维写信，也提到同 S.贝克特和梅·贝克特见了面（TCD，MS 8105/138）。

5. 1936 年购得的两幅奥地利原始派绘画安放在两块镶板上，相互间未必有关系：《使徒告别》（NGI 978）据称为施蒂里亚画派（15 世纪）的作品，当时也许安放在中心镶板上；萨尔茨堡画派（约 1425 年）的《殉难》（NGI 979）则可能安放在侧镶板上。1936 年 2 月，爱尔兰国家美术馆从维也纳的圣卢卡斯美术馆购买了这两幅画。在 1936 年 6 月 29 日的爱尔兰国家美术馆管理与监护理事会议上，将奥地利原始派绘画装入展览箱的主张得到了授权，还有人提议将这两幅画一起展出；没有提及费用

（NGI 档案部）。展览箱摆在挂有阿德里安·布劳沃绘画的厅里。

6. 乔治·弗朗翻新了国家美术馆，把荷兰画移到一号厅，从而扩大意大利厅的展出空间，用于单行悬挂（欲知更换画作的详情，参见斐奥努阿拉·克罗克，《画展序：第一部分》，斐奥努阿拉·克罗克编，《萨缪尔·贝克特：情迷绘画》［都柏林：爱尔兰国家美术馆，2006］，第12—13、16页；欲知重新悬挂后的详情，参见伊丽莎白·科伦，《重访国家美术馆》，《钟声》第2卷第5期［1941年8月］，第65—72页）。

7. 1936年，该水粉画据称是亚当·埃尔斯海默的《黄昏时的林地风景》，后来认定为荷兰打样员、蚀刻师兼画家格里特·范·贝特姆（1636—1684）的《夜晚的林地风景》。现在，该画据考证为荷兰打样员兼蚀刻师彼得·德·维斯（活跃于1650—1660）的《日落后的林地风景》（NGI 2101）（汉斯·穆勒，《亚当·埃尔斯海默迄今尚不为人知的一幅水粉风景画》，《德国美术协会杂志》第19卷第34期［1965］，第192—196页；阿德里安·魏博埃尔，《北方夜景：伦勃朗时代的夜景画》［都柏林：国家美术馆，2005］，第82页）。

现在，水墨画《穿胸甲的人》（取自《恺撒的胜利》，NGI 2187）据认定晚于安德烈亚·曼特尼亚（约1430—1506）的时代，非其本人所画。

8. 布莱恩·科菲正在研究法国哲学家雅克·马利丹（1882—1973）的著作，他是个托马斯主义者（提倡复兴多明我会神学家托马斯·阿奎那［1225—1274］的思想）。

9. 波士·辛克莱没有离开疗养院。

莫里斯·辛克莱有伯伯哈里·辛克莱写给乔伊斯的介绍信；乔伊斯读不了手写体，只好请莫里斯代读："亲口告诉他我是个多么优秀的小伙，真是相当尴尬。我们站着，东拉西扯了几句，接着，问了我在哪儿（那家天主教客栈看得出叫他心烦）落脚之后，他就说自己会保持联系，还说哪个傍晚我千万要去他住的公寓。说完我就走了，再也没有进一步的联系。"（莫里斯·辛克莱，1991年5月9日）

"pris"（法语，"心事重重"）。

10. 赫斯特·道登的姊妹希尔达·道登卒于1936年7月17日。

11.《忠实的牧羊人》（1589）是乔瓦尼·巴蒂斯塔·瓜里尼（1538—1612）的作品，该剧效仿塔索的戏剧《女恩主》（见贝克特1932年10月8日致麦格里维的信，注10）。通过将法国画家尼古拉·朗克雷（1690—1743）比作让–安托万·华托，贝克特将瓜里尼比作了塔索。

贝克特计划读歌德《浮士德》的德语原著：《浮士德的悲剧》第1部（1808）及《浮士德的悲剧》第2部（1832）。

12. 在《星期日泰晤士报》的"音乐世界"专栏中，欧内斯特·纽曼刊发了谈《交响曲与芭蕾舞》的系列文章（1936年7月5日至26日），对理查德·卡佩尔（1885—1954）在《交响曲芭蕾舞：马西涅对双腿表现力的小小失算》（《每日电讯报》，1936年6月17日：第7版）中就交响曲芭蕾舞进行的争辩提出疑议；纽曼的第一篇文章得到了 J. A. 韦斯特拉普（1904—1975）的答复：《再谈"舞蹈艺术"：一场辩论的脚注》，《每日电讯报》，1936年7月18日：第7版。

《舞蹈艺术》是一部四幕交响曲芭蕾舞，由马西涅按照约翰内斯·勃拉姆斯的E小调《第四交响曲》（曲集98）编配。在第一篇文章中，纽曼提出辩题：理查德·瓦格纳试图将诗歌与音乐融合起来，从而违背了两者的基本属性（《"交响曲与芭蕾舞"其一：清理场地》，1936年7月5日：第7版）。瓦格纳的粉丝则持相反的观点，在贝克特的转述中，其辩护触及了《舞蹈艺术》。在系列文章的第三篇中，纽曼对"完整之物不该也不能添加"这一观点提出了反驳，认为这"似乎会将批评抹掉……从舒伯特到沃尔夫的所有伟大的作曲家；因为，假使歌德和海涅诗作那样的诗歌本身并不完整，而且假如没有作曲家给它们配上音乐，它们就会永远残缺下去，那么在我看来，词语就毫无意义了"（《其三：再次清理场地》，1936年7月19日：第7版）。

13. A. J. 利文撒尔写了一篇文章（非书评），对超现实主义运动进行了概述（《超现实主义抑或文学的心理治疗》，《都柏林杂志》第11卷第4期［1936年10—12月］，第66—73页）。在该文中，他不无赞赏地重印了贝克特翻译的艾吕雅诗歌《女士之爱》（艾吕雅，《雷霆的荆棘》，第1页；重印，第72页）。

乔治·雷维收到或寄出的有关调解的信未找到一封。

《回声之骨》中的三首诗《马拉科达》《怨曲之二》和《多特蒙德》在《转变》第24期（1936年6月）第8—10页再版。

14. 1936年，汤普森夫妇搬到了哈雷街71号，杰弗里在那儿的一楼开了一家咨询室。厄休拉·汤普森患上了水痘。

15. 爱德华·罗与弗洛伦斯·罗。

16. 查尔斯·普伦蒂斯。

17. "schöne Grüße"（德语，"诚挚的问候"）。赫斯特·道登。

伦敦

托马斯·麦格里维

1936 年 8 月 7 日

都柏林郡

福克斯罗克

库尔德里纳

亲爱的汤姆：

昨天我收到弗里尔–里夫斯的信，他们断然拒绝。"基于商业的考虑，我们没有理由将大作列入出版名单。"当然，还找得出别的理由吗？眼下真想把拙作托付给雷维。[1] 既不信任他，也不喜欢他，可又不认识别的代理商。跟出版商直接打交道，慢慢地推进，这是少数可以避免的降格之一。

还未见到刊载拙诗的那期《转变》，既未听说他们选用了哪几首拙诗，也未收到约拉斯夫人许诺的稿酬。[2]

谢默斯·奥沙利文已同意将该诗刊发在《都柏林杂志》上。[3]

上周日我同布莱恩一起愉快地泡了澡，惬意地聊了天。把他带回这里吃午饭，请他看了叶芝的那幅画，还把几期《牛头人身兽》借给了他。

上周一，杰弗里的老妈突然去世，现在他已过去举办葬礼去了。还没见到他，但今天会见到。他兄弟艾伦也病了，估计病得相当厉害。[4]

周六的下午我同杰克·叶芝待在一起。又一次看到了"人在灯笼海棠树篱里"那幅画，比第一次看见时愈加喜欢了。他还有一幅新创作的出类拔萃的小画，画的是穆尔街裂开的（青）豌豆。那是我感觉时光如梭的下午之一，没有各种各样的扰动需要确认，在 18 号谁都看不清海滨上有没有障碍物。他问我是不是有哪儿不舒服，建议每天都散步 5 英里，做不到就心骛八极。我心想，终于破冰了。对里德在《旁观者》上就《阿玛兰瑟一家》发表的遂人心愿的书评,他十分满意,而且虽然是里德写的,本人也同样知足。[5]

［……］

里德·塞西尔给库珀写的传记,叫《患病的驯鹿》。写得太糟了。可那是怎样的人生啊![6]叫我抑郁,叫我恐惧。他想了什么法子写出这么糟的诗呢?

陷在休斯的《牙买加的狂风》中不能自拔,还有 A. A. 米尔恩和跳跳虎。[7]

《浮士德》第一部看完一半了。花毕生心血创作的巨著中,无关的内容似乎多得令人吃惊。比如"奥尔巴哈的地窖"和"巫婆的厨房"两节。[8]但也许后面的情节会说明这么做是有理有据的。我心想,他是那种禁不住什么事儿都慢慢道来的人。

希望您看到了 W. B. 叶芝给印度青年诗人的建义［建议］,《爱尔兰人的日记》中引用了。[9]

弗兰克在多尼戈尔郡待了 10 天,上周二回来了,显然并不享受这一前景,即他现在所谓的"动荡"中会有另一个较长的繁忙期。听说海涅曼已拒绝了拙作时,他说道:"你干吗不按人们想要的方式去写呢?"当我回答说本人只能按唯一的方式去写,即按本人最擅长的方式(顺便说一声,这一回答并不正确,根本就不正确)创作时,他说道,在克莱尔街 6 号并没有感到迫不得已要去贯彻这样一种精神,这对他是件好事。甚至老妈也开始对我侧目而视了。从这里逃离的行动已拖延很久了。只是欠了他们每人 10 镑,事情复杂了。叶芝那幅画终于付完了尾款。[10]

您自己的书进展如何?您自己还好吗?

希望迪丽的销售继续看好。有一天见到约·霍恩了,因为校《摩尔》的清样,他脸上露出了紫铜色。他急需一本书在漫长的冬日傍晚去翻译。于是我建议翻译布勒东的《娜嘉》。[11]

利文撒尔说，《浮士德》第二部很 surréaliste[1]，所有善良的老头都变得 surréaliste。还没亲自细读过。当肖恩·奥沙利文问起他干吗不给《笨拙》投稿，赚取稿费增加收入时，图伊显然也说了只有老头才有幽默感。肖恩盼着在重新组建的"艺术学校"找份教书的工作，一周挣 6 镑，那样就能帮他从必须画画的窘境中解脱出来。[12]

盼尽早回信。

此致

萨姆

向赫斯特致以 schöne Grüße[13]

ALS；2 张，8 面；信头；寄往：伦敦西南 3 区切恩花园 15 号，托马斯·麦格里维先生收；邮戳：日期无法辨认，都柏林；TCD, MS 10402/104。

1. 贝克特已将《莫菲》寄给弗里尔－里夫斯出版社（见 1936 年 7 月 7 日的信，注 6）。

贝克特将《莫菲》寄给乔治·雷维的欧洲文学书局，请他担任代理商；他给麦格里维写信道："如您所说，他们都一个样，而在雷维这儿，我可以省去自我介绍的麻烦和尴尬。我还想到过威沙特，还跟雷维提起了它。先前他们拒绝了我的作品。"（见周三［1936 年 8 月 19 日］的信，TCD, MS 10402/105）

2. 贝克特获悉《回声之骨》里的那三首诗已在 6 月份的《转变》中刊出（1936 年 7 月 26 日的信，注 13；关于对这些诗的征稿：见 1936 年 7 月 7 日的信）。玛丽亚·约拉斯担任《转变》的执行主编。

3.《渐弱》，《都柏林杂志》，第 3—4 页。

4. 布莱恩·科菲。杰克·B. 叶芝的小画《清晨》。

想必贝克特把几期艺术杂志《牛头人身兽》借给了科菲；该杂志插图丰富，1933 年 6 月至 1939 年 5 月在巴黎出版。

杰弗里·汤普森与艾伦·汤普森的母亲莉莲·汤普森（原姓布恩）。

5. 杰克·B. 叶芝住在都柏林市中心的菲兹威廉广场 18 号。

贝克特描述过《青年的乐土》：见 1936 年 7 月 17 日的信，注 8。《穆尔街裂开的青豌豆》（都柏林爱尔兰联合银行收藏馆，派尔 461）（派尔，《杰克·B. 叶芝：

---

[1] 法语，"超现实主义的"。

油画作品分类目录》，第 1 卷，第 420 页；第 3 卷，第 199 页）。

赫伯特·里德将叶芝比作乔伊斯、苏波和斯特恩，写道："这是一部了不起的讽刺作品，一场无关理性、令人捧腹的闹剧，凭借卓绝的热情和机智写成。"（《一部超现实主义小说》，《旁观者》，1936 年 7 月 31 日：第 211 页）

6. 戴维·塞西尔爵爷，《患病的驯鹿，又名库珀传》（1930）。英国诗人威廉·库珀（1731—1800）患有间歇性抑郁症，几度自杀未遂。

7. 英国作家理查德·休斯（1900—1976），小说《牙买加的狂风：天真的航行》（1929）。英国作家艾伦·亚历山大·米尔恩（1882—1956）。

8. 欲知贝克特读罗伯特·佩西版（莱比锡研究所［1925］）的歌德《浮士德》第一部所做笔记的详情，参见 BIF，UoR，MS 5004 及 MS 5005；欲略知概况，请读迪尔克·凡·胡勒，《萨缪尔·贝克特的〈浮士德〉笔记》，《笔记汇编全息》，*SBT/A* 特刊第 16 期（2006），第 283—297 页。在下一封致麦格里维的信中，贝克特详细说明了阅读情况：

> 我一直在学习德语，阅读《浮士德》。昨晚读完了第一部。给我留下的印象是零七碎八，常常漫无边际，而且过于详尽，这种印象也许第二部会纠正过来。比如说，奥尔巴哈的地窖、巫婆的厨房和巫婆之夜——不过是交代场地、营造气氛而已，却写得让对应的精神状态不堪承受。所有延绵不绝的描述也如此无聊，à la[1] 贝多芬的看法是坚定的乐观精神，冗长的时间连绵而来。康德和赫拉克利特的醋与碱。要 apothéose[2] 嘴巴闲不住的人，得用德国人。我能理解"将继续继续下去"是一种社交预防措施，但根本不是同源或者神学黑暗中的一盏灯。而且书中"纯粹的行为"感染了我，就像劳伦斯的"诚恳的通奸"，坐立不安者的"Sentimentique"，适合"地法"雷汀夫妇。（贝克特致麦格里维的信，周三［1936 年 8 月 19 日］，TCD，MS 10402/105）

"醋与碱"指"二十五条谚语之二十"："对伤心的人唱歌，正如他冷天脱掉衣服，又如碱上倒醋。"在此处语境中，贝克特指德国哲学家伊曼努尔·康德（1724—1804）与古希腊哲学家赫拉克利特之间的冲突。

贝克特指 D. H. 劳伦斯；他提到曾读过《D. H. 劳伦斯：E. T. 的个人记录》［杰西·钱伯斯］（1935）："他的矿区，时有时无的未婚妻"（贝克特致麦格里维的信，

---

[1] 法语，"按照"。

[2] 法语，"神化"。

周三［1936 年 8 月 19 日］，TCD，MS 10402/105）。

"Sentimentique"，法语合成词，由 scntimental（"伤感的"）和 romantique（"浪漫的"）两个意思组合而成，意为"多愁善感的"。

"地［方］法［官］"肯尼斯·希尔斯·雷汀（1895—1967），1922 年至 1957 年间及 1958 年至 1964 年间的大法官，及其妻子；雷汀是位剧作家，1924 年有两部作品在阿比剧院推出：《消逝》和《老马格》。

想更多地了解贝克特读歌德《浮士德》所做的笔记（BIF，UoR，MS 5004/33），参见迪尔克·范·胡勒，《萨缪尔·贝克特的〈浮士德〉笔记》，第 295 页；尼克松，《德语碎片》，《笔记汇编全息》，*SBT/A* 特刊第 16 期（2006），第 272 页。贝克特的德语学习笔记可查阅 BIF，UoR，MS 5002 及 MS 5003；第一个笔记本的封面标有日期"1936/07/13"。

9. W. B. 叶芝写给印度青年诗人的信："要用母语写作。选择那较少的读者群。你们用英语是写不出风格和活力的。……用英语写作、说话、思考的时候，你们就是一件没有共鸣板的乐器。"（《金奈编年史》，1936 年 6 月 17 日：无页码；重印，《爱尔兰人的日记：叶芝与印度》，《爱尔兰时报》，1936 年 8 月 6 日：第 6 版）

10. 弗兰克·贝克特指的是克莱尔街 6 号的贝克特与梅德卡尔夫测算事务所。

杰克·B. 叶芝的画《清晨》。

11. 杰拉尔丁·卡明斯的小说《五朔节的火》；见 1936 年 6 月 27 日的信，注 11。

约瑟夫·霍恩，《乔治·摩尔传》（1936）。安德烈·布勒东，《娜嘉》（1928）。

12. A. J. 利文撒尔。经典章节"巫婆之夜"出自《浮士德》第二部。

爱尔兰艺术家帕特里克·图伊（1894—1930）。

都柏林大都会艺术学校 1936 年 9 月由国家教育董事会重组为国立艺术学院，以年薪 500 镑的待遇招聘教授（约翰·道林，《国立艺术学院》，《今日爱尔兰》第 1 卷第 4 期［1936 年 9 月］，第 54—55 页）。

13. "schöne Grüße"（德语，"诚挚的问候"）。赫斯特·道登。

伦敦
托马斯·麦格里维

1936 年 9 月 19 日　　　　　　　　　　　　　　　　福克斯罗克

亲爱的汤姆：

没有，《审核》的消息一点儿都没听到。一本都没收到，但是，我想是西尔维娅出版的。毫无疑问，我们正被人家 roulé，可是我疲倦透顶了，没精力做点儿什么。想起那 10 年污浊的努力时，我倒宁愿把它藏起来，假如有的话就摒弃那 1%。如果提出异议的话，那就一定得是那个意义上的。[1]

已经订好了华盛顿号的船票，本月 29 日从南部的科夫港出发，途经法国的勒阿弗尔港，10 月 1 日抵达德国的汉堡港。因为工作的事，弗兰克也许得去东南部的沃特福德一趟，那样的话我会同他开车去那里。不然，一周后的下个周一就坐火车南下。离家去国的前景是彻底解脱的良药。没有具体的计划。只是抵达德国，然后 selon le vent。[2] 希望在外漂泊，长长久久不回家。之前曾想经荷兰回国，但是据大家说，那儿什么都贵得吓人，因此这条路估计是走不通的。

弗兰克得了肩部神经炎，一个月来过得很不妥帖，这会儿才刚刚有所好转。与此同时，事务所的活儿也忙得不可开交，每天都是干到傍晚 8 点，时时刻刻都感觉在不太遥远的某一天，他就会扼杀掉自己的生命。可是，谁不是这样呢？只是一个继不继续干活的问题。心想我不在这里的时候，他也许还过得轻松一点儿，不过，估计他还会想念我。

［……］

应该告诉过您，S. 奥沙要求拙诗砍掉一英寸。于是照章办事，掐头掐尾，所以现在的诗开头就是流产的难处。[3]

不知道豪太太跟德夫林到底说了些啥。只知道她说过，买不到加印本有多么荒唐。[4]

上周六见了 J. B. 叶芝。他的“玫瑰”画又推进了两个阶段了：1. 玫瑰的专制；2. 玫瑰的凋谢；3. 覆满尘土的玫瑰。前两个很精致，第三个次之。玫瑰不愿溃败，而是自我防腐，这一点迫使他把玫瑰从壁炉台上拿下来，放在房子中间的桌子上。于是，三个阶段与其说是花朵的，不如说是内部空间的。我是单独同他在一起。科蒂避开了。[5]

"古典五朔节之夜"实在读不完，尽管有人说第 3、5 幕有所好转，但这会儿我还是没心思读下去。[6] 刚读了马里奥·罗西（霍恩写伯克利和斯威夫特传记时的合作者）的《爱尔兰之旅》。对格雷戈里夫人，他终于用富丽堂皇、和爱尔兰的"精神"共同延展的弧线略去不谈了。两湖谷是个"luogo dolce"。沃尔特·斯塔基是圣三一学院人文主义"homo singolarment vivace ed umano…"〔"uomo singolarmente vivace, umano"〕最精致的产品，戈加蒂则是 15 世纪的全才。有一章名为"新教的平静"。事实上是一位教授的作品。他写到了《论自责》，满是假牙，软得像老头子的阴茎。[7]

不知道布莱恩是否回来了。动身前我想见他一面。他把布兰奇维夫的《斯宾诺莎及其时代》借给了我，还有"加尼埃经典丛书"里拉丁文 en regard 的《伦理学》，这两本书我还只有时间粗略一瞥，把斯宾诺莎当作一种解脱兼救赎（英语没法译成一个词），还有马利丹令人作呕的《天使般的博士》，这本书我没一会儿就放下了。四方游历者没有为其兄弟奉上的妓女而堕落，感觉那有多可惜啊。[8]

查尔斯来了信。还在伦敦继续逗留，接受治疗。[9]

雷维还在贝尔法斯特，在几番好心的建议下，他从那儿寄来了另一个别尔加耶夫〔别尔佳耶夫〕译著的第一章。他答应下周告诉我《莫菲》的事儿。纽约没有任何消息。[10]

现在得赶到卡宾提利兵营，去填写新护照申请表。不知道审批手续会否及时办完。[11]

此致。另，信封请写上"Postlagernd, Hauptpostamt"，万一我出国前没收到回信。[12]

萨姆

ALS；3 张，3 面；TCD, MS 10402/108。

1. 贝克特指重印版，西尔维娅·比奇编，《对〈进展中的作品〉事实虚化上正道的审核》（伦敦：费伯出版社，1936）。

"roulé"（法语，"玩弄"，"欺骗"），指出版方没有支付文章的版费。

贝克特多半是指乔伊斯《进展中的作品》的出版与促销。该书已分章节出版，第 1 个片段以《〈进展中的作品〉选段》为题，发表于《跨大西洋评论》第 1 卷第 4 期（1924 年 4 月），第 215—223 页。

2. 贝克特是从科夫出国的。

贝克特已于周三［1936 年 8 月 19 日］写信给麦格里维，说"我依然寄希望于 9 月份动身出国，但多半会从科夫直接去汉堡。也许下个月的这个时候，我就登上了布罗肯峰了"（TCD, MS 10402/105）。布罗肯峰是德国北部哈尔茨地区的最高峰，也是五朔节前夜（4 月 30 日）诸多仪式举行的场所——歌德《浮士德》中庆祝"巫婆之夜"的场地。

［1936 年］9 月 9 日，贝克特给麦格里维写信道："要是有这份本钱，我会飞往阿姆斯特丹。"（TCD, MS 10402/107）

"selon le vent"（法语，"随风而飘"）。

3. 贝克特省去了《渐弱》一诗的前两行，以符合《都柏林杂志》的版面要求；他给麦格里维写信道："谢默斯·奥沙寄来了第二份清样，要求将某处或任何一处的两行合为一行，以满足页码的要求。"（［1936 年］9 月 9 日，TCD, MS 10402/107）在同一封信中，贝克特提到，奥沙利文早已提议"我应该接过《都杂》主编的职位，三年的印刷费都由他来掏。这是 entre nous。最后，我答复道：Merci。"

"entre nous"（法语，"两人之间的事"）。"Merci"（法语，"不，谢谢"）。

4. 在［1936 年］9 月 9 日的信中，贝克特转述道："离开的前夜，玛丽·曼宁·豪拜会了德夫林。我告诉她到美术馆去找他。她找到了他，他答应留心此事。"（TCD, MS 10402/107）玛丽·曼宁·豪在都柏林度过了夏季，而且担任自由撰稿人期间，还安排拜会了时任爱尔兰自由邦总理的艾蒙·德·瓦莱拉。后来她声称，正是在这段时期，自己同贝克特有了关系（诺尔森，《盛名之累》，第 215 页）。

5. 杰克·叶芝"作画时总是拿一朵玫瑰别在画架上，或者放在身边的桌子上"（希拉里·派尔，《杰克·B. 叶芝传》［伦敦：劳特利奇和基根·保罗出版社，1970］，第 133 页）。第一幅画原名《红玫瑰特写》，此处称作《玫瑰的专制》，现今名为《玫瑰》（私人收藏，派尔 484）。

叶芝的系列油画"展现了玫瑰切花在绽放的各个阶段及最后凋谢时的姿态",其中有《凋谢的玫瑰》(私人收藏,派尔486)和《覆满灰尘的玫瑰》(私人收藏,派尔485)(派尔,《杰克·B.叶芝:油画作品分类目录》,第1卷,第438—442页;第3卷,第207、294页)。

科蒂·叶芝。

6. "古典五朔节之夜"是《浮士德》第2部第2幕的第1场戏。

7. 马里奥·M.罗西的《爱尔兰之旅》(米兰:时度出版社,1932)由约瑟夫·霍恩译为英语,内容大幅缩减,译名《西方朝圣之旅》(都柏林:库阿拉出版社,1933);罗西是爱丁堡大学的意大利语教授,有另外两本书交由霍恩翻译(见1933年1月5日的信,注6)。

在《爱尔兰之旅》中,罗西向格雷戈里夫人说话时连用了长达4页的省略号:"格雷戈里夫人,此时说话该提到你,这有必要吗?自从我说起爱尔兰——无论在何处写下'诗歌'这一神圣的名称,难道我就没有说起你吗?"(《爱尔兰之旅》,第182—185页;《西方朝圣之旅》,第46—50页)。格雷戈里夫人卒于1931年5月22日,即罗西将书稿寄给意大利出版商的当天:"她鼓励我写的这本书——为她而写的这本书。"(《西方朝圣之旅》,第3页)

威克洛郡的两湖谷是圣凯文创建的7座教堂的所在地,人称"Un luogo dolce, disteso"(意大利语,"一处宁静、开阔的地方")(《爱尔兰之旅》,第54页;《西方朝圣之旅》,第226页)。

在罗西的描述中,沃尔特·斯塔基是个"uomo singolarmente vivace, umano"(意大利语,"具有超常活力和人性的男士")(《爱尔兰之旅》,第125页;《西方朝圣之旅》中略去了)。

罗西列举了戈加蒂担任的角色:外科医生、传统主义者、政客、空中飞人、诗人。他宣称,戈加蒂"评述了15世纪所有伟大的意大利人"(《爱尔兰之旅》,第177页;《西方朝圣之旅》,第43—44页)。

第24章为"新教的平静"(《爱尔兰之旅》,第126—128页;《西方朝圣之旅》中略去了)。

马里奥·罗西的《论自责》(都灵:弗拉泰利·博卡出版社,1933)是一部谈伦理学和情感的论著。

8. 布莱恩·科菲已同父亲到了凯里郡。

《斯宾诺莎及其时代》(1923),作者系法国哲学家里昂·布兰斯维克(1869—1944),毕业于巴黎高等师范学校,任教于索邦大学。贝克特将其姓氏(Brunschvicg)拼写为"布兰奇维夫"(Brunchwiff),可能反映了同麦格里维个人开的玩笑。

本尼迪克特·德·斯宾诺莎，《用几何学方法作论证的伦理学》，查［尔斯］·艾普恩英译，"加尼埃经典丛书"（巴黎：加尼埃出版社，1908年；重印，1934）。"en regard"（法语），"在正面"。

法国哲学家雅克·马利丹（1882—1973）的法语小说《天使般的博士》（1930）依据意大利神学家托马斯·阿奎那（1225—1274）的生平写成：托马斯的兄弟雷纳派妓女来诱惑他，劝他背弃对教会的诺言；但托马斯从火堆里抽出一根原木，将妓女赶出房间，只是木头的余烬将房门上的十字架符号烧掉了。

马利丹认为，神学应该是四处游历的，从社会之间超脱，到别的学科之间游历，遵循阿奎那的榜样。"四方游历者"指阿奎那的"四方游历格言"。

9. 查尔斯·普伦蒂斯。

10. 乔治·雷维的祖居在贝尔法斯特。翻译完俄罗斯哲学家尼古拉·别尔佳耶夫（1874—1948）的《历史的意义》（1923；1936）后，雷维正着手翻译其《独处与社交》（1934；1938）。

伦敦出版商斯坦利·诺特（1887—1978）正在审读《莫菲》；他与欧罗巴出版社合作推出了艾吕雅的《雷霆的荆棘》。雷维已说过，他"希望本月中旬收到洛特［诺特］的裁定"（贝克特致麦格里维的信，［1936年］9月9日，TCD，MS 10402/107）。贝克特另寄了《莫菲》的一部打字稿给纽约的西蒙与舒斯特出版社。

11. 都柏林签证处位于上梅里恩街16号，但文书工作和身份审核在都柏林18区老布雷路上的卡宾提利兵营警察局进行，此后相关工作递交签证处办理。

12. "Postlagernd, Hauptpostamt"（德语，"邮政总局，存局候领"）。

埃塞克斯郡，托普斯菲尔德村
托马斯·麦格里维

1936年9月30日 ［法国］

勒阿弗尔港

白天在这里停歇。傍晚接着前往汉堡。但愿到了哪里就能待在哪里。这地方很迷人，这里的人……法国人。街道的尽头有一家老彼得·勃鲁盖尔美术馆，但人家不愿待见。[1]

致敬

萨姆

APCS；1 张，1 面；"勒阿弗尔港，贸易港与甘必大广场"；寄往：英格兰伦敦西南 3 区切恩花园 15 号，托马斯·麦格里维先生收；另有人手签，转寄：埃塞克斯郡托普斯菲尔德村布洛克宅；寄出邮戳：1936/09/30，勒阿弗尔港；收讫邮戳：1936/10/01，切尔西；TCD，MS 10402/109。

1. 该佛兰德画家家族有两代人的名字总是拼法不同：老彼得·勃鲁盖尔（Bruegel，约 1525—1569）有两个儿子，即小彼得·勃鲁盖尔（Brueghel）和扬·勃鲁盖尔。
该美术馆坐落在从码头通向市区的巴黎路的远处尽头，毁于第二次世界大战。在新建的马尔罗美术馆里，有两幅画现在据称出自小彼得·勃鲁盖尔之手：《在皮条客家里磋商》（77.24）和《农夫灶房内景》（77.14），但没有老彼得·勃鲁盖尔作画的记载。

埃塞克斯郡，托普斯菲尔德村
托马斯·麦格里维

1936 年 10 月 9 日

汉堡 13 区

施吕特路 44 号

霍普旅馆

亲爱的汤姆：

还好，在邮政总局取到您寄来的明信片了。以上是我现时的收信地址，期望会用上至少两个星期，因此努力写得清楚一些。On n'est pas mal, au sein du chauffage central. Il fait un froid à faire sauter les coquilles.

Le pain est noir, l'horizon aussi. 您在茅草屋之间到底在做什么呢？当时就是另一段离开的旅程，像如此之多的旅程那样吗？没法相信您会心甘情愿地去埃塞克斯郡，去塔普斯菲尔德［托普斯菲尔德］村。[1]

上周五到的这里，晚了 24 小时。城区棒极了，没有什么是 19 世纪中叶以前的。有一个精致的绿色尖塔（真正是个 guglia），是圣彼得大教堂的钟塔。还有，阿尔斯特湖 pièce d'eau 真是杰作。[2] 产生了一个可爱的幻觉，看见圣三一学院以及从旱地开垦出的脆弱凤仙花花坛，利菲河平静地漫过纳索街，正如它曾确凿无疑地泛滥过一次那样，洗刷着林斯特草坪的边栏，莱基和《铃铛怪》浸在水下，弗兰克坐着独木舟去吃中饭。[3] 那会是唯一的城镇规划——去他妈的城镇！敢打包票，曼宁·罗伯逊会同意的。[4]

找到克洛卜施托克了，同夫管严的老婆及儿子葬在一起，葬在阿尔托纳区最迷人的滨海步行道的尽头，就在照例必有的哭啼的石灰下面，在常青藤的怀抱里。"活着且信仰我者，将永不灭亡。"然后，在 Hauptbahnhof 吃了 Bauernfrühstück。[5]

这里的美术馆有点儿让人失望，但可以改进。建筑宏伟壮观，画作的布展也可圈可点（挂在通体亚白色的墙上，一字排开），但垃圾多得让人惊骇，比无足轻重的本地居民更糟糕。贝尔特拉姆和弗兰卡两位 meisters[1] 的作品也没看出多少精妙之处。[6] 有很多幅范·霍延的佳作，有一幅范·于登的画——特尼耶的画没有都柏林的那幅好，一幅所谓布劳沃的风景画（可以想见，是为了混饭吃而创作的），两三幅埃弗丁恩的作品，以及那位德国裔罗马人（您不喜欢他，名字我也从来都记不住）的一幅典型的风景画。[7] 接着是满厅的蒂施拜因的画，门策尔的画，还有上帝才知道的别人的画。有一幅德加的《女人肖像画》，画得不错，

---

[1]　德语，"大画师"，"名匠"。

405

另有一幅洛特雷克的，谈不上有水平，还有一幅毕加索的《喝苦艾酒的女人》，画得有些伤感。[8] 德国现代画家有趣多了，比如莱布尔、柯林特、诺尔德等。也有很多蒙克的作品，还发现一幅出类拔萃的女性肖像画，作者是一个叫耶克尔的人。这个画家我一无所知，美术馆里再也没有别的作品。马尔克的《彩面山魈》逗人发笑，但我觉得画得没有波士·辛克莱收藏在卡塞尔的波丘尼那幅好。[9]

离家漫游真好，可是看了这些画、勉勉强强搞懂了这种语言时，我想自己出走是不会感到后悔的。开始觉得，究其根本，德国的魅力于我而言，兴许主要是个联想的问题。我感到沮丧不已，而且时常如此。既然荷兰和法国已签订了停火协议，希望能从那里回国。[10] 要是在此之前欧洲还没有毁掉的话，那就早春去荷兰，晚春去巴黎。

西蒙与舒斯特拒绝了《莫菲》，用寻常的好言好语写了回信，诸如才华横溢，出类拔萃，以及 ruisselant avenir。[11] 眼下霍顿·米夫林收到书稿了。诺特还没下定决心。兴许做出决定之前，他得联系上比顿夫人。[12]

那首掐头掐尾的诗发在《都柏林杂志》［的］这一期。按后面所余空白的量来看，环切术是没必要的。在同一期，还看到了一段没有恶意的文字，出自诺拉·霍尔特的 com[p]te-gouttes，评的是迪丽的书。[13]

收到了查尔斯抽风式的来信，他还在伦敦，但希望不久就"告别"（!!）理查德 mit vache 回来了，"身材高大，脸色红润，心情舒畅"。[14]

是弗兰克开车送我去沃特福德的。离开他很难过。感觉就像一次抛弃。我出走之前，他已经几周眼含泪水，天天心情抑郁了。劳累，神经炎，性忧虑，家人的愁容，等等。

上帝保佑，请即刻回信。似乎多少年没收到您真正的信了。

　　此致

　　　　　　　　　　　　　　　　　　　　萨姆

那人叫<u>埃尔斯海默</u>。

ALS；2 张，4 面；TCD，MS 10402/110。

1. "On n'est pas mal, au sein du chauffage central. Il fait un froid à faire sauter les coquilles. Le pain est noir, l'horizon aussi"（法语，"舒服极了，中央空调围着一个人吹。天气冷得要命。面包是黑的，地平线也是"）。详情参见诺尔森，《盛名之累》，第217 页。

麦格里维借住在埃塞克斯郡的小村庄托普斯菲尔德的一幢农舍（"黑房子"）里（见杰克·B. 叶芝致麦格里维的信，1936 年 11 月 30 日，TCD，MS 8105/138）。

2. 贝克特于 10 月 2 日抵达汉堡。欲知照片和贝克特暂住汉堡期间的详情，请浏览罗斯维塔·夸德弗利格、弗里茨–伦佐·海因茨和克莱门茨–托比亚斯·郎格的网址：www.beckett-in-hamburg-1936.de/（《贝克特 1936 年在汉堡》，2007 年 11 月 11 日）。

1842 年 5 月的一场大火烧毁了汉堡将近四分之一的城区，导致该地于 19 世纪中叶进行了大规模重建。当时，圣彼得教堂的钟楼被焚毁，后来按哥特式风格重建，高达 436 英尺。"guglia"（意大利语，"方尖碑"，转指"尖塔"）。

内、外阿尔斯特湖由阿尔斯特河关上水闸蓄水形成；两片水域的岸边就是树木成行的街道和滨水长廊。"pièce d'eau"（法语，"池塘"）。

3. 贝克特想象利菲河的水漫过河堤，淹没了都柏林圣三一学院和纳索街所在的旱地，拍打着从伦斯特大楼（爱尔兰国会大厦）延伸至梅里恩广场的草坪的边沿。

爱尔兰历史学家威廉·爱德华·哈特珀尔·莱基（1838—1903）的雕像位于圣三一学院的图书馆绿地上。《凯尔经》（Book of Kells）是一部《福音书》插图手抄本，约公元 800 年成书于爱尔兰，收藏在圣三一学院图书馆。贝克特偏好文字游戏，将书名改成了《铃铛怪》（Kook of Bells）。弗兰克·贝克特的事务所位于克莱尔街 6 号；该街道属于纳索街和伦斯特街的延长部分。

4. 爱尔兰城镇规划师曼宁·罗伯逊（1888—1945）写有《邓莱里区：历史、风景与开发》（1936）一书，提倡保护开放空间。

5. 德国诗人弗雷德里希·戈特利布·克洛卜施托克（1724—1803）葬在基督徒教堂公墓；该公墓位于汉堡市阿尔托纳区奥腾森镇的帕尔玛伊尔街尽头。葬在该处的还有其首任妻子玛格丽特·默勒（米塔，1728—1758）、胎死腹中的儿子，第二任妻子乔安娜·伊丽莎白·蒂姆菲尔·范·文塞姆（1747—1821），以及弟弟维克托·路德维希·克洛卜施托克（1744—1811）。所引诗行是贝克特的译文，原文见《约翰福音》第 11 章第 26 节（萨缪尔·贝克特，《万事难料：记 1936 年 10 月 2 日至 12 月 4 日汉堡至柏林的漫游》，埃丽卡·托普霍芬誊抄［新纳菲尔德：拉阿敏出版社，2003］，第 13 页。至于贝克特就该墓地所做的笔记，参见 BIF，UoR，MS 4848，及附照片摹本，米罗斯维塔·夸德弗利格，《贝克特来过这里：萨缪尔·贝克特 1936 年日记里的汉堡》［汉堡：霍夫曼与坎佩出版社，2006］，第 31—32 页）。

"Bauernfrühstück"（德语，"乡村早饭"）；"Hauptbahnhof"（德语，"中心火车站"）。

6. 汉堡美术馆建于 1867 年至 1869 年间，呈意大利文艺复兴风格。

大画家贝尔特拉姆·范·明登（活跃于 1367—约 1415）的代表作是《圣彼得教堂的祭坛画》（又称《格拉保祭坛画》《创造百兽》，HK 500）。大画家弗兰卡（活跃于 1400—1425）收藏于汉堡的作品有《同英格兰经商者祭坛画》（又称《圣托马斯祭坛画》，HK 490—498）。

7. 荷兰风景画画家、制图员扬·范·霍延（1596—1656）。

爱尔兰国家美术馆收藏的《寻欢作乐的农夫》（NGI 41）由戴维·特尼耶同佛兰德画家卢卡斯·范·于登（1595—1672）一起创作；贝克特将此画与汉堡美术馆收藏的特尼耶画作进行对比：《音信》（HK 125），《壁炉旁的农夫》（HK 175），及《漂白作坊》（HK 337）。

过去所谓阿德里安·布劳沃的《风景画》（HK 339），现取名《有牧群的山丘风景画》；经重新认定，作者为"荷兰南部匿名画家"（约 1640/1650 年）。

汉堡美术馆收藏的阿拉特·范·埃弗丁恩（1621—1675）画作有《有瀑布的北方风景画》（HK 55）、《山丘风景画》（HK 56）、《挪威峡湾》（HK 312）和《北方瀑布》（HK 313）。在 1936 年 10 月 8 日的日记中，贝克特提到了埃弗丁恩的两幅画，但汉堡美术馆无法确认当时展出的究竟是哪两幅（贝克特，《万事难料》，第 14 页；乌特·豪格博士，2006 年 2 月 8 日）。

在此信结尾的附言中，贝克特回忆起画家的名字叫亚当·埃尔斯海默。

8. 名叫蒂施拜因的画家属一个家族：约翰·海因里希·蒂施拜因（1722—1789），约翰·雅各布·蒂施拜因（1725—1791），约翰·弗雷德里希·奥古斯特·蒂施拜因（1750—1812），及约翰·海因里希·威廉·蒂施拜因（1751—1829）——他是作家歌德的朋友，人称"歌德·蒂施拜因"（《罗马平原上的歌德》，施特德尔美术馆即国家艺术学院［1157 号］）。在这一家族中，贝克特特地提到了约翰·雅各布和约翰·海因里希·威廉·蒂施拜因（贝克特，《万事难料》，第 20 页）。

汉堡还有德国风俗画家阿道夫·弗雷德里希·艾德曼·范·门策尔（1815—1905）的许多画作。

法国印象派画家伊莱尔–热尔曼–埃德加·德加（1834—1917）的画现名《约瑟芬·高杰林太太》（曾名《女人肖像画》，HK 2417）。贝克特指亨利·德·图卢兹–洛特雷克的画作《女性肖像画：乡村巡佐的女儿》（HK 1253）。

巴勃罗·毕加索的《喝苦艾酒的女人》（HK 2353）被纳粹充公，挂在1937年慕尼黑"堕落的艺术"）展览中；现为多丽丝·伊姆·奥贝斯德格收藏，借给巴塞尔艺术博物馆展出（伊姆 1411）（斯蒂芬妮·巴伦编，《"堕落的艺术"：先锋派在纳粹德国的命运》［洛杉矶：洛杉矶县立艺术博物馆，1991］，第168页；夏洛特·古茨维勒，登记员，巴塞尔艺术博物馆，2006年6月7日）。

9. 威廉·莱布尔（1844—1900）、洛维斯·柯林特（1858—1925）及埃米尔·诺尔德（1867—1956）。汉堡美术馆1927年的《近年大画家目录》只收录了挪威表现主义画家爱德华·蒙克（1863—1944）的两幅作品：《男性肖像画》(布鲁宁斯馆长)（HK 2309；1937年充公，现为私人收藏）和《身穿蓝色衣服的女人》（HK 2310）。

当时，汉堡美术馆收藏的韦利·耶克尔（1888—1944）的画只有一幅：《圣塞巴斯蒂安》（HK 1679）。11月19日，贝克特在日记中写道，1936年10月8日他见过的画"已经不见了"（贝克特，《万事难料》，第14、44页）。

贝克特把弗朗茨·马尔克（1880—1916）的《彩面山魈》（HK 1688，1937年充公；1964年以来为慕尼黑现代绘画陈列馆收藏）比作了意大利画家翁贝托·波丘尼（1882—1916）的《讪笑》（曾为威廉·辛克莱拥有，现属纽约现代艺术博物馆，MOMA 656.1959）。

10. 贝克特所谓的"停火协议"可能指1936年9月26日的经济转机：法国（与英国、美国达成协议）为减少贸易壁垒降低了法郎的币值，10月初荷兰和瑞士紧随其后实行货币贬值（《确定法郎的币值》，《泰晤士报》，1936年9月28日：第12版；《新的开始》，《泰晤士报》，1936年9月28日：第13版；《贸易的枷锁》，《泰晤士报》，1936年10月6日：第13版）。

11. 西蒙与舒斯特出版社的退稿信尚未找到；"ruisselant avenir"（法语，"炫目的未来"）。

12. 波士顿出版商霍顿·米夫林。

斯坦利·诺特一直在考虑是否出版《莫菲》（见1936年9月19日的信，注10）。贝克特好开玩笑，所谓比顿夫人指伊莎贝拉·玛丽·比顿（原姓梅森，1836—1865），其《比顿夫人的家务管理手册》（1861）是一部畅销英国一百多年的食谱。

13.《渐弱》，《都柏林杂志》，第3—4页。该诗删节：见1936年9月19日的信，注3。

诺拉·霍尔特给杰拉尔丁·卡明斯的《五朔节的火》写了书评，称该作品"是一部详尽但不煽情的小说，体现了真正的诗学想象力"（《新评论》，《都柏林杂志》第 11 卷第 4 期［1936 年 10—12 月］，第 96 页）。

"compte-gouttes"（法语，"吝惜地"，"斤斤计较地"）。

14. 查尔斯·普伦蒂斯。

理查德·阿尔丁顿及其伴侣布里吉特·帕特莫尔已从奥地利回到伦敦；几乎与此同时，阿尔丁顿也与布里吉特的继女内塔·帕特莫尔（1911—1977）有了恋情（查尔斯·多伊尔，《理查德·阿尔丁顿传》［卡本代尔：南伊利诺伊大学出版社，1989］，第 176 页）。贝克特的引文出自普伦蒂斯的信，但该信已不复存在。

"mit"（德语，"带着"）；"vache"（法语俚语，"婊子"）。

伦敦，查托-温德斯出版社
伊恩·帕森斯

1936 年 11 月 7 日   德国

汉堡 13 区

施吕特路 44 号，霍普旅馆

尊敬的帕森斯：

可否烦您安排人手，照上述地址给本人寄 3 册《徒劳无益》、3 册《论普鲁斯特》。随信寄来可兑换一镑的支票，相信本人的算术没有出错。[1]

致以最良好的祝愿。

　　　敬上

　　　　　　　　　　　　　　　　　s/

　　　　　　　　　　　　　　（萨缪尔·贝克特）

TLS：1 张，1 面；邮戳：1936/11/09 收讫；UoR，MS 2444 CW 59/9。

1. 贝克特已答应寄 1 册《论普鲁斯特》给汉堡库尔特·绍克（1895—1970）书店的学徒金特·阿尔布雷希特*（1916—1941）（贝克特，《万事难料》，第 33 页，第 26 页）。

伦敦
乔治·雷维

1936 年 11 月 13 日   汉堡 13 区

施吕特路 44 号，霍普旅馆

尊敬的乔治：

谢谢您的来信，及附寄格林斯里特的信。[1]

容本人现在就跟您说，本人弄不明白拙著要怎样删减而不至于散乱。尤其是假如把开篇删去（上帝知道前半部分的叙述够顺畅的了），那么后半部分就会失去现有的共鸣。想不出他们要我删除些什么。题首有 Amor Intellectuals quo M. se ipsum amat 的那部分，本人决不动。象棋对弈那部分，本人也不动。有关星象图的那章也必不可少。[2] 可是本人急于出版拙著，因而没有底气回信，对任何删减都断然拒绝。所以，可否请您将本人的意见转达给格林斯里特先生，就说作者明确反对删掉拙著的三分之一，因为作者实在搞不懂如何才做得到，只留下其余的内容。但要补充一句，就是假如他们明明白白地说明自己的想法，指出哪些段落让他们难受，那本人会乐意对那些与整体无关紧要的段落进行压缩，也对在他们看来情节有些混乱的其他段落进行改写。请您表现得既震惊、坚定，又很有分寸，略显灵活，如果您做得到的话，要兼而有之。他们难道不明白，假如拙著略显晦涩，那是因为它是一部压缩之作，而要拿它进一步压缩，其结果只能是使它更加晦涩？在彼人［敌人］看来，那些狂乱且飘渺的对话一旦删除，就会使整个事情晦暗不清，索然寡味。在别处用挽歌的形式表达的内容，在它们这里就用喜剧的形式表现，即用精神的赫尔墨斯主义（要是您喜欢这个术语的话）来表现。他们就是在这儿发现"火箭"的吗？在这样一部小说里，是没有时间和空间留给纯粹放松的。放松也得起作用，也得强化它所释放的内容。当然了，拙著的叙事难以理清，而且当然是有意为之的。[1] 这样的话，本人就成了别尔加也夫［别尔佳耶夫］吗？本人得拿历史的羊膜和胎盘来装饰非历史的子宫吗？而且把抓钩沉在没完没了地怀孕却从不排出的子宫里吗？而且拿牡蛎之吻 [2] 和穆里罗一般的顽童去充塞最后一章吗？但这全是 dans le vide，而且必须保持现状，直到本人详详细细地了解了让他们心烦的到底是什么。³

也许，假如诺特会表现出合作的意愿，无论紧凑还是散乱都把拙著按原样在美国推出，而且进而交代自己的意见，说删减是不可取的，那么米夫林出版公司的 Zerstörungswut 就可以得到平息了。⁴

本人还非常渴望获得这一许可，就是使用附寄的照片（没有照片说明）作为卷首的插图。几个月前在一份《每日见闻报》里首次碰见了它，不承想在这里的一期 Illustrierte 里再次看到了。所提《每素》的出版日期本人有记载。⁵ 暂定未经允许，本人不得使用那张照片，还有如何着手申请许可，本人也整不明白。无论如何，请拿它它［原文如此］妥善保存。

还会在这儿待一阵子，回信请寄到这儿，除非本人告诉您新的地址。

Amicalement ⁶

s/ 萨姆

---

[1] 本段以上部分曾分作两段编入《碎片集》，以下内容则没有。参见萨缪尔·贝克特著，曹波等译，《碎片集：杂谈及一个戏剧片段》，第 181—182 页。

[2] "牡蛎之吻"指接吻时两人的嘴唇咬合得像牡蛎一样紧。

TLS：1张，1面；打字信封：英国伦敦西南1区红狮广场30号，欧洲文学书局，乔治·雷维先生收；邮戳：1936/11/13，汉堡；TxU。先前出版：贝尔，《萨缪尔·贝克特》，第243页；重印，贝克特，《碎片集》，第103页。

1. 费里斯·格林斯里特（1875—1959，米夫林出版公司总编）就《莫菲》所写的信尚未找到。

2. 出自《莫菲》："Amor Intellectuals quo M. se ipsum amat"（拉丁文，"莫菲藉此自爱的智性之爱"）（第6章，第107—113页）；象棋对弈（第11章，第242—246页）；星象图（第3章，第26—41页）。

3. 雷维已翻译完尼古拉·别尔佳耶夫的作品。

尽管库尼汉小姐和威利之间有几次"牡蛎之吻"（《莫菲》，第117页），但最后一章一次都没有。西班牙画家巴托洛梅·埃斯特班·穆里罗（1617—1682）的世俗画几乎完全由儿童场景构成。

"dans le vide"（法语，"臆测"）。

4. 既然斯坦利·诺特不愿单独承担《莫菲》的出版一事，贝克特就提出这一建议。
Zerstörungswut（德语，"危险狂躁症"）。

5. 照片下标的说明文字是"可是他已经做了！将军！"与该图一起刊载的另有四幅猩猩对弈图："照这两个家伙的玩法，象棋对弈是一场口水仗"（《每日见闻报》[伦敦]，1936年7月11日：第10页）。转载该图的德国杂志尚未找到。"Illustrierte"（德语，"画刊"）。

6. Amicalement（法语，"祝好"）。

马萨诸塞州坎布里奇
玛丽·曼宁·豪

1936 年 11 月 14 日 汉堡

亲爱的玛丽：

热烈祝贺。[1]

愿傍晚前的白天受到颂扬。要不丝毫都不。

把你的诗寄来吧。我明白。铅块的色泽，旧长毛绒的质地，塞满了地名。还有 Mons Venerillae？[2] 现在，对自己所写、所思、所说、所盼、所惧之事，你得留一万个心眼。阑尾的疼痛已经没了，会一去不返。第一次圣餐仪式的荣光时不时掠过你的周身。而无礼的举动你是可怜，而非宽恕。

雷维写了信来，附了一封格林斯里特兼阻碍[1] 的信。告诫我要让自己的作品具有永恒的价值，就得摘除三分之一。想到了更好的计划。从每 500 个字里取出最后一个拼凑起来，仔仔细细地打上标点，就可以在《巴黎每日邮报》发表一首散文诗了。然后，其余的字句就稀稀落落，零零碎碎，就像杰弗里警告的那样，成了精神分裂症患者的胡言乱语，甚至可以翻译出来，发表在 Zeitschrift für Kitsch 上。[3] 下一部作品准备写在草纸上，每六英寸就竖着打一排孔，再用卷轴卷起来，放在布茨专卖店里售卖。每一章的长度要经过细致的计算，保证与平均水平的自由运动匹配。为了促销，每一卷附赠一剂泻药。"贝克特肠胃图书"，《耶稣心肌梗塞》。用不朽的纸张印制。衬纸为蓟花冠毛图案。所有纸边经消毒处理。1 000 张纯粹逗乐的纸巾。亦用盲文出版，专治肛门瘙痒。全是 Sturm，绝无 Drang。[4]

亲爱的 agente provocatrice[2]，我回答说，对题首有"智性之爱"云云的那章，本人决不做任何删改，对谈天马座的那章也不，对描述"恩东的将军"的那章也不，对呈现遗嘱和臀部胎记的那章也不，但我也补充说，就其余章节而论，本人倒是愿意把相关细节与论据、滴水石、拱顶石、奠基石、扶壁等统统去掉，尤其乐意把整个地基都移走，并且完完整整地接受清除所剩砾石的责任。[5] 高等批判的猫头鹰、猫咪、狐狸

---

[1] 贝克特用 "and" 将"格林斯里特"（Greenslet）与"阻碍"（hindrance）拼在了一起，表示格林斯里特强烈要求他对《莫菲》进行删减。

[2] 法语，"挑拨分子"。

还有蟾蜍值得托付，让它们去画完这幅画，一幅浪漫的画。

毕竟，人总是受他人奉承。只有从最高级的统一体上才能随随便便地雕掉三分之一，而余下的部分才能永存。变形虫的脖子不是轻易折得断的。其脸色也不是轻易能扑灭的。

在黑咖啡的帮助下，我梦见一个靶圈，有十五英亩那么大，所有附属物都严格遵照比例，在我目前这种畸形的情况下全都归我所有。美是一堵空白的墙面，上面写着"请勿乱贴标语广告"。我一身疲惫，拿头颅往墙上撞去。我在美术馆之间跌来撞去，沿着光溜溜的耶稣受难像上上下下，是个遭棒打的靶子，兼艺术的萨莉阿姨。今天傍晚去找一个老太太，她的房子成了毕加索级别的画家施密特–罗特卢夫的祠堂。去找她，就是去自寻斥责。[6] 这段漫长的时间里，我本该远离这里的，还有这么多的圈圈要做完，却看不到有别的球体。爱尔兰？除了对不得不打道回府心存恐惧，我就没有别的感觉。

没法读书、写作、饮酒、思考、感知或者移动。

似乎最没心境的时候，却迫不得已去向朋友们倾诉。

家人还是喜欢我的——不多说。

老妈一门心思要去伦敦与苏珊会合，当然了，接着就号啕大哭。弗兰克依然每天加班，直到晚上 8 点。[7]

那比一开始就遭家人厌恶还糟糕。希望自己不是默默无闻。伤害了哪儿？什么目标都无须确定。哪儿都不受伤害。这么做到哪儿都升级成了伤害。感觉自己就像塞巴斯蒂安打了麻药，装作强行忍住自己的哭声。

下次他们会把诺贝尔奖给库尔特·格茨。[8]

　　此致

s/ 萨姆

丹麦女人的声音穿过墙壁传来，是日德兰半岛的两个骚货在聊天。

纯粹的唧唧声。说的应该是骨灰罐的事儿，创世纪时期的骨灰罐。这下搞懂了奥菲利亚该怎么说花语了。还有，哈姆雷特<u>是个疯子</u>。他葬在日德兰，墓地不下 54 处。[9] 所有扫厕所的都说"嗨，希特勒"。最好的画放在地下室。[10]

TLI；1 张，2 面（ANS 附言写在背面）；TxU。

1. 贝克特所指何事不得而知。当时，玛丽·曼宁·豪怀上了第一个孩子。

2. 玛丽·曼宁·豪的诗所指不明。

玛丽·曼宁·豪正在创作小说《维纳斯山》（1938）；贝克特在《徒劳无益》中使用的拉丁文术语"Mons Venerillae"取自伯顿《忧郁的剖析》（见皮林，编，《贝克特的〈梦中〉笔记》，第 123 页；皮林，《〈梦中佳人至庸女〉指南》，第 263 页）。

3. 费里斯·格林斯里特的信：见 1936 年 11 月 13 日的信，注 1。

《巴黎每日邮报》即伦敦《每日邮报》的欧陆版，1905 年至 1946 年间在巴黎出版。

杰弗里·汤普森是一位训练有素的精神科医生，有能力治疗精神分裂症。

"Zeitschrift für Kitsch"（德语，"媚俗杂志"），贝克特虚构的杂志名。

4. 贝克特写的是"〈修剪〉消毒"。布茨是英国药妆美容品牌；"布茨专卖店"指西药房。

贝克特的双关指"Sturm und Drang"（德语），即 18 世纪末兴起于德国艺术界的"狂飙突进"运动。

5. "天马座"指《莫菲》中有关占星术的那一节（第 32—33 页）。"恩东的将军"指《莫菲》中的象棋对弈（第 243—245 页）；莫菲的"遗嘱和臀部胎记"指宣读遗嘱那节（第 268—269 页）。

6. 十五英亩：见［1935 年］1 月 29 日的信，注 5。

1936 年 11 月 15 日，贝克特第二次应邀前往艺术史学者罗莎·萨派尔（1874—1954）家里拜访。他了解到，萨派尔是犹太人，受犹太人禁止发表著述、禁止进行讲学这一事实的影响，其观点得到了强化（贝克特，《万事难料》，第 39—41 页）。

卡尔·施密特-罗特卢夫（原名卡尔·施密特，1884—1976，1905 年时把出生地的地名加到了姓氏后面）是 1905 年至 1913 年间结成团体的"桥派"画家之一。其他"桥派"画家有：埃里希·赫克尔（1883—1970），弗里茨·布莱尔（1880—1966），恩斯特·路德维希·基希纳（1880—1938），奥托·米勒（1874—1930），马克斯·佩希施泰因（1881—1955），及埃米尔·诺尔德（1867—1956）。至于萨派尔挂满自己收藏的施密特–罗特卢夫肖像画的故居的照片，由后者装饰的家具和实用物品的照片，以及萨派尔收集的后者文献，参见格哈德·维特克，《罗莎·萨派尔》，《汉堡博物馆学刊》，第9卷（汉堡：恩斯特·豪斯韦德尔博士出版公司，1964），第114—160页。

术语"萨莉阿姨"源自露天游乐场游戏，指容易命中的靶标。

7. 苏珊·曼宁，玛丽·曼宁·豪的母亲。

8. 1936年的诺贝尔文学奖刚授予美国剧作家尤金·奥尼尔（1888—1953）。德国演员、导演、小说家兼剧作家库尔特·格茨（1888—1960）从未获得诺贝尔奖。

9. 整个附言用墨水写在打字页的背面。

1936年10月、11月，丹麦旅行团都住在霍普旅馆（贝克特，《万事难料》，第19、40页）。

贝克特所说的骨灰罐也许指他于1936年11月12日听到的汉堡艺术与工艺美术博物馆古代艺术分馆馆长欧根·冯·默克林博士的报告；在该报告中，梅尔克林提到了"几何时期"，即他所定义的公元前800年至前600年（贝克特，《万事难料》，第37页）。"创世纪时期"（据犹太年历，指约公元前376年）的骨灰罐为贝克特的想象。

贝克特指奥菲利亚的花语（莎士比亚，《哈姆雷特》，第4幕第5场，第175—177、180—186页）。

10. 贝克特买了汉堡美术馆1927年推出的《新美术大画师图册》，注意到许多画作不再展出了，而且图册中也没有描述（贝克特，《万事难料》，第28页）。

伦敦
托马斯·麦格里维

1937［1936］年11月28日 汉堡

亲爱的汤姆：

太久没给您写信，请原谅。觉得动笔是越来越难了，甚至给至交写信也是如此。

这里的天气真是恶劣，天空整天都是铅黄色，才入冬就飘起了细腻的雪花。柏林的天气会更冷，但天空要亮堂些。下个周四或者周五就离开这儿。[1]希望在吕讷堡过一夜，在汉诺威也许住上两三个晚上，然后在不伦瑞克安顿一个星期，从那儿可以去希尔德斯海姆、戈斯拉尔、沃尔芬比特尔、哈尔贝尔斯塔特、奎德林堡、里达格斯豪森和柯尼希斯卢特等地游览。[2]

整个城北的哈尔茨地区是全德国早期罗马式最丰富的地方。[3]要是身体许可，有心境去仔细欣赏的话，那就再好不过，可是过去这一周，我形容憔悴，应该是得了 grippé，原来的疱疹也复发了，还有一根手指头也慢慢溃烂了。曾想在离开汉堡之前去一趟不来梅，可现在天光如此晦暗，那处美术馆现时的收藏也令人如此心生疑窦（我是说他们究竟留了些什么画挂在那儿），而本人的情感也如此淡漠，于是就没有成行。[4]期望从不伦瑞克出发，径直去柏林，在离圣诞节还有约一周或者 10 天的时候到达那里。计划在那里待上至少一个月。[5]

在这里遇见了许多友好的人，多数是画家。克卢特、巴尔默、格林、巴格希尔、哈特曼——兴许有一个名字是您熟悉的。于我而言，这批画家很有意思，尤其是巴尔默（瑞士人）和格林。[6]他们多多少少都受到了压制，就是说，不能公开举行画展，只有预先采取防范措施才敢售卖作品。这个团体 1933 年解散，藏书被没收，如此等等。在可以想见的所有画法上，对其有所影响的有蒙克、诺尔德和"桥派"（施密特-罗特卢夫、基希纳、赫克尔等等）。[7]见过好几家上乘的私人收藏馆（在现时的德国，只有在这些收藏馆才能看到活着的艺术。柏林的太子宫闭馆了——闭馆对整个德国来说是普遍存在的，而且反对"艺术-布尔什维主义"的运动才刚刚开始[8]），有罗莎·萨派尔博士小姐的藏品，艺术史学者施密特-罗特卢夫的特藏，[9]有汉堡艺术与工艺美术博物馆绍尔兰特教授的遗孀绍尔兰特太太的藏品——她那本谈过去 30 年的绘画的著作已成禁书，不过我弄到手了，谈的多半是诺尔德；[10] 还有一个叫哈德沃尔克的商人王子的藏品，收藏的多半是蒙克的作品。[11] 还得到许可去美术馆的地下室瞅瞅，确切地说，是去其中的一间瞻仰，在半明半暗中看到了"桥派"画家一些出类拔萃的画作；另一间地下室里有德国印象派画家李卜曼的约60幅画作。[12] 没得到艺术与工艺美术博物馆的许可，去看看一块按照施密特-罗特卢夫的图样编织而成的地毯。[13] 得到了住在柏林的施密特-罗特卢夫、诺尔德和赫克尔的介绍信。[14] 根本的对仗和影响的两极，在施密特-罗特卢夫与诺尔德。过〔过了〕一个引人入胜的傍晚，先是同格林和巴尔默待在一起，后来单独同格林相处。他们喜欢早期基督教微型画，对爱尔兰的凯尔特绘画尤其热衷。[15] 巴尔默的画跟我见过的都不相像，除了略有毕加索晚期的意境（大型巴黎画展上有一幅画我喜欢得不得了，就是海滩上有个巨大的人影那幅，您还记得吗？），可谓形而上学的具相。[16] 格林打底稿像洛特雷克，接着就涂淡色、抒情的蛋彩画颜料。巴格希尔相当暴力，相当犀利，偏心解剖。以前提过的波拉约奥洛，他分析得客观且敏锐，真是令人警佩〔令人敬佩〕。[17] 他们都严肃而深邃，因而对官方的态度不大心烦。要是在德国的其他地方也能找到这样有活力的地下绘画，那就该感到惊讶且幸运了。四面八方都听说，汉堡是座孤岛了。[18] 本想经巴黎回国，可这会儿想的是按来时的路回去。到四月份，只怕累得去不了巴黎了。也许会在南安普顿下船，或者在普利茅斯，甚至在船只停靠的任何别的地方，但一定要在伦敦小住，去看看您和杰弗里。心想那多少要看《莫菲》出版事宜的结局来定。收到雷维的信，说要是能找到一个美国蠢货，那诺特就会接受拙著，还说霍顿·米夫林尚在"审稿中"，但坚决要求删掉三分之一！[19] 因此结果还说不准。本人未曾断然拒绝删改哪怕一个音节，但已然礼貌地回复，请求告知该怎样删除更多的内容，只留下过剩〔剩余〕的内容。

《醉舟》本该已在《新诗》中推出；但听说计划推迟了，要给埃兹拉·庞德的一篇文章腾版面。[20]

高兴的是您译完了海涅曼交付的作品，可遗憾的是当时您得把叶芝的作品放在一边。恐怕就画作而言，本人是一个字都写不出。从前，在画作变成文学之前，本人从来都不喜欢画作，可现在，那种匮乏不见了。[21]

听了一场精彩的演奏会，是柏林爱乐乐团推出的，由米兰来的萨巴达（托斯卡尼尼的弟子）指挥。曲集有：施特劳斯的《堂吉诃德》，跟《英雄生涯》属同一个时代，曾料想会演奏得很糟，但事实上很细腻；《波列罗舞曲》，一如既往地打错了拍子，一如既往地早泄了；还有勃拉姆斯的《第二交响曲》，演奏得精彩绝伦，让我第一次略微理解了勃拉姆斯（创作交响曲的勃拉姆斯），以及过去几乎［？总是］觉得他如此难懂的原因。萨巴达与其说在指挥乐团，不如说受乐团的指挥。[22]

一天傍晚受邀去了一场 Hausmusik。沃尔夫的曲子由阿尔托纳区的一个 Kraft durch Freude 老处女演唱。但亨德密特的交响曲《画家马蒂斯》是在留声机上放的。[23] 很想去科尔马看一眼《伊森海姆祭坛画》，可整不明白怎么才能成行。阿沙芬堡也有东西可看，慕尼黑应该也有，但要与伊森海姆的画相比，那就明显微不足道了。[24]

家里传来的是好消息。弗兰克似乎身体很棒。老妈一直没休假，也不愿休假。表弟辛克莱在南非有一份工作等着去干（估计是亏得有多萝西·埃尔维里帮忙），但眼下身体不够好，还不能成行。他正在库尔德里纳，要住几天！波士已转院到拉斯德拉姆，爱上了一个修女。茜茜没法跟我写信，我是从家里得知这个消息的。[25]

眼下公寓楼里住了个冰岛人，他刚从爱丁堡过来，觉得那儿糟糕透顶。还有个叫鲍尔的爱尔兰人，他从前没到过爱尔兰，出生于直布罗陀，在秘鲁安了家，想去的是西班牙，家人却在立陶宛的马尔堡，祖上是 18

世纪离开沃特福德港的——那时逃离故土是一桩好事。他在一家素食餐厅同我共进了午餐。[26]

厌倦这幢公寓楼了。想知道，要是不伦瑞克还留着一名妓女愿意让我进去住，那该有多好。新的德国只允许在港口开办妓院。[27]

在汉堡大学遇见一个普鲁斯特学究，是个佛兰得［佛兰德］人，叫布吕莱，该校法语教授，我把拙著《论普鲁斯特》给他，得到了一阵表扬。[28]通过他认识了一个德国小个子，真正的书呆子蒂［特］克小姐，她的专论《论普鲁斯特的象征》这会儿我正在翻阅。她用小得难以辨认的法语给我写了一封长信，谈了拙著的缺陷，还说我得周一到一家花店前面跟他［她］见面，对缺陷做个说明。但是，1936 年就写了一篇谈的不仅是"精致派"更是非雅利安人的专论，搞了个博士学位，这是有些了不起的。[29]布吕莱轻蔑地引用了赫胥黎的话"精神的手淫"。我说还有最糟糕的事情，比如说精神的无精症。对库尔提乌斯的门徒而言，本人的《论普鲁斯特》看来没什么是处，也不够有才智，我是说本人对普鲁斯特的梳理。他们想让他的"解决方案"成为一场小小的道德胜利，成为努力的奖赏和 à la[1] 歌德那样上进的人生的王冠。[30]

这封信写得干巴巴的，见谅。今天写得够多了，明天只怕写不了这么多。

也许过大约一周的时间，您就可以把信寄往不伦瑞克市的存局候领处。期待 12 月 8 日到 15 日待在那儿。

    谨上

                萨姆

听说菲尔森已入选了出版审查委员会。[31]

ALS；2 张，4 面；TCD，MS 10402/145。日期判定：信中有"193［7］年"字样，

[1] 法语，"像……的"。

其中的"7"为别人手写；然而，写信的年份应为 1936 年，那时贝克特在汉堡，而且 W. R. 菲尔森教授也入选了爱尔兰出版审查理事会（见下文注 31）。

1. 贝克特 12 月 4 日离开汉堡前往吕讷堡（贝克特，《万事难料》，第 57 页）。

2. 里达格斯豪森是不伦瑞克市东面的一个小镇，有一座始建于 1278 年的教堂（为一座西斯特教团修道院的组成部分）；柯尼希斯卢特是卢特河上的一个小镇，有一座始建于 1150 年的罗马式教堂。最终，贝克特没有参观戈斯拉尔市（下萨克森州）、哈尔贝尔斯塔特镇和奎德林堡（见以下 1936 年 12 月 31 日的信）。

3. 贝克特指早期罗马式建筑。

4. "grippé"（法语，"流感"）。由于政府施加的压力越来越大，出于慎重，不来梅美术馆已大大减少藏品了（见安德烈亚斯·克罗伊尔，《奥斯卡·考考斯卡：巴黎歌剧》，不来梅美术馆，1992 年 6 月 30 日—8 月 30 日刊［柏林：兰德尔文化基金会与不来梅美术馆，1992］；至于 1936 年 11 月 5 日下达给美术馆长，要求他们清理现代艺术的行政命令，参见诺尔森，《盛名之累》，第 223 页）。

5. 贝克特从不伦瑞克出发，一路游览，然后前往柏林，1936 年 12 月 11 日抵达那里（诺尔森，《盛名之累》，第 226 页）。

6. 德国画家卡尔·克卢特（1898—1972）、威廉·格林（1904—1986）、爱德华·巴格希尔（1901—1979）、埃里希·哈特曼（1886—1974），及瑞士画家卡尔·巴尔默（1891—1958）。

11 月 23 日在玛格丽特（原姓霍夫曼，1883—1955）和西奥多·迪里厄（1875—1967）家里吃晚饭时，贝克特遇见了克卢特和哈特曼；11 月 25 日，贝克特再次遇见克卢特，同一天还拜访了格林（贝克特，《万事难料》，第 27、48—49、50 页）。在日记中，贝克特写道："格林的画汉堡馆里见到的最引人入胜的……蒙克的影响似乎清除了……精致的色彩和构图。"（贝克特，《万事难料》，第 50 页）至于巴尔默，见以下注 16。

7. 这些艺术家是"汉堡脱离派"小组的成员，"自认为是桥派的继承者"；该小组成立于 1919 年，"1933 年 5 月 16 日迫于纳粹驱除犹太成员的命令自行解散"（斯特鲁恩·罗伯逊，《汉堡犹太人史：汉堡脱离派的三位犹太女性》［www1.uni-hamburg.de/rz3a035//secession.html］，2006 年 10 月 27 日）。人类学协会图书馆已于 1935 年 11 月 16 日关闭（夸德弗利格，《贝克特来过这里》，第 171 页）。

8. 太子官指柏林国家美术馆现代艺术部，位于市中心米特区的"菩提树下 3 号"；其一楼的夹层"于 1936 年 10 月 30 日关闭"，理由是那里展出了"巴拉赫、贝克曼、迪克斯、霍弗、诺尔德等当代艺术家"的作品（贝恩德·埃弗斯博士、教授，柏林国家博物馆群美术图书馆，1993 年 6 月 3 日）。恩斯特·巴拉赫（1870—1938）、马克斯·贝克曼（1884—1950）、奥托·迪克斯（1891—1969）、卡尔·霍弗（1878—1955）。

纳粹反对"艺术–布尔什维主义"（德语作"Kulturbolschewismus"）的运动造成了巨大的危害；该运动将共产党、犹太人和当代艺术家划归一类，抨击他们会导致雅利安文化的堕落。

贝克特采用根词 Bolsche- 的德语拼法，再添加英语词缀 -vism，构成德、英混杂的自造词"Bolschevism"（布尔什维主义）。

9. 罗莎·萨派尔博士：见 1936 年 11 月 14 日的信，注 6。

10. 贝克特拜访了艾丽斯·绍尔兰特太太（原姓斯密特，1880—1972），其亡夫马克斯·绍尔兰特 1933 年之前一直担任艺术与工艺美术博物馆馆长。贝克特记录 11 月 21 日和 26 日的参观经历的笔记提到了诺尔德、施密特–罗特卢夫、基希纳和巴尔默的创作（贝克特，《万事难料》，第 46、52 页）。贝克特知道绍尔兰特的画册《近 30 年艺术概览》（1935）已被列为禁书，于是问绍尔兰特太太是否可以从她手上买一本（贝克特，《万事难料》，第 46 页）。

11. 通过罗莎·萨派尔的介绍，贝克特见到了实业家、艺术庇护人海因里希·哈德沃尔克（1880—1952），并于 11 月 22 日参观了他的收藏馆。贝克特很欣赏蒙克的《桥上的女孩》（1900 年；现 HK 5052），以及奥托·米勒的《男人与女人》；他留心了德国裔挪威画家罗尔夫·内施（1893—1975）的作品，以及蒙克的几幅哈德沃尔克肖像画（1925 年，奥斯陆，蒙克博物馆 116 号）和《玛利亚·阿加莎·哈德沃尔克》（1927 年；奥斯陆，蒙克博物馆 124 号）（贝克特，《德国游记》，第 47 页；夸德弗利格，《贝克特来过这里》，第 145—146 页；马克·布鲁恩斯，《危机中的艺术：第三帝国时期的汉堡艺术》[汉堡：多林与加利茨出版社，2001]，第 244 页；阿恩·埃格姆，《肖像画家爱德华·蒙克》[奥斯陆：蒙克博物馆 / 迷宫出版社，1994]，第 23、244 页）。

12. 贝克特于 11 月 19 日前往汉堡美术馆，在铜印版画陈列馆（又名印刷美术陈列馆）观看施密特–罗特卢夫和基希纳的炭笔画。罗莎·萨派尔也在场，经她斡旋，贝克特得以获准参观库藏区。贝克特的行为未经报备，是违反相关规定的，因而引起了博物馆馆员的议论（参见马蒂亚斯·米林，《同萨缪尔·贝克特一起参观汉堡美术馆》[汉堡：汉堡美术馆，2003]，卷首插页及第 29—30 页）。

贝克特在该馆看到了施密特–罗特卢夫、基希纳、佩希施泰因的作品；他特别提到了奥斯卡·考考斯卡（1886—1980）的《暴风新娘》（HK 2256，1937 年被列为"堕落艺术"而被没收；现存巴塞尔艺术博物馆，1745），及诺尔德的《基督在孩子们中间》（又称《基督与孩子们》，HK 1683，1937 年被列为"堕落艺术"而遭没收；

现存纽约现代艺术博物馆，MOMA 341.55）。其中的最后一幅让贝克特感动地说道：
"立马就感到与这幅画心有灵犀，感到自己就想久久地待在画的跟前，拿它反反复复
地演奏，就像一首四重奏的曲谱一样。"（贝克特，《万事难料》，第44页；此处
誊写得到了马克·尼克松和詹姆斯·诺尔森的帮助，特此致谢）

汉堡美术馆所列马克斯·李卜曼（1847—1935）的油画和研究心得共64幅（篇）。
李卜曼的作品禁止展出，一是因为这些作品描述了劳动者，二是因为画家本人是犹太
人；在纳粹的重压下，他辞去了普鲁士美术学院院长一职。

13. 贝克特于1936年11月17日去了汉堡艺术与工艺美术博物馆（贝克特，《万
事难料》，第42页）。

14. 绍尔兰特太太把施密特–罗特卢夫、诺尔德和赫克尔的地址给了贝克特，并
允许他跟他们联系时提及她的名字；她还鼓励贝克特去看古斯塔夫·席夫勒（1857—
1935）在汉堡的藏品（贝克特，《万事难料》，第52页）。

15. 11月25日，贝克特在威廉·格林的画室里遇见了画家、图形艺术家格雷琴·伍
尔威尔（1878—1962），及艺术家汉斯·马丁·鲁沃尔特（1891—1969）（夸德弗利
格，《贝克特来过这里》，第155页）。格林和鲁沃尔特对在《凯尔经》中发现的凯
尔特题材情有独钟（贝克特，《万事难料》，第51页）。

16. 1936年11月26日，贝克特去巴尔默的画室拜访了他。对巴尔默的画作，他
描述道："透明的人影在山水之前……红色的《女人头颅》精彩绝伦，头颅、大地、
大海还有天空。"他继续写道："我自己恐怕会想不到这就是抽象画。形而上学的具
相。亦非自然传统，乃是其源头，现象的源泉。十足的后验画作。不是用来证明观念
的事物。……被视觉经验（即其动机与内容）耗竭的交流。"（贝克特，《万事难料》，
第51—52页；夸德弗利格，《贝克特来过这里》，第168—169页；巴尔默的《红色
的头颅》[瑞士阿尔高省，阿尔高美术馆，2847]）"Erscheinung"（德语，"现
象"，"显示"）。

贝克特把巴尔默的作品比作毕加索的《海边的人影》（1929年；MOMA，外借
187号，1932年6月16日至7月30日在巴黎小乔治画廊的毕加索画展展出）（查尔
斯·弗兰肯编，《毕加索画展：1932年6月16日至7月30日》[巴黎：小乔治画廊，
1932]，第62页，插画接第70页）。

17. 贝克特对格林的"摩擦鼓"系列尤其着迷；他倾心"格林和巴尔默画作中的
静处与未言之意"，而非爱德华·巴格希尔作品中对"运动力学"的迷恋，并称后者
为"拿牛角作画的公牛"（贝克特，《万事难料》，第50、53页；夸德弗利格，《贝
克特来过这里》，第175—176页）。11月27日，贝克特在其画室遇见了爱德华·巴
格希尔；因巴格希尔最近才从意大利回来，贝克特于是问起皮耶罗·波拉约奥洛

（1441—1496）的创作情况（详情参见贝克特，《万事难料》，第53页）。

18. 自1933年以来，巴尔默一直没能举行画展，巴格希尔也经历了类似的困境（贝克特，《万事难料》，第52—53页；夸德弗里格，《贝克特来过这里》，第170页）。

19. 杰弗里·汤普森和麦格里维都在伦敦。

出版《莫菲》的尝试：见贝克特致乔治·雷维的信，1936年11月13日，及致玛丽·曼宁·豪的信，1936年11月14日。

20. 经爱德华·泰特斯的委托，贝克特已于1932年将兰波的诗《醉舟》译为英语（见1932年9月13日的信，注9）。该译诗计划在《当代诗歌与散文》上刊出，而非在《新诗》中发表。然而，贝克特的译诗被埃兹拉·庞德驳斥超现实主义的一封信置换了，即《胆小的超现实主义者》一文；主编罗杰·拉夫顿（1916—1941）对该文做出了回应（《洗眼液，你真这样吗？》，《当代诗歌与散文》，第7卷［1936年11月］，第137—138页）。《当代诗歌与散文》下一卷（第8卷［1936年12月］）为短篇小说卷。该刊的最后两卷于1937年作为季刊发行。

21. 麦格里维正在为海涅曼翻译瑞士冒险家、女运动员埃拉·马亚尔（1903—1997）的游记《难以抵达的绿洲》。此前，他一直在撰写杰克·B.叶芝专论。

22. 11月20日，贝克特在考文特花园剧院听了柏林爱乐乐团的音乐会；该音乐会由意大利裔指挥家阿图罗·托斯卡尼尼（1867—1957）的弟子维克多·德·萨巴达（1892—1967）指挥。理夏德·施特劳斯的《堂吉诃德》（曲集35，《骑士式人物主题变奏幻想曲：供大提琴及乐队演奏》）及《英雄生涯》（曲集40），均为交响诗曲集。贝克特指莫里斯·拉威尔的《波列罗舞曲》和勃拉姆斯的D大调《第二交响曲》（曲集73）（见贝克特，《万事难料》，第45—46页）。

23. 11月24日，贝克特在玛丽亚博士和保罗·吕姆克尔博士的家里听了一场"Hausmusik"（德语，"家庭音乐会"）；来自阿尔比纳区的歌手身份不详。"Kraft durch Freude"（德语，"自欢乐中求取力量"）是纳粹的一句口号，也是1933年创建的一个纳粹组织的名称；该组织旨在赞助"适合"所谓劳动人民的娱乐和休闲活动。

奥地利作曲家雨果·沃尔夫（1886—1903）以其音乐诗出名。交响曲《画家马蒂斯》（1934）是保罗·亨德密特据从德国北部画家格吕内瓦尔德（原名马蒂斯·戈萨特，亦名尼萨特、尼萨德特，约1475—1528）那儿得到的灵感写出的第一部音乐作品，后来（1938），他还据其生平与创作写出了同名歌剧。

24. 格吕内瓦尔德的《伊森海姆祭坛画》（法国科尔马，安特兰东博物馆）。贝克特的所指还有格吕内瓦尔德为德国阿沙芬堡圣彼得及圣亚历山大教堂里的玛利亚施乃礼拜堂所画的祭坛，以及慕尼黑黑祭坛画陈列馆里的画作。

25. 莫里斯·辛克莱去了南非赫拉夫-里内特附近的一家绵羊农场，担任两个男生的家庭教师；多萝西·凯（原姓埃尔维里，1886—1964）是爱尔兰裔南非艺术家，莫里斯母亲茜茜·贝克特·辛克莱童年时代的朋友；她替莫里斯谋得了这个岗位（莫里斯·辛克莱，1991 年 5 月 9 日）。

波士·辛克莱已从位于威克洛郡肯尼迪镇的爱尔兰国立肺结核医院（纽卡斯尔疗养院）出来，转院至位于威克洛郡拉斯德拉姆镇的圣科尔曼医院；后者由"可怜的圣母仆人修女会"经营。

26. 该冰岛人在贝克特 1936 年 11 月 24 日的日记中亦有提及，但未给出名字（贝克特，《万事难料》，第 50 页）。鲍尔的全名不得而知；他与贝克特于 11 月 17 日共进了午餐（贝克特，《万事难料》，第 26、41 页）。

27. 妓院管制是 1933 年至二战期间纳粹政策的一个要素（见茱莉亚·鲁斯，《对妓女权力的强烈抵制：纳粹娼妓政策的源头与能动性》，《性史杂志》第 11 卷第 1—2 期［2002］，第 67—94 页）。

28. 1920 年至 1956 年，吕西安·布吕莱博士（1891—1982）在汉堡大学担任法语讲师；他教授的是 19 世纪及 20 世纪法国文学，但发表的著述谈的主要是哲学（埃卡特·克劳泽，1993 年 7 月 27 日）。贝克特通过迪里厄太太认识了布吕莱，并旁听了后者 1936 年 11 月 12 日关于狄德罗的讲座；贝克特注意到，布吕莱对"作为哲学家和象征派"的普鲁斯特很有兴趣（贝克特，《万事难料》，第 38 页）。

29. 1935 年 6 月，伊尔玛·蒂特克（1910—? 1943）参加了博士论文答辩；导师是布吕莱博士；其论文发表时作《马塞尔·普鲁斯特作品中的象征与意象》（1936）（夸德弗利格，《贝克特来过这里》，第 120 页）。11 月 28 日，贝克特说好于周一（12 月 1 日）拜见她；11 月 16 日贝克特再次拜会布吕莱时，她也在场。

30. 11 月 16 日，布吕莱讨论了"普鲁斯特、柏格森、柏拉图及康德"（贝克特，《万事难料》，第 44 页）。显而易见，他从阿道司·赫胥黎的文集《加沙无眼者：对冲突的思考》中引用了一段，其中的叙事者对思辨进行了探讨，认为思辨是逃避令人不悦的现实的众多"避难穴"之一："恩赐就像手淫。不过，手淫已经尊贵化了，被经常手淫的业余神秘论者拿所有最神圣的宗教和哲学名称尊贵化了。'冥想的人生'。"（［伦敦：查托–温德斯出版社，1936］第 503 页）

恩斯特·罗伯特·库尔提乌斯（1886—1956），德国文学史家，波恩、马尔堡及海德堡大学的法语教授。

31. W. R. 菲尔森于 1936 年 11 月 23 日经提名，入选爱尔兰出版物审查理事会（《审查理事会：斯瑞夫特先生辞职，菲尔森博士授命继任》，《爱尔兰时报》，1936 年 11 月 24 日：第 7 版）。

都柏林

布莱恩·科菲

1936 年 12 月 5 日 [1]

［无问候］

就是在这里，整整 50 年，他构思着与众不同的观念，换用更糟的话说，就是让那些观念在他心中形成。现在，这里成了艺术与工艺美术博物馆了。¹他稳稳当当地坐在北向电灯的灯光里，在开放的墓地上方干着删除和涂抹的活儿。刚收到一张小额罚款单（1 RM），原因是以危险方式步行。沉默是金，因此准备立马动身去不伦瑞克。会在那儿给您写信的。

萨姆

APCS；1 张，1 面；"汉诺威：莱布尼茨故居"；寄往：爱尔兰都柏林郡 19 区菲兹威廉广场 41 号，布莱恩·科菲先生收；邮戳：1936/12/07，都柏林；DeU，科菲。

1. 汉诺威的莱布尼茨故居于 1891—1892 年间修复，此时改为艺术与工艺美术博物馆。该建筑毁于第二次世界大战，后来进行了重建。

莱布尼茨管理该馆的图书馆。该图书馆于 1679 年从赫伦豪森宫迁到汉诺威；1698 年建成独立的建筑，设有馆长生活区。更重要的是，1690 年莱布尼茨还担任了位于沃尔芬比特尔的赫尔佐格·奥古斯特图书馆的馆长。

---

[1] 原信用法语写成。

马萨诸塞州坎布里奇

玛丽·曼宁·豪

1936 年 12 月 13 日 　　　　　　　　　柏林北 4 区

残老军人路 32 号

德国特劳贝酒店

亲爱的玛丽：

正在酒吧里给你写这封信，因为图中我住的房间让人听得到酒杯的叮当声。很高兴收到了你的长信，居然寄到了这里——才来这儿两天，是从汉堡经汉诺威和不伦瑞克慢慢过来的。[1]过几周就会前往德累斯顿，再从那儿去慕尼黑，然后可能就从那里慢慢回国，多半走来时的路。因为到四月份时，只怕累得去不了巴黎了。此时就已经很累了。

当时并不知道自己给你写过不大友善又晦涩难懂的信，真要如此，那我此时就心有愧疚了。现在得认真写，写得清晰、愉快一些。你兴许还会发现，甚至字体都有进步。[2]

不认识格勒内。[3]如果他就是曾有人在都柏林给我指出的那位，那他看起来就像一个接受了半环切术的混蛋。

对大腿内侧的事儿本人才不警惕呢。[4]

至于拙著，正如恐怕给你写信说过的那样，从雷维那里听到的最后一点儿消息就是，米夫林建议删去全书的三分之一，还附寄了一封我早已忘记的信。我给雷维回了信，说本人搞不明白，从那本不幸的小书里怎么才能删去比本人已经亲自删除的段落更多的内容，只留下零七碎八的东西；还说本人只想请某位对拙著的简洁比我本人更明白的批评人士就此事给予启发。对这卑微的顺从，我没收到任何答复。表面看来，要是能找到一个美国蠢货，诺特还是准备接受拙著的；要是能找到一个英

428

国蠢货，米夫林也会。[5]在我这个不谙语言精微之处的人看来，代理商只需把蠢货们召集到一起，然后辱骂就会蜂拥而至。看来，那时本人又想错了。

对"约翰逊–斯雷尔–皮奥齐"这一情节我也饶有兴趣，而且常常觉得这是多好的话题，兴许只是很长的一幕戏。[6]尤其让人好奇的是，斯雷尔一消失，约翰逊就崩溃了。我以为，皮奥齐根本就没有进入约翰逊的心理情境。我心想，他对皮奥齐的辱骂是一种障眼法。皮奥齐是他需要的托辞，借此可以带着正义的样子离开。[7]最引人入胜的是柏拉图式男伴或家友的状况，虚张声势的时候没有一个睾丸、耳廓或者心室可以依靠。只要斯雷尔在那儿，其无能就得到了斯雷尔太太的安抚，接着，亏得死后僵直，当合法的阴茎数年里第一次处于婚姻状态时，突然就勃然而起。[8]想到一部电影，开头是最后一次拜访斯雷尔太太后，约翰逊走回弗利特街的兽窝里，一路欢呼雀跃，忘了摸柱子，就匆匆往回赶。真不明白，有劳顿，干吗还没有约翰逊的电影。可我觉得，有一幕戏值得拍：带有类似上述状况的心理情境，要么对斯雷尔太太脱口大骂，要么在自己的房子里跟那位神秘的仆人推心置腹。他这一辈子可以拍成50部戏。[9]

这趟行程走不下去了。德国真恐怖。钱快花完了。人也一直疲倦不堪。所有现代的画作都放在地下室里。留着一支笔补写游记，可是自从离家以来，相关的也好无关的也好，什么都没写成。[10]狗屁开篇都没写一个。生理混乱无足轻重，还在才智混乱的一旁。两者是不是有关联，我不在乎，也不知道。想象不出有什么比思想消瘦症更糟糕的——几个月来我就是在其中跟跄而行，虚汗连连——这就够了。事实证明，正如我踏上旅途之前就知道的那样，这确实是一场远离而非抵达的旅行。想不出法子跟你说清楚，没这份精力跟自己说清楚。说清楚，至少是一种本能的尊重，对因为真实而本质中并无真实的事物的尊重。

然后，当这一点不知何故化作了词语时，写作的人就称作蒙昧主义者了。分类者就是蒙昧主义者。

回信请寄到莱珀斯敦。[11]

爱你

萨姆

ALS；1 张，2 面；信头，由贝克特手写日期；TxU。

1. 信头有德国特劳贝酒店的图样。

1936 年 12 月 4 日，贝克特乘火车从汉堡到吕讷堡，又经策勒前往汉诺威，于 12 月 5 日抵达，当天下午又前往不伦瑞克（贝克特，《万事难料》，第 57 页；也见上文 1936 年 12 月 5 日的信）。

2. 玛丽·曼宁·豪已给贝克特 1936 年 11 月 14 日的来信写了回信。

3. 格勒内为何人尚无从知晓。

4. 见贝克特 1936 年 11 月 14 日致玛丽·曼宁·豪的信。

5. 霍顿·米夫林要求删减《莫菲》的内容，明显威胁到雷维同斯坦利·诺特达成的审读安排（见 1937［1936］年 11 月 28 日的信）。

6. 玛丽·曼宁·豪致贝克特的信尚未找到，但肯定提及了"约翰逊－斯雷尔－皮奥齐"这一情节。1936 年，公众对约翰逊的生平可谓饶有兴趣；3 月，新的鲍斯威尔手稿得以发现（《可鲍斯威尔言犹未尽》，《泰晤士报》，1936 年 3 月 9 日：第 15 版）。4 月，科［尔韦恩］·爱［德华］·乌里亚米出版《斯特里汉姆的斯雷尔太太：其在塞缪尔·约翰逊博士的人生及当时社会中的角色，其性格与家庭事务》（伦敦：海涅曼出版社）。11 月，依据新近发现的手稿修订的詹姆斯·鲍斯威尔传记得以出版：《鲍斯威尔所写同塞缪尔·约翰逊博士前往赫布里底群岛的旅途日记》，弗雷德里克·A. 波特尔与查尔斯·H. 贝内特编。还是在 11 月，威妮弗雷德·卡特（1884—1949）的戏剧《约翰逊博士的斯雷尔太太》在伦敦推出；相关剧评这样评价约翰逊："有两次他都到了倾诉自己的非分之想的地步，但这两次他都得到了微不足道的打搅的拯救。"（《斯特兰德剧场，"约翰逊博士的斯雷尔太太"》，《泰晤士报》，1936 年 11 月 25 日：第 12 版）

1765 年，约翰逊经人介绍认识了酿酒厂业主亨利·斯雷尔（约 1728—1781，1765—1780 任萨瑟克区议员），及其妻子赫斯特·林奇（原姓索尔兹伯里，1741—1821）。从 1766 年到 1781 年斯雷尔先生去世时，约翰逊都是斯雷尔夫妇的密友，上门造访十分频繁，甚至在他们位于斯特里特姆、萨瑟克、布莱顿和格罗夫纳广场的各处房子里都享有独立的房间；他还同他们一道前往威尔士和法国旅行。

正如贝克特对麦格里维所说，斯雷尔先生的病故就是"刺激的动因"：它改变了斯雷尔太太和约翰逊之间的关系及其物质情境（［1937 年 7 月 23 日之前］TCD，MS 10402/129）。斯雷尔太太刚 40 岁，盼望着过上少些拖累的生活，而约翰逊已 71 岁，却面临着身体和情感上都要从斯雷尔夫妇舒适的家居生活中腾挪出来的结局，因而经受了一场"崩溃"（W. 杰克森·贝特，《塞缪尔·约翰逊》［纽约：哈考特－布雷斯－约万诺维奇出版社，1975］，第 560、568、572、575—579 页）。

丈夫过世后，斯雷尔太太专情于加布里埃尔·马里奥·皮奥齐（1740—1809）；尽管遭到约翰逊、家人及亲朋好友的反对，她还是于 1784 年嫁给了皮奥齐（贝特，《塞缪尔·约翰逊》，第 572 页）。[1]

7. 贝克特也许指约翰逊对皮奥齐的敌意，理由是后者是天主教徒、意大利人、社会地位低于斯雷尔太太；约翰逊公开反对他们结婚，说这样的婚姻会导致斯雷尔太太抛弃"祖国、宗教和家人"（莱斯利·斯蒂芬，《塞缪尔·约翰逊》，"英国文豪"丛书［纽约：哈珀兄弟出版社，1879］，第 153 页）。

8. 在《斯特里特姆的斯雷尔太太》中，乌里亚米写道，"没有谁认真检查过约翰逊博士的性特征"，从而提出了即使不是贝克特自问、也会是公众热议的一个话题（第243 页）。最终，约翰逊的睾丸阴囊水囊肿经诊断为肿瘤（贝特，《塞缪尔·约翰逊》，第 577、581—583 页）。贝克特写的是"〈成员〉阴茎"。

9. 约翰逊的一个强迫性习惯是，"路过灯柱时总要摸一下，要是忘记摸了，就会回去补上"（贝特，《塞缪尔·约翰逊》，第 382 页）。

美国电影演员查尔斯·劳顿（1899—1962）主演过《亨利八世的私生活》（1934）、《温波尔街的巴雷特夫妇》（1934）、《悲惨世界》（1935）、《邦迪号上的哗变》（1935）和《伦勃朗》（1936）等电影。

"神秘的仆人"指弗朗西斯·巴伯（昵称弗兰克，1735—1801）：牙买加自由奴，10 岁以来就置于约翰逊的照看下，受约翰逊的教育，后成为约翰逊的"男仆"（贝特，《塞缪尔·约翰逊》，第 325—327、503—504 页）。

10. 贝克特指其德国日记（BIF，UoR）。

11. 利奥帕兹敦，曾名莱珀斯敦，位于都柏林郡福克斯罗克车站附近，以赛马场闻名。

---

[1] 贝克特本人对约翰逊生平的兴趣及创作冲动,参见萨缪尔·贝克特著,鲁比·科恩编,曹波等译,《戏剧片段：人性的愿望》,《碎片集》,第 271—288 页。

伦敦

乔治·雷维

1936 年 12 月 20 日
柏林西 50 区
布达佩斯人路 45 号
康普特旅馆

尊敬的乔治：

　　本人会在这间蜗居住上两周，甚至三周，这样动身去德累斯顿之前，就可以签署合同。是上周从汉堡慢慢过来的，途经吕讷堡、汉诺威、不伦瑞克、希尔德斯海姆等地。

　　关于奎格利，我是说《莫菲》，就再也没有消息了吗？您就没想过法子，让大西洋彼岸的那两位慈善家携起手来吗？本人知道，事情不难办，他们可以联手就好了。本人最记不住的事情，是随时准备将拙著删减得只剩书名。眼下，本人准备更进一步，要是书名都冒犯了奎格利、Trumpetenschleim、艾略特或者出版商想象得到的任何别的名字，那就连书名都改了。[1]

　　本人甚至不知道，您是否搞到了"猿猴对弈"那幅图。照亮我的黑暗吧。[2]

　　Heil, Sieg, fette Beutte 并圣诞快乐！[3]

萨姆

　　APCS；1 张，2 面；寄往：英国伦敦中西 1 区帕顿街 1 号，乔治·雷维先生收；邮戳：1936/12/20，柏林–夏洛滕堡；TxU。

　　1. 奎格利是贝克特小说中支持莫菲的人物。

　　雷维已尽力寻找美国出版商，与斯坦利·诺特合力推出《莫菲》：见 1936 年

11 月 13 日的信，注 4，及 1936 年 12 月 13 日的信，注 5。

  "Trumpetenschleim"（德语，"小号涎"）；这一联想源自 1936 年 10 月 13 日傍晚在汉堡贝克特所住公寓里的一次对话，期间讨论了一些滑稽的名字（贝克特，《万事难料》，第 16 页）。

  2. "猿猴对弈"：见 1936 年 11 月 13 日的信，注 5。

  3. "Heil, Sieg, fette Beutte"（德语，"万岁，胜利，丰富的战利品"）。

[伦敦]

托马斯·麦格里维

1936 年 12 月 22 日   柏林 10—50

               布达佩斯人路 45 号

               康普特旅馆

亲爱的汤姆：

  我并不想通过赫斯特把这封信转交给您，可别无他法，因为已经弄丢您[？拉德]小巷的地址了，而且连海涅曼的也记不起了。[1]

  荒唐地认定作者是多西这事儿，不知道是旧闻还是新闻。十有八九作者是乔尔乔内，我就想不出还有别的什么人能画出这幅画。至少对我而言，该画比最早期长于抒情的乔尔乔内画的《弗里德里希大帝》（也随函附上）要有趣得不知有多少。毫无疑问，您是了解这两幅画的复制品的。我一见到不伦瑞克的那幅画，而且每次回头去看那幅画的时候，就感到那幅画是为您画的，而且您应该至少得到这一微弱的回声。Lass es dir gut fefallen. [2]

  来这里的路上，顺道在不伦瑞克待了一周，出了好几趟门，逛了美不胜收的希尔德斯海姆，还有沃尔芬比特尔，在那里看见莱辛从奥古斯特图书馆蹒跚着走出来，然后穿过广场，去拿起他"这一辈子最幸福的一年"的线头，我是本不会惊讶的。[3]曾想在来柏林的路上参观一下哈尔伯斯塔特和奎德林堡，只是身体疲惫又囊中羞涩，无论如何，这会儿感觉那两个地方不过是希尔德斯海姆的影子罢了，于是径直来了这里。第一周在一家凶险的"北极"旅馆度过，就是一家德国的"北极星"，对面就是亚眠街车站；后来找到了这个地方，在动物园和库达姆大街的旁边。博物馆岛 au diable，但运河是小孩的最爱。收藏物品多得惊人；小镇自身是个畸形的喜剧演员，但迅速就充满同情，天空清澈得和都柏林［的］差不多，有一个很棒的公园，像毡帽配上了上等的帽檐，还有湖泊、平原和森林。天气宜人，ciel quintessencié，但冷得要命。期望待到一月中旬，然后接着去看《西斯廷圣母像》。[4]

家里传来的消息不坏。弗兰克到了米伦，在雪地里玩。所以老妈独自一人。但写信时心情舒畅。表弟辛克莱在去南非的路上，波士在拉斯德拉姆还活着。出门拜访的时候——不知道具体是去看啥，茜茜遇上了坏事，但现在似乎已没把它放在心上了。[5]

拙著的事儿再没有消息了。最后的消息是，本人愿意删减内容，直到只剩下书名，而且假如书名也惹人生气，那就连书名都改了。[6]

我给拜昂寄了一张圣诞贺卡，画面是哈拉夫遗址博物馆里的大地女神萨巴瑞尔，手拿装着甘霖的圣杯，面带古老的微笑。[7]

杰弗里在哈里街站稳了脚跟，病人多得接待不了。拜昂给他当诊所的"顾问"，那家伙居然还记得我，对我马上就要成为 uomo universale 的时候不辞而别颇有微词，还期待再次把我逮进诊所。Quien sabe! [8]

太子宫的现代展馆闭馆了，就是说自诺尔德以来的德国现代绘画都不开放。在汉堡时曾获准一睹德国公众再也看不到了的各种画作，虽然这种特许只在汉堡有过，到了这儿，那也要在太子宫的馆长面前试一试。一楼展出的是蒙克和凡·高的精彩画作。[9]

希望您已翻译完马亚尔的书，正继续写叶芝的专论，确切地说是您自己的专论。好像几年没收到您的来信了。几乎都已决定不经巴黎就回家（Devisen 并发症），从汉堡坐船去南安普顿，然后去伦敦，期待在那儿找到您。那多半会是五月份的事儿了。[10]

与此同时，请回一封短信，就写这个地址。这里我谁都不认识，虽说常常感到孤独，但也没有心情去找个熟人。有望弄一瓶红酒，拿一本满是鲍德金口玉言的《弗里德里希大帝》的图册，就这么独自打发圣诞节。您知道弗里德伦德尔［的］《荷兰绘画》或者<u>德友</u>的巨幅作品吗？[11]

　　谨上

　　　　　　　　　　　　　　　　　　　　　　萨姆

ALS；2 张，2 面；TCD，MS 10402/111。

1. 贝克特通过赫斯特·道登把这封信转交给麦格里维。当时，都柏林有一条拉德小巷，但伦敦没有；1936 年 12 月 29 日，麦格里维从伦敦西南片区的哈林顿路 49 号给伦诺克斯·鲁宾逊写了信（TCD，MS 8103/259）。

海涅曼出版了麦格里维的《诗集》（1934），并已委托他翻译马亚尔的《难以抵达的绿洲》。

2. 贝克特已给麦格里维寄去不伦瑞克收藏的乔尔乔内画作《大卫自画像》（赫尔佐格·安东·乌尔里希博物馆，GG 454）的一份复制品。1900 年，意大利艺术史学者阿道夫·文图里（1856—1941）认定该画的作者是多索·多西（原名乔瓦尼·迪·尼古拉·迪·路德里，约 1486—约 1542）；1908 年，任柏林国家美术馆馆长（1909—1933）的路德维希·尤斯蒂（1876—1957）"认定［这一］画作与文策尔·霍拉尔的一幅印版画有联系：该印版画上有一处题词，说描绘的是乔尔乔内的自画像"（西尔克·盖腾布洛克博士，2005 年 12 月 9 日；亦见塞宾·雅各布与苏珊娜·柯尼希—莱恩，《不伦瑞克的赫尔佐格·安东·乌尔里希博物馆：16 至 18 世纪意大利绘画珍宝展》［慕尼黑：黑墨出版社，2004］，第 60—62 页；温瑟斯劳斯［文策尔，瓦克拉夫］霍拉尔，1607—1677）。

贝克特对比的是乔尔乔内的《小伙子画像》（KF 12A；现存柏林珍宝美术馆）。

"Lass es dir gut fefallen"（德语，"愿您喜欢它"）。

3. 希尔德斯海姆镇保留了众多的早期特征，包括圣米歇尔教堂、圣戈德哈德教堂、希尔德斯海姆大教堂的罗马式建筑，以及镇政府的晚期哥特式建筑。

1770—1781 年，德国诗人、剧作家、哲学家兼批评家戈德霍尔德·埃弗拉伊姆·莱辛（1729—1781）担任位于沃尔芬比特尔镇的赫佐格·奥古斯特图书馆的馆长。1776年 10 月 8 日，莱辛娶伊娃·凯瑟琳娜·康尼格（原姓冯·哈恩，1736—1778）为妻。他将自己的婚姻时光称作"我这一辈子最幸福的一年"；其妻及一个孩子死于 1778年 1 月。（迪特尔·希尔德布兰特，《莱辛传：个体的解放》[慕尼黑：卡尔·汉泽尔出版社，1979]，第 403 页；库尔特·沃尔夫编，《数据与图片中的莱辛夫妇的生活与工作》[法兰克福：岛屿出版社，1967]，第 220 页）。

4. 北极星旅馆位于都柏林亚眠街 26—30 号，就在当时所谓亚眠街车站（现称康纳利车站）的对面。

贝克特住在位于库达姆大街与库达姆街交叉路口的柏林动物园附近的洁净酒店，酒店所在房屋曾是特奥多尔·冯塔内小说《迷惑，困惑》（1888）的背景所在（埃丽卡·托普霍芬，《贝克特在柏林》[柏林：尼古拉出版社，2005]，第 14—19 页）。

博物馆岛位于施普雷河及其支流库普费格拉本运河之间，共有 5 座博物馆，建于1824 年至 1930 年之间，每一座的结构设计均反映其藏品的性质：阿尔特斯博物馆（1830），纽斯博物馆（1859），阿尔特国家美术馆（1876），弗里德里希大帝博物馆（1904 年，1956 年更名为博德博物馆），及佩加蒙博物馆（1930）。二战期间，这 5 家博物馆均遭到严重毁坏。

"au diable"（法语，"在几英里开外"）。

贝克特指蒂尔花园。该花园位于勃兰登堡门西面，北面以斯普雷河为界，占地600 多英亩。"ciel quintessencié"（法语，"湛蓝无比的天空"）。

贝克特提到了德累斯顿最著名的艺术作品：拉斐尔的《西斯廷圣母像》（德累斯顿珍宝美术馆，90 号）。

5. 弗兰克·贝克特在瑞士的米伦滑雪度假。莫里斯·辛克莱和波士·辛克莱：见 1936 年 11 月 28 日的信，注 25。

6.《莫菲》：见 1936 年 12 月 20 日的信。

7. 贝克特写给拜昂的贺卡尚未找到。

《哈拉夫遗址中的大登基女神》（前 2850）右手拿着装甘霖的圣杯，（据雕塑刻画，）带着古老的微笑；这一形象印制在《柏林哈拉夫遗址博物馆图册》[[柏林：马克斯·弗雷尔·冯·奥本海姆基金会，1934]第 29—30 页）的封面上。该雕塑以《登基女人的大墓纪念碑》为题得到了刻画和描述，见马克斯·弗雷尔·冯·奥本海姆，《哈拉夫遗址》，第 3 卷，《建造过程》，迪特里希·奥匹兹与安东·摩特盖特编（柏林：

436

沃尔特·德·格鲁伊特出版公司，1955），第35—36页。战争期间，哈拉夫遗址博物馆受损严重，该雕塑也遭到摧毁；后来，哈拉夫遗址藏品的碎片从瓦砾中抢救出来，存放在佩加蒙博物馆，待博物馆岛修复完毕重新展出。

8. 杰弗里·汤普森的诊所位于哈里街71号；贝克特已于1936年12月8日收到他的来信（BIF，UoR，GD 2/f.47）。

W. R. 拜昂。

"uomo universale"（意大利语，"全才"）。"Quién sabe!"（西班牙语，"谁知道！"）。

9. 太子宫闭馆的展馆：见1936年11月28日的信，注8。

1936年11月26日，汉堡外国访客学院的罗兰·阿道菲写信给汉堡美术馆馆长弗雷尔·冯·克莱恩施密特博士，请求允许贝克特观看汉堡美术馆地下室的藏品；该信见刊于马蒂亚斯·米林，《同萨缪尔·贝克特一起参观汉堡美术馆》，第41页。

当时太子宫收藏的蒙克画作有：《铲雪的人》（毁于1945年）；《拥抱》（又称《夏日》，出自"林德–弗里兹"；现为私人收藏）；《奥斯陆卡尔–约翰街上的音乐》（库尔特·格拉泽1932年的捐赠，1941年收回，现藏于苏黎世美术馆，2534号）；12联画"莱因哈德–弗里兹"（1907）中的两幅：《夏夜：孤独的人们》（福克旺博物馆，G386，哈根）和《忧郁》（NGB 2/97）；以及为易卜生《群鬼》绘制的布景设计图（现在何处未知）（贝恩德·埃弗斯，1993年6月2日；格尔德·沃尔，2006年4月20日；曼弗雷德·奇尔纳，2006年8月16日）。

仍在太子宫一楼展出的文森特·凡·高（1853—1890）画作有：《杜比尼的花园》（广岛艺术馆，B025）、《风车磨坊》（NGBA II 687）、《恋人》（1937年被没收；现拥有人未知），以及《玉米地里的画家》（二战期间失踪）。

10. 麦格里维的译著：见1936年11月28日的信，注21。麦格里维已于1935年8月着手撰写关于杰克·B. 叶芝的专论。

"Devisen"（德语，"外汇"，"外币"）。

11. 1890年至1920年，威廉·冯·鲍德（1845—1929）长期担任弗里德里希大帝博物馆的馆长。贝克特也许购买了整个五卷本，柏林国家博物馆群，《珍宝美术馆》，《德国及外国美术大画师》，第1卷（柏林：保罗·卡西尔出版社，1929）。

马克斯·J. 弗里德伦德尔（1867—1958）是鲍德的继任者，1929—1933年任弗里德里希大帝博物馆馆长，已著有数部谈荷兰绘画的书籍，其中的代表作是《外国的绘画》，第14卷（莱顿：A. W. 斯托夫出版社，1924—1937）。

格奥尔格·德友（1850—1932）编辑了数部具有里程碑意义的艺术史著作，包括《德国美术史》，第4卷（柏林：沃尔特·德·格鲁伊特出版公司，1919—

1934）。德友已于1900年开始与众多行家合作，着手编撰"德国美术史手册"系列；到一战时，该系列已完成关于德国各地绘画的各卷。两次大战期间，恩斯特·加尔（1888—1958）对该丛书进行了修订。

伦敦
乔治·雷维

1936 年 12 月 27 日   柏林西 50 区

布达佩斯人路 45 号

康普特旅馆

尊敬的乔治：

谢谢您的贺卡、来信及附函。向杜亚美致贺。[1]致以新年的忠诚祝愿。

当然，本人宁愿由登特来了结，甚至由霍加斯私立疯人院来收留，也布［也不］要斯坦利·诺特来救助——不能说，在哈林顿路遇见他的时候，本人喜欢那家伙。但是，假如别的路都走不通，本人倒也愿意由诺特来搞定，而不愿无人理睬。要紧的是，把拙著弄**出来**。有探条总比让膀胱胀裂要好。至于预付款的问题，假如米夫林支付的话，就像他们肯定会做的那样，本人以为是否照办由英国出版商来决定。但是，同理，假如不放走［放弃］预付款的念想就没法把拙著弄出来的话，那本人就放走［放弃］预付款。重要的是，要把拙著弄**出来**。[2]

听说您在联系登特的时候，心里很高兴。正如本人觉得先前跟您提过的那样，波士顿的赫泽林一段时间之前向本人提议过，说您应当联系登特，因为米夫林在同登特商谈推出爱尔兰作家专辑的事儿。几年前，披着郎［狼］皮的羊拒绝了《梦中佳人至庸女》，可现在，他们当然记不起这件事儿。[3]

　　至于美国人的态度，本人不甚明了。您直接同米夫林打过交道吗？心想他们给您写过信，叫嚣要删减内容。可是，他们在一门心思想着能否找到一家英国出版商来分担风险吗？要不，他们是在扯皮、骗人吗？登特的人肯定知道，米夫林的人读过拙著了，而且有些兴趣。两个火柴头一碰，擦出的那一点点点［一点点］火，对我们来说就够用了。拿诺特的有条件接受去撬动登特，就靠您的审慎了。要千方百计地让诺特等着，直到他快要失去这份耐心。他得到了优秀服务生那双无望的脚。[4]

　　关于删除部分和增补部分的一切建议都奴颜婢膝地接受。

　　"猩猩对弈"多少是个逗乐的笑话，要是做得到，本人还真想用"猩猩对弈"的画作卷首插图，甚至做封皮。[5]

　　会在这儿待一阵子，至少要待到1月14日。如果此前收不到回信，我就会尽快告诉您德累斯顿的地址。[6]期待4月底或者5月初，在回国的途中经停伦敦。

　　确实心有歉意，不得不说没任何东西可以寄给您，连一行诗都没有。兰波诗歌的译文搁到一边去了，还是只是推迟了？[7]

　　祝万事如意！

　　　谨上

　　　　　　　　　　　　　　　　　　　　s/ 萨姆

TLS；1张，1面；TxU。

1.乔治·杜亚美给了雷维另一个选项，即其五卷本系列的电影脚本和舞台脚本改编：《萨拉万历险记》（乔治·杜亚美致乔治·雷维的信，1936年12月11日，TxU）。除第2卷《两位男士》外，另四卷已推出英语版《萨拉万》，译者为格拉迪斯·比林斯（1936）。

2.雷维已和英国出版商斯坦利·诺特在《莫菲》出版事宜中进入僵局，考虑另找一家英国出版商与美国出版商霍顿·米夫林合伙，即考虑联系登特或霍加斯出版社。

托马斯·麦格里维在伦敦的哈林顿路住过一段时间。

"探条"，旧词，指早期的导尿管；见［1934年9月16日的］信，注8。

3. 贝克特的波士顿"赫泽林"（蛊惑民心的政客）指玛丽·曼宁·豪。

没有证据表明，霍顿·米夫林和登特合作出版过读物。

没有记载表明，登特是考虑过推出《梦中佳人至庸女》的出版商之一。

4. 这些问题说明，贝克特对美、英出版商合伙的事不甚明了（见1936年12月13日的信，注5）。

5. "猩猩对弈"：见1936年11月13日的信，注5。

6. 贝克特于1937年1月29日抵达德累斯顿，比预料的晚些。

7. 兰波的《醉舟》：见1937［1936］年11月28日的信，注20。

汉堡
金特·阿尔布雷希特

1936年12月31日 [1]

柏林西50区
布达佩斯人路45号
康普特旅馆

尊敬的阿尔布雷希特先生：

我离开汉堡以来，一直孤独一人，但过得如此欢乐，我甚至都没想到要找找所谓的关系。当然了，我频繁地考虑汉堡的那些熟人，他们曾给一位外国人和陌生人无比热情的接待。只处理事情是一种不同的快乐，然而一种快乐不过，即使最终是一种十分危险的快乐。而且，一个人带着刚开始结成的友谊离开——尤其是上一次离开，那时整个告别了这个国家——是否就应该让每一次离开对自己来说都越来越难，这也是大大的一个问题。1 在德国，我将不得不留在身后的事情，是的，曾不得不

---

[1] 原信用德语写成。

440

离开又不曾努力去了解的事情，已经很充裕了，比如说不伦瑞克的乔尔乔内——尽管有一个星期我天天都去参观他。[2]

在我想从不伦瑞克出发的各次远足当中，去康尼格斯拉特、里达格斯豪森、沃尔芬比特尔和希尔德斯海姆的那几次，我都不得不将就。希尔德斯海姆还是希尔德斯海姆。在那八九个十分短暂、寒冷、潮湿又沉闷的小时里，那恶劣的天气所允许的几个小时里，我成功地看到了想要看到的东西——假如不奉承自己的话——的二十分之一，就是说可以看到的东西的五十分之一。[3] 在沃尔芬比特尔的宁静中，我本可以不在奥古斯特图书馆读第一份碎片，就让莱辛在我的眼前活灵活现起来。在这个小镇里有那种法国式含蓄，我常常觉得自己在莱辛本人身上感觉到了。我从来就不曾弄明白过，这么个笛卡尔式的头脑怎么就能如此彻底地误解了笛卡尔的思想呢。[4]

半是木材的房子和砂石山墙我看到过不知有多少了。很高兴这一带一幢都没有。

在汉诺威，到处弥漫着一种文化欣快感，在去克罗普克咖啡厅的一路上就能感受到。埋藏在诺伊施塔登教堂里的莱布尼茨遗骨，其真实性早已通过对其右脚大脚趾的漫长检测得到了证实。[5]

因为内部修葺，不伦瑞克大教堂关闭了。我们知道那意味着什么。午餐期间，我强行穿过施工场地，覆盖了教堂的整个南侧的场地，一路走到入口处，结果撞见一个不留情面的保安。同样，"布商音乐厅"的主山墙不见了，挡在我所见过的再美不过的脚手架后面。[6]

当然，我想参观戈斯拉尔、哈尔贝尔斯塔特和奎德林堡，但突然发现自己必备之物如此奇缺——钱啊、热情啊、精力啊——因而就做不到了。在不伦瑞克，我自己把冻伤的几根手指给割了，好在后果不严重。[7]

在我看来，柏林有点儿像吉卜赛的斯芬克斯，除了自身外表的无足轻重之外，她就没有别的谜团要呈给过路客。公的，没错，下巴长着胡须的斯芬克斯，就像您可以在哈拉夫遗址博物馆艳羡的那座。兽身拥有菩提树下大街，男人拥有博物馆岛，然而是层层天空塑造了双翅；尽管其垂死挣扎看起来更像是拥抱，但跟那些诚然蠕动得更加缓慢的天空相比，即跟甚至在最暗的白昼过去之后也可以从都柏林的奥康奈尔桥上观察到的天空相比，那层层天空也几乎一样美。[8] 因此，印象蔑视定义，除非有人剥离印象的本质。比如说，我确实非常清楚，让自己迷上柏林有多么容易；可是我已经预先懂得满足的感觉，就是过那么两周自己踏上前往德累斯顿的旅程时的那种知足，仿佛那是个逃离困苦的问题。

太子宫的上层"今日闭馆"。有一个工作人员甚至敢向我直言他对那件事的歉意。然而有一处很棒的画作收藏馆，在那里可以体会毒药贩子富有创造力时最内心深处的感想。此外，我还经历了一场惊喜，就是在国家美术馆发现了李卜曼的 6 幅画。[9]

您用包裹寄出的 22 本书还没有寄到这里。我猜想，要是它们遗失了（在这里是常事），既然包裹没有挂号，那多半就没办法了。当然也有这种可能，就是无论怎么拖延，送达也只是个时间问题。另一方面，凯泽林的书顺利地收到了，就像我用函件邮寄的所有稿件那样。[10]

读的东西很少，尤其一份报纸都没读。已开始读《绿衣亨利》了，而且出于各种各样的目的，还有人建议我读曼佐尼；毫无疑问，这两者间的类比可以记录在案。我发现自己被梅里特林的故事深深地打动了，那故事只要稍微过头一点儿，就会不可避免地变得荒唐起来。[11]

请代我向您家人问好，向绍克先生、那位画家还有我从没听清名字的他那位朋友问好，也祝您身体健康。[12]

致以新年最诚挚的祝愿。

此致

s/ 萨缪尔·贝克特

TLS；1 张，2 面；BIF，UoR，MS 5037。此信中，贝克特的德语错误未予纠正。

1. 贝克特在汉堡时所住旅馆的业主是库尔特·霍普（1891 年生），他将贝克特介绍给很多汉堡人，而那些人又将贝克特介绍给了别的人。

2. 不伦瑞克收藏的乔尔乔内《大卫自画像》：见 1936 年 12 月 22 日的信，注 2。

3. 贝克特于 12 月 7 日到里达格斯豪森，在那里参观了女人礼拜堂和修道院教堂，后者于 1278 年获得圣堂地位，曾属于一家西斯特教团修道院。1936 年 12 月 10 日，贝克特抵达希尔德斯海姆（见马克·尼克松，《萨缪尔·贝克特 1936/37 年在德国的漫游》，《陌生人贝克特：萨缪尔·贝克特与德国文化》，特蕾泽·菲舍尔–赛德尔与玛丽昂·弗里斯–迪克曼编［法兰克福：苏尔坎普出版社，2005］，第 34—63 页）。

康尼格斯拉特：见下文注 7。

4. 1936 年 12 月 8 日，贝克特参观了沃尔芬比特尔的奥古斯特图书馆。《沃尔芬比特尔碎片集》由莱辛出版，题为《无名者碎片集》（1774—1777），取材于德国哲学家赫尔曼·萨缪尔·赖马鲁斯（1694—1768）的手稿《为理性的上帝信仰者辩护》；该文对基督复活的证据提出质疑，因而引发了争议（尼克松，《萨缪尔·贝克特 1936/37 年在德国的漫游》，第 36 页）。

5. 克罗普克咖啡厅毁于第二次世界大战，后于原址（汉诺威乔治街 35 号）重建；该店是一处中心聚会点（沃尔特·阿斯穆斯，2005 年 6 月 16 日）。

贝克特写的“Zehl”不是德语词，因此我们推定他想写的是“Zehe”（脚趾）。1936 年，莱布尼茨遗骸的真实性已无争议，因为早已于 1902 年得到证实（赫伯特·布雷格博士、教授，莱布尼茨档案馆，2005 年 6 月 27 日）。

6. 圣柏拉修斯大教堂位于不伦瑞克，其罗马式建筑始建于 12 世纪。布商音乐厅位于老城市场，始建于文艺复兴时期。

7. 戈斯拉尔、哈尔贝尔斯塔特和奎德林堡都是沃尔芬比特尔镇以南的小镇；12 月 10 日傍晚，贝克特考虑次日上午在康尼格斯拉特歇脚，下午再在哈尔贝尔斯塔特小住，但到了 12 月 11 日，他还是决定坐下午的火车直接去柏林（BIF，UoR，GD 2/f.53）。

至于贝克特受感染的食指和大拇指，参见诺尔森，《盛名之累》，第 225 页。

8. 柏林的哈拉夫遗址博物馆里长着山羊胡的斯芬克斯，在当时称作“蝎–鸟–人始祖”（马克斯·弗雷尔·冯·奥本海姆，《哈拉夫遗址》，第 3 卷，《建造过程》，第 118—119 页）；该石雕在 1943 年毁于战火。

菩提树下大街从巴黎广场旁的勃兰登堡门向东延伸，直通斯普雷河上的宫殿大桥。贝克特指威廉一世大帝骑马雕像（《威廉一世大帝帝国家纪念雕像》），该雕像耸立在菩提树下大街东端霍亨索伦王室的亲王府“自由宫”的广场上；纪念雕像的四角均有一头狮子望着前方，其中一头顺着菩提树下大街凝视着西方。该雕像于 1892 年至 1897 年间由莱因霍尔德·贝加斯（1831—1911）和古斯塔夫·哈尔姆胡伯（1862—1936）设计，二战后被东德政府拆除。奥康奈尔桥飞跨都柏林利菲河。

博物馆岛是一座人工岛，为弗里德里希大帝博物馆等几家博物馆的所在地：见 1936 年 12 月 22 日的信，注 4。

9. 太子宫关闭的展厅：见 1937［1936］年 11 月 28 日的信，注 8。遭受过纳粹攻击的所谓"堕落"艺术家（毒药贩子）的画作所指不详。

弗里德里希大帝博物馆收藏的李卜曼油画（现藏柏林国家美术馆）有：《拔鹅毛的女人》（A I 524）、《制鞋匠的作坊》（A I 644）［荷兰］、《拉伦的亚麻仓库》（A I 431）、《画架旁戴运动帽的自画像》（A II 466）、《威廉·鲍德博士的画像》（A III 533）及《奥托·布朗的画像》（NGB 10/60）（这些油画 1937 年被纳粹没收，同年在慕尼黑"堕落艺术"展上展出，1960 年由柏林国家美术馆收回）。

10. 阿兰·厄谢尔已请求贝克特给他寄去一本赫尔曼·格拉夫·冯·凯泽林（1880—1946）的《哲学家旅行日记》（1919）；尽管凯泽林已被禁止在公共场合发表讲话，这本书贝克特还是订购了一本，而且在柏林收到了（贝克特，《万事难料》，第 54、56 页）。

购于汉堡、寄往都柏林的书籍的清单，即购于汉堡后转寄柏林贝克特签收的书籍的清单，列在《腥象》创作稿本里（BIF, UoR, MS 3000/34 及 36；见尼克松，《"德语碎屑"》，第 278 页）。

11. 瑞士作家戈特弗里德·凯勒（1819—1890）的《绿衣亨利》（1908）。梅里特林的故事（第 1 部分，第 5 章）即小孩受到惩罚以求自主约束自身行为的故事，通常从施虐者的角度来讲述；受罚小孩看似死了，放到棺材里又活了过来，但最终还是死了。贝克特将凯勒的书与亚历山德罗·曼佐尼的作品进行比较；后者的代表作是《约婚夫妇》（1827）。

12. 绍克先生是汉堡书商，阿尔布雷希特就是在他手下干活（见 1936 年 11 月 7 日的信，注 1）；1936 年 11 月 29 日之前，贝克特已见过那位画家（"专画小孩的画家，忘了名字"）及其朋友——只知道是位画家，为赫伯公司画海报（汉堡–美国航线船运集团，一家总部在汉堡的船运公司），1936 年 11 月 29 日当天又遇见了阿尔布雷希特的家人（贝克特，《万事难料》，第 54 页；马克·尼克松）。